Madagascar

Olivier Cirendini

LONELY PLANET PUBLICATIONS
Melbourne • Oakland • London • Paris

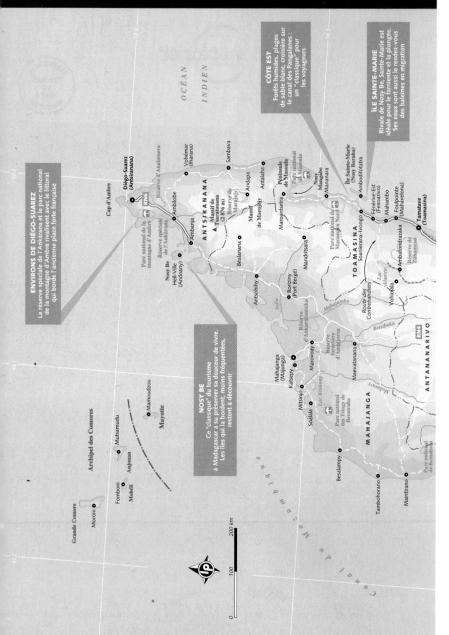

ENVIRONS DE DIÉGO-SUAREZ
La réserve spéciale de l'Ankarana et le parc national de la montagne d'Ambre réalisent avec le littoral qui borde l'ancienne place forte française

NOSY BE
Ce "classique" du tourisme à Madagascar a su préserver sa douceur de vivre. Les îles qui la bordent, moins fréquentées, restent à découvrir

CÔTE EST
Forêts humides, plages de sable blanc, croisière sur le canal des Pangalanes : un "classique" pour les voyageurs

ÎLE SAINTE-MARIE
Rivale de Nosy Be, Sainte-Marie est idéale pour la farniente et la plongée. Ses eaux sont aussi le rendez-vous des baleines en migration

OCÉAN INDIEN

Canal du Mozambique

Archipel des Comores

Grande Comore
Moroni

Fomboni
Mohéli

Anjouan
Mutsamudu

Mamoudzou
Mayotte

0 100 200 km

Cap d'Ambre

Diégo-Suarez
(Antsiranana)

Nosy Be
Hell-Ville
(Andoany)

Ambanja

Ambilobe

Parc national de la
montagne d'Ambre

Réserve spéciale
de l'Ankarana

Réserve d'Analamera

Vohémar
(Iharana)

Sambava

Andapa

Antalaha

ANTSIRANANA

Massif de
Tsaratanana
(2 876 m)

Réserve de
Marojejy

Massif
de Marojejy

Maroantsetra

Péninsule
de Masoala

Parc national
de Masoala

Nosy
Mangabe

Maroantsetra

Île Sainte-Marie
(Nosy Boraha)

Ambodifotatra

Bealanana

Antsohihy

Boriziny
(Port Bergé)

Befandriana

Mandritsara

Parc national de
Mananara Nord

Fénérive-Est
(Fenoarivo)

Mahambo

Foulpointe
(Mahavelona)

TOAMASINA

Soanierana-Ivongo

Sofia

Réserve
d'Ankarafantsika

Mahajamba

Mahajanga
(Majunga)

Katsepy

Marovoay

Mitsinjo

Soalala

Parc national
des Tsingy de
Bemaraha

Betsiboka

Maevatanana

Ambatondrazaka

Lac
Alaotra

Réserve de
Zahamena

Vohidiala

Route des
Contrebandiers

Besalampy

Tsiribihina

Maintirano

Tamatave
(Toamasina)

ANTANANARIVO

MAHAJANGA

Tomboborano

Mahavavy

Lac Kinkony

Réserve
forestière
d'Ampijoroa

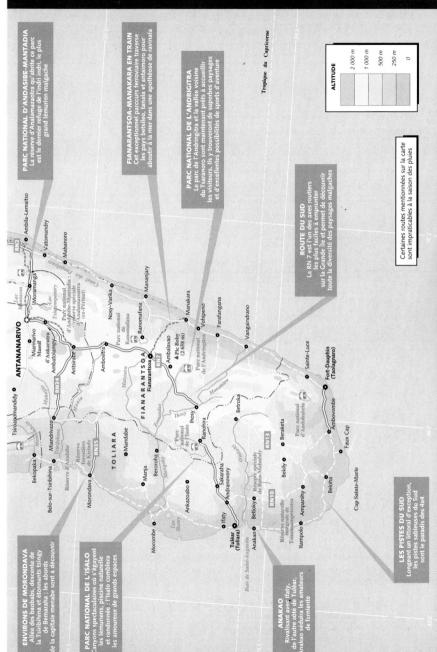

Madagascar
3e édition française – Février 2002

Publié par
Lonely Planet Publications 1, rue du Dahomey, 75011 Paris

Autres bureaux Lonely Planet
Australie Locked Bag 1, Footscray, Victoria 3011
États-Unis 150 Linden St, Oakland, CA 94607
Grande-Bretagne 10a Spring Place, London NW5 3BH

Photographies
Toutes les photos publiées dans ce guide sont disponibles
auprès de notre agence photographique Lonely Planet Images
(e-mail : lpi@lonelyplanet.com.au).

Photo de couverture
L'île aux Nattes (Olivier Cirendini)

Dépôt légal
Février 2002

ISBN 2-84070-214-2
ISSN 1242-9244

Texte et cartes © Lonely Planet 2002
Photos © photographes comme indiqués 2002

Imprimé par Hérissey (France)

Table des matières

2 Table des matières

LE CENTRE   165

LE SUD   194

L'OUEST   241

L'EST   267

LE NORD   317

Table des cartes

INDEX DES CARTES

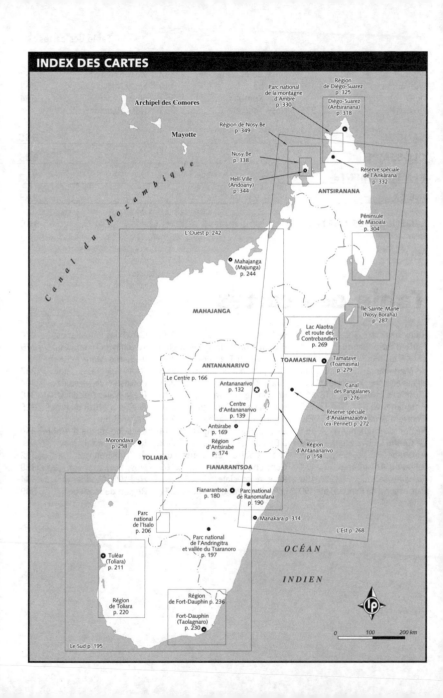

0   100   200 km

L'auteur

Olivier Cirendini

Malgré un patronyme qui évoque la délicate mais persistante fragrance du maquis corse, Olivier est né à Paris. Après des études d'anglais, de journalisme et un passage par Londres, il s'est dirigé vers la presse où il a appris à s'intéresser à des sujets aussi variés que les frites surgelées et les vols spatiaux habités. Ces occupations lui ont laissé le temps de voyager et de collaborer notamment aux guides Lonely Planet *Réunion et Maurice*, *Côte bretonne et les îles* et *Corse*. Olivier aime l'humour noir et le vin rouge.

Un mot d'Olivier. Dans la tradition malgache du kabary, il est de règle de commencer par demander l'indulgence de son auditoire. Merci donc à vous, lecteurs et lectrices, de m'accorder la vôtre. Écrire un guide de voyage sur un pays en constante évolution comme Madagascar – où on ne sait jamais si les informations récoltées la veille sont toujours d'actualité – n'est pas toujours chose aisée. Si nous n'avons pas ménagé nos efforts pour rendre ces pages aussi précises et fiables que possible, elles ne remplaceront jamais complètement vos yeux, vos oreilles, votre expérience et les rencontres que vous ferez au cours de votre voyage.

Le mien dut beaucoup à ceux et celles qui suivent, que je remercie : Xavier, Alice, Vincent et Guillaume à Tana, Samuel Ramarokoto de l'Angap ; le clan Journeaux ; Pierrot Men ; Joro – peut-être irons-nous un jour à Gogogogo ? ; Jimmy – terreur et ange gardien de la piste ; le service topographique de la ville de Morondava ; les membres de l'agence consulaire de France et Mme le médecin-chef de l'hôpital militaire de Diégo ; Astrid Vargas pour m'avoir fait connaître le sifaka à couronne dorée ; la bande de Fianar-Manakara – Rémy, Fabien, Greg, Céline et Véro, nos amis belges et la Reine du Bus ; Éric et Ingrid ; Cyrille et Norbert ; Olivier Demarle ; Tonio et sa pharmacie ; Max et sa bande – en souvenir d'un 14 juillet arrosé (d'eau de pluie !) à l'île aux Nattes ; Joëlle, soleil niçois en terre malgache ; Bernard Forgeau pour ses informations et sa gentillesse ; Marco Piccinini ; Michel Kae-Nune pour ses informations sur la ville de Manakara ; Thierry le gentleman-aventurier.

Mes excuses à la Librairie de Madagascar, rebaptisée par erreur – et sans malice – Librairie de France dans la précédente édition de ce livre et un grand *misaotra* à Rachida et Nadjet, toujours porteuses d'h€ureuses nouvelles ; à Kalou – TSMCPDR – et Nadine ; à Colette Heirem-Hist ; à Olivier B, grand alchimiste du verbe et cuisinier hors pair – qui a goûté son ragoût toscan à l'igname et au chouchou ne peut qu'en avoir frémi du vertex aux rectrices ! ; aux membres du Politburo pour leur assistance festive ; à l'attentive Sophie, à l'efficace Zab, à la talentueuse Valérie, à la quadrichromique Soph' et au patient (!) Régo.

Enfin et surtout : des groooosses bises à Madame Agacar et à sa maman.

A propos de l'ouvrage

La première édition française est la traduction de la troisième édition en anglais du guide *Madagascar & Comoros*, réactualisé par Paul Greenway. La deuxième édition française a été entièrement remise à jour par Olivier Cirendini, de même que cette troisième édition.

Un mot de l'éditeur

Régis Couturier a assuré la coordination éditoriale de cet ouvrage tandis que Valérie Police en a prestement et brillamment exécuté la mise en page.

Nous remercions Claude Albert et Sophie Hofnung pour leur précieuse collaboration au texte, Michel McLeod pour son coup de main salvateur en correction et Axelle Chrismann pour son travail sur l'index.

La réalisation des cartes est due au travail méticuleux d'Isabelle Chipot (Zab), supervisée par Caroline Sahanouk. Les illustrations ont été réalisées par Valérie Police, Martin Harris et Rini Keagy. La couverture est l'œuvre de Sophie Rivoire.

Tous nos remerciements vont également à Andy Nielson, Barbara Aitken et Graham Imeson pour leur constante collaboration avec le bureau français. Enfin, un dernier merci à toute l'équipe de la LPI (Lonely Planet Images) et ses photographes, ainsi qu'à Didier Buroc de Mercury.

Avant-propos

LES GUIDES LONELY PLANET

Tout commence par un long voyage : en 1972, Tony et Maureen Wheeler rallient l'Australie après avoir traversé l'Europe et l'Asie. A cette époque, on ne disposait d'aucune information pratique pour mener à bien ce type d'aventure. Pour répondre à une demande croissante, ils rédigent le premier guide Lonely Planet, un fascicule écrit sur le coin d'une table.

Depuis, Lonely Planet est devenu le plus grand éditeur indépendant de guides de voyage dans le monde, et dispose de bureaux à Melbourne (Australie), Oakland (États-Unis), Londres (Royaume-Uni) et Paris (France).

La collection couvre désormais le monde entier, et ne cesse de s'étoffer. L'information est aujourd'hui présentée sur différents supports, mais notre objectif reste constant : donner des clés au voyageur pour qu'il comprenne mieux les pays qu'il visite.

L'équipe de Lonely Planet est convaincue que les voyageurs peuvent avoir un impact positif sur les pays qu'ils visitent, pour peu qu'ils fassent preuve d'une attitude responsable. Depuis 1986, nous reversons un pourcentage de nos bénéfices à des actions humanitaires.

Mises à jour. Lonely Planet met régulièrement à jour ses guides, dans leur totalité. Il s'écoule généralement deux ans entre deux éditions, parfois plus pour certaines destinations moins sujettes au changement. Pour connaître l'année de publication, reportez-vous à la page qui suit la carte couleur, au début du livre.

Entre deux éditions, consultez notre journal gratuit d'informations trimestrielles *Le Journal de Lonely Planet*. Sur notre site Internet www.lonelyplanet.fr, vous aurez accès à des fiches pays régulièrement mises à jour. D'autres informations (en anglais) sont disponibles sur notre site anglais www.lonelyplanet.com.

Courrier des lecteurs. La réalisation d'un livre commence avec le courrier que nous recevons de nos lecteurs. Nous traitons chaque semaine des centaines de lettres, de cartes postales et d'e-mails, qui sont ajoutés à notre base de données, publiés dans notre journal d'information ou intégrés à notre site Internet. Aucune information n'est publiée dans un guide sans avoir été scrupuleusement vérifiée sur place par nos auteurs.

Recherches sur le terrain. Nos auteurs recueillent des informations pratiques et donnent des éclairages historiques et culturels pour mieux appréhender le contexte culturel ou écologique d'un pays.

Les auteurs ne séjournent pas dans chaque hôtel mentionné. Il leur faudrait en effet passer plusieurs mois dans chacune des

> Lonely Planet s'adresse en priorité aux voyageurs indépendants qui font la démarche de partir à la découverte d'un pays. Nous disposons de multiples outils pour aider tous ceux qui adhèrent à cet esprit : guides de voyage, guides de conversation, guides thématiques, cartes, littérature de voyage, journaux d'information, banque d'images, séries télévisées et site Internet.

villes ; ils ne déjeunent pas non plus dans tous les restaurants. En revanche, ils inspectent systématiquement ces établissements pour s'assurer de la qualité de leurs prestations et de leurs tarifs. Nous lisons également avec grand intérêt les commentaires des lecteurs.

La plupart de nos auteurs travaillent sous le sceau du secret, bien que certains déclinent leur identité. Tous s'engagent formellement à ne percevoir aucune gratification, sous quelque forme que ce soit, en échange de leurs commentaires. Par ailleurs, aucun de nos ouvrages ne contient de publicité, pour préserver notre indépendance.

Production. Les auteurs soumettent leur texte et leurs cartes à l'un de nos bureaux en Australie, aux États-Unis, au Royaume-Uni ou en France. Les secrétaires d'édition et les cartographes, eux-mêmes voyageurs expérimentés, traitent alors le manuscrit. Trois à six mois plus tard, celui-ci est envoyé à l'imprimeur. Lorsque le livre sort en librairie, certaines informations sont déjà caduques et le processus se remet en marche...

ATTENTION !

Un guide de voyage ressemble un peu à un instantané. A peine a-t-on imprimé le livre que la situation a déjà évolué. Les prix augmentent, les horaires changent, les bonnes adresses se déprécient et les mauvaises font faillite. Gardez toujours à l'esprit que cet ouvrage n'a d'autre ambition que celle d'être un guide, pas un bréviaire. Il a pour but de vous faciliter la tâche le plus souvent possible au cours de votre voyage.

N'hésitez pas à prendre la plume pour nous faire part de vos expériences.

Toutes les personnes qui nous écrivent seront citées dans la prochaine édition et gratuitement abonnées à notre revue d'information trimestrielle le *Journal de Lonely Planet*. Une newsletter par e-mail, *Comète*, est également éditée à l'attention de notre communauté de voyageurs. L'inscription (gratuite) à cette lettre se fait depuis la page d'accueil de notre site web.

Des extraits de courriers seront éventuellement publiés et les auteurs des meilleures contributions seront remerciés par l'offre d'un guide parmi nos collections. Si vous ne souhaitez pas que votre courrier soit repris dans le *Journal* ou que votre nom apparaisse, merci de nous le préciser. Lonely Planet s'engage par ailleurs, dans le cadre de la loi Informatique et Libertés, à ne pas divulguer son fichier d'adresses.

Envoyez vos courriers à Lonely Planet, 1 rue du Dahomey, Paris 75011
ou vos e-mails à : bip@lonelyplanet.fr

Informations de dernière minute : www.lonelyplanet.fr et www.lonelyplanet.com

COMMENT UTILISER VOTRE GUIDE LONELY PLANET

Les guides de voyage Lonely Planet n'ont pour seule ambition que d'être des guides, pas des bibles synonymes d'infaillibilité. Nos ouvrages visent à donner des clés au voyageur afin qu'il s'épargne d'inutiles contraintes et qu'il tire le meilleur parti de son périple.

Contenu des ouvrages. La conception des guides Lonely Planet est identique, quelle que soit la destination. Le chapitre *Présentation* met en lumière les diverses facettes de la culture du pays, qu'il s'agisse de l'histoire, du climat ou des institutions politiques. Le chapitre *Renseignements pratiques* comporte des informations plus spécifiques pour préparer son voyage, telles que les formalités d'obtention des visas ou les précautions sanitaires. Le chapitre *Comment s'y rendre* détaille toutes les possibilités pour se rendre dans le pays. Le chapitre *Comment circuler* porte sur les moyens de transport sur place.

Le découpage du reste du guide est organisé selon les caractéristiques géographiques de la destination. Vous retrouverez toutefois systématiquement la même trame, à savoir : centres d'intérêt, possibilités d'hébergement et de restauration, où sortir, comment s'y rendre, comment circuler.

Présentation des rubriques. Une rigoureuse structure hiérarchique régit la présentation de l'information. Chaque chapitre est respectivement découpé en sections, rubriques et paragraphes.

Accès à l'information. Pour faciliter vos recherches, consultez le sommaire en début d'ouvrage et l'index détaillé à la fin de celui-ci. Une liste des cartes et un index des cartes constituent également des clés pour se repérer plus facilement dans l'ouvrage.

Généralement, le guide s'ouvre avec une carte en couleurs, sur laquelle nous faisons ressortir les centres d'intérêt incontournables. Ceux-ci sont décrits plus en détails dans le chapitre *Renseignements pratiques*, où nous indiquons les meilleures périodes pour les visiter et où nous suggérons des itinéraires. Les chapitres régionaux ouvrent sur une carte de situation, accompagnée d'une liste de sites ou d'activités à ne pas manquer. Consultez ensuite l'index, qui vous renverra aux pages *ad hoc*.

Remerciements : Nous exprimons toute notre gratitude aux lecteurs qui nous ont fait part de leurs remarques, expériences et anecdotes. Leurs noms apparaissent à la fin de l'ouvrage.

Cartes. Les cartes sont une mine d'informations. La légende des symboles employés figure en fin d'ouvrage. Nous avons le souci constant d'assurer la cohérence entre le texte et les cartes, en mentionnant sur la carte chaque donnée importante présente dans le texte. Les numéros désignant un établissement ou un site se lisent de haut en bas et de gauche à droite. Les guides consacrés à une ville comprennent une série de cartes en couleurs numérotées en fin d'ouvrage.

Introduction

Souffle d'Asie sur terre africaine ; saveurs de vanille et d'épices ; côte du palissandre et des pirates ; forêt primaire, latérite et ravinala… le simple nom de Madagascar suffit à faire rêver le voyageur. L'origine de cette île inclassable, quatrième du monde par sa superficie, est en soi un voyage. De l'Afrique qui s'est séparée d'elle il y a 165 millions d'années, Madagascar a gardé la terre rouge. De l'Asie d'où est venue une large part de sa population, elle a hérité des rizières. Madagascar n'est pourtant ni l'une ni l'autre : au large des côtes africaines et baignée par l'océan Indien, elle possède une culture originale qui en fait la seule terre réellement "afro-asiatique" de la planète.

Dix-huit ethnies se partagent ce territoire de forêts tropicales, de déserts d'épines, de plages de sable blanc, de lagons et de formations rocheuses. Cette mosaïque ethnique, venue d'Asie du Sud-Est ou des rivages du Continent Noir par des chemins qui restent mystérieux, s'est forgée au fil des siècles un système de valeurs authentiquement *malagasy*. Ne cherchez pas ailleurs des rites associés au culte des ancêtres comme le retournement des morts, ou la présence dans un même pays d'outils agraires africains et de mots d'origine asiatique : ils n'existent que sous l'immense ciel malgache.

Ne cherchez pas non plus sous d'autres latitudes l'*indri indri*, le propithèque de Verreaux, le baobab *Adansonia madagascariensis* ou le beau papillon *Chrysiridia madagascariensis* : eux aussi sont présents sur la Grande Île et nulle part ailleurs. Laboratoire de l'évolution et paradis des naturalistes, Madagascar est en effet une véritable arche de Noé. Nombre d'espèces végétales

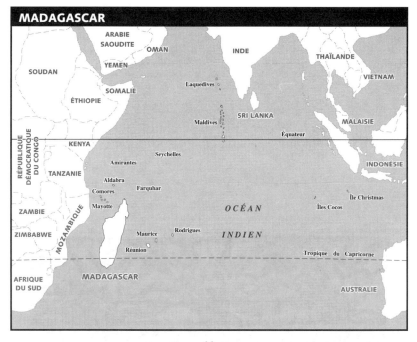

et animales – dont les 5 familles de lémuriens et 85% des 12 000 variétés végétales insulaires – ont suivi une évolution différente de leurs homologues continentales après la séparation de Madagascar et du continent africain et sont endémiques à Madagascar.

L'histoire récente de l'île appelle moins à l'enthousiasme : soixante-cinq ans de colonialisme ont scellé le destin des grandes dynasties malgaches avant qu'une vingtaine d'années de gouvernement d'inspiration marxiste isole Madagascar sur la scène internationale et consacre sa pauvreté. A la Madagascar qui émerveille répond ainsi celle qui choque : oubliée du développement, Madagascar se classe parmi les nations les plus déshéritées de la planète.

La Grande île offre cependant le visage d'un pays en mutation. Vogue de l'écotourisme et nouvelles orientations politico-économiques aidant, elle se rouvre au monde et au tourisme. Francophone, elle est la destination idéale de ceux qui sont prêts à sacrifier un peu de confort pour se lancer dans l'aventure que constitue tout voyage sur la "terre des Ancêtres". De taxi-brousse en charrette à zébu, de pirogue en avion à hélices, ils y trouveront des espaces naturels exceptionnels et étranges, feront la découverte d'une population attachante et méconnue, croiseront des orpailleurs et des chercheurs de saphirs, useront leurs chaussures de marche sur les pointes acérées des tsingy, le grès des massifs de l'Isalo ou de l'Andringitra et les forêts denses de l'Est, ou suivront la course du soleil depuis les plages dorées d'Ifaty, d'Anakao, de Nosy Be ou de l'île aux Nattes…

Le voyage à Madagascar, en résumé, est à la mesure de cette île-continent dont l'arbre du voyageur *(ravinala madagascariensis)* est devenu le symbole. Heureux présage, non ?

Présentation de Madagascar

Au carrefour de l'Afrique et de l'Asie, Madagascar puise ses origines dans ces deux continents. La Grande Île ne ressemble cependant ni à l'un ni à l'autre, ni à vrai dire au reste du monde, si bien qu'il paraît difficile de la décrire en quelques mots. La majeure partie de la faune et de la flore malgaches ne se retrouve nulle part ailleurs. Comme l'écrivait le naturaliste Joseph Commerson, qui séjourna plusieurs mois dans la Grande Île en 1770, "la nature semble s'être isolée dans ce sanctuaire pour créer des modèles résolument différents de ceux qu'elle a développés ailleurs. Les formations les plus étranges et les plus merveilleuses se rencontrent à chaque nouveau pas".

Étrangement, l'une des caractéristiques de cette faune est l'absence de grands carnivores, d'antilopes, d'éléphants et autres habitants de la brousse africaine, qui n'ont jamais franchi le canal du Mozambique. La faune malgache, dont les lémuriens sont les représentants les plus connus, a ainsi évolué séparément. Les paysages, qui mêlent savanes, forêts tropicales humides, brousse épineuse aride, grès et calcaires des étonnants tsingy, sont tout aussi uniques.

Le peuplement de l'île, quant à lui, doit autant aux côtes africaines qu'aux rivages du Sud-Est asiatique. Les dix-huit ethnies qui composent le peuple malgache forment cependant un ensemble homogène à la culture originale. Son histoire commence avec l'arrivée de marins venus de l'autre côté de l'océan Indien. Ils furent rejoints au fil du temps par des Bantous d'Afrique, des commerçants arabes, indiens et portugais, des Chinois et des colons.

HISTOIRE
Premiers peuplements d'Asie et d'Afrique

Si les origines du peuplement de Madagascar restent floues à bien des égards, les spécialistes s'accordent aujourd'hui pour estimer que, malgré la proximité du continent africain, les premiers occupants de l'île arrivèrent il y a 1 500 ou 2 000 ans

En bref

Nom officiel : République de Madagascar (Repoblikan'i Madagasikara)
Capitale : Antananarivo
Langues officielles : malgache et français
Religions : culte des ancêtres, christianisme, islam
Monnaie : franc malgache (FMG)
Taux de change : 1 € = 5 722 FMG
Superficie : 594 180 km^2
Population : 15 millions d'habitants
Taux de croissance démographique : 3%
Heure locale : GMT/UTC + 3
PNB par habitant : 260 $US
Taux d'inflation : 12%

seulement. Ils provenaient des rivages éloignés de l'Indonésie et de la Malaisie, distants de 6 400 km. La majorité de la population actuelle descend de ces premiers arrivants. Cette immigration s'accéléra au IXe siècle, alors que le puissant empire hindouiste de Srivijaya, à Sumatra, contrôlait en grande partie le commerce maritime dans l'océan Indien.

On ignore encore comment ces Indo-Malais atteignirent la Grande Île. Toutefois, le mélange d'éléments africains et asiatiques dans la culture malgache, ainsi que certains indices anthropologiques et ethnographiques, suggèrent qu'ils ont navigué d'une seule traite jusqu'au littoral est-africain avant de s'installer à Madagascar. Les traces laissées par les voiliers de type indonésien le long des rivages nord de l'océan Indien laissent néanmoins supposer un chemin moins direct. Il ne s'agissait pas, en effet, de vaisseaux de haute mer mais de bateaux côtiers. Les premiers occupants ont peut-être suivi le littoral de l'océan Indien, commerçant avec l'Inde, l'Arabie et l'Afrique, et probablement en s'y établissant, avant d'aboutir à Madagascar, alors déserte.

Les grandes dates de l'histoire de Madagascar

IIe siècle environ : des peuples indo-malais arrivent à Madagascar

1500 : premiers Européens à Madagascar

1643 : les Français créent un comptoir à Fort-Dauphin. Ils y restent jusqu'en 1674

vers 1700 : les Menabe étendent leur pouvoir sur l'île, alors peuplée de nombreux groupes ethniques souvent rivaux

vers 1790 : les Merina deviennent le groupe dominant

vers 1800 : la capitale merina s'établit à Antananarivo

1828 : première des reines de Madagascar, Ranavanola Ire monte sur le trône

1885 : Ranavalona III signe un traité avec la France, qui avance ses pions sur l'île arguant d'anciens droits historiques et pratique la politique de la canonnière face aux ports malgaches

1895 : les troupes françaises marchent sur Antananarivo

1896 : Madagascar devient une colonie française. Ranavalona III est exilée. Gallieni met en place l'administration coloniale, parfois par la force

1943 : les autorités françaises de Madagascar se rallient au maréchal Pétain. Certains ports sont occupés par les forces britanniques jusqu'en 1943

1947 : l'insurrection malgache de mars 1947 marque le point culminant de la réaction à la présence française, née au lendemain de la guerre

1960 : indépendance de Madagascar (26 juin). Philibert Tsiranana devient le premier président du pays. Il laisse les Français continuer pour une large part à contrôler le commerce et l'économie

1965-1972 : les réélections de Tsiranana ne masquent pas la montée croissante de l'opposition

1972 : la répression d'une émeute dans le Sud achève de discréditer le président Tsiranana. Après un intermède militaire, Didier Ratsiraka prend les rênes du pays, qu'il engage dans la voie du socialisme révolutionnaire. Les Français quittent l'île. On a parfois appelé cette période la "deuxième indépendance"

1973 : Madagascar quitte la zone franc

1983 : l'économie de Madagascar montre des signes croissants de faiblesse

1989 : Didier Ratsiraka est réélu dans un climat d'émeute

1991 : la répression d'une manifestation pacifique fait 31 morts (10 août)

1993 : Albert Zafy remporte les élections présidentielles avec 70% des voix au second tour

1995 : réforme constitutionnelle permettant au président de choisir le Premier ministre

1996 : Albert Zafy est destitué par la Haute Cour constitutionnelle. Signature d'un accord d'ajustement structurel avec le FMI et la Banque mondiale.

1997 : élections présidentielles et retour au pouvoir de l'ancien communiste Ratsiraka. Un quart des électeurs s'est exprimé

1998 : adoption de la loi instaurant les provinces autonomes

2001 : élection des six gouverneurs de provinces

2001-2002 : élections présidentielles. Le duel Ratsiraka-Ravalomanana déclenche des manifestations à l'issue du premier tour

L'histoire ancienne des apports africains garde elle aussi sa part de mystère. Il est cependant évident que des peuples bantous, parfois islamisés, traversèrent le canal du Mozambique à destination de Madagascar.

La culture malgache contemporaine, parfaitement originale et incontestablement "afro-asiatique", traduit cette double influence : si les premiers Malgaches apportèrent avec eux les cultures vivrières de l'Asie du Sud-Est, et notamment le riz, la contribution africaine se traduit par l'élevage du zébu ou encore le *lamba*, vêtement traditionnel. La langue, dans le même temps, mêle des racines asiatiques et bantoues, voire arabes. Les groupes ethniques qui soudent aujourd'hui Madagascar émergèrent de cette double influence au fil des années. Les traits asiatiques dominent chez les Merina des hautes terres centrales ainsi que chez les Betsileo voisins, tandis que les caractéristiques des Sakalava de l'Ouest et les Bara du Centre-Sud témoignent plutôt de leur origine africaine.

Premiers Européens

Remarquée par Marco Polo et connue des cartographes arabes bien avant que les Européens ne la repèrent, l'île a vraisemblablement été foulée pour la première fois par des Européens en 1500, lorsqu'une flotte portugaise commandée par Diego Dias y débarqua et la baptisa *Ilha de São Lourenço*. Ce nom sera par la suite remplacé par celui de Madagascar, dont l'origine reste un mystère. Il pourrait résulter de la déformation d'une autre appellation – par exemple Mogadishu, la capitale de la Somalie, certains ayant confondu les deux destinations –, à moins qu'il ne vienne d'une tribu malgache à laquelle on aurait ajouté un suffixe arabe. Le nom de Madagascar, quoi qu'il en soit, s'est vite répandu.

Dans les siècles suivant l'arrivée des Portugais, qui ne laissèrent guère de traces, Hollandais et Britanniques tentèrent à maintes reprises d'établir des postes permanents sur l'île Rouge. L'enjeu, pour les uns et les autres, était alors de fournir une escale aux navires en route vers les Indes et l'Indonésie. Ce sont cependant les Français qui réussirent le mieux à s'y implanter : en 1643, Jacques Pronis créa le comptoir de Fort-Dauphin (l'actuelle Taolagnaro) au nom de la Compagnie française des Indes orientales. Étienne de Flacourt lui succéda jusqu'à ce que les volontés d'expansion à Madagascar soient délaissées au profit de deux nouvelles venues : l'île Bourbon (île de la Réunion) et l'île de France (île Maurice). Devenues les fers de lance de la présence française dans l'océan Indien, ces îles supplantèrent Madagascar, que les Français quittèrent en 1674.

L'Europe ne délaissa cependant pas tout à fait la Grande Île : à partir de la fin du XVIIe siècle et pendant plusieurs décennies, des bandes de forbans et d'écumeurs des mers menèrent leurs raids dans l'océan Indien depuis Madagascar.

Ethnies et royaumes

Le XVIe siècle vit l'organisation des grands groupes ethniques malgaches : Sakalava du Menabe et du Boina à l'Ouest, Antanosy au Sud, Betsimisaraka à l'Est et Merina dans les hautes terres. Cette histoire demeure mal connue et seuls quelques fragments nous en sont parvenus.

Des Sakalava, on sait qu'ils étendirent leur pouvoir jusqu'à l'embouchure de la Tsiribihina, puis, sous Andriamisara Ier, vers l'Est et les Hauts Plateaux. Son successeur, Andriandahifotsy, voulut soumettre le Sud et l'Est mais n'atteignit jamais cet ambitieux objectif. Sa mort mit fin à l'expansion de son royaume, qui fut par la suite fractionné en royaume sakalava du Boina, près de Mahajanga, et royaume sakalava du Menabe, aux environs de Morondava.

Sur la côte est, livrée pour une large part aux pirates venus d'Europe et d'Amérique du Nord, l'ethnie des Betsimisaraka s'unifia grâce aux efforts de Ratsimilaho, fils de Thomas White – un boucanier anglais – et de la princesse malgache Antavaratra Rahena.

Au sud, les Antanosy contribuèrent certainement à la création des ethnies bara, antandroy et mahafaly.

Livrée aux luttes de pouvoir de tous ces groupes, la Madagascar des XVIIe et XVIIIe siècles eut également maille à partir avec quelques nouveaux venus. Citons un comte franco-hongrois enrichi par la traite des esclaves, Maurice-Auguste de Benyowski, qui s'installa dans la baie d'Antongila et se donna le titre, tout honorifique, d'empereur de Madagascar...

La puissance croissante des Merina ne tarda pas à changer cette donne.

L'essor des Merina

C'est au XVIIIe siècle que commence la domination des Merina, groupe ethnique originaire des Hauts Plateaux et organisé dès le XVIe siècle. Elle s'étala sur plus d'un siècle. La montée en puissance des Merina débute en 1787, lorsque le chef Ramboasalama, arrachant le royaume à quatre de ses cousins cohéritiers, commence à régner sous le nom d'Andrianampoinimerina ("l'espoir d'Imerina" – son nom complet compte pas moins de 53 lettres !). Au cours des années suivantes, il s'emploie à unifier les tribus merina des hautes terres, parfois par les armes, et parvient à étendre son pouvoir à la quasi-totalité de l'île. A sa mort en 1810, son fils Laidama, devenu roi sous le nom de Radama Ier, met en place une armée de 35 000 hommes grâce à laquelle il réprime les insurrections des Betsileo dans le Sud et conquiert le Boina (le royaume sakalava du Nord-Ouest). En 1817, il asservit les tribus de l'Est puis étend son empire le long de la côte jusqu'à Fort-Dauphin (Taolagnaro).

Enfin, Radama Ier soumet le royaume antakàrana, situé à l'extrémité nord, dont les princes ont préféré le suicide ou l'exil à la reddition. Incapable de conquérir le royaume sakalava de Menabe, Radama épouse la princesse Rasalimo, fille du roi menabe Ramitraho, afin de s'assurer la souveraineté sur cette région.

La mer pour seule frontière

Au début du XIXe siècle, Radama Ier a réalisé les vœux de son père, qui souhaitait que son royaume ne possède "d'autre frontière que la mer". Depuis Antananarivo, devenue à la fin du siècle précédent capitale de l'Imerina (nom alors donné au pays Merina), il instaure une politique d'ouverture commerciale qui privilégie la Grande-Bretagne, avec laquelle il signe un traité interdisant le commerce des esclaves en 1817 (rappelons qu'à cette époque la France pratique toujours la traite outre-mer). Sous cette impulsion, la Grande Île construit ses premières routes, manufactures et écoles, s'ouvre à l'Occident et accueille des missions de confessions diverses, notamment la London Missionary Society. C'est également sous le règne de Radama Ier qu'est élaboré un système phonétique permettant de traduire le malgache. En 1820, la Grande-Bretagne ratifie un traité reconnaissant Madagascar comme un État indépendant sous autorité merina. L'influence britannique perdurera durant la presque totalité du XIXe siècle.

Le pouvoir des reines

A la mort de Radama, en 1828, sa veuve Ranavalona Ire lui succède. L'une des plus grandes figures de l'histoire malgache – certains historiens ne l'ont-ils pas appelée la Caligula malgache ? –, elle laisse derrière elle une image dominée par la cruauté (voir l'encadré). Son règne mérite cependant quelques nuances. Ranavalona Ire incarne en effet la réaction à l'ouverture du pays aux intérêts étrangers, entamée par son mari, et le retour aux valeurs culturelles malgaches. Cette réaction, il est vrai, se révèle on ne peut plus violente : la reine renforce l'armée, déclare la religion chrétienne illégale et martyrise les Malgaches qui l'ont adoptée, expulse les étrangers et les missionnaires...

Très méfiante vis-à-vis des étrangers, voire xénophobe selon certaines sources, Ranavalona Ire choisit pourtant pendant quelques années un conseiller français, Jean Laborde (voir l'encadré qui lui est consacré dans le chapitre *Antananarivo*).

Son fils Radama II, qui lui succède en 1861, révoquera plusieurs de ses diktats – dont le travail forcé –, instaurera la liberté de religion, réformera le système judiciaire, rouvrira le royaume aux étrangers et accordera des concessions pour le commerce extérieur. Son règne sera cependant de courte durée : un an après son accession au trône, une mystérieuse épidémie frappe Antananarivo, faisant de nombreuses victimes. La rumeur veut que la maladie soit une punition infligée par les ancêtres, mécontents de l'ami-

Au grand déplaisir de Sa Majesté

Nombreuses sont les sources qui attestent la cruauté de la reine Ranavalona Ire. Montée sur le trône à la mort de son époux, Radama Ier, Ranavalona Ire prend rapidement le contre-pied de la précédente politique d'ouverture. Déclarant le christianisme illégal, elle commence par faire jeter du haut des falaises d'Ambohipotsy plusieurs centaines de ses sujets qui refusent d'abjurer leur foi, ainsi que des missionnaires. Dans le même temps, les diplomates étrangers sont victimes de mauvais traitements, voire incarcérés. C'est cependant son propre peuple qui souffrira le plus du règne de celle qui fut surnommée la Caligula malgache. Elle ordonne à ses gardes, des Hova fort disciplinés, de soumettre toutes les tribus rivales de son royaume, de réduire ses ennemis en esclavage et de décimer les autres, ce qui sera fait. Ranavalona est aussi tristement célèbre pour ses méthodes de torture. Des prisonniers sont attelés par le cou à une roue en fer et lâchés dans la campagne, où ils errent en quête d'une nourriture que les paysans ont eux-mêmes du mal à trouver, jusqu'à ce qu'ils meurent de faim ou d'une rupture de la nuque. Des dizaines de victimes sont attachées à des pieux plantés dans de longs et étroits fossés que l'on remplit lentement d'eau bouillante. D'autres sont jetés du haut des falaises, reliés à un filin que l'on coupe ensuite.

Tous ceux que la reine soupçonne de trahison sont soumis à un procès par ordalie (épreuve impliquant des éléments naturels), y compris son neveu Rakotobe, l'héritier du trône, et jusqu'à ses amants. Ils sont forcés d'avaler trois morceaux de peau de poulet en même temps que des copeaux du fruit extrêmement toxique du tanghin, un arbre malgache. Agité de violentes convulsions, de crampes et de vomissements, l'accusé doit prouver son innocence en régurgitant les trois morceaux de poulet ; les shamans royaux jugent alors si le résultat semble de bon augure : si seulement deux morceaux réapparaissent, l'accusé est déclaré coupable et torturé à mort. Il peut être scié en deux, ou bien amputé de tous ses membres avant d'être cousu dans une peau de buffle et abandonné. La justice n'est pas de ce monde : Ranavalona mourut de mort naturelle…

Plusieurs écrivains européens de l'époque, dont Ida Pfeiffer et le Français Jean Laborde (dont on raconte qu'il fut l'amant de la reine) ont consigné ces excès par écrit. Les exploits de cette souveraine cruelle furent utilisés pour justifier l'expédition française de 1895, dont l'un des buts, selon la propagande militaire des colonisateurs, était de "libérer le pays de la brutalité merina".

tié de Radama avec les puissances européennes et de la présence croissante des étrangers à Madagascar. Les événements prendront un tour fatal le 11 mai 1862, lorsque Radama II est assassiné par le frère du Premier ministre.

C'est alors au tour d'une seconde reine d'accéder au trône : Rasoherina, veuve de Radama II. Conformément à la tradition, elle commence par épouser le Premier ministre, avant de voir son pouvoir limité par un décret stipulant qu'elle ne peut agir sans l'accord des ministres, et surtout du premier d'entre eux… Le jeune marié ne savourera pas longtemps sa toute-puissance : son frère, Rainilaiarivony – le général en chef de l'armée –,

organise une rébellion, usurpe ses fonctions et épouse la reine, devenant ainsi l'homme fort du royaume. Grande figure de cette époque, Rainilaiarivony répétera la manœuvre à trois reprises : à la mort de Rasoherina, en 1868, il épouse la nouvelle reine Ranavalona II (avec qui il se convertit au protestantisme), puis Ranavalona III quinze ans plus tard.

L'avenir de Madagascar, en cette fin du XIXe siècle, ne se joue cependant plus dans les couloirs du palais de la Reine. Déjà, il échappe à la monarchie merina au profit des Français et des Britanniques, qui n'ont jamais cessé d'avancer leurs pions sur la latérite de la Grande Île.

Arguant de son ancienne présence à Fort-Dauphin et profitant de la déliquescence du pouvoir merina, la France ne tarde pas à revendiquer des droits sur l'île et à menacer ses ports de ses canons. En 1885, Ranavalona III cède à la force et signe un traité qui préfigure le protectorat et accorde à la France une indemnité de guerre.

Cinq ans plus tard, la Grande-Bretagne reconnaît la souveraineté de la France sur la Grande Île. Dans les faits, les deux grandes puissances navales viennent de se partager les îles de l'océan Indien : Madagascar revient à la France, Zanzibar à la Grande-Bretagne.

L'expédition de 1895

La France, cependant, ne se contente pas du traité de 1885. Prenant prétexte du non-paiement de l'indemnité de guerre et de la "tyrannie" merina – arguments qui dissimulent mal une volonté réelle d'expansion coloniale –, elle réclame en 1894 la capitulation de la reine Ranavalona III et de son gouvernement. Essuyant un refus, l'armée française basée à Mahajanga avance vers Antananarivo, sous les ordres du général Duchesne. Lorsque les troupes françaises atteignent la capitale, le 30 septembre 1895, 11 000 hommes ont déjà péri de diverses affections. Bien qu'il n'en reste que 4 000 vaillants, ils parviennent à vaincre facilement les dernières défenses merina, qui n'opposent guère de résistance. Ironie du sort, ces derniers soldats merina sont dirigés par un ancien officier de l'artillerie britannique, le commandant John Graves.

Madagascar colonie française

Le 6 août 1896, Madagascar devient officiellement une colonie française. La France instaure un gouvernement colonial, nomme le général Joseph Gallieni premier gouverneur général – il tentera notamment de briser l'aristocratie merina en interdisant la langue malgache et en contrant l'influence britannique –, instaure le français comme langue officielle et fait exécuter deux ministres. L'année suivante, Gallieni exile la reine Ranavalona III sur l'île de la Réunion, puis en Algérie.

Dans les années qui suivent, le gouverneur abolit l'esclavage, mais met en place un système d'impôt des plus contraignants. Les Français s'attellent ensuite au développement des transports, des infrastructures, de l'éducation et de l'économie : création de voies ferrées, d'écoles, aménagement de ports, etc. Une économie axée sur l'exportation des richesses agricoles de la Grande Île voit parallèlement le jour, notamment autour de vastes concessions françaises d'import-export, en même temps qu'émerge une nouvelle élite malgache, formée et éduquée selon les normes françaises.

Il n'est guère facile de porter un regard impartial sur la colonisation. Les colons d'hier ne se rappellent que de la création des infrastructures et voient dans la déconfiture actuelle du pays un plaidoyer en faveur du bien-fondé de leur administration. Ils mettent également en avant le fait que la richesse par tête était alors supérieure, et la misère moins grande. Il n'en demeure pas moins que les Malgaches ont souhaité la fin de ce système, ce qui tend à démontrer, et c'est un euphémisme, que les "bienfaits de la civilisation" étaient mal répartis et que tout n'était pas rose dans la colonie Madécasse. Certaines voix malgaches ont comparé la politique de Gallieni à celle de la cruelle Ranavalona Ire.

Le nationalisme d'après-guerre

L'opposition malgache à l'administration coloniale voit le jour dès les lendemains de la Seconde Guerre mondiale, au cours de laquelle les Français de Madagascar se placent sous l'autorité du gouvernement de Vichy et du maréchal Pétain (les forces britanniques occupèrent Diégo-Suarez, Antananarivo et d'autres grandes villes jusqu'en 1943, date à laquelle elles furent rendues au général de Gaulle et à la France libre).

Si le sentiment nationaliste s'est déjà manifesté dès 1895 lors du mouvement des Menalamba et par la manifestation de 1929 dans la capitale, il prend rapidement une ampleur jamais égalée par le passé. C'est auprès des Merina (les Français n'ont-ils pas exilé leur dernière reine ?) et des Betsileo, dont le chef le plus respecté se nomme Jean Ralaimongo, que la contestation trouve le plus d'écho. La

Sur la route des négriers

Madagascar a payé un lourd tribut à l'esclavage. Si autant de noms de lieux de l'île voisine de la Réunion ont des origines malgaches, c'est en effet parce que Madagascar fut, dès le XVIIᵉ siècle, l'un des viviers où les négriers puisaient leur sinistre cargaison. "Il faudrait des Noirs pour cultiver ces terres" écrivait en 1671 un certain Dubois, embarqué à bord d'un navire de la Compagnie française des Indes orientales, au sujet de l'île de la Réunion. "Ces Noirs se peuvent tirer de l'île voisine de Madagascar, et particulièrement des provinces d'Antongil et de Galemboulle (?) et des environs". De fait, la côte de la Grande Île était alors un repaire de pirates dont certains ne rechignaient pas, à l'occasion, à faire commerce d'esclaves. La traite fut interdite par la Grande-Bretagne dès 1817. La France l'abolit en 1848. La prohibition de l'esclavage fut décrétée à Madagascar par la reine Rasoherina, en 1863.

tension monte, les grèves et les manifestations se multiplient jusqu'à l'insurrection de mars 1947, menée par Joseph Raseta et Joseph Ravoahangy, qui marque le point culminant de l'agitation. La répression française se solde par plusieurs milliers de victimes malgaches (certaines estimations font état de 80 000 morts). Ayant mis un terme à la révolte, le gouvernement en exile les chefs.

Les années 1950 verront la naissance des partis politiques, notamment du MDRM (Mouvement démocratique de la rénovation malgache, majoritairement Merina) et du PADESM (Parti des déshérités de Madagascar, avant tout côtier), qui deviendra par la suite le Parti social démocrate (PSD), dirigé par Philibert Tsiranana, membre de l'Assemblée nationale française. En France, l'idée de l'indépendance commence également à faire son chemin, lorsque de Gaulle revient au pouvoir en 1958, les Malgaches obtiennent par référendum le statut de république autonome au sein de la Communauté française d'outre-mer. La transition vers la proclamation de l'Indépendance,

le 26 juin 1960, se fera pacifiquement. Philibert Tsiranana devient le premier président du pays, redevenu souverain.

1960 : l'Indépendance

Tsiranana autorisera les Français à garder le contrôle des institutions commerciales et financières et à maintenir des bases militaires sur l'île. Dans les faits, ceux que Tsiranana désigne sous le nom de "19ᵉ tribu" gèrent encore les affaires du pays, notamment financières et commerciales, dans le cadre d'un accord de coopération.

La Première République malgache est ainsi marquée par une certaine fidélité au système mis en place par les Français. Proche dans ses idées de la SFIO française, opposé aux nationalisations et favorisant l'initiative privée, Tsiranana engage son pays dans une voie modérée qui fait cependant de moins en moins recette. Ses réélections, en 1965 et en 1972, n'empêchent pas la montée en puissance de l'AKFM, d'orientation marxiste, qui marque une cassure radicale avec l'Occident, visiblement souhaitée dans le contexte de l'époque. Des voix s'élèvent, en effet, pour réclamer un changement de politique envers la France et un rapprochement avec l'Union soviétique, ce à quoi se refuse Tsiranana, qui préfère ouvrir le dialogue avec l'Afrique du Sud.

Alors que la popularité du président commence à baisser, l'économie malgache marque des signes de faiblesse. Grande exportatrice de riz jusqu'alors, Madagascar doit pour la première fois en importer au cours de l'année 1970. En 1972, la violente répression d'une émeute dans le Sud achève de ruiner le crédit de Tsiranana.

La France, qui détient encore 85% des industries du pays, n'interviendra pas lorsqu'en septembre 1972, après des manifestations antigouvernementales de grande ampleur, Tsiranana finit par démissionner. Il transmet, avec beaucoup de réticence, le pouvoir au chef de ses armées, le général Gabriel Ramanantsoa.

Changement de cap

On a parfois qualifié le virage pris par la Grande Île après 1972 de "seconde Indépen-

Philibert Tsiranana, le "Père de l'Indépendance"

Né en 1912 de parents agriculteurs, le premier président de la République malgache est originaire du Nord de l'île. Formé par l'école coloniale, il est instituteur à 20 ans puis poursuit sa formation en France, ce qui lui vaut à son retour un poste à Tananarive (comme on disait alors). La SFIO fournit à Philibert Tsiranana le cadre de son premier engagement politique. En 1956, il fonde le PSD (Parti social démocrate). C'est à la quasi-unanimité qu'il est élu en 1960 à la présidence de Madagascar, nouvellement indépendante. L'un de ses premiers gestes sera de réhabiliter les parlementaires bannis après les événements de 1947.

Modéré, ouvert, habile, Tsiranana prend pour modèle les démocraties occidentales, ce qui ne lui vaut pas la sympathie de tous. Il sera néanmoins réélu en 1965 et en 1972. La fin de sa présidence sera marquée par des erreurs politiques (répression sévère d'émeutes dans le Sud, dénonciation d'un complot imaginaire) et par une montée de la contestation. Malade, Philibert Tsiranana, parfois appelé "le Père de l'Indépendance", sera contraint d'abandonner le pouvoir au régime transitoire du général Ramanantsoa en 1972. Il se retire alors de la vie politique et meurt en 1978.

dance" malgache. De fait, la politique du pays change dès lors radicalement. Les années de pouvoir du général Ramanantsoa sont marquées par la confusion. Sa politique peine à trouver sa voie jusqu'en 1975, année où il démissionne. Il est remplacé par le colonel Ratsimandrava, assassiné une semaine plus tard dans sa voiture (crime qui ne sera jamais élucidé). Après un intermède militaire, Didier Ratsiraka, capitaine de vaisseau et ancien ministre de Ramanantsoa, devient le nouvel homme fort du pays, qu'il engage sur la voie du socialisme révolutionnaire.

L'auteur du petit livre rouge malgache met un terme à toute relation avec la France et l'Occident, noue des liens avec la Chine, l'URSS et la Corée du Nord, retire le pays de la zone CFA (Communauté financière africaine), nationalise banques, compagnies d'assurances et autres sociétés sans compensation, installe un réseau d'entreprises publiques chargées des secteurs agricole et commercial, interdit aux ressortissants français les activités d'import-export, etc. Madagascar, dès lors, ressemble tant à une république marxiste (qu'elle ne sera jamais réellement) que les agriculteurs et hommes d'affaires français ne tardent pas à la quitter, emportant avec eux un savoir-faire technique dont le pays a grand besoin. Dans le même temps, la production des principales exportations (vanille, café, clou de girofle et viande) stagne, le système éducatif se désagrège et l'économie vivote. La nouvelle orientation économique de la République démocratique de Madagascar (RDM), en clair, s'apparente à un échec à bien des égards.

En 1981-1982, une dette excessive force Ratsiraka à repenser sa position et à suspendre les réformes malgré un débat agité à l'Assemblée. Il adopte alors des mesures d'austérité impopulaires afin d'obtenir des prêts du Fonds monétaire international (FMI) et de la Banque mondiale. L'économie malgache se redresse légèrement, pour rechuter rapidement. Le troisième mandat de Ratsiraka, après les élections contestées de mars 1989, débute au milieu des émeutes. Elles font 6 morts et 70 blessés. Pendant les premiers mois de 1991, des centaines de milliers de citoyens défilent pour réclamer la démission du président. De mai 1991 à janvier 1992, l'administration, l'économie et les transports sont bloqués par des grèves générales organisées par un parti d'opposition, Forces vives, désireux de voir partir Ratsiraka.

Contraint et forcé, le président accepte de réviser la Constitution, qui doit être ratifiée par référendum à une date indéterminée. Le 8 août 1991, il nomme le maire d'Antananarivo, Guy Razanamasy, chef du gouvernement provisoire.

La population ne croit pas à cette nouvelle promesse. Le 10 août 1991, 31 manifestants défilant pacifiquement sont tués par la garde présidentielle, entraînée en Corée du Nord, devant le somptueux palais présidentiel d'Iavoloha. Plusieurs officiers supérieurs passent à l'opposition en signe de protestation. Après neuf jours de contestation, Ratsiraka se déclare président d'une fédération malgache composée de six États. Sur une proposition de la France, une "consultation du peuple rapide et ordonnée" sur l'avenir du pays est organisée.

Fin octobre 1991, Ratsiraka signe avec le Premier ministre Razanamasy et les représentants de Forces vives un accord qui prévoit la création d'un État transitoire dirigé par Razanamasy, destiné à durer jusqu'aux prochaines élections pour la "Troisième République". Ratsiraka, cependant, refuse toujours de se démettre. Le 29 juillet 1992, des civils tentent un coup d'État qui échoue par manque de soutien populaire.

La Troisième République

Trois semaines plus tard, un référendum approuve à 70% la nouvelle Constitution limitant les pouvoirs présidentiels et redonnant à Madagascar son statut de république unitaire. Malheureusement, le résultat semble faussé par les violences entourant le vote : des manifestants en faveur de la fédération ont empêché près de 25% des électeurs de se rendre aux urnes. Le référendum reste cependant légal et les élections sont prévues pour la fin de l'année.

Après plusieurs hésitations, la date du premier tour de la présidentielle est fixée au 25 novembre 1992. Au cours des semaines précédentes, des troubles provoquent le blocus de la capitale, alors privée d'essence et presque de transports. Des militaires demandant le retour de l'État fédéral bombardent un passage à niveau entre Tamatave et Antananarivo.

Le premier tour se déroule néanmoins sans encombre. Le candidat de l'opposition, le professeur Albert Zafy, chirurgien, obtient 45,8% des voix contre 29% pour Ratsiraka, le reste s'éparpillant entre six autres candidats. Le second tour a lieu en février 1993.

En remportant 70% du vote, Zafy met fin aux 17 années du pouvoir autoritaire de Ratsiraka (sur les 33 d'Indépendance).

De Zafy à... Ratsiraka

Après la longue mainmise sur les affaires de Didier Ratsiraka, la tâche du nouveau président, amicalement surnommé "l'homme au chapeau de paille", pour relancer l'économie et gagner de nouveau la confiance des Malgaches n'est pas des plus simples ; d'autant que le parti d'opposition de Ratsiraka l'attend au tournant. La dette extérieure augmente tellement que le pays ne peut même plus rembourser les intérêts. Refusant d'imposer les mesures drastiques demandées par le FMI et autres organisations de prêts, Zafy se tourne vers des pourvoyeurs de fonds privés, rapidement accusés d'être des trafiquants de drogue notoires, dont il blanchirait l'argent... Surtout, on reproche son immobilisme au gouvernement, qui entend de nombreux conseillers mais prend peu de décisions.

Les affaires s'accumulent jusqu'en juillet 1996, lorsque Albert Zafy, sous les feux de l'Arema (le parti politique de Didier Ratsiraka) se voit subitement démis par le Parlement pour "abus d'autorité" et "non respect de ses pouvoirs constitutionnels" (il a, par exemple, essayé de renvoyer son Premier ministre). L'affaire est jugée devant la Haute Cour constitutionnelle, qui confirme la décision du Parlement en reprochant au président de ne pas avoir respecté certains points de la nouvelle Constitution, notamment la création d'un Sénat.

Le premier tour de la nouvelle élection présidentielle a lieu en novembre 1996. Il oppose quinze candidats, dont Didier Ratsiraka, qui a passé les dix-neuf mois précédents en France.

A la surprise générale, y compris des observateurs internationaux, ce dernier arrive en tête au premier tour avec 50,7% des suffrages. Albert Zafy (49,3% des votes) dénonce évidemment une irrégularité. Ratsiraka revient néanmoins au pouvoir en février 1997, annonçant que Madagascar doit devenir "une république humaniste et écologique"... Son nouveau mandat, entre 1997 et 2001, est marqué par l'ébauche de réformes économiques dictées par le FMI et la Banque mondiale.

"Affaires" malgaches

Les élections présidentielles de 2001-2002 ont été à l'origine de quelques "affaires" retentissantes. La première en date est venue de la décision du gouvernement de Didier Ratsiraka de porter à 125 millions de francs malgaches (20 000 € environ) la caution exigée des candidats. La presse n'a pas manqué de tirer à boulets rouges sur cette "sélection par l'argent", avant de se pencher sur l'affaire des cartes d'identité. Des voix, en effet, se sont fait entendre durant la campagne pour dénoncer certaines autorités locales, accusées de ne délivrer de cartes d'identité – obligatoires pour obtenir une carte d'électeur – qu'aux électeurs votant selon leur désir...

La décision du candidat-président Didier Ratsiraka de remplacer le président de la Haute Cour constitutionnelle (HCC), qui a notamment en charge le contrôle des élections, quelques semaines avant le scrutin et les sanctions imposées à la société d'un candidat, ont constitué les autres péripéties des semaines pré-électorales. Les élections en elles-mêmes ont fait l'objet de nombreux rebondissements et ont donné lieu à des manifestations à l'issue du premier tour.

Ces scandales, cela dit, ne sont pas les premiers à toucher la Grande Île : l'exploitation minière, la pêche crevettière, la lutte contre les criquets, l'entreprise Decagon, liée à la famille Ratsiraka, ou encore la politique vis-à-vis de l'aide humanitaire ne sont que quelques exemples des "affaires" soulevées à Madagascar ces dernières années...

Madagascar aujourd'hui

Madagascar offre au début du XXIᵉ siècle le visage d'une société en mutation. L'actualité du pays est dominée par l'économie : l'accord signé en 1996 avec le FMI et la Banque mondiale impose à Madagascar une restructuration profonde, passant notamment par la privatisation des entreprises. Cette rupture de l'isolement de la Grande Île et son retour sur la scène internationale ont provoqué l'arrivée timide d'investisseurs étrangers, profitant d'une main-d'œuvre qui compte parmi les moins chères du globe, du statut de zone franche et de l'octroi de baux emphytéotiques (d'une durée de 99 ans), privilège quasi impensable par le passé. Dans le même temps, la réorganisation administrative du pays autour de six provinces autonomes est devenue réalité avec l'élection des 6 gouverneurs (appartenant tous au parti de Didier Ratsiraka, l'Arema), en juin 2001.

Si les observateurs internationaux considèrent ces mutations comme autant de signes encourageants, le pays n'est pourtant pas tiré d'affaire, tant s'en faut.

Le processus de privatisation, en premier lieu, tarde à atteindre les résultats escomptés. Les opérations de privatisation des entreprises sucrières, des chantiers navals et des télécommunications semblent en sommeil ; la cession d'Air Madagascar paraît avoir été mise entre parenthèses après avoir soulevé divers scandales. Quant à la privatisation de la Solima (lubrifiants et carburants), reprise par un consortium de grands pétroliers internationaux, elle a débouché sur une augmentation massive du prix des carburants.

L'évolution de l'économie malgache, enfin, n'a à ce jour apporté aucune réponse aux problèmes les plus criants du pays, dénoncés chaque jour par la presse : pauvreté, corruption, mainmise d'une intelligentsia sur les richesses, défaillance de l'État, recours systématique à l'aide internationale, et son détournement occasionnel...

Ces enjeux sont au cœur de l'élection présidentielle de 2001-2002, en cours à l'heure où nous écrivons ces lignes. Elle oppose Didier Ratsiraka, sexagénaire connu de tous, côtier, ancien marxiste converti au libéralisme, allié de longue date à la France et considéré par ses détracteurs comme le symbole des maux dont souffre le pays, à Marc Ravalomanana, maire d'Antananarivo, originaire des hautes terres, chef d'entreprise peu connu en brousse et considéré comme plus proche des États-Unis que de la France. A l'issue du premier tour, les résultats "officiels" créditaient Didier Ratsiraka d'environ 40% des suffrages et Marc Ravalomanana d'un peu plus de 46%, ce qui rendait nécessaire la tenue d'un second tour. Marc Ravalomanana contestait cependant ces chiffres. S'appuyant notamment sur les résultats d'un "groupe d'observateurs indépendants", il estimait avoir été élu au premier tour avec plus de 51% des voix. Cette situation tendue a été à l'origine de manifestations dans le pays début 2002.

GÉOGRAPHIE

Madagascar s'étend dans l'océan Indien face à l'Afrique (Mozambique), dont elle est séparée par les 400 km du canal du Mozambique. Le tropique du Capricorne traverse l'île à hauteur de Tuléar (Toliara). Excepté son extrémité sud, Madagascar se situe en zone tropicale. Tout autour, s'éparpillent plusieurs îles plus petites et des archipels coralliens, dont Nosy Be et Sainte-Marie.

Madagascar est la quatrième île du monde par sa superficie, après le Groenland, la Nouvelle-Zélande et Bornéo. Elle mesure 1 580 km du nord-est au sud-ouest et 570 km en sa partie la plus large. Avec une superficie de 594 180 km^2, elle est légèrement plus grande que la France. Son littoral se déroule sur plus de 5 000 km.

Sa géographie se scinde en trois bandes parallèles dans le sens nord-ouest : les bas plateaux et les plaines de l'Ouest, les hautes terres du Centre et l'étroite côte orientale. Politiquement, Madagascar est divisée en six régions : Toliara (Tuléar), Fianarantsoa, Mahajanga, Toamasina (Tamatave), Antsiranana (Diégo-Suarez) et Antananarivo.

Véritable épine dorsale de l'île, les hautes terres la traversent dans presque toute sa longueur, du nord au sud. Elles s'élèvent entre 750 et 1 350 m au-dessus de la mer. Le Tsaratanana, au Nord-Ouest, l'Ankaratra, au sud de la capitale, et l'Andringitra, dans les environs de Fianarantsoa, sont les trois massifs principaux. Le pic volcanique de Tsaratanana (2 876 m), est le point culminant de Madagascar.

A l'est, les Hauts Plateaux se prolongent par des escarpements abrupts et des collines couvertes de forêts tropicales jusqu'à une mince plaine côtière. Le long de la côte orientale, presque linéaire, s'étend le canal des Pangalanes, un cours d'eau intérieur de plus de 600 km formé d'une série de canaux et de lacs, artificiels ou naturels.

Les versants descendent plus doucement à l'ouest des Hauts Plateaux, où des collines se succèdent jusqu'aux grandes plaines du littoral. Cette zone occidentale, autrefois couverte de forêts comme la majeure partie de l'île, n'est plus qu'une vaste savane parsemée de quelques bosquets d'arbres à feuilles caduques. Les Malgaches y pratiquent l'agriculture la plus intensive. La côte ouest se compose de marais de mangroves et de longues plages de sable.

Le Sud de Madagascar présente les paysages les plus arides.

GÉOLOGIE

Contrairement aux îles voisines – Maurice, la Réunion, Rodrigues, les Comores –, Madagascar n'est pas d'origine volcanique, même si des volcans ont donné naissance à la montagne d'Ambre, au massif de l'Ankaratra ou au lac Itasy. Cette île continentale doit sa place au milieu de l'océan à la tectonique des plaques, ou dérive des continents.

Il y a environ 250 millions d'années, les continents de la planète étaient regroupés en une seule masse appelée *Pangaea*, qui s'est séparée en deux pour former les supercontinents du *Gondwana* et du *Laurasia*. Au cours des 65 millions d'années suivantes, la partie sud, le Gondwana, a commencé à dériver vers le nord, abandonnant plusieurs sections en route, dont l'Australie et l'Antarctique. Plus tard, un morceau qui deviendra l'Inde s'est détaché pour rejoindre le Laurasia au nord.

Voilà près de 165 millions d'années, l'Amérique du Sud s'est séparée de l'Afrique avant de glisser vers le nord-ouest. Madagascar, qui faisait alors partie du continent africain, probablement au niveau de la Somalie, s'est progressivement détachée jusqu'à adopter sa forme actuelle.

Géologiquement, un soubassement cristallin constitue la majeure partie de l'île. Seule exception, la côte ouest se compose essentiellement de latérite – une terre rougeâtre – accumulée sur une couche de matériau sédimentaire. Cette dernière est notamment

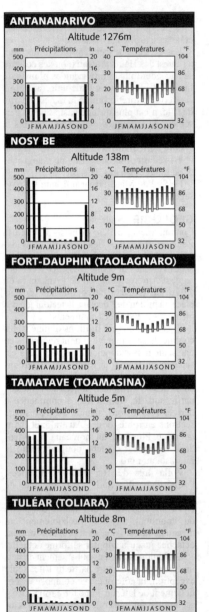

constituée de formations karstiques (calcaires) appelées *tsingy*, qui résultent de la sédimentation de formations coralliennes et de fragments de coquilles d'animaux marins sur une plaque restée immergée lors de la séparation de l'Afrique et de Madagascar. Ramené à la surface par un glissement tectonique, ce gigantesque ensemble calcaire a ensuite été sculpté par l'érosion et l'acidité des pluies.

Il existe enfin, notamment dans les hautes terres, des dépôts de minerais et de pierres semi-précieuses comme le jaspe, l'agate, le zircon, le quartz rose ou fumé, la pierre de lune, la tourmaline, le béryl rose et l'améthyste. On a également découvert des gisements de saphir et d'or.

CLIMAT

Madagascar connaît diverses conditions climatiques du fait des variations d'altitude et de l'orientation nord-sud de l'île. Les alizés régnant à l'Est et les moussons au Nord-Ouest, la plupart des précipitations tombent sur la côte orientale, les versants est et l'extrémité nord. Les régions situées au sud-ouest des hautes terres restent sèches en quasi permanence.

Dans la plus grande partie du pays, la saison sèche alterne franchement avec la saison des pluies. En règle générale, la saison sèche s'étale d'avril à octobre et la saison des pluies de novembre à mars, bien qu'elle ne débute parfois qu'à Noël.

Hautes terres. Le Centre de Madagascar connaît une alternance marquée entre saison sèche et saison des pluies. La chaleur est tempérée en saison sèche par l'altitude. Les nuits peuvent y être particulièrement fraîches.

Est. C'est la région la plus pluvieuse (et donc la plus verdoyante) de la Grande Île. Outre la saison des pluies, qui donne lieu à des ondées en soirée, de novembre à mars, les précipitations peuvent y être abondantes entre juin et fin août. Les mois de septembre et d'octobre sont les moins arrosés.

Nord. Les saisons sèches et humides sont bien différenciées mais les précipitations sont plus faibles que sur la côte est. Les alizés peuvent être violents aux environs de Diégo-Suarez entre juin et octobre. Nosy Be connaît une saison des pluies marquée.

Ouest. Les saisons sèches et humides sont marquées, mais les pluies sont très limitées et la chaleur souvent élevée. La saison des pluies dure approximativement de novembre à février et le climat reste chaud pendant les deux saisons.

Sud. Climat semi-aride. Les précipitations sont minimes, la saison sèche, longue et caniculaire. Les maigres pluies s'abattent pendant quelques courtes semaines en décembre et en janvier.

Pendant la saison sèche (l'hiver), les températures moyennes oscillent entre 30°C sur les côtes (avec un record à 44°C) et 25°C sur les Hauts Plateaux. Sur les sommets, le mercure peut descendre à -15°C. A Antananarivo (située à 1 300 m d'altitude) et sur les hautes terres environnantes, la température nocturne peut chuter à 0°C en juillet-août. Les cyclones, qui se créent dans l'océan Indien entre janvier et mars, frappent parfois la côte est, l'extrémité nord et, plus rarement, l'extrémité sud.

ÉCOLOGIE ET ENVIRONNEMENT

La faune et la flore de Madagascar existaient en grande partie avant l'arrivée des hommes, il y a 1 500 ou 2 000 ans. Apportant le riz et les zébus, l'homme a modifié le paysage pour l'adapter aux cultures et à l'élevage, faisant des espèces locales leurs premières victimes. De nombreuses créatures ont ainsi disparu : l'hippopotame nain, plusieurs espèces de lémuriens, mais aussi l'*æpyornis*, probablement le plus grand oiseau ayant jamais existé (dont les œufs et les coquilles fossilisés, qu'il est interdit de ramasser et d'emporter, sont visibles à l'extrémité sud de l'île).

Geralda, Hudah, Éline et les autres

S'ils sont moins violents que leurs homologues de l'Atlantique ou du Pacifique, les cyclones sont fréquents dans le sud de l'océan Indien. Ils suivent le plus souvent une route nord-est/sud-ouest et se forment entre octobre et avril.

Véritables machines à vapeur transformant la chaleur en mouvement, ces phénomènes météorologiques trouvent leur origine dans la conjonction de différents facteurs. Une température de la mer de 26°C minimum sur une hauteur de 60 à 100 m, l'existence d'une dépression initiale rendant les masses d'air instables et un taux d'hygrométrie élevé en sont les principales composantes. Un double mouvement se produit alors. Il associe le puissant flux vertical de la vapeur d'eau s'échappant de la mer vers le haut à une rotation horizontale, causée par la force de Coriolis. Cette dernière, née de la rotation de la Terre, crée en effet le mouvement de tourbillon du cyclone (c'est cette même force qui fait tourner l'eau d'un évier que l'on vide dans le sens des aiguilles d'une montre dans l'hémisphère Sud). C'est dans le "mur" du cyclone (qui ceinture "l'œil", la zone de calme relatif) que ce phénomène est le plus intense. Les cyclones gardent cependant une certaine part de leur mystère et le phénomène peut ne pas se produire malgré des conditions favorables à sa formation.

Le trajet de ces monstres – dont le tourbillon, de 500 à 1 000 km de diamètre, se déplace à une vitesse de 30 à 50 km à l'heure, alors que les vents à l'intérieur peuvent souffler de 200 à 300 km à l'heure – est toujours impossible à prévoir avec certitude. On a déjà vu des cyclones former des boucles, ou encore revenir suivant le même trajet. Privés de leur combustible (la chaleur de l'eau), ils perdent rapidement de leur force dès qu'ils évoluent sur la terre ferme.

Les dommages qu'ils causent aux zones habitées se trouvant sur leur fantasque passage peuvent être considérables. En plus des vents violents, les cyclones s'accompagnent en effet de pluies torrentielles tout aussi dévastatrices, de flots de boue, de raz de marée, etc. Leurs noms sont définis à l'avance chaque année, le premier de la saison commençant par la lettre A, et ainsi de suite. Éline, cinquième dépression cyclonique à s'être formée dans l'océan Indien en 2000, a durement frappé la côte est de Madagascar. En avril de la même année, Hudah aurait fait 300 000 sans-abri et coûté la vie à une vingtaine de personnes aux environs de la péninsule de Masoala. On estime à 70 000 le nombre des victimes de Geralda à Madagascar en 1994.

Ces grands arbres qui cachent la forêt

L'écotourisme est à la mode. Tant mieux pour Madagascar, qui a tellement besoin de cette manne de devises que représente le tourisme. Véritable arche de Noé, sanctuaire animal et végétal unique au monde, la Grande Île offre amplement de quoi satisfaire les amateurs de faune et de flore rares les plus blasés.

L'écotourisme a cependant un revers perfide. Avec l'arrivée de la vague verte, on s'émeut en Europe de la destruction massive de la forêt malgache. Certes, il s'agit d'un authentique désastre, mais il reste économique avant d'être écologique ; c'est en effet pour nourrir leurs troupeaux, se chauffer (il fait froid sur les plateaux) et cuire leurs aliments que les villageois embrasent des centaines d'hectares boisés. L'arbre ne doit pas cacher la forêt : si la forêt malgache est en péril, c'est que les 15 millions d'habitants de la Grande Île le sont aussi.

Le plus grand danger qui menace la faune malgache est, encore maintenant, la destruction de son habitat. La déforestation en est le principal facteur : le pays a déjà perdu plus de 85% de sa couverture forestière originelle, ce qui met sérieusement en péril de nombreuses espèces uniques de Madagascar. La pratique de la culture sur brûlis, ou tavy, qui a certes ouvert des régions autrefois inhospitalières à l'agriculture, tend à appauvrir les sols. Dans les régions occidentales plus arides, c'est au profit des pâturages pour les bovins et autres troupeaux domestiques que de grandes surfaces de brousse naturelle sont brûlées. Dans les aires les plus pauvres, la population élève des chèvres qui broutent la végétation jusqu'aux racines, laissant la terre stérile. Selon certaines estimations, 30% de la superficie de Madagascar serait brûlée ou rebrûlée chaque année. L'île semble ainsi enfermée dans un cercle vicieux : l'accroissement de la population exige de plus en plus de terres agricoles, lesquelles sont obtenues par brûlis, qui limite à long terme les terres cultivables et les pâturages disponibles.

De nombreuses mesures visant à interdire les nouveaux brûlis – souvent difficiles à faire respecter dans un pays ou le tavy est quasiment une tradition et où les besoins en bois, notamment pour se chauffer ou cuire la nourriture, sont réels – ont été mises en place, avec plus ou moins de succès.

Le World Wildlife Fund (WWF) constate les faits suivants : Alors que les organismes de conservation internationaux ont reconnu en Madagascar l'un des pays les plus riches de la planète sur le plan écologique, l'île reste aussi l'un des pays les plus pauvres et l'un de ceux où, malheureusement, l'héritage naturel et la diversité biologique se trouvent le plus en danger. Il y a quelques années, cette dichotomie, plus flagrante à Madagascar que dans bien d'autres régions, a créé des tensions entre les partisans de la préservation (c'est-à-dire de la sanctuarisation de zones qui n'ont pas subi l'impact de l'homme, à ne pas confondre avec la conservation, qui inclut l'homme et ses besoins dans la démarche) et ceux du développement.

A Madagascar comme ailleurs, les questions d'environnement doivent tenir compte des pressions démographiques et des pratiques agricoles traditionnelles qui, malheureusement, conduisent souvent à une exploitation abusive des ressources disponibles.

Comme souvent, la pauvreté, l'isolement et le manque d'éducation représentent les plus grands obstacles à la conservation de l'île. La spirale de dégradation de l'environnement va de pair avec la récession économique et l'augmentation de la demande en ressources naturelles. Le WWF et les autres organismes de conservation se montrent particulièrement sensibles aux valeurs et aux systèmes traditionnels et particulièrement créatifs pour développer de nouvelles initiatives. La mode de l'écotourisme, grâce à laquelle le pays prend de plus en plus conscience des avantages économiques que peut lui rapporter un environnement préservé, paraît cependant de bon augure.

Politiques et efforts de conservation

Madagascar a signé la convention sur le Commerce international des espèces en voie de disparition (CITES). En théorie, elle ne vend donc aucun des nombreux animaux qui y sont répertoriés. Des lois nationales protègent également certaines espèces précises, dont tous les primates, le dugong et d'autres mammifères marins, les tortues de mer, les tortues menacées et les boas. Ces lois ne sont cependant pas toujours appliquées, comme l'a rappelé ces dernières années la découverte de divers trafics (certaines sources ont même cité Madagascar comme étant une plaque tournante du trafic d'animaux).

A la fin des années 1980, le gouvernement malgache a rédigé avec d'importantes agences d'aide, comme la Banque mondiale, l'US-AID et l'Unesco, un plan d'action pour l'environnement fondé en grande partie sur les conclusions d'une étude du WWF. Prévu sur 20 ans, il a été ratifié en 1990 et a abouti à l'élaboration d'une charte de l'environnement. Ces deux documents édictent la base de la stratégie pour la conservation, qui comprend la protection des environnements naturels, la réduction du gaspillage des ressources naturelles, l'utilisation de sources d'énergie locales alternatives, le contrôle de la pollution et la conservation de l'environnement marin.

Le WWF et d'autres organisations travaillent sur place à la formulation et à l'application d'un grand nombre de mesures, comme la formation d'enseignants, le lancement de programmes d'éducation et de campagnes médiatiques, la gestion des aires protégées, l'organisation de groupes de conservation locaux ou encore la formation de régisseurs et de gardes pour les réserves locales.

Plongée et environnement : quelques recommandations

L'impact de la plongée sur le patrimoine sous-marin n'est pas nul. Pour limiter au maximum la pression sur cet écosystème fragile, les visiteurs sous-marins s'en tiendront aux recommandations suivantes :

- survolez les fonds et évitez les coups de palme intempestifs grâce à une bonne maîtrise de votre flottabilité et de votre stabilisation. La faune fixée, notamment les gorgones et les éponges, ainsi que les polypes coralliens, ne résistent pas à ces coups de boutoir dévastateurs.

- ne jetez pas l'ancre sur les récifs, et faites pression sur les centres de plongée et les organismes officiels pour qu'ils installent des bouées d'amarrage sur chaque site.

- évitez tout contact avec des organismes marins vivants. Un simple effleurement suffit à endommager les polypes. Ne touchez pas les coraux.

- ne vous attardez pas dans les grottes : les bulles qui s'échappent des détendeurs restent prisonnières sous les voûtes, exposant ainsi des organismes au milieu aérien qui se nécrosent.

- ne remontez rien du fond, pas même un coquillage.

- emportez tous vos détritus et ramassez ceux que l'on trouve sous l'eau, notamment les sacs plastique, particulièrement dangereux pour la faune. Certaines espèces risquent en effet de les absorber et de s'étouffer.

- résistez à la tentation de nourrir les poissons. Les aliments étrangers à leur régime habituel peuvent perturber leur métabolisme et conduire à des comportements contre nature.

- limitez vos interactions avec les animaux. Contentez-vous d'être un observateur bienveillant et responsable. Par exemple, ne chevauchez pas des tortues, source de stress pour cette espèce.

La réglementation des parcs et réserves

Les organismes qui gèrent les parcs et réserves de Madagascar demandent aux visiteurs de respecter les consignes suivantes :

- Ne déracinez jamais les plantes, ne les coupez pas, ne cueillez ni fruit ni fleur.
- Ne capturez jamais les animaux ; ne les extrayez pas de leur milieu naturel.
- Sauf indication contraire, vous devez être accompagné d'un guide.
- Ne campez que dans les zones désignées à cette fin.
- Les feux sont interdits sauf dans les sites dévolus au camping. Éteignez-les très soigneusement, tout comme les cigarettes.
- Ramassez tous les déchets quand vous partez.
- Ne donnez pas à manger aux animaux.

Écotourisme

Les visiteurs peuvent contribuer à la préservation des espèces et des écosystèmes uniques de Madagascar. L'écotourisme, en effet, ne se borne pas à passer ses vacances dans un milieu naturel. Il s'agit d'adopter certaines règles de conduite afin d'affecter le moins possible la région visitée. Voici quelques suggestions :

N'achetez aucun produit qui crée ou encourage le commerce des espèces en voie de disparition ou menacées. Le gouvernement malgache interdit l'achat et l'exportation d'animaux vivants, de coquillages, d'objets en écaille, de coraux, etc. Dans l'intérêt de l'archéologie et de la préservation du patrimoine, n'emportez aucun bibelot ou vestige présenté comme une antiquité.

Dépensez votre argent avec discernement. Favorisez autant que faire se peut les vendeurs, les entreprises et les agences, en particulier malgaches, qui emploient des méthodes respectant l'environnement (par exemple, les lampes à pétrole et les petites voitures fabriquées à partir de boîtes de conserve recyclées).

Lorsque vous parcourez les parcs nationaux et des régions reculées, sachez vous contenter des ressources locales, notamment pour le logement et la nourriture. N'exigez pas toujours un hôtel touristique, qui ponctionne souvent l'électricité et l'eau des communautés environnantes, des produits et des aliments qui doivent être transportés par camion depuis une autre région, ce qui demande des efforts et des infrastructures, ou de l'eau chaude obtenue en général par feux de bois dans des zones où les bûches manquent et où la déforestation fait des ravages.

Payez les droits d'entrée dans les parcs et les réserves aux autorités compétentes. Résistez à l'envie de passer par des réseaux non officiels. Ces droits servent en effet à entretenir les parcs, à protéger leur environnement, à développer l'économie locale et, point crucial, à démontrer à la population que prendre soin de la faune et de la flore peut être source de profit.

Ne partez pas avec l'idée que vous en savez plus que la population locale sur l'environnement et la cohabitation avec la nature.

RÉSERVES ET PARCS NATIONAUX

Le gouvernement colonial français a ouvert les premiers parcs de Madagascar en 1927. En 1985, il existait 36 réserves protégées. Aujourd'hui, plus de 50 parcs nationaux et réserves couvrent 12% de la surface inhabitée du pays. Si ce pourcentage semble impressionnant, sachez qu'une partie seulement bénéficie d'une véritable protection – quoique des efforts constants soient faits dans ce domaine – et que les touristes n'ont pas accès à tous.

Gestion

Les différents parcs et réserves fonctionnent selon un système complexe de propriété et de gestion. Certains appartiennent à des particuliers, d'autres sont cogérés par des agences de développement internationales. La plupart sont cependant placés sous l'égide de l'Angap (voir ci-dessous). Souvent, la mise en place d'un espace protégé (bornage du terrain, politique de protection) est confiée à un organisme international

(WWF, Care International, etc.), qui transmet par la suite la gestion du site à l'Angap.

L'Association nationale pour la gestion des aires protégées (Angap) est une étonnante ONG malgache. Inaugurée en 1991, elle gère la plupart des parcs nationaux et possède des bureaux à l'entrée de tous les parcs et réserves ouverts aux visiteurs. C'est auprès de ses services que vous devrez acheter vos permis d'entrée. Le siège de l'Angap (☎ 22 415 54 ou 22 415 38, fax 22 415 39, angap@dts.mg, www.parcs-madagascar.com) se situe dans le quartier d'Ambatobe à Antananarivo.

Le ministère des Eaux et Forêts (☎ 22 645 88) a également son mot à dire dans la conservation de certains espaces.

Le WWF (World Wildlife Fund, ☎ 22 348 85, fax 22 348 88), Lot Près II M 85 Ter, Antsakarivo, Antananarivo, est l'organisation internationale la plus active pour la protection de l'environnement. Il dispose de centres à proximité des principaux projets en cours.

Classification

L'Angap classe ses parcs et réserves selon trois catégories générales :

Parc national. L'agriculture, la chasse, le débitage et l'habitat y sont interdits. Les étrangers peuvent effectuer des visites guidées.

Réserve spéciale. Ce statut vise à protéger des régions particulières, où la faune et la flore sont moins importantes. Les étrangers peuvent les parcourir et la population locale s'y établir, mais l'agriculture, la chasse et le débitage restent prohibées.

Réserve naturelle intégrale. Leur accès est strictement interdit, à l'exception des chercheurs autorisés.

Enfin, certaines zones, désignées "sites d'intérêt biologique" ou "réserves forestières", sont ouvertes aux visiteurs et aux habitants.

Les principaux parcs et réserves

La liste ci-dessous, loin d'être exhaustive, indique les principaux parcs et réserves.

Centre

Parc national de Ranomafana. Il préserve une partie de la forêt tropicale orientale et abrite de nombreuses espèces, dont plusieurs lémuriens. Il représente le seul habitat connu de l'hapalémur doré et du très rare hapalémur à nez large.

Est

Parc national d'Andasibe-Mantadia et réserve spéciale d'Analamazaotra. Encore souvent désigné sous le nom de réserve de Périnet, il permet d'observer au mieux le plus grand lémurien, l'indri, ainsi que d'autres espèces, dont des caméléons.

Parc national de Masoala. Vous pourrez y faire une exceptionnelle randonnée en traversant la forêt humide de la péninsule du même nom.

Réserve de Nosy Mangabe. Cette magnifique île perdue à l'est de Madagascar présente une faune et une flore très variées. C'est l'endroit le plus propice pour contempler des ayes-ayes à l'état sauvage.

Parc national de Mananara Nord. Ce parc, qui reste particulièrement difficile d'accès, correspond à une "réserve de la biosphère" dans la classification de l'Unesco. Il comprend de larges étendues de forêt primaire, de végétation côtière et de récifs coralliens. Il protège aussi plusieurs espèces de lémuriens, dont l'aye-aye et le chirogale à oreilles velues.

Sud

Parc national de l'Isalo. Les paysages étranges et spectaculaires de l'Isalo offrent la possibilité de fabuleuses randonnées. Ils abritent une végétation inhabituelle et plusieurs espèces de lémuriens.

Parc national de l'Andringitra. Ce parc récemment ouvert aux visiteurs est exceptionnel pour ses possibilités de randonnée et de "sportnature". Vous pourrez y gravir le pic Boby, plus haut sommet accessible de l'île (2 658 m).

Réserve privée de Berenty. Elle permet de croiser des maki catta ou bruns, des sifaka, des lémuriens nocturnes et autres animaux, et contient l'un des derniers massifs de forêt à galeries du pays.

Réserve spéciale de Beza-Mahafaly. Plutôt difficile d'accès, elle s'étend près de Tuléar. Dans de vastes forêts d'épineux et à galeries, elle abrite des maki catta et des sifaka.

Nord

Parc national de la montagne d'Ambre. Localisé au sud de Diégo-Suarez, il regorge de maki couronnés. Ses beauxpaysages se caractérisent par des forêts tropicales et de ravissantes chutes d'eau.

Réserve spéciale de l'Ankàrana. Ce beau massif allie tsingy, forêts et grottes.

Ouest

Parc national des Tsingy de Bemaraha. Il renferme les exceptionnels paysages des tsingy.

Réserve d'Ankarafantsika et réserve forestière d'Ampijoroa. Implantées à l'écart, près de Mahajanga, elles permettent d'apercevoir des sifaka, des lémurs bruns et même des makis mongos.

Permis

Les étrangers doivent se procurer un permis pour chaque parc ou réserve, quels qu'en soient les propriétaires. Outre l'obtention de fonds pour l'entretien et le développement des parcs, ces permis permettent de contrôler le nombre de visiteurs. Gardez votre billet en permanence : un responsable peut vous le demander à l'intérieur ou à la sortie du parc. Les règles à suivre pendant la visite sont rappelées au verso des tickets de l'Angap.

Vous trouverez ces permis à l'entrée des réserves et parcs principaux ou à l'Office national de l'environnement d'Antananarivo (reportez-vous à cette ville).

A l'heure où nous écrivons ces lignes, le droit d'entrée exigé par l'Angap s'élève à 50 000 FMG pour les adultes et à 2 500 FMG pour les moins de 14 ans. Ce permis autorise à rester dans un parc ou une réserve pendant trois jours consécutifs. Les chercheurs et les producteurs de films doivent demander un permis spécial au siège de l'Angap, à Antananarivo (voir l'adresse en début de rubrique)

Ces tarifs peuvent sembler excessifs (d'autant plus que vous devrez payer en plus les services de guides), mais sachez que la moitié de l'argent recueilli bénéficie au développement local des parcs concernés. L'autre moitié sert à financer l'Angap, ainsi que des routes, des programmes d'éducation, des panneaux explicatifs, etc.

"Passeport" de l'Angap. L'Angap a instauré un "passeport pour les parcs de Madagascar" qui s'avère avantageux si vous souhaitez visiter plusieurs parcs et réserves (tous ne sont pas concernés). Après avoir acheté votre "passeport" 20 000 FMG, vous paierez un tarif dégressif selon le nombre de parc visités : 75 000 FMG pour 2 parcs, 115 000 FMG pour 3 parcs, 150 000 FMG pour 4 parcs et plus. Cette formule autorise par ailleurs un délai de visite des parcs de 7 jours. Renseignez-vous au siège de l'Angap ou à l'Office national de l'environnement d'Antananarivo.

Guides

L'Angap et la plupart des autres agences exigent que les visiteurs soient accompagnés d'un guide pour visiter les parcs. Elles s'assurent ainsi que les étrangers se comportent correctement, tout en créant des emplois et en favorisant une économie locale basée sur la conservation. Les guides permettent aussi de mieux apprécier la faune et la flore, en décrivant les plantes ou en repérant les lémuriens. La très grande majorité des guides parle français (entre autres langues).

Les tarifs des guides sont toujours affichés à l'entrée des parcs, près du guichet, et ne sont pas négociables. Ils sont mentionnés dans ce guide pour chaque parc et réserve.

Documentation

L'Angap publie un magazine trimestriel en français, *Hanitriniala*. Vous le trouverez dans ses bureaux et ceux du WWF, et dans les grandes librairies de la capitale. Il contient des informations actualisées sur les parcs et des débats écologiques. *Vintsy*, du WWF, imprimé en français et en malgache, s'adresse plutôt aux enfants pour les sensibiliser à l'écologie. L'Angap édite quelques brochures sur les différents parcs, mais ne vous attendez pas à les trouver facilement. Vous vous procurerez également des informations sur le site de l'Angap : www.parcs-madagascar.com.

FAUNE ET FLORE

Madagascar possède une faune et une flore d'exception, qui ont évolué différemment des espèces présentes sur le continent africain. Elles sont décrites en détail dans la section *Faune et Flore* qui suit.

Suite en page 52

VALERIE POLICE

HABITATS

Chaque région climatique de la Grande Île voit fleurir un type de végétation particulier : forêt tropicale humide le long de la pluvieuse côte est, flore semi-désertique du Sud, terres agricoles des Hauts Plateaux, savane des basses terres sèches de l'Ouest.

Une faune et une flore spécifiques se développent dans chacun de ces habitats. Selon les scientifiques, l'île nourrit 3% des espèces végétales de la planète, parmi lesquelles plus de 80% n'existent qu'à Madagascar.

La Grande Île était à l'origine presque entièrement couverte de forêts. 1 500 à 2 000 ans d'occupation humaine ont suffi à en détruire les trois quarts. Celles qui demeurent se répartissent en trois types principaux.

La forêt à feuilles persistantes, qui se déploie sur presque toute la côte orientale, est résolument tropicale. Elle abrite une variété d'espèces animales stupéfiante, dont quelque 90% sont endémiques. Quatre des principaux parcs nationaux – Ranomafana, Andasibe-Mantadia (ex-Périnet), Mananara Nord et la montagne d'Ambre – se composent essentiellement de forêt tropicale. Outre les lémuriens et une multitude d'animaux uniques, parfois en danger d'extinction, ces parcs renferment un large éventail de palmiers, de bambous, de fougères et autres orchidées endémiques.

La forêt sèche à feuilles caduques de la région occidentale présente une végétation plus basse d'où émergent les imposants baobabs. La saison sèche, qui dure jusqu'à huit mois, empêche la survie de certaines espèces (fougères, palmiers…) et le *tavy* (culture sur brûlis) menace constamment ce couvert forestier. Les réserves de Kirindy, d'Ampijoroa et la région des tsingy de Bemaraha sont des exemples typiques de cette végétation.

La forêt d'épineux du Sud, souvent appelé "le pays des épines", présente une variété étonnante. Les essences qui la composent possèdent une résistance extraordinaire à la sécheresse et se révèlent particulièrement adaptées à ce milieu, hostile à bien des égards. Les abords de Tuléar (Toliara) et de Fort-Dauphin (Taolagnaro) sont les plus propices à l'observation de cette végétation, largement endémique.

Les régions côtières et les milieux marins accueillent une autre variété d'écosystèmes. Moins spectaculaires que d'autres environnements et rarement visitées par les voyageurs, les mangroves n'en sont pas moins l'un des habitats marins les plus spécifiques de Madagascar. Elles servent notamment de repaire à de nombreuses espèces de poissons et de crustacés et leurs racines ralentissent l'action des vagues et l'érosion des côtes tout en oxygénant la vase. La plupart des mangroves ont cependant été détruites par l'homme. Il n'en resterait que 350 000 ha, principalement sur les côtes faiblement peuplées de l'Ouest, notamment aux environs de Tuléar. Les arbres les plus présents dans les mangroves de Madagascar, comme l'*Avicennia marina* et le *Sonneratia alba*, ne sont pas endémiques.

FAUNE

Véritable arche de Noé, Madagascar détient un pourcentage exceptionnel de faune spécifique. De nombreuses espèces présentes sur l'île ont en effet subi une évolution différente de celle de leurs homologues afri-

DAVID CURL

OLIVIER CIRENDINI

OLIVIER CIRENDINI

OLIVIER CIRENDINI

Madagascar abrite une trentaine d'espèces de lémuriens et en a fait un de ses emblèmes. Dans le sens des aiguilles d'une montre : un maki brun acrobatique, le regard langoureux d'un maki à couronne, un maki catta et sa queue annelée et un sifaka au creux de son arbre

ANDREW MACCOLL

Le scarabée-girafe

DENNIS JONES

Les serpents malgaches ne présentent pas de danger pour l'homme

PAUL GREENWAY

Le caméléon de Parson, avec ses 60 cm, est l'un des plus grands de la famille

DAVID CURL

Gecko prenant la pose dans l'Est de Madagascar

DAVID CURL

Le figuier de Barbarie compte parmi les cactées présentes dans l'Ouest de la Grande Île

DAVID CURL

Ce beau népenthès est mortel pour les insectes

DAVID CURL

Curiosité non identifiée de la flore malgache

OLIVIER CIRENDINI

Détail géométrique d'une feuille de bananier

On trouve à Madagascar au moins six des huit espèces de baobabs recensées sur la planète. Ils peuvent atteindre 1 000 ans d'âge et constituent un élément important de la culture malgache. Les abords de Morondava et le Sud sont leurs territoires de prédilection

caines après la séparation de Madagascar du continent Noir, aux temps géologiques. A défaut de se distinguer par sa densité – vous ne verrez jamais à Madagascar de grands rassemblements d'animaux comme en Afrique –, la faune malgache est exceptionnelle par son originalité.

Lémuriens

Les lémuriens, dont les cinq familles n'existent que sur l'Île Rouge, font quasiment figure d'emblème de Madagascar. Parents des singes – et donc des humains ! –, ils appartiennent au groupe des prosimiens, sous-ordre des primates qui englobe le galago et le potto d'Afrique, ainsi que le tarsier et le loris d'Asie. Les Comores en comptent également quelques espèces.

Apparentés aux primates primitifs, les lémuriens se placent dans l'évolution avant le singe. Cela ne signifie pas nécessairement qu'ils sont moins évolués que ces derniers, mais plutôt qu'ils ont subi une évolution différente pour des raisons qui restent mal connues. Certains pensent qu'ils vivaient à Madagascar avant que l'île ne se sépare de la plaque africaine. D'autres affirment qu'ils seraient arrivés à Madagascar sur des bois flottés.

Quoi qu'il en soit, les lémuriens semblent avoir survécu sur la Grande Île grâce à l'absence des singes, qui les ont éliminés presque partout ailleurs. C'est d'un autre primate qu'ils doivent maintenant se méfier : une quinzaine d'espèces de lémuriens ont en effet disparu depuis l'arrivée de l'homme à Madagascar, dont le *babakotia*, le *Paleopropithecus* et l'*Archeoindris*, qui aurait pesé plus de 160 kg. Flacourt mentionne vers 1650 la présence d'un "animal grand comme un veau de deux ans qui a la tête ronde et une face d'homme…". De nos jours, certaines espèces, objets de superstitions, sont encore chassées.

Mammifères et frugivores, les lémuriens se nourrissent de feuilles et de fruits. Des lémuriens nocturnes ajoutent des insectes à ce régime. Arboricoles, ils quittent rarement l'abri naturel que leur procurent les arbres, aussi bien dans les zones de végétation sèche qu'humide.

On a dénombré une trentaine d'espèces de lémuriens sur l'île (chiffre pouvant encore varier). Elles sont divisées en cinq familles : les lémuridés (lémurs, hapalémurs et varis), les lépilémuridés (lépilémurs, sept espèces), les indriidés (avahis, propithèques et indris), les chéirogalidés (chirogales, microcèbes et phaners) et les daubentoniidés. Cette dernière famille ne compte qu'un unique représentant : l'aye-aye.

Selon les espèces, les lémuriens sont diurnes ou nocturnes (ces derniers étant en général de petite taille) et vivent soit en solitaire soit en groupe. Les plus petits ne mesurent que quelques centimètres, le plus grand peut atteindre 90 cm. Parmi leurs autres caractéristiques, citons leurs incisives en forme de peigne, leur période de reproduction unique dans l'année – à la différence de la majorité des autres primates – et le fait que certaines espèces marquent leur territoire soit par leur urine, soit grâce à une substance odorante sécrétée dans la paume de leurs mains.

Maki catta (*Lemur catta*). Caractéristique du Sud, ce lémurien diurne à la longue queue rayée d'anneaux blancs et noirs est l'un des plus

familiers. C'est également l'un des plus faciles à observer car il s'accli-
mate bien en captivité et passe beaucoup de temps au sol. Les makis
catta habitent en nombre dans les réserves du Sud de l'île, celle de
Berenty en tête. Natifs des zones arides du Sud, ils se déploient de la
forêt épineuse des environs de Fort-Dauphin (Taolagnaro) jusqu'au
parc national de l'Isalo. Sociables, les makis catta se déplacent en
groupes de 12 à 25 individus et s'organisent selon une hiérarchie
sociale complexe. Leurs mains comportent une glande sécrétant une
odeur qui servirait aux mâles à éloigner leurs rivaux lors de la saison des
amours, extrêmement courte chez cette espèce. Une griffe, sur le
deuxième doigt de pied, est utilisée pour la toilette.

Maki brun *(Lemur fulvus).* Ces lémuriens diurnes se divisent en de
nombreuses sous-espèces relativement faciles à distinguer. La variété la
plus commune, le maki à front roux *(L.f. rufus),* occupe en masse les
réserves de Berenty et d'Analamazaotra (ex-Périnet), le parc national de
Ranomafana et les forêts arides de l'Ouest. Ils évoluent en bandes d'une
quinzaine d'individus, dominées en général par une femelle. Le mâle, de
couleur gris clair, possède un museau noir et des anneaux blancs autour
des yeux. La femelle est reconnaissable à sa fourrure brune, à sa tête grise
et à ses joues orangées.

La variété simplement désignée sous le nom de lémur brun *(L.f. fulvus)*
se compose d'animaux au pelage gris-brun et à la face noire, visibles
essentiellement dans la moitié septentrionale de l'île. Vous pourrez les
observer dans les réserves d'Ampijoroa et d'Analamazaotra, ainsi qu'aux
environs du lac Alaotra.

Avec sa tête claire et son bas-ventre blanc, le mâle du maki à front
blanc *(L.f. albifrons)* est l'un des plus reconnaissables de cette espèce. La
femelle, brune, se repère moins facilement. Cette sous-espèce est uniquement présente dans la réserve située sur l'îlot de Nosy Mangabe, face
à la ville de Maroantsetra (Nord-Est).

Le mâle du maki de Sanford *(L.f. sanfordi)* se différencie lui aussi de
sa compagne. Il arbore une couronne blanche autour de la tête et des
oreilles touffues relativement claires. La femelle, plus foncée, ressemble
à celle du maki à front blanc. Cette espèce habite les forêts du Nord,
notamment la montagne d'Ambre et la réserve de l'Ankàrana.

Le maki à collier blanc *(L.f. albocollaris)* possède un pelage châtain.
Son nom vient de la barbe blanche que porte le mâle. Il ne se rencontre
que dans une petite zone de la forêt tropicale orientale. Le mâle du maki
à collier *(L.f. collaris)* lui ressemble, mais sa barbe est orangée. Cette sous-
espèce, protégée dans la réserve Andohahela, n'évolue que dans les environs de Fort-Dauphin.

Maki à couronne *(Lemur coronatus).* Le mâle et la femelle présentent une couronne orange, un vertex gris foncé et un bas-ventre
blanc. Le reste du pelage de la femelle reste uniformément gris, tandis
que le mâle arbore des joues rousses et un dos et des pattes d'un brun
orangé mâtiné de gris. Les petits naissent entre septembre et novembre.
L'extrémité nord de l'île, autour des réserves de l'Ankàrana et de la montagne d'Ambre, est leur habitat privilégié.

Maki mongos *(Lemur mongoz).* Parmi les plus rares et les plus menacés des lémuriens, le mongos est originaire des forêts occidentales. Son corps brun n'accuse aucun trait distinctif, mis à part un museau blanc. La femelle présente quant à elle des joues blanches. La réserve forestière d'Ampijoroa, près de Mahajunga, est l'une des meilleures zones d'observation du mongos, en particulier entre septembre et décembre.

Maki à ventre roux *(Lemur rubriventer).* Il vit essentiellement dans les profondeurs de la forêt tropicale orientale, entre les massifs du Tsaratanana, au nord, et de l'Andringitra, au sud. C'est cependant dans le parc national de Ranomafana que vous aurez le plus de chances de l'apercevoir. Si mâle et femelle possèdent un pelage rouille et une queue noire, la femelle se distingue par son ventre blanc et le mâle par son bas-ventre foncé cerné de blanc.

Maki macaco *(Lemur macaco).* Le mâle maki macaco est uniformément noir. La femelle, beaucoup plus claire, arbore une barbe blanche et des touffes blanches assez denses au niveau des oreilles. Nosy Komba, près de Nosy Be, est le meilleur point d'observation de ces animaux relativement peu farouches. La population locale les tient pour sacrés et les protège en conséquence.

Deux sous-espèces, le *L. m. macaco* et le *L. m. flavifrons*, déploient leur agilité sur la côte nord-ouest de Madagascar, entre Ambilobe et Befotaka.

Hapalémur à nez large *(Hapalemur Sinus).* C'est le plus rare des lémuriens. Longtemps présumé éteint, il fit une réapparition dans le parc national de Ranofamana en 1972, avant de disparaître à nouveau jusqu'à la fin des années 1980. Il se nourrit principalement des tiges savoureuses des bambous géants qui croissent en rangs serrés dans les forêts tropicales orientales.

Hapalémur doré *(Hapalemur aureus).* Cette espèce a été découverte en 1985 sur un site intégré au parc national de Ranomafana. L'année suivante, les chercheurs concluaient à une nouvelle sous-espèce d'*Hapalemur sinus*. Des études ultérieures ayant démontré que l'hapalémur doré compte davantage de chromosomes que le précédent, on a finalement conclu qu'il s'agissait d'une nouvelle espèce. L'hapalémur doré possède une face et un dos brun foncé, un bas-ventre doré et une épaisse queue présentant des anneaux brun et doré, assez difficiles à distinguer.

Hapalémur gris *(Hapalemur griseus).* Ce petit lémurien gris est le plus courant des hapalémurs (famille des lémuridés). L'*Hapalemur griseus* se divise en quatre sous-espèces, vivant respectivement aux environs de Moramandia (à l'extrémité nord-ouest de l'île) et vers Belo-sur-Tsiribihina, dans une petite zone forestière au nord de Fort-Dauphin et au nord de la côte orientale jusqu'au massif de Tsaratanana. La dernière sous-espèce, l'*H. g. griseus*, la plus importante par le nombre, se concentre autour de la réserve d'Analamazaotra (ex-Périnet) et du parc national de Ranomafana.

Adoptez un lémurien

Soucieux de préserver ces animaux uniques, le centre d'étude des primates de la Duke University (États-Unis) a lancé le programme "Adopt-a-lemur". Le centre, qui a procédé ces dernières années à la réintroduction dans leur milieu d'origine de certains lémuriens menacés, propose à des particuliers d'adopter pour un an l'un des lémuriens qui vivent en ses murs, contre un don de 50 $US minimum. Les parrains reçoivent en contrepartie une photo, un magazine, un certificat d'adoption et une fiche de renseignements sur l'espèce à laquelle appartient l'animal adopté. Pour en savoir plus, écrivez au Duke University Primate Center 3705 Erwin Rd, Durham North Carolina 27705, USA (☎ 919-489 3364, primate@duke.edu) ou consultez le site www.duke.edu/web/primate/, qui regroupe de nombreuses informations sur les prosimiens.

Vari *(Varecia variegata).* Les scientifiques ont identifié deux sous-espèces de vari (famille des lémuridés) : le vari roux *(V. v. rubra)*, uniquement présent sur la péninsule de Masoala, et le vari noir et blanc *(V. v. variegata)*, qui réside dans les forêts tropicales de l'Est, entre Farafangana et Maroantsetra. Ce dernier, avec sa tête, ses pieds et sa queue noirs, tandis que ses pattes, son ventre et la collerette proéminente qui encadre son visage sont blancs, compte parmi les plus beaux lémuriens. Doté d'un cri particulièrement retentissant, il communique avec ses congénères par de courts glapissements. Il raffole des figues sauvages et se montre surtout à Nosy Mangabe, près de Maroantsetra, et à Maromizaha et Mantady, près de la réserve d'Analamazaotra (ex-Périnet).

En octobre 1997, cinq varis noir et blanc en provenance du Duke University Primate Center (États-Unis) ont été réintroduits sur la Grande Île. Cette initiative était la première de ce type à Madagascar. Le vari noir et blanc est particulièrement menacé.

Lépilémur mustélin *(Lepilemur mustelinus).* Ce petit lépilémur brun-gris est strictement nocturne. Il en existe sept sous-espèces, parmi lesquelles le *Lépilémur septentrionalis*, au Nord. Comme tous les animaux qui vivent la nuit, le lépilémur fixe les visiteurs diurnes avec de grands yeux qui lui donnent l'air effarouché.

Les lépilémurs peuplent presque toutes les réserves de Madagascar, en particulier Berenty et Beza-Mahafaly au Sud, et les réserves d'Analamazaotra (ex-Périnet) et de l'Ankàrana, au Nord.

Microcèbe murin *(Microcebus murinus).* Ce petit lémurien gris est reconnaissable à ses grosses prunelles. Nocturne, il se nourrit en fouillant la terre à la recherche d'insectes et de fruits. Il est en général difficile de l'approcher sans appât, même s'il compte parmi les lémuriens les plus communs de la Grande Île. Le *Microcebus murinus* vit surtout dans les forêts arides du Sud et de l'Ouest.

Microcèbe roux *(Microcebus rufus)*. Les forêts tropicales orientales en regorgent. A peine plus gros qu'une souris, ce lémurien roux, extrêmement agile, peut sauter d'une branche à l'autre sur une distance de plus de trois mètres. Doté d'un odorat très développé, il flaire les insectes et les fruits, ses nourritures favorites.

Vous en croiserez sans doute lors de visites nocturnes à Ranomafana, à Analamazaotra (ex-Périnet) et dans d'autres réserves de l'Est.

Mirza de Coquerel *(Microcebus Coquereli)*. Peu fréquent et difficile à observer, ce petit lémurien nocturne se disperse à travers les forêts arides de l'Ouest. Vous pourrez toutefois tenter de repérer les grands nids de brindilles ronds qu'il bâtit dans les feuillages denses à la cime des arbres.

Phaner à fourche *(Phaner furcifer)*. D'une jolie couleur dorée, ce lémurien au cri strident, de la même famille que les microcèbes – les chéirogalidés –, habite généralement les forêts arides occidentales. Certains spécimens ont cependant été aperçus dans les forêts tropicales orientales de la péninsule de Masoala et de la montagne d'Ambre. Son nom lui vient de la bande brun foncé qui court le long de son dos, puis se divise à la base du cou pour former deux lignes qui passent au-dessus de chaque œil.

Grand chirogale *(Cheirogaleus major)*. Nocturne et solitaire, le grand chirogale présente la particularité d'hiberner pendant près de deux semaines au cours de la saison sèche. Une réserve de graisse, située à la base de la queue, l'aide alors à survivre.

Très courants, les chirogales, parfois appelés lémuriens nains, sont visibles dans les forêts de la région est, de la montagne d'Ambre à Fort-Dauphin, ainsi que dans les zones plus humides de la côte nord-ouest.

Chirogale moyen *(Cheirolagus medius)*. Presque identique au précédent, ce lémurien hiberne aussi – parfois jusqu'à six mois – pendant la période la plus chaude de la saison sèche, lorsque la nourriture manque dans les forêts de l'Ouest où il a élu résidence. Il semblerait que sa survie pendant l'hibernation soit également assurée par la réserve de graisse accumulée dans sa queue exceptionnellement fournie. Ranomafana semble être le meilleur lieu pour l'étudier, notamment durant la saison des pluies.

Chirogale à oreilles velues *(Allocebus trichotis)*. Ce petit lémurien passait pour éteint lorsqu'il fut redécouvert en 1989 dans une zone reculée des forêts tropicales du Nord-Est, à l'ouest du parc national de Mananara Nord. Plusieurs spécimens en captivité font l'objet de recherches.

Avahi laineux *(Avahi laniger)*. Comme tous les lémuriens nocturnes, l'avahi possède de grands yeux perçants et un regard un peu effaré. Relativement commun, il reste difficile à observer, car il se blottit dans les feuillages épais pour dormir pendant la journée. La nuit, son sifflement saccadé l'annonce souvent avant qu'on ne le voie.

Des deux sous-espèces, l'avahi occidental *(A. l. occidentalis)* semble le plus rare. Seules quelques forêts dispersées dans le Nord-Ouest en abritent. Vous aurez peut-être la chance d'en entrevoir à Ampijoroa. Plus courant, l'avahi oriental *(A. l. laniger)* évolue dans les forêts tropicales de l'Est. On le rencontre souvent dans la réserve d'Analamazaotra (ex-Périnet) et à Ranomafana.

Propithèque de Verreaux ou sifaka *(Propithecus verreauxi)*. Le grand et magnifique sifaka (famille des indriidés) évolue dans les forêts arides de l'Ouest et du Sud du pays. Son corps est presque exclusivement blanc, à l'exception de son vertex brun et de sa face noire. Sociable, le sifaka – son nom malgache – vit en groupes de 3 à 11 individus, soit dominés par une femelle, soit composés de célibataires.

Le sifaka est, avec le maki catta, le lémurien qui offre le spectacle le plus exceptionnel. Extraordinairement agile, il exécute des prouesses à faire pâlir d'envie le singe le plus leste, notamment des vols acrobatiques et une incroyable "danse". Cette gestuelle insolite, qui lui permet de traverser des terrains découverts, sautillant sur ses pattes arrière, bras en l'air, donne l'impression d'un pas de danse exubérant. Même inactif, le sifaka vous amusera par ses poses de contorsionniste, lorsqu'il se décontracte sur les branches hautes des arbres.

C'est dans les réserves privées des environs de Fort-Dauphin que vous l'observerez le plus facilement. Toutefois, la réserve de Beza-Mahafaly, dans le Sud-Ouest, et le parc national de l'Isalo, l'accueillent également.

L'espèce comporte plusieurs sous-espèces : le sifaka de Coquerel *(P. v. coquereli)*, fréquent dans la réserve d'Ankarafantsika, le sifaka de Decken *(P. v. deckeni)*, natif de la réserve des tsingy de Bemaraha (à l'ouest) mais présent jusqu'aux environs de Mahajanga, ou encore le sifaka à couronne *(P. v. Coronatus)*, dont l'habitat se limite aux tsingy de Namoroka, dans la même zone. Aucun *fady* (tabou) local n'interdisant la chasse au sifaka, l'avenir de ces sous-espèces est menacée dans le Nord-Ouest.

Sifaka à couronne dorée *(Propithecus tattersalli)*. Le Sifaka à couronne dorée n'a été identifié qu'en 1983, dans une région du nord-est du pays qui présente un écosystème particulier mêlant les influences sèches du massif de Tsaratanana et celles, humides, de la côte est. Particulièrement sociable, ce lémurien dont le poids avoisine 3,5 kg se reconnaît à son corps blanc tirant sur le brun léger, à ses oreilles blanches touffues et à la couronne brun-roux qui orne son vertex. Son habitat ne s'étend qu'à quelques parcelles éparses de la forêt de Bekaroaka, dans les environs de Daraina, entre Ambilobe et Vohémar. Le sifaka à couronne dorée est considéré comme l'une des espèces animales les plus menacées au monde par l'IUCN (International Union for the Conservation of Nature). Un projet de réserve visant à préserver ce lémurien rare est en projet dans les environs de Daraina.

Propithèque diadème *(Propithecus diadema)*. Il se rencontre dans les forêts tropicales orientales, notamment à Ranomafana et dans la réserve d'Analamazaotra (ex-Périnet). Avec un poids d'environ 7 kg, c'est l'un des plus grands lémuriens. Sa petite queue, sa face noire, sa collerette blanche et son pelage d'un brun soutenu, mâtiné de gris et d'orange, le rendent particulièrement beau.

Parmi les sous-espèces, le propithèque diadème de Perrier *(P. d. Perrieri)* ou sifaka noir, reste le plus rare. Sa population, en effet, ne dépasse pas 2 000 individus, regroupés dans la réserve d'Analamera, à l'extrémité nord-est de Madagascar. Un autre groupe pourrait se cacher dans la réserve de l'Ankàrana.

Le propithèque diadème de Milne-Edwards *(P. d. edwardsi)* est reconnaissable à son pelage brun foncé et à la tache en forme de papillon, de couleur crème, qu'il arbore sur le dos. Il réside dans la région du parc national de Mananara Nord. Le propithèque diadème soyeux *(P. d. candidus)*, presque entièrement blanc, vit principalement dans la réserve de Marojejy, au Nord-Est.

Indri *(Indri indri).* Noir et blanc, l'indri peut peser plus de 7 kg, ce qui en fait le plus grand des lémuriens. Il est également connu pour ses différents cris, notamment la plainte obsédante qu'il pousse tôt le matin pour marquer le territoire de son groupe. Diurne, il se promène en général en groupe de deux à cinq individus. Reconnaissable à sa large face ronde, à ses oreilles arrondies et à son absence de queue, il constitue l'une des espèces les plus menacées. L'indri indri, à qui la réserve d'Analamazaotra (ex-Périnet) est consacrée, vit également dans d'autres réserves de la côte est de l'île.

Aye-aye *(Daubentonia madagascariensis).* Unique représentant de la famille des daubentoniidés, le remarquable aye-aye ne ressemble à aucun autre lémurien. Doté de grandes oreilles qui ne sont pas sans rappeler la chauve-souris, d'une grosse tête, d'une queue touffue et d'une fourrure noire ébouriffée et grisâtre, ce petit lémurien nocturne se différencie également des autres prosimiens par le troisième doigt de ses mains, particulièrement long et fin, qu'il utilise pour extraire la pulpe de la noix de ramy, dénicher des larves dans le bois mort ou creuser l'écorce des arbres *Eugenia* afin d'en extraire la sève.

On le croyait menacé de disparition immédiate il y a quelques années. Si ses populations demeurent clairsemées, il semble aujourd'hui tiré d'affaire. La naissance en 1996 d'un aye-aye en captivité, au parc zoologique de Vincennes (à côté de Paris), est également source d'espoir pour l'avenir de ce primate qui, à défaut d'être le plus agréable à regarder, reste l'un des plus étonnants de Madagascar. L'aye-aye, qui a été popularisé par le livre de Gerald Durrell, *Le Aye-aye et moi*, s'observe lors des visites nocturnes des réserves de l'Ankàrana, de Ranomafana, de Mananara Nord, d'Analamazaotra (ex-Périnet), ainsi que dans les forêts arides de l'Ouest. Il a également été introduit à Nosy Mangabe, au nord-ouest de l'île, au milieu des années 1960.

L'aye-aye reste malheureusement un animal de mauvais augure pour de nombreux Malgaches, qui n'hésitent pas à le tuer. Les moins superstitieux lui reprochent son goût prononcé pour les noix de coco des plantations.

Autres mammifères

Une écrasante proportion des mammifères originaires de Madagascar n'existent que sur l'Île Rouge.

Tenrecs. La vingtaine d'espèces de tenrecs dénombrées sur l'île forme un groupe diversifié de petits insectivores primitifs qui occupent les niches écologiques revenant sous d'autres cieux aux musaraignes, aux taupes et aux hérissons. La plupart vivent à l'écart de l'homme et se laissent rarement apercevoir. Le plus célèbre, le tenrec rayé, ressemble à un hérisson. Une autre espèce adaptée à la vie aquatique s'apparente par son aspect à une minuscule loutre. Le tenrec commun *(Tenrec ecaudatus)*, le plus courant et le plus gros, peut peser jusqu'à 1,5 kg et bénéficie d'un taux de reproduction exceptionnel : une femelle peut donner naissance à 32 petits et possède 29 mamelles !

Mangoustes. Cinq espèces sont endémiques à Madagascar. La mangouste à queue annelée *(Galadia elegans)*, avec son beau pelage couleur acajou, mérite son qualificatif d'"élégante". Connue pour son absence de timidité face aux humains, elle se promène au parc national de la montagne d'Ambre et dans la réserve de l'Ankàrana, où vous ne manquerez pas de l'apercevoir si vous campez.

Chauves-souris. Les chauves-souris, uniques mais prolifiques mammifères volants, sont représentées par 28 espèces. Vous en rencontrerez en de nombreux points de l'île, notamment dans les grottes de l'Ankàrana et dans la réserve privée de Berenty. A cause du braconnage, la population de ces chauves-souris, dont la chair est appréciée de certains Malgaches, a atteint des chiffres dangereusement bas. Les grandes roussettes *(Pteropus rufus)* sont parmi les plus répandues. Madagascar compte également une espèce caractérisée par ses longues oreilles, la *Myzopoda aurita*. Profitons-en pour rétablir une vérité : les chauves-souris, contrairement à une croyance trop largement répandue, sont frugivores et nectarivores. Seuls les vampires de la famille des *desmodontidae*, qui vivent dans certaines régions d'Amérique du sud, se nourrissent de sang frais.

Fosas. Ce félidé *(Cryptoprocta ferox)* de la taille d'un chien est le plus grand des quatre carnivores de Madagascar. Il ressemble plus à un petit puma qu'aux mangoustes ou aux civettes, auxquelles il s'apparente. Si ce prédateur au pelage brun-gris s'attaque en premier lieu aux lémuriens, il ne rechigne pas à l'occasion à varier son ordinaire avec un poulet ou d'autres animaux plus grands, bétail compris, ce qui ne contribue pas à lui attirer la sympathie des éleveurs. Quelques spécimens rôdent autour de la Grande Île. Si son cri effrayant retentit la nuit dans les régions sauvages, il se laisse rarement observer. D'après des observations non confirmées, les fosas de l'extrémité nord du pays pourraient mesurer 1,5 m de long.

Ne confondez pas le fosa avec un autre carnivore malgache, la fossane *(Fossa fossana)*, dénommée localement "fossa", plus proche par son aspect d'une civette que d'un félidé. Cet animal de la taille d'un chat, qui chasse la nuit, est le plus commun des carnivores de l'île.

Baleines et dugongs. Pas moins de 500 à 700 baleines croisent près de la côte occidentale de l'île Sainte-Marie et de la baie d'Antongila entre juillet et septembre. Beaucoup restent sur place le temps de s'accoupler ou de mettre bas, puis reprennent leur route vers les mers froides. Les principales sont des baleines à bosse *(Megaptera novaeanglicae)*, des baleines de Layard *(Mesoplodon layardi)* et des rorquals de Bryde *(Balaenoptera brydei)*. Pour plus de détails, reportez-vous à l'encadré *La migration des baleines à bosse*, au chapitre *L'Est*.

Le dugong, ou "vache de mer", est moins fréquent. D'autres cétacés de la même famille se montrent également lorsqu'ils traversent le canal du Mozambique, entre Madagascar et les côtes africaines.

Oiseaux

Madagascar compte quelque 250 espèces d'oiseaux, ce qui peut sembler relativement pauvre. Pas moins de 106 d'entre elles sont cependant endémiques, et 197 s'y reproduisent. Parmi les espèces non représentées ailleurs, citons les couas, les mésites, les asity et les rouleurs terrestres. Les autres sont des variantes malgaches de groupes très répandus, comme les canards et les oiseaux de proie.

A défaut d'être réellement éblouis, les ornithologues trouveront sur place de quoi satisfaire leur passion. Sans présenter l'impressionnante variété des parcs africains, les nombreuses réserves de Madagascar abritent en effet une grande quantité d'espèces. Celles-ci sont généralement détaillées dans les pages de cet ouvrage consacrées à chaque réserve présentant un intérêt ornithologique. Outre les noms communs, nous avons, autant que possible, indiqué les noms latins, auxquels se réfèrent les guides locaux et les chercheurs.

Couas. La plupart des neuf espèces de couas présentes à Madagascar se rencontrent dans les forêts humides du Nord-Ouest, les forêts d'épineux du Sud et, surtout, les forêts tropicales de la côte est. Elles se caractérisent par une tâche de peau bleue derrière l'œil. Le coua géant *(Coua gigas)*, qui se déplace à terre, s'observe facilement à Berenty. L'insolite coua huppé *(Coua cristata)*, considéré par certains comme le plus bel oiseau de Madagascar, habite les forêts arides occidentales.

Vangas. Parent de la pie-grièche des autres continents, le vanga déploie ses ailes sur l'intégralité du territoire malgache. On prétend que si Charles Darwin avait débarqué à Madagascar plutôt qu'aux Galapagos, les vangas lui auraient tout autant inspiré sa théorie de l'évolution : les becs de leurs 14 espèces se sont en effet adaptés à leurs niches écologiques respectives.

La falculie mantelée *(Falculea palliata)*, caractérisée par son bec disproportionné en forme de faucille, a la réputation d'annoncer la pluie dans le Sud-Est aride. Malgré sa petite taille, le calicalic malgache *(Calicalius madagascariensis)*, reconnaissable à sa queue rouge, déploie toute son énergie pour chercher sa nourriture. Les Malgaches admirent le plumage de l'artamie azurée *(Cyanolanius madagascariensis)*. Quant au plus courant, le vanga écorcheur *(Vanga curvirostris)*, il se nourrit de grenouilles et de caméléons de petite taille. L'espèce la plus belle est sans doute l'eurycère de Prevost *(Euryceros prevostii)*.

Oiseaux aquatiques. Près de la moitié des 75 espèces d'oiseaux aquatiques malgaches sont endémiques. Le fleuve Tsiribihina et les lacs Alaotra et Ihotry en regorgent, en particulier après de fortes pluies. Madagascar compte également de petits mais ravissants martins-pêcheurs, dont un rouge et blanc *(Ipsidina madagascariensis)*, un huppé *(Alcedo vontsioides)* et un roux *(Corythornis vintsioides)*, appelé localement vintsy.

Des variétés de canards, de râles et d'oiseaux du littoral sont également présents sur l'île. La sarcelle malgache et la nette de Didier, deux espèces endémiques, restent difficiles à observer. Le râle insulaire, incorrigible boudeur, ne se montre qu'après beaucoup de patience. L'aigle pêcheur de Madagascar *(Haliaeetus vociferoides)* compte parmi les oiseaux les plus menacés de la planète. Il n'en resterait pas plus d'une quarantaine, ce qui n'empêche pas ses petits d'être capturés chaque année pour la consommation. Le coucal toulou *(Centropus toulou)* s'apparente par son cri à un coucou, mais est plus grand que ce dernier. Très répandu, il est appelé *tulukuckuck* dans cette langue pleine de surprises qu'est le malgache.

Autres oiseaux. Parmi les autres espèces remarquables, citons le foudy rouge *(Foudia madagascariensis)*, la crécerelle malgache *(Falco newtoni)*, qui plane parfois au-dessus des Hauts Plateaux, le gobe-mouches du paradis *(Terpsiphone mutata)* avec ses longues rectrices, le magnifique serpentaire *(Eutriorchis astur)*, l'omniprésent gabeldrongo *(Dicrurus forficatus)* ou encore le merle de roche, de couleur brun-orangé, endémique à l'Isalo.

Madagascar compte également trois espèces de perroquets. Le grand vasa *(Coracopsis vasa)* et le petit vasa *(C. nigra)*, bruyants et voyants, se déplacent par petits groupes. L'inséparable à face grise *(Agapornis cana)*, parfois appelé "perroquet de Madagascar", se reconnaît à son corps vert et à sa tête, sa gorge et ses épaules grises.

Vous croiserez peut-être l'ibis huppé *(Lophotibis cristata)* le long des sentiers du parc national de la montagne d'Ambre ou la tourterelle peinte *(Streptopelia picturata)*, connue localement sous le nom de deho, qui se déplace d'ordinaire seule.

Extrêmement rare, l'effraie de Madagascar *(Tyto soumangei)* était présumée disparue jusqu'à sa réapparition sur la côte nord-est en 1993. Madagascar compte également une espèce de petit-duc scops.

Reptiles et amphibiens

Environ 98% des reptiles et des amphibiens de Madagascar sont endémiques à l'île, qui compte une faune erpétologique variée et insolite.

Caméléons. Plus de la moitié des espèces mondiales de caméléons se rencontrent sur la Grande Île, avec deux variétés endémiques, le *Chameleo* et le *Brookesia*.

Avec leur queue préhensile qui s'enroule en anneaux serrés, leur aspect quelque peu préhistorique et leurs yeux coniques qui s'orientent indépendamment l'un de l'autre et donnent une vision à 180°, les caméléons figurent parmi les reptiles les plus étonnants de la planète. Insectivores dans leur majorité, ils sont également de redoutables chasseurs grâce à leur langue à l'extrémité gluante, qui peut atteindre la moitié de la taille de leur corps et leur permet d'attraper un insecte en 4/100 de seconde.

Contrairement à une idée communément répandue, les caméléons ne changent pas de couleur selon leur environnement. Les motifs qu'ils adoptent serviraient plutôt de moyens de protection, empêchant les prédateurs de percevoir une image nette qui les pousserait à l'attaque. Ces couleurs, de plus, seraient directement liées aux émotions de l'animal et à ses impératifs de défense de territoire : les mâles intensifient leurs couleurs et se gonflent lorsqu'ils rencontrent un autre mâle, dans un but d'intimidation.

Avec 60 cm de longueur maximale, le caméléon de Parson *(Chameleo parsonii)*, que vous pourrez voir à Analamazaotra (ex-Périnet), est l'un des plus grands représentants de la famille des *Chamaeleonidae*. Vous risquez fort de le trouver confortablement installé sur une branche tendue par un enfant, à gober des sauterelles par douzaines pour le plus grand plaisir des touristes amateurs de clichés.

Geckos. Les geckos de Madagascar sont bien plus grands, étranges et bigarrés que ceux des autres régions tropicales, où ils se présentent généralement sous la forme de petits animaux reconnaissables au bruit sec qu'ils produisent et à leur manie de galoper la nuit dans les habitations. Madagascar en compte une soixantaine d'espèces.

La majorité des geckos, seuls lézards à la voix développée, sont nocturnes. Le gecko vert vif du genre *Phelsuma*, diurne, est une exception à la règle. Plus facile à repérer que ses congénères d'autres espèces, il se différencie en cela du lézard à queue en feuille *(Uroplatus alluaudi)* des forêts tropicales, qui se confond superbement avec les écorces environnantes.

Crocodiles. Le développement urbain et la chasse menacent gravement le crocodile du Nil *(Crocodilus niloticus)*, présent en Afrique et au Nord-Ouest de Madagascar. Les Malgaches le vénèrent et le craignent à la fois. Un proverbe malgache lance cependant le conseil suivant : "Ne nous amusons pas avec les crocodiles ; notre chair est succulente". Les crocodiles du Nil peuvent atteindre jusqu'à 4,5 m. Ceux que vous verrez dans des bassins d'élevage doivent leur petite taille à la captivité. Les dents de ces reptiles aquatiques ornent souvent les colliers et chapeaux portés au cours des cérémonies traditionnelles.

Tortues. Les plus vieux reptiles du monde sont bien représentés sur l'île, mais une large proportion de ces animaux, longtemps chassés pour leur chair, est en voie de disparition. Une dizaine d'espèces connues demeure. La plus célèbre est la rare tortue radiée *(Geochelone radiata)*, plus couramment appelée tortue de Tuléar, vivant dans le Sud de l'île. La carapace de cette grosse tortue terrestre – elle peut dépasser 50 cm – arbore des

FAUNE ET FLORE

L'endémisme à Madagascar

L'isolement géographique de l'île de Madagascar, de laquelle le continent africain s'est séparé il y a 165 millions d'années environ, a favorisé l'émergence d'espèces spécifiques, inconnues ailleurs sur la planète. Sont notamment endémiques :

- 85% des 12 000 variétés végétales
- 94% des arbres et des arbustes
- 85% des plantes herbacées
- plus de 95% des poissons d'eau douce
- la majorité des mammifères terrestres, dont les cinq familles de lémuriens
- 98% des reptiles et amphibiens
- plus de 40% des 250 espèces d'oiseaux recensées sur l'île
- 2 900 espèces de phalènes et de papillons sur les 3 000 représentées à Madagascar

losanges et triangles jaunes sur fond noir. Madagascar compte également des spécimens de l'un des reptiles les plus menacés au monde : la tortue à soc (*G. yniphora*, appelée *angonoka* en malgache). Plus grande tortue de l'île, elle n'atteint sa maturité qu'à l'âge de 10 ans. Le braconnage reste un problème.

Serpents. Madagascar abrite une soixantaine d'espèces de serpents, tous inoffensifs pour l'homme. Les plus fréquents, tous deux endémiques, sont le boa de Madagascar *(Acrantophis madagascariensis)* des forêts orientales et le *Leioheterodon madagascariensis*, un géant au nez retroussé, qui évolue tout autour de l'île. Le *Pararhadinaea novae* se rencontre pour sa part autour du parc national de Marojejy.

Les serpents venimeux présents à Madagascar appartiennent au groupe des serpents à crochets retournés, inoffensifs pour les humains mais fatals pour les petits rongeurs et les grenouilles.

Grenouilles. Cent cinquante espèces de grenouilles et de crapauds, dont 148 endémiques (et les chiffres continuent d'augmenter), font de Madagascar le paradis des amateurs de batraciens. Les scientifiques ont identifié et classifié 40 nouvelles espèces depuis 1970. Avec les caméléons, elles sont les créatures les plus colorées de l'île : vert, rouge, jaune, orange vif, mais aussi toutes les nuances de gris, de brun, de roux et de noir. Vous croiserez peut-être la belle *mantella dorée* dans la réserve d'Analamazaotra (ex-Périnet). Quant à la rare *Discophus antongilii*, ou grenouille rouge, elle est l'une des plus menacées.

Poissons

Les milliers de kilomètres de rivage qui bordent Madagascar abritent une grande variété de poissons et autres créatures marines. Citons notamment l'espadon, le requin, la raie pastenague, l'empereur, la mante et la langouste. Entre les bouquets de gorgones et autres merveilles sous-marines, les plongeurs pourront observer de nombreux habitants des massifs coralliens : poissons-clown, cardinaux, chirurgiens, mérous, perroquets, raies, thons jaunes, tazars, thons-bananes, barracudas, carrangues, etc.

Bien que les Comores soient leur territoire de prédilection, des cœlacanthes (prononcez "sélacanthe"), ou *Latimeria chalumna*, croisent parfois aux abords de la Grande Île. Très rare, ce gros poisson vieux de 350 millions d'années, que l'on avait cru disparu avec les dinosaures voilà 70 millions d'années, a été redécouvert en 1938 au large de l'Afrique du Sud. Le cœlacanthe est menacé d'extinction.

Les centaines de cours d'eau de Madagascar accueillent également de très nombreux poissons d'eau douce, endémiques à 92 %. L'espèce la plus rare est la perche noire d'eau douce.

Insectes et autres invertébrés

Madagascar est la terre d'adoption d'insolites insectes et invertébrés, parmi lesquels des phasmes, des mantes religieuses, des phalènes, des papillons, des mille-pattes, des libellules et des scarabées. On regrettera en revanche la présence des moustiques et des sangsues dans certains endroits de l'île !

Phalènes et papillons. Les plus beaux invertébrés sont l'uranie (*Chrysiridia madagascariensis*) aux couleurs brillantes et la phalène comète (*Argema mitrei*). Cette dernière, dont les ailes beige-jaune arborent de jolis motifs ronds de couleur ambrée est l'un des plus grands papillons de la planète : la comète peut en effet atteindre une longueur de plus de 20 cm des antennes à la queue.

Sur les 3 000 espèces de papillons qui sont répertoriées à Madagascar, plus de 2 900 se révèlent endémiques. Dans certains lieux, comme les chutes des parcs nationaux de la montagne d'Ambre et de Ranomafana, les grands papillons bigarrés sont facilement repérables. Vous croiserez peut-être le magnifique porte-queue (*Papilio delalandei*).

Scarabées. Cette famille de coléoptères est représentée par quelques belles espèces. En regardant attentivement autour de vous aux environs de Ranomafana, vous distinguerez notamment le scarabée-girafe (*Trachelophorus giraffa*). Rouge et blanc, il tient son nom du long cou des mâles.

Araignées. Près de 400 espèces d'arachnides, certaines comptant parmi les plus étranges au monde, sont présentes à Madagascar. Citons notamment la *Gasteracantha versicolor formosa*, dont l'estomac pointu de couleur orangée est quatre fois plus large que long, ou la "feuille morte" (*Augusta glyphica*), que certains comparent à une minuscule raie sur pattes. Les deux espèces sont présentes dans la réserve d'Analamazaotra (ex-Périnet).

Phalène comète

Sites privilégiés pour observer la faune

Environs d'Antananarivo
Parc zoologique Croq' Farm (reptiles et amphibiens)
Parc zoologique Lemur's Park (lémuriens)

Centre
Parc national de Ranomafana (lémuriens)

Sud
Réserve privée de Berenty (le meilleur site d'observation des makis catta et sifakas)
Domaine de Nahampoana (lémuriens)
Complexe de Zombitse-Vohibasia (oiseaux)
Réserve naturelle intégrale du lac Tsimanampetsotsa (flamants)
Fort-Dauphin (baleines à bosse, entre juin et septembre)

Est
Réserve spéciale d'Analamazaotra, ex-Périnet, (lémuriens, dont l'indri, et batraciens)
Île Sainte-Marie et baie d'Antongila (baleines à bosse, entre juin et septembre)
Nosy Mangabe (lémuriens – vari, aye-aye – et batraciens)

Nord
Réserve de l'Ankàrana (lémuriens, oiseaux, chauves-souris)
Nosy Komba (maki macaco)
Région de Daraina, entre Ambilobe et Vohémar (sifaka à couronne dorée)
Parc national de la Montagne d'Ambre (papillons et lémuriens)

Ouest
Fleuve Tsiribihina (oiseaux aquatiques)
Réserve forestière d'Ampijoroa (makis mongos)

Tout aussi étonnante, l'araignée-crabe brune *(Phyrnarachne rugosa)* se protège des prédateurs en grimpant sur une feuille et en se repliant sur elle-même jusqu'à ressembler à une masse informe passant inaperçue.

Scorpions. Campeurs et randonneurs doivent se méfier de ces animaux présents dans les zones sèches. Les deux espèces présentes sur l'île, d'un jaune brunâtre, habitent les forêts arides (notamment celles de l'Ouest, ou de l'Ankàrana) et s'activent la nuit. Elles infligent une piqûre extrêmement douloureuse. Si vous campez dans la brousse, examinez avec soin vos effets personnels.

Scolopendres. Cette représentante de l'ordre des myriapodes – ou mille-pattes – se rencontre parfois dans les régions humides. La morsure de la scolopendre est particulièrement douloureuse mais ne présente pas de risque grave.

Les illustrations de cette section sont de Martin Harris

Sangsues. Ces parasites de petite taille, qui se collent à la peau des mammifères grâce à leurs ventouses afin de se nourrir de leur sang, sont présents dans les régions humides, où ils sont la hantise des randonneurs. Une goutte de jus de citron ou la pointe d'une cigarette suffit pour s'en débarrasser. Les sangsues sont inoffensives ; certaines espèces étaient même naguère utilisées en Europe pour pratiquer des saignées !

FLORE

On dénombre à Madagascar environ 12 000 espèces végétales d'après les recensements les plus récents.

Plantes médicinales. Selon le WWF, les plantes de Madagascar fournissent à la médecine moderne un grand nombre d'ingrédients indispensables. On estime que douze de ces espèces précieuses sont en voie de disparition. Parmi les plantes médicinales les plus importantes, le *Catharanthus roseus* régule les souffrances causées par la faim et la fatigue ; le *Voatrotroka*, préparé en infusion, guérit une maladie du sang appelée protéinurie, ainsi que plusieurs maux d'estomac ; le *Famelona*, ou *Chrysophyllum sapotacae*, traite les douleurs abdominales ; enfin les extraits de *Toddalia asiatica* soignent la syphilis et la diarrhée.

Le milieu forestier

Lalona. Les Malgaches utilisent cet arbre *(Weinmannia rutenbergii)* comme combustible et matériau pour la construction de murs, de planchers et de pirogues. Les Tanala, peuple de la forêt de l'Est, apprécient particulièrement le miel produit à partir des fleurs de lalona.

Bambous. Plusieurs espèces endémiques de bambous ont été dénombrées sur la Grande Île. A la suite d'une longue adaptation, l'hapalémur doré s'alimente presque exclusivement de *Cephalostachium vigueri*, un bambou géant qui contient d'infimes quantités de cyanure. Les Malgaches se servent également du bambou pour bâtir des maisons et des bateaux, ainsi que pour fabriquer des objets artisanaux et ménagers, comme des récipients destinés à recueillir des coquillages. La pulpe de certains bambous permet de produire du papier.

Fougères. Formée de racines et de feuilles, la fougère ne comporte ni graine, ni fleur, ni fruit. Madagascar en abrite des centaines d'espèces, dont les fougères arborescentes, qui peuvent atteindre une dizaine de mètres de hauteur. Les plus courantes sont la *Cyathea*, fréquente au nord, l'*Asplenium nidus* ou nid d'oiseau, et sa parente, la *Microsorium*.

Palmiers. Cent soixante-dix variétés de palmiers peuplent Madagascar. Environ 97% d'entre eux sont endémiques, notamment le *Chrysalidocarpus isaloensis* ou palmier plume, que l'on peut voir dans le parc national de l'Isalo. Citons également le palmier trièdre, rare exemple de symétrie triple chez les végétaux.

Les palmiers servent à la construction d'habitations, ainsi qu'à la confection de paniers et de pots pour la pêche aux écrevisses. Les guérisseurs traditionnels en extraient des ingrédients pour leurs potions, pour pratiquer des exorcismes et soigner des maladies infantiles. Les fruits de divers palmiers, dont la noix de coco, se consomment. Le *cycas*, qui peut atteindre 20 m de haut et 1 000 ans d'âge, produit du sagou. La star incontestée des palmiers malgaches reste cependant le *ravinala*, ou "arbre du voyageur". Vous rencontrerez les plus beaux spécimens dans le parc national de la montagne d'Ambre, sur la côte est, en face de la péninsule de Masoala, dans la réserve de Lokobe à Nosy Be, ainsi que dans les vestiges de la forêt de l'île Sainte-Marie.

Fleur de vanille

Raphia. Ce palmier *(Raphia ruffia)*, qui peut mesurer jusqu'à 12 m de haut, n'existe qu'à Madagascar. Ses fibres servent à la fabrication de paniers, de chapeaux, etc. On l'utilise pour construire des habitations et on distille certaines parties pour en extraire de l'alcool.

Ravinala. Le plus célèbre des végétaux malgaches est assurément le *Ravenala madagascariensis*, simplement appelé ravinala en malgache et arbre du voyageur en français. Pareil à un éventail géant, il se déploie principalement sur la côte est, ainsi que sur toutes les îles de l'océan Indien et dans les jardins botaniques du monde entier. Cousin du bananier, il est le symbole de la Grande Île, qui l'a intégré à son drapeau et au logo de sa compagnie aérienne.

Le ravinala se révèle indispensable aux peuples nomades et ruraux car la base de ses feuilles forme un récipient qui récolte l'eau pure. On raconte par ailleurs qu'il s'aligne d'est en ouest, donnant ainsi une indication précieuse aux voyageurs égarés (la réalité semble contredire cette légende et ne vous fiez pas trop à cette méthode d'orientation !). Il est utilisé pour la fabrication des sols, des toits et des murs *(falafa)* de nombreuses habitations des régions côtières.

Pandanus. Ces plantes à port de palmier, apparentées aux pandanus du Pacifique, sont en général formées d'une tige épaisse et de quelques branches terminées par des feuilles aux formes biscornues. Le pandanus se caractérise principalement par ses racines souvent apparentes. De nombreux rongeurs, de petits reptiles et des insectes vivent dans ses feuilles tombées sur le sol. La population locale renforce les murs et les toits de ses habitations à l'aide de ses feuilles ou les transforme en tapis.

Orchidées. On dénombre dans le monde environ 30 000 espèces et 800 genres d'orchidacées – dont le nom vient curieusement d'un mot grec signifiant "testicule". Madagascar en abrite près de 1 000 espèces, soit davantage que le continent africain. Les *Angraecum* et les *Bulbophyllum* sont particulièrement bien représentées. La plupart sont des épiphytes, ce qui signifie qu'elles vivent accrochées aux pierres ou aux arbres, sans les parasiter.

L'une des espèces les plus rares de l'île, l'*Angraecum sesquipedale*, plus communément appelée orchidée comète, se couvre de magnifiques fleurs blanches entre juillet et septembre. Le naturaliste Charles Darwin l'a rendue célèbre en se demandant comment un insecte pouvait être suffisamment équipé pour la féconder (il lui faudrait une trompe de 30 cm !).

Dans le Nord, on rencontre l'*Angraecum eberneum*, qui produit une grande fleur au parfum suave et peut atteindre 1 m de large. Les amateurs trouveront également dans ce paradis des orchidées des *Aeranthes ramosa* (à Ranomafana), des *Bulbophyllum orchidacae* (montagne d'Ambre), des *Cymbidiella humblotii*, qui ne poussent que sur les raphias (sur l'île de Nosy Mangabe) ou encore des *Angraecum sororium* qui produisent de gros fruits. Vous pourrez admirer à loisir de superbes *Calanthe silvatica* dans le jardin des orchidées de la réserve d'Analamazaotra (ex-Périnet).

Citons enfin une orchidée qui compte parmi les plus célèbres de l'île : la *Vanilla planifolia*, ou vanille.

Autres plantes des forêts. Les fruits comestibles du grand rotra *(Eugenua rotra)* font autant la joie des Malgaches que des lémuriens et des plantes grimpantes.

Dans les forêts orientales et septentrionales se dresse, parfois jusqu'à 30 m de haut, le gigantesque ramy *(Canarium madagascariensis)*. Séchée et traitée correctement, sa sève aide à soigner certaines douleurs, dont les maux de tête.

Nepenthes madagascariensis

Le milieu aride

Les terres arides recèlent une flore qui est certainement la plus étonnante de la Grande Île.

Aloès. Ces plantes possèdent généralement des feuilles épineuses épaisses et des racines peu profondes. Elles sont connues pour l'extrait du même nom, employé comme purgatif. Dans les zones arides, il en existe 60 variétés endémiques, soit un tiers des espèces mondiales. Vous en verrez d'exceptionnels dans la réserve d'Ampijoroa, à l'ouest de Madagascar, où pousse l'*Aloe andringintrensis*, ainsi que dans l'Isalo, avec l'*Aoe isaloensis*. Les aloès sont utilisés en teinture. La plante "saigne" en effet une sève rouge quand on l'incise.

Népenthès. Ces végétaux apparentés aux plantes dites "carnivores" sont remarquables par leur forme de vase ou de cruche surmontée d'un clapet. Elles sécrètent une substance qui attire les insectes, notamment les fourmis. A leur approche, ceux-ci sont attirés par la plante jusqu'au liquide qui stagne dans le fond. Noyé, l'insecte sert de complément nutritionnel au népenthès.

Plante rampante de couleur vert pâle ou tirant sur le rouge, le *Nepenthes madagascariensis* est très fréquent aux environs d'Amboasary, près de Fort-Dauphin.

Baobabs. Patrie des lémuriens et du ravinala, Madagascar est aussi celle de ce roi des végétaux qu'est le baobab, gigantesque arbre au tronc épais, aux gros fruits en forme de gourde et aux branches quasi atrophiées, semblables à des racines poussant vers le ciel. On dénombre six (sept selon certaines sources) des huit espèces de baobabs recensées sur la planète à Madagascar. Le continent africain n'en compte qu'une – l'*Adansonia Digitata*, également présent sur la Grande Île – tout comme l'Australie, où pousse l'*Adansonia gregorii*.

Les abords de Morondava (ouest) et le Sud de l'île sont leur territoire de prédilection. Outre l'*Adansonia Digitata* cité plus haut, vous pourrez voir le cadet de la famille, l'*Adansonia fony*, qui dépasse rarement 5 m de hauteur. Le plus imposant est l'*Adansonia Grandidieri*, présent dans la réserve de Kirindy et à Andohahela, mais aussi – et surtout ! – dans la spectaculaire "allée des Baobabs" des environs de Morondava. Un baobab plus courant, l'*Adansonia madagascariensis*, pousse près de Faux-Cap et à l'extrémité nord de l'île. L'*Adansonia Perrieri*, plus rare, se rencontre dans le Nord.

Comme nombre d'arbres malgaches, le baobab connaît une multitude d'usages, bien que sa solidité empêche les habitants de l'abattre. Ses feuilles et ses fruits se consomment bouillis, son écorce sert à fabriquer des cordes et des vêtements et à bâtir des maisons, sa sève est uti-

Baobab

Espèces rares et menacées

Parmi les espèces rares et menacées de la Grande Île, citons :

* les lémuriens, dans des proportions variables selon les espèces
* certaines espèces de tortues, dont la tortue radiée
* la baleine et le dugong
* des oiseaux, dont le faucon pèlerin et l'effraie de Madagascar
* la grenouille rouge
* de nombreux lézards et caméléons
* le cœlacanthe
* de nombreux végétaux des régions arides : *Pachypodium*, euphorbes, didiéracées, cactus
* le palmier trièdre
* la majorité des orchidées
* les aloès
* les fougères arborescentes

L'æpyornis, l'hippopotame nain et une quinzaine d'espèces de lémuriens, ont disparu de Madagascar au cours des derniers siècles. Les fléaux actuels sont avant tout la déforestation et le trafic de certaines espèces. Madagascar a signé la Convention sur le commerce international des espèces en voie de disparition (CITES). Divers organismes internationaux agissent sur place en faveur de la protection de la faune et de la flore.

lisée pour confectionner du papier. Son tronc, véritable réservoir, peut contenir des milliers de litres d'eau. Certains spécimens présents sur l'île dépasseraient 1 000 ans d'âge.

Pieds d'éléphant *(Pachypodium).* L'île héberge neuf espèces de *Pachypodium*, ou "pied d'éléphant" (à ne pas confondre avec le *Testudinaria elephantipes*, une plante similaire, indispensable aux populations d'Afrique du Sud, qui porte le même surnom). Malgré sa ressemblance, le *Pachypodium* n'appartient pas à la même famille que le baobab. Son tronc bulbeux recouvre une chair humide, jaune et filandreuse, qui évoque des racines de manioc trop cuites, et qui est à l'évidence apparentée à l'igname consommé dans les pays du Pacifique. Le parc national de l'Isalo, notamment, accueille des *P. rosulatum*. La réserve d'Ampijoroa renferme les autres espèces.

Didiéracées et *Alluaudia.* L'étrange forêt d'épineux du Sud de Madagascar abrite les *Didierea* (didiéracées), dont les tiges peuvent atteindre une dizaine de mètres de haut et alternent longues épines et feuilles minuscules. Appelées *fantsilotra* (prononcez "fantsilouch") en malgache, elles sont très caractéristiques du Grand Sud. Nombre de ces plantes, apparentées aux cactées, sont endémiques.

Six espèces d'*Alluaudia*, une sous-variété des didiéracées, ont aussi été dénombrées dans la région sud de l'île. La plus répandue est l'*A. procera*, parfois appelé "arbre pieuvre" à cause de sa forme tentaculaire.

Fantsilotra

Euphorbes. Ces plantes de roche de la famille des Succulentes peuvent prendre de nombreux aspects (les poinsettias, notamment, font partie de la famille des euphorbiacées). Les épines que vous verrez sur les variétés d'euphorbes présentes à Madagascar les font ressembler aux cactées. Parfois appelées "bois de lait", elles produisent une sève laiteuse proche du latex, irritante pour la peau et les yeux, et ont la particularité d'être mâle ou femelle.

Cactées. Les seules réelles cactées originaires de Madagascar sont le *Rhipsalis baccifera* et le *R. madagascariensis*, bien que certains prétendent qu'ils ont été introduits sur l'île voilà plusieurs siècles. Ils donnent de petites baies et ne possèdent aucun parent proche dans le monde. Ils partagent toutefois l'aspect d'autres plantes rares, comme le boojum ou l'ocotillo du Nord-Ouest mexicain et de certaines régions des États-Unis.

Pervenches. La pervenche est pourvue de tiges ornées de fleurs bleues qui traînent à terre. Plante sauvage native du Sud-Est de l'île, la pervenche de Madagascar, ou guillemette *(Vinca rosea)*, se rencontre en divers points du territoire. Les extraits de pervenche sont utilisés dans le traitement de la leucémie.

Suite de la page 30

INSTITUTIONS POLITIQUES

Madagascar a peu connu l'alternance depuis son indépendance. La Première République fut marquée par la stabilité et la fidélité à l'ancienne puissance coloniale jusqu'aux troubles de 1972. Au cours de la Deuxième République, de 1975 à 1993, Madagascar fut dirigée par Didier Ratsiraka. Ces années sont caractérisées par un régime autoritaire d'inspiration marxiste, avec un appareil d'État calqué sur les démocraties socialistes. Juste avant l'élection de 1989, qui le reconduisit au pouvoir, le gouvernement instaura le pluralisme des partis.

Opposition, grèves et soulèvements populaires marquent les années 1991-92. Ce mouvement déboucha sur la Troisième République, proclamée en 1992. Les élections de février 1993 mirent un terme à 17 années de pouvoir de Ratsiraka et de son parti, l'Arema avec la victoire d'Albert Zafy et de son mouvement Forces vives. La présidence de Zafy fut caractérisée par des tentatives de réouverture vers l'Occident et ternie par la révélation de plusieurs "affaires". Courant 1996, Zafy fut démis de ses fonctions par la Haute Cour constitutionnelle pour non respect de la Constitution et de nouvelles élections présidentielles furent organisées. A la surprise générale, Didier Ratsiraka, converti au libéralisme économique, fut réélu pour cinq ans (un proverbe malgache affirme que "mieux vaut un vieux crocodile repu qu'un jeune crocodile affamé"). Les élections de 2001-2002, en cours à l'heure où nous écrivons ces lignes, font l'objet d'un duel entre Didier Ratsiraka et Marc Ravalomanana.

L'Assemblée nationale malgache compte 138 membres, élus pour quatre ans par les 57 circonscriptions du pays. Madagascar est divisée administrativement en 6 provinces autonomes depuis 1998 : Antananarivo, Antsiranana (Diégo-Suarez), Fianarantsoa, Mahajanga, Toamasina (Tamatave) et Toliara (Tuléar). Cette structure fédérale continue à se mettre en place à l'heure où nous écrivons ces lignes.

Il existe par ailleurs plusieurs niveaux de décision locaux, dont la préfecture (*fivon-dronampokotany*), le comté (*firaisampokotany*), la commune (*fokontany*) et le comité social de village (*fokonolona*).

ÉCONOMIE

Malgré des atouts certains pour figurer parmi les pays riches, Madagascar n'en a jamais tiré profit pour cause de sécheresse ou de cyclone, de destruction généralisée de l'environnement, de croissance démographique effrénée, de corruption au plus haut niveau, de manque d'expertise dans la gestion des ressources et de forte inflation. Le PNB par habitant de l'île – 260 \$US – est l'un des plus bas au monde. L'île, en bref, peut être comparée à un coffre-fort dont personne ne semble connaître la combinaison !

L'économie nationale repose sur l'agriculture et la pêche, qui emploient environ 85% de la population, fournissent près de 70% des exportations et représentent quelque 30% du PIB.

Le riz constitue la ressource principale du pays et le premier indicateur de la santé de son économie. Jusqu'en 1971, Madagascar en produisait assez pour garantir son autosuffisance alimentaire et exporter. En 1976, le gouvernement nationalisa les rizières. Cette mesure se solda par un échec et fut abolie en 1984. Aujourd'hui, le pays n'exporte plus son riz de meilleure qualité et doit en importer de moindre qualité pour nourrir une population en augmentation constante. Les rizières malgaches produisent 2 tonnes de riz à l'hectare, alors que certains pays asiatiques ont un rendement 2 à 3 fois supérieur.

Les principaux produits d'exportation – vanille, café, clou de girofle, sisal – ont grandement souffert de la chute des cours internationaux, d'une mauvaise gestion et de conditions climatiques défavorables.

La remontée des cours de la vanille est un signe encourageant pour cette filière, qui représenterait près de 20% des exportations agricoles (Madagascar est le premier producteur mondial). Au début des années 1990, près de 4 000 tonnes de vanille avaient été brûlées afin de soutenir le marché et de lutter contre la concurrence d'autres pays producteurs. D'autres secteurs appellent moins à l'optimisme. Le café connaît notamment une grave crise depuis 1997. La production est passée de 45 000 tonnes en 1998 à 13 000 tonnes en 2001. La pêche crevettière se porte pour sa part relativement bien.

L'agriculture reste très limitée dans le Sud aride, où l'insuffisance alimentaire est une réalité. Au début des années 1990, une famine prolongée due à la sécheresse aurait provoqué la mort de 40 000 habitants du Sud et du Sud-Ouest. Les immenses troupeaux de zébus élevés par les Antandroy et les Mahafaly du Sud, ainsi que par les Sakalava de l'Ouest, souffrent aussi de l'aridité de ces régions.

L'industrie malgache reste faible, mais marque une progression du fait de la création récente d'une zone franche économique. Celle-ci concerne en premier lieu le textile, secteur florissant dans ce pays où la main-d'œuvre est l'une des moins chères du monde. Les données fiables sur la production minière sont rares, notamment dans le domaine des pierres précieuses et semi-précieuses. Madagascar exploite de la chromite, du graphite, du quartz, du nickel, du cobalt, des pierres précieuses et un peu d'or. Au total, l'industrie totalise moins de 15% du produit national brut annuel et occupe moins de 5% de la population active.

Les services représentent plus de 50% du PIB et emploient environ 10% de la population active. Les banques et les télécommunications (téléphonie et Internet) en sont les secteurs les plus actifs. Le tourisme se voit freiné dans sa progression par les tracasseries administratives, les réticences des investisseurs internationaux et la détérioration générale des infrastructures.

Madagascar dépend encore beaucoup de la France – qui représente près du tiers de ses exportations et de ses importations – dans ses relations commerciales. L'économie du pays repose pour une large part sur l'aide internationale. Elle provient notamment de l'Union européenne, des États-Unis (deuxième partenaire commercial de l'île) et du Japon. L'endettement de l'île reste l'un des plus élevés d'Afrique.

Face aux difficultés persistantes de son économie, Madagascar, dont les rapports avec le Fonds monétaire international et la Banque mondiale ont longtemps été distants, s'est résolue à signer un programme d'ajustement structurel en 1996. Aux termes de cet accord, les institutions internationales financent des programmes d'aide économique sur la Grande Île, qui s'est engagée, en échange, à réformer son économie dans le sens voulu par les deux organismes. Ces réformes concernent en premier lieu la privatisation d'entreprises publiques : Solima (lubrifiants et carburants), Jirama (eau et électricité), Air Madagascar, Sirama (sucreries), Sorima (industrie rizicole), RNCFM (chemin de fer), Telma (télécommunications), banques, industries… Ce processus a d'ores et déjà donné des résultats divers. Si la privatisation des banques malgaches, dans lesquelles les grandes banques françaises ont pris des participations, a été à l'origine d'une amélioration sensible de la qualité du service, la cession d'Air Madagascar a donné lieu à divers scandales et semble stoppée. La privatisation de la Solima, rachetée par un consortium de grands pétroliers internationaux a pour sa part été à l'origine d'une brusque augmentation du tarif des carburants. Nombreux sont ceux qui redoutent que d'autres domaines suivent la même voie et que les directives du FMI ne soient un remède pire que le mal pour la population.

A l'heure où les effets de l'ajustement structurel poussent vers le haut les indicateurs économiques généraux, la majorité de la population malgache ne perçoit pas d'amélioration de ses conditions de vie, doit faire face à une inflation préoccupante et ne peut trouver refuge que dans l'économie informelle.

POPULATION ET ETHNIES

Les Malgaches descendent essentiellement de Malais et d'Indonésiens arrivés il y a 1 500 ou 2 000 ans. Toutefois, des traces de l'utilisation d'outils en pierre remontant à plus de 2 000 ans suggèrent la présence d'occupants plus anciens.

La population du pays augmente rapidement. Elle s'élève aujourd'hui à environ 15 millions d'habitants, soit deux fois plus qu'en 1960, année de l'Indépendance. On estime qu'elle pourrait doubler d'ici à 2015.

La moitié des Malgaches ont moins de 20 ans. Ce taux de croissance est l'une des difficultés que le pays doit affronter, malgré sa faible densité de population – 26 habitants au km^2.

Outre les 18 ethnies malgaches, la population se compose d'Européens (surtout des Français), de Comoriens, d'Indiens, de Pakistanais et de Chinois.

Le terme *vazaha* désigne les étrangers blancs, Français en premier lieu. Parfois désignés ironiquement sous le nom de 19e tribu, ils seraient environ 27 000 à Madagascar. Outre les touristes, la communauté des vazaha se compose d'enfants d'anciens colons, partagés entre nostalgiques à la mentalité quelque peu néocoloniale et vrais amoureux de leur terre natale ; de nouveaux arrivés, venus dans l'espoir de faire fortune (ils déchantent en général rapidement) ou au contraire bien décidés à mener la vie la plus tranquille qui soit ; d'investisseurs de tout poil (de celui qui arpente l'île son sac sur le dos à celui qui se déplace en jet privé) ; de collaborateurs d'organisations humanitaires et d'organismes internationaux… Le secteur du tourisme emploie un nombre important des vazaha de Madagascar. Ils sont nombreux à se plaindre des tracasseries administratives qui leur sont imposées et à considérer leur situation comme précaire. Le terme *zanatany* ("fils de la terre") désigne les vazaha nés sur la Grande Île ou, par extension, ceux qui y habitent de longue date.

Les Comoriens sont surtout présents dans la région de Mahajanga. L'actualité troublée de l'archipel voisin des Comores a précipité, ces dernières années, la venue de ressortissants comoriens.

Les Indo-Pakistanais (*karana*) s'illustrent avant tout dans le commerce. Ils représenteraient 0,5% de la population et généreraient près de 15% du PIB de l'île, ce qui ne leur attire pas toujours la sympathie de la population malgache. Début 1987, les commerçants karana ont été la cible d'émeutes, notamment dans l'Ouest et le Sud-Ouest. De telles manifestations restent cependant rares. Une communauté chinoise, discrète, est également active dans le commerce.

La population malgache se divise en 18 ethnies (voir ci-dessous). Vous percevrez peut-être un certain malaise et une rivalité entre les habitants des Hauts Plateaux, relativement aisés et instruits, et ceux des régions côtières, traditionnellement plus pauvres. Ajoutons que malgré la proximité de l'Afrique et une origine commune (surtout le long des côtes), les Malgaches n'aiment guère être considérés comme Africains.

En France, la communauté malgache s'élève à 70 000 personnes environ.

Dix-huit ethnies

Si le pays possède une culture et une langue officielle, les Malgaches se divisent en fait en 18 "tribus" dont le territoire correspond à d'anciens royaumes plutôt qu'à des caractéristiques ethniques.

Certains groupes, comme les Merina, montrent des traits à dominante indonésienne. D'autres, par exemple les Vezo de la côte sud-ouest, semblent plus proches des peuples d'Afrique de l'Est. La plupart revendiquent des ancêtres d'origines diverses et se définissent avant tout comme *malagasy* (malgache). Vous trouverez des précisions sur certains de ces groupes ethniques dans les encadrés disséminés dans le corps du texte.

Antaifasy. Le nom de ce petit groupe signifie "ceux qui vivent dans le sable". Le pays antaifasy est centré sur Farafangana, sur la côte est.

Antaimoro. "Ceux du rivage" occupent la côte est, près de Manakara. Ils comptent parmi les ethnies les plus récentes et furent influencés par des navigateurs arabes. Les Antaimoro (prononcez "antaimour") conservent d'anciennes traditions islamiques grâce à une écriture apparentée à l'arabe, le sorabe, et pratiquent le sikidy, une sorte de divination par les graines.

Antaisaka. Ce petit groupe très traditionnel, "ceux du pays sakalava", constitue une branche des Sakalava et vit essentiellement dans une région de la côte sud-est. Les Antaisaka sont réputés pour leurs qualités de combattants.

Antakàrana. Localisé autour du massif d'Antakàrana à l'extrémité nord, les Antakàrana sont surtout pêcheurs et éleveurs et restent influencés par l'islam. Ils s'identifient comme "ceux des rochers", en référence au massif de l'Ankàrana, qui leur servit de refuge lorsqu'ils durent fuir la domination merina.

LES DIX-HUIT ETHNIES DE MADAGASCAR

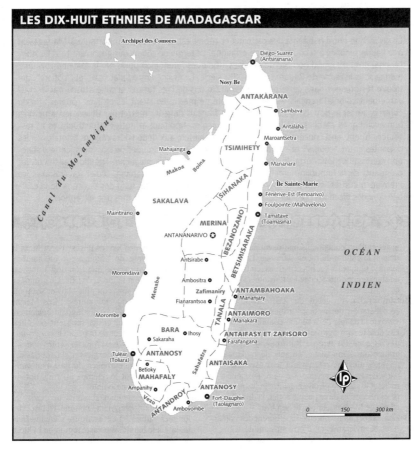

Antambahoaka. "Ceux de la communauté" peuplent une région du Sud-Est près de Mananjary. Ils maintiennent certaines traditions islamiques, comme l'interdit de la viande de porc.

Antandroy. Semi-nomades, "ceux des épines" comptent parmi les plus pauvres du pays. Ils habitent les forêts d'épineux, arides et désolées, de l'extrême Sud. Leur région manquant d'eau, ils cultivent peu de riz, mais du manioc et du maïs. Leur activité principale consiste à fabriquer et à vendre du charbon. Nombre d'entre eux quittent la région pour chercher du travail ailleurs.

Antanosy. Fuyant la montée en puissance merina, "ceux de l'île" – appelés ainsi en référence à un îlot situé près de Fort-Dauphin – se

sont installés dans une vaste zone semi-aride de l'extrémité sud-est du pays. Le mode de vie antanosy (prononcez "antanouch") est régi par de nombreux fady (tabous).

Bara. Le nom de cette tribu du Centre-Sud serait en partie d'origine bantoue. On ignore sa signification. Grands et minces, les Bara ("bar") arborent les traits les plus manifestement africains de tous les Malgaches. Ce peuple d'éleveurs a également une réputation de guerriers. Le vol de bétail, censé prouver la virilité et le mérite des jeunes hommes avant le mariage, est une pratique répandue en pays bara.

Betsileo. "Les invincibles", qui résident autour de Fianarantsoa, sont le troisième groupe ethnique par le nombre. Connus pour leur talent d'ébé-

Plateaux et côtiers

La distinction entre habitants des plateaux et côtiers est souvent plus importante à Madagascar que l'appartenance à tel ou tel groupe ethnique. Le terme de côtiers désigne avant tout les non-Mérina, dont un grand nombre de groupes ethniques furent incorporés par la force au royaume merina sous le règne de Radama Ier, au XIXe siècle. La rivalité entre "plateaux" et "côtiers", qui trouve ses origines dans cette période d'unifications de l'île, fut par la suite attisée par le gouvernement colonial français. Après avoir tenté de mettre en avant les ethnies côtières afin de contrebalancer le pouvoir Merina, les colons français finirent en effet par utiliser les structures bureaucratiques établies par les Merina. Les écoles, hôpitaux et autres infrastructures et ressources furent ainsi concentrées autour d'Antananarivo, aux dépens des régions littorales. Si les disparités entre "côtiers" et "plateaux" ne sont plus aussi marquées de nos jours, cette distinction continue de jouer un rôle important dans la vie politique malgache. Traditionnellement, les présidents de la République malgache sont côtiers (Philibert Tsiranana, Didier Ratsiraka) et les Premiers ministres, merina. Le bon score de Marc Ravalomanana, natif des environs de la capitale, lors des élections présidentielles de 2001-2002, constitue à ce titre une exception.

nistes et d'agriculteurs, ils maîtrisent particulièrement la culture du riz en terrasses. Les Zafimaniry, sculpteurs sur bois émérites, en forment un sous-groupe qui occupe les territoires au sud-est d'Ambositra.

Betsimisaraka. Au début du XIIIe siècle, une confédération de plusieurs tribus donna naissance à ce peuple de la région côtière du Nord-Est, dont le nom signifie "ceux qui ne se séparent pas". Ce fut l'œuvre de Ratsimilaho, chef du groupe des Zanimalata "enfants de mulâtres" nommés ainsi en référence à leur ascendance partiellement européenne. Le café, la canne à sucre et le clou de girofle constituent les principales ressources de ce peuple côtier, la deuxième ethnie de Madagascar par le nombre.

Bezanozano. Peu nombreux, ils arborent des coiffures de style africain, d'où leur nom de "ceux qui portent beaucoup de petites nattes". Leur habitat, une portion de forêt tropicale, s'étend sur une étroite bande de montagne orientée nord-sud entre Antananarivo et la côte.

Mahafaly. Ces agriculteurs "faiseurs de tabous" occupent le Sud et le Sud-Ouest, croisant par endroits les Antandroy et les Antanosy. Arrivés assez récemment, il y a probablement moins de 900 ans, les Mahafaly (prononcez "mahafal") ont résisté aux tentatives d'unification d'Andrianampoinimerina et sont restés relativement indépendants jusqu'à la colonisation française. Les tombes mahafaly, avec leurs extravagants aloalo (des sculptures en bois complexes mesurant généralement plus d'un mètre de haut) et leurs stèles illustrant la vie des ancêtres, sont les plus étonnantes de l'île. Les Mahafaly doivent également leur réputation à leur sagesse.

Merina. "Ceux des hautes terres" constituent le premier peuple de Madagascar en nombre. C'est à un roi merina que l'on doit l'unification, souvent par la force, de l'île. Ce groupe se caractérise par son teint plus clair et ses traits plus asiatiques que les autres. Les Merina (prononcez "mern") se distinguent également par leur système de castes reposant essentiellement sur la couleur de la peau : les *andriana*, ou nobles, les *hova*, ou roturiers et les *andevo*, ou travailleurs. Ces derniers n'étaient pas des esclaves au sens européen du mot, contrairement à ce qui fut longtemps affirmé, notamment à l'époque coloniale.

Sakalava. Généralement sombres de peau, les Sakalava se désignent comme "ceux des longues vallées". Leur territoire s'étend effectivement le long d'une vaste région de l'Ouest, de Tuléar, au sud, jusqu'au nord-ouest, au-dessus de la Betsiboka. Il s'agissait, au début, de la confédération de plusieurs groupes anciens. La grande étendue de leur territoire rendant difficile toute unité, ils se sont répartis très tôt en deux grands royaumes, les Menabe au sud et les Boina au nord. Deux sous-groupes importants évoluent dans la même zone. Les Makoa, qui descendent d'esclaves africains, sont installés autour de l'embouchure de l'Onilahy, près de Mahajanga. Les Vezo, pêcheurs semi-nomades des côtes de l'extrême Sud-Ouest fabriquent de longues pirogues dont les voiles leur servent de toiles de tentes.

Sihanaka. Demeurant principalement dans les basses terres marécageuses autour du lac Alaotra, ils se dénomment "ceux qui errent dans les marais". Ces pêcheurs et riziculteurs ont drainé la région, parfois encore considérée comme "le grenier de Madagascar".

Tanala. "Ceux de la forêt" peuplent la partie montagneuse des forêts tropicales orientales, autour de Ranomafana. Chasseurs, agriculteurs, ils cultivent café et riz. Les Tanala, de petite taille, sont réputés pour leur connaissance des plantes médicinales et le miel qu'ils récoltent.

Tsimihety. "Ceux qui ne se coupent pas les cheveux" vivent dans le Nord-Ouest de l'île. Une tradition voulait que les sujets d'un roi sakalava coupent leur chevelure à la mort de leur souverain en signe de respect et de deuil, geste symbolique que les Tsimihety ont toujours refusé.

Zafisoro. L'origine de ce nom reste inconnue. Ce petit groupe partage le même territoire que ses rivaux, les Antaifasy.

SYSTÈME ÉDUCATIF

En 1972, le gouvernement substitua dans les écoles l'enseignement du malgache à celui du français dans l'espoir de rendre l'éducation plus accessible aux masses. Signe des temps, le français fut réintroduit dans l'enseignement secondaire en 1986, afin de faciliter la communication internationale. Officiellement, 87% des enfants d'âge scolaire fréquentent le primaire à un moment ou à un autre. Mais il semblerait que seul un tiers finisse le cycle primaire, et sans doute moins de 10% terminent leurs études secondaires. Ces chiffres sont certainement encore plus bas dans les campagnes. Il est cependant fréquent que les parents retirent leurs enfants des écoles de la capitale, soit parce qu'ils ne peuvent plus assumer les frais scolaires, soit parce qu'ils ont besoin de l'argent que leurs enfants peuvent rapporter.

Le taux d'alphabétisation moyen des adultes est très légèrement supérieur à 50%, également avec une grande disparité entre zones rurales et urbaines.

De plus, en partie à cause des mesures imposées par la Banque mondiale, des écoles ont dû fermer ces dernières années. Le budget de l'éducation a considérablement diminué et les enseignants ne reçoivent pas toujours leurs salaires en temps et en heure.

Une partie non négligeable de l'enseignement est dispensée dans des écoles françaises et des missions religieuses.

ARTS
Danse et *hira gasy*

Avec de la chance ou de la persévérance, vous pourrez peut-être assister à un hira gasy. Ces spectacles populaires de musique, de danse et de contes se déroulent sur les plateaux, ainsi qu'à Antananarivo.

La représentation est donnée par plusieurs troupes appelées *mpihira gasy* ou *mpilalao*, traditionnellement composées de 18 hommes et de 7 femmes. Elles rivalisent pour les plus beaux costumes et le spectacle le plus original, le plus émouvant ou le plus captivant.

Le hira gasy commence par un *kabary*, un discours généralement déclamé par un ancien respecté dont le talent ferait pâlir d'envie les politiciens occidentaux. Des membres de la troupe illustrent ensuite le message du kabary par des chansons exubérantes et des danses acrobatiques, accompagnées de la musique grêle des instruments. Chaque danseur porte une longue robe appelée *malabary*, tandis que les danseuses arborent le traditionnel *lamba*.

Les thèmes, toujours joyeux, louent les vertus de l'honnêteté, du respect des traditions et de la déférence due aux anciens. La réaction du public détermine le gagnant de la compétition.

Vous pourrez assister à des danses traditionnelles au Rova, le palais du roi Andrianampoinimerina d'Ambohimanga, à environ 20 km au nord d'Antananarivo, et au restaurant Le Grill du Rova, à Tana. La Maison du tourisme de Madagascar et les différents centres culturels de la capitale vous indiqueront les lieux et dates des représentations.

Musique

La musique contemporaine et traditionnelle s'appuie avant tout sur des rythmes de danse : le *salegy* des Sakalava, influencé par l'Indonésie et le Kenya, le *watsa watsa* africain, le *tsapika*, né dans le Sud, le *basesa* du Nord et de l'Ouest, le *sigaoma*, qui rappelle la musique populaire des Noirs d'Afrique du Sud et le *sega* créole de l'île Maurice, de la Réunion et des Seychelles.

Sur place, vous trouverez des cassettes et, plus rarement, des CD de musique traditionnelle et contemporaine sur les marchés, chez les disquaires et dans les librairies spécialisées des grandes villes.

Musique traditionnelle. Ces danses sont accompagnées de la flûte, du sifflet et du *valiha*, un instrument fait de 28 cordes de longueurs différentes, tendues sur une caisse de résonance tubulaire en bois ; il ressemble à un basson mais se joue comme une harpe. Les Malais et les Indonésiens, ancêtres des Malgaches, l'utilisent encore, ce qui suggère que les premiers occupants de l'île l'ont apporté avec eux. L'expert de cet instrument, Rakotozafy, a pratiqué et enregistré la musique du valiha pendant près de 20 ans. Sylvestre Randafison et nombre de jeunes talents le perpétuent aujourd'hui.

Également populaire, le *lokanga voatavo* (cordophone) a une gourde pour résonateur. Il existe par ailleurs plusieurs guitares malgaches, dont le *kabôsy*, proche de la petite guitare hawaïenne. Un autre instrument, le *jejolava*, ne possède qu'une corde étirée sur une noix de coco évidée, que fait vibrer un archet. Les accordéons, témoignages de l'héritage français, restent nombreux, tout comme les percussions. L'instrument à vent traditionnel le plus répandu est le *kiloloka*, un morceau de bambou en forme de sifflet qui ne produit qu'une seule note, mais dont un groupe de musiciens peut tirer une mélodie en soufflant chacun à son tour, comme pour un concert de cloches. La *sodina* (flûte malgache), a perdu en 2001 son maître incontesté, Rakoto Frah.

Musique moderne. Madagascar compte d'excellents musiciens et chanteurs folk ou pop. Paul Bert Rahasimanana, ou Rossy, est certainement le musicien le plus célèbre de la Grande Île. Il a commencé sa carrière en jouant du *vaky soava*, une musique de chœur rythmée en frappant dans les mains, avant de développer un style personnel en ajoutant un accompagnement instrumental. Ses albums les plus connus, qui mêlent des sources traditionnelles malgaches à des apports modernes, sont *Island of ghosts* (Real World), *Bal Kabôsy* (1995) et *Aoira* (2000). Le soutien de Rossy à Didier Ratsi-

raka lui a cependant attiré des inimitiés. L'un des musiciens les plus en vogue, Samoëla – surnommé "le poète de la brousse urbaine" – s'ouvre à des apports aussi éloignés de Madagascar que le rap et dénonce dans ses textes l'attitude des jeunes femmes malgaches envers les vazaha (et l'inverse !). Citons également Tearano, Freddy de Majunga, très influencé par les musiciens africains, Mily Clément d'Ambilobe, Jaojoby, Asco music ou encore Dama (élu au Parlement en 1993), Rebika, Tiana, Mahaleo, Njava, Tarika ou encore Paskaal Japhet. Ajoutons enfin qu'il existe des groupes de hip-hop malgaches.

En France, vous pourrez vous procurer, entre autres, les albums de Rossy, de Fenoamby, et de The Justin Vali Trio.

Littérature

L'art du récit a longtemps été réservé au kabary (voir plus loin), plutôt qu'à la littérature. Si des textes lui sont antérieurs, le premier monument de la littérature malgache voit le jour dans les années 1850, lorsque l'historien Raombana rédige 8 000 pages racontant fidèlement le règne de Ranavalona Ire. Au siècle suivant, les années 1930 et 1940 voient fleurir la littérature et la poésie modernes de Madagascar. L'écrivain le plus considéré de l'époque reste le poète Jean-Joseph Rabearivelo, qui a fait du lien qui unit l'homme à la terre des ancêtres son thème de prédilection. Jean-Joseph Rabearivelo s'est suicidé en 1947, à l'âge de 36 ans. Fianarantsoa est devenue ces dernières années une sorte de capitale littéraire et compte plusieurs essayistes et romanciers résidents.

Né en 1967 à Madagascar, Raharimanana vit aujourd'hui à Paris. Avec *Lucarne* (Le Serpent à Plumes), il signe douze nouvelles où, dans un français âpre et poétique, il évoque la corruption, la pauvreté et les amours sacrifiées de son île.

Comme un vol de papang', de Monique Agenor (Le Serpent à Plumes, 1998) a pour cadre les premières années de la colonisation. Dans une langue savoureuse et inspirée, l'auteur donne à entendre la douleur du peuple malgache depuis le palais de la reine Ranavalona III.

Jean Ndema, Rakotonaivo, Rainifihina Jessé et Emilson D. Andriamalala sont également des noms importants de la littérature de la Grande Île.

Kabary. La tradition du récit s'illustre de longue date dans le kabary, une forme oratoire mêlant discours et contes pratiquée notamment au cours des hira gasy. L'origine du kabary remonte aux premières assemblées politiques, durant lesquelles chaque conseiller prenait la parole à son tour pour donner son opinion et ses conseils. Le kabary s'est ensuite répandu jusqu'à devenir une distraction nationale, puis un art dont les maîtres rivalisent d'imagination.

Au début du concours, l'orateur commence par une série de proverbes et d'introductions utilisant allégories, ambiguïtés, métaphores et comparaisons. Il parle ensuite aussi longtemps que possible en évitant d'aborder directement le sujet concerné. Inutile de préciser qu'à moins de bien comprendre le malgache, vous ne pourrez pas apprécier à leur juste mesure les inventions de langage et le talent des intervenants.

Les Malgaches affectionnent une autre tradition orale, l'ohabolana ou proverbe, qui exprime les pensées de l'auteur sur un sujet défini à travers de nombreux dictons aussi sages que spirituels : "celui qui refuse d'acheter un couvercle pour la marmite mangera du riz mal cuit", "invitez un gros mangeur et il finira votre repas", "conseillez un fou et il vous fera perdre votre temps", "vous pouvez attraper un bœuf par ses cornes, un homme par ses mots", "lorsqu'il écoute un bon kabary, l'homme ne remarque pas les puces qui le mordent", ou encore l'excellent "ne nous amusons pas avec les caïmans, notre chair est succulente".

Les librairies possèdent encore parfois quelques exemplaires d'Ohabolana ou Proverbes malgaches du révérend J.A. Houlder, un traité de 216 pages qui reste la référence en la matière. L'Expérience du proverbe (Échoppe, 1993), est une autre étude sur les proverbes malgaches, sous la plume de Jean Paulhan, qui habita l'île au début du siècle et y enseigna le français. En 1912, il écrivit Le Repas et l'amour chez les Mérinas (Fata Morgana, 1987), à mi-chemin entre l'essai ethnologique et le récit de fiction. Vous pourrez également vous procurer les Contes et légendes de Madagascar de Rabearison.

Architecture

Chaque région se distingue par son architecture et ses matériaux propres. Les demeures betsileo et merina des hautes terres sont reconnaissables à leurs briques de terre rouge, qui conservent mieux la chaleur pendant les froides soirées d'hiver. Grandes et étroites, dotées de plusieurs étages, elles s'ouvrent en général vers l'ouest, sur une véranda en plein air soutenue par des piliers en brique. La ville d'Ambalavao en abrite de très beaux exemples, dont certains ornés en bois sculpté.

Les maisons côtières sont pour leur part faites de matériaux légers, dont la cactée Alluaudia dans la région méridionale des Antandroy, les feuilles de raphia à l'extrémité nord et le ravinala, ou arbre du voyageur, sur la côte est. Le musée de Tuléar présente un excellent exemple de ce dernier type d'habitat.

COMPORTEMENTS ET USAGES

Au carrefour de l'Afrique et de l'Asie, la culture malgache puise l'essentiel de ses origines dans ces deux continents. L'Asie traduit son influence dans le vocabulaire relatif au riz ou les rites funéraires, tandis que l'habit traditionnel (le lamba), le symbolisme religieux ou le statut conférés au bétail rappellent l'héritage africain. La croyance dans le vintana (destin) pourrait, elle, découler de la cosmologie islamique. L'ensemble s'est fondu au cours des siècles pour former une culture malagasy parfaitement originale.

Habillement

Chez les Merina des Hauts Plateaux, l'élément le plus caractéristique de la tenue des femmes est le lamba (prononcez "lamb'"), un foulard blanc en soie, en coton ou en fibres synthétiques drapé sur les épaules et souvent enroulé autour de la tête avec un coin du tissu pendant vers le bas. Si celui-ci tombe du côté droit, cela signifie que la personne porte le deuil. On parle alors de lamba maitso ou tissu vert, quelle qu'en soit la couleur.

En certaines occasions, les habitants arborent un *lamba mena*, ou tissu rouge, en signe d'autorité. Il s'agit en fait d'un linceul, rarement rouge, dont le nom reflète probablement le pouvoir des ancêtres.

Les femmes de certains groupes, en particulier les Sakalava et les Antakàrana, se couvrent ordinairement d'un lamba en coton aux teintes vives, qu'elles utilisent également pour porter leurs bébés ou leurs jeunes enfants. Les tisserands d'Ambalavao, près de Fianarantsoa, sont réputés pour leurs lamba colorés, ornés de formes géométriques compliquées.

Les hommes, notamment sur les plateaux, nouent également un lamba autour de la taille ou des épaules. Leurs tenues comportent un autre trait distinctif omniprésent, le chapeau. Ceux des Betsileo comptent quatre côtés, ceux des Merina sont en paille de riz et ceux des Bara du Sud-Ouest en forme de cônes. La créativité malgache se manifeste dans ces couvre-chefs, dont vous verrez des exemples étonnants dans les rues de la capitale.

Respect des traditions

En dehors des villes importantes, les valeurs traditionnelles influencent davantage la vie quotidienne que les religions importées. Elles s'illustrent en premier lieu par le culte des ancêtres et les rites qui y sont associés, notamment le respect des *fady* (tabous et interdits locaux destiné à apaiser les ancêtres). Compte tenu de l'impossibilité de savoir quels tabous régissent tel ou tel lieux, les visiteurs doivent se renseigner localement et se conformer autant que possible à cet aspect fondamental de la spiritualité malgache.

Les visiteurs sont de plus en plus souvent conviés à assister aux cérémonies traditionnelles à Madagascar, notamment sur les hautes terres. Gardez à l'esprit, si le cas se présente, que ces rites sont soumis à de nombreuses règles. Demandez notamment la permission avant de sortir votre appareil photo ou votre caméra.

Reportez-vous à la section *Le culte des ancêtres* pour davantage de précisions sur les rites et cérémonies traditionnelles.

Visite des villages

Si vous explorez un village ou une bourgade d'une région reculée sans guide, prenez en considération l'impact de votre visite. N'oubliez pas que les fady constituent un aspect essentiel de la vie quotidienne.

Les étrangers ne peuvent deviner seuls tous les détails d'un fady local. Néanmoins, quelques remarques s'appliquent à presque tout le pays. De manière générale, respectez la population, la propriété, les relations familiales et les ancêtres. Les voyageurs, surtout les hommes, ne doivent pas toucher les femmes, les bébés et les anciens (sauf pour une poignée de main), ni leurs affaires, ni faire des commentaires sur les femmes et les enfants sans y avoir été invités par un villageois. Vous ne devez pas effleurer ou vous moquer de ce qui se rapporte de près ou de loin aux ancêtres. Soyez particulièrement prudent aux alentours des tombes : ne les photographiez pas sans autorisation et ne les touchez pas . Si vous demandez la permission, n'insistez pas si on vous la refuse.

Il est parfois préférable de trouver le *raiamandreny*, le chef du *fokontony* ou commune, pour se présenter. Il vous proposera en certaines occasions un repas et un logement réservé aux voyageurs. Cependant, n'arrivez pas dans un village en comptant sur l'hospitalité de la population. Emportez toujours des provisions en quantité suffisante pour vous nourrir, voire partager avec vos hôtes.

Si quelqu'un vous invite à dîner ou à dormir chez lui, il attend généralement une petite rétribution en échange. Il refusera peut-être votre argent, préférant du lait concentré, du chocolat, des cigarettes ou d'autres articles absents de l'épicerie locale.

L'hospitalité malgache, quoique réelle, a ses limites. Les insulaires se montrent généralement réservés, surtout en ce qui concerne les sentiments et les problèmes intimes. Ils en discutent rarement en famille et encore moins avec de nouveaux amis. Vous devrez respecter ce sens du privé. De nombreux Malgaches se révèlent également très peu diserts sur leur culture et sa signification profonde.

Pas d'impair !

Les conseils suivants vous aideront à éviter les malentendus et à entretenir des relations amicales :

- Évitez d'élever la voix et ne montrez pas votre colère le cas échéant.
- Ne pointez pas le doigt vers quelqu'un.
- Saluez les gens que vous rencontrez et dites au revoir en partant.
- Ne prenez jamais à la légère les sujets ayant trait aux défunts, aux ancêtres ou aux traditions liées à la mort.
- Ne vous moquez jamais des fady locaux, respectez-les et ne tentez pas de les discréditer.
- Ne blâmez jamais les personnes âgées, les mères ou les enfants.
- Respectez les rizières, qui occupent une place à part dans la culture malgache.
- Souvenez-vous que les Malgaches considèrent leur pays comme la terre sacrée des ancêtres, qui en restent les véritables propriétaires. Cette terre est sainte à leurs yeux.
- Si vous partagez un repas avec des Malgaches, ne commencez pas à manger avant que le membre le plus âgé de la famille vous y invite.
- Évitez de manifester vos sentiments en public, y compris envers votre compagne ou compagnon.
- Ne tutoyez pas systématiquement vos interlocuteurs, qui risqueraient d'être offensés.
- Appréciez l'hospitalité qui vous est offerte, mais sachez rester un simple et digne étranger en visite.
- N'interrompez pas un Malgache lorsqu'il parle.

RELIGION

Les missionnaires du XIXe siècle n'ont pas ménagé leurs efforts pour apporter le christianisme à Madagascar. Leur action a souvent eu pour effet de diviser les populations. Si les protestants de la *London Missionary Society* s'implantèrent les premiers, le catholicisme se répandit avec l'arrivée des Français.

De nos jours, 40% des Malgaches se disent chrétiens. Les protestants et les catholiques se répartissent à proportions égales. Les premiers se concentrent dans les hautes terres, les seconds le long des côtes.

Environ la moitié de la population reste cependant fidèle aux cultes traditionnels, selon lesquels *Zanahary* est le créateur et les ancêtres, le principal objet de dévotion. Dans les faits, le culte rituel des ancêtres prédomine même chez les chrétiens convaincus.

Les communautés musulmanes représentent environ 7% des habitants et se regroupent dans les villes du Nord, notamment à Mahajanga (ou Majunga), où les influences comoriennes et les marchands indiens et pakistanais sont nombreux.

La secte catholique *Jesus Mamonjy*, comparable aux Témoins de Jéhovah, est particulièrement présente et bien implantée en brousse. La constitution de 1992 garantit la liberté de croyance religieuse.

LE CULTE DES ANCÊTRES

L'Île des Esprits

Il est à Madagascar un monde parallèle qui ne se laisse entrevoir que par bribes au voyageur de passage : celui des *razana*, ou ancêtres. C'est un monde discret : il n'existe pas à Madagascar de grands monuments qui leur soient consacrés, mais seulement quelques stèles, signes et tombeaux. Pays de tradition orale – on parle à Madagascar d'"héritage des oreilles" – la Grande Île n'a pas produit de livre de culte à la "religion" des ancêtres. Vénérés dans leur immortalité, les défunts régissent pourtant en profondeur la vie *gasy*, au point d'occuper davantage de place dans la spiritualité insulaire que Zanahary – le "Seigneur parfumé" –, dieu créateur. A la fois philosophie de la vie et de la mort, système religieux, cadre social et mémoire collective, le culte des ancêtres éclaire de nombreux aspects du système de pensée malgache.

"Les morts ne sont pas morts"

Le culte des ancêtres pratiqué à Madagascar reflète une vision du monde particulière. Alors que de nombreuses cultures et religions opposent la vie et la mort, l'esprit malgache voit en effet dans la mort une étape de la vie parmi d'autres. "Ceux qui sont partis n'ont qu'une avance de temps ; car la route est commune", dit un proverbe malgache… Les morts, à Madagascar, ne sont pas "morts" dans le sens où l'entendent les cultures occidentales, c'est-à-dire retirés du monde des vivants : ils ont atteint la phase ultime de la vie, le stade supérieur du **hasina**, c'est-à-dire la sagesse que procure la vieillesse. Leur rendre hommage est ainsi une manière de rendre grâce à la vie dans sa forme la plus aboutie.

Des défunts très présents

Loin d'être cantonnés à une existence céleste déconnectée du quotidien, les ancêtres exercent leur influence sur la vie de tous les jours. Le coin nord-est des habitations, appelé **zoro firarazana**, leur est traditionnellement réservé. Il arrive qu'on y dépose quelques grains de riz lors des repas afin de partager la nourriture avec eux. Les razana sont également présents au quotidien au travers d'innombrables **fady**, terme malgache qui peut se traduire par tabou ou interdit. Les fady (prononcer "fad") n'ont de portée qu'à l'échelle locale. Un fady peut par exemple prohiber de siffler sur telle plage, ou de marcher devant tel arbre sacré. La consommation de porc peut se révéler fady dans un village, tandis que le voisin regorge de cochons… Des milliers de tabous, dont la transgression déclenche la colère des ancêtres, régissent ainsi la vie des campagnes. Ils trouvent leur origine dans l'histoire du terroir auquel ils se rapportent : si un fady interdit de faire de la pirogue habillé en rouge dans la région de Manakara, on peut penser qu'il est arrivé un jour malheur à quelqu'un qui s'était embarqué vêtu de cette couleur… Les vivants ont oublié l'anecdote, mais les ancêtres s'en souviennent.

VALÉRIE POLICE

Les Vazimba

Premiers habitants supposés de Madagascar, les Vazimba suscitent de nombreuses querelles d'experts. Certains affirment qu'il s'agissait d'un groupe ethnique non malgache – peut-être originaire d'Afrique ou du Pacifique – installé sur l'île avant les ethnies actuelles. Celles-ci les auraient soit intégrés, soit expulsés. Selon d'autres sources, les Vazimba seraient le premier peuple malgache. Les 18 ethnies de l'île auraient toutes pour ascendants ces ancêtres communs, et chaque Malgache devrait accorder aux Vazimba le respect dû sur l'île aux aïeux. Une troisième théorie est plus expéditive : elle considère que ce peuple mythique n'a tout simplement jamais existé…

Les "voix" des ancêtres

Les ancêtres "parlent" aux vivants par la voix des **ombiasy**. Sorciers-guérisseurs, les ombiasy ont le pouvoir d'entrer en communication avec les razana, de lire leur volonté et d'interpréter les signes qu'ils envoient aux vivants. Les ancêtres peuvent notamment indiquer aux ombiasy comment guérir telle ou telle maladie grâce à la médecine traditionnelle.

Autre personnage important de la spiritualité malgache, le **mpanandro** (astrologue) détermine la date des retournements des morts (voir plus loin) et autres cérémonies importantes. Le mpanandro sait lire le **vintana** (destin) et interpréter l'avenir grâce à ses **sikidy** (graines). Ombiasy et mpanandro sont parfois une seule et même personne.

Il arrive enfin que les razana s'adressent en rêve directement aux vivants, notamment pour réclamer un changement de linceul (*famadihana*).

Craints et respectés

Proche à certains égards d'un système religieux, le culte des ancêtres fournit aussi un cadre social : les razana symbolisent en effet la continuité, le respect des règles, l'attachement à la famille, au village (*fokonolona*) et au groupe. Proches dans leur fonction sociale de "vieux sages garants des traditions", ils suscitent un mélange de respect et de crainte. Dans l'esprit malgache, une catastrophe naturelle ou une maladie a souvent pour cause quelque ancêtre offensé par la transgression d'un fady ou le non-respect d'une **fomba** (tradition).

Nul ne cherche donc à mécontenter les razana. Au contraire, la volonté de ne pas provoquer leur courroux s'illustre par exemple par le soin apporté aux sépultures. "Il vaut mieux être sans habitation durant la vie que pendant la mort" affirme un proverbe malgache. Il est ainsi fréquent que des défunts reposent dans des tombeaux de pierre alors que leurs descendants habitent une case de bois et de fibre végétale. Les cérémonies mortuaires témoignent également de l'ambiguïté du rapport aux ancêtres. Rythmées de danses, de musique et d'autres expressions de liesse, elles visent davantage à contenter le défunt qu'à rappeler la tristesse des vivants.

Le famadihana

Les traditions liées au culte des ancêtres varient d'un horizon à l'autre de cette "unité plurielle" qu'est le creuset ethnique malgache. Alors que les sépultures prennent la forme de cercueils-tombeaux déposés dans des abris sous roche dans les régions du Centre, les tombes mahafaly, ornées d'aloalo et de bucranes, s'exposent en plein air à la vue de tous. Empreintes de respect en Imerina, les funérailles font en revanche l'objet d'une grande agitation dans le Sud, où le cercueil est secoué en tous sens… L'histoire, la langue et l'insularité constituent cependant autant de facteurs d'unité à Madagascar. Si le culte des ancêtres varie selon les régions, ses principes restent les mêmes partout sur la Grande Île.

Le **famadihana** (retournement des morts) ou "deuxième enterrement" est à la base une coutume merina. D'autres groupes ethniques l'ont cependant adopté, et adapté. Ce rituel qui compte très peu d'équivalents dans le monde serait relativement récent. Selon les historiens, il serait apparu sous le règne de Radama Ier ou de Ranavalona Ire.

Le famadihana des hautes terres a traditionnellement lieu plusieurs années après le décès, lorsque les descendants estiment que le défunt a besoin d'un nouveau linceul pour se réchauffer. Sa date exacte est fixée par le mpanandro. Le rituel commence par l'exhumation du corps, qui est transporté en procession par ses proches avant d'être enveloppé dans un nouveau **lambamena** (linceul). Les membres de la famille défilent pour l'embrasser, lui parler, lui chanter des chansons ou même danser avec lui. L'ancêtre retourne ensuite à sa dernière demeure, souvent avec des cadeaux (miel, tabac, alcool…). La cérémonie peut durer jusqu'à deux jours entiers, baignés d'une ambiance de fête. Il ne s'agit pas, en effet, d'exprimer son deuil, mais de rappeler au défunt qu'il est toujours présent dans les mémoires. Les frais engagés pour ces célébrations sont considérables : il faut nourrir tous les convives, engager un orchestre, faire venir un ombiasy et sacrifier des zébus ou d'autres animaux.

Des famadihana peuvent également avoir lieu dans d'autres circonstances, notamment lorsque le tombeau familial est devenu trop exigu ou quand un défunt enterré dans un tombeau provisoire (c'est souvent le cas en saison des pluies pour des raisons sanitaires) est transféré dans sa sépulture définitive.

Chez les Mahafaly, la pratique funéraire, qui n'est pas à proprement parler un "retournement" (le mort n'étant enterré qu'une seule fois), s'apparente néanmoins dans son rituel au famadihana : le défunt est inhumé sous une plate-forme de pierre jusqu'à l'achèvement de la construction de son tombeau, ce qui peut prendre plusieurs mois. Une fois le monument achevé, le razana est enveloppé dans un lambamena et mené à sa dernière demeure avec force cris et chants.

Le culte des ancêtres au présent

L'arrivée des missionnaires chrétiens, à l'époque coloniale, a peu porté atteinte au culte traditionnel des ancêtres. Le "razanisme" s'est en effet accordé sans heurts avec le christianisme, au point qu'il est maintenant fréquent d'entendre quelques chants et une bénédiction chrétienne durant une cérémonie dédiée aux ancêtres. Les pratiques funéraires occidentales, qui ont fait une timide apparition dans les grandes villes sous forme de cimetières communaux, n'ont pour leur part séduit qu'une très faible population urbaine occidentalisée. Le culte des ancêtres reste ainsi la référence première de la spiritualité malgache.

Les traditions malgaches, comme toute culture vivante, connaissent cependant des évolutions. Elles se traduisent en premier lieu par une plus grande ouverture aux étrangers des cérémonies traditionnelles. Les visiteurs sont ainsi de plus en plus fréquemment conviés à assister aux famadihana qui se succèdent sur les hautes terres en août et septembre. La présence de *vahiny* (hôtes étrangers) est en effet considérée comme un bon présage lors de ces cérémonies dont le rituel a également subi quelques modifications au cours du temps – des observateurs ont par exemple été surpris des grandes quantités d'alcool consommées lors de certains famadihana.

Si le culte des ancêtres perd de l'influence dans les régions urbanisées, il ne fait en revanche aucun doute qu'il reste une préoccupation quotidienne dans les villages, notamment au travers du respect des innombrables fady qui balisent la terre malgache. La philosophie qui sous-tend le culte des ancêtres continue par ailleurs à exercer son influence sur l'ensemble du système de pensée malgache. Considérant la vie temporelle comme une simple "étape", elle expliquerait selon certains observateurs l'apparente "résignation" et la "distanciation" du peuple malgache face aux événements de la vie quotidienne.

VALÉRIE POLICE

Renseignements pratiques

PRÉPARATION AU VOYAGE
Quand partir
La meilleure période pour visiter la Grande Île s'étend de mi-avril à mi-novembre. La saison des pluies dure de novembre à mars ; elle se fait particulièrement sentir dans le Nord et sur la côte est, où elle se conjugue à une chaleur torride. Les routes inondées se transforment fréquemment en bourbiers empêchant toute circulation et, entre décembre et mars, certains endroits sont totalement inaccessibles. Durant la saison des pluies, ces deux régions, ainsi que la côte nord-ouest, subissent parfois des passages cycloniques. La côte est connaît également un fort risque de précipitations entre juin et fin août.

Un climat lourd et moite caractérise la côte orientale et la pointe nord de l'île. Le Sud, aride tout au long de l'année, et la côte centrale occidentale sont les régions les plus sèches. Dans les hautes terres intérieures, parfois appelées Hauts Plateaux, le climat, chaud et humide en été, devient sec et frais en hiver. La nuit, la température peut descendre en dessous de 0°C en juillet et en août.

Quel voyage ?
Madagascar reste une destination "aventureuse". Vous finirez souvent vos soirées fatigué par le trajet en taxi-brousse, couvert de poussière, harassé par les interminables palabres avec les chauffeurs de taxi ou de pousse-pousse… mais incommensurablement heureux de ce que vous aurez vu et des rencontres que vous aurez faites. Madagascar propose en effet toutes les joies et les peines que peut offrir une grande île tropicale, lesquelles se résument le plus souvent à la difficulté d'atteindre sa destination et au plaisir d'y être parvenu.

Cela étant dit, visiter Madagascar en indépendant ne présente aucune difficulté insurmontable et les petits aléas qui font le charme du voyage trouvent toujours leur solution. Les transports en avion (à ne pas négliger) sont réguliers et les routes, certes mauvaises, finissent toujours par être parcourues. Où que vous soyez, vous trouverez toujours un choix

A consulter avant de partir

Des journaux et des sites Internet vous aideront à préparer votre voyage, à commencer par *Le Journal de Lonely Planet* et notre site www.lonelyplanet.fr (rubrique *Ressources*).

www.dfae.diplomatie.fr
Site informatif, régulièrement mis à jour, du ministère des Affaires étrangères français

www.expatries.org
Site de la Maison des Français de l'étranger, dépendant du ministère des Affaires étrangères : conseils aux voyageurs et informations par pays

Globe-Trotters/www.abm.fr
Magazine et site Internet de l'association Aventure du bout du monde (ABM, ☎ 01 45 45 29 29 ; 11 rue de Coulmiers, 75014 Paris)

Job Trotter
Magazine répertoriant des stages et des offres d'emploi en France et à l'étranger, publié par Dakota Éditions (☎ 01 55 28 37 00, fax 01 55 28 37 07, www.dakotaeditions.com ; 45 rue Saint-Sébastien, 75011 Paris)

www.courrier-international.com
Site du magazine *Courrier International*, donnant accès, entre autres, à un annuaire de la presse internationale

En Belgique :
Farang
Lettre d'information sur le voyage (☎ 019 69 98 23, La Rue 12, 4261 Braives)

Reiskrand
Magazine en flamand de l'association Wegwyzer (☎ 50-332 178, Beenhouwersstraat 9, B-8000 Bruges)

En Suisse :
Globetrotter Magazin
(☎ 213 80 80 ; Rennweg 35, PO Box, CH-8023 Zurich)

Newland magazine
(☎ 324 50 42, fax 324 50 41, www.newland.ch ; CB communication, CP 223, CH-1000 Lausanne 17)

d'hôtels et de restaurants. Dans les principales villes et sites touristiques, vous pourrez partir en excursion, en randonnée ou faire une promenade en pirogue. Certains hôtels habitués à recevoir les visiteurs étrangers pourront vous assister dans l'organisation de votre voyage. Ils offrent peu de formules miracle ou de produits "clés en main", mais vous aideront à trouver un guide ou un véhicule. Par ailleurs, il existe sur place des tour-opérateurs très compétents.

Le français est parlé presque partout. Quelques mots de malgache sont cependant toujours appréciés de la part d'un *vazaha* (étranger blanc).

Ajoutons que votre budget influencera votre voyage. L'option la meilleure marché consiste à se déplacer en taxi-brousse et à séjourner dans les hôtels les plus modestes. Cette formule, pour enrichissante qu'elle soit, n'est pas toujours de tout repos.

Quelques centaines de milliers de francs malgaches de plus vous permettront d'emprunter parfois un vol intérieur, de vous installer quelques jours à bord d'un 4x4 pour affronter les pires routes, de vous prélasser quelques temps dans un hôtel confortable ou de savourer une langouste grillée ou un tournedos de zébu Rossini ; tout cela, rassurez-vous, reste à des prix raisonnables. L'idéal est de panacher les deux : une case en *falafa* – un palmier fréquemment utilisé dans la construction des maisons sur la côte – suffit amplement pour séjourner au bord d'un lagon de rêve mais peut vite s'avérer déprimante si le temps tourne à la pluie. De même, certains itinéraires se font facilement en taxi-brousse tandis que d'autres se révèlent aussi épouvantables par ce mode de transport qu'exceptionnels à bord d'un confortable 4x4, qui vous laissera la possibilité de vous arrêter où bon vous semble pour faire une photo ou boire un verre. Voyager à plusieurs réduit considérablement les frais (location de voiture, hébergement, circuits organisés) et permet de s'offrir de temps en temps un peu de confort.

Enfin, Madagascar compte suffisamment d'hôtels et de restaurants qui frisent le luxe pour que les voyageurs qui en ont les moyens découvrent la Grande Île dans des conditions de confort optimales.

Cartes

Les cartes établies localement manquent parfois de réactualisation car la plupart reprennent le travail des cartographes de l'époque coloniale. D'échelles et de qualité variables, selon que les gouvernements successifs les ont plus ou moins modifiées, elles sont toutefois globalement fiables. Le Foiben Taosarintanin'i Madagasikara (FTM), ou Institut géographique et hydrographique (☎ 22 229 35, fax 22 252 64, 3 rue Dama-Ntsoa Razafitsal, Ambanidia, Antananarivo, www.ftm.mg, ftm@bow. dts.mg), réalise toutes les cartes officielles. Dans leur majorité, elles ont été mises à jour entre 1990 et 1993.

Le FTM divise le pays en 11 cartes au 1/500 000 : Antsiranana, Mahajanga, Antalaha, Maintirano, Toamasina, Morondava, Antananarivo, Toliara, Fianarantsoa, Ampanihy et Taolagnaro. Vous pouvez les obtenir dans certaines librairies de Tana et, souvent, dans les villes importantes. Leur réédition est annoncée à l'heure où nous écrivons ces lignes.

Si vous partez en randonnée ou à vélo, les séries de cartes très précises au 1/100 000 et au 1/50 000, disponibles uniquement au bureau du FTM, se révéleront plus utiles. L'Institut édite aussi des plans d'Antananarivo, de Fianarantsoa, de Tamatave (Toamasina), de Diégo-Suarez (Antsiranana) et de Tuléar (Toliara) et des cartes-guides touristiques de Nosy Be, de la région de l'Isalo et de Tuléar.

Enfin, le FTM publie une carte générale du pays au 1/2 000 000, *Madagasikara Carte Routière*, distribuée en Europe.

Quelques grands éditeurs de cartes disponibles en Europe, comptent une carte de Madagascar à leur catalogue.

Que prendre avec soi

Mieux vaut voyager léger pour profiter de son séjour. Choisissez un sac de voyage solide ou un sac à dos. Prévoyez un cadenas pour le fermer et des sacs en plastique afin de protéger vos affaires de la poussière ou de la pluie lorsque le sac est juché sur le toit d'un taxi-brousse. Si vous comptez partir en randonnée ou explorer des réserves reculées, munissez-vous d'une tente, de bonnes chaussures et éventuellement d'un sac de couchage, articles difficiles à trouver sur l'île. Pensez également à emporter des pantalons longs, une lampe et un couteau.

Un vêtement chaud (maille polaire ou autre) se révèle utile en toute saison. Si vous passez la journée en tenue d'été, vous serez ravi de l'enfiler en soirée, notamment dans les hautes terres.

N'oubliez pas un imperméable ou une cape de pluie, indispensable sur la côte est et durant la saison des pluies. Enfin, emportez un écran solaire, un antimoustique (sur place vous trouverez des spirales mais pas de crème ni d'aérosol réellement efficaces), une gourde, des pastilles de purification d'eau et une trousse de secours (reportez-vous plus loin à la rubrique *Santé*).

A NE PAS MANQUER
Parcs nationaux et paysages naturels

Parc national de l'Isalo (Sud). Moins réputé pour sa faune que pour ses canyons, ses grottes et ses bassins naturels, il offre des promenades agréables et d'exceptionnels paysages.

Parc national de l'Andringitra (Centre-Sud). Ce parc récemment ouvert est exceptionnel pour ses paysages et ses possibilités de randonnée et d'autres sports-nature.

Tsingy de Bemaraha (Ouest). Intégrés à un parc national, ces formations géologiques karstiques sont l'un des spectacles les plus étonnants de la Grande Île.

Allée des Baobabs (Ouest). L'un des sites les plus photogéniques (et mystique) de Madagascar, l'allée des Baobabs est facile d'accès depuis Morondava.

Réserve privée de Berenty (Sud). La forêt d'épineux de cette réserve privée abrite de nombreux lémuriens. La visite coûte cher, mais le spectacle en vaut la peine.

Tsingy de l'Ankàrana (Nord). Plus petites que celles de Bemahara, ces formations karstiques jaillissant d'une forêt sèche valent le coup d'œil et font l'objet d'une belle randonnée.

Parc national d'Andasibe-Mantadia (Est). Dans ce parc, la réserve d'Analamazaotra (ou réserve de Périnet) est idéale pour observer l'indri, entre autres lémuriens. Le parc est facilement accessible depuis Tamatave ou Antananarivo.

Parc national de Ranomafana (Centre). Plusieurs espèces de lémuriens s'ébattent dans ses beaux paysages.

Parc national de la montagne d'Ambre (Nord). Ce joli parc présente plusieurs attractions, dont des lémuriens et des chutes. On y accède aisément depuis Diégo-Suarez.

Activités sportives

Péninsule de Masoala (Est). Le seul moyen de rejoindre Maroantsetra depuis la côte orientale consiste en une randonnée de plusieurs jours à travers une sensationnelle forêt tropicale. Le trajet vous obligera à emporter un matériel complet et à recourir aux services d'un guide.

Ifaty (Sud). Site de plongée exceptionnel, Ifaty se situe au nord de Tuléar. Vous trouverez sur place hébergements et centres de plongée.

Nosy Komba et Tanikely (Nord). Juste en face de Nosy Be, ces deux îles offrent d'excellentes conditions de plongée.

Camp Catta (Centre-Sud). Ce camp privé est équipé de belles voies d'escalade.

Sites et villages

Tombes mahafaly (Sud). Dans les zones reculées du désert se dressent les grandes tombes des Mahafaly, célèbres pour leurs sculptures élaborées. Beaucoup de fady (tabous) les concernent. Ne vous approchez pas trop près sans y avoir été invité.

Villages Zafimaniry (Centre). Aux environs d'Ambositra, les Zafimaniry sont réputés pour leurs talents de sculpteurs et l'architecture de leurs villages.

Les villes de la vanille (Est). Durant les mois d'été, les villes d'Antalaha, de Sambava et de Maroantsetra embaument la vanille, l'une des premières richesses agricoles de Madagascar.

Circuits

Fianarantsoa-Manakara (Centre et Est). Cet exceptionnel parcours ferroviaire traverse les pays betsileo, tanala et antaimoro pour atteindre la mer.

Canal des Pangalanes (Est). Canaux et lacs naturels ou artificiels se succèdent sur 600 km entre Tamatave et Farafangana. Vous pouvez louer un bateau ou participer à une excursion organisée.

Tsiribihina (Ouest). La descente de ce fleuve de l'Ouest, qui traverse de magnifiques forêts, est devenue un "classique".

Plages et îles

Île Sainte-Marie (Est). Parsemée de plages, elle permet plongée et observation des baleines.

Île aux Nattes (Est). Ce minuscule îlot au sud de Sainte-Marie reste un lieu d'exception pour les amateurs de robinsonnade.

Nosy Be (Nord). Quelques superbes plages bordent cette île où les tarifs sont relativement élevés. Vous pourrez pratiquer la plongée et la randonnée.

Ifaty et Anakao (Sud). De part et d'autre de Tuléar, ces deux localités offrent d'exceptionnelles plages.

Foulpointe (Est). Certainement la plage la plus belle et la plus agréable de la côte orientale, au nord de Tamatave.

Côte sud (Sud). La piste qui longe la côte sud, de part et d'autre d'Itampolo, dissimule un superbe littoral encore peu fréquenté.

SUGGESTIONS D'ITINÉRAIRES

L'erreur serait de vouloir tout voir en quelques semaines. Privée d'infrastructure routière efficace, Madagascar semble en effet plus vaste encore qu'elle n'est réellement.

De nombreux voyageurs qui s'étaient fixés un itinéraire ambitieux finissent par baisser les bras et passent la fin de leur séjour là où ils ont abouti… Explorer Madagascar peut se révéler éprouvant. Gardez notamment à l'esprit qu'une journée de repos est souvent nécessaire après un trajet en taxi-brousse.

L'île, heureusement, propose aussi bien des destinations de découverte (parcs nationaux, villages de brousse, etc.) que des lieux de farniente. L'idéal consiste à panacher les deux. Nombre de visiteurs choisissent, par exemple, de passer quelques jours sur les plages des environs de Tuléar après avoir parcouru la poussiéreuse route du Sud.

Reportez-vous au chapitre *Comment circuler* avant de définir votre itinéraire (et soyez prêt à changer vos plans sur place !).

Une semaine

Détendez-vous à l'île Sainte-Marie ou à Nosy Be ; explorez les environs d'Antananarivo – notamment la réserve d'Analamazaotra (ex-Périnet) et le lac Mantasoa – ou organisez un court itinéraire centré sur un point précis : canal des Pangalanes depuis Tamatave, tsingy de Bemaraha depuis Morondava, etc. Ce laps de temps n'autorise guère les déplacements en taxi-brousse. Préférez l'avion si vous choisissez de rejoindre Sainte-Marie, Nosy Be, Morondava ou tout autre lieu distant de la capitale.

Deux semaines

Deux semaines passent vite sur la Grande Île. Si vous vous déplacez en taxi-brousse au départ de la capitale, restez sur les axes qui circulent le mieux : l'Est, le Sud et, dans une moindre mesure, les environs de Morondava. Si vous arrivez et repartez de Tana, prévoyez un vol intérieur pour y revenir, les itinéraires en boucle par la route n'étant guère envisageables en deux semaines.

Une première option pourra vous emmener vers le Sud. De Tana, descendez en train ou en taxi-brousse jusqu'à Antsirabe puis Ambositra, avant de passer quelques jours à Fianarantsoa. Faites un détour d'un jour ou deux au parc national de Ranomafana, puis continuez jusqu'au parc national de l'Andringitra ou de l'Isalo, où vous passerez également quelques jours. Descendez ensuite jusqu'à Tuléar et finissez votre séjour sur les plages d'Ifaty ou d'Anakao, avant de rejoindre la capitale en avion.

Un autre itinéraire vous fera mettre le cap à l'Est. Après un ou deux jours à Tana, dirigez-vous vers la réserve d'Analamazaotra (ex-Périnet), puis continuez sur Tamatave (Toamasina). Vous pourrez finir agréablement votre séjour sur les plages de Foulpointe ou de l'île Sainte-Marie (de laquelle vous regagnerez la capitale en avion). Ce parcours est plus "tranquille" que le précédent car les distances routières sont relativement courtes et les routes globalement bonnes (à condition de ne pas s'aventurer au nord de Fénérive).

Vous pouvez également descendre à Antsirabe, puis rejoindre Miandrivazo pour quelques jours sur la Tsiribihina, ou gagner Morondava par une route pénible, d'où vous explorerez les superbes environs de cette ville de l'Ouest, à commencer par les tsingy de Bemahara et l'allée des Baobabs.

Un circuit intéressant vous emmènera à Fianarantsoa, d'où vous prendrez le train pour Manakara avant de regagner Fianarantsoa (dans les hautes terres) *via* le parc de Ranomafana, où vous vous arrêterez un jour ou deux.

Un nouvel itinéraire a enfin vu le jour avec la création d'une ligne maritime régulière entre Mahajanga et Nosy Be. Il est ainsi possible de rejoindre Mahajanga (en avion ou par la route), puis de gagner Nosy Be par mer à bord du *Jean-Pierre Calloch*. Après quelques jours sur l'île, votre itinéraire peut se poursuivre vers Diégo-Suarez.

Tous ces itinéraires s'effectueront plus confortablement en trois semaines.

Un mois

Idéalement, un voyage à Madagascar ne devrait pas durer moins d'un mois, vous permettant ainsi de faire les circuits "classiques" en prenant votre temps ou de visiter des régions plus reculées. N'allez cependant pas croire qu'un mois suffise pour découvrir l'intégralité de la Grande Île : choisissez une région et explorez-la plutôt que de courir du nord au sud et de l'est à l'ouest.

La route du Sud. De Tana, descendez à Antsirabe, puis à Ambositra. Passez un peu de temps dans ces deux villes avant de rejoindre Fianarantsoa, d'où vous pourrez effectuer la boucle vers Manakara (en train) puis Ranomafana. Revenu à Fianarantsoa, vous continuerez vers le sud en direction du massif de l'Isalo ou de l'Andringitra, que vous explorerez à votre aise avant de gagner Tuléar et les plages des environs (Ifaty et Anakao). Une autre option consiste à descendre plus rapidement pour garder le temps de rejoindre Fort-Dauphin par la route.

L'Ouest. Après avoir visité Antsirabe, prenez la route de Miandrivazo et de la Tsiribihina et gagnez Morondava, dont les environs (tsingy de Bemaraha, etc.) vous occuperont quelques jours. Un circuit intéressant, encore peu fréquenté car les routes sont particulièrement exécrables, descend de Morondava à Morombe puis à Ifaty par la côte. De là, on peut remonter à Tana par la RN 7 *via* l'Isalo ou l'Andringitra. Ce parcours est réservé aux plus motivés.

L'Est. D'Antananarivo, rejoignez la réserve d'Analamazaotra puis Tamatave. Partez quelques jours sur les Pangalanes puis remontez la côte vers Foulpointe et Fénérive. Vous pouvez alors soit obliquer vers les plages de l'île Sainte Marie, soit continuer vers le nord et la Côte de la Vanille, aussi belle que difficile d'accès. En effectuant quelques trajets en avion, vous pourrez atteindre Maroantsetra, d'où part une exceptionnelle randonnée vers Antalaha.

Le Nord. De la capitale, commencez par prendre la direction de Mahajanga (en voiture ou en avion), puis embarquez sur le *Jean-Pierre Calloch* pour

---

Où commence le tourisme sexuel ?

Madagascar a toutes les mauvaises cartes pour devenir, si elle ne l'est déjà, une destination phare du tourisme sexuel : une population jeune, des difficultés économiques, une forte différence de pouvoir d'achat entre la population locale et les visiteurs étrangers. De fait, vous ne manquerez pas de voir le spectacle devenu banal de *vazaha* (étrangers blancs) vivant des aventures, qui semblent bien éloignées d'une histoire d'amour (il n'est qu'à voir l'air ennuyé des jeunes filles au restaurant), avec des Malgaches bien plus jeunes qu'eux. Affligeant lorsqu'il s'agit de filles majeures ou de prostituées professionnelles, intolérable dans le cas des mineur(e)s, ce phénomène appelle à une certaine vigilance de la part de tous les voyageurs.

Nombreux sont ceux qui, parfaitement corrects dans leur pays d'origine, se laissent "tenter" sur place. Plusieurs raisons à cela. D'une part, le voyage désinhibe (il est toujours plus facile de se livrer dans un pays étranger à des agissements que l'on n'oserait avoir chez soi). D'autre part, la proposition ne s'apparente pas toujours à l'image classique de la prostitution. Le plus souvent, en effet, les étrangers ne se voient pas proposer un rapport sexuel contre quelques milliers de francs malgaches. Au lieu de cela, une jeune fille vous aborde, vous "sympathisez", elle vous accompagne quelques jours dans votre voyage – au cours desquels vous ne manquez pas d'avoir des relations sexuelles – puis, à l'heure de vous séparer, vous lui faites un petit cadeau…

Si la manière est différente, et idéale pour mettre à l'aise le visiteur, reconnaissons que la frontière qui sépare cette pratique du tourisme sexuel est bien mince.

Rappelons donc deux évidences. La première est qu'il n'y a pas davantage de liberté sexuelle à Madagascar qu'ailleurs (soyez certain que les filles malgaches ne se comportent pas de cette façon avec les garçons malgaches) mais simplement plus de "facilité" sexuelle pour qui a de l'argent. La seconde est bien sûr que la motivation première et unique du comportement des jeunes Malgaches envers les vazaha est économique. Comme le rappelle l'écrivain Dany Laferrière au sujet d'Haïti (*La Chair du Maître*, Le Serpent à plumes) : le sexe, dans un pays pauvre, est souvent une monnaie d'échange.

Nosy Be. Après quelques jours sur l'île, rejoignez Diégo-Suarez, d'où vous pourrez partir découvrir les tsingy de l'Ankàrana, le parc national de la montagne d'Ambre et les rivages du Nord de l'île. Les plus aventureux descendront le long de la côte est vers Antalaha et Maroantsetra.

Un voyage plus long vous permettra de panacher les itinéraires ci-dessus et d'explorer plus à fond certaines régions et les parcs nationaux.

TOURISME RESPONSABLE

Le voyage ne se conçoit pas sans respect et humilité vis-à-vis des personnes, des biens, de la culture, de l'environnement et du mode de vie du pays visité. Ce respect se traduit au jour le jour par des attitudes simples.

A Madagascar, vous devrez notamment vous conformer aux innombrables fady qui régissent l'île. Les *fady* (prononcez "fad")

correspondent à des interdits ou tabous locaux. Leur fonction première est d'apaiser les ancêtres, dont le culte est l'une des principales valeurs malgaches (reportez-vous à la section *Le culte des ancêtres* dans le chapitre *Présentation de Madagascar*). Un fady peut prohiber le fait de siffler, l'accès à un lieu – le plus souvent des sépultures – ou la consommation de viande de porc. Des milliers de fady, que les étrangers doivent respecter, régissent la vie malgache.

Dons et cadeaux ne sont pas des gestes innocents. Il convient de ne pas leur donner de connotation méprisante ou déplacée. De la même façon, il est d'usage de demander l'autorisation avant de photographier quelqu'un.

Le tourisme sexuel est une atteinte à la dignité humaine condamnée par les lois internationales et la loi malgache (voir l'encadré *Où commence le tourisme sexuel ?*).

Où commence le tourisme sexuel ?

Ces quelques points de repères devraient, nous l'espérons, calmer les ardeurs de certains voyageurs égarés par leur naïveté dans la voie de ce tourisme sexuel qui ne veut pas dire son nom. Pour les autres, rappelons qu'en avril 1999, l'État malgache a renforcé sa législation concernant, notamment, la lutte contre la pédophilie. Selon les termes de ce texte, les outrages publics à la pudeur commis en présence d'un mineur sont passibles de 1 à 3 ans de prison et de 760 à plus de 3 000 € d'amende ; les attentats à la pudeur commis sur un garçon ou une fille de moins de 14 ans, de 5 à 10 ans d'emprisonnement et d'une amende de 1 500 à 7 600 € ; les rapports homosexuels avec un mineur de moins de 21 ans, de 2 à 5 ans de prison et de 1 500 à 15 000 € d'amende. L'arsenal juridique malgache contre la prostitution et le proxénétisme a également été renforcé. De plus, plusieurs Français ont été arrêtés ces dernières années à Madagascar dans le cadre d'affaires de tourisme sexuel. Enfin, le président Ratsiraka a encore réaffirmé la volonté du gouvernement malgache fin 1999, en déclarant qu'il préférait stopper le tourisme plutôt que de voir le tourisme sexuel se développer.

Les réglementations internationales font également autorité : depuis le Congrès de Stockholm (1996), les atteintes sexuelles sans violence commises sur un mineur de moins de 15 ans et qui s'accompagnent d'une rémunération sont punies de 10 ans de prison et de plus de 150 000 € d'amende. Une loi française de 1994 permet par ailleurs de juger en France un Français ayant commis un abus sexuel sur un enfant à l'étranger. Ainsi, des touristes ont pu être condamnés en France à des peines allant jusqu'à 15 ans de prison pour des faits commis en Asie.

Rappelons enfin qu'à Madagascar l'âge de la majorité est fixé à 21 ans.

Dans les faits, quelques signes encourageants sont apparus sur la Grande Île ces dernières années. Un nombre croissant d'hôtels, notamment, affichent clairement dans les chambres des panonceaux rappelant la législation de lutte contre le tourisme sexuel impliquant des mineurs.

L'ECPAT (End Child Prostitution and Trafficking, ☎ en France 01 49 34 83 13, 100636.3360@compuserve.com, www.ecpat-france.fr, www.ecpat.net/fr) s'est donné pour mission de lutter contre le tourisme sexuel impliquant des enfants dans le monde.

Vous devrez par ailleurs vous garder de nuire par votre attitude à la faune et à la flore insulaires, et notamment ne pas exporter certaines espèces ou leurs dérivés (œufs d'æpyornis, par exemple), respecter les règles relatives à la protection des espèces (reportez-vous à la rubrique *Écologie et environnement* et à la section *Faune et flore* du chapitre *Présentation de Madagascar*), ne pas laisser de déchets derrière vous et observer les réglementations en vigueur dans les réserves et les parcs nationaux.

Vous pourrez consulter la charte éthique du voyageur de Lonely Planet et d'Atalante sur notre site (www.lonelyplanet.fr).

OFFICES DU TOURISME
Sur place
Les offices de tourisme sont quasiment inexistants à Madagascar. Dans la capitale, vous trouverez quelques informations à La Maison du tourisme de Madagascar (reportez-vous à *Antananarivo*). Les bureaux de l'Angap, l'association qui gère les réserves naturelles de Madagascar, sont en revanche efficaces et bien répartis sur le territoire. Quelques rares localités disposent de syndicats d'initiative, aux services très limités. En règle générale, les hôtels et les tour-opérateurs locaux seront vos principales sources de renseignements touristiques.

A l'étranger
Madagascar ne dispose pas d'offices du tourisme à l'étranger. En France, renseignez-vous au centre de documentation de l'ambassade de Madagascar (☎ 01 45 04 62 11), 4 avenue Raphaël, 75016 Paris ou auprès du consulat de Moulins (☎ 04 70 44 13 44, fax 04 70 46 71 19, www.consulatmad.org, consul@consulatmad.org), 45 bd de Courtais, 03000 Moulins.

Vous trouverez également de nombreuses informations concernant la Grande Île sur Internet. Reportez-vous à la rubrique *Internet*, plus loin dans ce chapitre.

VISAS ET FORMALITÉS
Visas
Tous les visiteurs, hormis les citoyens de certains pays africains, doivent posséder un visa délivré par les ambassades et les consulats de Madagascar. Ils sont valables 90 jours, que vous pourrez fractionner en plusieurs voyages dans un laps de temps maximum de 6 mois en prenant un visa à entrées multiples. Il arrive cependant que l'ambassade délivre des visas de 30 jours seulement lorsque la durée de séjour mentionnée sur les billets d'avion ne dépasse pas un mois.

A titre d'exemple, deux photographies d'identité, une photocopie de votre billet d'avion ou de votre convocation à l'aéroport et un passeport valable au moins 6 mois sont nécessaires pour obtenir un visa auprès de l'ambassade de Madagascar à Paris. Vous devrez remplir sur place une demande de visa en double exemplaire. Il est également possible de la télécharger sur le site www.consulatmad.org. Comptez 30 € sur place pour un visa une entrée/entrées multiples. Le dépôt des dossiers a lieu le matin de 9h30 à 12h ; le retrait l'après midi entre 15 et 16h. Il est par ailleurs possible de demander un visa par correspondance auprès de diverses représentations diplomatiques malgaches, notamment celle de Moulins, en France (comptez 35 € et un délai de 8 jours pour retour des pièces par envoi sous pli recommandé).

Une autre solution, un peu plus chère, consiste à obtenir son visa à son arrivée sur la Grande Île. Cette procédure est possible à l'aéroport d'Ivato (prévoir 35-36 € environ, visa entrée simple uniquement) et dans tous les aéroports où atterrissent des vols en provenance de l'étranger. Renseignez-vous auprès d'une ambassade de Madagascar avant le départ.

L'obtention d'un visa est parfois plus compliquée si vous accostez l'île en bateau depuis les Comores, l'île Maurice ou le continent africain.

Prorogations de visas
Les visas de tourisme ne sont pas prorogeables au-delà de 90 jours. L'unique solution consiste donc à sortir puis rentrer sur le territoire malgache pour demander un nouveau visa. Vous obtiendrez des précisions auprès du ministère de l'Intérieur, à Antana-

narivo, des préfectures régionales ou d'une représentation diplomatique malgache.

Permis de conduire

Les voitures se louant invariablement avec chauffeur, votre permis de conduire ne vous sera guère utile. En général, aucun permis n'est requis pour louer une moto.

Protection des documents

Avant de partir, nous vous conseillons de photocopier tous vos documents importants (pages d'introduction de votre passeport, cartes de crédit, numéros de chèques de voyage, police d'assurance, billets de train/d'avion/de bus, permis de conduire, etc.). Emportez un jeu de ces copies, que vous conserverez à part des originaux. Vous remplacerez ainsi plus aisément ces documents en cas de perte ou de vol.

Si l'anglais n'est pas un obstacle, vous pouvez également utiliser le service en ligne gratuit de Lonely Planet, Travel Vault (la "chambre forte des voyageurs"), qui vous permet de mettre en mémoire les références de vos documents. Si vous ne voulez pas vous encombrer de photocopies ou si vous les égarez, vous pouvez ainsi accéder à tout moment à cette précieuse banque de données, protégée par un mot de passe. Pour plus d'informations, visitez www.ekno.lonelyplanet.com.

Ambassades et consulats de Madagascar à l'étranger

Vous trouverez des informations générales sur le site du consulat de Madagascar en France, à Moulins (www.consulatmad.org), et sur celui de l'ambassade de Madagascar au Canada (www.madagascar-embassy.ca).

Belgique (☎ 02 770 17 26, fax 02 772 37 31), av. de Tervueren, 276, 1150 Bruxelles
Canada (☎ 613-744 7995, fax 613-744 2530, ambamadott@on.aibn.com), 649 chemin Blair G, Ottawa, Ontario K1J7M4
Consulat : (☎ 514-847 52 52, fax 514-849 88 08), 2160 rue de la Montagne, Suite 330, Montréal, Québec H3G2T3
France (☎ 01 45 04 62 11), 4 av. Raphaël, 75016 Paris
Consulats : (☎ 04 91 15 16 91, fax 04 91 53 79 58),

Ce que peut faire votre consulat

En règle générale, votre consulat pourra vous venir en aide dans les cas suivants :

- **Perte ou vol de documents.** Sur présentation d'une déclaration de la police, il vous procurera des attestations, vous délivrera un laissez-passer pour sortir du territoire ou, éventuellement, un nouveau passeport.

- **Problèmes financiers.** Il pourra vous indiquer les moyens les plus efficaces pour recevoir rapidement de l'argent de vos proches.

- **Maladie.** Il pourra vous indiquer des médecins, les frais restant à votre charge.

- **Accident.** Il peut prévenir votre famille, faciliter votre hospitalisation ou votre rapatriement. Une assurance rapatriement reste le plus efficace.

- **Problèmes divers.** Il pourra vous conseiller sur la marche à suivre.

Sauf cas de force majeure, le consulat ne vous rapatriera pas à ses frais, ne vous avancera pas d'argent sans garantie, n'interviendra pas dans le cours de la justice du pays d'accueil si vous êtes impliqué dans une affaire judiciaire ou accusé d'un délit.

234 bd Périer, 13008 Marseille ; (☎ 04 70 44 13 44, fax 04 70 46 71 19, consul@consulat-mad.org), 45 bd de Courtais, 03000 Moulins
Île Maurice (☎ 230-686 5015, fax 230-686 7040), Queen Mary Ave, Floréal
Suisse (☎ 4122-740 16 50, fax 4122-774 26 31), représentation de Madagascar auprès de l'ONU, 32 av. Riant Parc, 1209 Genève

Ambassades étrangères à Madagascar

Belgique
Consulat : 19 rue Révérend-Père Callet, Behoririka, Antananarivo (☎/fax 22 223 68)
Comores (☎ 22 428 25), Lot II J 181 D bis, Villa Nambinina, Ivandry, Antananarivo
France (☎ 22 398 398 ou 22 237 00, fax 22 294 30), 3 rue Jean Jaurès, Ambatomena, Antananarivo BP 204

Consulat général : (☎ 22 666 70), 3 rue Andriant-silavo, Ambatomena, Antananarivo. De nombreuses représentations consulaires françaises sont présentes dans les villes de province.

Italie (☎ 22 215 74 ou 22 212 17), 22 rue Pasteur Rabary, Ankadivato, Antananarivo BP 16

Île Maurice (☎ 22 218 64, fax 22 219 39), route circulaire Anjahana, Antananarivo BP 6040

Seychelles (☎ 22 209 49, fax 22 283 81), rue Pasteur, Antanimena, Antananarivo BP 1071

Suisse (☎ 22 629 98, 22 629 97, 22 289 40, fax 22 289 40), làlana des 77-Parlementaires français, Antsahavola, Antananarivo

DOUANE

Les formalités de douane (et de police) à l'arrivée sont bien plus rapides et simples que par le passé et ne devraient pas vous poser de problèmes. En revanche, sachez que les lois concernant les antiquités et les produits fabriqués à partir d'animaux menacés – coraux, coquillages, fourrures, etc. – sont très strictes. Reportez-vous à *Permis d'exportation*, en fin de ce chapitre.

La déclaration monétaire à la sortie du territoire a été supprimée, mais il peut encore arriver qu'on vous demande à votre arrivée quelle somme d'argent vous transportez, sans exiger de justificatif (à moins que vous déclariez être en possession de plus de 7 500 € en espèces ou en chèques de voyage, une somme exorbitante pour une visite de l'île). Lors du départ, l'immigration demande parfois que l'on présente quelques reçus bancaires prouvant un change légal ; pensez à en conserver quelques-uns. Officiellement, vous ne pouvez pas sortir du territoire plus de 25 000 FMG.

Pour tout problème ou renseignement, adressez-vous au service des douanes de l'aéroport d'Ivato (☎ 22 440 32). Les douanes malgaches disposent d'un site Internet : www.madagascar-contacts.com/douanes.

QUESTIONS D'ARGENT

En 1973, Madagascar a quitté la zone monétaire de la Communauté financière africaine (CFA) dans le but de créer sa propre monnaie, le franc malgache ou FMG. Malgré plusieurs dévaluations importantes ces dernières années, le franc malgache reste surévalué, faible et fluctuant.

Monnaie nationale

Le franc malgache se divise en 100 centimes, mais vous ne verrez que très rarement ces piécettes sans grande valeur. Les pièces les plus courantes valent 5, 10, 20 et 250 FMG. Vous croiserez peut-être quelques pièces de 5, 10 ou 20 *ariary*. Elles correspondent à une ancienne unité monétaire équivalant à 5 FMG, parfois appelée *piastre*, *drala* ou *paratra*.

Les billets se présentent en coupures de 25 000, 10 000, 5 000, 2 500, 1 000 et 500 FMG. Après avoir changé de l'argent, vous repartirez en général de la banque avec d'imposantes liasses agrafées de 10 billets de 25 000 FMG, épais et souvent usagés. Essayez d'obtenir rapidement de plus petites coupures dans les restaurants et les hôtels, car les propriétaires d'hotely, les chauffeurs de taxi-brousse et les vendeurs des marchés risquent fort de ne pas avoir la monnaie sur un billet de 25 000 FMG. Les anciens billets libellés en *ariary* n'ont plus cours depuis le 31 décembre 1999.

Taux de change

Les taux fluctuent quotidiennement, au moindre frémissement de la politique ou des dépenses gouvernementales et en cas de confusion générale, comme l'achat d'un nouvel appareil par Air Madagascar, l'annonce d'un nouveau prêt de la Banque mondiale ou un remaniement politique.

Mieux vaut donc convertir son argent au fur et à mesure de ses besoins. Attendez-vous à ce que les taux indicatifs mentionnés ci-dessous aient changé à l'heure où vous lirez ces lignes.

Pays	Unité	FMG
Canada	1 $C	4 023
États-Unis	1 $US	6 415
Suisse	1 FS	3 876
Union européenne	1 €	5 722

Change

Le système bancaire malgache a connu ces dernières années de nombreux remaniements nés de la privatisation des grandes banques. Des groupes français sont en effet entrés dans le capital des principales institutions bancaires malgaches. La Banky Fampandrosoana'ny Varotra (BFV) travaille maintenant main dans la main avec la Société Générale (sous le nom de BFV-SG), la Banque malgache de l'océan Indien (BMOI) avec la BNP-Paribas et la Bankin'ny Indostria-Crédit Lyonnais (BNI) avec le Crédit Lyonnais (BNI-CL). Ces rapprochements financiers ont largement simplifié le retrait d'argent (voir plus loin la rubrique correspondante). La quatrième grande banque malgache, la Bankin'ny Tantsaha Mpamokatra (BTM), s'est récemment rapprochée de la Bank of Africa pour devenir la BTM-BOA. L'Union Commercial Bank (UCB) ne possède qu'une agence à Madagascar, installée à Tana.

On peut s'attendre à ce que les banques malgaches, liées à des établissement financiers français, franchissent sans encombre le passage à la monnaie unique européenne. Le franc français étant resté longtemps la devise de référence sur l'île, tout porte à croire que son successeur, l'euro, prendra sa suite. Le dollar américain, la livre anglaise et le Deutsche Mark figurent également au nombre des devises largement acceptées par les banques malgaches. Le franc suisse, le dollar canadien, le yen japonais et le rand sud-africain sont théoriquement acceptés, mais vous risquez d'avoir du mal à les changer dans les villes de province.

Toutes les banques changent les devises et les principaux chèques de voyage, à des conditions globalement comparables. Certaines banques délivrent des avances sur les cartes bancaires ou aux clients de leur partenaire français (voir plus bas *Retraits d'argent*). Il arrive que certaines banques prennent une commission sur les opérations de change de chèques de voyage. Cette procédure est peu pénalisante : les banques qui l'appliquent sont en général celles qui offrent un cours de change plus avantageux pour les chèques de voyage.

Si la paperasserie reste pesante, les banques malgaches s'informatisent peu à peu et les opérations de change s'effectuent rapidement. Les taux de change sont affichés. Vérifiez si la banque prélève une commission (elle est fréquente pour certains chèques de voyage, mais quasi inexistante pour les devises).

La ZOB

La ZOB, ou Zébu Overseas Bank (ouf !), propose un placement original : le zébu. Cette initiative caritative tout à fait sérieuse, mais qui n'oublie pas l'humour, offre à qui le souhaite la possibilité de prêter un zébu à une famille malgache, laquelle pourra ainsi labourer des terres, avoir du lait, etc. L'opération coûte 244 € environ par animal aux investisseurs qui, s'ils rendent visite à l'animal à Madagascar, pourront au passage toucher leurs 7% d'intérêt placés sur un PEZ (Plan d'épargne zébu). Pilotes de profession – on leur doit également la création de la société d'aviation MFS, Madagascar Flying Service –, les créateurs de la Zébu Overseas Bank ont également créé des Plans d'épargne cochon (PEC) et des Plans d'épargne mouton (PEM), à 45 €. Le site www.madagascar-contacts.com/zob finira de vous convaincre du sérieux de l'entreprise. Le siège de la ZOB (☎ 44 492 04) est implanté à Antsirabe.

Les banques ouvrent habituellement en semaine de 8h à 11h et de 14h à 16h. Toutefois, ces horaires varient d'une agence à l'autre. Elles ferment toutes l'après-midi précédant un jour férié.

La BTM-BOA et la BNI-CL émettent leurs propres chèques de voyage. Ceux-ci n'offrent aucun avantage particulier, hormis dans les régions reculées où seule la BTM-BOA est représentée. Renseignez-vous auprès de ses agences. Des lecteurs se sont vus réclamer la facture d'achat de leurs chèques de voyage pour les changer à la BTM-BOA. La BNI-CL accepte les chèques de voyage American Express.

Les coordonnées des principales banques implantées dans la capitale sont les suivantes :

BFV-SG (☎ 22 206 91, fax 22 345 52), 14 rue Général Rabehevitra, Ville haute
BMOI (☎ 22 219 15, fax 22 346 10, www.bmoi.mg), place de l'Indépendance, Ville haute
BNI-CL (☎ 22 255 49, fax 22 225 05), 74, araben ny 26 jona 1960, Analakely

BTM-BOA (☎ 22 391 00, fax 22 294 08, boa@dts.mg), place de l'Indépendance, Ville haute
UCB (☎ 22 272 62, fax 22 287 40), làlana des 77 Parlementaires français, Ville basse

Change au marché noir. Vous serez fréquemment abordé par des changeurs d'argent au noir, notamment à l'aéroport d'Ivato et dans la capitale. Les cours qu'ils proposent dépassent en général très légèrement ceux des banques. Vérifiez le cours du jour avant de faire affaire. En théorie, vous devriez examiner chaque billet de chaque liasse. Dans les faits, rares sont ceux qui prennent le temps de compter ouvertement des billets de banque en pleine rue. Changer de l'argent au noir comporte toujours un risque mais s'avère souvent avantageux et peut dépanner lorsque les banques sont fermées.

Change à l'aéroport. Deux guichets de change sont installés à l'aéroport d'Ivato ; ils acceptent les devises et les chèques de voyage et ouvrent pour l'arrivée des vols internationaux. Comparez leurs taux. Celui qui se trouve dans un renfoncement, près des escaliers qui montent au bar-restaurant, se montre souvent plus généreux.

La plupart des aéroports régionaux sont dépourvus de bureau de change.

N'achetez pas trop de francs malgaches à quelques jours du départ car il est difficile, voire impossible, de les convertir dans une autre monnaie.

Retrait d'argent

La BFV-SG et la BMOI délivrent des avances sur les cartes Visa, la BTM-BOA et certaines agences de la BFV-SG, sur la Mastercard. L'UCB d'Antananarivo accepte ces deux cartes mais applique une commission élevée. Le plus souvent, ces retraits impliquent un appel au service international des cartes bancaires, en général sur l'île voisine de la Réunion. L'opération prend entre 1 et 3 heures.

Les clients du Crédit Lyonnais en France peuvent retirer jusqu'à l'équivalent de 300 € tous les trois jours à la BNI-CL, sur présentation d'une carte Visa et de leur chéquier français (un simple chèque ne suffit

---

A propos de l'inflation

Le coût de la vie à Madagascar a augmenté ces dernières années du fait de la restructuration de l'économie. Le cours du franc malgache, dans le même temps, gagnait par rapport à la monnaie française. Afin d'éviter toute mauvaise surprise, il est sage de vous renseigner avant de partir sur le cours de change et l'éventuelle inflation. Vous trouverez sur l'Internet – notamment *via* le site www.lonelyplanet.fr – des convertisseurs de monnaie qui vous renseigneront sur les taux de change. Quelques e-mails à différents hôtels pourront vous donner une idée de l'inflation.

---

pas ; le carnet de chèques est requis). Vous devrez dans ce cas établir un chèque et un tampon sera apposé sur le talon de votre chéquier précisant la date du retrait.

La carte American Express n'est pratiquement d'aucun secours à Madagascar. American Express est représenté par Madagascar Airtours (☎ 22 241 92, fax 22 641 90), une agence de voyages implantée avenue de l'Indépendance, à Antananarivo, et dans quelques villes de province.

Les distributeurs automatiques, installés par la BMOI, se comptent sur les doigts de la main. Ils n'acceptent que les cartes Visa et ne sont présents qu'à Tamatave et à Antananarivo. Ils délivrent des billets de 10 000 et 25 000 FMG, avec des retraits limités à 350 000 ou 900 000 FMG. Il est possible de faire plusieurs retraits successifs. Aucun distributeur automatique n'accepte la carte Mastercard, peu utile en règle générale à Madagascar.

Chèques et cartes de crédit

De nombreux hôtels et restaurants acceptaient par le passé les règlements par chèque en francs français. Cette pratique tend à disparaître mais vous pourrez essayer, en dernier recours, de payer en chèques français en euros. Hormis quelques hôtels et certaines agences de voyages et compagnies aériennes, les établissements qui acceptent les cartes de crédit restent rares. Ils majorent par ailleurs leurs tarifs de 6 à 9% en cas de règlement par carte. Ils sont mentionnés dans les pages régionales de ce guide.

Virements internationaux

Les bureaux de la Western Union (☎ 22 384 89, www.westernunion.com), relayés par les agences de la BFV-SG et de la Caisse d'Épargne de Madagascar, permettent de transférer de l'argent rapidement partout dans le monde. L'opération est simple : il suffit de contacter une personne dans son pays d'origine et de lui demander de verser l'argent dans une agence de la Western Union proche de chez elle (La Poste ou le CCF en France, Camrail Cash Services ou Goffin en Belgique, P & T au Luxembourg, change SBB ou Die Schweizerische Post en Suisse, Western Union Financial Services Inc. au Canada). Elle recevra en échange un mot de passe qu'elle communiquera à la personne devant retirer l'argent à Madagascar. Celle-ci devra se rendre dans une agence de la BFV-SG Western Union ou de la Caisse d'Épargne de Madagascar, remplir un formulaire et donner le mot de passe pour recevoir l'argent.

Coût de la vie

Madagascar reste une destination bon marché. L'île a cependant connu ces dernières années une inflation annuelle d'environ 10%, alors que les taux de change étaient de moins en moins favorables aux devises. Dans ce pays où tous les biens ou presque sont acheminés par la route, la hausse brutale du tarif des carburants s'est par ailleurs répercutée sur l'ensemble des produits.

Dans les faits, les voyageurs à petit budget trouveront des emplacements de camping à 25 000-40 000 FMG et des chambres d'hôtel à 50 000 FMG environ (voire moins, mais les conditions d'hygiène risquent d'en pâtir). Les hôtels de catégorie moyenne proposent des chambres et des bungalows entre 70 000 et 150 000 FMG. Une somme d'environ 300 000 FMG vous ouvrira les portes des meilleures chambres de l'île. Vu la rareté des chambres simples, vous devrez le plus souvent payer le prix d'un hébergement double si vous êtes seul. Sauf mention contraire, les tarifs indiqués dans ce guide concernent des chambres et des bungalows doubles. Les prix augmentent à Antananarivo et dans certaines villes et lieux touristiques, comme Nosy Be.

Les échoppes de rue préparent des repas malgaches dont le prix dépasse rarement 7 000 FMG. Ailleurs, vous ferez un excellent repas pour 30 000 à 50 000 FMG. Les meilleures tables de l'île reviennent rarement à plus de 80 000-100 000 FMG.

A défaut d'être confortables et rapides, les taxis-brousse sont particulièrement bon marché. Le trajet de plus de 900 km qui sépare Antananarivo de Tuléar revient, par exemple, à 75 000-90 000 FMG.

Malgré leur augmentation récente, les tarifs des vols intérieurs restent raisonnables comparés aux tarifs en vigueur dans d'autres régions du monde. Les liaisons intérieures les plus chères sont facturées 651 500 FMG.

En règle générale, les voyageurs à petit budget peu soucieux de confort peuvent espérer voyager à Madagascar avec un budget équivalent à une quinzaine d'euros par jour. Une somme de 25 ou 30 euros garantit un séjour nettement plus confortable. Gardez cependant à l'esprit que voyager seul revient toujours plus cher.

Vos envies, enfin, devront s'accorder à votre budget. Toute bon marché qu'elle est, Madagascar peut en effet s'avérer onéreuse. Les déplacements en 4x4, nécessaires sur certains itinéraires, sont notamment particulièrement chers. A 500 000 ou 600 000 FMG par jour hors carburant, ils sont souvent inabordables pour une personne seule ou un couple. Il en va de même de tous les "transferts", par mer ou terre, vers des lieux reculés, peu ou mal desservis par les taxis-brousse. Il n'est pas rare de parcourir 500 km pour 50 000 FMG avant de devoir débourser le double pour franchir les 30 km suivants… Les déplacements à Madagascar peuvent ainsi revenir particulièrement cher pour les personnes seules ou en couple qui souhaitent s'aventurer jusqu'à des lieux reculés dans des conditions de confort correctes.

Pourboires

Ils sont peu pratiqués mais toujours bienvenus. Dans un restaurant, 2 500 FMG de pourboire sont appréciés.

Marchandage

Vazaha rime souvent avec richesse, ce qui, toute proportion gardée, n'est pas faux compte tenu du niveau de vie moyen de la population. Attendez-vous donc à d'âpres marchandages, notamment sur les marchés, avec les chauffeurs de taxi et pour la majorité des achats que vous ferez dans la rue. En revanche, les restaurants, les taxis-brousse et, dans une moindre mesure, les hôtels, pratiquent des tarifs fixes.

Plus qu'un combat verbal – ce qui impliquerait qu'il y ait à l'arrivée un perdant et un gagnant – la fonction du marchandage est de trouver un équilibre entre les intérêts du vendeur et ceux de l'acheteur. Cette tradition commerciale part du principe qu'il n'existe pas de juste prix *a priori*, si ce n'est celui qui satisfait les deux parties.

Le marchandage est une question de bon sens. Le fait de surpayer un produit – ce qui contribue à l'inflation et accroît la distance culturelle et économique entre la population et le visiteur – se révèle aussi néfaste que le spectacle d'un touriste ergotant pour une somme dérisoire est crispant. Gardez en mémoire quelques prix de référence : un sambos coûte 500 FMG, le litre d'essence moins de 2 500 FMG, une nuit d'hôtel 50 000 FMG en moyenne ; 250 000 FMG mensuels représentent un bon salaire (le SMIC est de 138 000 FMG). Cela vous aidera à mieux évaluer la valeur locale d'un produit ou d'un service.

N'oubliez pas que la négociation se fait mieux dans la bonne humeur et que la grande majorité des commerçants restent raisonnables dans leurs offres.

POSTE ET COMMUNICATIONS

Toutes les agglomérations possèdent un bureau de poste. Ils ouvrent habituellement en semaine de 8h à 12h et de 14h à 18h, le samedi de 8h à 12h. Le service postal national (Paositra Malagasy ou Paoma) est globalement fiable, mais lent. Mieux vaut éviter d'expédier par la poste des objets de valeur.

Précisez toujours dans l'adresse le quartier ou la banlieue lors de vos envois à destination de Madagascar.

Envoyer du courrier

L'envoi d'une lettre vers l'Europe revient à 5 600 FMG jusqu'à 10 g, 6 950 FMG pour 15 g et 8 300 FMG pour 20 g. Comptez 3 600 FMG pour une carte postale. Vers les États-Unis et le Canada, vous débourserez 7 400 FMG pour une lettre jusqu'à 10 g et 5 600 FMG pour une carte postale. Les tarifs postaux augmentent régulièrement.

A Antananarivo, un bureau de poste réservé à l'envoi des colis est implanté le long de la voie ferrée, en face du marché communal Petite Vitesse.

Recevoir du courrier

Le service de poste restante d'Antananarivo se situe dans la poste centrale, près de l'Hôtel Colbert dans la Ville haute (Paositra Malagasy, Poste restante, rue Ratsimilaho, Antaninarenina, Antananarivo, ☎ 22 617 90). Le personnel se montre accueillant et efficace. Le courrier est quelquefois classé par le prénom au lieu du nom de famille ; vérifiez les deux. Pour simplifier, demandez à vos correspondants d'écrire votre nom de famille en majuscules et de le souligner. Les postes restantes des petites villes de province fonctionnent moins bien et renvoient parfois le courrier à la poste restante de Tana.

Téléphone

Ceux qui ont connu le réseau téléphonique malgache il y a quelques années ne pourront que s'extasier de ses récents progrès. A l'exception de certaines régions toujours enclavées, Telma (Telecom Malagasy) et quelques autres opérateurs ont mis en place un réseau national et international. Comble du progrès, vous trouverez des cabines téléphoniques à carte dans de nombreuses localités.

Certaines bourgades ne disposent cependant pas encore d'un accès téléphonique direct. Pour les appeler, il faut passer par un opérateur qui répond au ☎ 15. Les pannes sont fréquentes sur ces portions de réseau difficilement joignables depuis l'étranger.

Le meilleur moyen d'obtenir des liaisons locales, nationales ou internationales directes et claires consiste à acheter une carte téléphonique. Ces cabines comportent très rarement des indications et n'affichent jamais leur numéro. Vous devrez donc connaître les indicatifs nécessaires et ne pourrez vous faire rappeler dans la cabine.

Cartes téléphoniques. Les cartes téléphoniques Telma sont disponibles en 25 unités (12 500 FMG), 50 unités (25 500 FMG), 100 unités (51 000 FMG) ou 150 unités (76 500 FMG). Vous les trouverez dans les agences Agate (Agence d'accueil Télécom) et dans de nombreux commerces et hôtels. Il peut arriver que des cabines acceptent les cartes de 25 unités mais pas celles de 50 ou 100 et inversement…

Légèrement plus chères, les cartes Kikom fonctionnent théoriquement depuis n'importe quel téléphone. Il suffit d'appeler un numéro gratuit et de composer le code secret de la carte, dissimulé sous une zone à gratter, pour libérer son crédit de communications et passer ses appels. Elles sont pratiques mais malheureusement incompatibles avec les systèmes téléphoniques de certains hôtels.

Appels nationaux. Un appel local coûte 720 FMG TTC les 3 minutes ; une communication interurbaine entre 1 320 FMG et 2 200 FMG. Un tarif réduit de 50% s'applique du lundi au samedi de 20h à 6h et les dimanche et jours fériés toute la journée.

Un numéro se compose d'un indicatif (2 chiffres) suivi de 5 chiffres. Les numéros indiqués dans ce guide sont complets (indicatif inclus). A toutes fins utiles, vous trouverez ci-après la liste des indicatifs régionaux de la Grande Île :

Région d'Antananarivo

"Grand" Antananarivo	22
Ouest d'Antananarivo	48
Sud d'Antananarivo	42

Nord

Ambanja, Nosy Be et environs	86
Diégo-Suarez (Antsiranana) et environs	82

Centre

Ambositra et environs	47
Antsirabe et environs	44
Fianarantsoa et environs	75

Est

Ambatondrazaka et environs	54
Foulpointe, Sainte-Marie et environs	57
Moramanga et environs	56
Farafangana et environs	73
Manakara, Mananjary et environs	72
Sambava et environs	88
Tamatave (Toamasina) et environs	53

Ouest

Mahajanga et environs	62
Maintirano et environs	69
Morondava et environs	95
Nord de Mahajanga	67

Sud

Fort-Dauphin (Taolagnaro) et environs	92
Tuléar (Toliara) et environs	94

Appels internationaux. Telma facture 13 500 FMG la minute de communication vers la France ; 20 250 FMG vers les autres pays d'Europe occidentale et le Canada ; 10 800 FMG vers l'île de la Réunion et l'île Maurice ; 13 500 FMG vers les Comores, les Seychelles et les pays d'Afrique proches. Un tarif réduit d'environ 30% s'applique du lundi au samedi de 22h à 6h et les dimanche et jours fériés toute la journée.

Les hôtels demandent un minimum de 25 000 FMG environ la minute vers l'Europe, ou 56 000 FMG les 3 minutes s'ils doivent passer par l'opérateur. La solution la plus économique consiste donc à utiliser les cabines téléphoniques à carte ou une carte Kikom.

L'accès à l'international depuis Madagascar s'obtient en composant le ☎ 00. Vous trouverez ci-après quelques indicatifs étrangers :

Belgique	32
Canada	1
France	33
(supprimer le premier zéro du numéro français)	
Luxembourg	352
Maurice	230
Mayotte	269
Réunion	262
(ou 692 vers un mobile)	
Suisse	41

Composez le 10 pour obtenir un opérateur international ; il pourra établir manuellement la communication mais vous devrez alors payer un minimum de 3 minutes.

Pour appeler Madagascar depuis l'étranger, vous devrez composer l'indicatif international du pays, qui se compose de 5 chiffres : 261 20. Pour obtenir, par exemple, un numéro de poste fixe ou de fax à Antananarivo depuis la France, composez le 00 (international), 261 20 (indicatif de Madagascar), 22 (indicatif d'Antananarivo, inclus dans les pages de ce guide) et le numéro à 5 chiffres.

Il reste parfois difficile d'obtenir Madagascar depuis l'étranger. Essayez, réessayez et persévérez…

Téléphones portables. Le réseau de téléphonie mobile, plus souple dans sa mise en place que les réseaux filaires, se développe rapidement. A l'heure où nous écrivons ces lignes, les principales villes et les îles de Nosy Be et de Sainte-Marie sont couvertes par le réseau. Les communications depuis un poste fixe vers un mobile coûtent entre 790 FMG et 3 300 FMG la minute selon l'opérateur, parfois plus. Pour appeler un mobile basé à Madagascar, composez le 0, puis l'indicatif de l'opérateur (30, 31, 32 ou 33) et le numéro à 7 chiffres de votre correspondant.

Les opérateurs de mobiles à Madagascar sont Telecel (30), Sacel (31), Antaris (32) et Madacom (33). Ils fonctionnent sur le réseau GSM. Antaris propose une formule prépayée sans abonnement baptisée *Illico*. Il suffit pour y accéder d'acheter un kit vendu 150 000 FMG comprenant une carte Sim à insérer dans son mobile et 30 000 FMG de crédit de communication. Les recharges de crédit de communication existent à 25 000, 75 000 et 200 000 FMG.

Renseignez-vous auprès de votre opérateur pour savoir si le mobile que vous utilisez éventuellement dans votre pays d'origine fonctionne sur la Grande Île. Le plus souvent, vous devrez souscrire un abonnement particulier. Les "options monde" des opérateurs de téléphonie mobile français et européens sont théoriquement relayées à Madagascar.

Dans les faits, les résultats sont plus ou moins concluants… Une communication par mobile entre l'Europe et Madagascar *via* une option monde revient à environ 3 € la minute.

B.L.U. La bande latérale d'urgence est une fréquence de radiotéléphonie utilisée par les marins en Europe. Les établissements de Madagascar situés dans des zones privées de réseau téléphonique y ont fréquemment recours. Certains disposent d'un représentant dans une grande ville reliée au téléphone, avec qui ils communiquent quotidiennement pour faire le point sur les réservations. Le fait que la carte de visite d'un hôtel mentionne un numéro de téléphone n'implique donc pas nécessairement qu'il est raccordé au réseau téléphonique.

Fax

Les services publics d'envoi de fax restent rares sur la Grande Île. Vous en trouverez dans les grandes villes.

E-mail et accès Internet

Les connexions Internet ont connu un essor fulgurant à Madagascar ces dernières années. Vous trouverez presque dans chaque ville des possibilités de connexions au réseau mondial – cybercafés, hôtels, espaces-communication. Ces services sont mentionnés dans les pages régionales de ce guide. Les connexions restent lentes dans bien des cas, mais le réseau s'améliore en même temps que les tarifs baissent. Comptez 1 000 à 1 500 FMG la minute de connexion.

De plus en plus d'hôtels et de sociétés de service ont recours au courrier électronique (moins cher que le téléphone) pour communiquer avec l'étranger. Leurs adresses e-mails, indiquées dans cet ouvrage, pourront vous être utiles pour préparer votre voyage.

INTERNET

Le site de Lonely Planet (www.lonelyplanet.fr) vous permettra d'obtenir des informations de dernière minute. Des rubriques complètent utilement votre information : mises à jour de certains guides entre deux éditions papier, catalogue des guides, courrier des voyageurs, actualités en bref et fiches pays. Profitez aussi des forums pour poser des questions ou partager vos expériences avec d'autres voyageurs. Vous pouvez également consulter le site de Lonely Planet en anglais (www.lonelyplanet.com).

Il existe des centaines de sites consacrés de près ou de loin à Madagascar. La liste ci-dessous est loin d'être exhaustive, mais recense ceux qui nous ont semblé les plus intéressants. De nombreux tour-opérateurs de l'île disposent de leur propre site. Vous trouverez leur adresse aux rubriques correspondantes.

Généralités

www.madagascar.contacts.com
Ce portail traite de l'actualité de l'île, de son histoire et de son économie, propose une carte météorologique de la Grande Île mise à jour quotidiennement et compte un très grand nombre de liens vers des acteurs du tourisme privés et institutionnels, ainsi qu'un moteur de recherche.

www.dts.mg
Un bon portail généraliste.

Presse

www.madanews.com
L'un des meilleurs sites permettant de suivre l'actualité malgache, Madanews s'appuie sur les articles et reportages de plusieurs organes de presse de l'île.

Mise à jour web

Chaque jour le monde change : des frontières s'ouvrent, des hôtels ferment, des monnaies s'effondrent. Afin de connaître les modifications significatives concernant le pays de votre prochain voyage, consultez la mise à jour de votre guide sur le site Internet LP (www.lonelyplanet.fr/mise /index.htm). Vous pouvez télécharger ces pages (au format PDF d'Acrobat), les imprimer et les joindre à votre guide.

Les mises à jour de 15 ouvrages sont disponibles sur notre site ; elles concernent les destinations les plus fréquentées ou les plus sujettes à évolution. Elles sont réactualisées deux fois par an, en attendant la nouvelle édition papier.

www.lexpressmada.com
Le quotidien *L'Express de Madagascar* en ligne.
www.dts.mg/midi
Le quotidien *Midi Madagasikara* en ligne.
www.madagascar-tribune.com
Le quotidien *La Tribune de Madagascar* en ligne.
www.madatours.com/roi
La *Revue de l'océan Indien* en ligne.

Institutions

www.consulatmad.org
Le site du consulat de Madagascar à Moulins (France). Vous pourrez y télécharger un formulaire de demande de visa et vous tenir au courant des procédures d'obtention de visa.
www.madagascar-embassy.ca
Le site franco-anglais de l'ambassade de Madagascar au Canada. Nombreux liens.
www.madagascar-contacts.com/douanes
Le site du service des douanes de Madagascar.

Tourisme

www.tourisme-madagascar.com
Le site de la Maison du tourisme de Madagascar. Informations générales.
www.madagascar-vision.com
Informations par régions et visualisation avec effet 3D
www.madanet.com
Informations générales sur le tourisme et le commerce à Madagascar
www.normada.com
Un site complet sur le Nord de Madagascar.
www.madagascar-guide.com
Le site du guide des éditions réunionnaises Carambole.

Faune et Flore

www.parcs-madagascar.com
Le site officiel de l'Angap et des parcs et réserves de la Grande Île
www.care.org
En cherchant bien, vous y trouverez des informations sur les missions menées par Care International à Madagascar.
www.duke.edu/web/primate/
Ce site d'une université américaine propose d'adopter un lémurien en ligne.

LIVRES

La sélection d'ouvrages mentionnés ci-dessous ne saurait être exhaustive. Reportez-vous à la rubrique *Littérature* du chapitre *Présentation de Madagascar* pour les œuvres de fiction.

Aider Madagascar

Les occasions ne manquent pas d'aider la Grande Île. Les domaines les plus urgents concernent l'amélioration de la santé et de l'éducation, la protection de l'environnement, le développement d'une agriculture rationnelle et l'aide aux enfants des rues.

Vous pouvez participer à ces efforts en faisant don de matériel aux écoles et aux hôpitaux, de vêtements dans la rue, ou d'argent aux associations ayant fait leurs preuves. Vous pouvez également donner un peu de votre temps et de votre expérience en participant aux projets qui vous semblent valables. D'ordinaire, les associations – à qui le gouvernement malgache ne favorise pas toujours la tâche – préfèrent que vous posiez votre candidature dans votre propre pays afin que les questions de transport, de logement, de visa et autres soient réglées à l'avance. Les associations suivantes œuvrent à Madagascar dans des domaines divers :

Aide et action (cité BRGM, Ampandrianomby, Antananarivo, ☎ 22 409 55 ; en France, ☎ 01 55 25 70 00). Scolarisation.

Association Akamasoa – père Pedro (BP 7011 Antananarivo 101, ecar.cm@dts.mg). Connu de tous à Antananarivo, le père Pedro agit de longue date en faveur des enfants des rues de la capitale malgache.

Association Raoul Follereau (30 bis rue Havana, Antsahabe, Antananarivo, ☎ 22 316 02 ; en France, ☎ 01 53 68 98 98). Lutte contre la lèpre.

CARE International (Lot. B 85 TER A, Ambohitrarahaba, Antananarivo, ☎ 22 435 26, fax 22 423 90). Protection de l'environnement et développement rural.

Croix-Rouge Malagasy (11 rue Patrice Lumumba, Tsalalana, Antananarivo, ☎ 22 644 92).

Écoles du monde (44 rue Chaptal, 92 300 Levallois-Perret, ☎ 01 47 57 55 45, www.ecoles-dumonde.org). Créée par le producteur de cinéma Charles Gassot, cette association, qui repose uniquement sur le volontariat, agit dans le domaine de la scolarisation, de la santé et de l'alimentation en eau potable dans la région de Mahajanga, où elle a ouvert depuis 1997 un pensionnat et 6 écoles.

ECPAT (End Child Prostitution and Trafficking, en France ☎ 01 49 34 83 13, 100636.3360@compuserve.com, www.ecpat-france.fr, www.ecpat.net/fr). Cette ONG internationale s'est donnée pour mission de lutter contre le tourisme sexuel impliquant des enfants dans le monde.

Beaux livres

Madagascar fait le régal des chasseurs d'images. Ouvrage d'une indéniable richesse photographique, *L'Océan Indien* (Le Chêne, coll. "Grands Voyageurs"), d'Éliane Georges et de Christian Vaisse, couvre Madagascar, les Seychelles, Maurice et la Réunion. Les textes mêlent habilement tonalités lyriques et descriptions plus informatives. Dans la même veine, mentionnons *Madagascar* (Vilo), de Sarah et Michael Herzog et Volkmar Baumgärtner , qui allie également texte et photos, ainsi que *Madagascar, la Grande Île* (Winco).

Gian Paolo Barbieri signe avec *Madagascar* (Taschen) un remarquable recueil de photographies en noir et blanc. L'auteur met davantage l'accent sur la recherche du graphisme et la perfection formelle, et son superbe ouvrage donne de la Grande Île une image certes belle, mais trompeuse à bien des égards. *Madagascar, ma terre oubliée* (Glénat) est un carnet de voyage écrit par Franck Giroud et illustré par Yvon Le Corre et Laurent Vicomte, à l'initiative de deux ONG. Les trois auteurs ont parcouru l'île Rouge pour témoigner de la détresse mais aussi des trésors qu'elle recèle.

Histoire, société et politique

L'histoire mouvementée de Madagascar a donné lieu à d'excellentes publications.

Aider Madagascar

Enfants du Monde Réunion (1 rue Cimendef, 97 420 Le Port, île de la Réunion, ☎ 0262 42 00 42). Parrainages d'enfants.

Guilde européenne du raid (11 rue de Vaugirard, 75006 Paris, ☎ 01 43 26 97 52, www.laguilde.org). La guilde envoie chaque année des étudiants à Madagascar dans le cadre de "voyages utiles" et de missions d'animation destinées aux enfants des rues.

La Maison de l'eau de Coco (Fianarantsoa, ☎/fax 75 511 42, jose.coco@dts.mg). Cette ONG a pour objectif de "protéger les enfants de l'indigence, la maladie, la famine, l'exploitation au travail et l'exploitation sexuelle". Elle agit dans les domaines de la scolarisation, de l'éducation en matière d'hygiène et de santé, de l'alphabétisation et de la formation professionnelle des adultes.

Médecins du Monde (Lot. III P 26 bis B, Anjahana, Antananarivo, ☎ 22 201 22, fax 22 225 20 ; en France, ☎ 01 44 92 15 15). Assistance médicale.

Médecins sans Frontières (rue Farafaty, Andrainarivo, Antananarivo, ☎ 22 417 85, fax 22 417 06 ; en France, 01 40 21 29 29). Assistance médicale.

Mission catholique (Lot. II M 4, Androhibe, Antananarivo, ☎ 22 425 43)

Programme alimentaire mondial (PAM, ONU, av. du Général Charles de Gaulle, Anpasanimalo, Antananarivo, ☎ 22 322 99). L'organisme onusien en charge des problèmes de malnutrition est actif dans le Sud malgache.

Programme des Nations unies pour le développement (PNUD, 12 rue Rainitovo, Antsahavola, Antananarivo, ☎ 22 202 64).

Tourism for Development (59 bd Saint Michel, 75005 Paris, ☎ 01 46 34 17 16, www.tourismfordevelopment.com). Cet organisme international agit à Madagascar en collaboration avec Écoles du Monde.

UNICEF (rue Robert Ducrocq, Behoririka, Antananarivo, ☎ 22 280 83 ; en France ☎ 01 44 39 77 77, www.unicef.asso.fr). Aide à l'enfance.

USAID (Rue Jules Ranaivo, Anosy, Antananarivo, ☎ 22 243 38).

Villages d'enfants SOS (rue WS, Andrainarivo, Antananarivo, ☎ 22 418 27 ; en Allemagne Zaza Faly, Lychener Straße 74, 10437 Berlin, ☎ 030-48 09 59 26). Organisation allemande d'aide aux enfants des rues.

Zébu Overseas Bank (Antsirabe, ☎ 44 492 04, www.madagascar-contacts.com/zob/). Cette association propose d'offrir un zébu à une famille malgache.

Ranavalo, dernière reine de Madagascar (Balland, coll. "Le Nadir"), de Marie-France Barrier est une biographie complète qui apporte un éclairage neuf sur un épisode peu connu de l'aventure coloniale française outre-mer.

Les dramatiques événements de 1947 ont donné du grain à moudre à Jacques Tronchon qui, avec *L'Insurrection malgache de 1947* (Karthala), passe en revue le rôle et les responsabilités des différents acteurs de cette insurrection, qu'il s'agisse des hommes politiques du MDRM, des sociétés secrètes ou des représentants du pouvoir français.

L'histoire du PADESM, le parti des déshérités de Madagascar, rival du MDRM, forme la trame de *PADESM et luttes politiques à Madagascar* (Karthala), de Jean-Roland Randriamaro, enseignant d'histoire à l'université de Tamatave.

Sous la plume de Pierre Vérin, professeur de malgache et grand connaisseur du pays, *Madagascar* (Karthala) dresse un tableau documenté de l'histoire de la Grande Île, fort utile pour la comprendre aujourd'hui.

Éric Revel, grand reporter, brosse un portrait du pays puis montre sa descente aux enfers dans *Madagascar, l'île Rouge* (Balland, coll. "Le Nadir").

Les rapports franco-malgaches et la logique coloniale française sont au cœur de *Madagascar, colonisation française et nationalisme malgache, XXe siècle* (L'Harmattan). L'ouvrage d'Étienne de Flacourt, *Histoire de la Grande Île Madagascar* (Inalco-Karthala) est une somme sur la culture et l'histoire malgaches.

Les Champs de l'ancestralité à Madagascar, de Paul Ottino (Karthala Orstom) est une étude sur les structures familiales et les alliances malgaches, qui apporte de nombreux éclairages sur les traditions comme le culte des ancêtres, et confirme la réalité inégalitaire et hiérarchique des sociétés de Madagascar, qui favorisent l'émergence de lignées contrôlant le pouvoir.

De Raymond William Rabemananjara, on lira avec profit *Le Monde malgache, sociabilité et culte des ancêtres* (L'Harmattan), un éclairage intéressant et concis sur les valeurs profondes de la spiritualité malgache.

Parmi les ouvrages les plus récents (Madagascar semble inspirer de plus en plus les éditeurs), citons *Madagascar, l'île mère* (Anako, 1999), d'Émeline Raholiarisoa et Didier Mauro, qui s'interrogent sur l'avenir de la Grande Île ; *Tableaux de Madagascar* (Arthaud, 1999), qui traite de différents aspects de la vie du pays sous la plume d'Henry Ratsimiebo et de Christiane Ramanantsoa ; ou encore *Madagascar, premiers pas au pays d'argile*, récit de voyage signé Olivier Bleys (Fer de chances, 1999).

Nicole Viloteau s'est intéressée dans *Madagascar : l'île aux sorciers* (Arthaud, 2001) à la sorcellerie, au culte des morts, et aux rites ancestraux encore très vivaces à Madagascar.

Les Musiques de Madagascar, de Victor Randrianary (Actes Sud/Cité de la musique, 2001) offre une bonne présentation des musiques traditionnelles de la Grande Île.

Enfin, les éditions Phébus ont eu la bonne idée de rééditer en 2001 *Mémoires d'un gentilhomme corsaire : de Madagascar aux Philippines, 1805-1815,* d'Edward John Trelawny, le récit maritime d'un cadet d'une famille aristocrate ruinée, déserteur de la Navy britannique et corsaire au service de la France.

Faune

Pour en savoir plus sur les surprenants lémuriens, on consultera *Lémuriens, primates de Madagascar*, d'Éric Robert et de Sylvie Bergerot (Denoël, coll. "Planète"). Grâce à des photos rares et surprenantes, les deux auteurs nous font pénétrer dans l'univers mystérieux et intime des lémuriens. Un texte fouillé, mais toujours didactique et accessible, vient judicieusement compléter les images. La menace écologique que fait peser la déforestation sur ces animaux est notamment abordée.

Frère du romancier Lawrence, Gerald Durrell a consacré sa vie à la défense des espèces animales en voie d'extinction. Il est l'auteur de *Le Aye-aye et moi* (Payot, coll. "Grands Voyageurs"), qui raconte l'expédition scientifique menée au début des années 1990 afin de sauver cet étonnant lémurien. Au-delà de ce récit et de son point de vue purement zoologique, transparaît toute la magie de Madagascar, même si l'auteur tend à faire abstraction des graves problèmes économiques de l'île qui peuvent expliquer que la survie des espèces menacées ne soit pas toujours la préoccupation majeure du pays.

Librairies
Librairies spécialisées sur l'Afrique

Karthala, 22-24 bd Arago, 75013 Paris (☎ 01 43 31 15 59)

L'Harmattan, 16 rue des Écoles, 75005 Paris (☎ 01 46 34 13 71)

Le Boulevard, rue de Carouge 34, 1204 Genève, Suisse (☎ 22-328 70 54)

Le Tiers Mythe, 21 rue Cujas, 75005 Paris (☎ 01 43 26 72 70)

Nord Sud Diffusion, 150 rue Berthelot, B-1190 Forest, Belgique (☎ 2-343 10 13)

Présence Africaine, 25 bis rue des Écoles, 75005 Paris (☎ 01 43 54 13 74)

Librairies de voyages

En France

L'Astrolabe, 46 rue de Provence, 75009 Paris (☎ 01 42 85 42 95)

L'Atlantide, 56 rue Saint-Dizier, 54000 Nancy (☎ 03 83 37 52 36)

Au Vieux Campeur, 2 rue de Latran, 75005 Paris (☎ 01 53 10 48 27)

Ariane, 20 rue du Capitaine Dreyfus, 35000 Rennes (☎ 02 99 79 68 47)

Les Cinq Continents, 20 rue Jacques-Cœur, 34000 Montpellier (☎ 04 67 66 46 70)

Espace IGN, 107 rue La Boétie, 75008 Paris (☎ 01 43 98 85 00)

Géorama, 22 rue du Fossé-des-Tanneurs, 67000 Strasbourg (☎ 03 88 75 01 95)

Géothèque, 10 place du Pilori, 44000 Nantes (☎ 02 40 47 40 68)

Géothèque, 6 rue Michelet, 37000 Tours (☎ 02 47 05 23 56)

Hémisphères, 15 rue des Croisiers, BP 99, 14000 Caen cedex (☎ 02 31 86 67 26)

Itinéraires, 60 rue Saint-Honoré, 75001 Paris (☎ 01 42 36 12 63)

Librairie du Club Med Bercy, 39 cour Saint-Émilion, 75012 Paris (☎ 01 44 68 70 00)

Librairie du voyage, 60 rue Bayard, 31000 Toulouse (☎ 05 61 99 82 10)

Magellan, 3 rue d'Italie, 06000 Nice (☎ 04 93 82 31 81)

Ombres Blanches, 48 rue Gambetta, 31000 Toulouse (☎ 05 34 45 53 38)

Planète Bleue, 41 rue des Merciers, 17000 La Rochelle (☎ 05 46 34 23 23)

Planète Havas Librairie, 26 avenue de l'Opéra, 75002 Paris (☎ 01 53 29 40 00)

Raconte-moi la Terre, 38 rue Thomassin BP 2021, 69226 Lyon cedex 2 (☎ 04 78 92 60 20)

Rose des vents, 40 rue Sainte-Colombe, 33000 Bordeaux (☎ 05 56 79 73 27)

Ulysse, 26 rue Saint-Louis-en-l'île, 75004 Paris (☎ 01 43 25 17 35)

Voyageurs du monde, 55 rue Sainte-Anne, 75002 Paris (☎ 01 42 86 17 38)

En Belgique

Anticyclone des Açores, rue des Fossés-aux-Loups 34 B, 1000 Bruxelles (☎ 2-217 52 46)

Les Alizés, rue Saint-Jean-en-Isle 2 A, 4000 Liège (☎ 4-221 41 90)

Le 7ᵉ Continent, Chaussée de Bruxelles 407 bis, B 1410 Waterloo (☎ 2-353 02 30)

Peuples et continents, rue Ravenstein 11, 1000 Bruxelles (☎ 2-511 27 75)

En Suisse

Artou, rue de Rive, 1204 Genève (☎ 22 818 02 40)

Artou, 18 rue de la Madeleine, 1003 Lausanne (☎ 21 323 65 56)

Vent des routes, 50-52 des Bains, CH-1205 Genève (☎ 22 80O 33 81)

Au Canada

Ulysse, 4176 rue Saint-Denis, Montréal (☎ 514-843 9882)

Ulysse, 4 bd René-Lévesque Est, Québec (☎ 418-418 654 9779)

Tourisme Jeunesse, 4008 rue Saint-Denis, Montréal (☎ 514-884 0287)

Librairie Pantoute, 1100 rue Saint-Jean Est, Québec (☎ 418-694 9748)

CINÉMA

L'industrie cinématographique en est à ses balbutiements sur la Grande Île. Le seul réel représentant malgache du 7ᵉ art est Raymond Rajaonarivelo, un metteur en scène qui a étudié le cinéma en France. Outre trois courts métrages, on lui doit notamment *Tabataba* ("La Propagation des rumeurs", 1988), une chronique de la vie du village de Maromena, près de Manakara, pendant l'insurrection sanglante de 1947 contre l'autorité française. Son film le plus remarqué reste *Quand les étoiles rencontrent la mer* (1996), qui a bénéficié du soutien du Centre national de la cinématographie et a été diffusé en France. Le film, beau et inspiré, relate le drame de la vie de Kapila, un petit garçon né au cours d'une éclipse de soleil. Une telle naissance étant considérée comme fady, Kapila est soumis à l'épreuve du parc à zébu et déposé au milieu de l'enclos : c'est aux bêtes, affolées par sa présence, de décider de lui laisser la vie ou de le piétiner. Le nouveau né s'en sortira avec une légère claudication avant d'être recueilli par une jeune fille. Il voudra par la suite revenir dans son village…

Benoît Ramampy (*Dahalo, Dahalo*, 1983, *Le Prix de la paix*, 1987) et Solo Randrasana (*Very Remby*, 1974, *Ilo Tsy Very*, 1987) comptent également parmi les rares réalisateurs malgaches.

Le cinéma malgache, non subventionné, souffre d'une pénurie de fonds. Des vidéoclubs organisent des projections – les films de kung-fu remportent un franc succès – dans les villes de provinces. Un certain nombre de salles de cinéma ont réouvert leurs portes ces dernières années sous l'impulsion d'ONG.

JOURNAUX ET MAGAZINES

Trois quotidiens nationaux, rédigés en français et en malgache, sont vendus 1 000 FMG et largement distribués.

Madagascar Tribune tend vers l'opposition, *Midi Madagasikar* oscille selon l'actualité et *L'Express de Madagascar*, au centre, se veut le titre des intellectuels. La lecture de ce dernier, sans complaisance pour les dirigeants du pays, est bien souvent édifiante. Tous trois vous informeront sur l'actualité économique, sociale et politique de la Grande

Île mais accordent peu de place à l'actualité internationale. Vous y trouverez des informations sur les divertissements dans la capitale, les coordonnées des médecins, les numéros d'urgence, etc.

L'hebdomadaire indépendant *Dans les Médias demain* (DMD) reste la source d'information considérée la plus sérieuse et la mieux informée.

La liberté de presse semble réelle et les journalistes ne se gênent pas pour critiquer, parfois de façon virulente, l'action du gouvernement et analyser avec aigreur la situation du pays. Les dessins satiriques d'actualité, signés Ranarivelo, en attestent également. La presse malgache est ainsi le reflet criant des maux dont souffre la Grande Île et sa lecture ne porte pas toujours à l'optimisme. De nombreux titres disposent d'un site Internet (reportez-vous à cette rubrique).

Dans les grandes villes, vous trouverez, avec quelques jours de retard, les grands quotidiens étrangers (français en tête), la *Revue de l'océan Indien*, et parfois la sélection hebdomadaire du journal *Le Monde*.

RADIO ET TÉLÉVISION

Les principales stations de radio sont celles de la RNM (Radio nationale Malagasy), RNM 1 (99.3 FM) et RNM 2 (101 FM). Elles seules couvrent l'ensemble du territoire. Vous pourrez également capter Radio Lazan'Iarivo (106 FM), Radio Antsiva (97.7 FM) ou Korail (90 FM). Toutes les grandes villes possèdent leur propre station FM, qui diffuse des chansons pop malgaches et occidentales, avec des animateurs parlant malgache et français.

RFI (Radio France Internationale) diffuse ses programmes en français sur 92 FM (Antsirabe, Fianarantsoa et Tamatave), 96 FM (Antananarivo, Mahajanga et Tuléar) ou 98 FM (Antananarivo et Diégo-Suarez). Vous devriez pouvoir la capter 24h/24 dans les régions d'Antananarivo, de Fianarantsoa, de Diégo-Suarez et de Tamatave.

Les informations de Voice of America sont diffusées sur 97.6 FM du lundi au vendredi, à 10h

Cinq chaînes de télévision se partagent les téléspectateurs malgaches : TVM (la chaîne d'État), Ma-TV, RTA (dont la grille de programmes change entre les différentes villes), TV Plus et Record. Ma-TV diffuse le journal de la chaîne française France 2 vers 15h et celui de TF1 vers 23h.

Les rues de nombreuses villes se vident à l'heure de la télénovela brésilienne *Rosalinda*, diffusée par TVM dans une abominable version française. Les autres chaînes de télévision, privées, sont RTA, RTT, OTV, MATV et RTVA. L'équipement de certains hôtels permet de capter des chaînes françaises émettant par satellite.

PHOTO ET VIDÉO

Vous trouverez aisément des pellicules papier et diapositives à Antananarivo et dans les grandes villes. Les piles et les pièces de rechange risquent en revanche de poser problème. Des laboratoires de développement proposent leurs services à Antananarivo et dans quelques autres localités importantes.

Un matériel de nettoyage de vos optiques et des paquets de gel de silice, pour les protéger de l'humidité, vous seront certainement utiles. La chaleur étant la première ennemie des pellicules, faites-les développer rapidement, n'achetez pas de films stockés au soleil et gardez votre appareil à l'ombre.

La luminosité est exceptionnelle à Madagascar. Vous ne risquez pas de manquer de lumière, si ce n'est dans les forêts où vous serez parti traquer l'image d'un lémurien. En revanche, un filtre polarisant vous aidera à atténuer la trop vive lumière du milieu de journée. Comme dans tous les pays tropicaux, la lumière douce du matin et de la fin d'après-midi est la plus favorable.

La plupart des Malgaches ne verront aucun inconvénient à poser pour une photo ; d'autres se montreront déconcertés, méfiants ou effrayés. Certains s'interrogeront sur un éventuel avantage économique. Il importe avant tout de respecter la réaction de la personne que vous souhaitez photographier et de demander sa permission. Si elle refuse, n'insistez pas et ne prenez pas la photo malgré elle. De même, si vous promettez d'envoyer des photos, faites-le sans faute.

Photographier la faune sans un appareil 35 mm équipé d'une focale longue (ou mieux encore, posé sur un pied) relève souvent de l'exploit.

HEURE LOCALE

Madagascar compte 3 heures d'avance sur le temps universel coordonné (UTC) et sur le temps moyen de Greenwich (GMT). L'île a donc 2 heures d'avance sur Paris (11 heures sur Vancouver et 8 heures sur Toronto et Montréal) durant l'hiver de l'hémisphère nord et 1 heures entre avril et octobre.

Il n'existe pas d'horaire d'été sous les tropiques, car la durée des jours et des nuits reste à peu près la même toute l'année. La nuit tombe presque invariablement aux environs de 18h toute l'année.

ÉLECTRICITÉ

Le voltage est majoritairement de 220 V-50 Hz. Seules de très rares régions sont encore alimentées en 110 V, dont quelques quartiers de la capitale. Les prises correspondent toutes aux fiches européennes à deux broches rondes. L'électricité fonctionne 24h/24 dans les villes principales. Les zones plus reculées n'en disposent qu'à certaines heures, voire pas du tout, ou utilisent des groupes électrogènes. Les pannes de courant sont assez fréquentes. Mieux vaut emporter une lampe de poche.

POIDS ET MESURES

Madagascar utilise le système métrique. Vous entendrez peut-être parler d'une unité de mesure locale, le *kapoka* ; il correspond à la contenance d'une boîte vide de lait concentré sucré Nestlé.

LAVERIES

Les laveries sont très rares, mais vous trouverez toujours quelqu'un pour s'occuper de votre linge. Renseignez-vous à votre hôtel.

SANTÉ

Risques particuliers à Madagascar.

Quelques précautions doivent être prises à Madagascar, pays où les conditions d'hygiène sont souvent précaires, où l'infrastructure médicale reste faible et où l'état des routes et des transports rend souvent difficile l'accès aux soins.

Elles concernent avant tout la prévention du paludisme (prévoir un traitement préventif antipaludéen), les vaccinations (hépatite, tétanos-polyomyélite et typhoïde sont recommandées), le respect de règles simples relatives à l'alimentation et à l'eau, et la protection contre le soleil. Vous aurez peut-être également à vous plaindre des tiques de sable ou des sangsues, toutes deux inoffensives. Ne vous baignez pas n'importe où (des cas de bilharziose ont été constatés à Madagascar) et évitez toujours de marcher pieds nus.

Nous vous conseillons donc de lire avec attention les rubriques consacrées ci-dessous à ces sujets, ainsi que celle relative à la préparation avant le départ.

Les autres maladies citées dans le descriptif médical ci-après, qui doit être considéré comme un guide général de santé en voyage, visent à attirer l'attention des voyageurs et ne doivent pas vous inquiéter outre mesure. Précisons en effet que les maladies tropicales, aussi impressionnantes qu'elles soient dans leur description, ne sont pas toutes gravissimes. Si un certain nombre de parasites sont dangereux, beaucoup sont relativement bénins et posent avant tout un problème de diagnostic. Quant aux maladies les plus graves – peste, choléra… – elles touchent en premier lieu des populations vivant malheureusement dans les conditions les plus précaires et ne risquent guère de se communiquer à des voyageurs respectant des règles d'hygiène élémentaire au quotidien.

Rares sont les voyageurs qui font à Madagascar l'expérience de problèmes médicaux autres que les troubles d'estomac survenant à chaque fois que l'on change de régime alimentaire.

Hôpitaux. Les hôpitaux malgaches sont pauvres comparés aux normes occidentales, essentiellement parce qu'ils manquent de médicaments et d'équipements. Si vous devez subir une opération délicate mais non urgente ou si vous devez suivre un traitement à long terme pour un problème grave, mieux vaut rentrer chez vous ou prendre l'avion pour l'île Maurice, la Réunion ou l'Afrique du Sud.

Avertissement

La santé en voyage dépend du soin avec lequel on prépare le départ et, sur place, de l'observance d'un minimum de règles quotidiennes. Si une prévention minimale et les précautions élémentaires d'usage ont été envisagées avant le départ, les risques sanitaires sont généralement faibles à Madagascar.

Si vous tombez malade, contactez votre ambassade, consulat ou assurance médicale pour demander des conseils et, éventuellement des adresses. Sinon, adressez-vous à votre hôtel ou à des résidents. Si votre problème n'est pas trop sérieux, ils vous dirigeront sans doute vers une clinique privée.

Il n'existe aucun service d'ambulance en dehors de Tana. Sauf exception, les hôpitaux des autres villes disposent d'encore moins de personnel, de médicaments et d'équipements que la capitale. Si vous contractez une maladie ou si vous avez un accident en province, essayez de regagner la capitale en avion (en taxi-brousse, votre condition physique ne ferait qu'empirer). Il est certainement préférable de contacter l'Institut Pasteur de Tana (☎ 22 401 64 ou 22 401 65, fax 22 415 34, ipm@pasteur.mg) pour tout prélèvement.

Reportez-vous à la section *Services médicaux* du chapitre *Antananarivo* pour plus de détails sur les hôpitaux de la capitale. Ils sont en général préférables aux services de province listés aux rubriques correspondantes de ce guide.

Guides de santé en voyage. Un guide sur la santé peut s'avérer utile. *Les Maladies en voyage* du Dr Éric Caumes (Points Planète), *Voyages internationaux et santé* de l'Organisation mondiale de la santé (OMS) et *Saisons et climats* de Jean-Noël Darde (Balland) sont d'excellentes références.

Ceux qui lisent l'anglais pourront se procurer *Healthy Travel Africa* de Lonely Planet Publications. Mine d'informations pratiques, cet ouvrage renseigne sur la conduite à tenir en matière de santé en voyage.

Avant le départ

Assurances. Il est conseillé de souscrire une police d'assurance qui vous couvrira en cas d'annulation de votre voyage, de vol, de perte de vos affaires, de maladie ou encore d'accident. Les assurances internationales pour étudiants sont en général d'un bon rapport qualité/prix. Lisez avec la plus grande attention les clauses en petits caractères : c'est là que se cachent les restrictions.

Vérifiez notamment que les "sports à risques", comme la plongée, la moto ou même la randonnée ne sont pas exclus de votre contrat, ou encore que le rapatriement médical d'urgence, en ambulance ou en avion, est couvert. A Madagascar, de nombreuses agences proposant des circuits à moto, en 4x4 ou autres demandent à leurs clients d'avoir souscrit une assurance de ce type. De même, le fait d'acquérir un véhicule dans un autre pays ne signifie pas nécessairement que vous serez protégé par votre propre assurance.

Vous pouvez contracter une assurance qui réglera directement les hôpitaux et les médecins, vous évitant ainsi d'avancer des sommes qui ne vous seront remboursées qu'à votre retour. Dans ce cas, conservez avec vous tous les documents nécessaires.

Attention ! avant de souscrire une police d'assurance, vérifiez bien que vous ne bénéficiez pas déjà d'une assistance par votre carte de crédit, votre mutuelle ou votre assurance automobile. C'est bien souvent le cas.

Quelques conseils. Assurez-vous que vous êtes en bonne santé avant de partir. Si vous partez pour un long voyage, faites contrôler l'état de vos dents. Nombreux sont les endroits où l'on ne souhaiterait pas une visite chez le dentiste à son pire ennemi.

Si vous suivez un traitement de façon régulière, n'oubliez pas votre ordonnance (avec le nom du principe actif plutôt que la marque du médicament, afin de pouvoir trouver un équivalent local, le cas échéant). De plus, l'ordonnance vous permettra de prouver que vos médicaments vous sont légalement prescrits, des médicaments en vente libre dans certains pays ne l'étant pas dans d'autres.

Attention aux dates limite d'utilisation et aux conditions de stockage, parfois mauvaises (les faux médicaments sont fréquents en Afrique). Il arrive également que l'on trouve, dans des pays en développement, des produits interdits en Occident.

Dans de nombreux pays, n'hésitez pas, avant de partir, à donner tous les médicaments et seringues qui vous restent (avec les notices) à un centre de soins, un dispensaire ou un hôpital.

Vaccins. Renseignez-vous avant le départ sur les vaccinations recommandées. Les vaccins contre les hépatites A et B et la typhoïde sont conseillés aux voyageurs se rendant à Madagascar, en plus d'un vaccin tétanos-poliomyélite. La vaccination contre la fièvre jaune n'est exigée que si vous venez d'un pays ou sévit cette maladie. Plus vous vous éloignez des circuits classiques, plus il faut prendre vos précautions. Il est important de faire la différence entre les vaccins recommandés lorsque l'on voyage dans certains pays et ceux obligatoires. Au cours des dix dernières années, le nombre de vaccins inscrits au registre du Règlement sanitaire international a beaucoup diminué. Faites reporter vos vaccinations dans un carnet international de vaccination que vous pourrez vous procurer auprès de votre médecin ou d'un centre.

Planifiez vos vaccinations à l'avance (au moins six semaines avant le départ), car certaines demandent des rappels ou sont incompatibles entre elles. Même si vous avez été vacciné contre plusieurs maladies dans votre enfance, votre médecin vous recommandera peut-être des rappels contre le tétanos ou la poliomyélite, maladies qui existent toujours dans de nombreux pays en développement. Les vaccins ont des durées d'efficacité très variables ; certains sont contre-indiqués pour les femmes enceintes.

Voici les coordonnées de quelques centres de vaccination à Paris :

Hôtel-Dieu, centre gratuit de l'Assistance publique (☎ 01 42 34 84 84), 1 parvis Notre-Dame, 75004 Paris.

Assistance publique voyages, service payant de l'hôpital de la Pitié-Salpêtrière (☎ 01 45 85 90 21), 47 bd de l'Hôpital, 75013 Paris.

Trousse médicale de voyage

Veillez à emporter avec vous une petite trousse à pharmacie contenant quelques produits indispensables. Certains ne sont délivrés que sur ordonnance médicale.

☐ des **antibiotiques** à utiliser uniquement aux doses et périodes prescrites, même si vous avez l'impression d'être guéri avant. Chaque antibiotique soigne une affection précise : ne les utilisez pas au hasard. Cessez immédiatement le traitement en cas de réactions graves.

☐ un **antidiarrhéique** et un **réhydratant**, en cas de forte diarrhée, surtout si vous voyagez avec des enfants.

☐ un **antihistaminique** en cas de rhumes, allergies, piqûres d'insectes, mal des transports – évitez l'alcool.

☐ un **antiseptique** ou un désinfectant pour les coupures, les égratignures superficielles et les brûlures, ainsi que des **pansements gras** pour les brûlures.

☐ de l'aspirine ou du paracétamol (douleurs, fièvre).

☐ une **bande Velpeau** et des **pansements** pour les petites blessures.

☐ une **paire de lunettes de secours** (si vous portez des lunettes ou des lentilles de contact) et la copie de votre ordonnance.

☐ un **produit contre les moustiques**, un **écran total**, une **pommade pour soigner les piqûres et les coupures** et des **comprimés pour stériliser l'eau**.

☐ une **paire de ciseaux**, une **pince à épiler** et un **thermomètre à alcool**.

☐ une petite **trousse de matériel stérile** comprenant une seringue, des aiguilles, du fil à suture et des compresses.

Institut Pasteur (☎ 01 45 68 81 98, 3615 Pasteur), 209 rue de Vaugirard, 75015 Paris.

Air France, centre de vaccination (☎ 01 41 56 66 00, 3615 VACAF), aérogare des Invalides, 75007 Paris.

Il existe de nombreux centres en province, en général liés à un hôpital ou à un

Santé au jour le jour

La température normale du corps est de 37°C ; deux degrés de plus représentent une forte fièvre. Le pouls normal d'un adulte est de 60 à 80 pulsations par minute (celui d'un enfant est de 80 à 100 pulsations ; celui d'un bébé de 100 à 140 pulsations). En général, le pouls augmente d'environ 20 pulsations à la minute avec chaque degré de fièvre.

La respiration est aussi un bon indicateur en cas de maladie. Comptez le nombre d'inspirations par minute : entre 12 et 20 chez un adulte, jusqu'à 30 pour un jeune enfant et jusqu'à 40 pour un bébé, elle est normale. Les personnes qui ont une forte fièvre ou qui sont atteintes d'une maladie respiratoire grave (pneumonie, par exemple) respirent plus rapidement. Plus de 40 inspirations faibles par minute indiquent en général une pneumonie.

service de santé municipal. Vous pouvez obtenir la liste des centres de vaccination en France en vous connectant sur le site Internet www.france.diplomatie.fr/infopra/avis/annexe.htm, émanant du ministère des Affaires étrangères.

Le serveur Minitel 3615 Visa Santé fournit des conseils pratiques, des informations sanitaires et des adresses utiles sur plus de 150 pays. Le 3615 Ecran Santé dispense également des conseils médicaux. Attention ! le recours à ces serveurs ne dispense pas de consulter un médecin.

Vous pouvez également vous connecter au site Internet Lonely Planet (www.lonelyplanet.com/health/health.htm/h-links.ht) qui est relié à l'OMS (Organisation mondiale de la santé).

Précautions élémentaires

Faire attention à ce que l'on mange et à ce que l'on boit est la première des précautions à prendre. Les troubles gastriques et intestinaux sont fréquents même si la plupart du temps ils restent sans gravité. Ne soyez cependant pas paranoïaque et ne vous privez pas de goûter la cuisine locale, cela fait

partie du voyage. N'hésitez pas également à vous laver les mains fréquemment.

Eau. Évitez toujours de boire l'eau du robinet (même sous forme de glaçons). Préférez les eaux minérales (toujours disponibles ou presque sur la Grande Île), et les boissons gazeuses, tout en vous assurant que les bouteilles sont décapsulées devant vous. Soyez prudent avec les jus de fruits, souvent allongés à l'eau. Attention au lait, rarement pasteurisé. Pas de problème pour le lait bouilli et les yaourts. Thé et café, en principe, sont sûrs puisque l'eau doit bouillir.

Pour stériliser l'eau, la meilleure solution est de la faire bouillir durant quinze minutes. N'oubliez pas qu'à haute altitude, elle bout à une température plus basse et que les germes ont plus de chance de survivre.

Un simple filtrage peut être très efficace mais n'éliminera pas tous les micro-organismes dangereux. Aussi, si vous ne pouvez faire bouillir l'eau, traitez-la chimiquement. Plusieurs produits, vendus en pharmacie, éliminent la plupart des germes pathogènes. (reportez-vous à l'encadré sur la stérilisation de l'eau).

Alimentation. Fruits et légumes doivent être lavés à l'eau traitée ou épluchés. Ne consommez pas de glaces des marchands de rue. D'une façon générale, le plus sûr est de vous en tenir aux aliments bien cuits. Attention aux plats refroidis ou réchauffés. Méfiez-vous des poissons, des crustacés et des viandes peu cuites. Si un restaurant semble bien tenu et qu'il est fréquenté par des touristes comme par des gens du pays, la nourriture ne posera probablement pas de problèmes. Attention aux restaurants vides !

Nutrition. Si votre alimentation est pauvre, en quantité ou en qualité, si vous voyagez à la dure et sautez des repas ou s'il vous arrive de perdre l'appétit, votre santé risque très vite de s'en ressentir, en même temps que vous perdrez du poids.

Assurez-vous que votre régime est équilibré. Les fruits que l'on peut éplucher (bananes, oranges et mandarines par exemple) sont sans danger et vous apportent

La stérilisation de l'eau de boisson

Quelles sont les méthodes de stérilisation de l'eau de boisson les plus efficaces ? Selon un article de la revue médicale *Prescrire* (mai 2000), l'ébullition, l'hypochlorite de sodium (eau de Javel et ses dérivés) et le dichloroisocyanure de sodium (DCCNa) sont le tiercé gagnant d'une bonne qualité de l'eau de boisson du voyageur. L'ébullition doit être prolongée au moins 1 minute (3 minutes au-dessus de 2 000 m) et l'eau de Javel utilisée à raison de 3 gouttes de solution à 12 degrés chlorométriques par litre (consommer après 1 heure et dans un délai de 24 heures – renseignez-vous auprès de votre pharmacien). Ces deux modes de purification n'étant pas toujours possibles en voyage, le Drinkwell Chlore® (hypochlorite de sodium) et l'Aquatabs® (DCCNa) obtiennent les meilleurs résultats. Ce dernier a d'ailleurs été choisi par l'OMS pour son "kit sanitaire d'urgence". Certains systèmes de filtrage sont également particulièrement efficaces, tandis que l'Hydroclonazone® obtiendrait des résultats mitigés. Un soin particulier doit enfin être apporté à la conservation de l'eau purifiée, notamment par adjonction de Micropur®.

Reste une ultime solution : boire autant que faire se peut de l'eau minérale, largement distribuée à Madagascar…

des vitamines. Essayez de manger des céréales et du pain en abondance. Si la nourriture présente moins de risques quand elle est bien cuite, n'oubliez pas que les plats trop cuits perdent leur valeur nutritionnelle. Si votre alimentation est mal équilibrée ou insuffisante, prenez des vitamines et des comprimés à base de fer. Dans les pays à climat chaud, n'attendez pas le signal de la soif pour boire. Une urine très foncée ou l'absence d'envie d'uriner indiquent un problème. Pour de longues randonnées, munissez-vous toujours d'une gourde d'eau et éventuellement de boissons énergisantes. Une transpiration excessive fait perdre des sels minéraux et peut provoquer des crampes musculaires. Il est toutefois déconseillé de prendre des pastilles de sel de façon préventive.

Problèmes de santé et traitement

Les éventuels ennuis de santé peuvent être répartis en plusieurs catégories. Tout d'abord, les problèmes liés au climat, à la géographie, aux températures extrêmes, à l'altitude ou aux transports ; puis les maladies dues au manque d'hygiène ; celles transmises par les animaux ou les hommes ; enfin, les maladies transmises par les insectes. De simples coupures, morsures ou égratignures peuvent aussi être source de problèmes.

L'autodiagnostic et l'autotraitement sont risqués ; aussi, chaque fois que cela est possible, adressez-vous à un médecin. Ambassades et consulats pourront en général vous en recommander un. Les hôtels cinq-étoiles également, mais les honoraires risquent aussi d'être cinq-étoiles (utilisez votre assurance).

Vous éviterez bien des problèmes de santé en vous lavant souvent les mains, afin de ne pas contaminer vos aliments. Brossez-vous les dents avec de l'eau traitée. On peut attraper des vers en marchant pieds nus ou se couper dangereusement sur du corail. Demandez conseil aux habitants du pays où vous vous trouvez : si l'on vous dit qu'il ne faut pas vous baigner à cause des méduses, des crocodiles ou de la bilharziose, suivez cet avis.

Affections liées à l'environnement
Coup de chaleur. Cet état grave, parfois mortel, survient quand le mécanisme de régulation thermique du corps ne fonctionne plus : la température s'élève alors de façon dangereuse. De longues périodes d'exposition à des températures élevées peuvent vous rendre vulnérable au coup de chaleur. Évitez l'alcool et les activités fatigantes lorsque vous arrivez dans un pays à climat chaud.

Symptômes : malaise général, transpiration faible ou inexistante et forte fièvre (39°C à 41°C). Là où la transpiration a cessé, la

Sur'Eau

C'est pour répondre à l'épidémie de choléra qui a frappé Madagascar en 1999 que trois organisations internationales – Care International, l'USaid et PSI (Population Service International) – ont commencé à fabriquer et à faire connaître le Sur'Eau à Madagascar. Produit sur l'île, le Sur'Eau est une solution chlorée de purification de l'eau vendue à bas prix. Initialement centré aux abords de la capitale, ce projet pilote s'est étendu sur l'île après le passage des cyclones Éline et Hudah. Il est maintenant relativement fréquent de voir le petit panonceau Sur'Eau, qui signale l'utilisation de ce désinfectant, en devanture des restaurants et des échoppes.

peau devient rouge. La personne qui souffre d'un coup de chaleur est atteinte d'une céphalée lancinante et éprouve des difficultés à coordonner ses mouvements ; elle peut aussi donner des signes de confusion mentale ou d'agressivité. Enfin, elle délire et est en proie à des convulsions. Il faut absolument hospitaliser le malade. En attendant les secours, installez-le à l'ombre, ôtez-lui ses vêtements, couvrez-le d'un drap ou d'une serviette mouillés et éventez-le continuellement.

Coup de soleil. Sous les tropiques, dans le désert ou en altitude, les coups de soleil sont plus fréquents, même par temps couvert. Utilisez un écran solaire et pensez à couvrir les endroits qui sont habituellement protégés, les pieds par exemple. Si les chapeaux fournissent une bonne protection, n'hésitez pas à appliquer également un écran total sur le nez et les lèvres. Les lunettes de soleil s'avèrent souvent indispensables.

Infections oculaires. Évitez de vous essuyer le visage avec les serviettes réutilisables fournies par les restaurants, car c'est un bon moyen d'attraper une infection oculaire. Si vous avez les mains sales après un trajet poussiéreux, ne vous frottez pas les yeux tant que vous n'aurez pas pu vous les laver.

Souvent, des yeux qui brûlent ou démangent ne sont pas le résultat d'une infection mais simplement les effets de la poussière, des gaz d'échappement ou du soleil. L'utilisation d'un collyre ou des bains oculaires réguliers sont conseillés aux plus sensibles. Il est dangereux de soigner une simple irritation par des antibiotiques.

La conjonctivite peut venir d'une allergie.

Insolation. Une exposition prolongée au soleil peut provoquer une insolation. Symptômes : nausées, peau chaude, maux de tête. Dans cas, il faut rester dans le noir, appliquer une compresse d'eau froide sur les yeux et prendre de l'aspirine.

Mal des transports. Pour réduire les risques d'avoir le mal des transports, mangez légèrement avant et pendant le voyage. Si vous êtes sujet à ces malaises, essayez de trouver un siège dans une partie du véhicule où les oscillations sont moindres : près de l'aile dans un avion, au centre sur un bateau, dans un bus ou un taxi-brousse. Évitez de lire et de fumer. Tout médicament doit être pris avant le départ ; une fois que vous vous sentez mal, il est trop tard.

Miliaire et bourbouille. Il s'agit d'une éruption cutanée (appelée bourbouille en cas de surinfection) due à la sueur qui s'évacue mal : elle frappe en général les personnes qui viennent d'arriver dans un pays à climat chaud et dont les pores ne sont pas encore suffisamment dilatés pour permettre une transpiration plus abondante que d'habitude. En attendant de vous acclimater, prenez des bains fréquents suivis d'un léger talcage, ou réfugiez-vous dans des locaux à air conditionné lorsque cela est possible. Attention ! il est recommandé de ne pas prendre plus de deux douches savonneuses par jour.

Mycoses. Les infections fongiques dues à la chaleur apparaissent généralement sur le cuir chevelu, entre les doigts ou les orteils (pied d'athlète), sur l'aine ou sur tout le corps (teigne). On attrape la teigne (qui est un champignon et non un parasite animal) par le contact avec des animaux infectés ou en marchant dans des endroits humides, comme le sol des douches.

Pour éviter les mycoses, portez des vêtements amples et confortables, en fibres naturelles, lavez-les fréquemment et séchez-les bien. Conservez vos tongs dans les pièces d'eau. Si vous attrapez des champignons, nettoyez quotidiennement la partie infectée avec un désinfectant ou un savon traitant et séchez bien. Appliquez ensuite un fongicide et laissez autant que possible à l'air libre. Changez fréquemment de serviettes et de sous-vêtements et lavez-les soigneusement à l'eau chaude. Bannissez absolument les sous-vêtements qui ne sont pas en coton.

Maladies infectieuses et parasitaires

Bilharzioses. Les bilharzioses sont des maladies dues à des vers qui vivent dans les vaisseaux sanguins et dont les femelles viennent pondre leurs œufs à travers la paroi des intestins ou de la vessie.

On se contamine en se baignant dans les eaux douces (rivières, ruisseaux, lacs et retenues de barrage) où vivent les mollusques qui hébergent la forme larvaire des bilharzies. Juste après le bain infestant, on peut noter des picotements ou une légère éruption cutanée à l'endroit où le parasite est passé à travers la peau. Quatre à douze semaines plus tard, apparaissent une fièvre et des manifestations allergiques. En phase chronique, les symptômes principaux sont des douleurs abdominales et une diarrhée, ou la présence de sang dans les urines.

Si par mégarde ou par accident, vous vous baignez dans une eau infectée (même les eaux douces profondes peuvent être infestées), séchez-vous vite et séchez aussi vos vêtements. Consultez un médecin si vous êtes inquiet. Les premiers symptômes de la bilharziose peuvent être confondus avec ceux du paludisme ou de la typhoïde.

Diarrhée. Le changement de nourriture, d'eau ou de climat suffit à la provoquer ; si elle est causée par des aliments ou de l'eau contaminés, le problème est plus grave. En dépit de toutes vos précautions, vous aurez peut-être la "turista", mais quelques visites

aux toilettes sans aucun autre symptôme n'ont rien d'alarmant. La déshydratation est le danger principal que fait courir toute diarrhée, particulièrement chez les enfants. Ainsi le premier traitement consiste à boire beaucoup : idéalement, il faut mélanger huit cuillerées à café de sucre et une de sel dans un litre d'eau. Sinon du thé noir léger, avec peu de sucre, ou des boissons gazeuses qu'on laisse se dégazéifier et qu'on dilue à 50% avec de l'eau purifiée, sont recommandés. En cas de forte diarrhée, il faut prendre une solution réhydratante pour remplacer les sels minéraux. Quand vous irez mieux, continuez à manger légèrement. Les antibiotiques peuvent être utiles dans le traitement de diarrhées très fortes, en particulier si elles sont accompagnées de nausées, de vomissements, de crampes d'estomac ou d'une fièvre légère. On constate normalement une amélioration dans les 24 heures. Toutefois, lorsque la diarrhée persiste au-delà de 48 heures ou s'il y a présence de sang dans les selles, il est préférable de consulter un médecin.

Diphtérie. Elle prend deux formes : celle d'une infection cutanée ou celle d'une infection de la gorge, plus dangereuse. On l'attrape au contact de poussière contaminée sur la peau, ou en inhalant des postillons d'éternuements ou de toux de personnes contaminées. Pour prévenir l'infection cutanée, il faut se laver souvent et bien sécher la peau. Il existe un vaccin contre l'infection de la gorge.

Dysenterie. Affection grave due à des aliments ou de l'eau contaminés, la dysenterie se manifeste par une violente diarrhée, souvent accompagnée de sang ou de mucus dans les selles. On distingue deux types de dysenterie : la dysenterie bacillaire se caractérise par une forte fièvre et une évolution rapide ; maux de tête et d'estomac et vomissements en sont les symptômes. Elle dure rarement plus d'une semaine mais elle est très contagieuse. La dysenterie amibienne, quant à elle, évolue plus graduellement, sans fièvre ni vomissements, mais elle est plus grave. Elle dure tant qu'elle n'est pas traitée, peut réapparaître et causer des problèmes de santé à long terme. Une analyse des selles est indispensable pour diagnostiquer le type de dysenterie. Il faut donc consulter rapidement.

Gastro-entérite virale. Provoquée par un virus et non par une bactérie, elle se traduit par des crampes d'estomac, une diarrhée et parfois des vomissements et/ou une légère fièvre. Un seul traitement : repos et boissons en quantité.

Giardiase. Ce parasite intestinal est présent dans l'eau souillée ou dans les aliments souillés par l'eau. Symptômes : crampes d'estomac, nausées, estomac ballonné, selles très liquides et nauséabondes, et gaz fréquents. La giardiase peut n'apparaître que plusieurs semaines après la contamination. Les symptômes peuvent disparaître pendant quelques jours puis réapparaître, et ceci pendant plusieurs semaines.

Hépatites. L'hépatite est un terme général qui désigne une inflammation du foie. Elle est le plus souvent due à un virus. Dans les formes les plus discrètes, le patient n'a aucun symptôme. Les formes les plus habituelles se manifestent par une fièvre, une fatigue qui peut être intense, des douleurs abdominales, des nausées, des vomissements, associés à la présence d'urines très foncées et de selles décolorées presque blanches. La peau et le blanc des yeux prennent une teinte jaune (ictère). L'hépatite peut parfois se résumer à un simple épisode de fatigue sur quelques jours ou semaines.

Hépatite A. C'est la plus répandue et la contamination est alimentaire. Il n'y a pas de traitement médical ; il faut simplement se reposer, boire beaucoup, manger légèrement en évitant les graisses et s'abstenir totalement de toutes boissons alcoolisées pendant au moins six mois.

L'hépatite A se transmet par l'eau, les coquillages et, d'une manière générale, tous les produits manipulés à mains nues. En faisant attention à la nourriture et à la boisson, vous préviendrez le virus. Malgré tout, s'il existe un fort risque d'exposition, il vaut mieux se faire vacciner.

Hépatite B. Elle est très répandue, puisqu'il existe environ 30 millions de porteurs chroniques dans le monde. Elle se transmet par voie sexuelle ou sanguine (piqûre, transfusion). Évitez de vous faire percer les oreilles, tatouer, raser ou de vous faire soigner par piqûres si vous avez des doutes quant à l'hygiène des lieux. Les symptômes de l'hépatite B sont les mêmes que ceux de l'hépatite A mais, dans un faible pourcentage de cas, elle peut évoluer vers des formes chroniques dont, dans des cas extrêmes, le cancer du foie. La vaccination est très efficace.

Hépatite C. Ce virus se transmet par voie sanguine (transfusion ou utilisation de seringues usagées) et semble donner assez souvent des hépatites chroniques. La seule prévention est d'éviter tout contact sanguin, car il n'existe pour le moment aucun vaccin contre cette hépatite.

Hépatite D. On sait encore peu de choses sur ce virus, sinon qu'il apparaît chez des sujets atteints de l'hépatite B et qu'il se transmet par voie sanguine. Il n'existe pas de vaccin mais le risque de contamination est, pour l'instant, limité.

Hépatite E. Il semblerait que cette souche soit assez fréquente dans certains pays en développement, bien que l'on ne dispose pas de beaucoup d'éléments actuellement. Similaire à l'hépatite A, elle se contracte de la même manière, généralement par l'eau. De forme bénigne, elle peut néanmoins être dangereuse pour les femmes enceintes. A l'heure actuelle, il n'existe pas de vaccin.

Maladies sexuellement transmissibles. La blennorragie, l'herpès et la syphilis sont les plus connues. Plaies, cloques ou éruptions autour des parties génitales, suppurations ou douleurs lors de la miction en sont les symptômes habituels ; ils peuvent être moins aigus ou inexistants chez les femmes. Les symptômes de la syphilis finissent par disparaître complètement, mais la maladie continue à se développer et provoque de graves problèmes par la suite. On traite la blennorragie et la syphilis par les antibiotiques.

Les maladies sexuellement transmissibles (MST) sont nombreuses, mais on dispose d'un traitement efficace pour la plupart d'entre elles.

La seule prévention des MST reste l'usage systématique du préservatif lors des rapports sexuels.

Typhoïde. La fièvre typhoïde est une infection du tube digestif. La vaccination n'est pas entièrement efficace et l'infection est particulièrement dangereuse.

Premiers symptômes : les mêmes que ceux d'un mauvais rhume ou d'une grippe, mal de tête et de gorge, fièvre qui augmente régulièrement pour atteindre 40°C ou plus. Le pouls est souvent lent par rapport à la température élevée et ralentit à mesure que la fièvre augmente. Ces symptômes peuvent être accompagnés de vomissements, de diarrhée ou de constipation.

La deuxième semaine, quelques petites taches roses peuvent apparaître sur le corps. Autres symptômes : tremblements, délire, faiblesse, perte de poids et déshydratation. S'il n'y a pas d'autres complications, la fièvre et les autres symptômes disparaissent peu à peu la troisième semaine. Cependant, un suivi médical est indispensable, car les complications sont fréquentes, en particulier la pneumonie (infection aiguë des poumons) et la péritonite (éclatement de l'appendice). De plus, la typhoïde est très contagieuse.

Mieux vaut garder le malade dans une pièce fraîche et veiller à ce qu'il ne se déshydrate pas.

Vers. Fréquents en zones rurales tropicales, on les trouve dans les légumes non lavés ou la viande trop peu cuite. Ils se logent également sous la peau quand on marche pieds nus (ankylostome). Souvent l'infection ne se déclare qu'au bout de plusieurs semaines. Bien que bénigne en général, elle doit être traitée sous peine de complications sérieuses. Une analyse des selles est nécessaire.

VIH/sida. L'infection à VIH (virus de l'immunodéficience humaine), agent causal du sida (syndrome d'immunodéficience acquise) est présente dans pratiquement tous les pays et épidémique dans nombre d'entre eux.

A Madagascar, l'épidémie n'atteint pas les taux alarmants d'Afrique, mais elle est en augmentation depuis quelques années. Les chiffres sont mal connus et difficilement vérifiables. On estime le taux de séropositifs à moins de 1% de la population en 2001, contre moins de 0,2% cinq ans plus tôt. Un grand effort de diffusion de préservatifs (Protector) a été fait ces dernières années, notamment grâce à des financements de l'USaid. La transmission de cette infection se fait : par rapport sexuel (hétérosexuel ou homosexuel – anal, vaginal ou oral) d'où l'impérieuse nécessité d'utiliser des préservatifs à titre préventif ; par le sang, les produits sanguins et les aiguilles contaminées. Il est impossible de détecter la présence du VIH chez un individu apparemment en parfaite santé sans procéder à un examen sanguin.

Il faut éviter tout échange d'aiguilles. S'ils ne sont pas stérilisés, tous les instruments de chirurgie, les aiguilles d'acupuncture et de tatouage, les instruments utilisés pour percer les oreilles ou le nez peuvent transmettre l'infection. Il est fortement conseillé d'acheter seringues et aiguilles avant de partir.

Toute demande de certificat attestant la séronégativité pour le VIH (certificat d'absence de sida) est contraire au Règlement sanitaire international (article 81).

Vous verrez parfois à l'entrée des villes malgaches des panneaux de prévention du sida conseillant l'usage du préservatif (disponible en pharmacie et dans certains hôtels). Si la situation à Madagascar est loin d'atteindre celle de nombreux pays africains, les risques existent dans ce pays où les relations sexuelles entre les voyageurs et la population locale (au sujet desquelles nous vous renvoyons à l'encadré *Où commence le tourisme sexuel ?*) restent fréquentes.

Pour toute consultation ou dépistage, vous pouvez contacter le service de lutte contre les MST et le sida d'Antananarivo (☎ 22 298 61) ou le centre de prévention ouvert par Médecins du Monde à Tuléar (☎ 94 435 42).

La prévention antipaludique

Le soir, dès le coucher du soleil, quand les moustiques sont en pleine activité, couvrez vos bras et surtout vos chevilles, mettez de la crème antimoustiques. Les moustiques sont parfois attirés par le parfum ou l'après-rasage.

En dehors du port de vêtements longs, l'utilisation d'insecticides (diffuseurs électriques, bombes insecticides, tortillons fumigènes) ou de répulsifs sur les parties découvertes du corps est à recommander. Leur durée d'action est généralement de 3 à 6 heures. Les moustiquaires constituent en outre une protection efficace à condition qu'elles soient imprégnées d'insecticide (non nocif pour l'homme). L'Organisation mondiale de la santé (OMS) préconise fortement ce mode de prévention. De plus, ces moustiquaires sont radicales contre tout insecte à sang froid (puces, punaises, etc.) et permettent d'éloigner serpents et scorpions.

Il existe désormais des moustiquaires imprégnées synthétiques très légères (environ 350 g) que l'on peut trouver en pharmacie. A titre indicatif, vous pouvez vous en procurer par correspondance auprès du Service médical international (SMI) 29, avenue de la Gare, Coignières, BP 125, 78312 Maurepas Cedex (☎ 01 30 05 05 40, fax 01 30 05 05 41).

Notez enfin que, d'une manière générale, le risque de contamination est plus élevé en zone rurale et pendant la saison des pluies.

Affections transmises par les insectes

Voir également plus loin le paragraphe *Affections moins fréquentes*.

Paludisme. Le paludisme, ou malaria, est transmis par un moustique, l'anophèle, dont la femelle pique surtout la nuit, entre le coucher et le lever du soleil. Madagascar figure au nombre des pays touchés par le paludisme (zone 2), notamment sur la côte est de l'île et à Sainte-Marie, où sévit à certaines périodes de l'année une forme de paludisme particulièrement résistante. Un traitement préventif (chimioprophylaxie) est donc nécessaire.

La transmission du paludisme a disparu en zone tempérée, régressé en zone subtropicale mais reste incontrôlée en zone tropicale. D'après le dernier rapport de l'OMS, 90% du paludisme mondial sévit en Afrique.

Le paludisme survient généralement dans le mois suivant le retour de la zone d'endémie. Symptômes : maux de tête, fièvre et troubles digestifs. Non traité, il peut avoir des suites graves, parfois mortelles. Il existe différentes espèces de paludisme, dont celui à Plasmodium falciparum pour lequel le traitement devient de plus en plus difficile à mesure que la résistance du parasite aux médicaments gagne en intensité.

Les médicaments antipaludéens n'empêchent pas la contamination mais ils suppriment les symptômes de la maladie. Si vous voyagez dans des régions où la maladie est endémique, il faut absolument suivre un traitement préventif. La chimioprophylaxie fait appel à la chloroquine (seule ou associée au proguanil), ou à la méfloquine en fonction de la zone géographique. Renseignez-vous impérativement auprès du médecin spécialisé, car le traitement n'est pas toujours le même à l'intérieur d'un même pays.

Tout voyageur atteint de fièvre ou montrant les symptômes de la grippe doit se faire examiner. Il suffit d'une analyse de sang pour établir le diagnostic. Contrairement à certaines croyances, une crise de paludisme ne signifie pas que l'on est touché à vie.

Coupures, piqûres et morsures

Coupures et égratignures. Les blessures s'infectent très facilement dans les climats chauds et se cicatrisent difficilement. Coupures et égratignures doivent être traitées avec un antiseptique et un produit asséchant. Évitez si possible bandages et pansements qui empêchent la plaie de sécher.

Les coupures de corail sont particulièrement longues à se cicatriser, car le corail injecte un venin léger dans la plaie. Portez des chaussures pour marcher sur des récifs et nettoyez chaque blessure à fond.

Méduses. Les conseils des habitants vous éviteront de faire la rencontre des méduses et de leurs tentacules urticants. Certaines espèces peuvent être mortelles mais, en général, la piqûre est seulement douloureuse. Des antihistaminiques et des analgésiques limiteront la réaction et la douleur.

Piqûres. Les piqûres de guêpe ou d'abeille sont généralement plus douloureuses que dangereuses. Une lotion apaisante ou des glaçons soulageront la douleur et empêcheront la piqûre de trop gonfler. Certaines araignées sont dangereuses mais il existe en général des antivenins. Les piqûres de scorpions sont très douloureuses et parfois mortelles. Inspectez vos vêtements ou chaussures avant de les enfiler.

Punaises et poux. Les punaises affectionnent la literie douteuse. Si vous repérez de petites taches de sang sur les draps ou les murs autour du lit, cherchez un autre hôtel. Les piqûres de punaises forment des alignements réguliers. Une pommade calmante apaisera la démangeaison.

Les poux provoquent des démangeaisons. Ils élisent domicile dans les cheveux, les vêtements ou les poils pubiens. On en attrape par contact direct avec des personnes infestées ou en utilisant leur peigne, leurs vêtements, etc. Poudres et shampooings détruisent poux et lentes ; il faut également laver les vêtements à l'eau très chaude.

Sangsues et tiques. Les sangsues sont présentes dans les régions de forêts humides de Madagascar. Elles se collent à la peau et sucent le sang. Les randonneurs en retrouvent souvent sur leurs jambes ou dans leurs bottes. Du sel, du jus de citron, ou le contact d'une cigarette allumée les feront tomber. Ne les arrachez pas, car la morsure s'infecterait plus facilement. Une crème répulsive peut les maintenir éloignées. Utilisez de l'alcool, de l'éther, de la vaseline ou de l'huile pour vous en débarrasser.

Vérifiez toujours que vous n'avez pas attrapé de tiques dans une région infestée : elles peuvent transmettre le typhus.

Serpents. On ne trouve pas de serpents dangereux à Madagascar. Toutefois, même les serpents non venimeux pour l'homme peuvent infliger des morsures. Portez toujours bottes, chaussettes et pantalons longs pour marcher dans la végétation à risque. Ne hasardez pas la main dans les trous et les anfractuosités et faites attention lorsque vous ramassez du bois pour faire du feu.

Affections moins fréquentes

Choléra. L'épidémie de choléra qui s'était déclenchée à Madagascar en 1999 a été circonscrite. Si quelques foyers peuvent demeurer, comme partout en Afrique, le choléra ne présente pas de danger particulier pour tout voyageur respectant des règles d'hygiène de base.

La protection conférée par le vaccin n'étant pas fiable, celui-ci n'est pas recommandé. Prenez donc toutes les précautions alimentaires nécessaires. Symptômes : diarrhée soudaine, selles très liquides et claires, vomissements, crampes musculaires et extrême faiblesse. Il faut consulter un médecin ou aller à l'hôpital au plus vite, mais on peut commencer à lutter immédiatement contre la déshydratation qui peut être très forte. Une boisson à base de cola salée, dégazéifiée et diluée au 1/5e ou encore du bouillon bien salé seront utiles en cas d'urgence.

Filarioses. Ce sont des maladies parasitaires transmises par des piqûres d'insectes. Des cas de cette infection transmise par un moustique ont été constatés à Madagascar. Les symptômes varient en fonction de la filaire concernée : fièvre, ganglions et inflammation des zones de drainage lymphatique ; œdème (gonflement) au niveau d'un membre ou du visage ; démangeaisons et troubles visuels. Un traitement permet de se débarrasser des parasites, mais certains dommages causés sont parfois irréversibles. Si vous soupçonnez une possible infection, consultez rapidement un médecin.

Leptospirose. Cette maladie infectieuse, due à une bactérie (le leptospire) qui se développe dans les mares et les ruisseaux, se transmet par des animaux comme le rat et la mangouste.

On peut contracter cette maladie en se baignant dans des nappes d'eau douce, contaminées par de l'urine animale. La leptospirose pénètre dans le corps humain par le nez, les yeux, la bouche ou les petites coupures cutanées. Les symptômes, similaires à ceux de la grippe, peuvent survenir 2 à 20 jours suivant la date d'exposition : fièvre, frissons, sudation, maux de tête, douleurs musculaires, vomissements et diarrhées en sont les plus courants. Du sang dans les urines ou une jaunisse peuvent apparaître dans les cas les plus sévères. Les symptômes durent habituellement quelques jours, voire quelques semaines. La maladie est rarement mortelle.

Évitez de nager et de vous baigner dans tout plan d'eau douce, notamment si vous avez des plaies ouvertes ou des coupures.

Maladie de Lyme. Identifiée en 1975, cette maladie est due à une bactérie appelée Borrélia, transmise par des morsures de tiques. Aujourd'hui encore, elle n'est pas toujours diagnostiquée, car elle peut présenter des symptômes très divers. Consultez un médecin si, dans les 30 jours qui suivent la piqûre, vous observez une petite bosse rouge entourée d'une zone enflammée. A ce stade, les antibiotiques constitueront un traitement simple et efficace. Certains symptômes ultérieurs peuvent se produire comme, par exemple, une sorte d'arthrite gagnant les genoux.

Le meilleur moyen d'éviter ce type de complications est de prendre ses précautions lorsque vous traversez des zones forestières. Portez des vêtements longs, utilisez un produit répulsif contenant un diéthyltoluamide, ou un substitut plus léger pour vos enfants. A la fin de chaque journée, vérifiez que ni vous, ni vos enfants, ni votre animal familier n'avez attrapé de tiques. La plupart des tiques ne sont pas porteuses de la bactérie.

Opisthorchiase. Cette maladie parasitaire se contracte en consommant des poissons d'eau douce, crus ou insuffisamment cuits.

Le risque d'attraper cette maladie reste toutefois marginal. L'intensité des symptômes dépend du nombre de parasites ayant pénétré dans l'organisme. A des niveaux faibles, on ne remarque pratiquement rien. Quand la contamination est importante, on souffre d'une fatigue générale, d'une fièvre légère, d'un gonflement ou d'une sensibilité du foie ou de douleurs abdominales générales. En cas de doute, il faut faire analyser ses selles par un médecin compétent.

Rage. Très répandue, cette maladie est transmise par un animal contaminé : chien, singe et chat principalement. Morsures, griffures ou même simples coups de langue d'un mammifère doivent être nettoyés immédiatement et à fond. Frottez avec du savon et de l'eau courante, puis nettoyez avec de l'alcool. S'il y a le moindre risque que l'animal soit contaminé, allez immédiatement voir un médecin. Même si l'animal n'est pas enragé, toutes les morsures doivent être surveillées de près pour éviter les risques d'infection et de tétanos. Un vaccin antirabique est désormais disponible. Il faut y songer si vous envisagez d'explorer des grottes (les morsures de chauves-souris peuvent être dangereuses) ou travailler avec des animaux. Cependant, la vaccination préventive ne dispense pas de la nécessité d'un traitement antirabique immédiatement après un contact avec un animal enragé ou dont le comportement peut paraître suspect.

Rickettsioses. Les rickettsioses sont des maladies transmises soit par des acariens (dont les tiques), soit par des poux. La plus connue est le typhus. Elle commence comme un mauvais rhume, suivi de fièvre, de frissons, de migraines, de douleurs musculaires et d'une éruption cutanée. Une plaie douloureuse se forme autour de la piqûre et les ganglions lymphatiques voisins sont enflés et douloureux.

Tétanos. Cette maladie parfois mortelle se rencontre partout, et surtout dans les pays tropicaux en voie de développement. Difficile à soigner, elle se prévient par vaccination. Le bacille du tétanos se développe dans les plaies. Il est donc indispensable de bien nettoyer coupures et morsures. Premiers symptômes : difficulté à avaler ou raideur de la mâchoire ou du cou. Puis suivent des convulsions douloureuses de la mâchoire et du corps tout entier.

Tuberculose. Bien que très répandue dans de nombreux pays en développement, cette maladie ne présente pas de grand danger pour le voyageur. Les enfants de moins de 12 ans sont plus exposés que les adultes. Il est donc conseillé de les faire vacciner s'ils voyagent dans des régions où la maladie est endémique. La tuberculose se propage par la toux ou par des produits laitiers non pasteurisés faits avec du lait de vaches tuberculeuses. On peut boire du lait bouilli et manger yaourts ou fromages (l'acidification du lait dans le processus de fabrication élimine les bacilles) sans courir de risques.

Typhus. Voir plus haut Rickettsioses.

Santé au féminin
Grossesse. La plupart des fausses couches ont lieu pendant les trois premiers mois de la grossesse. C'est donc la période la plus risquée pour voyager. Pendant les trois derniers mois, il vaut mieux rester à distance raisonnable de bonnes infrastructures médicales, en cas de problème. Les femmes enceintes doivent éviter de prendre inutilement des médicaments. Cependant, certains vaccins et traitements préventifs contre le paludisme restent nécessaires. Mieux vaut consulter un médecin avant de prendre quoi que ce soit.

Pensez à consommer des produits locaux, comme les fruits secs, les agrumes, les lentilles et les viandes accompagnées de légumes.

Problèmes gynécologiques. Une nourriture pauvre, une résistance amoindrie par l'utilisation d'antibiotiques contre des problèmes intestinaux peuvent favoriser les infections vaginales lorsqu'on voyage dans des pays à climat chaud. Respectez une hygiène intime scrupuleuse et portez jupes ou pantalons amples et sous-vêtements en coton.

Les champignons, caractérisés par une éruption cutanée, des démangeaisons et des pertes, peuvent se soigner facilement. En revanche, les trichomonas sont plus graves ; pertes blanches et sensation de brûlure lors de la miction en sont les symptômes. Le partenaire masculin doit également être soigné.

Il n'est pas rare que le cycle menstruel soit perturbé lors d'un voyage.

TOILETTES
La plupart des hôtels et des restaurants abritent des toilettes en bon état de marche. Afin d'éviter de boucher les canalisations, le papier toilette est généralement déposé dans un seau (déjà débordant) disposé à côté de la cuvette. La propreté et le papier ne sont pas toujours au rendez-vous. Les toilettes publiques sont inexistantes.

Ajoutons que toute aire dégagée en ville et toute étendue de sable ou d'eau est parfois utilisée comme lieu d'aisance.

SEULE EN VOYAGE
Les femmes seules rencontreront peu de problèmes. Les hommes malgaches se laissent aisément dissuader ; un "non" ferme suffira à les éloigner. Sur les plages et autour des endroits touristiques, où les femmes s'habillent plus légèrement, ils pourront se montrer plus insistants, bien que les courriers de lectrices reçus par Lonely Planet ne mentionnent aucun "harcèlement".

COMMUNAUTÉ HOMOSEXUELLE
L'homosexualité (illégale à Madagascar si l'un des membres du couple a moins de 21 ans, âge de la majorité sur la Grande Île) ne se vit pas publiquement. Il n'existe pas à notre connaissance d'établissement ou d'organisation se déclarant ouvertement gay ou lesbien sur l'île.

Dans les faits, il existe naturellement des gays et des lesbiennes à Madagascar comme partout ailleurs, mais ils restent discrets et n'affichent pas aux yeux de tous leurs préférences sexuelles. Tout comme les visiteurs hétérosexuels, mariés ou non, les couples homosexuels doivent s'abstenir de tendres démonstrations publiques.

Didier Ratsiraka s'est illustré en 2001 dans la presse par des propos particulièrement homophobes.

VOYAGEURS HANDICAPÉS

Quasiment aucune infrastructure ne répond aux besoins des handicapés, qui devront s'attendre à beaucoup de difficultés dans leur voyage. Les trajets sont éprouvants, rien n'est prévu pour les chaises roulantes et les hôpitaux sont sous-équipés et inadaptés aux besoins des handicapés.

La voiture de location est sans contexte la meilleure solution si vous envisagez un séjour. Il est par ailleurs sage, voire nécessaire, d'être accompagné d'un compagnon de voyage qui pourra vous aider dans vos déplacements. Emportez enfin tout l'équipement et les médicaments dont vous aurez besoin. Quelques rares hôtels de l'île sont dotés d'infrastructures adaptées aux visiteurs se déplaçant en fauteuil roulant : le Madagascar Hilton et l'Hôtel Tana Plaza (Antananarivo), le Capricorne (Tuléar), le Dauphin et le Miramar (Fort-Dauphin), le Colbert (Diégo-Suarez). Si les bungalows des stations balnéaires sont souvent situés au rez-de-chaussée, leurs portes sont généralement trop étroites pour les fauteuils et leur accès oblige à franchir quelques marches. Dans presque toutes les villes, le mauvais état des rues et des trottoirs rend la circulation en fauteuil roulant très malaisée.

Le CNRH (Comité national pour la réadaptation des handicapés, 236 bis rue de Tolbiac, 75013 Paris, ☎ 01 53 80 66 66, cnrh@worldnet.net) peut vous fournir d'utiles informations sur les voyages accessibles.

L'APF (Association des paralysés de France, 17 bd Blanqui, 75013 Paris, ☎ 01 40 78 69 00, fax 01 45 89 40 56, www.aps-asso.com) est également une bonne source d'information.

VOYAGEURS SENIORS

Madagascar est une destination attirante pour les seniors en bonne santé. La majorité choisissent des circuits organisés compte tenu de l'inconfort des transports publics. L'île offre de plus en plus d'adresses confortables et de restaurants de qualité. Les services de santé, en revanche, laissent à désirer.

Les déplacements par la route, souvent longs et pénibles, sont la principale source de désagréments d'un voyage à Madagascar.

VOYAGER AVEC DES ENFANTS

Le voyage à Madagascar peut se révéler difficile et problématique avec de jeunes enfants, surtout si vous découvrez l'île et prévoyez de l'explorer en indépendant. Il existe par ailleurs peu de traitements antipaludéens préventifs adaptés aux jeunes enfants. Les voyageurs en herbe sont donc rares à Madagascar.

Ceux qui connaissent la Grande Île pour y avoir déjà séjourné pourront décider en connaissance de cause de s'y rendre en famille. Munissez-vous dans ce cas d'une trousse à pharmacie adaptée, veillez particulièrement à l'hygiène alimentaire de vos enfants (plus vulnérables aux virus intestinaux) et prévoyez tout le matériel nécessaire. Vous ne trouverez couches, laits et autres produits destinés aux enfants que dans la capitale et les grandes villes.

Pour plus de renseignements sur les joies et les tracas des voyages en famille, et si vous lisez l'anglais, consultez Travel with Children de Cathy Lanigan et Maureen Wheeler, publié par Lonely Planet.

DÉSAGRÉMENTS ET DANGERS

Madagascar, qui reçoit chaque année un nombre croissant de visiteurs, n'est pas une destination dangereuse. Vous devrez néanmoins, comme partout, faire preuve de vigilance.

Évitez de faire étalage de vos objets de valeur ou de votre appareil photo dans les grandes villes et de circuler à pied après la tombée de la nuit.

Il arrive que les tireurs de pousse-pousse soient un peu agressifs avec les vazaha une fois la nuit tombée. Des voyageurs se sont parfois vus réclamer à l'arrivée, d'une façon menaçante, une somme nettement supérieure à celle convenue au départ. Dans certaines villes (Tuléar, par exemple), les hôtels conseillent purement et simplement aux visiteurs d'éviter de circuler en pousse-pousse la nuit et de préférer les taxis. Dans d'autres, comme Tamatave, la municipalité a mis en place un système de badges et recommande aux visiteurs de n'utiliser que les pousse-pousse dont le tireur possède un badge après la tombée de la nuit.

Des lecteurs ont eu des problèmes avec certains "guides" rencontrés dès leur arrivée à l'aéroport. La majorité des guides malgaches, souvent formés par l'Angap, sont sérieux, professionnels et très compétents. Quelques soi-disant guides peu scrupuleux se glissent malheureusement parfois dans le lot. Il est en général préférable de se faire conseiller un guide par un hôtel ou une agence de voyages. Vous n'aurez en théorie jamais de mauvaise surprise avec les guides de l'Angap que vous rencontrez à l'entrée des parcs et réserves.

A votre arrivée, vous ne manquerez certainement pas d'être choqué par la pauvreté, le manque d'hygiène et la mendicité. Vous remarquerez qu'outre les habituels bonbons (et bien sûr l'argent), les enfants demandent souvent des objets moins futiles : savon, stylos, carnets… Vous pouvez bien sûr acheter quelque chose à manger à quelqu'un qui mendie, lui offrir un tee-shirt, etc. Si les mendiants ou les rabatteurs se montrent trop insistants, un *tsy misy* (non) franc et direct se montre bien plus efficace qu'un refus en français, même haut et fort.

En règle générale, élever la voix ne résout rien. Chaque problème finit par se régler dans le calme ; c'est souvent une question de temps…

Côté transports, choisissez un véhicule et un chauffeur qui vous inspirent confiance avant de vous embarquer pour un long trajet sur une mauvaise route. Ne vous inquiétez pas si le chauffeur ou le rabatteur d'un taxi-brousse prend vos bagages pour les placer à l'intérieur du véhicule ou sur le toit : il ne fait que vous assurer une place à bord. Gardez à l'esprit que les chauffeurs ont tout à perdre (leur licence, et donc leur gagne-pain) s'il dérobent les affaires de leurs clients. Évitez autant que faire se peut d'utiliser les transports publics la nuit : il fait souvent froid, les bagages sont moins en sécurité et les risques d'accident, plus fréquents.

Il n'est pas toujours facile de différencier les policiers des militaires, car leurs uniformes ressemblent tous plus ou moins à des tenues de camouflage. Les jeunes en uniforme vert effectuent leur service national obligatoire de deux ans. Les taxis-brousse sont fréquemment arrêtés par les agents. Ils recherchent surtout des anomalies (elles ne manquent pas !) sur les véhicules et laissent en général les étrangers tranquilles.

Vous trouverez parfois dans ces pages des mises en garde concernant la baignade. Certains points de la côte malgache comptent en effet parmi les lieux de chasse des requins ou sont soumis à des courants forts et dangereux. Renseignez-vous avant de vous baigner sur une plage déserte.

Ajoutons quelques précautions utiles sous toutes les latitudes : faites des photocopies de vos documents les plus importants.

Ne mettez pas tous vos objets de valeur ensemble : répartissez-les sur vous et dans vos bagages. Il existe plusieurs sortes de ceintures ou pochettes-portefeuilles qui se placent autour de la taille, du cou ou de l'épaule. Celles en cuir ou en coton sont plus confortables que les synthétiques. Elles ne sont toutefois efficaces que cachées sous les vêtements. Nous déconseillons les bourses ou les "bananes" qui s'enfilent sur les habits, faciles à arracher. Prenez l'habitude de n'avoir que quelques billets et de la petite monnaie dans vos poches pour payer vos dépenses de la journée. Si vous gardez votre portefeuille, cachez-le dans une poche intérieure fermée.

EN CAS D'URGENCE

Votre ambassade ou votre consulat pourront vous conseiller en cas de problème. De nombreuses représentations consulaires françaises à Madagascar disposent de numéros d'urgence. Elles pourront vous orienter vers un médecin ou vous indiquer la marche à suivre face à tel ou tel problème (reportez-vous à l'encadré *Ce que peut faire votre consulat*).

Votre assureur (il est conseillé de contracter une assurance de voyage, reportez-vous à la rubrique *Santé*) sera votre premier interlocuteur en cas de problème médical grave. Sur son conseil ou de votre propre initiative, vous devrez envisager sérieusement un rapatriement vers la Réunion ou l'Afrique du Sud en pareil cas. L'Hôpital Bellepierre de la Réunion (CHD Félix Guyon, ☎ 0262 90 50 50) est l'un des meilleurs établissements hospitaliers de la région et le plus proche de

Madagascar. La Réunion est par ailleurs bien desservie par air depuis la Grande Île. Il existe également de bons hôpitaux à Johannesburg (Afrique du Sud).

Les services médicaux d'Antananarivo et des grandes villes pourront remédier à vos problèmes médicaux de moindre gravité. La Mission Luthérienne Salfa (☎ 22 286 52, fax 22 337 67, info@salfa.org) gère les hôpitaux de Vohémar (Iharana), Antsirabe et Ejeda (Sud), ainsi que des dispensaires à Sambava, Ambilobe, Fianarantsoa et Betela (environs de Tuléar). Ces services médicaux figurent parmi les meilleurs du pays.

Vous trouverez des précisions à la rubrique *Services médicaux* du chapitre *Antananarivo*.

PROBLÈMES JURIDIQUES

La culture, la possession, l'usage et la vente de drogues illégales entraînent de lourdes peines de prison. La marijuana est désignée en malgache sous le nom de *rangany*, prononcé "roungoun". En cas d'arrestation, demandez immédiatement à voir un représentant de votre pays.

Il est arrivé que des voyageurs, séduits par la Grande Île, décident d'y séjourner plus longtemps que la durée autorisée par leur visa. Sachez que la politique du gouvernement malgache est de plus en plus stricte à ce sujet. Certains vazaha se sont vus reconduits manu militari à la frontière.

Reportez-vous à l'encadré *Où commence le tourisme sexuel* ? pour connaître la législation en vigueur dans ce domaine.

HEURES D'OUVERTURE

La journée commence tôt à Madagascar. L'activité bat son plein dès 8h et, à moins d'être en ville, ralentit considérablement après la tombée de la nuit (vers 18h). Vous vous sentirez noctambule si vous vous couchez après 22h ! Les services publics ouvrent généralement en semaine de 8h30 à 12h et de 14h à 15h30 ou 16h. La plupart ferment le samedi après-midi et le dimanche.

Entre novembre et avril, dans les villes et les villages caniculaires de la côte, les magasins restent ouverts de 7h à 11h ou 11h30 et de 15h à 18h. En milieu de journée, les

habitants s'autorisent une petite sieste (pratique que nous vous recommandons).

Les salons de thé baissent souvent le rideau entre 12h et 14h.

FÊTES ET FESTIVALS

Les administrations et les grandes sociétés privées font relâche les jours fériés. Les banques ferment généralement dès l'après-midi qui précède.

Les dates des jours fériés sont les suivantes :

Nouvel An – 1er janvier
Journée mondiale de la femme – 8 mars (demi-journée)
Fête de l'Insurrection – 29 mars. Elle commémore la rébellion contre les Français en 1947
Lundi de Pâques – mars/avril
Fête du Travail – 1er mai
Fête de l'Organisation de l'unité africaine – 25 mai
Pentecôte – mai/juin
Ascension – mai/juin
Fête Nationale (fête de l'Indépendance) – 26 juin
Assomption – 15 août
Toussaint – 1er novembre
Noël – 25 décembre

Festivals

D'autres fêtes importantes sont célébrées dans le pays, même si elles n'ont pas été déclarées jour férié. La date de certains festivals varie chaque année. Renseignez-vous sur place.

Reportez-vous à la rubrique *Usages et comportements* du chapitre *Présentation de Madagascar* pour plus de détails.

Mars. Alahamady Be – Nouvel An malgache, plus discret que celui de janvier.
Avril/mai. Santabary – célébration de la première récolte de riz.
Mai/juin. Donia – festival de musique de Nosy Be. Reportez-vous à l'encadré qui lui est consacré au chapitre *Le Nord*.
Juin. Fisemana – cérémonie de purification rituelle chez les Antakàrana.
Juin à septembre. Famadihana – cérémonies funéraires du "retournement des morts".
Octobre. Madajazzcar – l'un des principaux événements musicaux annuels de la Grande Île. Successeur de Jazz à Tana, puis de Jazz à Mada, il se déroule à Antananarivo chaque

année depuis 1992 et accueille des musiciens malgaches et internationaux. Vous trouverez des renseignements sur le site www.lk.oi.com/madajazzcar/

Juin à décembre. Sambatra – fête de la circoncision. Elle a généralement lieu en juin et septembre sauf dans le Sud-Ouest, où elle se déroule de novembre à décembre.

Novembre/décembre. Gasytsara – festival de musique contemporaine. Renseignez-vous.

ACTIVITÉS SPORTIVES
Plongée et snorkeling

Madagascar offre de magnifiques sites de plongée, sans compter ceux qui restent à découvrir. Les plus beaux spots sont les îles et îlots tropicaux autour de Nosy Be, le long de la côte ouest et à l'extrémité sud de la péninsule de Masoala, dont l'accès reste difficile.

De plus en plus de sociétés compétentes, homologuées internationalement, offrent des cours et des plongées d'exploration (pour plongeurs qualifiés). Vous ne pourrez vous inscrire pour un "baptême" que lorsque vos aptitudes, votre santé et vos qualifications auront été vérifiées par l'instructeur. Tous les débutants doivent pouvoir nager sur une distance d'au moins 200 m avant de commencer.

Beaucoup d'hôtels proposent des cours et des équipements à louer. Préférez toujours ceux qui détiennent une licence officielle. Reportez-vous aux encadrés consacrés à la plongée, qui vous aideront à choisir un centre et à adopter une attitude respectueuse de l'environnement marin. A moins d'être habitué aux plongées dans les eaux tropicales, évitez de toucher aux coraux, aux coquillages ou aux poissons, sources éventuelles de piqûre, de coupure ou d'allergie. Méfiez-vous particulièrement des oursins, des pteroïs et des poissons pierre, extrêmement toxiques, qui se camouflent efficacement. Apprenez également à reconnaître et à éviter les cônes, dont la piqûre peut être mortelle.

VTT

Le mauvais état des routes, la chaleur et les distances rendent les déplacements à vélo assez éprouvants à Madagascar. Les plus motivés trouveront cependant sur l'île de bonnes possibilités de randonnée à VTT. Les bicyclettes louées sur place ne brillent

pas par leur qualité. Il est donc sage d'apporter la vôtre si vous comptez passer beaucoup de temps en selle. Reportez-vous au chapitre *Comment circuler*.

Randonnée

Sans être une destination phare pour les marcheurs, Madagascar compte quelques belles possibilités de randonnée, dont certaines sont faciles à organiser avec une agence de voyages et des guides locaux. La péninsule de Masoala, le massif de l'Andringitra et la vallée du Tsaranoro, ou encore l'est du lac Alaotra figurent au nombre des itinéraires les plus réputés. Les villageois et les fermiers empruntent régulièrement la plupart des sentiers. Ils ne sont pas balisés et l'assistance d'un guide est obligatoire.

Vous pourrez préparer facilement des excursions guidées, de quelques heures à plusieurs jours, dans les nombreux parcs nationaux et les réserves. Les destinations les plus intéressantes vous obligeront toujours à engager un guide et, souvent, à bivouaquer.

Escalade

La vallée du Tsaranoro (massif de l'Andringitra), dans le Centre-Sud, et la montagne des Français, dans le Nord, sont équipés. Adressez-vous aux Lézards de Tana et à Aquaroc, dont vous trouverez les coordonnées dans l'encadré *Madagascar hors piste* du chapitre *Comment circuler*, ou reportez-vous à *Parc national de l'Andringitra et vallée du Tsaranoro*, au chapitre *Le Sud*.

Sports nautiques

Les possibilités restent rares sur l'île, à l'exception de la ville de Fort-Dauphin, où sont implantés deux centres nautiques proposant planches à voile et kite-surfs.

Le site de Lavanono, sur la côte sud, est LE spot de surf de Madagascar. La pratique du kayak se développe aux abords de la péninsule de Masoala. L'organisme sud-africain Kayak Africa organise notamment des randonnées en kayak dans la région.

Descentes de rivières

Certains cours d'eau malgaches – Tsiribihina, Manombolo, Mangoky – combleront

Choisir un centre de plongée

Au même titre qu'un hôtel ou un restaurant, un centre de plongée a sa personnalité, son style. Avant de vous engager, prenez le temps de discuter avec les moniteurs qui vous encadreront. La qualité de l'accueil, l'écoute et la disponibilité sont des critères à prendre en compte. N'hésitez pas à laisser parler votre feeling. Comparez aussi les tarifs, la nature des prestations, l'organisation des sorties, les sites et les formations proposées. En cas de déception, n'hésitez pas à tourner les talons. Jetez également un œil sur le matériel : des stabs (gilets de flottabilité) ou des combinaisons déchirés, du matériel mal entretenu ou un bateau en mauvais état sont signes de négligence.

les amateurs. Leur descente, en pirogue ou en chaland, est cependant rarement sportive. Reportez-vous à l'encadré *Madagascar hors piste* du chapitre *Comment circuler*.

Autres sports d'aventure

Madagascar compte quelques possibilités de rafting, canyoning, ULM, spéléologie, etc. A moins d'être d'un excellent niveau, ne vous aventurez pas seul et n'oubliez pas de souscrire aux assurances adéquates (voir l'encadré *Madagascar hors piste*, au chapitre *Comment circuler*).

Moto et 4x4

Les circuits à moto et en 4x4 comptent parmi les activités "sportives" les plus prisées à Madagascar. A moins de connaître l'île, ne vous aventurez pas seul. Les pistes rendent la conduite particulièrement délicate à certains endroits. De nombreuses agences, citées dans l'encadré *Madagascar hors piste*, proposent des circuits à moto ou en 4x4, que vous pourrez le plus souvent adapter selon vos souhaits.

La moto et le 4x4 constituent des moyens exceptionnels d'explorer certains paysages naturels difficilement accessibles en transports publics.

Vous trouverez plus de précisions au chapitre *Comment circuler*.

Mada Run

Très physique, cette épreuve se déroule chaque année à la fin du mois de mai. Les épreuves, par équipe de deux, allient VTT, course à pied, pirogue, "cross des sables" et course de montagne. Le Mada Run est organisé par Rando Run Organisation (☎/fax 0262 26 31 31, madarun@randorun.com, 2 impasse des Acacias, 97427 l'Étang Salé, à l'île de la Réunion). Vous trouverez des précisions sur le site www.randorun.com.

COURS

Il existe très peu de cours pour les étrangers qui veulent en savoir plus sur l'art, la culture, les ethnies, l'environnement, les langues ou les croyances traditionnelles de Madagascar.

Le mieux est de se renseigner auprès des centres culturels. A Tana, adressez-vous à l'Alliance française (☎ 22 208 56 ou 22 211 07, fax 22 78 379 ou 22 225 04, aftana@dts.mg, BP 916, Andavamamba), qui possède également des bureaux dans la plupart des villes malgaches. Les cours s'adressent avant tout aux locaux et aux coopérants mais accueillent éventuellement les étrangers.

TRAVAILLER A MADAGASCAR

Le marché du travail malgache offre peu d'opportunités aux étrangers. Renseignez-vous auprès des centres culturels ou des organismes occidentaux présents sur l'île. Vous pourrez également tenter votre chance sur place dans les métiers du tourisme. Ne travaillez pas sans permis et au-delà de la durée de votre visa, faute de quoi vous subiriez les foudres du service de l'immigration.

Les salaires s'alignent sur la norme locale, c'est-à-dire bien en dessous des niveaux occidentaux, à moins d'une qualification exceptionnelle.

En France, quelques organismes offrent des possibilités de travail bénévole sur des projets de développement ou d'environnement.

Comité de coordination pour le service volontaire international (☎ 01 45 68 49 36, fax 01 42 73 05 21, Unesco, 1 rue Miollis, 75015 Paris, ccivs@unesco.org, www.unesco.org/ccivs)
Délégation catholique pour la coopération (☎ 01 45 65 96 65, 9 rue Guyton-de-Morveau, 75013 Paris, ladcc@worldnet.fr, www.cef.fr/dcc)

HÉBERGEMENT

Trois mondes se côtoient à Madagascar : le monde malgache, un univers occidentalisé qui rappelle parfois l'époque coloniale et la communauté d'une poignée de vazaha amoureux de la Grande Île, qui ont ouvert (avec plus ou moins de bonheur) des établissements ayant préservé une atmosphère tropicale tout en répondant aux attentes des voyageurs occidentaux. Les hébergements et les restaurants que vous fréquenterez appartiennent à l'une de ces trois catégories.

Les hôtels malgaches sont de loin les moins chers. Certains constituent de véritables aubaines et permettent de partager au plus près la vie de la population. D'autres offrent des conditions d'hygiène particulièrement dissuasives. Rappelons qu'il n'existe pratiquement pas de formation hôtelière à Madagascar.

Les hôtels datant de l'époque coloniale sont les plus inégaux dans leurs prestations. Si certains restent de bonne qualité, d'autres continuent à jouir d'une excellente réputation et pratiquent des tarifs élevés en dépit d'une absence d'entretien qui dure parfois depuis plusieurs années, voire des décennies…

Enfin, les "adresses à vazaha" présentent de multiples visages. Certaines ont été ouvertes par des Occidentaux ayant une expérience du tourisme et de la restauration, qui aiment recevoir et font leur métier avec professionnalisme. Leurs tarifs sont en général raisonnables et leurs prestations de qualité. D'autres n'ont pour unique raison d'être que de rapporter suffisamment d'argent à leur propriétaire.

On peut regretter que les hôtels tenus par des Malgaches ne soient pas davantage fréquentés. On pourra se consoler à l'idée que les établissements dirigés par des Occidentaux servent souvent d'école hôtelière aux nombreux Malgaches qui ouvriront demain leurs propres hôtels et restaurants.

Les possibilités de camping se développent. Mieux vaut emporter sa tente, car les possibilités de location sont rares. Précisons également que l'eau chaude et l'électricité ne sont pas disponibles partout.

Les périodes les plus chargées correspondent aux vacances scolaires : Pâques, Noël, Nouvel An et vacances d'été. Sachez que la haute saison hôtelière s'étale du 15 décembre au 15 janvier et de juillet à fin août.

Une vignette touristique de 1 000 et 3 000 FMG par nuit s'applique aux tarifs hôteliers. Elle est en général incluse dans le prix affiché.

Les autorités touristiques malgaches décernent des étoiles et des ravinala (arbre du voyageur) aux hôtels et aux restaurants. Le sommet de ce classement, qui reflète plus souvent les prix pratiqués que la qualité, est respectivement cinq-étoiles et trois-ravinala.

Un drap ou un sac de couchage peut se révéler utile si vous séjournez dans les hôtels à petit budget. Les moustiquaires sont indispensables dans certaines régions côtières.

Très peu d'établissements proposent des chambres simples. Si vous êtes seul, vous devrez le plus souvent payer pour une double. Sauf mention contraire, les tarifs indiqués dans ce guide correspondent à des chambres ou des bungalows doubles.

ALIMENTATION

Repas se dit *sakafo* en malgache. Le riz (*vary*) constitue l'aliment de base. Dans les zones rurales reculées, de nombreux villages vivent en autarcie autour de leurs productions locales de poisson, manioc ou autre. Les *hotely* (gargotes bon marché) proposent généralement une assiette de riz agrémenté de quelques morceaux de viande ou de poisson, bouilli ou en ragoût – *hen'omby* (zébu), *hen'andrano* (poisson), *hen'akoho* (poulet et canard) –, ou simplement avec du *ro*, un bouillon à base de feuilles. Outre ce plat principal, on vous servira souvent un bol de *rano vola* (ou *ranon'apango*), "eau de riz" obtenue en ajoutant de l'eau bouillante au liquide restant dans la casserole à la fin de la cuisson du riz, ou encore des brèdes (feuilles bouillies).

Les échoppes de rue offrent des *sambos* (nom malgache des samousas), des cacahuètes caramélisées, des bonbons au coco, des beignets de banane, des *pariques* (pain fait d'arachide, de riz et de sucre, enveloppé fermement dans des feuilles de bananiers, cuit puis débité en tranches) ou encore des *masikita* (prononcez "machkit"), petites brochettes de zébu grillées.

Le riz, culture essentielle

Le riz (*vary*) est l'une des clés de voûte de l'agriculture, de la cuisine et de la tradition malgaches. L'histoire d'amour des habitants de la Grande Île pour ce petit grain blanc ne remonte pourtant pas, comme on pourrait le croire, aux premiers occupants venus d'Asie. Un roi merina, l'imprononçable Andrianampoinimerina, comprit que le riz assurait la survie des Merina et des Malgaches. Ce grand roi aurait alors dit : "La mer marquera la limite de mes rizières". La céréale blanche rythme les saisons, influe sur la langue, les unités de temps et le mode de vie de Madagascar, surtout en milieu rural. Si presque toute la population parvient à s'en nourrir, bien que de nos jours le pays en importe beaucoup, sa culture requiert de grandes étendues, souvent obtenues par *tavy*, la culture sur brûlis. Madagascar produisait naguère un riz fort réputé, appelé *Fleur de Madagascar*. La Grande Île exporte aujourd'hui du riz de bonne qualité et importe, en quantité supérieure, des produits de qualité moindre afin de nourrir sa population.

Les plats malgaches traditionnels les plus répandus sont le *romazava* et le *ravitoto*. Le premier, véritable "plat national", est un excellent ragoût de viande de zébu accompagné d'une variété de brèdes particulière – les brèdes *mafana* – qui laisse dans la bouche une délicate sensation, légèrement astringente. Le *ravitoto* se compose de viande de porc cuite dans des feuilles de manioc.

Inspiré de la cuisine vietnamienne, le *mi sao* est un plat de riz et de légumes. La version malgache de la soupe chinoise se compose de nouilles, de légumes et, dans les meilleurs restaurants, d'un mélange de viandes ou de fruits de mer, le tout dans un délicieux bouillon agrémenté d'une bonne dose de coriandre. La soupe courante s'appelle *lasopy*.

Sur les côtes, vous dégusterez une grande variété de fruits de mer (crabes, écrevisses, crevettes, camarons – une variété de grosses crevettes d'eau douce –, langoustes, huîtres, etc.) à des prix très inférieurs à ceux pratiqués chez vous, ainsi que du poisson.

La cuisine malgache bénéficie d'un important apport français. Outre le pain (*mofo*), qui se présente en général sous forme de baguette, les viennoiseries et les pâtisseries, vous dégusterez d'excellents foies gras, filets de zébu au poivre vert (précisons que la viande de zébu s'élève souvent au rang de la meilleure viande de bœuf), tournedos Rossini (tournedos de zébu surmonté d'une tranche de foie gras), magrets de canard…

On trouve également quelques fromages, essentiellement dans les hautes terres et aux environs de Tuléar. Ailleurs, la production laitière reste limitée par le faible rendement en lait des zébus.

Outre les noix de coco, l'île compte beaucoup de *voankazo* (fruits). Les plus courants se nomment *voasary* (oranges), *akondro* (bananes) et tapia, de petites baies rouges au goût similaire à celui des dattes, souvent présentes sur les marchés. La saison des ananas, des litchis, des mangues et des bananes s'étend d'octobre à décembre, en particulier à l'extrémité nord. Les marchés de Tana offrent également des pêches, des poires, des abricots et des pommes, qui poussent en quantité dans la fraîcheur des hautes terres.

Dans les endroits touristiques, des restaurants servent de bons plats malgaches ou occidentaux (français ou italiens, par exemple), ainsi que des spécialités indiennes et chinoises. Les végétariens trouveront leur bonheur parmi quelques plats simples.

Si vous souhaitez faire vos courses, allez sur les marchés, dans les petites épiceries (au choix toujours très limité) et dans les supermarchés implantés dans les grandes villes.

BOISSONS

On vous demandera toujours si vous voulez un PM (petit modèle) ou un GM (grand modèle) pour tout ce qui se vend en bouteille.

Boissons sans alcool

Les brasseries Star fabriquent la plupart des boissons malgaches, dont *Caprice Orange* et *Bonbon Anglais* (un breuvage dont le nom correspond à merveille à son goût douceâtre). Les sodas sont en vente dans presque toutes les villes et les villages.

L'*Eau Vive* est devenue synonyme d'eau minérale sur la Grande Île. Vous en trouverez partout, ainsi que d'autres marques, comme *Cristal* ou *Olympiko*. L'île produit également une eau gazeuse dénommée *Visy Gasy*.

Le lait ne semble disponible que sur les hautes terres. Ailleurs, vous n'obtiendrez que du lait concentré sucré ou du lait en poudre.

Vous trouverez du café presque partout.

Alcools

Dans les familles malgaches, on vous offrira peut-être un *toaka gasy*, un *betsabetsa*, un *trembo* ou un *litchel*. Il s'agit, respectivement, d'un rhum brut à base de riz et de canne à sucre distillés (théoriquement interdit à la vente), d'un jus de canne à sucre fermenté, d'un grog de noix de coco et d'un alcool fruité à base de litchis.

Un peu meilleur, le *roma* désigne un rhum distillé commercialement, comme le Saint-Claude, raffiné à Vohibinany (Brickaville) près de la côte orientale, ou le Djamandjary, produit à Nosy Be. Vous trouverez aussi des rhums "arrangés", c'est-à-dire relevés de vanille, de fruits ou d'épices macérés. De nombreux restaurants servent des punch coco.

Bières. Le breuvage local est la *THB* ou *Three Horses Beer*. Elle est fabriquée à Antsirabe et à Antananarivo par les brasseries Star, à qui l'on doit également la *Gold Lager* et la *Queen's Lager*. La THB se présente en petites et grandes bouteilles et, depuis 2001, en canettes. Star produit encore une bière au citron, légère et rafraîchissante, la *Fresh*.

Vins. Madagascar réserve la bonne surprise de produire du vin. Cultivés autour d'Ambalavao et de Fianarantsoa, entre 800 et 1 000 m d'altitude, les crus malgaches ne font pas l'unanimité bien que certains soient, à notre avis, très honorables. Citons le *Clos Malaza* (rouge ou gris), le *Lazan'i Betsileo* (notamment le gris, le blanc et le rosé) et le *Tsara Be*. Vous pourrez aussi choisir le rouge de *Château Verger*, bon mais inégal, le *Côtes de Fianar* ou le *Grand cru d'Antsirabe* (rouge).

Vous trouverez dans les grandes villes des vins français et sud-africains d'importation. Les restaurants servent rarement les vins rouges malgaches loin de leur zone de production car ils supportent mal les longs voyages en camions cahotants dans la chaleur.

DISTRACTIONS

Pour vous informer sur les divertissements dans la capitale, contactez les centres culturels ou la Maison du tourisme et consultez les journaux et les magazines. En province, les hôtels ou les locaux vous renseigneront.

Cinéma

Si certaines salles ont réouvert ces dernières années dans les villes de province sous l'impulsion d'ONG occidentales, les cinémas en état de marche restent rares dans le pays. Les centres culturels constituent souvent la bouée de secours des cinéphiles.

Partout, même dans les villages et les banlieues des grandes villes, des vidéoclubs diffusent des films d'action doublés en français ou en malgache.

Théâtre

Décidément incontournable, le Centre culturel Albert Camus d'Antananarivo présente d'excellentes pièces jouées par des troupes malgaches professionnelles ou par des artistes français en tournée. Les centres de l'Alliance française, dispersés à travers le pays, proposent également des spectacles.

Danse et musique traditionnelles

Quelques manifestations se déroulent dans la capitale. Les spectacles traditionnels, comme le *hira gasy*, se tiennent dans des foyers municipaux appelés *tranompokonolona*. Renseignez-vous à la Maison du tourisme de Madagascar. Ailleurs, les Alliances françaises des villes de province pourront vous informer sur les programmes du moment.

MANIFESTATIONS SPORTIVES

Au niveau international, Madagascar brille par les talents de son équipe de pétanque, qui s'est hissée en tête du championnat mondial en 1999. Le football reste cependant le sport le plus populaire dans la

Grande Île. La plupart des agglomérations organisent des compétitions locales, généralement le dimanche après-midi. Dans les campagnes, les rizières se transforment en terrains de football improvisés. Le basket-ball et le volley sont également assez prisés.

Le *moraingy*, ou lutte malgache, soulève un grand enthousiasme dans les régions côtières. Spectaculaire à regarder, ce sport de combat qui demande beaucoup de souplesse est relativement peu violent.

L'initiative intitulée "Rugby-l'École de la vie" a été créée il y a quelques années pour les jeunes en difficultés. Des rencontres internationales de jeu à 7 se sont déroulées dans la capitale en 1999.

Le kick-boxing remporte, lui aussi, un certain succès.

Dans un registre nettement moins physique, le baby-foot ou foosball est particulièrement apprécié par les jeunes. Le *fanorona* – une version compliquée du jeu de dames – est le jeu de société national et le passe-temps préféré des Malgaches. Les villageois pratiquent également les dominos, qu'ils aiment à frapper fortement sur la table.

Le *katra*, un autre jeu de société populaire plus facile à apprendre que le fanorona, consiste à déplacer des tas de cailloux sur une sorte d'échiquier jusqu'à ce qu'un joueur les ait tous rassemblés de son côté.

Les combats de coq sont pratiqués dans certaines régions.

ACHATS

Madagascar propose de merveilleux objets artisanaux et des souvenirs provenant de tout le pays. Citons en vrac les pierres semi-précieuses (méfiez-vous des réglementations concernant l'exportation), et notamment de superbes échiquiers et solitaires de toutes les couleurs ; des instruments de musique, en particulier le valiha ; des articles en cuir, surtout les sacs, les sandales et les ceintures ; de la vannerie ; de l'ébénisterie, dont de magnifiques boîtes de marqueterie et les célèbres chaises zafimaniry ; des nappes crochetées ou brodées ; du papier Antaimoro, parfois décoré de fleurs séchées ; des bracelets en corne de zébu ; de petites voitures et pousse-pousse faits à la main dans des boîtes de conserve, étonnants de réalisme… Les chapeaux de paille ou de raphia existent dans toutes les tailles et tous les genres, du haut-de-forme au canotier en passant par le sombrero et la toque. Certains ne manquent pas d'élégance. Pour ressembler aux Betsileo ou aux Merina, il vous faudra un *lamba* (foulard) ou un *malabary*, vêtement rappelant une chemise de nuit d'homme, qui protège du froid des hautes terres.

Les épices locales font de goûteux cadeaux : poivre blanc et gris, cannelle, clous de girofle, safran et vanille. Tout aussi bon marché, les grands timbres de collection, disponibles dans les bureaux de poste de Tana, illustrent entre autres les extraordinaires faune et flore du pays.

Ambositra est réputée pour ses sculptures sur bois, ses objets en raphia et sa soie. Ambalavao produit aussi une soie renommée, ainsi que du fer forgé et du papier antaimoro. Ampanihy se spécialise dans les tapis mohair. Nosy Be est célèbre pour ses épices, Fianarantsoa pour son vin et son thé. Enfin, Antsirabe est connue pour ses pierres semi-précieuses.

Permis d'exportation

Officiellement, vous devez demander un certificat de vente lors de l'acquisition de tout objet de valeur afin de prouver aux douaniers, s'ils vous le demandent, que l'objet en question n'est pas une antiquité. Dans les faits, cette règle est peu appliquée et ne paraît nécessaire que pour les achats d'aspect très luxueux ou très ancien.

L'exportation de certains produits est par ailleurs réglementée, voire interdite. Il s'agit notamment des végétaux endémiques vivants, des insectes montés sur cadre, des objets en écaille, des pierres précieuses et semi-précieuses, des bijoux, des objets en peau de crocodile, des animaux empaillés, des fossiles, ou encore des objets d'art funéraire. S'il existe des tolérances pour les petites quantités ramenées comme "souvenirs" (à l'exception des produits dont l'exportation est purement et simplement interdite, comme les œufs d'*æpyornis*), il faudra contacter les ministères compétents pour toute quantité "commerciale".

Comment s'y rendre

VOIE AÉRIENNE

Madagascar est reliée à Paris, Rome, Singapour, Nairobi, Johannesburg, l'île Maurice, l'île de la Réunion, les Seychelles, Mayotte et la République des Comores. Tous ces vols atterrissent à Antananarivo. Il existe également des liaisons entre certaines grandes destinations touristiques malgaches (Tamatave, Nosy Be, Diégo-Suarez, île Sainte-Marie, Fort-Dauphin, Tuléar, Mahajanga) et l'île de la Réunion, Mayotte ou les Comores.

N'oubliez pas de reconfirmer votre vol de retour, au moins trois jours avant le départ, ainsi que tous les vols intérieurs réservés depuis l'étranger.

La compagnie nationale Air Madagascar accorde une réduction sur ses vols intérieurs aux passagers arrivés sur la Grande Île à bord de l'un de ses vols long-courriers. Celle-ci oscille entre 20 et 30% selon la saison.

Attention !

En raison de l'évolution constante du marché et de la forte concurrence régissant l'industrie du tourisme, les renseignements présentés dans ce chapitre restent purement indicatifs. En particulier, les tarifs des vols internationaux et les horaires sont toujours susceptibles d'être modifiés.

De plus, l'administration et les compagnies aériennes semblent prendre un malin plaisir à concevoir des formules relativement complexes. Assurez-vous auprès de la compagnie aérienne ou d'une agence de voyages que vous avez bien compris les modalités de votre billet.

Avant de vous engager, nous vous recommandons de vous renseigner auprès de votre entourage et de faire le tour des compagnies et des agences afin de comparer les tarifs et les conditions proposés.

Europe

Les long-courriers d'Air Madagascar relient Paris à Antananarivo 4 fois par semaine environ. Les vols sont directs ou font escale à Nairobi ou à Rome. Les tarifs les moins chers proposé par la compagnie entre les capitales malgache et française s'échelonnent entre 890 et 1 100 € l'aller-retour en basse saison pour un séjour compris entre 6 et 30 jours.

Air France assure des vols réguliers directs entre Paris et Antananarivo 4 fois par semaine. Il est également possible, mais plus cher, d'utiliser le vol quotidien de la compagnie nationale française vers l'île de la Réunion et de poursuivre vers Antananarivo à bord d'un appareil d'Air Austral (voir ci-dessous). En classe économique, les tarifs des vols directs Paris-Antananarivo oscillent entre 843 € (réservation au moins 7 jours avant le départ, durée de séjour sur place comprise entre 7 et 14 jours) et plus de 1 500 €. A l'heure où nous écrivons ces lignes, le tarif le moins cher pour un séjour de 30 jours à Madagascar s'élève à 933 €. Des promotions sont parfois proposées.

Corsair (Nouvelles Frontières) propose des allers-retours Paris-Antananarivo dont le prix s'échelonne entre 715 et plus de 1 500 € en classe "économique" selon la date du vol (les tarifs dépendent d'un calendrier assez complexe) pour un séjour de 30 jours sur place. La fréquence est d'un vol hebdomadaire, parfois *via* l'île de la Réunion. Des lecteurs se sont étonnés de lire sur leur billet qu'il leur faudrait payer à nouveau 50% de sa valeur en cas de vol ou de perte. Les billets sont par ailleurs non-modifiables en théorie.

Dans les faits, Océane Aventure, réceptif de Nouvelles Frontières à Madagascar (voir *Circuits Organisés* du chapitre *Comment Circuler*), peut éventuellement modifier les billets sur place en fonction des disponibilités moyennant 90 € environ (plus une éventuelle mise à niveau tarifaire) et il semble possible de se faire rembourser au retour en France les 50% acquittés en sus. Renseignez-vous auprès d'Océane Aventure.

Les Belges et les Suisses devront prévoir un préacheminement à Paris ou Rome. Pour les Canadiens, la solution la moins chère consiste à passer par Paris.

Certains tour-opérateurs vendent à prix concurrentiel des places vacantes une semaine ou deux avant le départ. Vous pouvez notamment consulter Dégriftour-Réductour (36-15 DT, 36-15 RT, www.degriftour.com/fr) ou Travelprice (numéro Indigo ☎ 0825 026 028, www.travelprice.fr).

Les organismes suivants pourront vous être utiles dans la recherche de votre billet :

France

Air France (☎ 0820 820 820, 3615/16 AF, www.airfrance.fr), 119 av. des Champs-Élysées, 75008 Paris, et nombreuses agences en France

Air Madagascar (☎ 01 53 27 31 10, fax 01 43 79 30 33), 29-31 rue des Boulets, 75011 Paris

E-Bookers (ex-Compagnie des voyages (☎ 01 45 08 44 88, www.ebookers.com), 28 rue Pierre-Lescot, 75001 Paris

Forum Voyages (☎ 01 55 26 71 60), 114 rue de Flandres, 75019 Paris ; (☎ 01 47 27 89 89), 49 av. Raymond-Poincaré, 75016 Paris ; numéro Indigo : ☎ 0803 833 803

Fuaj (Fédération unie des auberges de jeunesse ☎ 01 48 04 70 40, www.fuaj.org, 36 15 Fuaj), 9 rue Brantôme, 75003 Paris

Go Voyages (Plus Voyages ☎ 0 803 803 747, www.plusvoyages.com), 22 rue d'Astorg, 75008 Paris

Nouveau monde (☎ 01 53 73 78 80), 8 rue Mabillon, 75006 Paris ; (☎ 05 56 92 98 98), 55 cours Pasteur, 33000 Bordeaux ; (☎ 04 91 54 31 30), 8 rue Haxo, 13001 Marseille

Nouvelles Frontières – Corsair De très nombreuses agences en France et dans les pays francophones (☎ 0825 000 825, www.nouvelles-frontieres.fr)

OTU (☎ 0820 817 817 ou 01 44 41 38 50, www.otu.fr), 39 av. Georges-Bernanos, 75005 Paris. L'Organisation du tourisme universitaire propose des réductions pour les étudiants et les (jeunes) enseignants sur de nombreux vols. Renseignez-vous dans les CROUS.

Voyageurs Associés (☎ 04 91 96 92 20), 159 bd Henry Barnier, La Bricarde, 13005 Marseille ; (☎ 03 88 24 97 00)1 rue de Zurich, 67000 Strasbourg

Voyageurs en Afrique (Voyageurs du Monde ☎ 01 42 86 16 60, 3615 Voyageurs, www.vdm.com), 55 rue Sainte-Anne, 75002 Paris . Spécialisé dans le "voyage individuel sur-mesure", Voyageurs du Monde dispose d'agences à : Lyon (☎ 04 72 56 94 56) ; Marseille (☎ 04 96 17 89 17) ; Toulouse (☎ 05 34 31 72 72) ; Rennes (☎ 02 99 79 16 16) ; Fougères (☎ 02 99 94 21 91) ; Saint-Malo (☎ 02 99 40 27 27)

Belgique

Air Madagascar (☎ 2 27 12 64 20, fax 2 27 20 61 47). La compagnie est représentée par Air Agencies Belgium

Connections (☎ 2 550 01 00, fax 2 512 94 47, www.connections.be), 19-21 rue du Midi, 1000 Bruxelles ; (☎ 9 223 90 20), 120 Nederkouter, 9000 Gand ; (☎ 4 223 03 75), 7 rue Sœurs-de-Hasque, 4000 Liège. Le spécialiste belge du voyage pour les jeunes et les étudiants

Éole (☎ 2 227 57 80), Chaussée de Haecht 43, 1210 Bruxelles

Nouvelles Frontières (☎ 2 547 44 44), 2 bd Maurice Lemmonier, 1000 Bruxelles ; (☎ 4 221 56 99), Liège ; (☎ 9 269 95 59), Gand ; (☎ 7 130 76 12), Charleroi

Suisse

Air Madagascar (☎ 22 919 89 50, fax 22 919 89 51, GENEVA@aviareps.com), 93 rue de la Servette CH, 1202 Genève. La compagnie est représentée par Aviareps Airline Management,

Jerrycan (☎ 22 346 92 82), 11 rue Sauter, 1205 Genève

Nouvelles Frontières (☎ 22 906 80 80), 10 rue Chantepoulet, 1201 Genève ; (☎ 21 616 88 91), 19 bd de Grancy, 1006 Lausanne

STA Travel (☎ 21 617 56 27), 20 bd de Grancy, 1006 Lausanne ; (☎ 22 329 97 33), 3 rue Vignier, 1205 Genève. La coopérative de voyages suisse propose des vols à prix négociés pour les étudiants jusqu'à 26 ans et des vols charters pour tous (tarifs un peu moins chers au départ de Zurich)

Canada

Funtastique Tours (☎ 514 270-3186), 8060 rue Saint-Hubert, Montréal, Québec H2 R 2P3

Nouvelles Frontières (☎ 514 871 3060), 1180 Drummond Suite, Montréal, Québec 330 H3G 2R7

Travel Cuts – Voyages Campus (☎ 514 284 1368), 2085 Union Ave, Suite L-8, Montréal, Québec H3 A 2C3

Afrique

Outre l'escale éventuelle de certains de ses vols vers Paris, Air Madagascar assure une liaison directe depuis Antananarivo vers Nairobi et Johannesburg. Le tarif aller-retour entre la capitale malgache et Nairobi oscille entre 485 (7 à 30 jours sur place) et 805 € (billet valable 1 an).

Le meilleur transporteur entre Madagascar et le continent africain est certainement la compagnie sud-africaine Interair (www.interair.co.za). Les tarifs aller-retour de ses vols bi-hebdomadaires Johannesburg-Antananarivo s'échelonnent entre 324 et 353 € selon la durée du séjour sur place. Outre son service de réservation à Johannesburg (☎ 27 11 616 06 36, fax 27 11 616 09 30), la compagnie dispose de représentants sur l'île de la Réunion (adressez-vous à Air Austral), aux Seychelles (☎ 248 32 26 42, fax 248 22 52 73) et à Antananarivo (galerie marchande du Madagascar Hilton, ☎ 22 224 06, fax 22 624 21).

Océan Indien

Madagascar est bien desservie par des vols directs et réguliers en provenance des îles voisines. Air Madagascar relie une ou deux fois par semaine la Grande Île aux Comores (depuis Antananarivo et Mahajanga), à Mayotte (à partir de 385 € aller-retour), à l'île Maurice (à partir de 375 € aller-retour), aux Seychelles (un vol hebdomadaire, à partir de 510 € aller-retour) et à la Réunion (depuis Antananarivo et Tamatave, à partir de 470 € aller-retour). Le principal bureau d'Air Madagascar se situe 31 av. de l'Indépendance à Antananarivo (☎ 22 222 22 ou 22 260 51, fax 22 257 28, airmad@dts.mg). Les autres bureaux et représentations de la compagnie dans l'océan Indien sont les suivants :

Île Maurice (☎ 230 203 21 50, fax 230 208 37 66), IBL, 10 Dr Ferriere Street, Port-Louis, PO Box 56

La Réunion (☎ 0262 21 05 21, fax 0262 21 10 08), 9 rue Victor-Mac-Auliffe, 97461 Saint-Denis cedex

Mayotte (☎ 0269 60 10 52, fax 0269 60 03 52), Issoufali sarl, BP 52 Dzaoudzi

République des Comores (☎ 0269 75 55 40, fax 0269 73 30 54), Travel Service International, bâtiment DHL, rue Oasis, Moroni

Seychelles (☎ 248 322 414, fax 248 321 366), Travel Services Seychelles, Mahé Trading Building, Independance Avenue, PO Box 356, Victoria, Mahé

Au départ de la Réunion, la compagnie française Air Austral dessert Antananarivo et Tamatave (313 €), Nosy Be (313-417 €) et Mahajanga (418 €). Ces tarifs correspondent au tarif "excursion", le plus bas, valable un mois et en basse saison. Des tarifs promotionnels sont appliqués durant certaines périodes. La compagnie assure également des vols entre Mayotte et Mahajanga ou Nosy Be.

Les principaux bureaux d'Air Austral sont implantés à la Réunion, 4 rue de Nice, 97473 Saint-Denis (☎ 0262 90 90 90, fax 0262 90 90 91, www.air-austral.com) et 14 rue Archambaud, 97410 Saint-Pierre (☎ 0262 96 26 96, fax 0262 35 46 49).

Air Austral dispose également des représentations et bureaux et suivants :

France (☎ 0825 013 012, fax 01 44 95 11 37), 122 rue de la Boétie, 75008 Paris

Madagascar (☎ 22 359 90 ou 22 622 51, fax 22 357 73, tananarive@air-austral.com), Làlana Solombavambahaoka 77, Antananarivo ; (☎ 53 312 43, fax 53 312 44, tamatave@air-austral.com), Ario, 81 bd Joffre, Tamatave ; (☎ 86 612 40, fax 86 612 37, nosybe@air-austral.com), Ario, Villa Malibu, rue Passot, Hell-Ville, Nosy Be ; (☎ 62 223 91, fax 62 224 17, majunga@air-austral.com), Ario, immeuble hôtel de France, Mahajanga

Île Maurice (☎ 230 202 66 88, fax 230 211 14 11), Rogers Aviation, Rogers House, 5 President Kennedy Street, Port-Louis

Mayotte (☎ 0269 60 10 52, fax 0269 60 03 87), Issoufali sarl, BP 52, 97610 Dzaoudzi ; (☎ 0269 61 36 36, fax 0269 61 10 53), Place du Marché, Mamoudzou

République des Comores (☎ 0269 73 31 44, fax 0269 73 07 19), Ario Ltd, route Magoudjou, Moroni

Seychelles (☎ 248 32 32 62, fax 248 32 32 23), Pirates Arms Building, Victoria, Mahé

Il est également possible d'acheter ses billets en ligne sur leur site : www.air-austral.com.

La compagnie nationale mauricienne Air Mauritius relie Port-Louis à Antananarivo 3 fois par semaine. Comptez 311 € aller-retour pour un billet excursion valable un mois maximum. Le siège est implanté dans l'Air Mauritius Centre de Port-Louis (☎ 207 70 70, fax 208 83 31, www.airmauritius.com). A Madagascar, les bureaux de la compagnie se situent làlana Solombavambahoaka 77, Antananarivo (☎ 22 359 90 ou 22 622 51, fax 22 357 73, ariomad@bow.dts.mg).

Pass Océan Indien. Air Austral propose un intéressant Pass Océan Indien qui permet d'effectuer entre 5 et 8 vols (dont un aller-retour, soit 2 vols, obligatoire entre la Réunion et l'île Maurice) à l'intérieur de la zone comprenant les Comores, le Kenya, Madagascar, l'île Maurice, Mayotte, la Réunion et les Seychelles. Valable trois mois, il ne vous sera vendu qu'en France sur présentation d'un billet aller-retour métropole-la Réunion, quelle que soit la compagnie. Son prix s'élève à 481, 601, 714 ou 796 € selon le nombre de coupons de vol choisi.

Asie

Air Madagascar relie Antananarivo à Singapour une fois par semaine. Comptez 850 € aller-retour pour un séjour sur place compris entre 5 et 45 jours et 1 650 € pour un billet valable un an.

Depuis l'île Maurice, Air Mauritius dessert diverses destinations en Asie.

Arrivée

L'aéroport international d'Antananarivo-Ivato semblait autrefois le plus désorganisé du monde. Aujourd'hui, les procédures de débarquement et l'inspection de la douane se sont améliorées ; on peut également obtenir son visa sur place. Reste l'épreuve la plus difficile : la confrontation avec une nuée de chauffeurs de taxi et la négociation de la course.

Air Madagascar et la Maison du tourisme de Madagascar disposent de comptoirs à l'aéroport, généralement ouverts à l'arrivée des vols internationaux. Ils s'avèrent pratiques si vous devez immédiatement confirmer un autre vol ou si vous désirez vous informer, par exemple, du tarif "normal" du trajet en taxi jusqu'à la ville.

L'arrivée sur une ligne régionale dans un petit aéroport (Diégo-Suarez, Nosy Be, Mahajanga, Tamatave, Sainte-Marie, Tuléar ou Fort-Dauphin) peut se révéler plus confuse, surtout en haute saison.

Argent. L'aéroport d'Ivato est le seul de l'île à proposer des services de change dignes de ce nom. Ailleurs, vous devrez éventuellement avoir recours aux changeurs ambulants, qui circulent en général dans l'aérogare. Prévoyez des espèces en quantité suffisante pour couvrir vos frais jusqu'à la première banque. Gardez à l'esprit que celles-ci ferment du vendredi 15h ou 16h au lundi matin.

VOIE MARITIME

A l'exception de la liaison régulière assurée depuis 2001 par le *Mauritius Trochetia* entre l'île Maurice et Tamatave, les liaisons maritimes avec Madagascar sont irrégulières et aléatoires. Elles se résument à quelques possibilités de voyage en cargo, à moins de vous proposer comme membre d'équipage sur un voilier. Les nuits et les repas seront plus que spartiates, d'autant que l'océan Indien se révèle parfois fougueux. Par ailleurs, les problèmes de visa et d'immigration peuvent s'avérer aussi compliqués que la recherche d'un embarquement.

Enfin, si vous persistez dans votre idée malgré ce préambule, sachez que vous ne ferez guère d'économie par rapport au transport aérien pour un voyage bien moins confortable !

Océan Indien

L'inauguration durant l'été 2001 d'une liaison maritime régulière ouverte aux passagers entre la Réunion (Le Port) et Tamatave, *via* l'île Maurice (Port-Louis) ouvre de nouveaux horizons aux voyageurs sillonant l'océan Indien.

Elle est effectuée plusieurs fois par mois par un navire mixte pouvant accueillir 112 passagers : le *Mauritius Trochetia*. Les tarifs de l'aller simple entre la Réunion et Madagascar débutent à 250 € environ en 2e classe.

Les réservations doivent être effectuées aux adresses suivantes :

Réunion (☎ 0262 42 19 45, fax 0262 43 25 47, scoam@oceanes.fr ; 4 av du 14-juillet-1789, Le Port), Scoam

Île Maurice (☎ 241 25 50, fax 242 52 45 ; Nova building, 1 Military Rd, Port Louis), Mauritius Shipping Corporation Ltd

Tamatave (☎ 53 336 79, ☎/fax 53 334 80, 23 bd Joffre), Tropical Service

Quelques autres navires embarquant parfois des passagers rejoignent irrégulièrement l'île Maurice et la Réunion au départ de Tamatave. Renseignez-vous auprès des agences maritimes installées sur le port de cette ville.

Des bateaux marchands, peu adaptés au transport de passagers, relient fréquemment le port de Mahajanga, sur la côte ouest de Madagascar, aux Comores. Renseignez-vous sur l'évolution de la situation intérieure comorienne avant d'entreprendre tout voyage.

Afrique

Les informations qui suivent sont à prendre avec d'infinies précautions compte tenu du caractère aléatoire de la circulation maritime commerciale entre la côte africaine et les îles de l'océan Indien. Mombasa (Kenya) semble être le meilleur port de l'océan Indien pour trouver place à bord d'un cargo. Renseignez-vous dans les agences maritimes. Outre Mombasa, vous pourrez tenter de dénicher un cargo allant à Zanzibar, au large de la Tanzanie, d'où vous pourrez éventuellement trouver un embarquement pour les Comores, puis Madagascar.

Un voyageur intrépide est parvenu à naviguer de Durban (Afrique du Sud) à Madagascar.

Plaisanciers

Quelques voiliers de croisière en provenance d'Europe, d'Afrique du Sud ou des autres îles de l'océan Indien relâchent parfois à Madagascar. Si vous possédez de bons contacts, une grande patience et/ou assez d'argent, vous pourrez peut-être embarquer.

La saison de navigation s'étale d'avril à novembre. Les ports les plus adaptés à la recherche d'une place d'équipier sont Nosy Be, Tamatave, Mahajanga et l'île Sainte-Marie.

Arrivée et départ

Les cas d'étrangers arrivant ou partant par voie maritime sont si rares que les procédures de douane et d'immigration semblent improvisées, voire inexistantes. Parfois, aucun douanier ne se présente au débarquement et vous devrez aller jusqu'au bureau de l'immigration pour obtenir un visa.

VOYAGES ORGANISÉS

De plus en plus de voyagistes proposent d'intéressantes prestations sur Madagascar depuis l'Europe. Les tour-opérateurs implantés sur l'île même sont cités dans les chapitres régionaux et dans l'encadré *Madagascar hors piste* du chapitre *Comment circuler*.

A titre indicatif, les agences suivantes, basées dans les pays francophones, dont certaines sont spécialisées dans la Grande Île, proposent des circuits en individuel, en groupe et, pour certaines, des itinéraires à la carte :

Adéo (☎ 01 43 72 80 20), 11 rue Pache, 75011 Paris. Circuits "aventure" dans le Sud-Ouest

Allibert (siège ☎ 04 76 45 22 26, fax 04 76 45 50 75, www.allibert-voyages.com), Route de Grenoble, 38530 Chapareillan ; (☎ 01 44 59 35 35, fax 01 44 59 35 36), 37 bd Beaumarchais, 75003 Paris. Circuits de randonnée

Atalante (☎ 04 72 53 24 80, fax 04 72 53 24 81, www.atalante.fr), 36-37 quai Arloing, 69256 Lyon Cedex 09 ; (☎ 01 55 42 81 00, fax 01 55 42 81 01), 10 rue des Carmes, 75005 Paris . Soucieux de l'éthique du voyage, Atalante organise des randonnées et circuits de découverte

En Suisse : (☎ 41 22 320 17 25), 100% Nature, 15 bd d'Yvoy, 1205 Genève

Austral Voyage, spécialiste des îles de l'océan Indien et des voyages de noces (☎ 01 56 43 43 63), 99 rue La Boétie, 75008 Paris

Club Aventure, circuits de randonnée (☎ 01 44 32 09 30 ou 0825 306 032, fax 01 44 32 09 59, 3615 Clubavt, www.clubaventure.fr), 18 rue Séguier, 75006 Paris

Comptoir d'Afrique, spécialisé dans les destinations africaines. Très large gamme de prestations à la carte sur Madagascar (☎ 01 53 10 21 80), 344 rue Saint-Jacques, 75005 Paris

Comptoir de Madagascar (☎ 01 42 60 93 00), 61 rue des Petits-Champs, 75001 Paris. Spécialisé dans la Grande Île

Explorator (☎ 01 53 45 85 85, fax 01 42 60 80 00, www.explo.com), 16 rue de la Banque, 75002 Paris. Circuit de Diégo-Suarez à Tuléar

Ikhar (☎ 01 43 06 73 13), 32 rue du Laos, 75015 Paris. Circuit découverte faune et flore

Jacaranda de Madagascar (☎ 01 49 49 00 80), 13 rue Bergère, 75009 Paris. Spécialisé dans le voyage individuel à Madagascar

Makila Voyages (☎ 01 42 96 80 00, www.makila.fr), 4 place de Valois, 75001 Paris. Spécialisé dans les pays africains

Relais des îles (☎ 01 44 54 89 89), 9 rue Aux-Ours, 75003 Paris. Spécialisé dans les îles

Terres d'Aventure (☎ 01 53 73 77 77, fax 01 43 29 96 31, 3615 Terdav, www.terdav.com), 6 rue Saint-Victor, 75005 Paris. Spécialisé dans les circuits de randonnée

Belgique : (☎ 2 512 74 64), Vitamin Travels-Terres d'aventure, 17 place Saint-Géry, 1000 Bruxelles

Suisse : (☎ 22 320 66 35), Neos Voyages-Terres d'aventure, 9 rue des Rois, 1204 Genève

Terre Malgache (☎ 01 44 32 12 87, www.terre-malgache.com), 17 rue de la Bûcherie, 75005 Paris. Spécialiste de la Grande Île

Voyageurs en Afrique (☎ 01 42 86 16 60, 3615 Voyageurs, www.vdm.com), 55 rue Sainte-Anne, 75002 Paris. Spécialisé dans le "voyage individuel sur mesure", Voyageurs du Monde dispose de nombreuses agences en province

Ylang Tours (☎ 01 40 61 03 03), 1 rue Falguières, 75015 Paris. Spécialisé dans les pays d'Afrique australe, Madagascar et l'océan Indien

Zig Zag (☎ 01 42 85 13 93, fax 01 45 26 32 85, 3615 Zig Zag Voyage, www.zig-zag.tm.fr), 54 rue de Dunkerque, 75009 Paris

Spécialistes des séjours de plongée :

Aéromarine (☎ 01 43 29 30 22, www.aeromarine.fr), 22 rue Royer-Collard, 75005 Paris . Croisières-plongée aux Mitsio

Aquarev (filiale de Rev'Vacances ☎ 01 48 87 55 78, www.aquarev.com), 52 bd de Sébastopol, 75003 Paris

Nouvelles Frontières Plongée (prendre contact avec une agence Nouvelles Frontières)

Ultramarina (☎ 02 40 89 34 44 ou 0825 02 98 02), 37 rue Saint-Léonard, BP 33221, 44032 Nantes cedex 1. Ultramarina dispose d'agences à Nantes, Paris et Bordeaux

QUITTER MADAGASCAR

Les passagers au départ ne doivent plus acquitter de taxes de sortie, dorénavant incluses dans le prix des billets.

Vous trouverez dans le hall d'embarquement de l'aéroport d'Ivato, et uniquement dans celui-ci, quelques boutiques de vente hors taxe (artisanat, souvenirs, boutique Bongou). Elles n'acceptent que les devises.

Il est théoriquement interdit de sortir des francs malgaches du territoire national, mais 25 000 FMG sont tolérés à titre de "souvenir".

Reportez-vous à la rubrique *Douane* et au paragraphe *Permis d'exportation* du chapitre *Renseignements pratiques* pour davantage de précisions sur les formalités douanières concernant certains produits et objets.

Comment circuler

Circuler à Madagascar constitue toujours une aventure. Les trajets, à la fois éprouvants et sensationnels, représentent le voyage dans sa plus belle expression, au cours duquel tout peut arriver… Même les déplacements en avion réservent une part d'imprévu : si "Air Mad" se montre sûre et relativement efficace, retards et annulations de vols peuvent chambouler vos projets. Prévoyez une marge de temps suffisante pour vos déplacements en taxi-brousse et tenez compte des facteurs climatiques et des pannes éventuelles.

Si vous êtes limités par le temps et par votre budget, mieux vaut préparer un itinéraire, que vous modifierez ensuite le cas échéant.

AVION
Air Madagascar

La compagnie malgache, autrefois appelée Madair mais connue aujourd'hui sous le surnom d'Air Mad, possède un impressionnant réseau couvrant plus de 60 destinations à travers le pays. Si vous projetez d'explorer toute l'île, procurez-vous à l'agence d'Antananarivo la brochure gratuite listant les horaires (mais non les prix).

Les retards et les annulations occasionnels frappent en particulier les petits appareils desservant des zones très isolées. Deux long-courriers – des Boeing 767 –, parfois décrits avec justesse comme la "dette nationale de Madagascar", desservent l'étranger. L'entretien de ces deux appareils est assuré par Air France.

Pour ses lignes intérieures, très fréquentées, Air Madagascar utilise des Boeing 737, des ATR 42 et des Twin Otter. Il est toujours plus facile d'obtenir des places à bord des premiers, leur capacité étant supérieure à celle des ATR (42 sièges) ou des Twin Otter (17 sièges). Ne vous étonnez pas si on vous demande de monter sur la balance avant d'embarquer sur un Twin-Otter, bagages et passagers étant pesés avant l'embarquement.

Le réseau intérieur de la compagnie, particulièrement développé, inclut aussi bien des liaisons avec les principales villes et îles (Antananarivo, Tamatave, Tuléar, Diégo-Suarez, Fort-Dauphin, Mahajanga, Morondava, Nosy Be, Sainte-Marie) qu'avec des bourgades moins importantes (Antalaha, Maroantsetra, Mananara, Sambava, Mananjary, Farafangana, Morombe, etc.). Ces rotations avec des localités difficilement accessibles par route sont nettement moins fréquentes mais d'autant plus utiles. La carte *Circuler à Madagascar* vous fournira davantage de précisions.

La privatisation d'Air Madagascar, prévue par le FMI et la Banque mondiale, a fait l'objet de nombreux rebondissements. Elle semble au point mort à l'heure actuelles.

Tarifs et billets

Les tarifs des vols intérieurs restent comparativement bon marché par rapport à ceux des pays plus riches, mais ils ont considérablement augmenté au cours des dernières années. Cette augmentation s'explique par la hausse du jet fuel consécutive à la privatisation de la Solima (société de distribution des hydrocarbures et lubrifiants, reprise par un consortium de pétroliers internationaux) et les problèmes internes de la compagnie.

Les tarifs intérieurs des vols d'Air Madagascar sont régis par une grille tarifaire à 12 niveaux, de 161 500 FMG à 651 500 FMG l'aller simple. Au départ d'Antananarivo, l'aller simple revient à 436 500 FMG pour Tamatave, 511 500 FMG pour Morondava et 651 500 FMG pour Diégo-Suarez, Tuléar ou Fort-Dauphin. Reportez-vous à la carte des *Lignes aériennes intérieures* pour connaître l'intégralité des tarifs.

Air Madagascar octroie une réduction de 20 à 30% selon la saison sur ses vols intérieurs aux passagers qui arrivent à Madagascar avec l'un de ses vols long-courriers. En règle générale, les agences d'Air Madagascar situées dans les villes importantes acceptent les règlements par carte de crédit.

La franchise de bagages pour les vols intérieurs s'élève d'ordinaire à 20 kg. Sur

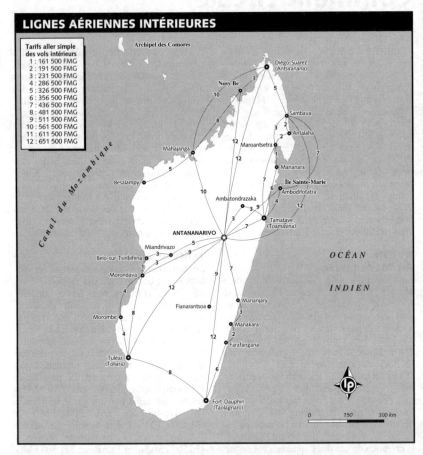

LIGNES AÉRIENNES INTÉRIEURES

Tarifs aller simple des vols intérieurs
1 : 161 500 FMG
2 : 191 500 FMG
3 : 231 500 FMG
4 : 286 500 FMG
5 : 326 500 FMG
6 : 356 500 FMG
7 : 436 500 FMG
8 : 481 500 FMG
9 : 511 500 FMG
10 : 561 500 FMG
11 : 611 500 FMG
12 : 651 500 FMG

les Twin Otter, elle peut se réduire à 10 kg, avec un supplément en cas d'excédent.

Réservation

Les listes d'attente sont un problème récurrent. Les agences d'Air Madagascar ne sont pas toutes reliées à l'informatique centrale de la compagnie et il n'est pas rare que les agences de province émettent des billets sans connaître la disponibilité exacte à bord d'un appareil. Vous pouvez acheter ainsi un billet qui ne garantit pas votre embarquement. Dans les faits, tous les billets ne comportant pas la précieuse mention "OK", manuscrite ou tamponnée, sont potentiellement en liste d'attente. Différentes options s'offrent alors à vous. La plus simple consiste à acheter votre billet plusieurs jours à l'avance et à retourner fréquemment à l'agence jusqu'à l'obtention du précieux OK. Sinon, rendez-vous à l'aéroport longtemps à l'avance. L'ordre d'embarquement des voyageurs en liste d'attente ne répond pas toujours à des critères stricts et vous pourrez souvent augmenter vos chances en vous présentant le plus tôt possible au guichet d'enregistrement. La règle veut en effet que les passagers sur liste d'attente posent leurs billets sur le comptoir par ordre d'arrivée, le premier de la série étant le premier à embarquer. Choisir les vols effectués par des appareils à grosse capacité améliorera également vos chances.

Enfin, n'oubliez jamais de reconfirmer vos vols (jusqu'à obtenir si possible la mention OK) en vous rendant directement aux guichets de la compagnie.

Arrivée et départ

Si l'aéroport d'Ivato est un bâtiment moderne, de nombreux aérodromes de province sont réduits à leur plus simple expression : une salle, un comptoir d'enregistrement, une balance et parfois un snack-bar. Pour l'anecdote, citons celui de Manakara, dont la piste de décollage est traversée par la voie ferrée !

En règle générale, il est inutile de se présenter à l'enregistrement plus de 45 minutes à l'avance si votre billet comporte la mention OK. Si vous figurez sur une liste d'attente ou embarquez à l'aéroport d'Ivato, prévoyez davantage de marge.

La procédure d'enregistrement est souvent un peu désordonnée dans les aéroports régionaux.

Air Madagascar n'attribue jamais de siège numéroté sur les vols intérieurs. Si vous voulez une bonne place, faites en sorte d'embarquer parmi les premiers.

La livraison des bagages se déroule souvent dans la bousculade. Vous devrez jouer des coudes avec les autres passagers, les rabatteurs d'hôtels et les chauffeurs de taxi, puis désigner vos sacs et attendre que le responsable vérifie qu'il les correspondent au reçu agrafé ou collé à votre billet (à conserver absolument sur vous). Si vous avez choisi un chauffeur, il s'occupera probablement de vos bagages gratuitement.

Lors de l'enregistrement, assurez-vous que l'étiquette apposée sur vos bagages correspond bien à votre destination.

Taxes de départ

La taxe de 21 500 FMG pour les vols intérieurs est dorénavant incluse dans le prix des billets. Les passagers ne doivent plus acquitter de taxe de départ comme par le passé.

Location

Si votre budget est illimité et que vous souhaitez atteindre une région très isolée, vous pourrez louer un petit appareil privé avec pilote. Il existe plusieurs agences spécialisées à Antananarivo. Renseignez-vous notamment à l'Aéro-Club de Tananarive (☎ 22 447 38), à Malagasy Airlines (☎ 22 441 37, fax 22 443 30, airlines@bow.dts.mg) ou auprès de Madagascar Flying Service (MFS, ☎/fax 22 450 80, mfs@dts.mg), qui dispose d'un guichet dans l'aéroport d'Ivato.

TAXI-BROUSSE

Tous les voyageurs indépendants ont au moins une anecdote à raconter sur leurs déplacements en taxis-brousse. Lent, peu fiable et inconfortable, ce moyen de transport reste en effet le plus populaire et le meilleur marché de l'île et procure généralement des souvenirs inoubliables, malgré des pannes fréquentes et le mauvais état des routes.

Le terme générique de taxi-brousse englobe un grand nombre de véhicules : "bâchés", "taxis-be", "familiales", "Mercedes", etc. (reportez-vous à l'encadré). Tous sont généralement bondés (les enfants et la volaille ne sont pas comptés comme passagers et s'ajoutent à l'ensemble, en plus des bagages), mettent des heures à se remplir avant de prendre la route, s'arrêtent quelques minutes après le départ à la station de la Solima pour faire le plein et semblent prendre un malin plaisir à faire halte dans les pires restaurants. Ajoutons qu'ils ne sont guère étudiés pour apprécier le paysage et qu'après avoir passé quelques heures à bord vous n'avez qu'un souhait : arriver à destination.

Nombre de ces véhicules sont en piteux état. Essuie-glace, jauge à essence et compteur de vitesse tombent souvent en panne, lorsqu'ils n'ont pas tout simplement été ôtés, et le voyant d'huile est souvent allumé en permanence sur le tableau de bord... Tout le mal étant dit des taxis-brousse malgaches, ajoutons qu'ils sont la preuve pétaradante du savoir-faire des mécaniciens malgaches, qu'il y règne souvent la meilleure des ambiances, que leurs chauffeurs méritent un coup de chapeau et que les voyages à leur bord, à défaut

CIRCULER A MADAGASCAR

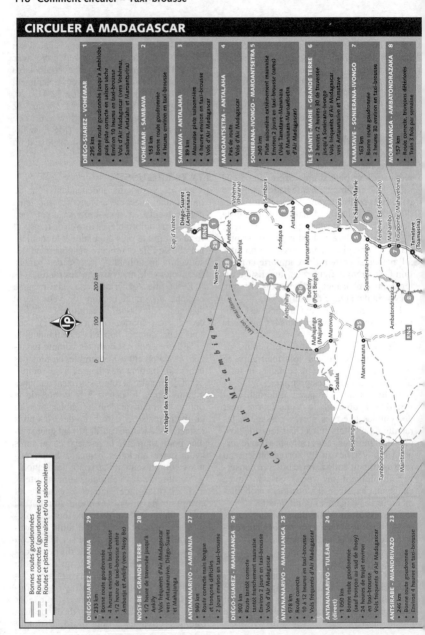

Légende :
- Bonnes routes goudronnées
- Routes correctes (goudronnées ou non)
- Routes et pistes mauvaises et/ou saisonnières

1 DIÉGO-SUAREZ – VOHÉMAR
- 295 km.
- Bonne route goudronnée jusqu'à Ambilobe puis piste correcte en saison sèche
- Environ 10 heures en taxi-brousse
- Vols d'Air Madagascar (vers Vohémar, Sambava, Antalaha et Maroantsetra)

2 VOHÉMAR – SAMBAVA
- 153 km
- Bonne route goudronnée
- 4 heures environ en taxi-brousse

3 SAMBAVA – ANTALAHA
- 89 km
- Mauvaise piste saisonnière
- 4 heures environ en taxi-brousse
- Vols d'Air Madagascar

4 MAROANTSETRA – ANTALAHA
- Pas de route
- Vols d'Air Madagascar

5 SONIERANA-IVONGO – MAROANTSETRA
- 240 km
- Piste saisonnière extrêmement mauvaise
- Environ 2 jours en taxi-brousse (fatrès)
- (Vols Tamatave-Maroantsetra et Manataare-Maroantsetra d'Air Madagascar)

6 ÎLE SAINTE-MARIE – GRANDE TERRE
- 2 heures /2 heures 30 de traversée jusqu'à Soanierana-Ivongo
- Vols fréquents d'Air Madagascar vers Antananarivo et Tamatave

7 TAMATAVE – SONIERANA-IVONGO
- 163 km
- Bonne route goudronnée
- 3 heures 30 environ en taxi-brousse

8 MORAMANGA – AMBATONDRAZAKA
- 157 km
- Route correcte, tronçons détériorés
- Train 3 fois par semaine

29 DIÉGO-SUAREZ – AMBANJA
- 233 km
- Bonne route goudronnée
- 4 heures environ en taxi-brousse
- 1/2 heure de taxi-brousse entre Ambanja et Ankify (vers Nosy Be)

28 NOSY-BE – GRANDE TERRE
- 1/2 heure de traversée jusqu'à Ankify
- Vols fréquents d'Air Madagascar vers Antananarivo, Diégo-Suarez et Mahajanga

27 ANTANANARIVO – AMBANJA
- 940 km
- Route correcte mais longue et tronçons difficiles
- 2 jours environ en taxi-brousse

26 DIÉGO-SUAREZ – MAHAJANGA
- 902 km
- Route tantôt correcte tantôt franchement mauvaise
- Environ 2 jours en taxi-brousse
- Vols d'Air Madagascar

25 ANTANANARIVO – MAHAJANGA
- 578 km
- Route correcte
- 10 à 12 heures en taxi-brousse
- Vols fréquents d'Air Madagascar

24 ANTANANARIVO – TULÉAR (direct)
- 1 050 km
- Bonne route goudronnée (sauf tronçon au sud de Ihosy)
- 24 heures de trajet environ en taxi-brousse
- Vols fréquents d'Air Madagascar

23 ANTSIRABE – MIANDRIVAZO
- 246 km
- Bonne route goudronnée
- Environ 4 heures en taxi-brousse

CIRCULER A MADAGASCAR

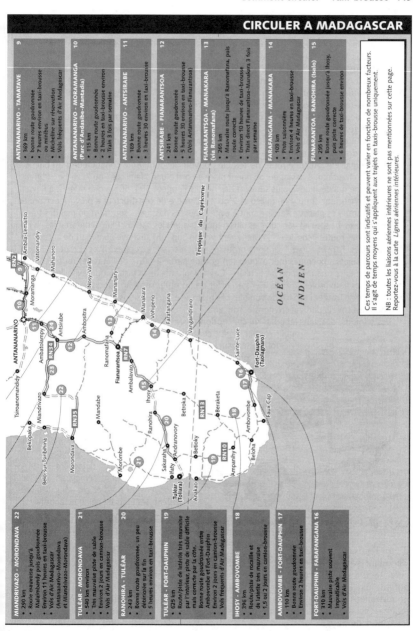

ANTANANARIVO - TAMATAVE `9`
* 369 km
* bonne route goudronnée
* 7 heures environ en taxi-brousse ou minibus
* Micheline sur réservation
* Vols fréquents d'Air Madagascar

ANTANANARIVO - MORAMANGA (Parc d'Andasibe-Mantadia) `10`
* 115 km
* Bonne route goudronnée
* 2 heures en taxi-brousse environ
* Train 3 fois par semaine

ANTANANARIVO - ANTSIRABE `11`
* 169 km
* Bonne route goudronnée
* 3 heures 30 environ en taxi-brousse

ANTSIRABE - FIANARANTSOA `12`
* 241 km
* Bonne route goudronnée
* 5 heures 30 environ en taxi-brousse
* Vols Antananarivo-Fianarantsoa

FIANARANTSOA - MANAKARA (via Ranomafana) `13`
* 265 km
* Mauvaise route jusqu'à Ranomafana, puis route correcte
* Environ 10 heures de taxi-brousse
* Train direct Fianarantsoa-Manakara 3 fois par semaine

FARAFANGANA - MANAKARA `14`
* 109 km
* Piste saisonnière
* Environ 4 heures en taxi-brousse
* Vols d'Air Madagascar

FIANARANTSOA - RANOHIRA (Isalo) `15`
* 295 km
* Bonne route goudronnée jusqu'à Ihosy, puis piste correcte
* 6 heures de taxi-brousse environ

Ces temps de parcours sont indicatifs et peuvent varier en fonction de nombreux facteurs. Il s'agit de temps moyens qui s'appliquent aux trajets en taxis-brousse uniquement.

NB : toutes les liaisons aériennes intérieures ne sont pas mentionnées sur cette page. Reportez-vous à la carte *Lignes aériennes intérieures.*

MIANDRIVAZO - MORONDAVA `22`
* 290 km
* Route mauvaise jusqu'à Malaimbandy puis goudronnée
* Environ 11 heures en taxi-brousse
* Vols d'Air Madagascar (Antananarivo-Morondava et Miandrivazo-Morondava)

TULÉAR - MORONDAVA `21`
* 540 km environ
* Très mauvaise piste de sable
* Environ 2 jours en camion-brousse
* Vols d'Air Madagascar

RANOHIRA - TULÉAR `20`
* 243 km
* Bonne route goudronnée, un peu détériorée sur la fin
* 5 heures environ en taxi-brousse

TULÉAR - FORT-DAUPHIN `19`
* 625 km
* Route/piste de latérite très mauvaise par l'intérieur, piste de sable difficile mais correcte par la côte. Bonne route goudronnée entre Ambovombe et Fort-Dauphin
* Environ 2 jours en camion-brousse
* Vols fréquents d'Air Madagascar

IHOSY - AMBOVOMBE `18`
* 396 km
* Route/piste de rocaille et de latérite très mauvaise
* 1,5 ou 2 jours en camion-brousse

AMBOVOMBE - FORT-DAUPHIN `17`
* 110 km
* Bonne route goudronnée
* Environ 2 heures en taxi-brousse

FORT-DAUPHIN - FARAFANGANA `16`
* 310 km
* Mauvaise piste souvent impraticable
* Vols d'Air Madagascar

"Bachés", "taxis-be" et autres véhicules à moteur

Le terme de "taxi-brousse" désigne un grand nombre de véhicules différents. Les "bâchés" sont les plus fréquents (et les moins confortables). Il s'agit de pick-up, généralement des 404 ou 504 Peugeot, dont l'habitacle arrière a été aménagé avec deux bancs disposés dans le sens de la longueur. En théorie, un maximum de 14 personnes peuvent y prendre place, mais les chauffeurs installent parfois quelques passagers supplémentaires, qu'ils font descendre avant les barrages de police, de l'armée ou de la gendarmerie et remonter ensuite. Les bâchés comptent deux places à l'avant, à côté du chauffeur. Elles coûtent le même prix que les autres et sont en général les premières occupées. Il est possible de les réserver, par exemple la veille. Vous constaterez, si vous avez la chance de voyager à côté du chauffeur, que le "superflu" a souvent disparu : garnitures de portes, vitres, morceaux de tableau de bord, poignées... voire le démarreur. Aucune route ne semble pouvoir décourager le conducteur d'un bâché !

Outre le chauffeur, 8 passagers prennent place à bord d'une "familiale" ou "taxi-be" ("grand taxi"), terme qui désigne le plus souvent des breaks Peugeot 504, 505, voire 404 : 2 à l'avant à côté du chauffeur, 3 ou 4 au milieu et 2 ou 3 à l'arrière (le constructeur a prévu 7 personnes au maximum). Les places à l'arrière sont à éviter pour les passagers souffrant du mal des transports. Les taxis-be sont les véhicules les plus fréquents après les bâchés. Plutôt confortables, ils circulent sur des routes "correctes", notamment vers le Sud ou Tamatave au départ de la capitale.

Mercédès, Tata et autres "camions-brousse" sont réservés aux pires pistes et routes. Ils sont très lents, sujets aux ennuis mécaniques (en grande partie à cause de l'état des routes) et leur inconfort mérite une mention particulière. Ces "éléphants de la piste", qui ravitaillent le plus souvent des lieux isolés, transportent en effet de nombreuses marchandises avec lesquelles vous devrez partager l'espace disponible. Les mauvaises suspensions et la lenteur contribuent à rendre les trajets particulièrement éprouvants.

Les minibus, des vans japonais de conception récente, constituent le moyen de transport public routier le plus confortable. Ils sont de plus en plus fréquents, notamment sur les routes goudronnées. Les minibus sont rapides mais longs à partir : ils attendent en effet pour quitter leur stationnement que leur vingtaine de places soient occupées.

Un mot, enfin, des taxis, 4L, 2 CV et autres. Nombre d'entre eux sont démontés en Europe et amenés en pièces détachées afin de limiter les frais de douane (vous verrez ainsi, notamment à Diégo-Suarez, un grand nombre de 4 L aux couleurs de l'opérateur de télécommunications belge Belgacom). Faute de pièces détachées, certains accessoires sont remplacés avec les moyens du bord et ces véhicules présentent des états de délabrement divers.

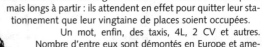

RINI KEAGY

d'être reposants, ont un charme certain... Reconnaissons enfin que l'état des véhicules tend à s'améliorer au fil des années, notamment ceux utilisés sur les routes goudronnées. De plus en plus de minibus japonais relativement récents circulent sur les routes du pays.

Gares routières

Les gares routières, désignées sous le nom de "stationnement des taxis-brousse" ou de "parquage", sont souvent de véritables capharnaüms de véhicules enchevêtrés. En ville, des rabatteurs vous aborderont pour vous demander votre destination et vous emmener vers leurs guichets respectifs. Les compagnies possèdent généralement des petits bureaux en planches où tarifs et destinations sont affichés. Tant que vous n'avez pas payé ou donné vos bagages au chauffeur ou au rabatteur, vous n'êtes pas obligé de monter dans le véhicule indiqué. Ne vous précipitez pas pour acheter votre billet. Commencez par faire le tour des compagnies (celles desservant la même destination ne sont pas forcément côte à côte) pour examiner l'état des véhicules et savoir lequel doit partir le premier (gardez à l'esprit que les voitures ne partent que lorsqu'elles sont pleines). Votre choix effectué, achetez votre billet et vérifiez que la place qui vous est réservée vous convient. Ne paniquez pas si le chauffeur ou le rabatteur se saisit alors de votre bagage pour le hisser sur le toit ou le mettre dans le coffre : il se contente en effet de vous assurer une place à bord. Essayez cependant de rester près de vos affaires car il arrive qu'un taxi-brousse démarre brusquement à la recherche d'autres clients en emportant votre sac. Gardez à l'esprit que les chauffeurs ont tout à perdre (leur licence, et donc leur gagne-pain) s'ils dérobent les affaires de leurs clients.

Mieux vaut réserver la veille pour les longs trajets. Vous pourrez ainsi choisir une bonne place à l'avance. Les chauffeurs acceptent parfois de passer prendre les clients à leur hôtel au moment du départ.

Pour les voyages plus courts et plus réguliers, rendez-vous à la gare des taxis-brousse le jour même. De nombreux départs ont lieu le matin vers 8h.

Tarifs

Le gouvernement fixe les tarifs pour chaque voyage. Ils sont particulièrement bon marché pour les visiteurs étrangers mais assez chers pour la population locale, notamment depuis les très fortes hausses du prix des carburants, qui se sont répercutées sur les tarifs des taxis-brousse. Tous les véhicules de même catégorie, allant dans la même direction, vous demanderont la même somme. Un taxi-be, plus agréable, ou un minibus, plus rapide, pourront réclamer une contribution un peu plus élevée.

Les touristes sont rarement victimes de vendeurs ou de rabatteurs malhonnêtes qui surfacturent. Il arrive en revanche que l'on vous fasse payer la totalité du parcours, même si vous descendez en chemin. Si vous avez un doute, demandez à un Malgache ce qu'il paie (selon la loi, les prix des transports publics terrestres sont identiques pour tout le monde) ou consultez la liste des tarifs officiels, théoriquement disponible.

A titre d'exemple, comptez 25 000 à 35 000 FMG de Tamatave à Antananarivo, 50 000-60 000 FMG de la capitale à Mahajanga, 45 000-50 000 FMG de Fianarantsoa à Tuléar et 80 000 FMG de cette dernière à Fort-Dauphin. Les tarifs tiennent compte de la distance, du temps de trajet et de l'état de la route.

Routes

Sur un réseau routier de 40 000 km, seulement 5 000 km environ sont goudronnés (dont des portions criblées de nids-de-poule entourés de quelques bandes de bitume). Le restant laisse une large part à la latérite, à la boue, au sable et aux pierres.

Les principaux axes asphaltés quittent la capitale en direction de l'Est et du Sud. Il s'agit de la RN 2 (Tana/Tamatave) puis de la RN 5 jusqu'à Soanierana-Ivongo, et de la RN 7, qui relie la capitale à Tuléar, bitumée à 95%.

La RN 4 (Mahajanga-Antananarivo), la RN 6 (Ambanja-Diégo-Suarez) et la RN 34 (Antsirabe-Miandrivazo) sont dans un état satisfaisant.

D'autres "routes nationales" n'ont de RN que le nom. Citons notamment la RN 6 entre Ambanja et Antsohihy (Nord-Ouest), la RN 10 de Tuléar à Ambovombe ou encore la RN 13 entre Ihosy et Ambovombe (vers Fort-Dauphin), qu'un lecteur a comparé avec justesse à un "torrent de boue solidifiée". Ces dernières, et bien d'autres, notamment celles qui longent la côte nord-est, doivent être réservées aux voyageurs motivés ou, mieux, aux 4x4.

De nombreuses routes deviennent impraticables pendant la saison des pluies, de novembre à mars. Renseignez-vous toujours avant de partir si vous avez un doute.

Bitume, sable, latérite et autres voies plus ou moins carrossables

Vous rencontrerez à Madagascar plusieurs types de routes :

- Les routes bitumées en bon état, les plus rares, constituent notamment une bonne partie des axes partant de la capitale vers le Sud et l'Est. Le climat, qui alterne fortes précipitations et chaleur excessive, les soumet à rude épreuve et cause un vieillissement précoce de l'asphalte.
- Très fréquentes, les routes "jadis bitumées" présentent différentes embûches. Sur certaines, l'asphalte s'est creusé de brèches, agrandies par les pluies, entre lesquelles slalomen les véhicules. Ailleurs, il ne reste du bitume qu'une mince bande centrale. Enfin, il arrive que le bitume ait disparu sur de très larges sections, voire complètement, tranformant la route en piste de rocaille.
- Les pistes de rocaille et de latérite souffrent énormément du climat. Les pluies annuelles les transforment en bourbiers dans lesquels les camions s'engluent et creusent de profondes ornières. Lorsque le soleil reparaît, le bourbier sèche en l'état et présente un relief extrêmement accidenté, dur comme du ciment et délicat pour tous les véhicules, 4x4 compris. C'est par exemple le cas de la RN 13, dans le Sud de l'île.
- Les pistes de sable, nombreuses dans le Sud et l'Ouest, exigent une grande vigilance de la part des conducteurs. Les pistes de boue sont une spécialité de la luxuriante côte est. La "tôle ondulée" est rare. Vous en rencontrerez un peu dans le Sud, sur un mauvais tronçon, court, de la RN 7.

En règle générale, les taxis-brousse roulent à 50 km/h de moyenne sur une bonne route goudronnée, multiples arrêts compris. La moyenne baisse à 25 km/h sur piste ou route mauvaise, voire à 12 km/h sur les pires tronçons. Ces chiffres approximatifs tiennent compte des petites pannes courantes, mais pas des gros ennuis.

Quelques régions, surtout dans l'extrême Nord-Est entre Soanierana-Ivongo et Diégo-Suarez, subissent des crues toute l'année et les ponts s'effondrent souvent à cause des camions. Sachez cependant que la majorité des accidents sont causés par des erreurs humaines, alcool et fatigue notamment, plutôt que par des collisions ou des défauts du véhicule.

Trajets

Aucun candidat au *Guiness des records* n'arriverait à faire entrer autant de personnes dans un véhicule que les chauffeurs malgaches. Un trajet en taxi-brousse permet ainsi de nouer des liens avec les Malgaches, d'autant plus que les inévitables incidents de parcours font naître une certaine solidarité entre les passagers.

Des bagages d'origines variées – animaux, végétaux, minéraux, sacs, cageots, riz, poulets, chapeaux et tapis, charbon, courrier et combustibles – s'entassent au milieu des voyageurs. Votre plus gros bagage sera probablement attaché sur le toit avec les autres ; n'y laissez aucun objet de valeur ou fragile et surveillez-le régulièrement pour vous assurer qu'il n'a pas glissé. Vous pouvez protéger vos affaires par un sac en plastique épais disposé à l'intérieur ou par-dessus votre bagage.

Tenez compte dans votre emploi du temps du fait qu'un trajet estimé à 2 heures peut en nécessiter 5 et qu'un voyage de 5 heures peut prendre la journée, selon la longueur de l'attente avant le départ, les pannes éventuelles, la motivation du chauffeur et l'état des routes.

La meilleure place est souvent celle à côté du chauffeur. Fort prisée, elle revient normalement au premier qui en fait la demande.

Les taxis-brousse mettent toujours longtemps à partir. Vous pouvez accélérer le départ et gagner la reconnaissance des autres passagers, tout aussi impatients, en proposant de payer pour le(s) siège(s) vacant(s), ce qui vous assurera par ailleurs un meilleur confort.

Si possible, évitez d'emprunter un taxi-brousse la nuit. La fatigue des chauffeurs rend la route plus dangereuse et vos bagages seront moins en sécurité. Il arrive cependant que les chauffeurs préfèrent effectuer de nuit les longs trajets sur les axes asphaltés, le bitume froid usant moins la gomme des pneus.

Si vous devez effectuer un long parcours, tâchez de le scinder en deux et de faire escale pour la nuit. Certains chauffeurs s'arrêtent le soir, laissant les passagers dormir dans le taxi, sur le bas-côté, dans un hôtel ou chez l'habitant.

En cas de déplacement nocturne ou tôt le matin, emportez une veste ou un pull. Prévoyez également de l'eau et quelques provisions pour les longs trajets.

VOITURE ET MOTO
Conduite

Les Malgaches conduisent à droite. Comparés aux automobilistes européens, ils se montrent plutôt prudents et disciplinés, en ville comme sur la route. L'état des routes explique en partie cette sagesse. La seule exception à cette règle est la RN 7, entre la capitale et Tuléar, où les minibus circulent la nuit accélèrent parfois dangereusement.

La très large majorité des visiteurs circulent en taxi-brousse ou en voitures de location, proposées avec chauffeur obligatoire aux non-résidents. Les lignes qui suivent intéresseront donc surtout les motocyclistes.

Lorsque vous roulez sous la pluie, ou juste après, méfiez-vous particulièrement des nids-de-poule remplis d'eau dont vous ne pouvez soupçonner la profondeur. Les chauffeurs de taxi-brousse racontent qu'ils ont vu leurs roues se voiler, leurs essieux ou leur châssis casser net, et parfois même des voitures entières disparaître dans d'énormes fossés. Renseignez-vous en priorité aux stationnements des taxis-brousse pour obtenir des informations sur l'état des routes. La police arrête quelquefois les véhicules pour les inspecter rapide-ment, peut-être dans l'espoir de détecter l'une des 1 001 infractions possibles (et probables), par exemple un excès de passagers ou une réparation trop empirique.

Au chapitre des aléas qui peuvent surgir devant votre pare-brise, citons les troupeaux de zébus qui bloquent les chemins, les chars à bœufs larges et très lents, la circulation en ville parfois diabolique, les marchés qui s'étendent jusque dans les rues, les bacs et les ponts branlants et enfin les épaves abandonnées qui ponctuent parfois les routes nationales. Faites très attention dans et aux abords des villages, des enfants pouvant traverser la route à tout moment. Oubliez la voiture dans la capitale : vous irez plus vite à pied. Enfin, comme l'indiquait sans ambages un dépliant touristique, "rappelez-vous que la règle numéro un du code de la route précise que plus vous êtes gros, plus vous avez la priorité".

Location de voiture

Presque tous les visiteurs souhaitant louer un véhicule ont recours à une location avec chauffeur. Les choix sont nombreux : vous pourrez vous adresser à une agence spécialisée, à une agence de voyages ou encore, dans certains cas, à votre hôtel. Selon le cas, vous circulerez à bord d'un 4x4 ou d'une voiture légère. Le choix du véhicule dépendra de votre budget et de votre programme, certains itinéraires étant réservés aux véhicules 4x4, plus chers.

Les locations prennent presque toujours en compte un itinéraire défini à l'avance. Le tarif varie selon la difficulté du trajet, la distance et le nombre de jours de location. La distance et la qualité de la route/piste sont en général plus déterminants dans le prix que la durée. A titre d'exemple, le prix total (à négocier avec le chauffeur) variera assez faiblement sur la distance Antananarivo-Tuléar, que vous souhaitiez la parcourir en 3 ou 4 jours.

Les véhicules de location sont invariablement proposés avec chauffeur aux visiteurs de passage. La location sans chauffeur est en effet quasi exclusivement réservée aux résidents (le conducteur doit, dans ce cas, avoir plus de 23 ans, au moins un an de permis et contracter une assurance obliga-

Les pièges de la location de voiture

Tous les véhicules ne sont pas habilités pour la location, même avec chauffeur. Pour ce faire, la voiture doit en effet posséder une patente de voiture de louage. Utiliser un véhicule non homologué pénalise les chauffeurs habilités à prendre des passagers, qui payent des taxes, et peut avoir des conséquences graves en cas d'accident (une assurance protégeant les passagers doit avoir été souscrite pour tout véhicule de louage). Avant de louer un véhicule pour plusieurs jours, demandez à voir la patente de transporteur et les papiers de la voiture : une barre verte en diagonale permet de reconnaître les véhicules de louage. Le mieux est encore de signer un contrat, ce que proposent certains chauffeurs, qui précise le nombre de jours et l'itinéraire approximatif et qui stipule que les assurances nécessaires ont été contractées par le conducteur.

toire – vérifiez soigneusement toutes les clauses du contrat). Cette règle, qui peut sembler contraignante, offre en réalité plusieurs avantages : les chauffeurs connaissent en effet les directions à prendre (le panneaux routiers sont rares), ils ont l'habitude de conduire sur les pistes souvent délicates de l'île et s'avéreront dans certains cas de précieux guides.

Le carburant tend de plus en plus à être à la charge du client. Si tel est votre cas, gardez à l'esprit que la consommation des véhicules diffère énormément entre les voitures légères et les 4x4, et que ces derniers sont nettement plus gourmands sur certains terrains (sable notamment) que sur d'autres. L'essence (voir la rubrique *Carburant*, ci-après) peut ainsi constituer un poste assez important de votre budget de location de voiture.

Des précisions utiles figurent dans l'encadré *Les pièges de la location de voiture*.

Location de voitures légères (non 4x4). Nombre de trajets (RN 7 notamment) peuvent s'effectuer à bord de voitures légères. Les visiteurs ont fréquemment recours à ce mode de transport, qui leur permet de voyager de façon indépendante sans trop alourdir leur budget, mais limite leurs déplacements aux "bonnes" routes. Outre certains hôtels et agences de voyage, qui peuvent organiser ce type de location, beaucoup de chauffeurs indépendants proposent leurs services et leur véhicule. Il s'agit en général de "familiales", comparables aux

taxis-be, pouvant accueillir confortablement 4 passagers en plus du chauffeur. Vous avez donc tout intérêt à vous grouper pour les louer. Comptez entre 300 000 FMG et 400 000 FMG par jour hors carburant.

Il est également possible de louer un taxi ou un taxi-brousse à la journée ou à la demi-journée pour un trajet précis. Cette option présente l'avantage de permettre la découverte des environs d'une ville. Renseignez-vous en ville ou au stationnement des taxis-brousse et négociez le prix avant le départ.

Location de 4x4. Sans conteste la voie royale du voyage à Madagascar, le 4x4 ouvre au visiteur les pistes, sites et villages les plus reculés tout en offrant de bonnes conditions de confort. Cette longue liste d'avantages comporte malheureusement un revers : louer un 4x4 revient cher, voire très cher.

En règle générale, les 4x4 sont proposés à 500 000 FMG environ par jour. Vous devrez ajouter à cette somme des frais de carburant qui peuvent être importants : la consommation habituelle d'un véhicule tout-terrain, d'environ 15 l, peut atteindre le double sur certains terrains comme le sable mou. A plus de 4 500 FMG le litre, vous pourrez ainsi arriver à un budget de plus de 20 € de carburant aux 100 km sur certaines pistes difficiles… Dans certains cas, on vous demandera par ailleurs d'acquitter 1 ou 2 jours supplémentaires de location pour le retour du véhicule et le carburant correspondant.

Les tarifs de location incluent en revanche les services du chauffeur. On ne peut que s'en féliciter : à moins d'être vous-même habitué à la conduite – ou plutôt au pilotage – sur terrain délicat, il est en effet difficile pour un conducteur peu entraîné de prendre le volant sur des pistes en mauvais état. La conduite dans le sable mou, dans la boue ou sur la "tôle ondulée" réclame en effet une technique particulière, qui laisse peu de place à l'improvisation. Il est donc sage d'avoir recours à un chauffeur ou à une agence spécialisée avant de s'engager en 4x4 ou à moto sur les pistes les plus délicates.

Quelques solutions permettent de limiter les frais de location d'un 4x4. La première, et la plus simple, consiste à se grouper pour occuper les 4 places du véhicule et diviser ainsi les frais. Une autre option consiste à se renseigner à l'avance sur les déplacements des véhicules des tour-opérateurs et agences de "raids-aventure" basés à Madagascar. Il arrive en effet que les 4x4 des organisateurs de circuits effectuent à vide le trajet de retour après avoir conduit leurs clients à destination. Certaines agences proposent aux voyageurs indépendants de bénéficier de ces places vides (pour un trajet et une date fixés par elles) à des conditions particulièrement intéressantes. A Antananarivo, l'agence Océane Aventure est ouverte à ce type d'arrangements. Océane Aventure propose également une formule originale : la fourniture d'un 4x4 et de son chauffeur-guide, de tentes et de matériel de camping, le tout revenant à environ 40 € par jour et par personne si 4 passagers prennent place dans le véhicule.

L'encadré *Madagascar hors piste* répertorie les agences proposant des circuits ou des locations "aventure".

Location de moto. Vous trouverez des motos (125 cc le plus souvent) à louer pour la journée ou la demi-journée dans quelques points de l'île, en général aux alentours des sites touristiques facilement accessibles en moto, comme l'île Sainte-Marie ou Morondava.

Contrôle technique

Aussi incroyable que cela puisse paraître, la bonne marche des taxis-brousse est réglementée ! La fréquence du contrôle technique des taxis-brousse et des voitures de louage dépend de l'état général du véhicule : plus il est ancien et plus les visites sont fréquentes. L'espacement entre deux contrôles est généralement de 3 à 4 mois, mais peut se réduire à un mois pour les véhicules les plus anciens ou hésitants. Les "arrangements" sont cependant fréquents et les responsables du contrôle technique tiennent généralement compte de la difficulté d'approvisionnement en pièces de rechange et de leur coût. Le besoin en transports publics les pousse également parfois à fermer les yeux. La révision s'intéresse réellement à deux points cruciaux : les freins et l'éclairage.

Certaines agences proposent des machines (600 cc habituellement) spécialement préparées pour les raids. Plus axées sur l'organisation du périple que sur la location, elles préfèrent établir l'itinéraire avec vous afin de vous conseiller et de savoir sur quelles pistes vous allez engager leurs précieuses motos. Certaines incluent dans leurs services un accompagnateur chevronné, voire une assistance en 4x4.

Ajoutons que les motards expérimentés sont parfois surpris par les difficultés de conduite dues à l'état de certaines pistes. Il est déconseillé de s'aventurer seul et prudent de se munir d'une assurance adéquate. Préparez bien votre machine et munissez-vous de toutes les pièces de rechange dont vous pourriez avoir besoin.

Bien plus difficiles, les pistes du Sud (entre Tuléar et Fort-Dauphin), celles qui relient Morondava à Tuléar par la côte ou celles des environs de Diégo-Suarez comptent parmi les plus appréciées des motards en quête de sensations fortes.

Les agences suivantes organisent des circuits de découverte de Madagascar à moto :

Mada Traces (madatraces@malagasy.com). Basée à Antananarivo (Ivato, ☎/fax 22 450 21) et à Diégo-Suarez (☎ 82 236 10), cette sympathique équipe est spécialisée dans les circuits à moto. Elle possède une bonne connaissance du terrain et ses propres motos préparées pour les raids.

Trajectoires (☎/fax 94 433 00, www.trajectoires.it, trajectoire@simicro.mg). Cette agence sérieuse de Tuléar propose des circuits de découverte du Sud malgache à moto, avec éventuelle assistance d'un 4x4. Les pistes du Sud n'ont guère de secrets pour elle.

Carburant

Les stations-service sont relativement bien réparties sur le territoire. Vous devrez néanmoins prévoir des réserves si vous partez en 4x4 ou à moto dans des régions reculées. Renseignez-vous selon votre itinéraire.

La privatisation de la Solima a été à l'origine d'une forte augmentation de tarif au cours des dernières années. Le litre d'essence est ainsi passé de 2 400 FMG à 4 600 FMG (soit 0,8 €, une forte somme pour Madagascar) entre 1999 et 2001. Le gas-oil, et dans une moindre mesure le super, sont également disponibles à la pompe.

Il arrive – rarement – que des carburants de mauvaise qualité soient distribués.

TRAIN

"Vous voyagerez dans une atmosphère traditionnelle, vous vous délecterez de paysages sensationnels. Cependant les trains arrivent rarement à l'heure, certains sont même annulés sans préavis. Vous ne savez jamais si vous atteindrez votre destination avant d'y aboutir pour de bon…" Nous ne savons trop quoi penser de la dernière phrase, mais le reste de cet extrait d'une brochure touristique publiée il y a quelques années par le gouvernement se montre étonnamment honnête. Les – rares – trains malgaches offrent en effet de bons souvenirs, mais ils roulent lentement. Les 1 020 km de voies du Réseau national des chemins de fer malgaches (RNCFM) datent de la période coloniale. La vétusté du matériel et des voies est à l'origine de nombreuses pannes. Outre les retards fréquents, il peut arriver qu'une ligne soit fermée pendant quelques mois.

Le pays compte trois lignes principales : Antananarivo-Moramanga-Ambatondrazaka, Fianarantsoa-Manakara et Antananarivo-Antsirabe (cette dernière est hors service à l'heure où nous écrivons ces lignes). Reportez-vous aux chapitres concernés pour les fréquences et les horaires. Si vous ne devez prendre qu'un train, préférez la ligne Fianarantsoa-Manakara, exceptionnelle pour son ambiance et ses paysages.

La RNCFM fait partie de la longue liste des entreprises malgaches en voie de privatisation.

Classes et tarifs

Chaque train propose une 1re et une 2de classe, la différence de prix se situant entre 30 et 45%. Elles se différencient avant tout par l'affluence. La première n'est en effet pas luxueuse mais se révèle moins bondée que la seconde. Les étrangers règlent le prix normal en francs malgaches.

Les trains ne disposent pas de wagon-restaurant. Toutefois, vous trouverez de nombreux stands sur les quais et pourrez faire vos emplettes en chemin. Reportez-vous aux chapitres correspondants pour plus de renseignements sur les tarifs et les horaires.

Micheline

Ce train composé d'une voiture fonctionnant sur pneumatiques relie Antananarivo à Tamatave, en longeant le canal des Pangalanes sur une partie du parcours. Train privé et confortable, la Micheline ne fonctionne pas suivant des horaires réguliers. Elle doit être réservée au moins un mois à l'avance et ses tarifs ne sont intéressants que si ses 18 places sont occupées. Reportez-vous à l'encadré qui lui est consacré au chapitre *L'Est*.

BICYCLETTE

Les distances et la chaleur rendant le vélo plutôt éprouvant sur la Grande Île. Les cyclistes motivés y trouveront cependant leur bonheur, à l'image de ce lecteur qui nous écrit, après avoir parcouru 4 000 km en trois mois, que "Madagascar est parfaite pour le VTT, et réciproquement".

Si vous explorez des régions reculées, vous pourrez généralement passer la nuit dans les villages après avoir demandé à l'instituteur ou au dignitaire local la permission de planter votre tente et d'allumer un feu. Si vous vous en tenez aux grandes routes et aux villes principales, vous trouverez facilement des hôtels et des restaurants et éviterez ainsi de vous encombrer de bagages envahissants. De plus, si vous êtes las de pédaler, vous pourrez charger votre vélo sur un transport public, taxi-brousse ou train.

Sur place, vous ne trouverez pas de pièce de rechange pour VTT ; emportez tout ce dont vous pourriez avoir besoin, même si les Malgaches s'avèrent experts en réparations en tout genre.

Dans l'Est du pays, l'agréable trajet d'Antananarivo à Andasibe (réserve d'Analamazaotra-Périnet) peut se poursuivre jusqu'à Ambila-Lemaitso. De là à Tamatave, le paysage devient monotone et la route franchit plusieurs collines. Mieux vaut prendre un taxi-brousse. De Tamatave à Foulpointe, la route, plate et plaisante, offre une vue fantastique au nord de Soanierana-Ivongo. Plus au nord, la piste de sable demande beaucoup d'efforts et va en empirant.

Toujours dans l'Est, des lecteurs ont pu circuler en VTT entre Antalaha et Vohémar. De multiples itinéraires sillonnent le Sud, mais vous devrez supporter une chaleur et une sécheresse particulièrement éprouvantes.

Vous pourrez louer des VTT à la journée ou à la demi-journée dans quelques points de l'île (île Sainte-Marie, Antsirabe…). Sauf exception, les vélos ne sont pas de la première jeunesse et leur état s'en ressent.

EN STOP

N'espérez guère faire du stop sans bourse délier : si un véhicule ou un camion s'arrête, il ne manquera pas, le plus souvent, de vous réclamer l'équivalent du prix d'un taxi-brousse. Précisons par ailleurs qu'une large majorité des véhicules qui circulent sur les routes malgaches sont des taxis-brousse et qu'il est invariablement et clairement indiqué à l'arrière des camions que les passagers sont interdits à leur bord. L'auto-stop, enfin, comporte toujours des risques, à Madagascar comme ailleurs.

Une option consiste à s'adresser aux vazaha, résidents ou touristes, louant un 4x4 ou une voiture, comme le raconte une lectrice :

J'ai effectué les 800 kilomètres qui séparent Tana de Tuléar sans prendre de taxi-brousse ni louer le moindre véhicule. La route est en effet jalonnée de villes-étapes, où il est fréquent de rencontrer des touristes qui ont loué des 4x4 privés pour effectuer l'ensemble du trajet. Leurs chauffeurs apprécient volontiers de prendre des passagers supplémentaires sur une portion du chemin en leur demandant en contrepartie le prix du taxi-brousse… Bien que cette pratique contrarie certains touristes qui croyaient avoir loué pour eux seuls le véhicule, la plupart sont contents de vous dépanner. Selon le nombre de passagers à bord, vous voyagerez soit à l'intérieur de l'habitacle climatisé ou bien à l'arrière du pick-up, qu'il soit bâché ou non. Cette solution a le mérite d'être rapide, confortable, économique et amusante.
Laurence Billiet

Si l'expérience vous tente, mieux vaut vous renseigner dans les hôtels que d'attendre au bord de la route.

A PIED

Ce gigantesque pays aux routes parfois impraticables offre quelques belles possibilités de randonnée. Les parcs nationaux, notamment, proposent des itinéraires de quelques heures à quelques jours. Les destinations les plus intéressantes vous obligeront toujours à engager un guide et souvent à bivouaquer.

Vous trouverez des informations dans les pages régionales de ce guide et aux rubriques *Visite des villages* et *Camping* du chapitre *Renseignements pratiques*.

Les parcs nationaux de l'Andingitra, de l'Isalo et de Masoala offrent les plus beaux itinéraires de randonnée.

BATEAU

Les pirogues, ou *lakana*, constituent souvent le moyen de locomotion principal entre les villages côtiers isolés. Vous pourrez négocier la location d'une pirogue pour la journée. Sachez cependant que la navigation n'est pas toujours de tout repos à leur bord.

Les transports par mer sur de grandes distances, ouverts aux visiteurs, restent rares. Les boutres et navires marchands qui cabotent le long de l'île privilégient en effet leur cargaison (riz, vanille…) et offrent peu d'espace aux passagers. N'espérez pas y obtenir de couchette. Sauf exception, vous disposerez

Madagascar hors piste

Randonnées, circuits en 4x4 ou à moto, trajets avec bivouacs... les occasions de voyages d'"aventure" sont nombreuses sur la Grande Île. Reste qu'un peu d'organisation est souvent la bienvenue. Vous trouverez ci-après une liste, non exhaustive, de quelques prestataires implantés à Madagascar qui pourront vous aider. Tous disposent de leur propre matériel. Des détails les concernant figurent dans les pages consacrées aux régions correspondantes.

Les Lézards de Tana (Antananarivo, ☎ 22 351 01, fax 22 354 50, www.madamax.com, lezard@bow.dts.mg, lezard@dts.mg). Sous l'égide de Gilles Gautier, "les lézards" comptent parmi les meilleurs spécialistes des sports d'aventure de l'île : randonnée, rafting, canyoning, trekking. Créateurs du Camp catta, dans le massif de l'Andringitra, ils sont une référence en matière d'organisation de "séjours sportifs en pleine brousse" et s'intéressent depuis peu aux sites d'escalade de l'archipel de Nosy Hara, à l'ouest de Diégo-Suarez.

Bernard Expéditions (Tuléar, ☎/fax 94 433 00, trajectoire@simicro.mg). Bernard, qui partage ses locaux avec l'agence Trajectoires, est le spécialiste des descentes en pirogue de la Mangoky. Véritable défricheur de nouveaux itinéraires sur l'île Rouge, il possède une bonne connaissance scientifique et se montre particulièrement sensible au respect de l'environnement.

Alefa (Nosy Be, ☎/fax 86 615 89, www.madagascar–contacts.com/alefa, alefa@simicro.mg). Souvent citée en exemple, Alefa organise d'exceptionnels circuits en pirogue sakalava sur la côte ouest de l'île. La société prône un tourisme de découverte qui n'exclut pas un certain art de vivre.

Tany Mena Tours (Antananarivo, ☎ 22 326 27, fax 22 312 21, www.tanymenatours.com, tanymenatours@simicro.mg). Implantée dans la capitale, cette agence sympathique dirigée par un ancien de Clio met l'accent sur la découverte culturelle – circuits animés par des conteurs, trekking avec des ethnologues, visites commentées par des historiens... Tany Mena Tours propose une approche intelligente et approfondie de la culture et des traditions malgaches.

Espace 4x4 (Antananarivo, ☎ 22 262 97, fax 22 272 96, espace4x4@dts.mg). Ce prestataire sérieux et compétent est reconnu comme l'un des meilleurs spécialistes de l'ouest malgache : descente de la Tsiribihina, tsingy de Bemaraha...

Océane Aventure (Antananarivo, ☎ 22 213 10, fax 22 312 22, oceav@dts.mg). Correspondant de Nouvelles Frontières, cette agence efficace offre un catalogue particulièrement complet, un bon matériel et une connaissance approfondie de l'île. Outre ses circuits,

au mieux de suffisamment de place sur le pont pour vous allonger et devrez prévoir eau et vivres. Ces bateaux restent cependant un moyen pratique de circuler le long de certaines côtes où les transports par route sont rares, par exemple entre Antalaha ou Maroantsetra et Tamatave ou l'île Sainte-Marie, ou encore le long du rivage nord-ouest. Renseignez-vous toujours sur les conditions météorologiques et la durée théorique de la traversée. Depuis 2001, le transport de passagers par boutre est théoriquement interdit sur la côte est durant la saison des alizés, entre mai et septembre. Hormis la desserte des îles Sainte-Marie et Nosy Be, la seule ligne maritime régulière de l'île est assurée par le *Jean-Pierre Calloch* entre Mahajanga et Nosy Be. Reportez-vous à ces deux destinations pour plus de détails sur ce service ouvert en 2001.

Des bateaux de tailles diverses font la navette entre la grande terre et les îles touristiques de Nosy Be ou de Sainte-Marie (voir les chapitres respectifs pour plus d'informations). Ces services restent à la merci de la météo.

Madagascar hors piste

Océane Aventure peut fournir un 4x4 et son chauffeur-guide, une tente et du matériel de camping aux voyageurs indépendants souhaitant partir à la découverte des pistes de l'île.

Aquaroc (Diégo-Suarez, ☎ 82 210 30, 033 11 651 73, www.aquaroc.com, aquaroc@aquaroc.com, aquaroc@dts.mg). Canyoning, escalade, VTT et trekking sont au programme de cette petite équipe sérieuse spécialisée en sports-aventure. Aquaroc a notamment équipé une voie d'escalade sur le site de la montagne des Français et offre des possibilités de canyoning en forêt tropicale.

Menabe Évasion (Antananarivo, ☎/fax 22 418 30, mena.eva@simicro.mg). L'un des meilleurs spécialistes de la descente du fleuve Tsiribihina, Menabe Évasion propose également de poursuivre par un circuit dans les tsingy de Bemaraha.

Malagasy Tours (Antananarivo, ☎ 22 356 07 ou 22 627 24, fax 22 622 13, www.malagasy-tours.com, malagasy@dts.mg) offre une large palette de circuits (randonnée, 4x4, bivouac…) dans toute l'île et s'intéresse de près aux abords du parc national de la montagne d'Ambre. Elle prône un tourisme proche des peuples et de la nature.

Lamba Tours (Diégo-Suarez, ☎/fax 82 230 70, lambtour@dts.mg). Nombreux circuits dans le Nord de l'île.

Ala Soa (Antananarivo, ☎ 22 374 37, alasoa@mate.mg). Circuits axés sur l'écotourisme et l'environnement.

Baobab Tours (Morondava, ☎ 95 520 12, fax 95 521 86). Circuits en 4x4 dans les environs de Morondava et sorties de pêche sportive.

Boogie Pilgrim (Antananarivo, ☎ 22 258 78, fax 22 625 56, www.madagascar-contacts.com/boogie, bopi@dts.mg). Cette agence, qui a participé au Raid Gauloises et à l'émission Opération Okavongo, organise des circuits haut de gamme.

Tropika Touring (Antananarivo, ☎ 22 222 30 ou 22 276 80, www.tropika-madagascar.com, tropika@bow.dts.mg) Nombreux circuits dans tout le pays.

Cortez Expeditions (Antananarivo, ☎ 22 219 74, fax 22 213 40, cortezmd@dts.mg). Habituée à travailler avec des tour-opérateurs anglo-saxons, Cortez Expeditions offre une grande variété d'itinéraires.

Mad Caméléon (Antananarivo, ☎/fax 22 344 20). Circuits dans l'Ouest.

Madagascar Airtours (Antananarivo, ☎ 22 241 92, fax 22 641 90). Circuits et location de voiture.

Madagascar Évasion (Antananarivo, ☎ 22 328 47, fax 22 252 70).

Les trajets en pirogue et en bateau deviennent de plus en plus populaires le long du canal des Pangalanes (à l'est) et sur la Tsiribihina (à l'ouest). L'aventure se révèle à la hauteur du tarif (reportez-vous aux chapitres consacrés à ces régions). Les promenades en pirogue ou petit bateau vers des sites naturels ou culturels (Lokaro près de Fort-Dauphin, îlots ceinturant Nosy Be, sorties à la rencontre des baleines au départ de l'île Sainte-Marie, etc.) rencontrent également un franc succès. La sympathique agence Alefa, basée sur l'île de Nosy Be, organise d'exceptionnels circuits en pirogue sakalava traditionnelle le long de la côte ouest. Vous trouverez les coordonnées d'Alefa dans la rubrique consacrée à *Nosy Be* du chapitre *Le Nord* et dans l'encadré *Madagascar hors piste* plus haut dans ce chapitre.

Les services destinés aux plaisanciers étant très limités dans les ports malgaches, rares sont ceux qui croisent au large de la Grande Île. Vous en rencontrerez cependant quelques-uns à proximité de Nosy Be et de l'île Sainte-Marie.

TRANSPORTS LOCAUX
Bus
Antananarivo compte plusieurs compagnies de transport public sérieuses. D'autres capitales provinciales et grandes villes, dont Fianarantsoa, Mahajanga et Antsirabe, disposent également de services de bus locaux. Ces véhicules surchargés ne sont cependant pas d'une grande utilité pour le voyageur compte tenu de leur lenteur et de la circulation, de la localisation centrale des sites et des hôtels, ainsi que de l'abondance des taxis et des pousse-pousse, plus rapides.

Taxi
Les véhicules les plus divers sont utilisés comme taxi à Madagascar, y compris des multitudes de Renault 4 et, dans la capitale, d'antiques 2 CV qui semblent prêtes à rendre l'âme lorsqu'elles s'engagent dans les rues qui montent vers la Ville haute. Vous trouverez des taxis dans toutes les grandes villes, où ils se pressent notamment autour des aéroports, des gares, des stationnements de taxis-brousse et des hôtels.

Les taxis malgaches n'étant jamais équipés de compteur, vous devrez toujours négocier la course. Des tarifs fixes et officiels tendent cependant à se généraliser pour certains trajets, notamment depuis/vers les aéroports. Le tarif des courses, qui reste bon marché, augmente toujours la nuit. Renseignez-vous sur les prix en vigueur auprès de votre hôtel.

Pousse-pousse
Les pousse-pousse inspirent invariablement un sentiment mitigé aux voyageurs, qui balancent entre leur appréhension à utiliser ce mode de transport à forte connotation coloniale et le désir de procurer du travail aux tireurs de pousses. Si vous avez quelques scrupules à vous laisser transporter par un moteur humain, sachez que les pousse-pousse permettent à leurs conducteurs, qui louent le plus souvent leur machine, de gagner leur vie. Reportez-vous à l'encadré qui leur est consacré au chapitre *Le Centre*.

Madagascar doit ses "posy-posy" aux Chinois que les Français firent venir pour construire des routes et des voies ferrées. Le nom de ce moyen de transport viendrait de l'habitude qu'avaient les conducteurs, lorsqu'ils montaient une côte, de crier "pousse, pousse" afin que les passants les aident en se plaçant derrière la voiture.

Il en existe encore un grand nombre à Tuléar, Tamatave, Manakara, Antsirabe et quelques autres villes. Les pousse-pousse sont pratiques pour les petits trajets en ville.

Attendez-vous à de longues séances de marchandage. La population locale débourse 1 000 FMG en moyenne pour une course. Les tarifs sont nettement plus "libres" pour les visiteurs, et il arrive que les prix doublent par temps de pluie. Ici encore, définissez le prix de la course avant de vous installer. Ultime précision : il arrive que les pousse soient particulièrement pressants, voire agaçants !

Charrette à zébus
Les lourdes charrettes à zébus – souvent dotées de roues en bois qui rappellent les gravures du Moyen Age en Europe – sont un moyen de transport à ne pas négliger dans certaines régions reculées. Elles sont aussi lentes qu'inconfortables mais toujours l'occasion de savoureuses rencontres. Aucun barème tarifaire n'existe : à vous de marchander.

CIRCUITS ORGANISÉS
Les tour-opérateurs se multiplient à Madagascar et offrent une infinité d'excursions : en pirogue, en 4x4, à moto, à pied ou en bus, pour observer la nature, comprendre la culture ou découvrir l'histoire du pays... Nombreux sont ceux qui proposent des circuits sur mesure.

Les circuits organisés localement vous permettront de gagner du temps en cas de court séjour et offrent de réels avantages pour explorer le pays. Côté inconvénients, citons le prix – certes plus cher que si vous utilisez les transports publics – et l'obligation, le plus souvent, de former un groupe d'au moins 4 personnes.

Pour plus de renseignements sur les organisateurs locaux, reportez-vous aux rubriques régionales de ce guide et plus haut à l'encadré *Madagascar hors piste*.

Antananarivo

Polluée, bruyante et poussiéreuse, Antananarivo séduit rarement d'emblée. La ville possède pourtant un charme que quelques jours suffisent à révéler. Elle le doit à ses hautes maisons de brique rouge ornées de balcons de bois, aux flèches de ses églises, aux ruines du *Rova* – l'ancien palais de la reine, qui surplombe l'ensemble –, aux abords du lac Anosy, à ses marchés et, enfin, à l'animation qui règne dans la Ville haute et autour de l'avenue de l'Indépendance.

L'image la plus célèbre de la "ville aux 12 collines" a longtemps été celle de la forêt de parasols blancs du "Zoma", gigantesque marché à ciel ouvert dont le vendredi (*zoma* en malgache) était le point d'orgue. Son démantèlement en 1997 a marqué un tournant dans l'histoire de la capitale malgache. S'il a certes permis à la ville de gagner en salubrité et en tranquillité, tout en rendant possible la circulation dans le centre, ce fut, aux yeux de certains, au prix d'une part de son âme. L'actuelle avenue de l'Indépendance, avec ses terre-pleins centraux et ses cabines téléphoniques, témoigne du nouveau départ que "Tana" cherche à se donner.

HISTOIRE

Antananarivo fut appelée Analamanga (la "forêt bleue") jusqu'en 1610, année où le roi merina Andrianjaka soumit les Vazimba, peuple considéré comme premier occupant de Madagascar. Après ce fait d'armes, il posta dans la ville une garnison de 1 000 hommes pour défendre la région et fit construire son palais sur la plus haute colline. La ville prit alors le nom d'Antananarivo : la "Ville des mille".

L'essor d'Antananarivo coïncide avec celui de l'Imerina, territoire de l'ethnie merina, dominante sur les Hauts Plateaux. A la fin du XVIIIe siècle, le roi Andrianampoinimerina ("le seigneur du cœur de l'Imerina") réussit à unifier les peuples des hautes terres et quitta Ambohimanga, une vingtaine de kilomètres plus au nord, pour faire d'Antananarivo la capitale du royaume.

L'histoire de la capitale malgache s'écrit dès lors en filigrane de celle du pays tout entier. En 1885, la France, en lutte contre la monarchie merina, obtint l'autorisation d'installer un diplomate dans la ville. Ce premier pion français dans la place fut complété, dix ans plus tard, par l'arrivée dans la "Ville des mille" des troupes fran-

ANTANANARIVO

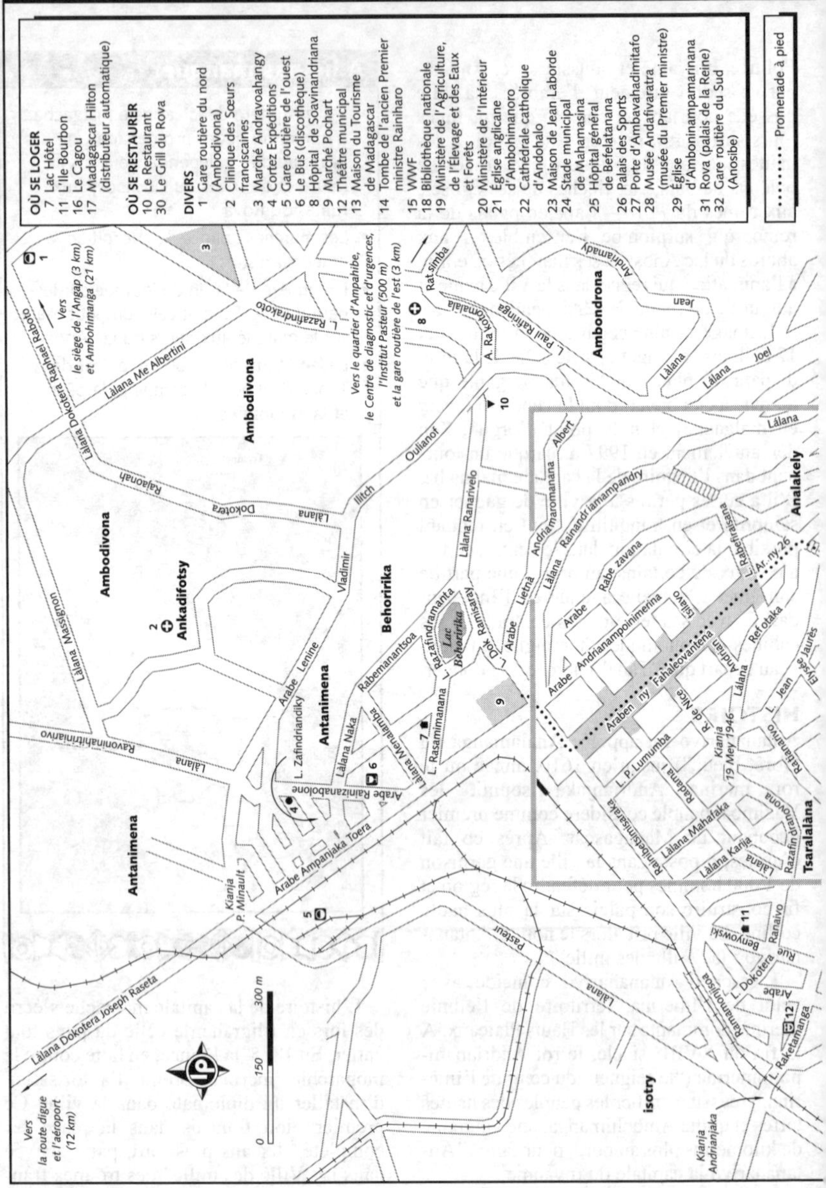

········· Promenade à pied

Vers
le siège de l'Angap (3 km)
et Ambohimanga (21 km)

Ambodivona

Ambodivona

Ankadifotsy

Antanimena

Antanimena

Behoririka

Lac
Behoririka

Vers le quartier d'Ampahibe,
le Centre de diagnostic et d'urgences,
l'Institut Pasteur (500 m)
et la gare routière de l'est (3 km)

Ambondrona

Analakely

Tsaralalàna

isotry

Vers
la route digue
et l'aéroport
(12 km)

300 m

150

0

Lálana Dokotera Joseph Raseta

Kianja
P. Minault

Kianja
Andrianjaka

ANTANANARIVO

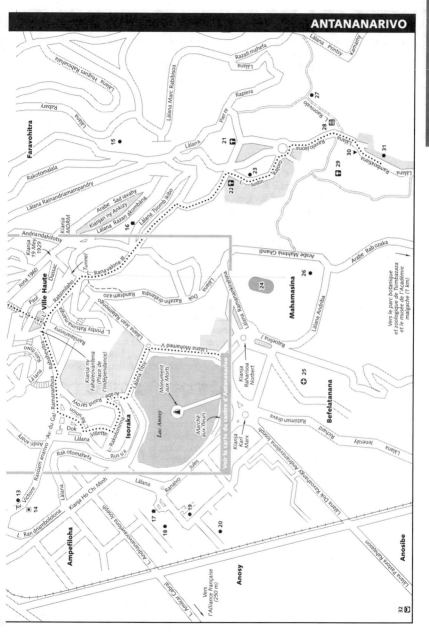

Les enfants des rues de Tana

En visitant la capitale, ne serait-ce que quelques heures, on ne peut manquer de noter la présence de petits vagabonds dans les rues, dont le nombre est très difficile à évaluer.

Certains dorment emmitouflés dans des haillons et des cartons sur le seuil des maisons, comme vous l'observerez dans le quartier de la gare au petit jour. D'autres ont un foyer – la plupart du temps dans les quartiers périphériques – mais sont retirés de l'école par leurs parents qui les envoient battre le pavé de la ville pendant la journée pour compléter le maigre revenu du ménage. Certains viennent d'autres régions de Madagascar. Souvent, les parents qui n'ont pas trouvé d'emploi dans la capitale envoient leurs enfants dans la rue pour mendier. D'autres encore n'ont pas de certificat de naissance ou de papiers d'identité et se voient refuser l'accès aux écoles publiques.

De nombreuses organisations, heureusement, œuvrent pour venir en aide à ces enfants comme à leurs parents ou à d'autres sans-abri. L'un des programmes d'aide les plus connus est celui mis en place par le père Pedro, un prêtre que tout le monde connaît à Tana. Il est à l'origine de la construction, il y a quelque dix ans, du village d'Akamasoa, sur l'emplacement d'un dépotoir situé en dehors de la ville. Grâce à son initiative, les personnes qui subsistaient en fouillant les débris de la décharge purent construire des maisons et s'employèrent à trier les détritus, qu'ils transforment en engrais et commercialisent. Cette idée a été suivie d'exemples dans d'autres régions de Madagascar, et les différents villages abritent désormais plus de 15 000 personnes. Akamasoa se trouve à environ 12 km de la ville, près d'Ivato.

Le centre Fihavanana (☎ 22 27159) se consacre pour sa part aux femmes dans le besoin, en dispensant des formations professionnelles, ainsi qu'aux enfants des rues, à qui on donne un enseignement scolaire de base jusqu'à ce qu'ils soient en âge d'intégrer une école publique.

Akany Avoko (☎ 22 44158, BP 29, Ambohidratrimo 105), dans la région d'Ambohidratrimo à environ 15 km au nord-ouest de Tana, est un centre de détention pour femmes administré par la Fédération protestante de Madagascar, avec le soutien financier du Gouvernement. Il permet à ces femmes de disposer d'un logement, de recevoir une formation professionnelle et des rudiments d'éducation en attendant leur jugement et, surtout, il aide ces détenues, dont la plupart ont été rejetées par leur famille et leur communauté, à retrouver l'estime de soi.

çaises venues prendre possession de l'île. Le nom d'Antananarivo fut alors francisé pour devenir Tananarive, qui figure sur les cartes jusqu'à l'Indépendance.

La puissance coloniale transforma profondément la ville et son urbanisme dès les premières années du XXᵉ siècle. Antananarivo se limitait alors presque exclusivement à la Ville haute ; Analakely et l'actuelle Ville basse étant couverts de rizières. Soucieux de s'affranchir de la royauté merina de la Ville haute, les Français décidèrent d'assécher une vingtaine d'hectares de marais et de rizières pour y créer un nouveau quartier : Analakely. La population "indigène", selon l'appellation coloniale, fut mise à contribution pour ces grands travaux, qui aboutirent

à la création de l'avenue Fallières, l'actuelle avenue de l'Indépendance. Ils entreprirent également la construction des deux grands escaliers de la ville, de nombreux bâtiments, dont la gare, d'un réseau d'égouts couverts et de fontaines publiques, puis l'alimentation en électricité. C'est ainsi que Tananarive atteignit 140 000 habitants, en 1940. Entre-temps, la manifestation anti-française du 19 mai 1929 constitua le premier signe d'une opposition de grande ampleur à la présence coloniale.

"Tananarive" reprit son nom d'Antananarivo à l'Indépendance. Le plus souvent désignée de nos jours sous le diminutif de "Tana", la ville continue d'évoluer. L'avenue de l'indépendance a été réhabilitée en

1997 grâce à des capitaux japonais. Marc Ravalomanana, maire de la ville depuis 1999, a également entrepris une politique de travaux urbains. Ils touchent notamment aux transports et à la résolution des problèmes liés à un trafic automobile croissant.

ORIENTATION

En malgache, *làlana* signifie rue, *arabe* ou *araben* avenue, et *kianja* ou *kianjan* place. Les noms des rues, cela dit, ne vous seront pas d'un grand secours pour vous repérer dans la capitale. Non seulement les plaques sont rares et souvent illisibles, mais les habitants de la ville les connaissent rarement. Les anciennes appellations françaises ont par ailleurs souvent été remplacées par des noms malgaches, aussi peu usités par l'homme de la rue que les anciens noms coloniaux. L'avenue de l'Indépendance donne une bonne idée du flou régnant dans ce domaine : rebaptisée "araben ny Fahaleovantena" à l'Indépendance, elle arbore également quelques plaques la désignant sous le nom d'avenue de la Libération...

Les noms des quartiers vous seront en revanche fort utiles. Quatre d'entre eux (Analakely, la Ville haute ou Antaninarenina, Tsaralalàna et Isoraka) concentrent une grande part de l'activité du centre-ville. Analakely (la "petite forêt") constitue le centre de la Ville basse. Ce quartier s'articule autour de l'avenue de l'Indépendance, qui commence à la gare ferroviaire principale et se termine à l'Hôtel Glacier, où elle rétrécit pour devenir l'araben ny 26 Jona 1960, ou avenue du 26-juin-1960. Vous pourrez voir, au milieu de l'avenue de l'Indépendance, les vestiges de l'ancien hôtel de ville, détruit lors des émeutes du 13 mai 1972.

A l'ouest d'Analakely, le quartier de Tsaralalàna occupe le sud de la voie ferrée. Vous y trouverez des hôtels et des restaurants.

Surplombant les précédents au sud, la Ville haute (Antaninarenina) regroupe les banques, de nombreux bâtiments officiels, la poste centrale et quelques clubs, hôtels et restaurants le long de la làlana Ratsimilaho, plus souvent appelée "rue des Bijoutiers". On y accède à pied depuis Analakely par les escaliers, très animés, qui partent de l'avenue du

26-juin-1960, dans le prolongement de l'avenue de l'Indépendance, ou en montant le long du quartier d'Isoraka, jalonné de quelques commerces, hôtels et restaurants. De la Ville haute, des ruelles partent à l'assaut de l'ancien palais de la Reine, le Rova, longeant des églises et autres bâtiments anciens.

Au sud d'Isoraka, la haute tour du Madagascar Hilton domine le quartier du lac Anosy, dont les abords ont été réhabilités au cours des dernières années. Un tunnel routier traverse la colline pour le relier à Analakely. Pour les piétons, il s'avère plus facile et plus attrayant de grimper jusqu'au sommet de la Ville haute et de redescendre par l'avenue du Général Ramanantsoa (ex-arabe Grandidier Rabahevitra) et la làlana Réunion. Plusieurs bâtiments publics entourent le Madagascar Hilton, dont la Bibliothèque nationale et le ministère de l'Intérieur. Plus loin, le grand hôpital général de Befelatanana et le stade municipal de Mahamasina surplombent le lac.

Les noms des principaux autres quartiers de la capitale ont été reportés sur la carte générale d'Antananarivo. Un itinéraire de découverte de la ville est proposé plus loin dans la section *Une visite de Tana à pied*.

Cartes

Vous pouvez vous procurer la carte en couleur éditée par Edicom à la Maison du tourisme et dans certaines boutiques de la ville. Le FTM (Institut géographique et hydrographique national) et les éditions réunionnaises Carambole publient aussi des plans détaillés, généralement disponibles en librairie.

RENSEIGNEMENTS
Office du tourisme

La Maison du tourisme de Madagascar (☎ 22 351 78, fax 22 695 22, mtm@ simicro.mg) bénéficie de nouveaux locaux dans le quartier d'Isoraka, non loin du tombeau de l'ancien Premier Ministre Rainiharo. Elle propose peu de documentation sur les sites touristiques, mais le personnel, accueillant et compétent, répondra à toutes vos questions. Elle ouvre en semaine de 8h30 à 12h et de 14h à 17h.

ANTANANARIVO

Angap et ONE

Le siège de l'Association pour la gestion des aires protégées, ou Angap (☎ 22 415 54 ou 22 415 38, fax 22 415 39, angap@dts.mg, www.parcs-madagascar.com) est installé dans le quartier éloigné d'Ambatobe, près du nouveau Lycée français. L'association dispose cependant d'un bureau dans les locaux de l'ONE (Office national de l'environnement, ☎ via l'Angap), dans la Ville haute, où vous trouverez toutes les informations nécessaires sur les parcs et réserves de l'île. Il ouvre en semaine de 8h à 12h et de 13h30 à 16h.

Ambassades étrangères

Pour la liste des ambassades et consulats étrangers installés à Tana, consultez le chapitre *Renseignements pratiques*.

Argent

Banques. Les banques sont légion à Antananarivo, notamment dans la Ville haute et le long de l'avenue de l'Indépendance, à Analakely. La plupart d'entre elles ouvrent en semaine de 8h à 15h et ferment l'après-midi les veilles de jours fériés.

BFV-SG (☎ 22 206 91), sur la droite en haut de l'avenue de l'Indépendance, change les devises sans commission et délivre des avances sur les cartes Visa ou Mastercard. Les opérations de change de chèques de voyage sont facturées 1,2% du montant de la transaction, avec un minimum de 30 000 FMG. La BFV-SG dispose également d'une agence dans la Ville haute et propose un service de transfert d'argent en partenariat avec Western Union.

BMOI (☎ 22 346 09), dans la Ville haute, change les devises sans commission et les chèques de voyage (commission de 36 000 FMG). L'agence est la seule d'Antananarivo à être équipée de distributeurs automatiques (voir ci-dessous). Une petite agence de la BMOI située en haut de l'avenue de l'Indépendance, à Analakely, change exclusivement les devises.

BNI-CL (☎ 22 224 21), que vous trouverez non loin de l'avenue de l'Indépendance dans la Ville basse, dispose au 1er étage d'un guichet de change efficace et rapide, qui accepte théoriquement les devises et les chèques de voyage en euros, dollars américains et canadiens sans commission. L'agence ouvre en semaine de 8h à 15h30. Le siège de cette même banque (☎ 22 255 49, 22 289 12, 74 av. de l'Indépendance), se situe en haut de l'avenue, sur le côté gauche, après les escaliers et la grande poste. Ouvert en semaine de 8h à 16h, il pratique également le change des devises et des chèques de voyage. Les titulaires d'un compte au Crédit Lyonnais en France pourront y retirer de l'argent sur présentation de leur chéquier et de leur carte Visa (retrait maximum d'environ 300 € tous les trois jours).

BTM-BOA (☎ 22 392 50), dans la Ville haute, ouvre en semaine de 8h à 15h pour les opérations de change. Vous pourrez y obtenir une avance sur une Mastercard ou y changer des chèques de voyage Thomas Cook moyennant une commission de 1,2%. La banque compte également une agence avenue de l'Indépendance.

UCB (☎ 22 272 62, fax 22 287 40), dissimulée près de l'ambassade de Suisse dans la Ville basse, délivre des avances sur les cartes Visa et Mastercard moyennant une commission importante. Ses guichets ouvrent en semaine de 8h30 à 16h.

Bureaux de change. Vous trouverez un bureau de change de la société Socimad (☎ 22 643 20, fax 22 643 20, socimad@compro.mg) en face à l'hôtel Indri, à Tsaralalàna. Il est ouvert en semaine aux heures de bureau, mais aussi le samedi matin de 8h à 11h15. Le taux qu'il pratique pour les devises est souvent plus avantageux que celui des banques.

Distributeurs automatiques. Deux distributeurs automatiques, acceptant les cartes Visa uniquement, sont implantés à l'agence de la BMOI de la Ville haute (☎ 22 346 09, fax 22 346 10). Ouverts 7j/7 de 7h à 20h, ils délivrent des billets de 25 000 FMG (900 000 FMG au maximum par retrait). Il est théoriquement possible d'effectuer plusieurs retraits successifs et, comble du luxe, vous obtiendrez des billets neufs !

Un troisième distributeur acceptant les cartes Visa est installé dans le hall du Madagascar Hilton.

À l'heure où nous écrivons ces lignes, il n'existe aucun distributeur automatique compatible avec d'autres cartes de crédit – Mastercard comprise – à Madagascar.

Change au marché noir. Des changeurs d'argent au noir opèrent dans le quartier de

Tsaralalàna. Ils proposent un taux légèrement supérieur au cours officiel et s'avèrent pratiques en dehors des heures d'ouverture des banques et le week-end. Si vous avez recours à leurs services, prenez garde à bien vérifier la conversion et recomptez les billets dans les liasses.

American Express. Madagascar Airtours (☎ 22 241 92, fax 22 641 90, 33 av. de l'Indépendance) est le correspondant d'American Express, carte fort peu utile à Madagascar. Les services de Madagascar Airtours se limitent à l'assistance et dépannage en cas de force majeure. Les bureaux sont ouverts du lundi au vendredi, de 8h à 12h et de 14h à 18h.

Poste et téléphone

Tana abrite deux grands bureaux de poste : l'un dans la Ville basse, sur l'araben ny 26 Jona 1960 ; l'autre – la poste centrale – près de l'Hôtel Colbert, dans la Ville haute. Ils ouvrent en semaine de 7h30 à 15h environ. Tous deux possèdent des services de télégramme et de téléphone au 1er étage. La poste centrale dispose d'un service de poste restante.

Situé sur arabe Rainibetsimisaraka (la rue qui longe les voies ferrées), le bureau central des colis postaux (Poasitra malagasy) ouvre en semaine de 8h à 15h30.

Des cabines téléphoniques à carte sont implantées le long de l'avenue de l'Indépendance, près du supermarché Champion de la Ville haute ou encore devant l'hôtel Sakamanga. La boutique GIC, en haut de l'avenue de l'Indépendance à droite (et donc tout près de deux cabines), vend des télécartes, tout comme certains hôtels.

E-mails et accès Internet

L'accès au net est relativement aisé et rapide à Tana. **Simicro** (☎ 22 648 83, fax 22 325 18, www.simicro.mg, rue des Bijoutiers dans la Ville haute ; ouvert lundi-sam 8h-19h), est l'une des meilleures adresses pour accéder au réseau mondial. La connexion est facturée 15 000 FMG les 15 minutes.

En face, la librairie **Espace loisir** (☎ 22 214 75, rue des Bijoutiers) met également

des ordinateurs à la disposition des internautes, au prix de 10 000 FMG les 10 premières minutes, puis 1 500 FMG par minute supplémentaire.

Un cybercafé est installé dans le hall du **Madagascar Hilton** (☎ 22 203 59, dts@dts.mg). La connexion revient à 1 000 FMG par minute, avec un minimum de facturation de 15 000 FMG.

L'hôtel **Sakamanga** dispose d'une cabine Internet.

Agences de voyages

Antananarivo compte de nombreuses agences de voyages. Seules celles proposant des circuits et prestations dans et autour de Tana sont mentionnées ci-après. Vous trouverez une liste détaillée des agences proposant des itinéraires à Madagascar, ainsi que les prestations hors Tana des agences ci-dessous, à la rubrique *Circuits organisés* du chapitre *Comment circuler*. Les prestataires assurant des locations de voiture au départ d'Antananarivo sont rassemblés à la rubrique *Comment s'y rendre – Location de voitures*, plus loin dans ce chapitre.

Tany Mena Tours (☎ 22 326 27, fax 22 312 21, av. de l'Indépendance, tanymenatours@ simicro.mg, www.tanymenatours.com). Dirigée par un ancien de Clio, cette sympathique agence franco-malgache propose, entre autres services, une visite culturelle d'une journée de la capitale malgache et de ses proches environs animée par une historienne (180 000 FMG par personne).
4x4 et Découvertes (☎ 22 213 69, 22 358 09, 032 07 178 28). Cette agence intégrée à l'hôtel Sakamanga assure des circuits d'une journée en 4x4 autour de la capitale : ateliers d'artisanat, colline sacrée d'Ambohidratimo, Croq' Farm, villages et tombeaux… Comptez de 23 à 30,5 € par personne selon le taux de remplissage du véhicule.
Ala Soa (☎ 22 374 37, alasoa@mate.mg, Isoraka). Basée à la Boutique du Naturaliste, à Isoraka, cette agence organise des circuits écotouristiques dans les environs d'Antananarivo.
Dodo Travels (☎ 22 690 36, fax 22 257 05, dodotrav@dts.mg, www.dodotraveltour.com ; ouvert lun-ven 9h-17h30, sam 9h-11h30). Cette agence dynamique située non loin de l'hôtel Sakamanga vous sera utile pour vos réservations de billets d'avion. Les cartes de crédit sont acceptées.

CENTRE D'ANTANANARIVO

Où se loger
5 Hôtel Tana Plaza
7 Palace Hôtel
15 Hôtel Indri
17 Moonlight Hotel
19 Hôtel Lambert
21 Hôtel de France et restaurant La Brasserie
33 Le Royal Palissandre et restaurant La Table des Hautes Terres
39 Hôtel Pacifique
40 Le Sakamanga
55 Le Jean Laborde
56 Bed & breakfast résidence Lapasoa
65 Hôtel Ibis
70 Hôtel Isoraka
75 Hôtel Colbert et restaurant La Taverne
79 Hôtel Raphia

Où se restaurer
2 Grand Orient
9 Honey
10 Blanche Neige
13 Le Relais Normand
14 Shalimar
29 La Potinière
35 Le Glacier
49 Restaurant Betoko
58 La Boussole
63 Le Buffet du Jardin
76 Latina Café
77 Le Maharaja
78 Minou

80 Le Caf'art
82 Le Petit Verdot

Divers
1 Gare ferroviaire
3 BTM-BOA
4 Pressing Net à Sec
6 Budget
8 Centre culturel Albert Camus (CCAC)
11 Marché communal Petite Vitesse
12 Centre des colis postaux (Paoma)
16 Bureau de change Socimad
18 Supermarché Champion (Ville basse)
20 Librairie de Madagascar
22 Photorama
23 BFV-SG
24 L'Indra (discothèque)
25 Commissariat
26 Air France
27 Air Madagascar
28 Madagascar Airtours
30 Centre artisanal Le Flamant Rose
31 Tany Mena Tours
32 Marché
34 BMOI
36 Hertz
37 BFV-SG
38 Ambassade et consulat de France
41 Boutique Bongou
42 Ambassade de Suisse

43 Air Austral et Air Mauritius
44 UCB
45 Dodo Travels
46 Compagnie des Gemmes de Madagascar (CGM)
47 Ambassade des États-Unis
48 Cercle Germano-Malagasy et café Gœthe
50 Poste centrale (Ville basse)
51 BNI-CL
52 Bio Aroma
53 Espace 4x4
54 Ala Soa – La Boutique du naturaliste
57 Musée d'Art et d'Archéologie
59 BFV-SG
60 La Hutte Canadienne et la Pâtisserie Suisse
61 Le Caveau (discothèque)
62 BTM-BOA
64 Supermarché Champion (Ville haute)
66 Office National de l'Environnement (bureau de l'Angap)
67 Poste centrale (Ville haute)
68 BMOI (distributeur automatique)
69 Espace loisir (librairie et accès Internet) et boutique Fuji
71 Théâtre de verdure Antsahamanitra
72 Ancien Palais présidentiel
73 Acapulco Nightclub
74 Simicro (accès Internet)
81 Centre culturel américain
83 Marché aux fleurs

Océane Aventure (☎ 22 213 10, fax 22 312 22, oceav@dts.mg, Faravohitra). Cette agence efficace, au catalogue particulièrement complet, représente Corsair-Nouvelles Frontières à Madagascar.

Blanchissage/nettoyage

Vous pourrez faire laver votre linge au Pressing Net à Sec, avenue de l'Indépendance, ou au Pressing Palace, en face. La solution la plus simple est cependant d'avoir recours aux services de blanchisserie, bon marché et rapides, que proposent certains hôtels.

Librairies et journaux

La Librairie de Madagascar (☎ 22 224 54, 38 av. de l'Indépendance ; ouvert lun après midi-sam 8h30-12h et 14h30-18h) est, malgré son décor vieillot, l'une des mieux approvisionnées de la ville. Ses rayonnages présentent un grand choix de livres sur Madagascar, des dictionnaires et méthodes de malgache, des articles de papeterie et des livres de poche. Vous y trouverez également des quotidiens et magazines étrangers, avec quelques jours de retard.

Espace Loisir (☎ 22 214 75, rue des Bijoutiers), dans la Ville haute, est également une bonne librairie, tant pour les magazines et ouvrages consacrés à Madagascar que pour les livres de poche.

De nombreux marchands de rue proposent des journaux malgaches et étrangers (avec quelques jours de retard) dans le centre.

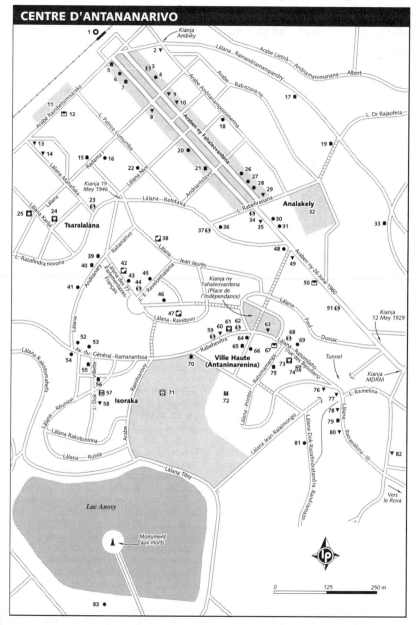

CENTRE D'ANTANANARIVO

La presse est enfin disponible dans les rayonnages des supermarchés Champion.

Bibliothèque

La Bibliothèque nationale (ouverte lun-ven 8h-12h et 14h-17h), à côté du Madagascar Hilton dans le quartier d'Anosy, ne mérite pas vraiment le détour, à moins d'être universitaire ou chercheur. Les centres culturels (voir ci-dessous) représentent une bien meilleure source.

Centres culturels

Pilier de la vie culturelle tananarivienne, le Centre culturel Albert Camus (CCAC, ☎ 22 213 75 ou 22 236 47, fax 22 213 38, ccac@dts.mg, 14 av. de l'Indépendance ; ouvert mar-sam 10h-13h et 14h-17h30) abrite une bibliothèque et une discothèque (fermées le vendredi matin), ainsi qu'un club vidéo. Le CCAC, qui possède une très belle salle de spectacles, organise de nombreuses manifestations : expositions, représentations théâtrales, concerts, spectacles de danse, projections de films, rencontres avec des artistes. Renseignez-vous sur place sur le programme des manifestations.

Le Cercle germano-malagasy (☎ 22 21 442, 22 33 092, araben ny 26 Jona 1960 ; ouvert lun-ven 8h30-12h et 14h30-18h, sam 8h30-12h) est installé au 3e étage de l'immeuble FJKM, auquel on accède en montant quelques marches des escaliers qui grimpent vers la Ville haute depuis l'araben ny 26 Jona 1960. Il dispense des cours d'allemand, de danse et de musique dans un espace agréable qui accueille également un café-restaurant où vous pourrez déjeuner à bon prix. Renseignez-vous sur les manifestations en cours.

Le Centre culturel américain (American Cultural Center, ☎ 22 202 38, fax 22 213 97, Ambohidahy ; ouvert lun-ven 12h30-17h), situé près de l'entrée du tunnel, dispose d'une grande bibliothèque et d'une salle des périodiques. Les étrangers peuvent consulter les ouvrages à tout moment, mais seuls les membres peuvent les emprunter. Le centre organise des séances de cinéma, des conférences et des concerts. Informez-vous sur son programme mensuel.

Vous pourrez enfin contacter l'Alliance française d'Antananarivo (☎ 22 208 56 ou 22 211 07, fax 22 78 379 ou 22 225 04, aftana@dts.mg, BP 916, Andavamamba), mais ses services s'adressent avant tout aux Malgaches. Les quotidiens locaux répertorient les activités culturelles à l'affiche ou à venir dans ces centres.

Photo

Nombre de labos photo sont rassemblés dans la rue des Bijoutiers de la Ville haute, aux abords de l'hôtel Colbert. Outre la vente de pellicules, ils proposent le développent de négatifs couleurs et de films diapositives. Leurs tarifs sont raisonnables et la qualité des travaux comparable à celle de tous les "minilabs". Parmi eux, citons la boutique au personnel efficace et à l'enseigne Fuji (☎ 22 274 68) située rue des Bijoutiers, face à la Poste.

Photorama (☎ 22 339 95), autre boutique à l'enseigne Fuji, située près de l'hôtel Mellis dans la Ville basse, assure des prestations comparables.

Vous procurer piles et pièces de rechange risque de vous poser davantage de problèmes. Vérifiez la date de péremption lorsque vous achetez des pellicules et abstenez-vous si elles sont stockées au soleil.

Services médicaux

L'hôpital de Soavinandriana (☎ 22 397 51 ou 22 403 43), également connu sous le nom d'hôpital militaire d'Antananarivo, reçoit l'aide du gouvernement français. Ouvert 24h/24 pour les urgences, il est équipé d'appareils de radiographie et de médicaments de base. Plusieurs médecins français y effectuent leur service national.

Le Centre médical de Diagnostic et d'Urgences (CDU, ☎/fax 22 329 56, 030 23 822 28, cité planton, Ampahibe), ouvert en 2000 aux abords de l'ambassade d'Allemagne, est une structure médicale privée regroupant des généralistes et spécialistes français et malgaches. Ouvert 7j/7 et 24h/24, il traite les urgences et est équipé de matériel de radiologie.

Espace Médical (☎/fax 22 625 66, 65 *bis* làlana Pasteur Rabary, Antsakaviro) est une autre clinique privée équipée de matériel de radiologie où officient des médecins français.

L'Institut Pasteur de Madagascar (☎ 22 401 64 ou 22 401 65, fax 22 415 34, ipm@pasteur.mg, Basarety ; ouvert lun-sam 9h-17h) est l'adresse la plus sûre pour les prélèvements et analyses.

La clinique des Sœurs franciscaines (☎ 22 235 54, 22 790 94), ou clinique et maternité Saint-François, possède également un service de radiologie. Elle semble assez propre et bien gérée.

Notez qu'on vous demandera de payer à l'avance dans de nombreux établissements. En cas d'urgence, la permanence 24h/24 du consulat de France à Antananarivo (☎ 22 398 98) pourra peut-être vous venir en aide.

Les quotidiens locaux, rédigés en français et en malgache, indiquent les coordonnées de quelques médecins, des pharmacies de garde, de dentistes et d'hôpitaux.

Urgences
Voici quelques numéros utiles :

• pompiers	☎ 18
• police	☎ 17
• commissariat central de Tsaralalàna	☎ 22 227 35
• ambulances	☎ 22 200 40
(ou l'Espace Médical	☎ 22 625 66)
• permanence 24h/24 du consulat de France à Antananarivo	☎ 22 398 98

Désagréments et dangers
Éviter les problèmes, à Tana comme ailleurs, est avant tout question de bon sens. Le niveau de vie moyen à Madagascar étant ce qu'il est (le salaire minimum avoisine les 200 000 FMG et 500 000 FMG mensuels constituent un bon salaire), le visiteur qui exhibe ses "richesses" – sacs, appareils photo, montres de prix, bijoux, Caméscopes, etc. – court toujours le risque de réveiller les mauvais instincts. Si les attaques restent rares, il arrive que des voleurs à l'arraché et des pickpockets agissent dans la foule, les bus et les marchés. Les gamins des rues parviennent parfois à délester les touristes de certaines de leurs possessions. Souvent, celui qui tient un chapeau à la main détourne l'attention du *vazaha* pendant que ses collègues officient (où le contraire).

En soirée, les risques de vol se font plus aigus, d'autant que l'éclairage urbain fait souvent défaut et que la nuit tombe tôt. Évitez les rues trop sombres et désertes ou, mieux encore, déplacez-vous en taxi après la tombée de la nuit. Dans tous les cas, il est conseillé de ne pas opposer de résistance en cas d'agression et de prévoir une petite somme d'argent facilement accessible dont vous pourrez vous délester pour satisfaire vos très éventuels agresseurs.

Précisons enfin que l'écrasante majorité des visiteurs ne rencontrent aucun problème lors de leur séjour à Tana.

A VOIR
Marchés
Si le Zoma appartient maintenant au passé, Antananarivo compte encore un certain nombre de marchés qui valent le détour. En haut de l'avenue de l'Indépendance à gauche, au pied des escaliers, les pavillons aux toits de tuile, qui jouxtaient autrefois le Zoma, regorgent d'activité. Fruits, viande et marchandises diverses ornent leurs nombreux étals. Vous trouverez les mêmes produits au **marché communal Petite vitesse**, le long de la voie ferrée à l'ouest de la gare ferroviaire.

De l'autre côté de la gare, le **marché Pochart** a l'avantage d'être situé en plein centre-ville et de proposer un peu d'artisanat. Le meilleur marché de la ville dans ce domaine est cependant le **marché Andravoahangy**, au nord-est du centre-ville, où les tailleurs de pierre, les brodeurs, les libraires, les charpentiers, les ébénistes et autres artisans fabriquent et vendent leur travail. Reportez-vous aux cartes d'Antananarivo pour localiser ces différents marchés, qui se tiennent tous les jours sauf le dimanche. Gardez à l'esprit que ce sont les lieux de prédilection des pickpockets et préparez-vous à d'âpres marchandages.

Églises
La **cathédrale catholique d'Andohalo** et l'**église anglicane d'Ambohimanoro** se dressent sur le chemin du Rova (voir ci-dessous). Leur architecture n'a rien de fasci-

Il était une fois le Zoma

En malgache, le mot zoma (prononcez "zouma") désigne le vendredi. Il reste pourtant indissociable de l'immense marché qui se tenait jusqu'en 1997 le long de l'avenue de l'Indépendance, et dont le cinquième jour de la semaine était le point d'orgue. L'un des plus grands marchés à ciel ouvert du monde, le Zoma fut longtemps la plus impressionnante image qui s'offrait aux visiteurs de la capitale malgache. Fruits, légumes, viande, poisson, fleurs, épices, chaussures, vaisselle, artisanat, meubles, vêtements… tout ce qui pouvait se vendre ou s'acheter était au Zoma, quelque part sous la forêt des grands parasols blancs octogonaux qui recouvrait ce festival de couleurs et d'odeurs.

Instauré sous le règne du roi Andrianampoinimerina pour le commerce du bois et des zébus, puis complété dans les années 1920 par la série de pavillons de brique qui accueillent encore un marché, sur araben ny 26 jona 1960, le Zoma appartient maintenant au passé : il a été démantelé en 1997 pour faciliter les travaux de réfection de l'avenue de l'Indépendance, financés par l'aide japonaise, puis partagé entre les marchés environnants, Petite Vitesse et Pochart.

nant mais elles se trouvent dans l'un des plus jolis quartiers de la ville et offrent une vue splendide sur Tana et le lac Anosy. Vous pourrez assister aux offices et écouter les chants du dimanche matin.

Au sommet de la colline, également à proximité du Rova, l'**église d'Amboninam-pamarinana** (le "lieu du lancement") a été érigée par des missionnaires sur l'emplacement où la reine Ranavalona Ire faisait martyriser les chrétiens. Pour l'atteindre, empruntez l'arabe Rabozaka, la rue qui relie le stade municipal au zoo de Tsimbazaza.

Enfin, allez assister le dimanche à 9h au sermon du **père Pedro**, qui lutte depuis des années pour aider les plus démunis. Son église, connue de tous, se situe à Akamasoa, à une vingtaine de minutes en taxi du centre-ville.

Rova (palais de la Reine)

Coiffant la plus haute colline dominant le lac Anosy, le Rova (Anatirova), ou palais de la Reine, fut le principal trésor historique et culturel d'Antananarivo jusqu'à la nuit de novembre 1995 où il fut presque entièrement détruit par un incendie. Le feu, qui se déclara le soir de la proclamation des résultats des élections municipales d'Antananarivo (certainement un acte criminel d'origine politique : le feu est souvent utilisé comme moyen de faire entendre sa voix sur la Grande Île), n'a épargné que sa haute façade de pierre, qui semble maintenant bien esseulée.

La reconstruction de ce monument historique, promise par les autorités au lendemain du désastre, a depuis fait l'objet de nombreux rebondissements. Tout semblait pourtant bien parti : en juin 1999, les premières pièces de bois devant servir à la reconstruction du palais furent transportées en grande pompe jusqu'à la capitale. Conformément à la tradition, ces "bois sacrés" en provenance du pays zafimaniry furent montés à dos d'homme jusqu'au Rova un jeudi, seul jour favorable, avec le dimanche, pour ce type d'événement. Plusieurs années après les faits, malgré un financement de la Banque mondiale et la souscription de nombreux habitants de la capitale, qui mirent la main au porte-monnaie pour aider à la reconstruction du monument, les travaux semblent cependant arrêtés et l'argent envolé…

Pour accéder au palais depuis le centre-ville, vous pouvez attraper le bus Antafita n°21, prendre un taxi (10 000-12 000 FMG environ) ou grimper en haut de la colline en empruntant les marches et les sentiers qui forment un labyrinthe au milieu des habitations. La meilleure solution est certainement le taxi à l'aller et la marche au retour, dans les rues étroites et tortueuses de la Ville haute.

Au pied de la làlana Raonivalo, sous le Rova, la gigantesque porte Ambavahadimitafo, l'ancienne entrée du palais, a survécu. L'énorme rocher, posé maintenant sur le côté, était roulé devant pour la fermer. Il est théoriquement possible d'organiser sur place une visite informelle. Une autre option consiste à s'adresser au musée Andafivaratra (voir ci-après).

Musée Andafivaratra (musée du Premier ministre)

Quelques centaines de mètres avant le Rova, le musée du Premier ministre *(entrée 25 000 FMG pour le musée et le Rova ; ouvert tlj 10h-17h sauf lun)* abrite les collections historiques rescapées de l'incendie du palais de la Reine et quelques objets représentatifs des dernières dynasties malgaches. L'architecture de ce beau bâtiment ocre-rose érigé en 1872 d'après les plans de l'architecte baroque Williams Pool à l'emplacement d'un précédent palais en bois, mérite également le coup d'œil.

Musée d'Art et d'Archéologie

Petit mais bien mis en valeur, ce musée situé dans le quartier d'Isoraka mérite une courte visite *(entrée gratuite ; mar-sam 13h-17h)*. L'exposition était avant tout centrée sur l'*ody* (talismans) et la poterie traditionnelle lors de notre dernière visite. Les dons sont les bienvenus.

Maison de Jean Laborde

La demeure de ce Français (1803-1878) qui a marqué l'histoire de Madagascar abrite maintenant des services administratifs de l'ambassade de France. Il ne semble plus possible de la visiter (renseignez-vous éventuellement à l'ambassade). L'architecture extérieure de l'édifice mérite le coup d'œil.

Le Rova

Le visage que montre aujourd'hui le Rova (ou palais de la Reine) n'est plus que l'ombre de ce qu'il fut du temps de sa splendeur. Le palais principal, le Manjakamiadana, littéralement "un bel endroit pour régner", fut construit en 1867 par la reine Ranavalona II. Sa maçonnerie de pierre fut conçue par un missionnaire et architecte écossais du nom de James Cameron. Elle recouvrait l'ancien palais de bois, plus majestueux. Bâti en 1839 par Jean Laborde pour Ranavalona Iʳᵉ, il reposait sur un pilier de palissandre de 39 m, considéré comme la cause des problèmes structurels de l'édifice. L'histoire raconte qu'il fallut 10 000 hommes pour le traîner sur 300 kilomètres à travers les forêts orientales, et qu'un millier d'entre eux succombèrent en chemin. Pas moins de 12 jours auraient été nécessaires à sa mise en place.

Jouxtant cet édifice principal se tenaient le palais plus modeste du roi Andrianampoinimerina, qui unifia l'île à la fin du XVIIIᵉ siècle et ouvrit le pays aux influences européennes, ainsi que sa tombe. Avant de s'installer à Antananarivo, le roi résidait dans son rova d'Ambohimanga, à une vingtaine de kilomètres au sud de la capitale. Par temps clair, il est possible de voir le rova d'Ambohimanga depuis celui de Tana.

La petite maison du roi, la Mahitsielafanjaka ("le règne d'un esprit vertueux perdure") contenait le lit, positionné très en hauteur, qu'il partageait avec celle de ses 12 femmes qui avait sa préférence du moment. Dans les chevrons se tenait une structure en forme de pirogue où, d'après la légende, le roi allait se cacher lors de l'arrivée des visiteurs. Si l'hôte était le bienvenu, il l'indiquait à son épouse en lui laissant tomber de petits cailloux sur la tête…

A côté de ce palais, le bâtiment en bois du Tranovola, ou "palais d'argent", fut construit par Jean Laborde pour Ranavalona Iʳᵉ. Non loin s'élevait un autre grand palais, le Manampisoa ("celui qui inspire le bonheur"), édifié en 1866 par le missionnaire britannique William Poole pour la reine Rasoherina. Il renfermait des copies des lettres émanant des gouverneurs de l'île Maurice et de la Réunion, ainsi que de diverses reines malgaches. S'y trouvaient également des cadeaux offerts par les rois et reines britanniques et par Napoléon III, notamment une bible, des coupes, des verres et un sabre.

A l'entrée gauche de l'ensemble se tenaient deux *tranomanara* ("maisons froides") renfermant les sépultures des rois Andrianjaka, Radama I et Andrianampoinimerina et des reines Rasoherina, Ranavalona I, Ranavalona II et Ranavalona III.

Une visite de Tana à pied

La capitale malgache offre des dizaines d'itinéraires de visite possibles. Celui décrit ici, dont le tracé est reporté sur la carte d'Antananarivo, passe à proximité des principales attractions de la ville. La meilleure option est de le débuter en hélant un taxi pour vous mener jusqu'au **musée Andafivaratra** (musée du Premier ministre), quelques centaines de mètres en dessous du palais de la Reine. Après une brève visite du musée, qui abrite les collections historiques rescapées de l'incendie du Rova dans un beau bâtiment d'inspiration baroque surmonté d'un impressionnant dôme vitré, remontez la làlana Rambaotiana jusqu'aux ruines du **Rova** (le tarif d'entrée du musée inclut théoriquement la visite des ruines du palais). Seul vestige du principal monument de la ville, incendié en 1995, la façade de pierre noircie qui s'offre maintenant au regard n'est que l'ombre de la splendeur passée du bâtiment (reportez-vous à l'encadré qui lui est consacré), mais vous aurez depuis cette hauteur une vue imprenable sur la "Ville des mille". Revenu aux abords du musée du Premier ministre, faites un crochet par l'**église d'Ambonimanpamarinana**, érigée à l'emplacement où la reine Ranavalona Ire faisait martyriser les chrétiens, avant de descendre jusqu'à la **maison de Jean Laborde**, aventurier, conseiller du pouvoir malgache puis ambassadeur officieux de la France. Elle abrite de nos jours des services administratifs de l'ambassade de France, mais vous pourrez admirer son architecture de bois et les tuiles de son toit depuis l'extérieur. Descendant le **quartier d'Andohalo**, vous atteindrez ensuite les abords de la place de la République malgache, ou fut intronisé Radama I et proclamée la première république. La **cathédrale catholique d'Andohalo** (bâtie entre 1872 et 1878 et consacrée en 1890) et l'**église anglicane d'Ambohimanoro**, dont l'architecture n'a rien d'exceptionnel mais offrent de beaux points de vue sur Tana et le lac Anosy, dressent leurs façades à proximité. Une longue descente dans les ruelles de ce joli quartier vous attend ensuite le long de la làlana Ranavalona III, jusqu'à la làlana Ratsimilaho, ou **"rue des Bijoutiers"**, artère la plus animée du quartier d'Antaninarenina, ou **Ville haute**. Arrivé au centre de ce point névralgique de la ville, jetez un coup d'œil au palais d'Ambohitsorohitra, plus connu sous le nom d'**ancien palais Présidentiel**. Cerné de ministères et de bâtiments officiels, gardé par des militaires en armes, ce bâtiment érigé entre 1890 et 1892 par un architecte français servit de résidence à l'administration coloniale puis de première ambassade de France, avant de devenir la demeure officielle des présidents malgaches. Il fut délaissé en 1990, lorsque le président Didier Ratsiraka fit construire par les Nord-Coréens un nouveau palais présidentiel, à la sortie de la capitale sur la route d'Antsirabe.

Deux itinéraires s'offrent alors à vous.

Le premier consiste à parcourir les quelques centaines de mètres qui séparent le palais de la **place de l'Indépendance,** ou Kianja ny Fahaleovantena. Bordée d'anciens bâtiments coloniaux abritant aujourd'hui des banques, elle fait face au supermarché Champion et arbore une petite stèle commémorant la lutte pour l'indépendance du pays. De là, descendez les **escaliers** escarpés jusqu'au **quartier d'Analakely.** Dues à l'architecte Géo Cassaigne, à l'époque coloniale, ces 160 marches vous laisseront face aux **pavillons en brique du marché d'Analakely**, seuls restes du marché démantelé du Zoma. Remontant vers le nord l'**avenue de l'Indépendance** (araben ny Fahaleovantena) et ses bâtiments des années 1930, vous croiserez sur la droite le terrain vague où se dressait l'**ancien hôtel de ville colonial**, détruit en 1972. La **gare de Soarano**, dessinée par l'architecte Fouchard et bâtie entre 1908 et 1910, ferme l'avenue au nord. Vous pourrez finir votre itinéraire au **marché Pochart**, qui abrite une part de l'ancien marché du Zoma.

L'autre option depuis la Ville haute consiste à emprunter les ruelles du **quartier d'Isoraka**. Vous pourrez vous arrêter pour une brève visite du **musée d'Art et d'Archéologie** avant de descendre lentement vers le **lac Anosy**. Si vous êtes parti suffisamment tôt, les étals du **marché aux fleurs** seront encore dressés.

Seule la façade du Rova a échappé à l'incendie de 1995

VALERIE POLICE

Parc botanique et zoologique de Tsimbazaza

Au sud de la ville, ce parc (☎ 22 311 49 ou 22 337 56 ; 25 000 FMG, ouvert tlj 9h-17h) dont le nom signifie "ce ne sont pas des enfants", permet d'observer des lémuriens sans quitter la capitale. Malheureusement, hormis la dizaine de makis catta en liberté sur un îlot à l'entrée, le spectacle de ces animaux encagés et parfois mal en point est avant tout déprimant pour qui a pu voir la faune malgache en liberté… Croq farm, près d'Ivato (reportez-vous à *Environs d'Antananarivo*), offre une bien meilleure option à l'amateur de faune malgache ne pouvant pas s'éloigner de la capitale. Tsimbazaza, quoi qu'il en soit, accueille plusieurs espèces de lémuriens, dont des ayes-ayes et d'autres familles rares, des aigrettes, des hérons et des tortues. Les jardins, mal entretenus, abritent quelques variétés de palmiers et plantes endémiques.

Dans l'enceinte du zoo, le musée de l'Académie malgache présente d'étonnants vestiges culturels et naturels, dont les vertèbres d'un dinosaure découvert près de Mahajanga en 1907, un squelette et un œuf d'*æpyornis* (*Æpyornis maximus*, ou "oiseau-éléphant") et un dugong.

Le parc est en général peu fréquenté, à l'exception du dimanche, lorsque la moitié de la capitale semble s'être donné le mot pour l'envahir. Conservez votre billet d'entrée, car on vous le demandera certainement à la sortie. Des guides proposent leurs services, mais leur présence n'est pas obligatoire (et leurs commentaires souvent peu scientifiques…). Ils sont cependant insistants et vous risquez fort d'être suivi tout au long de la visite.

Pour aller à Tsimbazaza depuis le centre-ville, prenez le bus Antafita n°15 ou un taxi (10 000 FMG).

Compagnie des Gemmes de Madagascar

A l'heure où les mots "pierres précieuses" et surtout "saphir" reviennent souvent dans les conversations à Madagascar, une visite à cette petite exposition privée (☎ 22 605 19, fax 22 605 18 ; entrée libre ; mar-sam 9h30-16h30) est riche d'enseignements. Outre différentes qualités de pierre, vous pourrez assister à leur taille et en apprendre plus sur les gisements de saphirs, rubis, émeraudes, topazes ou encore améthystes de Madagascar. Surtout, vous pourrez apprendre le b.a.-ba de la gemmologie et réaliser combien il est difficile d'évaluer la valeur d'une pierre… Les pierres que vous pourrez admirer sur place sont proposées à la vente.

Autres curiosités

C'est en flânant le long des avenues et des escaliers de la ville que vous découvrirez les sites les plus intéressants.

L'édifice le plus impressionnant de la Ville haute est sans doute l'**ancien palais présidentiel**, où logeait Didier Ratsiraka jusqu'en 1990, date à laquelle il emménagea dans sa nouvelle résidence, réplique grandiloquente du Rova, bâtie par les Nord-Coréens en bordure de la route d'Antsirabe à la sortie sud de Tana.

Le **lac Anosy**, sur les rives duquel se tient quotidiennement un **marché aux fleurs**, s'étend près du Madagascar Hilton, au sud de la Ville haute. Il a fait l'objet de travaux qui rendent ses abords, plantés de jacarandas qui s'épanouissent en fleurs mauves, plus agréables que par le passé (mais tout aussi bruyants). Un monument aux Morts, érigé par les Français après la Première Guerre mondiale, se dresse sur un îlot au milieu du lac, relié à la rive par une chaussée. L'autre lac de Tana, le lac Behoririka, ne présente guère d'intérêt.

La **tombe de Rainiharo**, où gît un ancien Premier ministre, se trouve dans une partie de la ville peu engageante, mais surplombe un jardin agréable, l'un des rares morceaux de verdure de la capitale.

OÙ SE LOGER

Il est toujours plus onéreux de se loger dans une capitale et Antananarivo ne fait pas exception à la règle. Comme partout ailleurs dans le pays, des hôtels affichant des tarifs comparables offrent des services, une propreté et un confort très différents. Il est sage de réserver, notamment dans les hôtels de catégorie moyenne, entre juin et août.

Où se loger – petits budgets

Hôtel Isoraka (☎ 22 355 81, fax 22 658 54, 11 av. du général Ramanantsoa, Isoraka ; simples 49 000-53 000 FMG, doubles 70 000-80 000 FMG, triple 85 000 FMG). Relativement central, cet établissement accueillant, au confort simple, mais propre et agréable, est l'une des meilleures adresses à petit budget de Tana. Les sanitaires (extérieurs) sont propres et l'hôtel, habitué à la clientèle des vazaha, propose un service de blanchisserie et des transferts vers l'aéroport. Il est préférable de réserver.

Moonlight Hotel (☎ 22 268 70, moonlightsafari@yahoo.com, làlana Rainandriamanpandry, Ambondrona ; dortoirs 25 000 FMG par lit, simples/doubles à partir de 45 000/65 000 FMG). Bon choix dans cette gamme de prix, le Moonlight n'a rien à envier à nombre d'hôtels de catégorie moyenne, notamment en ce qui concerne la propreté des chambres, toutes avec sanitaires extérieurs. Les doubles du dernier étage (75 000 FMG) sont particulièrement spacieuses et claires. Les moins chères, au rez-de-chaussée, sont un peu sombres. Les dortoirs de 4 lits offrent l'une des options les plus économiques de la ville.

Le Cagou (☎/fax 22 638 27, Ambatovinaky ; doubles 55 000/75 000-88 000 sans/avec s.d.b.). Un peu excentré, le Cagou est un hôtel à petit budget simple et raisonnablement propre. Les chambres les moins chères offrent un meilleur rapport qualité/prix que les autres. Pour vous y rendre depuis la Ville haute, prenez à droite au bout de la rue des Bijoutiers, continuez jusqu'au carrefour et parcourez 200 m en direction du palais de la Reine.

Hôtel Lambert (☎/fax 22 229 92, Ambondrona ; lit 25 000 FMG, doubles 46 000-66 000 FMG). L'hôtel Lambert est de longue date un rendez-vous des voyageurs à petit budget, malgré sa plomberie hésitante, sa propreté toute relative et sa literie défoncée. Un lit dans le couloir, au sous-sol, ne vous coûtera pas plus de 25 000 FMG. Il dispose d'un bar-restaurant et vous aurez une vue imprenable sur la Ville basse depuis son balcon. Le Lambert est situé presque au sommet des marches abruptes

qui montent vers l'est depuis le haut de l'avenue de l'Indépendance.

Lac Hôtel (☎ 22 331 99, Behoririka ; doubles 35 000/62 000 FMG sans/avec s.d.b.). En bordure du petit lac de Behoririka et à l'écart du centre, cet établissement, dont l'architecture ressemble à un chalet biscornu et un peu à l'abandon, propose des chambres décentes et un bar-restaurant. La propreté laisse un peu à désirer et les doubles les moins chères sont minuscules, mais les tarifs en conséquence. A ne pas confondre avec son homonyme situé près de l'aéroport d'Ivato.

Où se loger – catégorie moyenne

Le Sakamanga (☎ 22 358 09 ou 22 640 29, fax 22 245 87, saka@malagasy.com, làlana Andrianary Ratianarivo, Tsaralalàna ; doubles avec s.d.b. 85 000, 110 000 et 165 000 FMG). Contrairement à la majorité de ses concurrents, le Sakamanga a su créer une ambiance chaleureuse tout en gardant des tarifs raisonnables et en offrant des prestations qui satisfont la clientèle des voyageurs étrangers (ce qui lui vaut d'être fréquemment qualifié d'"hôtel à vazaha"). Au fil des années, il est devenu une véritable institution. Le tarif des 20 chambres confortables et bien décorées, équipées de s.d.b., de TV et de téléphone, dépend de leur taille. Certaines sont plus récentes que d'autres, mais l'établissement fait de constants travaux d'aménagement et d'entretien. Le Sakamanga – ce qui signifie le "chat bleu", lequel trône à côté du bar – dispose par ailleurs d'un restaurant-bar apprécié et d'une cabine Internet, assure un service de blanchisserie et de garde d'enfants et pourra éventuellement faciliter vos locations de voiture ou réserver vos billets d'avion. Rançon du succès : l'hôtel affiche le plus souvent complet et il est impératif de réserver.

Hôtel Raphia (☎ 22 253 13, làlana Ranavalona III, Ville haute ; doubles s.d.b. commune/avec s.d.b. 110 000/125 000 FMG). Bon choix de catégorie moyenne dans la Ville haute, l'hôtel Raphia vous réservera un accueil sympathique. Si elles gagneraient à être un peu mieux entretenues, ses chambres décorées de raphia (!) sont confortables et il dispose d'un minuscule jardin et d'un petit restaurant-snack. Ultime recommandation : faites attention à votre tête dans l'escalier !

Bed & Breakfast Résidence Lapasoa (☎/fax 22 611 40, corossol@malagasy.com, 15 rue de la Réunion, Isoraka ; simples/doubles 180 000/185 000 FMG, lit supp 60 000 FMG). Pour un tarif un peu supérieur à la moyenne dans cette catégorie, ce Bed & Breakfast est une adresse qui ne manque pas de charme. Situé à deux pas du musée d'Art et d'Archéologie, cet établissement familial, calme et chaleureux, propose 6 chambres spacieuses et confortables, avec s.d.b., TV et minibar. Le tarif inclut le petit déjeuner. Un bon choix, pour lequel il est sage de réserver.

Hôtel Indri (☎ 22 209 22 ou 22 624 41, fax 22 624 40, indri@dts.mg, 15 rue Radama Ire, Tsaralalàna ; double avec s.d.b. commune 14,5 €, doubles avec s.d.b. 19, 27 et 34,5 €). Impossible de rater la façade rose de ce joli bâtiment situé à 200 m de l'avenue de l'Indépendance. Ses chambres, sans être exceptionnelles, offrent un bon rapport qualité/prix – surtout celles à 19 €, ou 125 000 FMG. Les plus chères sont équipées de TV et minibar. Bon choix, l'Indri accepte les règlements par carte Visa (10% de commission) et les francs malgaches.

Hôtel Pacifique (☎ 22 661 15, fax 22 649 68, làlana Andrianary Ratianarivo, Tsaralalàna ; doubles/triples avec s.d.b. 102 000-122 000/132 000 FMG). Jouxtant le Sakamanga, cet établissement auquel on accède par un long couloir où les changeurs d'argent au noir ont pris leurs habitudes, est moins accueillant que son voisin mais propose des chambres raisonnablement confortables. Vous y trouverez un bar agréable et un billard américain. Il se remplit lorsque le Sakamanga affiche complet.

L'Île Bourbon (☎ 22 279 42, 12 rue Benyowski, Tsaralalàna ; doubles avec s.d.b 100 000 FMG). L'Île Bourbon, que vous atteindrez en longeant les voies ferrées vers l'ouest depuis la gare, abrite des chambres correctes mais un peu chères, inégales par leur taille et leur clarté. L'hôtel est cependant agréable et son restaurant,

comme l'enseigne le laisse entendre, sert de bonnes spécialités réunionnaises.

Le Jean Laborde (☎ 22 330 45, 22 327 94, 3 rue de Russie, Isoraka ; doubles avec s.d.b commune 67 000-77 000 FMG, avec s.d.b 125 000-175 000 FMG). Sombre comme un repaire de pirates, le Jean Laborde est une adresse confortable, à défaut d'offrir le meilleur rapport qualité/prix de la ville. Les chambres les moins chères donnent sur la rue, bruyante, ou sont situées dans une annexe à une cinquantaine de mètres de l'hôtel.

Où se loger – catégorie supérieure

Hôtel Ibis (☎ 22 390 00, fax 22 640 40, ibistana@simicro.mg, 4 place de l'Indépendance, Ville haute ; simples/doubles "standard" 50,5/58 €, doubles "luxe" 82,5 €). Au-dessus du supermarché Champion de la Ville haute, l'hôtel Ibis propose un bon rapport qualité/prix avec des chambres confortables, mais sans surprise (les "standard" sont un peu exiguës). L'hôtel met un business center, un service de blanchisserie et un solarium à la disposition de sa clientèle et accepte les règlements par cartes Visa et Mastercard. Son restaurant avec patio intérieur est un havre de paix au cœur de l'active Tana.

Le Royal Palissandre (☎ 22 605 60, fax 22 326 24, 10 làlana Andriandahifotsy, Faravohitra, hotelpalissandre@simicro. mg ; simple/double "standard" 75,5/82,5 €, simple/double "luxe" 93/100 € petit déjeuner inclus). Dernier-né des hôtels chic de la capitale, le Royal Palissandre tient ses promesses. Outre la beauté des lieux, un accueil agréable et la plus belle terrasse d'Antananarivo, il propose des chambres particulièrement confortables et joliment décorées, avec sanitaires rutilants, TV, clim. et minibar (préférez celles dont la terrasse donne sur la ville). L'hôtel – certainement le plus agréable dans cette gamme à Tana – accepte les cartes de crédit.

Les trois établissements suivants, tous situés le long de l'avenue de l'Indépendance, appartiennent au même groupe.

Hôtel de France (☎ 22 202 93 ou 22 213 04, fax 22 201 08, hdf_tana@dts.mg,

34 av. de l'Indépendance ; doubles 52-55 €, lit supp 18 €). Rénové en 1999, l'Hôtel de France est une adresse agréable. Ses 30 chambres décorées avec goût et dotées de tous les accessoires du confort affichent un bon rapport qualité/prix. Les cartes Visa et Mastercard sont acceptées.

Tana Plaza *(☎ 22 218 65, fax 22 642 19, hdf_tana@dts.mg, 2 av. de l'Indépendance ; doubles 50,5 €).* L'un des plus vastes hôtels de la capitale – 73 chambres – le Tana Plaza fait face à la gare. Remis à neuf en 1996, il propose des chambres confortables. Il accueille souvent des groupes.

Palace Hôtel *(☎ 22 256 63, fax 22 339 43, hdf_tana@dts.mg, 8 av. de l'Indépendance ; doubles 52-55 €, lit supp 18 €).* Plus morne et moins accueillant que les deux hôtels précédents, il pratique des tarifs identiques à l'hôtel de France.

Hôtel Colbert *(☎ 22 202 02, fax 22 254 97 ou 22 340 12, colbert@simicro.mg, colbert@dts.mg, 29 rue prince Ratsimananga, Ville haute ; doubles/studios/appartements 84-99/145/183 €).* Vieille institution datant de l'époque coloniale, le Colbert trône au cœur de la Ville haute. Ses chambres, confortables, quoiqu'un peu anciennes, sont toutes équipées de clim, TV par satellite, téléphone, minibar et coffre. L'hôtel accepte les cartes de crédit. Il comprend un business center, un petit casino, deux bars, une pâtisserie et deux restaurants.

Madagascar Hilton *(☎ 22 260 60, fax 22 260 51, GM_Madagascar@Hilton.com, Anosy, simples/doubles 183/206 €).* Établissement le plus luxueux de la ville, à défaut d'être le plus chaleureux, l'immense Hilton se profile au bord du lac Anosy. Ses chambres particulièrement confortables sont équipées de clim, téléphone, minibar, coffre et accès Internet. Business center, sauna, piscine, tennis, boutiques, restaurants, bars, salles de conférences et cybercafé figurent au nombre des services proposés à la clientèle. Vous pourrez payer avec les principales cartes de crédit et un distributeur automatique acceptant les cartes Visa est installé dans le hall. Un étage du Madagascar Hilton est accessible aux handicapés.

OÙ SE RESTAURER

Sans prétendre au titre de ville gastronomique, Tana compte de bonnes tables – de très bonnes même, proposant une cuisine française et franco-malgache –, adaptées à tous les goûts et budgets.

Faire son marché

Deux **supermarchés Champion**, particulièrement bien fournis, sont implantés dans le centre. Le premier dans la Ville haute *(ouvert lun-sam 8h30-18h30 et dim 9h30-12h30)*, le second *(ouvert lun-sam 8h30-19h et dim 9h30-12h30)* près de l'avenue de l'Indépendance, vers le terrain vague où se dressait naguère l'hôtel de ville colonial, détruit en 1972. Vous trouverez tout ce que vous pouvez souhaiter dans leurs rayonnages, y compris des produits pour bébé. Tous deux acceptent les règlements par carte Visa (à partir de 100 000 FMG).

Les **marchés** de la ville vous fourniront fruits et légumes. Dans la Ville haute, La **Hutte Canadienne** vend des produits frais.

Où se restaurer – petits budgets

Les rues de Tana sont bordées d'**échoppes** qui vendent de tout, des glaces aux sambos (samosas). Vous croiserez d'innombrables **hotely** plus ou moins corrects autour des gares routières et un peu partout hors du centre-ville. Ils servent des repas malgaches composés de riz, d'un peu de viande et de légumes bouillis. L'hygiène et le décor rebutent certains voyageurs mais ils ont l'avantage de pratiquer des prix défiant toute concurrence. Parmi eux, le **restaurant Betoko**, près des escaliers conduisant de l'avenue de l'Indépendance à la Ville haute, est correct. Dans la Ville haute, vous trouverez un **étal de viande grillée** près du couloir menant à l'Hôtel Raphia.

Boutique Bongou *(☎ 22 682 09, làlana Andrianary tsaralalàna ; plats 10 000-12 000 FMG ; ouvert lun-ven 8h-18h, sam 8h-12h).* A deux pas de l'hôtel Sakamanga, la boutique Bongou, spécialisée en vente de foie gras et autres dérivés du canard, comporte également une petite salle de restaurant. Des plats de canard, poulet ou poisson, savoureux et bon marché, y sont servis pour le déjeuner.

Café Goethe (☎ 22 214 42, *Analakely ; plats du jour 10 000-15 000 FMG*). Au 3e étage de l'immeuble FJKM, auquel on accède en montant quelques marches des escaliers qui grimpent vers la Ville haute depuis l'*araben ny 26 Jona 1960*, le Café Goethe du Cercle germano-malagasy (centre culturel allemand) vous attend pour un déjeuner complet à petit prix. Il sert de savoureux plats du jour dans un espace calme et accueillant où résonnent parfois les accords d'un piano.

Le Glacier (☎ 22 202 60, *fax 22 203 32, 46 av. de l'Indépendance ; plats 10 000-20 000 FMG*). En haut de l'avenue de l'Indépendance, Le Glacier propose des salades, des plats de pâtes, des spécialités chinoises et des pizzas. La rôtisserie extérieure vend d'excellents sambos à emporter. L'établissement, assidûment fréquenté par les prostituées, fait cabaret le week-end.

Le Buffet du Jardin (☎ 22 338 87, *place de l'Indépendance, Ville haute ; plats 12 000-30 000 FMG ; ouvert tlj 24h/24*). La carte de cet établissement de la Ville haute ne brille pas par son originalité – snacks, plats de pâtes, plats malgaches et petits déjeuners – mais ses tarifs restent raisonnables et ses horaires d'ouverture pratiques.

Shalimar (☎ 22 260 70, *5 rue Mahafaka, Tsaralalàna ; plats 10 000-30 000 FMG ; fermé dim, service jusqu'à 22h*). La salle a des airs de cantine mais les spécialités indiennes à prix doux, à consommer sur place où à emporter, compensent l'ambiance un peu morne. Vous pourrez y déguster brochettes, sambos, curries, biryanis ou encore le classique poulet tikka. Les sambos aux légumes (750 FMG pièce) sont excellents.

Où se restaurer – catégories moyenne et supérieure
Cuisine franco-malgache. Le Saka-manga (☎ 22 358 09 ou 22 640 29, *fax 22 245 87, làlana Andrianary Ratianarivo, Tsaralalàna ; plats 23 000-35 000 FMG*). Le restaurant de l'hôtel du même nom est l'un des plus appréciés et animés de la ville pour ses magrets de canard au poivre vert, ses tournedos au foie gras, son romazava, ses crevettes sautées à l'ail et ses blancs de

poulet à la vanille, ou encore sa crème brûlée. Essayez le foie gras mi-cuit et son verre de vin d'ananas, un délicieux mélange.

Le Caf'art (☎ 22 677 76, *làlana Ranavalona III, Ville haute ; plats 16 500-30 000 FMG ; fermé sam*). En dépit d'un nom peu engageant, le Caf'art gagne à être connu. Situé à quelques centaines de mètres au-dessus de l'Hôtel Raphia, c'est l'une des rares tables fréquentées par les vazaha à proposer une sélection de plats malgaches – romazava, ravitoto… – ainsi que de copieuses assiettes, dans une courette de brique agréable pour boire un verre en soirée.

Le Relais Normand (☎ 22 207 88 ; *21 arabe Rainbetsimisaraka, Tsaralalàna ; plats 14 000/25 000 FMG, menu 30 000 FMG ; fermé dim*). Face au marché communal Petite vitesse dans la Ville basse, ce restaurant maintient des prix raisonnables. La carte mélange les influences en proposant tilapia frit au citron, charcuterie, pied de porc, entrecôte maître-d'hôtel et plats malgaches.

Latina Café (☎ 22 660 85, *rue des bijoutiers, Ville haute ; plats 25 000 FMG environ ; fermé dim et lun, service tard le soir*). Dissimulée au bout de la rue des Bijoutiers à droite, cette adresse récente propose, dans une petite cour ou une salle chaleureuse façon pub, une cuisine simple mais correcte. Le bar s'anime le soir.

Le Grill du Rova (☎ 22 627 24, *Avaradrova ; plats 22 500-45 000 FMG, menu 150 000 FMG le dimanche soir ; ouvert tlj midi et soir sauf dim midi*). Avec sa petite salle chaleureuse et décontractée ornée d'une cheminée et sa terrasse d'où vous aurez une vue imprenable sur la ville, Le Grill du Rova est l'occasion de s'extraire un peu de l'animation de la capitale. C'est également l'un des rares restaurants de Tana à accueillir des musiciens malgaches, pour le dîner du dimanche (menu obligatoire). La carte voit se côtoyer spécialités françaises – fondue bourguignonne, cuisse de canard mijotée au poivre vert… – et malgaches : ravitoto, romazava… L'établissement, dont certains lecteurs apprécient davantage le cadre et l'ambiance que la cuisine, se tient sur les hauteurs de la ville, une centaine de mètres avant le palais de la Reine. Un taxi vous y conduira pour 12 000-15 000 FMG.

La **table d'hôte de Mariette** *(☎ 22 216 02, 11, rue Georges V, Faravohitra ; repas d'hôtes 125 000 FMG hors boisson ; sur réservation)*. Mariette Andrianjaka peut s'enorgueillir d'une liste de distinctions impressionnante : diplômée de l'école hôtelière de Nice et Étoile d'or de la gastronomie malagasy, elle est également déléguée générale pour l'océan Indien de l'Institut de la gastronomie française. Tous ces talents se trouvent réunis dans la cuisine qu'elle propose à sa table d'hôtes du quartier de Faravohitra. Dans un décor feutré à l'ambiance rétro, elle propose une sélection de gastronomie malgache et française. Vous pourrez préciser votre menu lors de la réservation (obligatoire). Mariette n'allume ses fourneaux que si un minimum de 8 personnes ont réservé.

Cuisine française. La **Boussole** *(☎/fax 22 358 10, 21 làlana Villette, Isoraka ; plats 24 000-34 000 FMG ; fermé sam midi et dim midi)*. L'adresse à la mode des vazaha expatriés n'offre rien de malgache dans l'atmosphère mais une cuisine française et un cadre de qualité. A la carte : filet de zébu béarnaise, magret de canard grillé à la fleur de thym ou encore filets de poissons grillés à l'huile d'olive. Vous choisirez de vous attabler dans la cour, dans la salle tamisée du rez-de-chaussée ou dans celle du 1er étage. Le bar, agréable, propose un grand choix de whiskies, de bières et de rhums arrangés.

Le **Restaurant** *(☎ 22 282 67, làlana Ranarivelo, Behoririka ; plats 35 000-40 000 FMG, menu dégustation 130 000 FMG ; fermé dim)*. Le Restaurant s'est accordé une majuscule qu'il mérite. Cette grande et belle demeure créole propose en effet une cuisine française raffinée dans un décor de charme : cœur de filet de zébu flambé au cognac sauce au foie gras, cassoulet aux cuisses de canard confites ou petite marmite de la mer à l'élixir de fenouil précèdent la crème brûlée ou les profiteroles. Un repas sans fausse note, pas même en ce qui concerne les vins (les crus français

sont chers mais les vins locaux sont très abordables). Mal indiqué, Le Restaurant est situé une cinquantaine de mètres du magasin Décorama, juste avant le tunnel. Sans conteste l'une des meilleures tables de Tana, idéale pour un dîner romantique...

Le **Petit Verdot** *(☎ 22 392 34, làlana Rahamefy, Ville haute ; formule 55 000 FMG, plat du jour 29 000 FMG ; fermé dim et sam midi)*. Mettons d'entrée de jeu les choses au point : ce restaurant n'a rien de malgache. Avec ses alignements de bouteilles, ses plats du jour, ses assiettes de fromage et l'accueil du patron, cette petite salle toute de boiseries ne déparerait en rien sur les quais de Bordeaux. Outre une bonne sélection de vins français – pot à partir de 35 000 FMG, bouteille à partir de 75 000 FMG – cette adresse chaleureuse propose des plats du jour, des assiettes de charcuterie, de fromage ou de foie gras... A utiliser dans les cas graves de mal du pays !

Restaurant de l'Hôtel Jean Laborde *(☎ 22 330 45, 22 327 94, 3 rue de Russie, Isoraka ; plats 20 000 FMG environ ; fermé dim)*. Cette bonne adresse d'Isoraka qui évoque un chalet de montagne sert du zébu au poivre vert, un émincé de zébu aux oignons, des crevettes sautées à l'ail et des suggestions du jour.

La **Brasserie** *(☎ 22 202 93 ou 22 213 04, 34 av. de l'Indépendance ; plats 30 000 FMG environ)*. La brasserie du luxueux Hôtel de France joue la carte de la cuisine familiale française, avec son pot-au-feu, son cassoulet, ses terrines maison ou ses escargots. L'hôtel dispose de son propre brasseur, qui fait de bonnes bières blonde, blanche et ambrée. Un bistrot attenant sert des en-cas français. A côté, O ! Poivrier est plus chic.

La **Taverne** *(☎ 22 648 87 ou 22 202 02, 29 rue prince Ratsimananga, Ville haute ; plats 40 000-45 000 FMG, menu 87 500 FMG, à la carte 100 000 FMG environ ; fermé dim)*. Restaurant gastronomique de l'hôtel Colbert, La Taverne donne l'occasion de goûter quelques splendeurs de cuisine française à des tarifs qui restent abordables. A la carte : carpaccio de langouste en vinaigrette de soja au gingembre, escalope de foie gras poêlée avec sa confiture douce-acide de mangue, citron et tamarin, grenadin de mérou, soufflé chaud à la vanille… La carte restreinte proposée après 21h30 ne vaut cependant pas la dépense. Le service est prévenant mais le cadre un peu triste.

La Table des Hautes Terres *(☎ 22 605 60, fax 22 326 24, 10 rue Abriandahifotsy, Ambondrona ; menu 72 000 FMG, plats 35 000-60 000 FMG ; ouvert tlj).* Le chef Franck Nossent, qui officie aux cuisines de la Table des Hautes Terres, restaurant gastronomique de l'hôtel Le Royal Palissandre, concocte une cuisine inventive, servie dans une salle agréable ou sur l'une des plus belles terrasses de la ville. A la carte : petites brochettes d'écrevisses et huîtres pochées, croustille de merlan et d'espadon fumé au beurre de fruits rouges, noisette de zébu grillé et mousse au poivre vert… Les gros appétits resteront peut-être sur leur faim, les autres apprécieront cette table qui compte parmi les plus raffinées de Tana.

Cuisine indienne. Le Maharaja *(☎ 22 686 28 ; làlana Ranavalona III, Ville haute ; plats 25 000-50 000 FMG ; ouvert tlj le soir et lun-ven midi).* Dans une belle salle tamisée aux tables bien dressées de la Ville haute, le Maharaja sert une cuisine indienne chic : biryanis, agneau vindaloo, poulet tikka, curries, crevettes madras… Un nan ou un chapati compléteront votre voyage culinaire dans le sous-continent.

Cuisine chinoise. Grand Orient *(☎ 22 202 88, kianja Ambiky ; plats 20 000-50 000 FMG ; fermé dim).* A deux pas de la gare, dans la Ville basse, le Grand Orient est un temple de la cuisine chinoise. Dans une ambiance soignée, qui résonne certains soirs des accords d'un pianiste résolument rétro, vous vous régalerez de spécialités de l'empire du Milieu cuisinées à la mode malgache : grosses crevettes frites au poivre et sel, pinces de crabe aux cinq parfums, zébu sauté aux champignons noirs ou miettes de crabe sauce aigre douce.

Cuisine réunionnaise. Restaurant de l'hôtel L'île Bourbon *(☎ 22 279 42, 12 rue Benyowski, Tsaralalàna, plats 24 000-*

35 000 FMG). Comme son nom l'indique – Bourbon est l'une des nombreuses appellations de la Réunion qui se sont succédé dans l'histoire – ce restaurant est dédié à la savoureuse cuisine réunionnaise : carris, rougail saucisses, thon massalé, etc. Des musiciens réchauffent parfois l'atmosphère de cette salle agréable mais un peu austère.

Salons de thé et en-cas
Plusieurs salons de thé s'alignent le long de l'avenue de l'Indépendance.

La Potinière *(☎ 22 233 54, 35 av. de l'Indépendance ; ouvert 6h15-18h30, fermé dim après-midi et mer).* Sous les arcades, en haut de l'avenue, le dernier-né des salons de thé de Tana est sans conteste le meilleur. Salle impeccable et agréable, gâteaux aussi beaux que savoureux, glaces, pain… L'endroit est idéal pour le petit déjeuner, meilleur et moins cher que dans la majorité des hôtels de la ville.

Honey *(☎ 22 318 58, 13 av. de l'Indépendance, Analakely ; fermé mar).* Outre ses crêpes, ses feuilletés, ses beignets et autres pâtisseries, Honey prépare aussi des crêpes salées et des sandwiches. Le salon de thé a entièrement été refait en 1999.

Blanche Neige *(☎ 22 206 59, 15 av. de l'Indépendance, Analakely ; fermé lun).* Comparable à l'adresse précédente, Blanche Neige propose également un grand choix de douceurs.

Minou *(☎ 22 299 41, Ville haute).* La salle de Minou jouit d'une très belle vue sur Tana. Ce salon de thé prépare des croissants et des viennoiseries, mais aussi des plats chinois et des en-cas.

Non loin, la **Pâtisserie Suisse** et celle du **Colbert** pourront également combler vos petites faims.

OÙ SORTIR
Consultez les quotidiens ou renseignez-vous à la Maison du tourisme pour connaître les programmes du moment.

Cinéma
Le **Centre culturel Albert Camus (CCAC)**, l'**American Cultural Center**, l'**Alliance française** et le **Cercle germano-malagasy** (voir

plus haut la rubrique *Centres culturels*) projettent des films. Informez-vous sur place. Le CCAC est le plus actif dans ce domaine.

Night-clubs et discothèques
Le Bus (☎ 22 691 00, *Analakely ; ouvert jeu-sam à partir de 22h30*). Discothèque la plus en vogue de Tana, Le Bus se situe à quelques centaines de mètres au nord-est de la gare ferroviaire. Fréquentée par la jeunesse dorée et les vazaha de la capitale, ses décors, ses jeux de lumière, sa sono et sa programmation n'ont rien à envier aux clubs de Paris ou de Londres.

L'Indra (☎ 22 209 45, *8 làlana Ingereza, Tsaralalàna ; ouvert tlj à partir de 22h30*). L'Indra est réputée à juste titre comme la discothèque la plus "chaude" de la capitale. L'ambiance de cette "boîte à filles" est explosive presque tous les soirs. Un détour par l'encadré intitulé *Où commence le tourisme sexuel ?*, dans le chapitre *Renseignements pratiques*, pourra s'avérer utile avant de vous y rendre.

Parmi les autres discothèques de Tana, citons **Le Caveau Nightclub** (☎ 22 343 93, *Ville haute*) et l'**Acapulco Nightclub** (*Ville haute*). Ce dernier met l'accent sur le jazz. Plus chic, le **Madagascar Hilton** (☎ 22 260 60, *Anosy*) dispose de sa propre discothèque.

Musique et théâtre
La majorité des manifestations culturelles de Tana, concerts, théâtre, danse, expositions, etc., se déroulent au **Centre culturel Albert Camus (CCAC)**. Pour plus de précisions, reportez-vous à la rubrique *Centres culturels*, plus haut dans ce chapitre.

Des représentations théâtrales, des ballets malgaches et des concerts ont lieu régulièrement dans l'ancien théâtre municipal du district d'Isotry, ou dans l'amphithéâtre du **théâtre de verdure Antsahamanitra**.

Le restaurant **Le Grill du Rova** (☎ 22 627 24, voir *Où se restaurer*) accueille le dimanche des musiciens traditionnels malgaches.

Hira gasy
Des représentations d'hira gasy, concours rituel d'acrobaties, de musique et de dis-cours (reportez-vous à la section *Le culte des ancêtres* du chapitre *Présentation de Madagascar* pour plus de détails) ont lieu presque tous les dimanches dans la capitale. Renseignez-vous auprès de la Maison du tourisme sur les lieux des représentations et leurs horaires.

ACHATS
Vous trouverez de nombreux objets d'artisanat ("arts malagasy") dans les marchés de la capitale : chaises zafimaniry, sculptures, peintures, broderies, jeux de solitaire aux billes taillées dans des roches colorées, instruments de musique (djembé, valiha et kabosy), objets en raphia, etc.

Depuis la fermeture du Zoma, les marchés artisanaux les plus réputés sont le **marché Andravoahangy** et, dans une moindre mesure, le **marché Pochart** (voir plus haut la rubrique *Marchés*).

Un **grand marché artisanal**, ouvert le dimanche, se tient sur la "route digue", à plusieurs kilomètres du centre-ville en direction de l'aéroport d'Ivato. Tous les chauffeurs de taxi le connaissent et pourront vous y conduire.

De nombreux **étals de souvenirs** sont installés à même le sol dans la Ville haute, aux abords de l'hôtel Colbert et devant le Buffet du jardin. Vous y trouverez des modèles réduits de voitures ou de motos réalisés à partir de boîtes de conserve recyclées. Étonnants de réalisme, ils représentent des 2 CV, des camions Simca, des 4 L et autres véhicules encore utilisés sur la Grande Île. Ils figurent parmi les souvenirs les plus originaux et les meilleur marché que vous pourrez trouver.

En haut de l'avenue de l'Indépendance, juste avant les pavillons du marché, l'espace artisanal **Le Flamant Rose** (*flamant.rose@laposte.net, 45 av. de l'Indépendance, Analakely ; ouvert lun-dim 9h-18h*) propose un artisanat de qualité. Le choix est restreint mais les articles, essentiellement en bois et en raphia sont de belle facture. Les tarifs, fixes et affichés, sont raisonnables et vous pourrez faire réaliser des pièces sur commande. Un café agréable vous attend dans le petit patio.

Les gastronomes pourront diriger leurs pas vers la **Boutique Bongou** (☎ *22 682 09, làlana Andrianary, Tsaralalàna ; ouvert lun-ven 8h-18h, sam 8h-12h)*, non loin de l'hôtel Sakamanga, qui vend des boîtes d'excellent foie gras (65 000 FMG les 200 g). Quelques-uns de ses produits sont proposés dans une boutique de la zone hors taxes de l'aéroport, qui accepte les cartes Visa et les devises.

Des huiles essentielles de qualité vous attendent chez **Bio Aroma** (☎/*fax 22 326 30 ou 22 545 57, bioaroma@simicro.mg, www.madagascar-contacts.com/mahasoa, av. du Gal Ramanantsoa, Isoraka)*. Les produits 100% naturels proposés dans cette jolie boutique incluent également des parfums (créations originales), plantes médicinales, huiles de massage, huiles essentielles de cannelle, citronnelle, vétiver, géranium, ylang-ylang, poivre noir, etc.

Vous trouverez de la vanille dans tous les marchés et sur les **étals de rue de la Ville haute**. Des souvenirs – vanille, cassettes enregistrées… et pourquoi pas une THB ! – sont également disponibles chez **Champion**.

COMMENT S'Y RENDRE
Avion
Les locaux d'Air Madagascar ouvrent en semaine de 7h30 à 17h, et le samedi de 8h à 12h (☎ *22 222 22 ou 22 231 54, fax 22 257 28, airmad@dts.mg, 31 av. de l'Indépendance, Analakely)*. La compagnie dessert notamment Paris, Rome, Singapour, Nairobi, Johannesburg, l'île Maurice, l'île de la Réunion, les Seychelles, les Comores et Mayotte. Air Madagascar assure par ailleurs un grand nombre de vols intérieurs. N'omettez pas de reconfirmer vos réservations. Une réduction sur les vols intérieurs de 20 à 30% selon la saison s'applique aux passagers arrivés sur la Grande Île à bord d'un appareil de la compagnie nationale. Les règlements par cartes Visa et Mastercard sont acceptés dans les bureaux d'Air Madagascar d'Antananarivo.

Air Austral et Air Mauritius (☎ *22 359 90 ou 22 622 51, fax 22 357 73, ariomad@ bow.dts.mg ; làlana Solombavambahoaka 77)* partagent un même local ; non loin de l'ambassade de Suisse, dans la Ville basse.

L'agence ouvre en semaine de 8h30 à 17h30 et le samedi matin. Air Mauritius dessert l'île Maurice ; Air Austral, l'île de la Réunion et Mayotte.

Air France, que vous trouverez avenue de l'Indépendance à côté d'Air Madagascar, accueille le public en semaine de 8h à 12h et de 14h à 17h30, ainsi que le samedi matin (☎ *22 223 21*, réservations au *22 263 00*, fax *22 291 03)*.

Interair (☎ *22 224 06, fax 22 624 21)*, une compagnie sud-africaine qui relie Antananarivo à Johannesburg, se trouve dans la galerie marchande du Madagascar Hilton. Ouverte en semaine de 8h à 17h, et le samedi de 9h à 12h, elle accepte toutes les cartes de crédit.

Corsair/Nouvelles Frontières est représenté par Océane Aventure (☎ *22 213 10, fax 22 312 22, oceav@dts.mg)*, qui pourra résoudre vos éventuels problèmes de billets. Vous trouverez cette agence dans le quartier de Faravohitra, sur les hauteurs, au nord-est de l'avenue de l'Indépendance.

Pour plus de renseignements sur les tarifs et la fréquence des vols intérieurs, reportez-vous aux régions concernées ou au chapitre *Comment circuler*. Des précisions concernant les lignes internationales et les procédures d'arrivée et de départ sont rassemblées au chapitre *Comment s'y rendre*. Les hébergements à proximité de l'aéroport sont indiqués à la rubrique *Ivato*, plus loin dans ce chapitre.

Taxi-brousse
Des taxis-brousse, taxis-be, minibus et camions-brousse relient Tana aux villes et villages environnants, ainsi qu'au reste du pays. Les axes routiers vers l'Est (Tamatave) et le Sud sont dans un état convenable. Les autres destinations posent davantage de problèmes.

Les véhicules à destination d'Antsirabe, Fianarantsoa et Tamatave (Toamasina) partent à peu près toutes les heures, avec des liaisons quotidiennes pour Mahajanga (Majunga) et Tuléar (Toliara). Les voyageurs les plus motivés peuvent tenter de rejoindre par ce moyen Ambanja, non loin de l'embarcadère des bateaux pour Nosy Be. Seuls les plus courageux partiront vers

Diégo-Suarez (Antsiranana) ou Fort-Dauphin (Taolagnaro).

Gares routières. Tana compte quatre grandes gares routières, qui accueillent une masse chaotique de taxis-brousse, de minibus, de bus et de taxis-be. Des travaux d'aménagement ont été entrepris aux abords de certaines d'entre elles ces dernières années, afin d'améliorer la circulation et de diminuer ainsi la pollution atmosphérique. Il est possible, voire souhaitable, de réserver vos places dans les taxis-brousse pour les longues distances.

Gare routière du Nord (Ambodivona). Elle dessert Tamatave (25 000/35 000 FMG en 2e/1re, 7 heures), Mahajanga (50 000/60 000 FMG, 10-12 heures) et Diégo-Suarez (165 000 FMG environ, 2 jours et demi). Du centre-ville, prenez le bus Malakia n°4 ou un taxi.

Gare routière du Sud (Anosibe). Cette gare, située à environ 1,5 km au sud-ouest du lac Anosy dans la làlana Pastora Rahajason, sert de base à toutes sortes de véhicules se dirigeant vers le Sud, ainsi que vers les côtes est et ouest. Des taxis-brousse partent régulièrement pour Antsirabe (15 000 FMG, 3 heures), Ambositra (30 000 FMG, environ 5 heures), Fianarantsoa (45 000 FMG, 8-10 heures), Ranohira (70 000 FMG, environ 16 heures), Tuléar (90 000 FMG en minibus, 75 000 FMG en car, 20 heures environ), Morondava (65 000 FMG, 18 heures environ), Manakara (70 000 FMG, 18h) et Fort-Dauphin (150 000 FMG, 2,5 jours). Pour rejoindre la gare, prenez un taxi ou le bus Fima n°10.

Gare routière de l'Ouest. Elle s'étend à plusieurs centaines de mètres de la gare ferroviaire. Vous y parviendrez à pied, avec les bus Komafi n°8 et 23, ou en taxi. Ses taxis-brousse rallient Ivato et l'aéroport.

Gare routière de l'Est (Ampasampito). De cette gare, implantée dans une banlieue éloignée de Tana, les taxis-brousse et les taxis-be desservent des destinations proches comme Manjakandriana, le lac Mantasoa et Moramanga (13 000 FMG, 2 heures). Vous pouvez prendre les bus Antafita n°1 et 2, ou mieux, un taxi.

Train

A l'heure où nous écrivons ces lignes, seule la ligne desservant Moramanga et Amba-tondrazaka (lac Aloatra) est en service au départ d'Antananarivo. Le service ferroviaire vers Antsirabe, au sud de la capitale, a cessé de fonctionner en 2000.

Les trains partent pour Moramanga et Ambatondrazaka les mardis, jeudis et samedis à 8h45. Les billets reviennent à environ 7 000/11 000 FMG en 2e/1re pour Moramanga (4 heures) et à 19 500/31 000 FMG jusqu'à Ambatondrazaka (8 heures). Mieux vaut réserver la veille et arriver à la gare au moins une heure avant le départ. Vu le piteux état du réseau ferroviaire malgache, il arrive régulièrement que des lignes soient fermées pour des périodes plus ou moins longues. Renseignez-vous à l'avance à la gare sur les horaires et les éventuelles modifications de tarifs.

Une micheline privée relie Antananarivo à Tamatave en empruntant la belle voie qui longe le canal des Pangalanes. Circulant à la demande, elle doit être réservée au moins 15 jours à l'avance et peut accueillir 18 passagers. A Tana, appelez le ☎ 22 205 21, fax 22 222 88, pour plus de détails ou pour réserver. Vous trouverez davantage de renseignements sur ce train dans l'encadré *La micheline* du chapitre *L'Est*.

Location de voiture

S'il est inutile de s'encombrer d'un véhicule pour circuler dans la capitale, de nombreux voyageurs louent une voiture au départ de Tana pour partir à la découverte du pays. Il est quasi impossible aux étrangers non-résidents de louer un véhicule sans chauffeur. Les quelques compagnies internationales de location présentes à Antananarivo proposent des véhicules très récents et en excellent état, mais chers. Avoir recours aux chauffeurs indépendants est plus avantageux. Certains hôtels et agences de voyages vous aideront à organiser votre location. Vous trouverez des informations utiles dans l'encadré *Les pièges de la location de voiture*, au chapitre *Comment circuler*.

Hertz (☎ 22 229 61, fax 22 336 73, somada@simicro.mg ; 17 rue Rabefiraisana, Analakely). Au coin du grand garage Peugeot, en haut de l'avenue de l'Indépendance, Hertz loue des véhicules avec chauffeur, assurance tous risques et kilométrage illimité. Un petit 4x4 japonais (3 passagers plus le chauffeur) revient à 602 000 FMG par jour pour une période comprise entre 3 et 7 jours (hors carburant). Comptez 396 000 FMG par jour pour une Peugeot 106. L'agence ouvre en semaine de 7h30 à 18h et le samedi de 9h à 12h. Hertz, qui dispose également d'un guichet à l'aéroport d'Ivato, accepte les règlements par cartes Visa et Mastercard.

Budget (☎ 22 611 11 ou 22 317 08, fax 22 333 26 ; av. de l'Indépendance, Analakely). Entre les hôtels Tana Plaza et Palace, Budget propose des petites voitures à 375 000 FMG par jour et des gros 4x4 à 740 000 FMG par jour pour une période de 6 jours. Le carburant est en sus.

Tany Mena Tours (☎ 22 326 27, fax 22 312 21, av. de l'Indépendance, tanymenatours@simicro.mg, www.tanymenatours.com). Agence de voyages spécialisée dans les circuits culturels, Tany Mena loue des véhicules en partenariat avec Madacar (☎ 22 541 33, madacar@net-courrier.com) à un tarif intéressant. Comptez, selon la durée, 300 000-325 000 FMG par jour pour une berline et 475 000-500 000 FMG par jour pour un 4x4. L'agence présente l'avantage d'être bien située, en haut de l'av. de l'Indépendance. Ces tarifs incluent le chauffeur et l'assurance, mais pas le carburant.

Location Parany (☎ 22 303 82, locationparany@yahoo.fr, contact en France au ☎ 05 56 45 49 62). Des lecteurs ont été particulièrement satisfaits de cette petite structure familiale qui propose de bonnes berlines à partir de 300 000 FMG par jour, carburant en sus.

Madaventure (☎/fax 22 485 12, madaventure@simicro.mg, www.madagascar-aventures.com). Organisateur de circuits, Madaventure loue des voitures légères avec chauffeur et assurance entre 46 et 61 € par jour selon la durée de location, et des 4x4 entre 80 et 101 €, carburant en sus. L'agence consent cependant des tarifs plus intéressants : des lecteurs ont pu y louer un 4x4 pour 10 jours au tarif de 470 000 FMG par jour.

Espace 4x4 (☎ 22 262 97, fax 22 272 96, espace4x4@dts.mg ; av. du Gal Ramanantsoa, Isoraka). Tour-opérateur spécialisé, Espace 4x4 loue des véhicules tout-terrain à partir de 430 000 FMG par jour avec chauffeur (assurance et carburant en sus). L'agence est installée à Isoraka, en montant vers la Ville haute.

Hôtel Sakamanga (☎ 22 358 09 ou 22 640 59, saka@malagasy.com). Le "Saka" peut organiser la location de berlines Peugeot avec chauffeur pour un tarif intéressant. Renseignez-vous à la réception.

Hôtel Raphia (☎ 22 253 13). Il loue également des berlines à des tarifs intéressants.

Océane Aventures (☎ 22 213 10, fax 22 312 22, oceav@dts.mg, Faravohitra). L'agence propose une formule originale : la fourniture d'un 4x4, d'un chauffeur-guide, de tentes et de matériel de camping. Cette solution revient à moins de 40 € par jour et par personne si 4 passagers prennent place dans le véhicule.

Madagascar Airtours (☎ 22 241 92, fax 22 641 90, 33 av. de l'Indépendance). Le correspondant d'American Express loue des véhicules plutôt chers.

COMMENT CIRCULER

La plupart des hôtels et des restaurants de Tana ne sont séparés que par de courtes distances. Vous pouvez donc aller à pied de l'un à l'autre sans problème. Mieux vaut cependant emprunter un taxi une fois la nuit tombée.

Le taxi s'impose pour rejoindre des endroits plus éloignés comme les gares routières, le zoo, voire le Rova.

Desserte de l'aéroport

L'aéroport national et international d'Antananarivo s'étend à Ivato (prononcez "ivat"), à 14 km au nord du centre-ville. Selon l'affluence, vos talents de marchandeur et l'heure (les tarifs sont majorés la nuit), vous paierez entre 50 000 et 60 000 FMG pour vous y rendre depuis Tana. Le mieux est de faire réserver un taxi par votre hôtel, qui connaît les tarifs en vigueur.

Des taxis-brousse – solution particulièrement peu pratique pour qui est chargé et doit respecter un horaire d'enregistrement – font la navette toutes les 15 minutes environ entre le village d'Ivato, à environ 1 km de l'aéroport, et la gare routière de l'Ouest.

Vous trouverez à l'aéroport d'Ivato des bureaux de change, un bar-restaurant (au 1er étage), quelques boutiques et des nuées de porteurs, chauffeurs de taxi et changeurs d'argent au noir. Les quelques boutiques hors taxes de l'aéroport n'acceptent que les devises.

Reportez-vous au chapitre *Comment s'y rendre* pour davantage de précisions.

Bus

La majorité des terminus des bus de la ville se situent sur l'avenue de l'Indépendance, l'araben ny 26 Jona 1960 et aux abords de la gare ferroviaire.

Leur réseau est confus, les arrêts multiples et la circulation chaotique, ce qui dissuade en général les visiteurs de les utiliser.

Les bus sont par ailleurs particulièrement bondés, notamment entre 7h et 8h30 et de 17h à 18h30. Ils ne font halte qu'aux arrêts officiels : inutile de leur faire signe, de taper des mains ou de siffler pour monter ou descendre ailleurs. Enfin, méfiez-vous des pickpockets.

Compte tenu de l'effroyable lenteur de la circulation, de l'étroitesse et de l'escarpement des rues, il est souvent plus rapide de marcher. Les taxis sont par ailleurs plus sûrs et confortables.

Taxi

Il existe toutes sortes de taxis à Tana, dont un grand nombre de 2 CV et de 4 L qui semblent prêtes à rendre l'âme lorsqu'elles montent vers la Ville haute. Les taxis qui rôdent autour du Madagascar Hilton, du Colbert et d'autres grands hôtels pratiquent en général des tarifs supérieurs à la moyenne.

Quoi qu'il en soit, mettez-vous toujours d'accord sur le prix avant de prendre place (ne cherchez pas un taxi-mètre à Madagascar !).

Si vous ne parvenez pas à faire affaire avec un chauffeur, tentez votre chance avec l'un de ses collègues. Les tarifs, cela dit, tendent de plus en plus à être harmonisés et "officiels".

Pour les touristes, le tarif "de base" – une notion très variable – se monte à quelque 5 000 FMG pour toute course en ville, dont Tsimbazaza et les gares routières les plus éloignées. La nuit, attendez-vous à marchander et à payer plus cher. Sauf cas exceptionnel, une course en taxi ne devrait jamais dépasser 15 000 FMG.

Renseignez-vous auprès des tananariviens ou de votre hôtel sur les tarifs en vigueur.

Environs d'Antananarivo

Les environs de la capitale abritent quelques hauts lieux de la splendeur merina, répartis sur les 12 collines qui ceinturent la ville.

IVATO

A 14 km au nord de la ville, la localité d'Ivato est surtout connue pour accueillir l'aéroport international d'Antananarivo. La ville, de fait, vit dans l'ombre de ce dernier : magasins d'artisanat et hôtels attendent ceux qui la choisissent pour passer la dernière nuit de leur séjour afin de se rapprocher de l'aéroport.

A voir et à faire

Parc zoologique Croq' Farm (☎ *22 234 10 ; 25 000 FMG ; ouvert tlj 9h-17h*). A 3 km de l'aéroport, Croq' Farm est une réussite. Ses beaux vivariums sont l'occasion d'admirer de superbes spécimens de la faune malgache : caméléons, dont les superbes *Calumna Parsonii* et *Pardalis Bleu* ; reptiles ; batraciens, parmi lesquels la très jolie *Martella Madagascariensis*, petite grenouille au corps noir et vert et aux pattes orange ; boas… Ce parc respectueux de la faune et de la flore abrite également quelques lémuriens en liberté, des fossas, et un grand nombre de crocodiles du Nil (la vocation première des lieux est l'élevage de ces sauriens). Enfin, un agréable bar-restaurant est dédié à la mémoire du capitaine d'un des clippers les plus rapides à avoir croisé dans les Mascareignes, et surnommé le "reptile". Depuis Ivato, un taxi vous y mènera pour environ 40 000 FMG aller-retour. Il est également possible de s'y rendre à pied depuis Ivato.

Marchés artisanaux. Plusieurs petits marchés et boutiques d'artisanat sont regroupés à Ivato. Le **"marché artisanal de la route digue"** *(ouvert tlj)*, l'un des meilleurs de Tana dans ce domaine, se tient à quelques kilomètres d'Ivato en direction de la capitale.

ANTANANARIVO

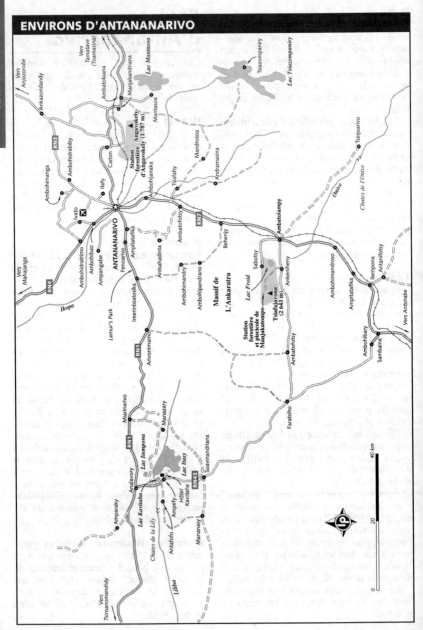

ENVIRONS D'ANTANANARIVO

Le Village (☎/fax 22 451 97, village@ dts.mg, Ambohibao ; ouvert lun-sam 8h-17h). A 5 minutes d'Ivato, cet atelier fabrique de belles maquettes de bateaux en bois. Des emballages spécialement adaptés au transport en avion peuvent être réalisés.

Où se loger et se restaurer

Le Manoir Rouge (☎ 22 441 04, ☎/fax 22 482 44, madatana@dts.mg, www. madatana.com ; camping 10 000 FMG par pers, lit en dortoir 25 000 FMG par pers, double sans/avec s.d.b. 45 000/65 000 et 75 000 FMG, triple 95 000 FMG). Le Manoir rouge a fait peau neuve sous l'impulsion de son nouveau propriétaire, au point de devenir le rendez-vous des voyageurs à petit budget sur le départ. A 500 m de l'aéroport seulement, il propose des hébergements pour tous les goûts – camping, dortoirs particulièrement propres, chambres –, mais aussi un agréable salon avec cheminée et une salle de restaurant. Pour vous y rendre depuis l'aéroport, tournez à gauche à l'entrée de ce dernier, continuez jusqu'à la caserne militaire et jusqu'au village, puis cherchez l'enseigne de l'hôtel.

Ivato Hôtel (☎/fax 22 445 10, tél 22 743 05, ivatotel@dts.mg ; doubles/triples 85 000/115 000 FMG). A 900 m de l'aéroport (au niveau de La Hutte Canadienne), l'Ivato Hôtel propose des chambres correctes avec sanitaires. Sa salle de restaurant agréable sert des spécialités françaises, chinoises et malagasy à prix raisonnable. Le transfert vers l'aéroport est gratuit sur réservation.

Auberge du Cheval blanc (☎ 22 446 46, fax 22 451 94 ; doubles 100 000 FMG, menus 35 000-45 000 FMG). A 1 km seulement de l'aéroport en bordure de la route principale, ce grand bâtiment de style ancien abrite des chambres convenablement entretenues. Bon choix en dépit d'un prix un peu excessif, l'auberge a la faveur des groupes et possède un restaurant. Transfert gratuit pour Ivato. Visa et Mastercard sont acceptées.

Daniel et Sahondra (☎ 033 110 33 37, soamahatony@online.mg, http:// takelaka. dts.mg/soamahatony ; Soamahatony ; doubles avec s.d.b commune 120 000 FMG, lit supp 50 000 FMG, repas 40 000 FMG). A une dizaine de minutes d'Ivato, Daniel et Sahondra proposent deux chambres d'hôtes de charme, recommandées par des lecteurs.

Comment s'y rendre

En taxi, la course depuis Tana revient entre 50 000 et 60 000 FMG environ. Des taxis-brousse, peu pratiques, font la navette entre Ivato et la gare routière de l'Ouest toutes les 15 minutes environ.

AMBOHIMANGA

Le village d'Ambohimanga (la "colline bleue"), à 21 km au nord de Tana, servit longtemps de capitale à la famille royale merina. Ambohimanga (prononcez "ambouhimang") continua d'être considéré comme un lieu hautement symbolique après l'implantation du gouvernement à Tana. La colline vient d'être inscrite sur la liste du patrimoine mondial de l'Unesco.

L'entrée du village est marquée par la première des sept portes traditionnelles qui conduisent à la crête, en forme de nid d'aigle. A côté de cette porte repose un immense disque de pierre. Au premier signe de danger, une quarantaine d'esclaves avaient pour mission de le faire rouler devant la porte pour en bloquer l'accès. Le point fort d'Ambohimanga demeure son Rova (palais).

La région est ponctuée de tombes merina, constituées essentiellement de blocs de ciment nu.

Rova

A quelques centaines de mètres au-dessus du village d'Ambohimanga, s'élève le palais fortifié (10 000 FMG ; ouvert tlj sauf lun 8h-11h et 14h-17h) qui fut naguère celui d'Andrianampoinimerina, qui régna de 1787 à sa mort, en 1810. Le complexe est assez austère mais l'atmosphère s'y révèle tranquille et l'environnement agréable.

La résidence royale, le Bevato, est constituée d'une grande case de bois dont le toit en pente, haut de 10 mètres, est soutenu par un madrier de palissandre. Des lances, des boucliers et des ustensiles de cuisine tapissent les murs. Le lit du roi, qu'il partageait avec l'une de ses femmes, frôle le plafond, tandis que ceux de ses onze autres épouses s'alignent près du plancher.

Par la suite, les trois reines Ranavalona vinrent passer leurs week-ends à Ambohimanga. Elles y firent bâtir une charmante résidence dans l'enceinte du Rova, qui contient encore du mobilier d'époque, des tableaux et des présents (dont un lavabo) offerts par la reine Victoria.

Des pèlerins viennent encore de tout le pays jusqu'à Ambohimanga pour invoquer Dieu à travers les esprits des reines, leurs messagères. Si vous voyez une personne en prière dans l'un des bâtiments, restez à l'extérieur jusqu'à ce qu'elle ait fini.

Les fortifications extérieures présentent la particularité d'avoir été construites avec un ciment à base d'œuf. En suivant les marches jusqu'au sommet, vous aboutirez à un point qui dévoile une vue extraordinaire sur Tana. Une étrange cuvette y a été creusée dans la pierre : les femmes y jettent des cailloux dans l'espoir de devenir fécondes. Mieux vaut visiter Ambohimanga dans la journée depuis la capitale, l'hébergement disponible sur place laissant à désirer. Vous trouverez quelques restaurants aux abords du site.

Comment s'y rendre
Les taxis-brousse desservant Ambohimanga stationnent devant la gare routière du Nord à Tana. Fréquents, ils vous déposent directement à la porte du village (1 heure et 1 700 FMG environ). Vous devrez ensuite monter à pied jusqu'au Rova (1 km environ). Une autre solution consiste à affréter un taxi pour la journée depuis Tana.

AMBOHIDRATRIMO
Ambohidratrimo coiffe une colline exposée au vent, d'où l'on peut observer la capitale, les environs et de jolis lacs au sud et au sud-est.

Plusieurs tombes s'élèvent dans le village. Non loin se dresse un poteau en pierre, sculpté de deux seins, où les femmes stériles venaient jadis prier. Après leur avoir bandé les yeux, on les faisait tourner sept fois sur elles-mêmes avant de les positionner en face du poteau et de leur demander de le toucher. Si la femme effleurait le sein gauche, elle devait donner naissance à un fils ; si ses doigts touchaient le sein droit, ce serait une fille.

Comment s'y rendre
A 17 km au nord-ouest de Tana sur la route de Mahajanga, Ambohidratrimo est desservi par les taxis-brousse de la gare routière du Nord.

ILAFY
La famille royale merina établit longtemps sa résidence de repos sur une "colline sacrée" d'Ilafy ("ilaf"). Au début du XVIIe siècle, le roi Andrianasinavalona, qui régna de 1675 à 1710, fonda ce village où il fit construire sa résidence. Elle doit son aspect actuel aux modifications apportées par Ranavalona Ire vers 1830.

Érigée en haut d'un chemin de terre très abrupt, que la plupart des taxis malgaches peinent à gravir (lorsqu'ils y parviennent !), la résidence abrite aujourd'hui un musée ethnographique. Sa collection de reliques et d'antiquités mérite une visite. Vous verrez, entre autres, des modèles de tombes, des outils de chasse et de pêche, des objets de culte et des sculptures en bois modernes. Une extraordinaire série de photos montre toutes les coiffures traditionnelles merina.

Comment s'y rendre
Le plus simple consiste à prendre un taxi depuis la capitale, que 12 km séparent d'Ifaty. Les taxis-brousse à destination d'Ambohimanga, qui partent de la gare routière du Nord, pourront aussi vous déposer.

AMBOHIJANAKA
Ce village fortifié du XVIIe siècle, dont le nom signifie "le lieu des enfants", se situe à quelques kilomètres au sud-est de la capitale. Outre ses cases aux toits cornus, qui rappellent l'architecture indonésienne, vous pourrez y voir d'anciennes portes en pierre, ainsi qu'une place de terre rouge ornée de pierres sacrificielles.

Non loin, se dressent les caveaux de famille des chefs du village, protégés par de petites huttes en bois bâties à l'intention des *andevo* (traditionnellement, la classe "inférieure" chez les Merina), qui les utilisaient comme lieux de culte afin d'obtenir la bénédiction des ancêtres de familles nobles.

Les hauteurs de Tana dans le soleil levant

DAVID CURL

Voulez-vous THB avec moi ?

OLIVIER CIRENDINI

En cale sèche dans les rues d'Antsirabe

OLIVIER CIRENDINI

Pourquoi n'iriez-vous pas brocanter quelque broc dans ce bric-à-brac ?

DAVID CURL

OLIVIER CIRENDINI

OLIVIER CIRENDINI

Rizières des hautes terres

Une piste du Sud

DAVID CURL

Les massifs de grès de l'Isalo

DAVID CURL

Une voie ferrée serpente dans la forêt tropicale

Comment s'y rendre

Ambohijanaka bordant la route principale au sud de Tana, tous les taxis-brousse desservant Ambatolampy ou Antsirabe traversent la localité. Ils quittent la capitale de la gare routière du Sud, à Anosibe.

ANTSAHADINTA

Le plus éloigné des villages répartis sur les collines qui ceinturent Tana, Antsahadinta ("la forêt de sangsues") est aussi l'un des mieux conservés. Ce site fut fondé par le roi Andriamangarira en 1725. Son Rova renferme plusieurs tombes en terrasses et un jardin bien entretenu. La grande tombe à droite en entrant dans le complexe est celle de la reine Rabodozafimanjaka, l'une des douze épouses d'Andrianampoinimerina. Accusée de trahison, elle dut subir l'ordalie (mise à l'épreuve à l'aide de produits naturels) du tanguin, un violent poison. Nul ne sait aujourd'hui si elle y survécut. Un musée conte cette histoire en détail.

Comment s'y rendre

Le site reste difficilement accessible. La route vers Antsahadinta est relativement mauvaise et le trajet de 14 km depuis Tana prend beaucoup de temps en voiture. De plus, les transports publics desservent rarement la localité. Restent la location de voiture ou la marche : prenez à gauche à Ampitatafika (à ne pas confondre avec la ville du même nom entre Antsirabe et Ambatolampy) et suivez la seule route se dirigeant vers le sud-ouest. Vous passerez au milieu de collines et de vallées parsemées de hameaux où se dressent les hautes maisons merina. Vous parviendrez ainsi à un panneau indiquant "Antsahadinta – 1,7 km". La route s'améliore passé celui-ci.

LAC ITASY

Tout porte à croire que ce lac d'une superficie de 45 km^2 se forma lorsque la vallée qui l'entoure fut bloquée par une coulée de lave, voilà 8 000 ans. Le lac s'étend près du village d'Ampefy, à 120 km à l'ouest de Tana et à environ 11 km au sud d'Analavory, sur la RN 1. La région a subi une déforestation de grande ampleur mais les dômes volcaniques qui émergent çà et là du paysage lui confèrent une beauté certaine.

Le WWF a déclaré cette zone "site d'intérêt" et a alloué 3 500 ha à la recherche et à la préservation des 33 espèces d'oiseaux, dont beaucoup de migrateurs, qui la peuplent.

Le lac a donné son nom à l'ensemble de la région contenue entre les massifs de l'Ankaratra, au sud, et du Bongolava, à l'ouest. Vous pourrez faire de belles randonnées autour des rives du lac (à l'exception du sud marécageux). La baignade est cependant déconseillée à cause des crocodiles et de la bilharziose. Le lac de cratère Andranotoraha, à environ 5 km au sud d'Ampefy, est supposé abriter un lointain cousin du monstre du Loch Ness.

Le sentier qui part vers l'ouest à 300 m environ au nord du village d'Ampefy traverse un pont et continue sur 5 km jusqu'au village d'Antafofo, où la Liliha mêle ses eaux à celles de la Lily.

Où se loger

Hôtel Kavitaha (☎ *48 840 04, Ampefy ; doubles avec s.d.b. 70 000 FMG environ).* Bien situé au-dessus du lac Kavitaha, cet hôtel pratique des tarifs corrects pour des doubles raisonnablement confortables. Il est doté d'un restaurant et d'une agréable terrasse.

Comment s'y rendre

De Tana, prenez un taxi-brousse en direction de Tsiroanomandidy et descendez au village d'Analavory. Attendez ensuite un autre taxi-brousse ou faites du stop sur la RN 43 jusqu'à Ampefy, 7 km plus loin.

ARIVONIMAMO

À 47 km à l'ouest de la capitale sur la route du lac Itasy, Arivonimamo est le centre géographique de l'île. La localité est dominée par le pic vénéré de l'Ambohipanompo, sur lequel reposent plusieurs tombes royales sacrées, malheureusement pillées en 1988. Dans le village, un monument commémore les tragiques répercussions de la révolte des Menalamba, la nuit du 22 novembre 1895 (voir l'encadré).

Un grand marché se tient le vendredi à Arivonimamo. Vous pourrez y goûter une spécialité locale appelée *bononoka*, à base de lamelles de manioc fermenté. La région passe pour être le centre du tissage des *lamba mena* ou linceuls. Arivonimamo

Jean Laborde

Né à Auch en 1805, Jean Laborde commence par travailler dans l'atelier de son père, maréchal-ferrant. Mais les rêves de cet entreprenant jeune homme dépassent la Gascogne : après avoir rejoint pendant quelques années les rangs de l'armée, il s'embarque pour Bordeaux, bien décidé à prendre le premier bateau en partance pour une contrée au nom enchanteur. Ce sera l'Inde, où il débarque vers 1825. C'est vraisemblablement sur le sous-continent, où on lui fait miroiter les riches cargaisons de navires coulés dans le canal du Mozambique, qu'il entend pour la première fois parler de Madagascar. Embarqué sur le *Saint Roch*, Laborde cherchera en vain ces richesses englouties jusqu'au naufrage du navire, en 1831, au large de l'actuelle Vohipeno.

C'est donc un homme ruiné qui arrive un jour dans la plantation de Napoléon de l'Estelle, un planteur de canne bien introduit à la cour de la reine Ranavalona Ire. En l'espace de quelques années, l'ascension de Jean Laborde sur la Grande Île sera stupéfiante. Sur la recommandation de Napoléon de l'Estelle, la reine commence par lui confier la réalisation d'une manufacture de fusils et de canons. L'entreprise est initialement basée à Ilafy, mais Laborde lui préfère rapidement le site de Mantasoa, qui procure à la fois le bois, le minerai de fer et la force hydraulique nécessaires au projet. C'est ainsi une véritable "cité industrielle" qui surgit de terre sur les rives du lac. Aidé d'un ouvrage de vulgarisation technologique et de 10 000 hommes, Laborde crée à Mantasoa une fonderie de canons, une verrerie, une faïencerie, une papeterie, une sucrerie, une savonnerie...

L'influence de ce Gascon sur la cruelle Ranavalona Ire – avec qui certains historiens lui prêtent une aventure galante – dépasse cependant le cadre de ces travaux pharaoniques. Conseiller du pouvoir malgache, sollicité pour la réalisation de certains monuments prestigieux comme le Rova d'Antananarivo, Laborde est également précepteur du prince Rakotondradama, le futur Radama II. C'est certainement sur les conseils du Français que celui-ci, souhaitant mettre un terme à la politique de plus en plus cruelle et impopulaire de sa mère – qui commence alors à voir tous les étrangers comme des ennemis potentiels –, demande assistance au roi de France. Ce dernier ne répondra pas, mais la manœuvre sera découverte et Laborde expulsé de la Grande Île en même temps que tous les Français.

Après quatre années d'exil sur l'île de la Réunion, l'accession au trône de Radama II, en 1861, rouvrira au Gascon les portes de Madagascar, où son œuvre de Mantasoa a été réduite à néant. Qu'importe ! Revenu en grâce à la cour, Jean Laborde œuvrera dès lors comme ambassadeur officieux de la France. Il mourra à Antananarivo en 1878.

---

sert de base pour les randonnées à travers le massif de l'Ankaratra.

Lemur's Park

A 22 km de la capitale par la RN 1 et à mi-chemin entre Tana et Arivonimamo, Lemur's Park (☎ 22 234 36, info-lemurs@ lemurspark.com, www.lemurspark.com ; 50 000 FMG ; ouvert tlj sauf lun 10h-16h) accueille 7 espèces de lémuriens dans un domaine de 4 ha, en bordure de la Katsaoka. A une heure de route environ de la capitale, ce parc zoologique permet d'observer les plus sympathiques représentants de la faune malgache. Vous trouverez sur place un restaurant-snack et une boutique.

Comment s'y rendre

Pour parvenir à Arivonimamo ou à Lemur's Park, prenez n'importe quel taxi-brousse en partance pour Tsiroanomandidy ou réservez un taxi pour la journée depuis Antananarivo.

LAC MANTASOA

Créé en 1937, ce lac de montagne artificiel de 2 000 ha s'étend à 60 km à l'est de la capitale. Bordé de pins et d'eucalyptus, il attire le week-end les habitants d'Antananarivo, qui viennent pêcher, nager et naviguer. Les possibilités de randonnée, de camping et de pique-nique sont exceptionnelles.

Jean Laborde (voir l'encadré) construisit sur les rives du lac un palais d'été pour la reine Ranavalona Ire ainsi qu'une fonderie, une usine de munitions, des fabriques, des ateliers de charpentier, d'armurier, de potier, de verrier, de tanneur, de cimentier, de papetier et de forgeron. L'ensemble fut en grande partie inondé et il ne reste que peu de traces de cette "révolution industrielle". Vous pouvez visiter la maison de Jean Laborde dans l'ancien village voisin d'Andrangoloaka, sa tombe dans le cimetière local et l'usine de munitions, signalée par des panneaux. Le lac se situe à 3 km après le village de Mantasoa. Suivez le chemin principal à travers le village pour atteindre ses rives.

Où se loger et se restaurer

Le Chalet Suisse *(☎ 42 660 20 ; bungalows doubles 50 000 FMG environ)*. Cet établissement est le moins cher et mieux vaut réserver. Dirigé par des Suisses et situé à proximité du Domaine de l'Ermitage, il loue des bungalows corrects et abrite un restaurant qui propose raclette, fondue et autres spécialités helvétiques.

Domaine de l'Ermitage *(☎ 42 660 54 ou 22 288 75, doubles avec s.d.b 200 000 et 250 000 FMG)*. L'établissement le plus chic des abords du lac – réaménagé en 2000 – possède, outre des chambres confortables, un court de tennis et organise des promenades à cheval. Un petit **terrain de camping** est installé aux abords du lac. Vous trouverez quelques provisions au village de Mantasoa mais il est sage d'apporter votre nourriture.

Comment s'y rendre

Des taxis-brousse rejoignent directement le village de Mantasoa depuis la gare routière de l'Est d'Antananarivo. Vous devrez partir tôt le matin si vous comptez visiter le lac dans la journée.

Une autre solution consiste à prendre un train en direction de Moramanga et à descendre à Ambatoloana, le premier arrêt à l'est de Manjakandriana. De là, faites du stop ou attendez un taxi-brousse pour parcourir les 15 km de route cahoteuse jusqu'au lac.

STATION FORESTIÈRE D'ANGAVOKELY

Sur le chemin du lac Mantasoa, le charmant village de Carion (Nandihizana) sert de base pour explorer les 690 ha de la station forestière d'Angavokely *(entrée 20 000 FMG environ, renseignements au Service des Eaux et Forêts d'Antananarivo)*, créée en vue de préserver la végétation originelle des Hauts Plateaux et de reboiser la région en pins et en eucalyptus. L'endroit est idéal pour les randonnées, et les deux pics rocheux de la réserve (dont l'Angavokely, 1 787 m) offrent un magnifique panorama sur Antananarivo et le lac Mantasoa. Vous pourrez également visiter les étranges grottes d'Andavabatomaizina et d'Andavavatsongomby ainsi qu'un arboretum.

Pour atteindre la station forestière depuis Carion, cherchez la piste pointant vers

---

La révolte des Menalamba

Arivonimamo fut le théâtre de l'un des premiers soulèvements anticoloniaux de Madagascar. La nuit du 22 novembre 1895, des membres du Menalamba – les "lamba rouges", premier mouvement nationaliste malgache – attaquèrent l'établissement de la London Missionary Society et tuèrent une famille de quakers anglais, symboles à leurs yeux de l'Europe et de ses valeurs coloniales. La riposte française fut des plus sanglantes : elle coûta la vie à 150 insurgés, forçant les derniers rebelles à s'enfuir dans le massif de l'Ankaratra. Un monument, dans le village, commémore les faits.

La révolte des Menalamba marqua le début d'une période de troubles de trois années, qui, selon certaines sources, aurait fait 50 000 victimes. Elle fut écrasée par le général Gallieni, qui balaya au passage la monarchie merina et fit exiler la reine. Cet épisode tragique fut longtemps considéré comme le symbole de la lutte nationale malgache contre le pouvoir colonial français, notamment durant la rébellion de 1947.

Angavokely depuis la route principale. Après 30 minutes de marche, vous aboutirez au guichet de vente des billets.

AMBATOLAMPY

Ambatolampy se situe à 68 km au sud de la capitale, à l'intersection de la RN 7 et de la voie de chemin de fer. Les collines du massif de l'Ankaratra, le Musée de la nature et la station forestière et piscicole protégée de Manjakatompo, implantée à 17 km à l'ouest d e la ville, sont les sites les plus intéressants de la région.

Musée de la Nature "La Cigale et la Mygale" (☎ 42 492 64 ; entrée 25 000 FMG ; ouvert tlj 8h-17h). Aux dires mêmes de ses fondateurs, ce petit musée privé s'intéresse "au petit, à l'inconnu et au méprisé". Ajoutons à cette liste l'adjectif "étonnant". Situé un peu à l'écart de la ville, près du Manja ranch, ce musée accueille en effet une collection d'insectes et de papillons naturalisés, de Madagascar et d'ailleurs, particulièrement riche. On peut y voir la comète – le plus grand papillon du monde – mais aussi des criquets et toutes sortes d'insectes tantôt repoussants, tantôt superbes de couleurs. Agréable but de balade à pied depuis la ville, le musée aide par ailleurs à la scolarisation d'enfants en reversant une part de ses bénéfices à l'association La Cigale et la Mygale.

Où se loger et se restaurer

Au Rendez-vous des Pêcheurs (☎ 42 492 04 ; doubles avec s.d.b. commune à partir de 70 000 FMG, plats 25 000 FMG, menu 50 000 FMG). Longtemps appréciée pour son salmis de canard, sa blanquette ou son lapin sauce normande, cette table n'est hélas plus à la hauteur de sa réputation, mais les lieux ont préservé un charme suranné. Des chambres un peu anciennes, mais propres et claires, avec parquet et balcon, sont disponibles à l'étage.

Manja Ranch (☎ 23 817 22 ; doubles 41 000 FMG, bungalows doubles/triples 90 000/100 000 FMG, plats 20 000 FMG,

menu 30 000 FMG). Dissimulé derrière une hauteur à un petit kilomètre de la RN 7 (suivez les panneaux), le Manja Ranch est le meilleur choix d'Ambatolampy, tant pour la beauté du site que pour le confort des lieux. Cette table et chambre d'hôtes propose des chambres avec sanitaires communs (eau froide) joliment décorées et de bons bungalows avec s.d.b. (eau chaude).

Comment s'y rendre

Ambatolampy est desservie par les taxis-brousse de la gare routière du Sud de Tana.

STATION FORESTIÈRE ET PISCICOLE DE MANJAKATOMPO

Créée en collaboration avec l'agence allemande GTZ, cette réserve (entrée 25 000 FMG, renseignements au service des Eaux et forêts d'Antananarivo) couvre 7 808 ha de forêts, de plaines, de montagnes, de chutes d'eau et d'étangs. Elle renferme un terrain de camping et offre d'innombrables possibilités de randonnée. Hormis la flore locale, vous pourrez y observer près de 38 espèces d'oiseaux, dont la tourterelle dense.

Plusieurs circuits, d'une demi-journée à deux jours, sillonnent la réserve. Des pistes conduisent au lac Froid, bien nommé, et au pied du troisième sommet du pays, le Tsiafajavona, ou "lieu des brumes perpétuelles" (2 643 m). Il est possible d'obtenir un billet à l'entrée de la réserve ou en s'adressant au chef du cantonnement des Eaux et forêts d'Ambatolampy, près du marché.

Il existe un fady particulièrement virulent contre le porc dans le massif de l'Ankaratra.

Comment s'y rendre

La station se trouve à 17 km d'Ambatolampy, au nord d'Ankeniheny. Des taxis-brousse sporadiques relient Ambatolampy et Ankeniheny, qu'un kilomètre sépare de l'entrée de la station. Les transports sont plus fréquents les lundis et jeudis, jours de marché à Ankeniheny. Il est enfin possible de rejoindre la station avec son propre véhicule 4x4 (la piste est mauvaise).

Le Centre

Au sud de Tana, les Hauts Plateaux s'étendent vers Antsirabe, Fianarantsoa et au-delà, jusqu'à ce que leurs collines onduleuses, leurs plaines et leurs rizières verdoyantes cèdent la place au paysage aride de la partie la plus méridionale de l'île. Ces "hautes terres" – elles dépassent rarement 1 300 m d'altitude – sont le domaine de deux groupes ethniques principaux : les Merina et les Betsileo. Les premiers se concentrent autour d'Antananarivo. Les seconds dressent leurs hautes maisons de brique rouge dans une large zone ceinturant la ville de Fianarantsoa, cœur de leur territoire.

Caractérisées par un climat souvent frais, les hautes terres rassemblent la majorité des ressources agricoles de Madagascar. La production des rizières en terrasses, dans lesquelles on peut voir le signe des origines indonésiennes de la culture malgache, suffisait par le passé à assurer son équilibre alimentaire. Les temps ont changé et la Grande Île exporte maintenant son riz de bonne qualité pour en acheter de plus grosses quantités de qualité moindre. Les rizières des hautes terres n'en demeurent pas moins la fierté des Betsileo. Elles côtoient les vignes, qui ont prospéré au sud de Fianarantsoa dans les années 1970, sous l'impulsion de vignerons suisses.

ANTSIRABE

Modeste village lors de sa fondation en 1872 par le missionnaire norvégien G.T. Rosaas, Antsirabe – "Là où il y a beaucoup de sel" – se développa à l'époque coloniale, lorsque son altitude (1 500 m) et les vertus curatives de son eau (on vous dira qu'elle guérit tout !) en firent une station thermale et climatique. Un demi-siècle plus tard, cette localité de 100 000 âmes située à 169 km au sud de la capitale présente deux visages : celui d'une paisible ville d'eau aux avenues tirées au cordeau et celui d'un centre économique actif. La ville abrite notamment le siège de la brasserie Star, à qui l'on doit la *Three Horses Beer*. Antsirabe est une localité agréable pour

A ne pas manquer

- La ville thermale d'Antsirabe, "capitale" des pousse-pousse
- Les villages zafimaniry, avec ses sculpteurs de père en fils, dans les forêts du sud-est d'Ambositra
- Le voyage en train de Fianarantsoa à Manakara : le plus captivant de la Grande Île
- La ville haute de Fianarantsoa, "zone protégée à intérêt historique et architectural"
- Les lémuriens du parc national de Ranomafana

LE CENTRE

passer quelques jours, le temps de goûter son ambiance et d'explorer ses environs proches. Nombreux sont ceux qui apprécient sa fraîcheur en été et la déplorent en hiver !

Orientation

Antsirabe se subdivise en trois zones. La ville basse, animée et poussiéreuse, regroupe le marché couvert quotidien et la plupart des

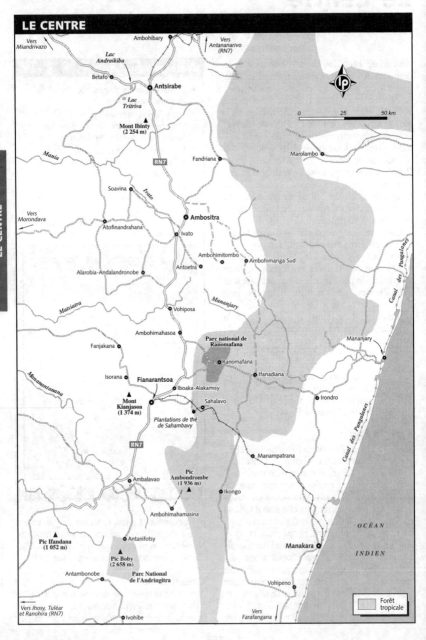

LE CENTRE

Vers
Miandrivazo

Ambohibary

Vers
Antananarivo
(RN7)

*Lac
Andraikiba*

Betafo

Antsirabe

*Lac
Tritriva*

**Mont Ibinty
(2 254 m)**

Mania

RN7

Fandriana

Marolambo

Soavina

Ivato

Vers
Morondava

Atofinandrahana

Ambositra

Ivato

Ambohimitombo

Ambohimanga Sud

Alarobia-Andalandronobe

Antoetra

Matsiatra

Vohiposa

Mananjary

Ambohimahasoa

**Parc national de
Ranomafana**

Fanjakana

Mananjary

Isorana

Fianarantsoa

Ranomafana

Iboaka-Alakamisy

Ifanadiana

**Mont
Kianjasoa
(1 374 m)**

Sahalavo

Irondro

*Plantations de thé
de Sahambavy*

Manamuntanana

RN7

Manampatrana

Ambalavao

**Pic
Ambondrombe
(1 936 m)**

Ikongo

Ambohimahamasina

OCÉAN

**Pic Ifandana
(1 052 m)**

Antanifotsy

INDIEN

**Pic Boby
(2 658 m)**

Manakara

Antambonobe

**Parc National
de l'Andringitra**

Vers Ihosy, Tuléar
et Ranohira (RN7)

Ivohibe

Vohipeno

Vers
Farafangana

Forêt
tropicale

commerces et des bureaux. Au nord de la cathédrale, les larges avenues rectilignes de la "ville coloniale" témoignent des efforts des urbanistes pour faire d'Antsirabe la "Vichy malgache". La Grande Avenue, l'artère principale, relie la gare ferroviaire au jadis grandiose Hôtel des Thermes, qui surplombe le lac Ranomafana. Enfin, une zone plus industrialisée, où se concentrent la brasserie Star, la filature de coton Cotona et une manufacture de tabac, s'étend à l'ouest du plan d'eau. Le marché Asabotsy se tient chaque jour à l'ouest du lac. Il est plus important le samedi.

Renseignements

Argent. Les banques sont majoritairement installées aux abords de la cathédrale. Vous trouverez à Antsirabe des agences de la BFV-SG (ouverte lun-ven 7h30-11h30 et 14h-15h), de la BTM-BOA (ouverte lun-ven 8h-11h et 14h-16h), de la BNI-CL (mêmes horaires que la BTM-BOA) et de la BMOI (ouverte lun-ven 8h-11h15 et 14h-16h15). Cette dernière est située face au marché couvert quotidien, dans le centre-ville.

Poste et communications. Le beau bureau de poste d'Antsirabe est implanté près de l'avenue principale. Vous trouverez des cabines à carte en ville, notamment près du marché couvert et face à l'agence Agate, avenue de l'Indépendance. Un cybercafé (1 500 FMG la minute de connexion) attend les internautes au rez-de-chaussée de l'hôtel Soafitel, à côté du salon de thé Mirana.

Thermes

Pompeusement baptisé "Centre national de crénothérapie et de thermoclimatisme" mais simplement désigné par les tireurs de pousse sous le nom de "thermal", l'établissement thermal d'Antsirabe (ouvert lun-ven 7h-13h, sam-dim 7h-10h ; 4 000 FMG) témoigne aujourd'hui d'un certain laisser-aller. Il mérite néanmoins le détour pour son atmosphère particulière et le lac Ranomafana. Créé pour l'agrément, ce plan d'eau empêche également les gaz des eaux de source de s'échapper. L'eau des sources chaudes d'Antsirabe est censée guérir les rhumatismes et les problèmes de foie ou de

vessie. Le centre ferme parfois avant 13h le samedi s'il y a trop d'affluence.

Il existe une piscine d'eau thermale (ouvert lun, mar, mer et ven 7h-8h30 et 10h30-12h, sam 7h-10h, dim 7h-10h30 ; 6 500 FMG) à proximité des thermes.

Ateliers d'artisans

De nombreux ateliers d'artisans – fabricants de pousse-pousse ou de charrettes à zébu, travail de la corne, forgerons… – sont rassemblés derrière le Bazary-be. Les tireurs de pousse de la ville ne demandent rien de mieux que de vous y mener. La Calèche (voir *Où se loger*, ci-dessous) organise également des visites de ces ateliers.

Randonnées équestres

La Villa Salemako (voir *Où se loger*) propose des randonnées à cheval dans les environs d'Antsirabe, au tarif de 40 000 FMG de l'heure et de 120 000 FMG pour une demi-journée au lac Andraikiba

Vous trouverez également des montures aux abords de la gare.

Randonnées à VTT

Les lacs Andraikiba et Tritriva, à l'ouest de la ville, se prêtent particulièrement à la randonnée en VTT. Reportez-vous à *VTT* du paragraphe *Comment circuler*.

Circuits organisés

La Calèche (voir *Où se loger*) organise des circuits en calèche dans la ville à la rencontre de ses artisans. Comptez 70 000 FMG (35 000 FMG pour les enfants).

Les guides de l'hôtel Kabary (voir *Où se loger*) pourront également vous aider à organiser vos circuits vers la Tsiribihina et les tsingy de Bemaraha. Une descente de la Tsiribihina de trois jours revient à 1,3 million de FMG par personne. Comptez 1,2 million supplémentaire pour ajouter les tsingy à votre circuit.

L'agence de voyages Travel Flying Service (☎ 44 491 77, fax 44 495 77, travelfs@dts.mg) propose plusieurs itinéraires plutôt chers au départ d'Antsirabe : descente de la Tsiribihina, tsingy de Bemaraha, survol de l'île en avion privé…

Posy-posy

Ils s'appellent Nina, Air France ou encore Francine, arborent des couleurs vives, attirent l'attention des clients ou dégagent la voie à l'aide de leur clochette et semblent omniprésents. Depuis que les Chinois, venus construire la ligne de chemin de fer Antananarivo-Antsirabe, les ont importés, les pousse-pousse font autant partie de la vie d'Antsirabe que son centre de cure. Considérée comme la capitale des *posy-posy*, Antsirabe est l'une des seules villes malgaches de l'intérieur à avoir recours à ce moyen de locomotion, plus caractéristique des villes côtières : Tamatave, Manakara ou Tuléar. Pieds nus, les tireurs de pousse sillonnent la ville de toutes parts et arpentent sans cesse ses rues défoncées pour quelques milliers de francs malgaches.

Nombreux sont les visiteurs qui s'en plaignent, tant leur pression est insistante. Aux yeux des vazaha, les pousse-pousse sont par ailleurs un moyen de locomotion d'un autre âge, chargé de références coloniales désagréables, à plus forte raison à Tuléar, où leur grande taille donnent réellement l'impression "d'hommes-chevaux". Faut-il pour autant les bouder ? Pas si sûr. Car pour ces hommes qui louent en général leur machine à un propriétaire pour un forfait quotidien (de l'ordre de 15 000 FMG), le posy-posy est leur gagne-pain.

Ne pas surcharger les machines est un moyen d'"adoucir" ce mode de transport, tout comme se répéter que les Malgaches sont les premiers à y avoir recours. Une autre solution consiste à échanger, le temps d'un essai, votre place avec le conducteur. Vous constaterez que les machines sont bien équilibrées et que, à défaut d'être de tout repos, ce métier n'est pas à proprement parler un esclavage. Si vous y êtes vraiment allergique, reste l'indifférence : ils se lasseront et cesseront bientôt d'insister.

Vous pourrez visiter des ateliers de fabrication de pousse-pousse dans le quartier du Bazary-be d'Antsirabe.

Où se loger – petits budgets

Le Kabary (☎/fax 44 496 07, kabary@ simi-cro.mg ; lit en dortoir double 15 000 FMG, doubles/quadruples avec s.d.b. commune 50 000/75 000 FMG, plats du jour 10 000-15 000 FMG). Ce petit hôtel du centre tenu par un couple franco-malgache est devenu, en quelques années, le rendez-vous des voyageurs à petit budget d'Antsirabe. Ce succès s'explique autant par l'accueil que par les chambres, au confort simple, mais propres et bon marché. Le Kabary, comme son nom le laisse deviner, fait par ailleurs une large place à la musique. Des musiciens y donnent des concerts presque chaque soir, pour le grand bonheur des mélomanes et le léger déplaisir des couche-tôt.

Ville d'Eau Guest House (☎ 44 499 70 ; doubles avec s.d.b. commune 30 000-60 000 FMG, doubles avec s.d.b. 74 000 FMG). Cette belle maison aux volets bleus, bien située dans le centre à côté du salon de thé Mirina, dissimule des chambres simples, mais propres et agréables. Bonne adresse, elle dispose d'un parking gardé.

Hôtel Capucine (☎ 030 44 831 38 ; doubles avec/sans s.d.b. 45 000/55 000-65 000 FMG). Un court chemin en terre, en face de la principale station-service de la ville, mène à cet établissement sans prétention. La propreté laisse quelque peu à désirer mais les chambres sont décentes. Les plus chères ont un petit salon.

Cercle Mess Mixte (☎ 44 483 66 ; doubles avec toilettes 45 000 FMG, doubles avec douche 65 000 FMG, studios 3 pers 75 000 FMG). Ce vaste bâtiment utilisé pour loger l'armée malgache est ouvert au public 24h/24. Vous y trouverez des chambres et des studios spacieux et propres, ainsi qu'un parking.

Où se loger – catégories moyenne et supérieure

Villa Salemako (☎/fax 44 495 88 ; doubles sans/avec s.d.b. 75 000-85 000/

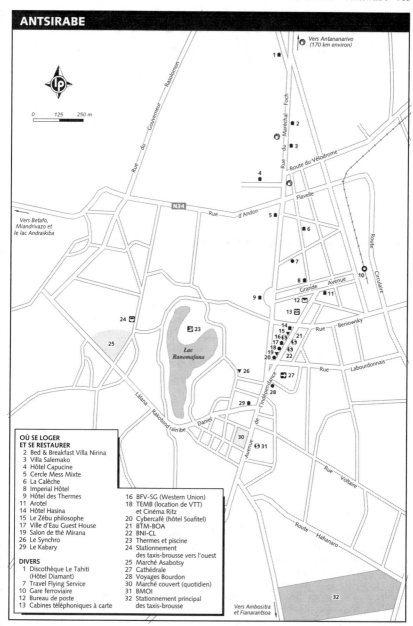

ANTSIRABE

Vers Antananarivo (170 km environ)

Vers Betafo, Miandrivazo et le lac Andraikiba

N34

Lac Ranomafana

LE CENTRE

Vers Ambositra et Fianarantsoa

OÙ SE LOGER ET SE RESTAURER
2 Bed & Breakfast Villa Nirina
3 Villa Salemako
4 Hôtel Capucine
5 Cercle Mess Mixte
6 La Calèche
8 Imperial Hôtel
9 Hôtel des Thermes
11 Arotel
14 Hôtel Hasina
15 Le Zébu philosophe
17 Ville d'Eau Guest House
19 Salon de thé Mirana
26 Le Synchro
29 Le Kabary

DIVERS
1 Discothèque Le Tahiti (Hôtel Diamant)
7 Travel Flying Service
10 Gare ferroviaire
12 Bureau de poste
13 Cabines téléphoniques à carte
16 BFV-SG (Western Union)
18 TEMB (location de VTT) et Cinéma Ritz
20 Cybercafé (hôtel Soafitel)
21 BTM-BOA
22 BNI-CL
23 Thermes et piscine
24 Stationnement des taxis-brousse vers l'ouest
25 Marché Asabotsy
27 Cathédrale
28 Voyages Bourdon
30 Marché couvert (quotidien)
31 BMOI
32 Stationnement principal des taxis-brousse

Merina et Betsileo, peuples des hautes terres

C'est sur les hautes terres, avec les Merina et les Betsileo, que se révèle le mieux la composante indo-malaise de la mosaïque ethnique de la Grande Île. Au nombre des peuples les plus dominants dans l'histoire de Madagascar, les Merina – dont le territoire, l'Imerina, s'étend de part et d'autre d'Antananarivo – présentent les traits les plus asiatiques. Leur organisation fut longtemps régie par un système de castes défini par la couleur de la peau. On distinguait ainsi les *andriana* (nobles), les *hova* (roturiers) et les *andevo* (travailleurs). L'histoire de la dynastie merina fut aussi mouvementée que prépondérante pour l'histoire de Madagascar. Au XVIIIe siècle, le roi merina Radama Ier unifia l'île, parfois par la violence, réalisant le vœu de son père, qui voulait que son royaume "ne possède d'autre frontière que la mer". Les Merina sont avant tout riziculteurs, tout comme les Betsileo ("ceux qui sont invincibles"), qui occupent la partie sud des hautes terres. Les plateaux malgaches s'ornent de leurs hautes maisons de brique rouge à balustrade et de leurs superbes cultures en terrasses. Les Betsileo sont en effet maîtres dans la riziculture et l'irrigation.

La tradition du retournement des morts – *famadihana* – trouve son origine sur les hautes terres de Madagascar.

LE CENTRE

100 000 FMG avec petit déj, menu 35 000 FMG). Cette grande et opulente villa reconnaissable au gigantesque *aloalo* qui orne sa façade semble un peu austère au premier abord, mais dissimule de belles chambres d'hôtes. Aucune ne ressemble à sa voisine, mais toutes proposent un bon rapport qualité/prix. Location de VTT, balades à cheval et blanchisserie figurent parmi les services proposés. Le petit déjeuner s'accompagne de confitures et de sirop d'orange maison.

La Calèche (☎/fax 44 491 18, verodes@simicro.mg ; simples/doubles avec s.d.b. commune 115 000/127 000 FMG, petit déj compris). La nouvelle adresse de charme d'Antsirabe réserve un accueil agréable dans une maison d'hôtes pimpante. Ses 4 chambres confortables, claires et décorées avec goût (il faut aimer le jaune !) sont impeccables, tout comme les sanitaires communs. Une bonne adresse, doublée d'une table raffinée.

Bed & Breakfast Villa Nirina (☎ 44 486 69 ; doubles avec s.d.b. commune 95 000 FMG petit déj inclus). Établissement familial, la villa Nirina loue des chambres d'hôtes un peu exiguës mais agréables, propres et paisibles. Le propriétaire parle français, anglais et allemand.

Hôtel Hasina (☎ 44 485 56 ; doubles sans/avec s.d.b. 77 000/90 000 FMG). Autre très bon choix de catégorie moyenne, cet hôtel propre et accueillant situé près du restaurant Le Zébu philosophe, loue des chambres confortables. L'hôtel Hasina, auquel vous accéderez en passant sous un porche, était en travaux d'agrandissement lors de notre dernier passage.

Imperial Hôtel (☎ 44 483 33, fax 44 493 33, imperialhotel@dts.mg ; doubles 88 000, 138 000, 148 000 et 198 000 FMG). Vous reconnaîtrez aisément ce grand hôtel à l'ambiance 100% chinoise aux lions de pierre qui ornent son perron. Situé près de la gare, il propose des chambres au confort variable, toutes dotées de s.d.b. et de toilettes. Préférez les plus récentes – qui sont aussi les plus chères – avec TV par satellite et petit balcon. La décoration un peu kitsch et clinquante ne sera pas du goût de tout le monde mais le Livre d'or témoigne de clients satisfaits.

Hôtel des Thermes (☎ 44 487 61, fax 44 497 64 ; doubles avec s.d.b. commune 350 000 FMG, doubles "économiques" avec s.d.b. commune 110 000 FMG, petit déj compris). Vestige de l'époque coloniale, l'Hôtel des Thermes a connu des jours meilleurs mais garde un certain charme. Ses chambres un peu vieillottes, confortables sans être luxueuses, gagneraient à être mieux entretenues et les doubles "économiques" sont minuscules. L'établissement, avec ses courts de tennis, sa piscine accessibles aux non-résidents et le chêne séculaire qui veille sur ses jardins, reste cependant agréable. Il dispose d'un bar-restaurant et accepte les règlements par carte Mastercard.

Arotel *(☎ 44 485 73, fax 44 491 49 ; doubles avec TV, tél, clim et chauffage 254 000 et 279 000 FMG, quadruples 305 000 FMG).* Tout en haut de la gamme, ce bâtiment moderne aux toits pointus doté d'une piscine, d'un billard français, d'un jardin et de courts de tennis en terre battue recueille les faveurs de la clientèle d'affaires. Ses chambres sont les plus confortables de la ville, à défaut d'être celles qui présentent le plus de charme. Les tarifs évoluent selon la saison et la demande. Règlements par carte Visa acceptés.

Où se restaurer

Antsirabe compte de nombreux *hotely* bon marché et quelques bons restaurants. La plupart des hôtels servent des repas.

Salon de thé Mirana. Situé près de la cathédrale, ce salon de thé anciennement baptisé Helena vous attend pour les petits déjeuners, gâteaux et autres douceurs.

Le Synchro *(plats 9 000/13 000 FMG).* Dissimulé au bout de la rue qui part en face de la cathédrale, ce restaurant est apprécié pour ses plats malgaches bon marché, ainsi que pour son bar agréable.

Le Kabary *(☎/fax 44 496 07 ; plats 10 000-15 000 FMG).* Dans une salle minuscule mais chaleureuse où se produisent régulièrement des musiciens, le restaurant de l'hôtel Kabary propose des snacks et de bons plats malgaches à prix doux.

Le Zébu philosophe *(☎ 44 498 09 ; plats 16 000-36 000 FMG ; ouvert tlj midi et soir).* Pavé grillé sous vos yeux sur un brasero, filet à la moutarde flambé au rhum, carpaccio, pavé Rossini... cette adresse réputée du centre-ville est le domaine du zébu roi. La salle est joliment décorée de pierres de la région d'Antsirabe, de cornes de zébu et autres objets, dont une peinture de

zébu à lunettes – vraisemblablement l'intellectuel ruminant à qui l'établissement doit son nom. Pâtes fraîches maison, salades et omelettes complètent la carte, ainsi que des vins malgaches à partir de 30 000 FMG la bouteille. Une bonne adresse.

La Calèche *(☎/fax 44 491 18 ; menus 55 000 et 65 000 FMG, fermé jeu).* Chambre et table d'hôtes, l'adresse la plus raffinée de la ville sert des menus dans une salle joliment décorée aux tables dressées avec soin. Vous opterez soit pour le menu gastronomique malgache (sur réservation), soit pour le menu du jour. Lors de notre dernier passage, ce dernier se composait d'un potage de légumes ou d'un carpaccio de zébu suivi d'un canard à l'orange ou d'un pavé de filet de zébu, avant une pâtisserie maison.

Impérial Hôtel *(☎ 44 483 33 ; plats 15 000 FMG environ).* Le restaurant de l'hôtel Impérial offre un large éventail de la gastronomie de l'empire du Milieu.

Les Agapes *(☎ 44 485 73 ; plats 21 000-35 000 FMG).* Le restaurant de l'hôtel Arotel est la table la plus "occidentalisée" de la ville, mais pas la plus chaleureuse. On notera l'aumônière de crabe, le velouté de légumes au foie gras poêlé ou encore les aiguillettes de zébu aux baies roses. Vins malgaches à partir de 28 500 FMG. Croc'Inn, le snack mitoyen, sert des en-cas.

Parmi les autres hôtels proposant également des possibilités de restauration, citons la **Villa Salemako**, le **Bed & Breakfast Villa Nirina** et l'**Hôtel des Thermes**.

Où sortir

Cinéma Ritz *(3 000-5 000 FMG).* Le cinéma d'Antsirabe a rouvert ses portes en 2000. Il se situe entre l'agence de la BFV-SG et la Ville d'Eau Guest House.

Le Tahiti *(☎ 44 488 40).* Les pousse-pousse d'Antsirabe rêvent tous de vous conduire à la discothèque de l'hôtel Diamant sitôt la nuit tombée. Vous le trouverez à l'extrémité nord de la ville.

L'Imperial Hôtel et l'Hôtel des Thermes possèdent respectivement un **night club** et un **casino**.

Achats

Plusieurs boutiques d'artisanat proposent des objets en palissandre, en bois de rose et en raphia, ainsi que des broderies et du papier antaimoro aux abords de la gare. Vous pourrez également acheter ces objets directement auprès des artisans dans le quartier du Bazary-be.

Antsirabe est également un lieu d'échange et de vente de tourmaline, de béryl, d'aigue-marine, d'améthyste, de zircon, de quartz rose et d'autres pierres, et on vous abordera sans doute pour vous en vendre. Vous pourrez également faire votre choix sur les stands de gemmes installés au bord du lac Andraikiba.

Comment s'y rendre

Train. Après avoir repris entre 1999 et 2000, le service ferroviaire entre Antananarivo et Antsirabe avait de nouveau cessé lors de notre dernier passage. Renseignez-vous.

Taxi-brousse. Des taxis-brousse et taxis-be quittent à intervalles réguliers la gare routière principale, au sud de la ville, vers Ambositra (8 000 FMG environ), Fianarantsoa (25 000 FMG), Tuléar (65 000 FMG environ) et Antananarivo (14 000-16 000 FMG selon le véhicule, de 3 à 4 heures de trajet). Antsirabe est également le nœud des transports publics desservant l'ouest de Madagascar, notamment Morondava (60 000 FMG) et Miandrivazo. Des services relient enfin Mahajunga. Chaque compagnie possède son guichet. Mieux vaut commencer par faire le tour des compagnies pour vérifier l'état du véhicule et le taux de remplissage avant de faire son choix (les compagnies desservant les mêmes destinations ne sont pas nécessairement côte à côte).

A l'ouest de la ville, le stationnement des taxis-brousse installée en plein marché Asabotsy dessert des villages des environs, dont Betafo (3 500 FMG).

Voiture. Trouver un véhicule bon marché n'est pas aisé à Antsirabe. Certains hôtels, notamment le Kabary, pourront vous aider. Vous pouvez vous adresser à Voyages Bourdon (☎ 44 484 60), près de la cathédrale.

Comment circuler

Bus. Si la ville s'explore facilement à pied, les bus acquis grâce à l'aide japonaise se révèlent utiles pour rejoindre les villages environnants. Ils partent du stationnement de taxis-brousse du marché Asabotsy.

Pousse-pousse. Antsirabe est indissociable de ses pousse-pousse. Héritage de la main-d'œuvre chinoise venue construire le chemin de fer Tana-Antsirabe, ils règnent sur la cité et se révèlent plus nombreux, plus pittoresques – et souvent plus exaspérants – à Antsirabe que dans n'importe quelle autre ville malgache (voir l'encadré *Posy-posy*).

Afin que les pousse-pousse ne gâchent votre visite d'Antsirabe, vous pouvez les ignorer (parfois plus facile à dire qu'à faire), louer un vélo ou choisir un tireur pour la durée de votre séjour ; il s'arrangera pour que les autres conducteurs ne vous empoisonnent pas la vie.

Renseignez-vous à votre hôtel sur les tarifs en vigueur (environ 1 500 FMG la course en ville).

VTT. Antsirabe et ses environs se prêtent à merveille au VTT. Tourist Excursion by Mountain Bike (☎ 032 02 217 90, tembike @yahoo.com), en face du salon de thé Mirana, compte parmi les meilleurs endroits où louer un vélo. Sous des aspects modestes, ce stand minuscule et bien organisé loue de bons VTT au tarif de 35 000/40 000 FMG par jour pour les machines sans/avec amortisseurs. En une demi-journée, vous pouvez rejoindre le lac Andraikiba et revenir à votre point de départ. Une journée vous laissera le temps de découvrir les lacs Andraikiba, Tritriva et Tatamarina (au nord du village de Betafo). Le sympathique Théo propose des balades plus sportives, destinées à un public familiarisé avec le VTT : "à la rencontre des chercheurs d'or", colline Mandray, cascade d'Antafofo, etc. Il est possible de se faire accompagner d'un guide pour le prix de la location d'un VTT supplémentaire (gratuit à partir de 5 vélos). Cette formule est intéressante car votre guide pourra éventuellement réparer le matériel et dispose d'un téléphone portable en cas de problème. Théo possède une carte et pourra vous détailler chaque parcours et ses difficultés (on peut finir certains trajets en chargeant le VTT sur un taxi-brousse) ; il vous prêtera une carte si vous souhaitez partir seul.

ENVIRONS D'ANTSIRABE
Lacs Andraikiba et Tritiva

Ces lacs d'origine volcanique, situés dans les collines à l'ouest de la ville, sont l'occasion de belles randonnées à pied ou à VTT.

A défaut d'être le plus beau, le lac Andraikiba, à 7 km d'Antsirabe par la route de Morondava, est le plus étendu. Au XIXe siècle, la reine Ranavalona II en fit son lieu de villégiature, avant que les Français ne le transforment en centre de navigation de plaisance (le Club Nautique, jadis actif, est à présent désert et livré à l'abandon). Vous pourrez vous y baigner et vous promener sur ses rives. On raconte que le lac est hanté par le fantôme d'une jeune fille enceinte qui se serait noyée en rivalisant avec une autre nageuse pour épouser un prince merina. Les villageois murmurent qu'on peut l'apercevoir chaque jour à l'aube se reposant sur un rocher au bord du lac…

Niché au creux des collines à 18 km environ au sud-ouest d'Antsirabe, le lac Tritriva offre davantage d'intérêt. Selon les conditions atmosphériques, ses eaux d'un bleu profond semblent enchanteresses ou menaçantes. Le site donne la chair de poule, même sous le soleil. On affirme que le niveau de ses eaux baisse curieusement pendant la saison des pluies et monte durant la sécheresse. Observez bien sa forme et vous verrez se dessiner sous vos yeux les contours de Madagascar. Entouré d'à-pics, le lac se longe facilement à pied en suivant un agréable sentier. Ayant saisi tout l'attrait d'un cadre aussi superbe, la population locale demande une contrepartie financière (environ 10 000 FMG) pour y accéder, tarif qui vous donne droit à un guide francophone et à deux ou trois gamins accompagnateurs.

Ici aussi, les eaux du lac renferment une légende tragique, version locale de Roméo et Juliette : deux amants maudits par le sort se seraient jetés du haut de la falaise après qu'on leur eut refusé la permission de se marier.

Leur amour perdurerait dans les entrelacs de deux buissons d'aubépines qui surplombent les eaux. Sur la berge, vous découvrirez la tombe d'un Chinois qui se noya en tentant de traverser le plan d'eau à la nage. Deux *fady* (interdits) s'appliquent à la région : ne pas transporter de viande de porc et ne pas nager dans le lac.

Où se loger et se restaurer

Hôtel Dera *(☎ 030 44 860 70 ; bungalows 85 000 FMG)*. L'unique hôtel des environs du lac Andraikiba propose des bungalows à l'architecture tarabiscotée. Exigus, ils sont en revanche propres et dotés de sanitaires avec eau chaude. L'hôtel, qui dispose d'un restaurant et d'un service de location de VTT, séduira les amateurs de calme.

Le **camping** est théoriquement autorisé aux abords des lacs.

La majorité des voyageurs préfèrent visiter les lacs dans la journée depuis Antsirabe.

Comment s'y rendre

Les taxis-brousse desservant Betafo (3 500 FMG) ou Talatakely sont les moyens de transport les plus économiques pour rejoindre le lac Andraikiba depuis Antsirabe. Le plan d'eau s'étend à environ 1 km de la piste principale, qui continue sur une douzaine de kilomètres jusqu'au lac Tritriva.

La meilleure solution reste cependant le VTT. Vous trouverez des précisions au paragraphe *Comment circuler* d'Antsirabe.

Une randonnée équestre peut également être envisagée. Reportez-vous au paragraphe *Randonnées équestres* d'Antsirabe.

Betafo

A 22 km à l'ouest d'Antsirabe, ce village merina traditionnel, dont le nom signifie "nombreux toits", mérite une journée de visite. Ses arcades et ses délicates décorations de fer forgé en font l'une des plus jolies bourgades des hautes terres sur le plan architectural. L'église catholique, derrière le stationnement des taxis-brousse, vaut notamment le coup d'œil.

Des **vatohaly**, stèles de pierre dont les inscriptions gravées rendent hommage aux prouesses des chefs militaires de jadis, se

LE CENTRE

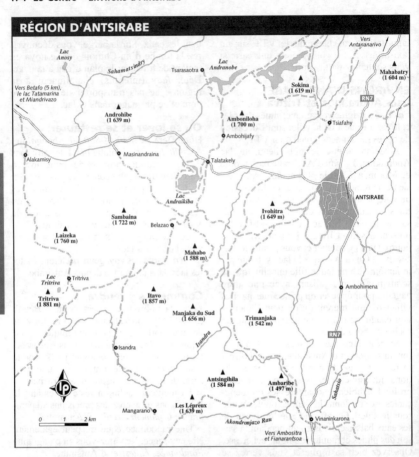

RÉGION D'ANTSIRABE

Vers Antananarivo

Lac Anosy

Sahamatsindry

Tsarasaotra

Lac Andranobe

Sokina (1 619 m)

Mahabatry (1 604 m)

RN7

Vers Betafo (5 km), le lac Tatamarina et Miandrivazo

Androhibe (1 639 m)

Amboniloha (1 700 m)

Ambohijafy

Tsiafahy

Alakamisy

Masinandraina

Talatakely

Lac Andraikiba

Ivohitra (1 649 m)

ANTSIRABE

Sambaina (1 722 m)

Belazao

Laizeka (1 760 m)

Mahabo (1 588 m)

Lac Tritriva

Tritriva

Ambohimena

Tritriva (1 881 m)

Itavo (1 857 m)

Manjaka du Sud (1 656 m)

Trimanjaka (1 542 m)

Isandra

Isandra

RN7

Sahatsio

Antsingihila (1 584 m)

Ambaribe (1 497 m)

0   1   2 km

Mangarano

Les Lépreux (1 639 m)

Vinaninkarona

Akondronjazo Rau

Vers Ambositra et Fianarantsoa

dressent entre les divers bâtiments. L'une d'elles, placée sur un piédestal au centre du marché, date de la fin du XIXe siècle. De nombreuses stèles sont disséminées dans les parages. Les habitants se feront un plaisir de vous les indiquer.

Le site se compose d'un quartier commerçant et d'une vieille ville, plus intéressante. A 1 km au nord, elle est surplombée par le **lac volcanique Tatamarina**. A l'extrémité septentrionale du plan d'eau, une petite route circulaire passe devant un **cimetière** abritant les sépultures des souverains locaux. Les abords du lac offrent de jolies vues sur les rizières et vous découvrirez, au nord, quelques petites chutes d'eau (demandez votre chemin).

En rebroussant chemin sur 5 km à travers champs depuis le lac, vous atteindrez les **chutes d'Antafofo** et leurs roches de basalte, que traverse une cascade de 20 m sur deux niveaux. Chaussez-vous correctement, car le sentier risque d'être boueux par endroits. A 3 km à l'ouest de Betafo, sur la route de Morondava (tournez à gauche avant le panneau "Miandrivazo 195"), les **thermes** chauds de Betafo sont plus propres et plus tranquilles que ceux d'Antsirabe.

Il n'y a aucun hôtel à Betafo, mais vous pourrez sans doute loger chez l'habitant en vous renseignant sur place. Quelques heures suffisent pour faire l'aller-retour depuis Antsirabe.

Comment s'y rendre. Des bus et des taxis-brousse partent régulièrement du stationnement d'Asabotsy, à l'ouest d'Antsirabe. Vous pouvez aussi emprunter un VTT. La route de Betafo est plate et plutôt bonne.

Mont Ibinty

Ce sommet de 2 254 m se dresse à 25 km au sud d'Antsirabe, à l'ouest de la RN 7. Le mont Ibinty et ses abords sont appréciés pour leurs paysages, mais aussi pour les gemmes et les superbes forêts de la région. Aucun transport public direct ne le dessert mais un taxi-brousse circulant vers le sud pourra vous approcher. Disposer d'un véhicule et bivouaquer reste la meilleure solution.

Le Relais des volcans

A une cinquantaine de kilomètres au nord d'Antsirabe, Le Relais des Volcans (☎ *033 11 682 76, collin32@caramail.com*) s'est installé dans la station forestière d'Antsampandrano. Le site, où vous trouverez des possibilités d'hébergement et de restauration, doit sa beauté à ses forêts et ses cascades. Pour vous y rendre, prenez la RN 7 sur 35 km jusqu'à Sambaina, 16 km avant l'entrée du site.

D'Antsirabe à Ambositra (90 km)

Un trajet sans difficulté : sur une bonne route goudronnée, il demande environ 2 heures de taxi-brousse. Vous pourrez ainsi apprécier le paysage, d'abord composé de rizières en terrasses puis progressivement plus montagneux et minéral. Des minibus japonais récents, plus confortables que les rustiques camionnettes bâchées, couvrent ce parcours.

AMBOSITRA

Les sources divergent quant à l'origine du nom d'Ambositra (prononcer "ambouchtr" ou "amboustr"). Il signifierait selon certains "là où il y a des eunuques", tandis que d'autres affirment qu'il fait référence à des "bœufs gras castrés", jadis parqués au rova qui surplombe la ville. D'après une version, les Merina auraient castré leurs ennemis à l'issue d'une bataille et d'après une autre encore, le mot serait la déformation de l'appellation "ville des roses" ! …

Ambositra, quoi qu'il en soit, est un lieu paisible et agréable pour faire étape entre Antsirabe et Fianarantsoa et découvrir le travail des artisans zafimaniry des villages environnants. La ville s'anime le samedi, jour de marché.

Orientation et renseignements

La rue principale se sépare en une fourche à l'entrée nord de la ville. Ses deux branches se rejoignent après 1 km environ. Celle de gauche se dirige vers la partie de la ville la plus animée et les banques. Celle de droite monte jusqu'à une place, puis tourne à droite vers l'église, le grand bâtiment de pierre du presbytère, le commissariat, la poste, le Grand Hôtel, les boutiques d'artisanat, l'Hôtel-restaurant Prestige et, quelques centaines de mètres plus loin, l'Hôtel Tropical. Les deux branches se rejoignent peu après et mènent à l'Oasis, à la gare routière et à l'hôtel Prisme, à la sortie sud de la ville.

Vous trouverez des téléphones publics au niveau des fourches nord et sud de la rue principale, ainsi qu'à la gare routière. La BNI-CL et la BTM-BOA disposent d'agences à Ambositra.

A voir et à faire

Ambositra est l'une des villes les plus actives de Madagascar dans le domaine de l'**artisanat**. Vous trouverez en ville des dizaines de boutiques d'*art malagasy* proposant sculptures, articles en marqueterie, paniers… Un grand magasin d'artisanat est également implanté à l'entrée nord de la ville, environ 2,5 km avant le centre. Il est possible de voir des artisans au travail en ville. Les prix affichés dans les boutiques sont toujours négociables. Vous pourrez également acheter de l'artisanat, et à meilleur prix, au village d'Antoetra (reportez vous à *Villages zafimaniry* et *Antoetra* plus loin). Frédier, un guide de randonnée que vous pourrez contacter à l'hôtel Tropical, propose aux voyageurs souhaitant acheter de l'artisanat

LE CENTRE

Les Zafimaniry, "descendants de ceux qui désirent"

Sous-groupe des Betsileo ne comptant que quelques dizaines d'âmes, les Zafimaniry sont concentrés au sud-est d'Ambositra. Leur organisation sociale complexe, aux nombreux fady, est mal connue. Les "descendants de ceux qui désirent", nom dont l'origine reste obscure, vivent en petits groupes de quelques dizaines de foyers disséminés dans la forêt. La couleur noirâtre de leurs maisons de bois et de feuillage est due à l'absence de cheminée : le feu est fait à même le sol, au nord, tandis que la partie sud est réservée aux invités. Les greniers sur pilotis et les fenêtres et portes sculptées de motifs géométriques sont les autres particularités de l'habitat de cette ethnie attachée à la tradition. On doit aux Zafimaniry, sculpteurs chevronnés, les chaises de bois constituées de deux pièces de palissandre droites – l'assise étant perpendiculaire au dossier – que l'on voit partout à Madagascar. Tout comme les Tanala, installés plus à l'est, les Zafimaniry pratiquent le *tavy* (culture sur brûlis).

sans se charger dans leur voyage d'acheminer leurs achats vers Antananarivo.

Le samedi, le grand **marché** qui prend possession de la ville mérite le coup d'œil. Vous pourrez enfin admirer les beaux balcons de bois travaillé des habitations de la rue principale, beaux exemples d'**architecture betsileo**.

Où se loger et se restaurer

Hôtel Tropical (☎ *47 712 77 ; lit en dortoir 25 000 FMG, doubles/quadruples avec s.d.b. commune 48 000/63 000 FMG, double avec s.d.b. 84 000 FMG, plats 12 500-27 000 FMG).* Le Tropical est le rendez-vous des voyageurs à petit budget. Cette bâtisse à colonnes que précède un petit jardin abrite des chambres correctes, dont les sanitaires communs et l'entretien en général mériteraient cependant d'être améliorés. La double du rez-de-chaussée, avec cheminée, est la plus agréable. Lorsqu'il n'est pas aux fourneaux, où il prépare des magrets de canard au miel et au gingembre ou encore des médaillons de zébu, le patron organise des expositions de sculptures et s'occupe d'aide aux familles démunies.

Le Grand Hôtel (☎ *47 712 62 ; doubles sans/avec s.d.b. 47 000/82 000 FMG, menu 35 000 FMG).* Derrière ce nom un peu pompeux se dissimule un établissement au confort simple et un peu morne, qui a connu des jours meilleurs. Certaines de ses doubles, récemment rénovées, proposent cependant un rapport qualité/prix correct. Le restaurant propose une cuisine familiale française, servie sur des nappes à carreaux. Le choix reste limité en dépit des promesses de la carte, mais la cuisine est plutôt bonne.

Hôtel-Restaurant Prestige (☎ *47 711 35 ; simples/doubles 35 000/45 000-90 000 FMG).* Cette grande bâtisse un peu froide, en face du Grand Hôtel, abrite des chambres toutes différentes aux tarifs assez intéressants. L'hôtel dispose d'un petit jardin et d'une belle vue.

Les deux adresses suivantes sont les plus confortables d'Ambositra.

Motel Violette (☎ *47 710 84 ; doubles 92 000 FMG, plats 30 000 FMG environ).* Jadis situé dans le centre, le Motel Violette a emménagé en 2000 dans un nouveau bâtiment à l'entrée nord de la ville, à environ 1,5 km du centre. Ses prestations ont fait au passage un bond qualitatif. Ses chambres agréables sont équipées de TV et de s.d.b. impeccables. Il dispose d'une terrasse, d'une salle de restaurant accueillante (spécialité de grillades) et d'un parking gardé. Une bonne adresse, malheureusement un peu excentrée.

Prisme Hôtel (☎ *47 713 45, ☎/fax 47 714 45 ; simples/doubles avec s.d.b. commune 43 000/73 000 et 93 000 FMG, doubles avec s.d.b. 143 000 et 163 000 FMG).* Ouvert en 2001 à proximité du stationnement des taxis-brousse, le Prisme Hôtel compte parmi les établissements les plus confortables de la ville, à défaut d'être le plus chaleureux. Les chambres avec sanitaires extérieurs sont petites, mais claires et agréables. Les plus luxueuses sont vastes, meublées avec goût et équipées de TV et de salles de bain rutilantes. Évitez le restaurant.

L'Oasis *(plats 10 000-15 000 FMG)*. Ce restaurant du centre ne paie pas de mine mais sert de bonnes spécialités chinoises – sautés de mines (des nouilles sautées aux légumes et à la viande), mi sao, plats de poulet, canard et crevettes – dans sa salle agréable du premier étage. L'Oasis ferme le soir vers 21h (dernière commande une demi-heure plus tôt).

Comment s'y rendre

Ambositra dispose de deux stationnements de taxis-brousse. Celle desservant Antsirabe (8 000 FMG) et Tana (30 000 FMG) se trouve à un carrefour situé à l'extrême nord de la ville, assez loin du centre. De petits minibus relativement confortables relient Fianarantsoa (20 000 FMG) et le sud depuis le stationnement des taxis-brousse de la sortie sud, proche du centre.

D'Ambositra à Fianarantsoa (151 km)

Sur ce parcours, la RN 7, goudronnée mais sinueuse, offre des paysages variés : forêts de conifères et d'eucalyptus, rizières, premières agaves, douces montagnes. Ce trajet, peu éprouvant en taxi-brousse, demande environ 3 heures 30.

ENVIRONS D'AMBOSITRA
Rova de Tompon'anarana ("Palais royal")

A 4 km d'Ambositra, sur une hauteur au sud-ouest de la ville, ce rova d'un ancien roi du Betsileo est constitué de deux petites maisons de bois noires construites autour d'un *kianja*, fosse gazonnée faisant office de place publique. Il fut fondé vers 1700-1740 par le roi betsileo Razaka, de la dynastie des Zamakonpanalina, à qui la reine Radama porta un coup fatal au début du XIXe siècle. L'ensemble n'est pas d'un intérêt stupéfiant – le palais original a été détruit par le cyclone Géralda en 1994 et il n'en reste aujourd'hui qu'une reconstruction – mais le panorama vaut le coup d'œil. Un petit musée présente quelques objets, pierres, portes et volets du palais d'origine. L'entrée est gratuite mais

vous pouvez laisser un pourboire au gardien. Vous trouverez facilement des guides pour vous mener au rova dans les hôtels d'Ambositra, comme Frédier (voir *Comment s'y rendre* sous la rubrique *Villages zafimaniry*), qui vous y mènera pour 35 000 FMG.

Villages zafimaniry

Au cœur des forêts situées à l'est d'Ambositra se niche un bouquet de villages où les Zafimaniry, maîtres-sculpteurs sur bois, ont élu domicile. L'architecture particulière de ces villages, l'exceptionnel artisanat en palissandre des Zafimaniry, la découverte de ce groupe ethnique de quelques dizaines de milliers d'âmes et une belle balade dans les environs d'Ambositra sont au nombre des attraits de la visite.

Antoetra, le village principal, est relié aux autres hameaux juchés sur le massif par un réseau de sentiers forestiers. Les villages d'Ifasina et de Sakarivo sont parmi les plus accessibles.

Renseignez-vous sur les fady locaux et promenez-vous le plus discrètement possible.

Antoetra. Mâtiné de culture betsileo, Antoetra est le moins traditionnel des villages zafimaniry. Il reste cependant le seul accessible par route et, faute de pousser plus avant, vous pourrez y découvrir l'architecture particulière des habitations zafimaniry. C'est également le meilleur endroit pour acheter du bel artisanat en palissandre à des prix défiant toute concurrence.

Les villageois vous demanderont d'acquitter une taxe de passage de 5 000 FMG par visiteur.

Randonnée d'Antoetra à Ifasina. Les services d'un guide sont indispensables pour rejoindre le village d'Ifasina, perché dans la forêt au-dessus d'Antoetra. Cette randonnée facile de 1 heure 15 grimpe jusqu'à un petit plateau. En chemin, vous croiserez des stèles décorées de cornes de zébu et des cultures de maïs et de haricots sur brûlis avant d'apercevoir le village, précédé de ses rizières qui tapissent une petite vallée.

Ifasina se compose de quelques dizaines de maisons de bois serrées les unes contre les autres et de nuées d'enfants, dont l'accueil est parfois jugé trop pressant par les visiteurs. Outre les maisons traditionnelles et les greniers sur pilotis, vous verrez une école, une église catholique et les ruines d'un temple protestant, qui témoignent de la présence de missionnaires en ces lieux durant quelques années. Les visiteurs doivent acquitter 10 000 FMG de droit de passage ou de camping à Ifasina.

Cet itinéraire d'une journée peut être complété par la visite d'autres villages les jours suivants.

Comment s'y rendre. Après 15 km de bonne route jusqu'à Ivato (sur la RN 7), 26 km de mauvaise piste cailouteuse mènent à Antoetra (1 heure 30 depuis Ambositra), d'où il est possible de continuer à pied jusqu'à Ifasina (1 heure 15 environ) et les autres villages. Les plus courageux pousseront jusqu'à Sakarivo (4 heures de marche après Ifasina) ou après.

Un taxi-brousse rejoint Antoetra depuis Ambositra le mercredi, jour de marché. Les autres jours, vous devrez trouver un transport par vous-même (des voyageurs ont négocié un taxi à 125 000 FMG depuis Ambositra).

Aucun sentier n'étant balisé, un guide est obligatoire pour randonner dans la région. Vous en trouverez dans les hôtels d'Ambositra et à Antoetra. Parmi eux, Frédier est un jeune et sympathique guide local basé à Ambositra. Il vous trouvera un véhicule pour Antoetra (175 000 FMG l'aller-retour jusqu'à 4 personnes) et vous accompagnera à pied jusqu'aux villages (65 000 FMG la journée). Frédier a aménagé des possibilités d'hébergement pour randonneurs dans les villages d'Ifaliarovo, de Sakarivo et de Vohitondria et propose de nombreux itinéraires dans les environs, de 1 à 3 jours. Vous pourrez le contacter par l'intermédiaire de l'hôtel Tropical ou par mail : felana@dts.mg.

FIANARANTSOA

Capitale de la province du même nom, Fianarantsoa (150 000 habitants, prononcer "Fianarantsou") est le centre intellectuel et académique de la Grande Île. C'est également le foyer du catholicisme malgache, grâce au travail ô combien acharné des missionnaires. La ville "où l'on apprend le bien" fut fondée le 1er juin 1830, lorsque la reine Ranavalona Ire décida de bâtir une capitale intermédiaire entre Antananarivo et les provinces méridionales.

Au cœur de la région agricole la plus productive, la ville est réputée pour ses vignobles et son thé. "Fianar", comme on la surnomme souvent, est aussi le point de départ de l'exceptionnel itinéraire ferroviaire vers Manakara (reportez-vous, plus loin, à l'encadré *Fianar-Manakara : la mer au bout des rails* et au chapitre *L'Est*). La ville haute mérite que l'on s'attarde entre ses ruelles et ses clochers.

Orientation

Fianarantsoa se subdivise en trois grands secteurs. La ville basse regroupe la poste centrale, la gare ferroviaire, les stations de taxis-brousse, quelques restaurants et hôtels. La nouvelle ville, où se concentrent les banques et plusieurs bons hôtels, la surplombe. Juché au-dessus de l'ensemble, le quartier historique de la ville haute fourmille d'églises et de ruelles étroites.

Renseignements

Office du tourisme. Ce bâtiment beige sans nom, au milieu des gargotes en bois qui s'étalent devant la gare, mérite une visite avant tout pour l'accueil chaleureux de Stella, qui pourra vous servir de guide.

Argent. Les banques de Fianarantsoa sont rassemblées dans la nouvelle ville, non loin de l'Alliance franco-malgache et de la Tsara Guest House.

La BFV-SG change les chèques de voyage et les devises et délivre des avances sur les cartes Visa du lundi au vendredi, de 7h30 à 11h et de 14h à 16h. La BTM-BOA accepte les devises, délivre des avances sur les Mastercard et change les chèques de voyage. Ses guichets sont ouverts du lundi au vendredi, de 8h à 11h et de 14h à 16h. La BNI-CL, ouverte aux mêmes horaires, change les devises et les chèques de voyage sans commission et permet aux titulaires d'un compte du Crédit Lyonnais en France d'obtenir de l'argent liquide grâce à leur chéquier et à leur carte Visa.

Poste et communications. Le bureau central se situe en face de la gare ferroviaire. Des cabines téléphoniques à carte sont implantées en face de la poste et devant l'hôtel Zomatel.

Com Plus (☎ 75 507 97), dans l'enceinte du Zomatel, propose un service de connexion à l'Internet à 1 250 FMG la minute ou 10 000 FMG par tranches de 10 min. Le matériel est récent et la connexion rapide.

Le restaurant Chez Dom (voir *Où se restaurer*) offre également des possibilités de connexion. Il reste ouvert tard le soir.

Agence consulaire de France. Partageant ses locaux avec l'Alliance franco-malgache, l'Agence consulaire de France (☎ 75 503 54, 75 503 55) ouvre du lundi au vendredi, de 8h à 12h et de 14h30 à 17h30.

Angap. Le bureau de l'association nationale pour la gestion des aires protégées (☎ 75 512 72) est installé au bout d'un petit chemin, derrière l'hôtel Soafia. Il n'est pas nécessaire de s'y rendre avant de visiter les parcs nationaux des environs, les billets étant vendus sur place.

A voir et à faire

Perchée au-dessus de la nouvelle ville, la **ville haute** de Fianarantsoa mérite une visite pour l'atmosphère particulière de ses ruelles et le nombre impressionnant d'églises qu'elle regroupe – certains la surnomment le Vatican ! Reportez-vous à l'encadré qui lui est consacré pour davantage d'informations.

En ville, faites un détour par le laboratoire de **Pierrot Men** (☎ 75 500 23, fax 75 505 23, www.tamarin.com ; ouvert lun-sam 7h30-12h et 14h30-18h). Aussi sympathique que talentueux, le plus célèbre photographe malgache y vend des tirages originaux en noir et blanc dans différents formats, ainsi que des cartes postales. Vous trouverez sa boutique-labo dans l'enceinte de l'hôtel Soafia. L'œuvre de Pierrot Men a plusieurs fois été primée lors de concours photographiques internationaux.

Le stade de Fianarantsoa est le théâtre de fougueux **matches de football** le dimanche après-midi. Les tickets sont particulièrement bon marché, notamment ceux des gradins, plus animés que la tribune où la fanfare militaire fait résonner ses cuivres durant la mi-temps. Un **boulodrome** est implanté en face au stade.

Les **environs de Fianarantsoa** – Ambalavao, la plantation de thé de Sahambavy, les vignobles du Betsileo – méritent également la visite (reportez-vous ci-dessous).

Fianar est enfin le point de départ de l'étonnant **parcours ferroviaire jusqu'à la côte est**. Reportez-vous pour plus de détails à l'encadré *Fianar-Manakara : la mer au bout des rails*, et à la ville de *Manakara*, dans le chapitre *L'Est*.

Circuits organisés et location de voitures avec chauffeur

Lôlô voyages *(☎/fax 75 519 80, ☎ 032 02 146 33, lolovoyages@dts.mg)*. Cette petite agence bien organisée, dont les locaux se tiennent en face de la Tsara Guest House, organise des circuits pour tous les budgets. Ses itinéraires "standard" incluent une visite du village de potiers d'Ambatomainty (40 000 FMG pour 1 personne, 20 000 FMG par personne pour 4 participants) ou de la plantation de thé de Sahambavy (350 000 FMG pour 1 personne, 165 000 FMG par personne pour 4) ; 2 jours comprenant une descente de la rivière Matsiatra suivie d'un court trek (615 000 FMG pour 1 personne, 325 000 FMG par personne pour 4) ou encore un trek dans l'Andringitra de 2 jours (1,25 million de FMG pour 1 personne, 575 000 FMG par personne pour 4 participants, tout compris). Lôlô voyages peut également organiser votre descente sur Tuléar. Les tarifs ci-dessus sont indicatifs : l'agence peut en effet proposer des itinéraires adaptés à tous les budgets, y compris en ayant recours au taxi-brousse.

Tsara Guest House *(☎ 75 502 06, fax 75 512 09, tsaraguest@dts.mg, www.tsaraguest.com)*. Cet hôtel de la nouvelle ville pourra vous aider à organiser vos excursions dans les environs ou à trouver un chauffeur-guide et un véhicule. Comptez environ 500 000 FMG par jour pour un 4x4 ou 350 000 FMG pour une berline (hors carburant).

Joro *(☎ 032 02 067 93, sudway@dts.mg ou contact via la Tsara Guest House)*. Chauffeur guide aussi sympathique qu'excellent conducteur, Joro (prononcez "Djouro") connaît parti-

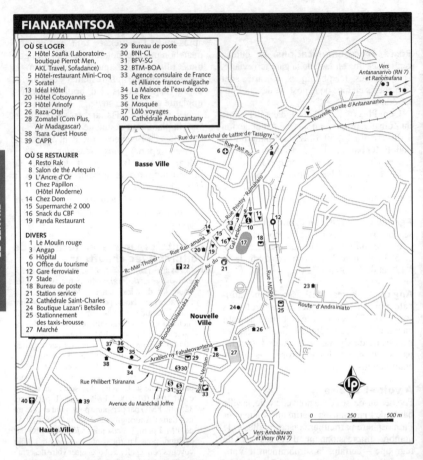

FIANARANTSOA

OÙ SE LOGER
2 Hôtel Soafia (Laboratoire-
   boutique Pierrot Men,
   AKL Travel, Sofadance)
5 Hôtel-restaurant Mini-Croq
7 Soratel
13 Idéal Hôtel
20 Hôtel Cotsoyannis
23 Hôtel Arinofy
26 Raza-Otel
28 Zomatel (Com Plus,
   Air Madagascar)
38 Tsara Guest House
39 CAPR

OÙ SE RESTAURER
4 Resto Rak
8 Salon de thé Arlequin
9 L'Ancre d'Or
11 Chez Papillon
   (Hôtel Moderne)
14 Chez Dom
15 Supermarché 2 000
16 Snack du CBF
19 Panda Restaurant

DIVERS
1 Le Moulin rouge
3 Angap
6 Hôpital
10 Office du tourisme
12 Gare ferroviaire
17 Stade
18 Bureau de poste
21 Station service
22 Cathédrale Saint-Charles
24 Boutique Lazan'i Betsileo
25 Stationnement
   des taxis-brousse
27 Marché

29 Bureau de poste
30 BNI-CL
31 BFV-SG
32 BTM-BOA
33 Agence consulaire de France
   et Alliance franco-malgache
34 La Maison de l'eau de coco
35 Le Rex
36 Mosquée
37 Lôlô voyages
40 Cathédrale Ambozantany

Vers Antananarivo (RN 7) et Ranomafana

Rue du Maréchal de Lattre de Tassigny

Rue Pasteur

Basse Ville

Rue Printsy Ramavao

Rue Leclerc

Rue Ranamana

R. Mar Thoyer

Av. du

Rue Joseph

Rue MDRM

Route d'Andrainiato

Rue Rondrahanalantana

Nouvelle Ville

Araben' ny Fahaleovantena

Rue de Verdun

Rue Philibert Tsiranana

Avenue du Maréchal Joffre

Haute Ville

Vers Ambalavao et Ihosy (RN 7)

0   250   500 m

Nouvelle Route d'Antananarivo

---

culièrement bien les pistes malgaches. Il pourra vous mener à bord de son 4x4 jusqu'à Tuléar *via* l'Isalo ou l'Andringitra, mais aussi jusqu'à Fort-Dauphin ou le long de la côte ouest, vers Morombe et Morondava. Son tarif habituel est de 500 000 FMG par jour, carburant en sus.

Hôtel Arinofy *(☎ 75 506 38, arinofy@ dts.mg)*. Il propose des voitures de location à prix fixe de 1 à 4 passagers. Pour les excursions d'une journée, comptez 200 000 FMG pour la plantation de thé de Sahambavy ; 325 000 FMG pour Ambalavao et 400 000 FMG pour le parc national de Ranomafana. L'aller-simple pour Ranohira revient à 750 000 FMG et le trajet direct jusqu'à Tuléar à 990 000 FMG.

AKL Travel *(☎ 75 506 21)*. Cette agence de voyages est implantée dans l'enceinte de l'hôtel Soafia.

Des guides indépendants ne manqueront pas de vous aborder en ville, notamment aux abords de Chez Papillon.

Où se loger – petits budgets
CAPR *(☎ 75 509 59 ; 10 000 FMG par personne)*. Créé par les jésuites afin de former des malgaches aux métiers de l'agriculture, le Centre artisanal de promotion rurale est une option intéressante pour les

voyageurs à petit budget. Plus proche d'un foyer que d'un hôtel, il propose une chambre simple, une double, trois triples et des dortoirs, tous avec sanitaires extérieurs et facturés au même tarif. Le confort est simple mais le tarif défie toute concurrence et on peut faire confiance aux jésuites pour la propreté. Pour vous rendre dans ce grand centre en brique, prenez la rue qui part à gauche au milieu de la montée qui sépare la nouvelle ville de la ville haute et parcourez 200 m environ.

Raza-Otel *(☎ 75 519 15 ; doubles/triples avec s.d.b. commune 51 000/71 000 FMG).* Excellent choix à prix doux, cette jolie maison blanche dissimulée derrière le marché dispose de quatre chambres d'hôtes. Propres, spacieuses et décorées avec goût, elles s'accompagnent d'un salon agréable et d'une table appréciée. L'hôtel propose des circuits touristiques et gastronomiques.

Hôtel-restaurant Mini-Croq *(☎/fax 75 501 72, minicroqhotel@dts.mg ; doubles sans/avec s.d.b. 51 500/76 500 FMG, quadruple avec s.d.b. 121 500 FMG).* Ouvert au printemps 2001 dans la ville basse, Mini-Croq s'adapte à tous les budgets. Ses chambres au confort simple sont claires et propres et les lieux agréables. Réception 24h/24.

Hôtel Arinofy *(☎ 75 506 38, arinofy@dts.mg ; simples/doubles avec s.d.b. commune 50 000/60 000 et 65 000 FMG, double avec s.d.b. 75 000 FMG, quadruple 100 000 FMG, lit supp 20 000 FMG).* En haut de la rue qui part vers l'est depuis le stationnement des taxis-brousse, l'hôtel Arinofy est certes un peu excentré, mais calme et agréable. Outre des chambres claires et raisonnablement entretenues, il dispose d'une terrasse, d'un restaurant, d'un salon, d'un service de blanchisserie et organise des locations de voiture. Il est possible de planter sa tente dans le jardin lorsque l'hôtel est plein. Une bonne adresse dans cette gamme de prix.

Hôtel Moderne-Chez Papillon *(☎ 75 508 15 ; doubles avec s.d.b. à partir de 60 000 FMG).* Au-dessus d'un restaurant, cet hôtel compte quelques chambres convenables mais défraîchies.

Idéal Hôtel *(☎/fax 75 517 62 ; doubles avec s.d.b. commune 47 500 FMG).* Jadis un bon choix à petit prix, l'Idéal Hôtel continue à rencontrer un certain succès malgré son manque d'entretien, sa propreté toute relative et ses sanitaires défaillants. En l'absence du propriétaire, vous aurez du mal à visiter les chambres. Vous trouverez l'hôtel dans le centre, face au stade.

Où se loger – catégories moyenne et supérieure

Tsara Guest House *(☎ 75 502 06, fax 75 512 09, tsaraguest@dts.mg, www.tsaraguest.com ; doubles sans/avec s.d.b. 80 000/120 000 FMG, doubles "supé-*

LE CENTRE

Tanana Ambony, la haute ville de Fianarantsoa

"Zone protégée à intérêt historique et architectural", Tanana Ambony, la ville haute de Fiana-rantsoa, n'a pas d'équivalent à Madagascar. Située à 800 m environ au-dessus de la nouvelle ville, la Fianar originelle fut fondée le 1er juin 1830 par la reine Ranavolana Ire. Construite par des soldats merina, elle avait pour vocation de devenir la capitale des provinces du Sud et d'asseoir le pouvoir de cette reine qui a laissé un cruel souvenir dans le pays betsileo.

L'imposante cathédrale Ambozantany n'est pas, tant s'en faut, le seul lieu de culte de la ville haute, parfois surnommée "le Vatican", qui accueille en effet tous les courants de la religion catholique. Si Tanana Ambony est maintenant un peu décrépite et nécessite des travaux de restauration, son charme fait de rues en pente pavées, de maisons serrées les unes contre les autres, d'escaliers et de balcons de bois travaillés et branlants, demeure cependant. Le *rova* (palais), construit au sommet, n'a pas survécu à l'histoire. Une école primaire se dresse sur son emplacement. Outre un superbe panorama, vous pourrez y voir la pierre où celle qui fut sur-nommée la "Caligula malgache" faisait naguère exécuter les condamnés à mort. Ranavolana Ire fit également creuser un lac artificiel, pour se rappeler le lac Anosy de sa chère Antanana-rivo.

Des bus desservent régulièrement la ville haute. Leurs arrêts, bien indiqués, sont disséminés en ville. Le mieux est de s'y promener le dimanche matin, lorsque tous les habitants

rieures" avec s.d.b., tél et TV 220 000 FMG). La Tsara Guest House tient avec brio la pro-messe contenue dans son nom – littérale-ment "la belle maison d'hôte" – et laisse derrière elle la majorité de ses concurrents. Cet îlot de calme, joliment décoré et impec-cablement entretenu, où les chambres les plus chères frisent le luxe, est doté d'un agréable jardin et d'un restaurant de qualité. Le petit déjeuner, servi sur fond de *Lac des Cygnes,* est un copieux buffet (28 000 FMG). La pension accepte les cartes Visa et Master-card mais les commissions rendent ce moyen de paiement peu intéressant. Il est sage de réserver.

Hôtel Cotsoyannis (☎ *75 514 72, fax 75 514 86, cotso@malagasy.mg ; doubles 90 000 et 110 000 FMG, quadruple 150 000 FMG, lit supp 20 000 FMG).* Vous trouverez cet hôtel calme et accueillant dans la ville basse, à proximité du stade. Les chambres avec sanitaires ont pour atout d'être claires et agréables ; les plus chères sont particulièrement vastes et dotées du téléphone. Le Cotsoyannis orga-nise des séjours sportifs au Camp Catta (voir la rubrique *Parc national de l'Andringitra et vallée du Tsaranoro* dans *Le Sud*) et son

agréable cour intérieure abrite un restaurant.

Zomatel (☎ *75 507 97, fax 75 513 76, zomatel@altern.org ; doubles/triples 129 000/169 000 FMG).* Refait en 2000 dans le style continental, l'ex-hôtel Radama dissi-mule des doubles spacieuses et confortables, avec TV, téléphone, minibar et s.d.b. impec-cable. Les lieux manquent malheureusement un peu d'âme et tout le monde n'aimera pas la moquette vert pomme…

Soratel (☎ *75 516 66, fax 75 516 78 ; doubles/triples avec s.d.b. 120 000/145 000 FMG).* Situé derrière Chez Papillon dans l'axe de la gare, ce grand établissement un peu morne offre des chambres inégales mais confortables, équipées de téléphone, TV et minibar. L'une des originalités de cet hôtel dont les patrons sont d'origine chinoise est qu'on y pénètre par le parking et que la récep-tion se trouve au 4e étage… Un café est implanté au rez-de-chaussée et une vaste ter-rasse vous attend au dernier étage.

Hôtel Soafia (☎ 75 503 53, fax 75 505 53, *soafia@simicro.mg, www.faa.ch/soafia ; simples/doubles 85 000, 95 000/125 000, 135 000 FMG, studios 150 000 FMG, suite 275 000 FMG).* L'établissement le plus luxueux de Fianarantsoa dresse ses faux airs de pagode chinoise à l'extrême nord de la ville. Outre des chambres confortables dotées de clim., TV, téléphone et minibar, il met à la disposition de sa clientèle une piscine, un billard, un sauna et des courts de tennis.

Où se restaurer – petits budgets

Supermarché 2000 *(ouvert lun-sam 8h30-12h30 et 15h-18h30, dim et jours fériés 8h30-12h30)*. Ceux qui souhaitent faire eux-mêmes leurs emplettes pourront se diriger vers ce supermarché de la ville basse, en face du restaurant Chez Dom.

Snack du CBF *(plats 6 000-10 000 FMG)*. Face au stade, la gargote en planches du cercle bouliste de Fianarantsoa propose des plats *gasy* bon marché. Le service finit tôt.

Resto Rak *(plats 6 000-10 000 FMG environ)*. Cet établissement tout simple de la ville basse prépare également des plats malgaches à petit prix.

Arlequin. Derrière l'enchevêtrement des gargotes de bois qui s'étalent derrière Chez Papillon, ce salon de thé est idéal pour le petit déjeuner et les petites faims.

Chez Dom *(voir ci-dessous)* s'adapte parfaitement aux petits budgets.

Où se restaurer – catégories moyenne et supérieure

Chez Dom *(☎ 75 512 33 ; plats 10 000-25 000 FMG ; ouvert tlj)*. Au cœur de la ville basse, cette petite salle chaleureuse doublée d'un cybercafé en mezzanine sait s'adapter à tous les goûts et tous les budgets avec une cuisine goûteuse et particulièrement copieuse. De la quiche au tournedos Rossini à la vanille, en passant par les pâtes fraîches, les soupes chinoises et les plats du jour, vous y trouverez certainement la saveur qui sied à votre appétit et à votre humeur. Le bar est agréable pour boire un verre et l'accueil sympathique. Le service se prolonge jusqu'à 22h30 au moins.

Panda Restaurant *(☎ 75 505 69 ; plats 12 000-25 000 FMG environ ; fermé dim)*. A quelques mètres de l'adresse précédente, le Panda compte également parmi les tables appréciées de la ville. La carte proposée dans cette salle aux couleurs vives fait la part belle aux spécialités chinoises : mi

sao, soupes, canard laqué… Le canard sauvage est l'une des spécialités de la maison. Quant à la "neige tropicale", proposée en dessert, nous vous la laissons découvrir. Vins à partir de 14 000 FMG.

Tsara Guest House *(☎ 75 502 06 ; plats 31 500-48 500 FMG, spécialités végétariennes 15 500-20 500 FMG ; ouvert tlj)*. Qu'il s'agisse du cadre ou de la cuisine, l'adresse chic de Fianarantsoa accumule les bons points. A la carte : excellent foie gras au poivre vert et au vieux rhum, feuilleté de poisson sauce mousseline, zébu braisé aux herbes sauvages, magret de canard au miel et au gingembre, sauté de poisson au coco… Vins à partir de 30 000 FMG. La table la plus raffinée de la ville, la Tsara Guest House reverse 1 000 FMG par repas à l'association humanitaire la Maison de l'eau de coco dans le cadre de l'opération "1 000 sourires".

Chez Papillon *(☎ 75 508 15 ; plats 15 000-42 000 FMG, menu 50 000 FMG)*. Ballottine de canard au genièvre, cuisses de grenouilles à la meunière, queues de langouste grillées sauce diable, tournedos poêlé Henry IV… la carte de cette véritable institution, longtemps réputée comme la meilleure table de Madagascar, continue à faire des promesses qu'elle ne sait malheureusement plus guère tenir… Reste la satisfaction de s'attabler dans l'une des adresses les plus attachantes de la Grande Île ou de siroter un "ballon de rouge" sur sa terrasse, idéale pour regarder s'écouler la vie de Fianar.

L'Ancre d'Or *(☎ 75 508 13 ; plats 10 000-25 000 FMG ; ouvert tlj)*. En face du Soratel, l'Ancre d'Or sert des plats malgaches mais n'hésite pas à faire des détours vers les cuisines africaine, seychelloise et française. Sur la carte, le curry de poulet aux crevettes côtoie les poivrons farcis et le coq au vin aux girolles.

Restaurant de l'hôtel Cotsoyannis *(☎ 75 514 72 ; plats 14 000-28 000 FMG)*. Dans la jolie salle de restaurant ou installé dans la cour intérieure qui permet d'échapper au bruit de la ville, vous pourrez déguster de bonnes pizzas au feu de bois ; mais aussi des brochettes de poulet sauce créole, moussaka, plats *gasy,* profiteroles… Vins locaux à partir de 35 000 FMG.

LE CENTRE

Hôtel Soafia (☎ *75 503 53 ; menu 40 000 FMG)*. La cuisine de l'empire du Milieu est à l'honneur au restaurant de cet hôtel, où vous n'aurez que l'embarras du choix parmi les innombrables suggestions de la carte.

Où sortir

Alliance franco-malgache (☎ *75 515 71, affianar@dts.mg ; ouvert mar-ven 8h-12h et 14h-18h, sam 8h-12h et 14h-17h)*. Particulièrement dynamique, l'alliance franco-malgache de la ville organise les Rencontres théâtrales de Fianarantsoa chaque année en mai et des soirées cabaret le dernier vendredi de chaque mois, de septembre à juin. Renseignez-vous sur les manifestations en cours lors de votre passage.

Le Rex *(billets 2 500 FMG)*. Remise en service grâce aux efforts de la Maison de l'eau de coco, la salle de cinéma de Fiaranantsoa connaît un franc succès. Vous la trouverez dans la nouvelle ville.

Le Moulin rouge. A la sortie nord de la ville, cette discothèque est réputée comme la plus "chaude" de Fianarantsoa.

Sofadance. L'autre discothèque de la ville est située dans l'enceinte de hôtel Soafia. Elle se double d'une salle de jeu.

Comment s'y rendre

Avion. Fianarantsoa étant bien desservie par route depuis la capitale, les liaisons aériennes sont rares et financièrement peu intéressantes entre les deux villes.

L'agence d'Air Madagascar (☎ 75 507 97, fax 75 513 76 ; ouverte lun-ven 8h-12h et 14h-17h30, sam 8h30-11h), est située dans l'enceinte de l'hôtel Zomatel. Le bureau n'est pas informatisé mais les réservations, effectuées par téléphone avec le siège d'Antananarivo, sont rapides et efficaces. Les cartes de crédit ne sont pas acceptées. Deux Twin Otter hebdomadaires assurent des vols directs vers Antananarivo depuis Fianarantsoa, les mercredis et dimanches (511 500 FMG).

Train. Fianarantsoa est reliée à la ville de Manakara, sur la côte est, par une ligne de chemin de fer qui, à elle seule, constitue un voyage. Nul doute en effet que l'atmosphère de ce train, dont la voie et le matériel roulant remontent à l'époque coloniale, restera dans votre souvenir comme l'un des points forts de votre séjour à Madagascar (reportez-vous à l'encadré *Fianar-Manakara : la mer au bout des rails)*. Les départs ont théoriquement lieu de Fianarantsoa les mardis, jeudis et samedis à 7h. Dans l'autre sens et sauf aléa, le convoi quitte Manakara à 6h45 les mercredis, vendredis et dimanches.

Comptez 30 000/44 000 FMG en $2^e/1^{re}$ pour ce trajet haut en couleur mais un peu éprouvant : il nécessite 9 à 10 heures au départ de Fianar et 11 heures 30 depuis Manakara. Cet écart s'explique par la pente, le convoi descendant les plateaux dans un sens (Fianarantsoa se situe à une altitude de 1 100 m) et les gravissant dans l'autre. De nombreux projets de réhabilitation se sont succédé ces dernières années. Le dernier en date met en jeu des capitaux américains et sud-africains.

La ligne transite par de nombreuses gares dont celle de Sahambavy (21 km, 4 000/5 500 FMG en $2^e/1^{re}$), à proximité d'une plantation de thé.

Présentez-vous à l'incroyable gare de Fianar, qui n'est pas sans évoquer la Suisse, une demi-heure ou une heure avant le départ du train, et jouez des coudes pour acheter votre billet dès l'ouverture du guichet.

A défaut de prendre place à bord, vous pourrez assister au spectacle de son arrivée à Fianar, vers 18h30, pour le prix d'un ticket de quai.

Taxi-brousse. Des voitures et minibus quittent ce capharnaüm de véhicules enchevêtrés qu'est le stationnement des taxis-brousse de Fianar, dans la ville basse, vers Ambalavao (1 heure 30, 7 500 FMG), Ihosy (25 000 FMG), Ranohira (6 heures, 40 000 FMG), Sakahara (9 heures, 40 000-45 000 FMG selon le véhicule), Tuléar (10 à 11 heures, 45 000-50 000 FMG selon le véhicule). Ils rallient aussi Antsirabe (9 heures, 25 000 FMG), Antananarivo (9 heures environ, 45 000 FMG), Mahajunga, Ranomafana (3 heures environ, 15 000 FMG), Mananjary et Manakara (10 heures environ, 35 000 FMG).

Comment circuler

Vous pourrez facilement vous déplacer à pied mais le taxi se révèle parfois pratique, notamment pour aller vers l'hôtel Soafia ou la ville haute (5 000 FMG la course environ). Le bus n° 22 monte à la ville haute (10 000 FMG).

De Fianarantsoa à Ambalavao (56 km)

Goudronnée et "roulante", la RN 7, qui quitte Fianarantsoa vers le Sud, passe par le village de Berangotra, qui a servi de modèle au dessin qui figure sur les billets de 500 FMG. Les cordes en sisal vendues au bord de la route témoignent de l'aridité croissante de la région à mesure que l'on descend des plateaux, mais le paysage reste agricole et laisse la place à quelques vignobles. Le massif de l'Andringitra se profile une dizaine de kilomètres avant Ambalavao.

ENVIRONS DE FIANARANTSOA

Si les hôtels, guides et agences de voyages de Fianarantsoa organisent la visite des sites des environs – reportez-vous à la rubrique *Circuits organisés et location de voitures avec chauffeur* de Fianarantsoa –, la majorité d'entre eux peuvent se visiter en indépendant.

Iboaka-Alakamisy

A 16 km de Fianar en direction de Ranomafana, ce village abrite un marché quotidien animé, qui s'installe de bonne heure et s'achève en milieu d'après-midi. Vous pourrez vous y rendre en taxi ou en taxi-brousse.

Vignobles

Dès les années 1950, des Français plantèrent les premières vignes sur les coteaux de la vallée du Royaume de l'Isandra. Réalisant à leur suite combien le pays betsileo se prêtait à la vigne, une société suisse a créé une association dans les années 1970 et fourni les fonds nécessaires à la promotion de la viticulture sur les plateaux malgaches. Fianarantsoa demeure aujourd'hui le centre de la production viticole de la Grande Île, même après le départ des Suisses, remplacés après 1985 par des Français, des Malgaches et des Chinois.

Nombre de grands vignobles s'étendent au nord-ouest de la ville, le long de la route d'Ambositra. Celui de **Soavita** se situe à quelques kilomètres au nord d'Ambalavao. Le plus important, le plus connu et le plus accessible est le **domaine de Lazan'i Betsileo** ("la célébrité du Betsileo", ☎ 75 502 75 ; visite 5 000 FMG avec dégustation ; fermé dim), à 14 km au sud de Fianar en bordure de la RN 7. Les autres vignobles sont implantés au sud-ouest de la ville et aux abords d'Ambalavao.

A défaut de visiter les vignobles, il serait dommage de ne pas goûter leur production, largement distribuée dans le pays (à l'exception des rouges, qui supportent mal le transport). Le domaine de Lazan'i Betsileo possède une boutique à Fianarantsoa, près de l'hôtel Zomatel.

Plantation de thé de Sahambavy

La plantation Sidexam de Sahambavy *(entrée 25 000 FMG ; visite 7h30-15h30)* donne l'occasion d'en savoir plus sur cette boisson internationalement répandue qu'est le thé. La visite des ateliers révèle en effet les différentes étapes qui mènent à la réalisation d'un *dust* ou d'un *broken pekoe*. Les feuilles commencent par être mises à flétrir afin de perdre une part de leur humidité naturelle. Elles sont ensuite broyées et découpées en petits morceaux, puis mises à fermenter, opération au cours de laquelle elles s'oxydent et passent du vert au brun. Reste à les sécher au four et à les trier selon leur taille. Le thé le plus fin, appelé *dust*, est le plus fort. Le plus gros, ou *broken pekoe*, est le plus parfumé. Mieux vaut visiter les ateliers le matin. En pleine saison, entre octobre et avril, jusqu'à 20 t de feuilles sont traitées chaque jour.

L'exploitation emploie une centaine de préparateurs et près de 400 cueilleurs. Une faible part de ses 500 t de production annuelle alimente le marché national. Le reste est expédié au Kenya, où se tient le marché international du thé pour l'Afrique. La visite se conclut par une dégustation, avant une visite libre des champs de thé. Si la visite des ateliers peut être décevante en

Fianar-Manakara : la mer au bout des rails

Les 163 kilomètres de voie ferrée qui relient Fianarantsoa à Manakara – passant du pays betsileo aux forêts des Tanala pour atteindre enfin la côte des Antaimoro – constituent un voyage à eux seuls. Encore faut-il que le train veuille bien rouler et que les voies ne soient pas endommagées... La voie, qui utilise des rails fabriqués à la fin du XIXe siècle et saisis à l'Allemagne en 1918, accuse en effet les assauts du temps, tout comme le matériel roulant, estampillé 1956. Mais qu'importe ! Cahin-caha, sur ses rails mal fixés et dans le crissement des roues qui patinent, le convoi continue d'effectuer trois fois par semaine, dans chaque sens, le trajet de Fianarantsoa à la côte est. Baptisée FCE (Fianarantsoa-Côte Est), la ligne fut construite par les Français et les Chinois entre 1926 et 1936 afin de permettre l'exportation des produits agricoles malgaches vers l'Europe. Le projet colonial avait pour ambition de l'intégrer à un réseau ferroviaire incluant Tamatave et Antananarivo, mais le tronçon entre Antsirabe et Fianarantsoa ne fut jamais réalisé. Plus de 60 ans après, son importance économique reste cruciale pour la région : la FCE désenclave les villages et leur permet d'acheminer leur production de café et de bananes vers les marchés, transportant plusieurs dizaines de tonnes de marchandise à chaque voyage à la saison des récoltes.

Venant de Fianarantsoa, le convoi croise d'abord la plantation de thé de Sahambavy, puis le village de Ranomena ("l'eau rouge"), avant de monter et de franchir une succession de tunnels que séparent de superbes paysages boisés (vous pourrez peut-être monter dans la motrice en demandant au machiniste). Sa route le mène ensuite aux pieds de la cascade de Mandriampotsy, que l'on aperçoit brièvement sur la droite, avant d'arriver en pays tanala. A Madiorano, il s'engage dans la région de la banane, avant d'atteindre Manampatrana, où des maisons sur pilotis se dressent en bordure de la voie. Ce gros bourg animé marque le milieu du parcours. La voie atteint ensuite le lit de la Faraony et continue sa descente dans un paysage luxuriant, avant de rejoindre la route dans une apothéose de ravinala à une quarantaine de kilomètres de Manakara. Il ne reste plus alors qu'à traverser des rizières et une gigantesque palmeraie avant que l'océan Indien ne se profile à l'horizon. Enfin, le clou du trajet : la voie ferrée coupe la piste de l'aéroport de Manakara avant d'atteindre son terminus, dans un crissement de métal !

Pas moins de 17 arrêts, tous aussi colorés les uns que les autres, jalonnent ce parcours que ponctuent 67 ponts et 48 tunnels. On peut au passage y acheter viande, saucisses, sambos, mandarines, bananes, oranges, pommes-cannelles, litchis, etc. Les habitants de la région convergent en effet vers le train, unique moyen d'acheminer vers les marchés les fruits et légumes produits dans les environs.

Vitale pour des dizaines de milliers d'agriculteurs, la liaison ferroviaire Fianarantsoa-Manakara est fragile. La vétusté du matériel et le manque de moyens risquent continuellement de provoquer son arrêt, comme ce fut le cas en 2000. Endommagée par les cyclones Eline et Gloria, elle dut son redémarrage à l'aide américaine et suisse. Sa privatisation, qui pourrait s'accompagner de la réhabilitation du port de Manakara, est à l'étude à l'heure où nous écrivons ces lignes.

Au-delà des aléas techniques, les conditions du voyage et sa durée dépendent du chargement des marchandises et donc de la saison des récoltes. Le trajet dans le sens Manakara-Fianarantsoa, à cause du dénivelé de plus de 1 000 m, est plus long, et souvent le train est davantage bondé.

La brochure *La FCE – Guide du voyageur*, vendue à Fianarantsoa et à Manakara, fourmille de précisions sur ce train hors du commun. Elle est vendue 25 000 FMG, dont 10 000 contribuent à l'entretien de la ligne.

morte saison, celle des plantations révèle de beaux paysages de collines couvertes de buissons de thé, sur lesquelles les silhouettes des cueilleurs font des taches colorées.

La plantation se situe à une vingtaine de kilomètres à l'est de Fianarantsoa. Ses bâtiments se dressent à 500 m de la gare de Sahambavy et du Lac Hôtel.

Où se loger et se restaurer

Lac Hôtel *(☎ 75 518 73, fax 75 519 06 ; bungalows doubles 123 000 FMG, bungalows triples/quadruples 147 000/175 000 FMG, plats 18 000-30 000 FMG, menu 40 000 FMG).* Unique hôtel de Sahambavy, ce bel établissement chinois bâti en bordure du lac ne manque pas de charme et séduira les amateurs de calme. Ses bungalows ne sont pas très vastes (à l'exception des plus chers), mais propres, confortables et agréables. Répartis dans un petit jardin, ils sont équipés de TV et de belles s.d.b. avec eau chaude.

Le lac, construit pour les besoins de l'irrigation, est impropre à la baignade. L'hôtel propose cependant des pédalos en location (10 000 FMG les 15 minutes) et un tour du lac en bateau à moteur (10 000 FMG). Baby-foot et location de VTT (20 000 FMG l'heure) sont également mis à la disposition de la clientèle.

Le restaurant sert de bonnes spécialités chinoises, malgaches et françaises.

Comment s'y rendre

Vous pourrez rejoindre la plantation et le lac en empruntant un taxi-brousse se dirigeant vers Ranomafana et en descendant au village d'Ambalakely, 13 km après Fianarantsoa. Des taxis-brousse irréguliers parcourent ensuite les 13 km restant jusqu'à la plantation (3 000 FMG).

Autre solution : avoir recours aux services des taxis-ville de Fianarantsoa. Ils demandent généralement 80 000 FMG, à négocier, pour l'aller-retour jusqu'à la plantation.

Il est possible, enfin, d'emprunter le train vers la côte est depuis Fianar (4 000/5 500 FMG en 2e/1re). Vous devrez descendre à son deuxième arrêt – Sahambavy – une petite heure après le départ. Les départs ont théoriquement lieu de Fianarantsoa les mardis, jeudis et samedis à 7h. Les retours se font le lendemain.

RANOMAFANA

A une soixantaine de kilomètres de mauvaise route au nord-est de Fianarantsoa, le site de Ranomafana est connu depuis l'époque coloniale pour ses eaux thermales. Signe des temps, les curistes ont cédé la place aux écotouristes et c'est maintenant pour la végétation et les lémuriens du parc national du même nom (une rubrique lui est consacré ci-dessous), dont l'entrée se situe à 7 km du bourg en direction de Fianarantsoa, que les visiteurs affluent vers Ranomafana.

Un bureau de l'Angap est fléché vers la gauche à l'entrée du village en venant de Fianarantsoa. Il n'est pas nécessaire de s'y rendre pour acheter les billets d'accès au parc, vendus à l'entrée.

Un Centre de l'environnement (entrée libre), doté d'un petit musée, est installé à quelque 400 m du village en venant de Fianar. Il présente des expositions intéressantes sur le parc et la culture malgache en général. Vous y trouverez une boutique de souvenirs et un snack.

En contrebas de l'entrée du parc, le centre Valbio (centre international de formation par la valorisation de la biodiversité à Madagascar) était en construction lors de notre dernier passage. Ce vaste projet est financé par des universités américaine, finlandaise et malgache, par l'Unesco et par une fondation italienne.

Un circuit intéressant depuis Fianar consiste à prendre le train jusqu'à Manakara, à y passer une journée ou deux et à revenir en taxi-brousse à Fianarantsoa *via* Ranomafana.

Il n'existe pas de téléphone public à Ranomafana. Vous pourrez essayer de joindre les numéros de téléphone à deux chiffres des établissements mentionnés plus bas à la rubrique *Où se loger et se restaurer* en passant par l'opérateur (☎ 15) ou le bureau de poste du village (☎ 75 520 00).

Station thermale. Le centre de cure, dont les eaux chaudes ont donné son nom à la ville (Ranomafana signifie "eau chaude"), se situe à 250 m environ de l'Hôtel des Thermes par un petit chemin qui enjambe la rivière. Ses soins sont censés être souverains contre les rhumatismes, l'asthme, la tension, les troubles gastriques et même la stérilité ! Raisonnablement entretenu, il dispose de petites cabines équipées de baignoire où vous pourrez vous immerger dans l'eau thermale à 38°.

LE CENTRE

Le papier antaimoro

Influencés par les navigateurs arabes qui échouèrent sur la côte est de l'île au VIIIᵉ siècle, les Antaimoro – "ceux du rivage" – sont célèbres pour le papier qui porte leur nom. L'histoire raconte que les Antaimoro, convertis à l'islam, commencèrent à fabriquer ce papier proche du papyrus afin de servir de support aux versets du Coran que copiaient les *katibo*, ou scribes de la noblesse. Le fruit de leurs efforts était alors connu sous le nom de *Sorabe*, ou "Grandes Écritures". Plus tard, ce furent les astrologues qui employèrent ce papier pour y noter leurs prédictions, puis les *ombiasy* (devins-guérisseurs) qui y transcrivaient les formules de leurs potions.

Le papier antaimoro est réalisé à partir de l'écorce d'une variété de mûrier appelée *avoha*, qui pousse sur la côte sud-est de l'île. La fabrication s'est par la suite déplacée vers l'intérieur des terres, plus propice au séchage. On commence par faire bouillir les fibres de cette écorce pendant 3 à 4 heures, avant de les trier et de les rincer. Elles sont alors écrasées au maillet jusqu'à obtention d'une grossière pâte brune qui est ensuite diluée dans l'eau puis versée sur un tamis de coton. Il reste ensuite à évacuer l'eau et à faire sécher au soleil la préparation qui s'est répandue de façon uniforme sur la toile. On obtient ainsi un papier épais et filandreux, de couleur beige clair, parfois décoré de pétales de fleurs séchées.

En 1936, un planteur français, Pierre Mathieu, parvint à obtenir des Antaimoro le secret millénaire de la fabrication de leur papier. Il en améliora le procédé et le produisit à plus grande échelle.

La meilleure, la cabine F, est généralement réservée aux vazaha. Le bain est facturé 25 000 FMG. Pour 25 000 FMG de plus, vous pourrez vous faire masser par un kinésithérapeute diplômé.

Où se loger et se restaurer

Plusieurs hébergements jalonnent les 7 km de route qui séparent l'entrée du parc du village. Ils sont présentés ci-dessous dans l'ordre où vous les rencontrerez en arrivant de Fianarantsoa. Vous pourrez demander au chauffeur du taxi-brousse de vous déposer à l'endroit de votre choix.

Gîte Rianala (*camping à partir de 10 000 FMG, lit en dortoir 28 000 FMG, plats 15 000-27 500 FMG, menu 35 000 FMG*). Créé par l'Angap puis privatisé, ce gîte récent est un excellent choix si vous venez pour une courte visite, ne disposez pas de véhicule et voyagez à petit budget. Il possède deux dortoirs particulièrement propres de 8 lits superposés chacun. Une douche (eau chaude) et des toilettes communes se trouvent à l'extérieur. Des tables et des barbecues, ainsi qu'une dizaine d'emplacements abrités par des auvents, attendent les campeurs en contrebas. Vous pourrez soit

planter votre tente (10 000 FMG), soit utiliser celles de l'Angap (10 000 FMG par personne). Le gîte dispose enfin d'une agréable terrasse où sont servis des plats bien préparés : mignonnette de zébu au poivre vert, sauté de crevettes, spécialités chinoises et malgaches.

Domaine Nature (*bungalows doubles avec s.d.b. 195 000 FMG*). Quatre kilomètres après l'entrée du parc en direction du village, le Domaine Nature est l'adresse la plus chère de Ranomafana. Pour confortables qu'ils soient, ses bungalows en bois, reliés entre eux par des passerelles et situés dans un site particulièrement agréable pour sa végétation, nous ont néanmoins paru surévalués. L'hôtel dispose d'un restaurant et propose également des bungalows "économiques", dans une annexe, à 85 000 FMG. L'électricité est fournie par un groupe électrogène.

Les autres établissements vous attendent dans le village.

Centrest (*☎ 13 ; chambres doubles-triples avec s.d.b. 185 000 FMG, bungalows avec s.d.b. commune 75 000 FMG, plats 15 000-20 000 FMG*). Bon choix, cet hôtel bâti à une cinquantaine de mètres du centre d'interprétation abrite les chambres les plus confortables de Ranomafana. Un accueil chaleureux, un cadre agréable, une jolie salle de restaurant et un parking s'ajoutent aux attraits de cette adresse récente. Les bungalows, minuscules, sont moins intéressants.

La Palmeraie *(doubles avec s.d.b. commune 42 500 FMG).* Vous trouverez ce petit hôtel sans prétention en ville, au début du chemin qui monte vers le petit bureau de l'Angap. Il propose des chambres correctes, au confort simple et aux sanitaires sommaires.

Gîte jardin *(doubles-triples avec s.d.b. commune 50 000 FMG).* Un petit établissement comparable en tous points à l'adresse précédente, qu'il jouxte.

Hôtel Manja *(☎ 22 ; bungalows avec s.d.b. commune 60 000 FMG, plats 8 000-18 000 FMG).* A quelque 500 m après la sortie du village en direction de Mananjary, le Manja est une adresse de prédilection des voyageurs qui surveillent leur budget. L'un des établissements les plus animés de la localité, il propose des bungalows au confort simple, en bois et bambou, qui ne sont pas dénués de charme. Les sanitaires extérieurs gagneraient en revanche à être mieux entretenus, mais les tarifs sont en conséquence. Le restaurant, inégal mais apprécié pour ses écrevisses, ne sert plus après 21 h.

Un grand hôtel était en construction à la sortie est du village lors de notre dernier passage.

Comment s'y rendre

Ranomafana n'est guère gâté par le réseau routier malgache. Vers l'ouest, la RN 45 vers Fianarantsoa, tantôt rocailleuse tantôt boueuse, demande environ 3 heures d'efforts aux taxis-brousse (60 km, 15 000 FMG). Les trente kilomètres centraux sont les pires. Traversant des zones de forêt humide, cette voie jadis asphaltée est maintenant défoncée et creusée de profondes ornières par le passage des camions.

Si vous avez la chance d'attraper un taxi-brousse particulièrement tôt à Fianarantsoa, ou si vous vous déplacez avec votre propre véhicule, vous pourrez effectuer une brève visite du parc dans la journée (demandez au taxi-brousse qu'il vous dépose à l'entrée du parc et non au village de Ranomafana). Vous pouvez aussi dormir sur place, soit à l'entrée du parc – ce qui n'est pas la plus mauvaise solution – soit au village.

Le retour en taxi-brousse de Ranomafana à Fianarantsoa n'est pas toujours très facile. Il n'existe pas de gare routière à Ranomafana et vous devrez attendre au bord de la route le passage d'un véhicule ayant une place libre. Les taxis-brousse en provenance de Mananjary ou de Manakara passent à Ranomafana vers 17h. Si vous êtes seul ou à deux, vous devriez trouver des places relativement facilement. Si vous êtes nombreux, il est plus sûr de vous séparer ou d'essayer de négocier un véhicule "spécial" depuis Ranomafana.

La réouverture de la RN 25 permet aux taxis-brousse se dirigeant vers le nord (Antsirabe, Antananarivo…) d'éviter Fianarantsoa.

Vers l'est, la RN 45, elle aussi particulièrement mauvaise, relie Ranomafana à Irondro, Mananjary et Manakara (7-8 heures, 25 000 FMG environ).

De nombreux hôtels et agences de voyages de Fianarantsoa (reportez-vous à cette ville) proposent des excursions d'une journée à Ranomafana, à un tarif relativement élevé.

PARC NATIONAL DE RANOMAFANA

Les 40 000 ha environ de ce parc de forêt humide s'échelonnent à une altitude oscillant entre 800 et 1 200 m. L'entrée est située à 7 km du village de Ranomafana en direction de Fianarantsoa, en bordure de la route nationale. Une multitude de cours d'eau, qui dévalent jusqu'à la Namorona, sillonnent ses collines boisées. En dépit du déboisement qui sévissait autrefois dans la région, la partie la plus orientale du parc conserve encore de vastes secteurs de forêt primaire.

Créé en 1991, le parc de Ranomafana vise à faire cohabiter en harmonie la faune, la flore, les visiteurs et les villageois. L'un des plus visités de l'île, il est réputé pour l'observation des lémuriens, même si certains visiteurs repartent un peu déçus de ne pas en avoir vu davantage.

La saison sèche (d'avril à octobre) est la meilleure période pour visiter le parc. C'est également à cette époque que les sangsues et les moustiques se font les plus

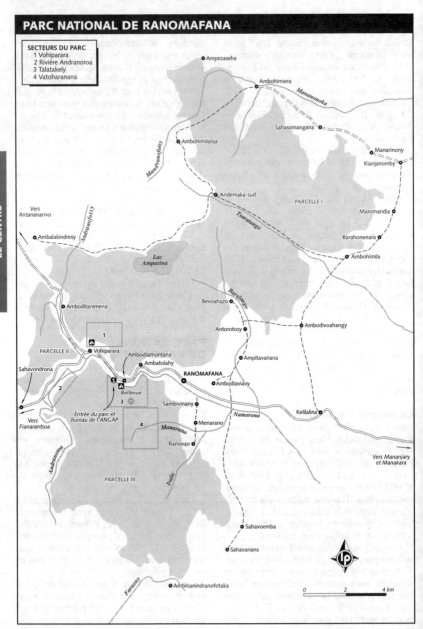

PARC NATIONAL DE RANOMAFANA

SECTEURS DU PARC
1 Vohiparara
2 Rivière Andranoroa
3 Talatakely
4 Vatoharanana

Ampezaseha

Mananonoka

Ambohimiera

Sahasomangana

Manarinony

Kianjanomby

Amboimilanja

Mandranofotsy

Andemaka-sud

PARCELLE I

Maromandia

Vers Antananarivo

Ambalakindresy

Andranofotsy

Lac Ampasina

Barahonenara

Ambohimila

Tsaratango

Bevoahazo

Baralaogo

Ambodivoahangy

Amboditanimena

Antorotosy

1

Bellevue

Entrée du parc et bureau de l'ANGAP

PARCELLE II

Vohiparara

Ambodiamontana

Ambatolahy

RANOMAFANA

Ampitavanana

Sahavondrona

2

3

Ambodiaviavy

Sambivinany

Kelilalina

Namorona

Vers Fianarantsoa

4

Menarano

Manarano

Ranovao

Vers Mananjary et Manakara

Andranona

PARCELLE III

Ivato

Sahavoemba

Sahavanana

Farany

Ambinanindranofotaka

0   2   4 km

LE CENTRE

Le *tavy*

C'est au nom de la tradition du *tavy* – culture sur brûlis – que d'énormes espaces de campagne malgache sont incendiés chaque année afin de favoriser les pâturages, la culture du riz et le développement urbain.

Les fermiers pensent en effet que le feu accroît les substances nutritives de l'herbe. Mauvais calcul, affirment les spécialistes : un ou deux ans plus tard, l'herbe repousse avec moins de nutriments et les zébus la boudent. Les paysans doivent alors chercher de l'herbe plus loin… et réitèrent le brûlis. Il en résulte une érosion des terres sans augmentation du rendement du riz. Des observateurs pensent pour leur part que certains feux sont délibérément allumés par des opposants afin de contrarier les gouvernements qui implorent les fermiers de ne pas incendier leurs champs.

Les dégâts du tavy peuvent s'observer en de nombreux points de la Grande Île : aux abords de l'Isalo, le long de la côte occidentale ou encore entre Fianarantsoa et Manakara.

Diverses organisations écologistes s'emploient avec acharnement, mais souvent en vain, à réduire cette pratique ancestrale. Leurs efforts visent surtout à aider les agriculteurs à modifier leurs méthodes de riziculture, à améliorer l'élevage en s'orientant vers des animaux moins gourmands que les zébus (porcs, poulets, canards…) et à opter pour d'autres combustibles (qui restent à importer) et d'autres matériaux de construction. Lorsqu'il ne concerne pas les rizières et les pâturages mais les forêts, le tavy répond en effet aux besoins locaux en bois de chauffage et de charpente.

rares. La température oscille entre 20 et 25°C dans la journée, mais tombe en soirée entre 10 et 20°C.

Faune et flore

Le parc national de Ranomafana accueille 29 espèces de mammifères, dont 12 variétés de lémuriens (ne vous étonnez pas si certains portent des colliers : ils ont été posés par les scientifiques afin d'observer leur comportement). Vous apercevrez facilement des makis à ventre roux, des propithèques diadème et des makis à front rouge. Avec beaucoup de chance, vous surprendrez un hapalémur (découvert pour la première fois en 1986 et endémique dans le parc) en train de mastiquer joyeusement une pousse de bambou.

Plus rare encore, l'hapalémur à nez large, dont on croyait la variété éteinte jusqu'à sa redécouverte à Ranomafana en 1972 et en 1980, est tout aussi friand de bambou. L'espèce est menacée d'extinction.

Si vous vous promenez la nuit, vous aurez sans doute l'occasion d'entrevoir l'avahi laineux, agile et farouche. Durant les mois d'été, vous pourrez apercevoir des chirogales moyens en hibernation, subsistant grâce à la graisse stockée dans leur queue. Autre créature nocturne, la fossane est un petit carnivore. Elle est plus petite que le fossa (*Cryptoprocta ferox*), de la taille d'un petit puma, qui fait des ravages la nuit dans les réserves et se laisse rarement apercevoir.

Le parc abrite également quelque 96 espèces d'oiseaux (dont 68 endémiques) représentant 38 familles. Les forêts regorgent enfin de geckos, de caméléons et de grenouilles aux couleurs vives.

Si la plupart des visiteurs viennent pour la faune, la flore n'en demeure pas moins riche avec ses orchidées, ses fougères arborescentes, ses palmiers, ses mousses, ses nombreuses plantes à fleurs et ses bambous géants. Pas moins de 278 essences d'arbres et de buissons (dont 81 ne poussent que dans la région) ont été recensées, ainsi que de nombreuses plantes plus petites. A l'entrée du parc, procurez-vous la brochure d'informations sur la flore (en anglais et en français), qui décrit à merveille les innombrables fougères et palmiers locaux.

Pour en savoir plus, reportez-vous à la section *Faune et flore* dans le chapitre *Présentation de Madagascar*.

Permis et guides. Les tarifs – officiels et affichés – des services des guides varient selon la qualification de l'accompagnant : guide stagiaire, guide écotouristique ou guide professionnel.

La visite de 2 heures revient à 30 000-52 000 FMG, le circuit de 3 heures à 45 000-75 000 FMG, celui de 4 heures à 60 000-90 000 FMG. La visite nocturne vous coûtera entre 22 500 et 45 000 FMG. Il arrive que des "assistants" proposent de se joindre à la visite. Sachez qu'ils espèrent eux aussi une rétribution.

Les billets d'entrée, au tarif habituel de 50 000 FMG, sont vendus à l'entrée du parc, où attendent également les guides.

Découverte du parc. Depuis que la majeure partie de la réserve leur est interdite, la plupart des visiteurs se cantonnent au secteur appelé Talatakely.

Seuls quelques sentiers pédestres traversent cette partie du parc. Le Petit Circuit, ou piste Ala Mando, vous occupera tranquilement deux heures aller-retour, en poussant jusqu'au poste d'observation de Bellevue, non sans avoir observé quelques lémuriens en chemin.

La marche de nuit emprunte le même parcours. D'une durée de trois à quatre heures, le Moyen Circuit vous permet d'aller plus loin à la recherche des lémuriens. Lors de la marche nocturne, on cuit de la viande de zébu sur un feu de bois au poste d'observation de Bellevue afin d'attirer le timide fossa.

En amont de la Namorona, au-delà du pont, vous admirez d'impressionnantes chutes d'eau, dont les cascades del Riana, l'un des clous de la visite. Plus loin, en bas de la route, des pistes longent la rivière, au sud de Vohiparara, avant de contourner la forêt primaire des extrémités nord du parc, parfaitement conservée. Une série d'autres chemins mènent au lac Ampasina. Demandez une autorisation au bureau de l'Angap pour vous rendre sur ces derniers sites.

Où se loger et se restaurer

Reportez-vous plus haut à la rubrique *Où se loger et se restaurer* de *Ranomafana*.

Comment s'y rendre

Une navette circule deux fois par jour sur les 7 km qui séparent le village de Ranomafana de l'entrée du parc. Elle quitte le village tous les jours à 7h et 16h30 (5 000 FMG). En dehors de ces heures, la marche à pied et le stop sont les seules possibilités de rallier ces deux points.

Les possibilités d'accès au parc en taxi-brousse depuis la côte est ou Fianarantsoa sont détaillées à *Ranomafana – Comment s'y rendre*, ci-dessus.

AMBALAVAO

Bordant la RN 7 à 56 km au sud de Fianarantsoa, Ambalavao est célèbre pour l'architecture betsileo de ses habitations. Cette ville tranquille et agréable dont le nom signifie "la nouvelle vallée" accueille le mercredi et le jeudi matin un étonnant marché aux zébus, et de nombreux troupeaux convergent vers elle tout au long de l'année. Il est facile de s'y rendre dans la journée depuis Fianar, mais vous pourrez aussi choisir d'y séjourner si vous souhaitez faire une halte en allant vers le Sud. Les *famadihana* ("retournement des morts"), adoptés par les Merina après l'unification de la Grande Île, y sont fréquents. Outre son atelier de fabrication de papier antaimoro, Ambalavao est également réputée pour sa soie raffinée – *lamba arindrano*. Filée à la main, elle sert de vêtement d'apparat ou de linceul. Vous en verrez des exemples à la boutique Nath'océane, à l'entrée de la ville.

Fabrique de papier antaimoro. Point fort de la visite d'Ambalavao, cet atelier artisanal (☎ 75 340 01, ragon@dts.mg ; ouvert tlj 7h30-11h30 et 13h-17h ; entrée gratuite) réserve un bon accueil. Vous y découvrirez toutes les étapes de la fabrication de ce papier, à partir d'une écorce originaire de la côte sud-est de l'île (reportez-vous à l'encadré *Le papier antaimoro*). Vous pouvez acheter sur place papier à lettres, enveloppes et autres objets.

L'atelier se situe dans la partie nord de la ville, à deux pas des taxis-brousse en partance pour Fianar. Des feuilles de papier sèchent au soleil dès le matin.

Le jour de la Fête nationale à Tana

DAVID CURL

Un masque facial joliment arboré à Nosy Be

OLIVIER CIRENDINI

Vendeuse de bananes au pays tanala

OLIVIER CIRENDINI

Une vendeuse de colliers en coquillages sur la plage de Foulpointe

OLIVIER CIRENDINI

Près d'Anstiranana, des pêcheurs remontent leurs filets

Des jeunes filles pilent le maïs dans la région de l'Andringitra

Débarquement de zébus à Hell-Ville, Nosy Be

Où se loger et se restaurer

Aux Bougainvillées *(☎ 75 340 01, ragon@ dts.mg ; doubles avec douche froide/ chaude 70 000/106 000 FMG, plats 15 000-28 000 FMG).* Le seul hôtel réellement digne de ce nom d'Ambalavao se trouve dans l'enceinte de l'atelier de fabrication de papier. Accueillant, il propose des chambres simples mais propres. Celles du bâtiment de droite, plus récentes, sont plus agréables et dotées de l'eau chaude. Le restaurant sert des snacks et des plats sans grande originalité mais corrects : canard au poivre vert, tilapia en sauce, crevettes à l'ail…

Stop-Hôtel *(doubles 25 000 FMG).* Il loue des chambres sommaires dans une annexe située à quelque 400 m du restaurant du même nom, dans la rue principale.

Hôtel Lenôtre. En face du précédent, il loue des chambres similaires.

Comment s'y rendre

Des taxis-brousse relativement fréquents relient Fianarantsoa à Ambalavao (56 km, 7 500 FMG). La ville est également accessible par taxi-brousse depuis les localités situées plus au sud. Les taxis-ville de Fianarantsoa pourront vous y mener pour 125 000 FMG, à négocier.

Parc d'Anjaha. A 7 km d'Ambalavao sur la route de Ranohira, ce petit parc associatif paysan (entrée 25 000 FMG, guide 25 000 FMG) qui se visite en 1 heure 30 environ, abrite plusieurs espèces de lémuriens, d'orchidées et de succulentes. Le guide Adrien, recommandé par des lecteurs et généralement présent à l'hôtel les Bougainvillées, pourra vous y mener.

Pics Ambondrombe et Ifandana

Le pic Ambondrombe dresse ses 1 936 m à 42 km à l'est d'Ambalavao. Surplombant le village d'Ambohimahamasina, ce sommet entouré de nombreux fady revêt une importance toute particulière dans la tradition et le culte des morts betsileo. Selon la croyance, c'est en effet sur ce pic que se retrouvent les âmes des Malgaches après leur mort. Une piste y mène à l'entrée d'Ambalavao.

Autre site de la région d'Ambalavao, le pic Ifandana (1 052 m), est visible depuis la RN 7. Lieu tragique s'il en est, ces falaises furent le théâtre d'un suicide de masse, lorsque les habitants préférèrent se jeter dans le vide plutôt que de se rendre aux troupes de Radama Ier. On raconte que des ossements parsèment encore l'endroit et certains affirment qu'il est tabou de pointer l'index vers la montagne. Vous devrez obtenir la permission préalable des *fokonolona* (conseils municipaux) respectifs d'Ambohimahamasina et d'Ambalavao pour visiter ces sites. Renseignez-vous sur les fady en vigueur et respectez-les lors de votre visite. L'accès à ces deux pics demeure difficile à moins de disposer de son propre véhicule tout-terrain.

La Porte du Sud

Au sud d'Ambalavao, sur le côté ouest de la RN 7, deux sommets jumeaux appelés Varavarana'ny Atsimo ("Porte du Sud") marquent le début du Sud semi-désertique. En forme de grosse molaire, ils demeurent visibles pendant près de 75 km. Plus au sud encore, entre Ambalavao et Ihosy, vous apercevrez un autre imposant monolithe, reconnaissable au vaste amphithéâtre juché à son sommet et à la cascade qui jaillit de la roche sur la façade donnant sur la route.

Le Sud

Au sud d'Ambalavao, la formation géologique appelée "La Porte du Sud" marque un changement de paysage. Tandis que le décor devient plus minéral et aride, la RN 7 quitte les hautes maisons de brique rouge à balcon du pays betsileo pour de petites habitations basses en torchis. Sinuant dans une savane herbeuse surplombée de montagnes coiffées de granite, elle pénètre kilomètre après kilomètre en pays bara. C'est au cœur de cette région semi-désertique que se situent l'exceptionnel massif de l'Isalo et le parc de l'Andringitra.

Plus au sud encore et au-delà du tropique du Capricorne, la pointe méridionale de l'île, parfois appelée "Pays des épines", est la région la plus sèche et la plus sauvage du pays. Elle abrite une flore désertique étonnante, où les baobabs côtoient des *Alluaudia*, des *Didierea*, des aloès, des figuiers de Barbarie – introduits par les Français, ils sont localement appelés *raketa* – et de multiples espèces d'*Euphorbia*. Au sud-est, les abords proches de Taolagnaro (Fort-Dauphin) se caractérisent par un microclimat agréable.

Sur les cinq ethnies qui se partagent le Sud de l'île, trois sont présentes dans les régions sud-ouest et centre-sud. Les Bara, aux environs d'Ihosy et du massif de l'Isalo, se consacrent avant tout à l'élevage de zébus. Au sud de Tuléar, les Mahafaly (prononcer "Mahafal") sont célèbres pour le raffinement décoratif de leurs tombeaux. Les Vezo ("vez") de la côte sud-ouest, pêcheurs nomades, sillonnent la côte sur leurs fines pirogues.

Le Sud-Est abrite deux ethnies. Les Antanosy ("antanouch"), fuyant la domination merina, se sont fixés à l'extrême sud-est de la Grande Île. Les Antandroy – "ceux des épines" – occupent le territoire particulièrement aride de l'ouest de Fort-Dauphin, à mi-chemin entre les côtes occidentale et orientale, où leur principale activité est la production et la vente de charbon de bois.

A ne pas manquer

- Le parc national de l'Andringitra. L'un des plus beaux sites naturels de l'île, il est sillonné d'itinéraires de randonnée.
- Les formations de grès du parc national de l'Isalo, près de Ranohira.
- Les villages d'Ifaty et d'Anakao. De part et d'autre de Tuléar, ils offrent la fraîcheur d'une baignade au bout de la poussiéreuse RN 7.
- Les éprouvantes mais attachantes pistes du Grand Sud, qui traversent d'exceptionnels paysages littoraux.

PARC NATIONAL DE L'ANDRINGITRA ET VALLÉE DU TSARANORO

Avec ses somptueux massifs granitiques, ses vastes paysages ponctués de villages de terre sèche et ses dizaines de kilomètres de sentiers de randonnée, le parc national de l'Andringitra semble prêt à détrôner son illustre voisin, le parc national de l'Isalo. Récemment ouvert au public – cette ancienne "réserve spéciale" a été élevée au rang de

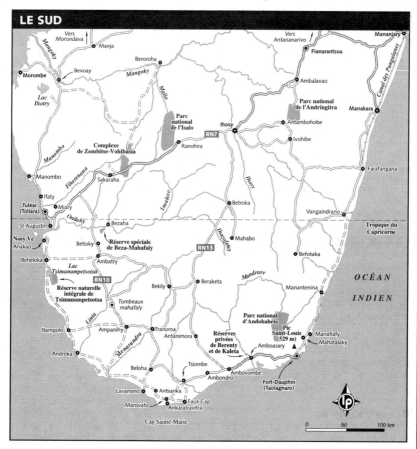

parc national en 1998 grâce aux efforts du WWF –, il étend ses 31 160 ha à une cinquantaine de kilomètres au sud d'Ambalavao, à la limite des pays betsileo et bara.

L'intérêt premier de l'Andringitra réside dans ses superbes paysages minéraux. Ce splendide plateau d'où émergent des dômes de granite est en effet l'un des rares massifs élevés de Madagascar. Plus d'une cinquantaine de kilomètres de sentiers sillonnent cet espace encore peu touché par le tourisme, faisant de l'Andringitra l'un des sites naturels malgaches les plus riches de promesses pour les randonneurs. S'il est le

plus prisé, l'itinéraire qui s'élance vers les 2 658 m du pic Boby, le plus haut sommet accessible de la Grande Île, n'est qu'une illustration des multiples possibilités de randonnée de la région.

Le parc présente également la particularité de s'être développé en même temps que la vallée voisine du Tsaranoro, à laquelle il est relié par plusieurs sentiers de quelques heures de marche. Deux structures privées, dont l'une proposant de nombreuses activités – parapente, escalade, trekking… – se sont installées dans ce site d'exception que garde la haute silhouette du pic du Tsaranoro.

Antandroy, Antanosy et Mahafaly, peuples du Grand Sud

Semi-nomades réputés pour leur courage, les Antandroy ("ceux des épines") constituent le groupe ethnique le plus défavorisé de la Grande Île. Occupant la partie la plus méridionale du pays – l'une des moins accessibles, souvent surnommée "le Pays des épines" en raison de son aridité – entre les territoires mahafaly et antanosy, ils vivent dans un équilibre alimentaire fragile, manquent parfois d'eau durant de longues périodes tant pour eux-mêmes que pour leur bétail et n'ont souvent comme seule ressource que la vente de charbon de bois.

Les Antanosy ("ceux de l'île") sont mieux lotis. En majorité installés dans la région de Fort-Dauphin, où ils se sont réfugiés pour échapper à la domination des Merina des Hauts Plateaux, il en demeure cependant un groupe assez important au nord-est de Tuléar. Profitant de sols plus fertiles que leurs voisins antandroy, ils s'adonnent à la riziculture et à l'élevage.

Si ces deux groupes ethniques du Sud malgache pratiquent un art funéraire ancestral, c'est cependant celui des Mahafaly ("ceux qui font des tabous") qui est le plus caractéristique. Cette ethnie, qui vit de maigres récoltes dans la région aride du sud-est de Tuléar, est célèbre pour ses tombeaux peints et richement décorés de cornes de zébus. Les Antandroy, comme les Mahafaly, ornent leurs sépultures d'*aloalo*, totems sculptés représentant des zébus, des charrettes, des personnages et autres éléments de la vie du défunt.

Un effort a par ailleurs été fait pour intégrer à la conservation des lieux la population agricole des 200 villages qui sont implantés aux abords du parc.

La beauté des lieux et l'accueil des habitants de ces vallées qui n'ont pas encore souffert des effets du tourisme viendront récompenser ceux qui feront le voyage jusqu'à ces sites qui, moins faciles d'accès que le parc de l'Isalo, n'en sont cependant pas moins prêts à recevoir les visiteurs.

Renseignements

L'entrée principale du parc est située près du village d'Antanifotsy, à une quarantaine de kilomètres de piste au sud d'Ambalavao. Il existe une entrée moins fréquentée, accessible par la piste menant à la vallée du Tsaranoro, au village de Morarano. A l'heure où nous écrivons ces lignes, le parc est géré en collaboration par le WWF et l'Angap. Cette dernière devrait en assurer la gestion seule à partir de 2004.

Vous trouverez des guides à l'entrée du parc et au gîte du WWF de la vallée de Namoly, distant de quelques kilomètres (reportez-vous à la carte). Pour tous renseignements, adressez-vous au gîte du WWF ou contactez le bureau de cet organisme à Ambalavao (☎ 75 340 81, 75 340 88).

La vallée du Tsaranoro se profile pour sa part au terme d'une vingtaine de kilomètres de piste praticable en 4x4 uniquement. Elle quitte la RN 7 au niveau du village d'Antanambao, à 37 km au sud d'Ambalavao, aux pieds de la "Porte du Sud". Reportez-vous plus bas à la rubrique *Où se loger et se restaurer* pour plus d'informations pratiques sur la vallée.

L'altitude du parc varie entre 720 et 2 658 m. Le parc présente un climat tropical d'altitude, avec des températures oscillant entre -7°C la nuit de juin à juillet et +25°C la journée en décembre et janvier (prévoyez un vêtement chaud en toute saison). Les mois de janvier et février sont les plus arrosés. Le parc est officiellement fermé durant ces deux mois, mais des visites peuvent éventuellement être organisées. Dans la vallée du Tsaranoro, Camp Catta ouvre de mi-mars à mi-décembre et Tsara Camp de mai à octobre.

Faune et flore

Des forêts humides à l'est aux plaines d'altitude à l'ouest, le parc national de l'Andringitra présente une grande variété d'écosystèmes. Quinze espèces de lémuriens y ont été recensées. Elles sont généralement difficiles à observer, car leur habitat

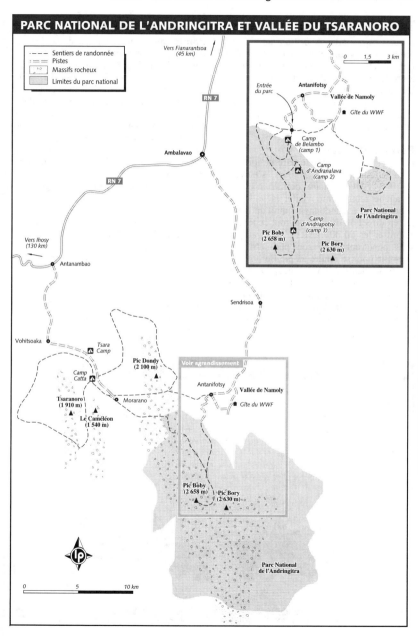

PARC NATIONAL DE L'ANDRINGITRA ET VALLÉE DU TSARANORO

- - - - Sentiers de randonnée
= = = = Pistes
Massifs rocheux
Limites du parc national

Vers Fianarantsoa
(45 km)

RN 7

Ambalavao

RN 7

Vers Ihosy
(130 km)

Antanambao

Sendrisoa

Vohitsoaka

Tsara
Camp

Pic Dondy
(2 100 m)

Camp
Catta

Antanifotsy

Vallée de Namoly

■ *Gîte du WWF*

Tsaranoro
(1 910 m)

Morarano

Le Caméléon
(1 540 m)

Voir agrandissement

Pic Boby
(2 658 m)

Pic Bory
(2 630 m)

Parc National
de l'Andringitra

0   5   10 km

Entrée
du parc

Antanifotsy

Vallée de Namoly

■ *Gîte du WWF*

Camp
de Belambo
(camp 1)

Camp
d'Andranalava
(camp 2)

Parc National
de l'Andringitra

Camp
d'Andriapotsy
(camp 3)

Pic Boby
(2 658 m)

Pic Bory
(2 630 m)

0   1,5   3 km

LE SUD

se cantonne à des régions éloignées de la zone ouverte au tourisme. Un écotype de *Lemur Catta* adapté à l'altitude a été observé sur les contreforts du pic Boby. Des Lemur catta sont également présents dans les petits périmètres de forêt sèche de la vallée du Tsaranoro.

L'abondante flore du parc compte une trentaine de variétés d'orchidées, qui fleurissent en février et mars.

Permis et guides

Le droit d'entrée dans le parc national de l'Andringitra, valable 3 jours, s'élève à 50 000 FMG. Aucun permis n'est en revanche requis pour visiter la vallée du Tsaranoro. Les randonneurs quittant la vallée en direction du parc devront cependant acquitter les 50 000 FMG d'accès au parc s'ils pénètrent dans son périmètre, par exemple pour se rendre au pic Boby.

Les guides du WWF-Angap proposent des circuits de 15 000 à 45 000 FMG selon leur durée et la qualification du guide. Camp Catta organise des randonnées à partir de 25 000/50 000 FMG la demi-journée/journée. Les itinéraires sont détaillés ci-dessous.

Découverte des massifs de l'Andringitra et du Tsaranoro

Randonnée. Quatre circuits de randonnée ont été aménagés au départ de l'entrée du parc de l'Andringitra. Le plus court, le circuit Asaramanitra (3 heures, 15 000-25 000 FMG selon la qualification du guide) fait une petite boucle à la frontière nord du parc, en passant par le camp de Belambo. Le circuit Diavolana (7 heures, 25 000-35 000 FMG) décrit une boucle plus large dans le même secteur. Le troisième itinéraire trace son chemin vers l'est et une petite portion de forêt humide (20 000-30 000 FMG). Enfin, le circuit du pic Boby se dirige plein sud vers le plus haut sommet accessible de Madagascar (le point culminant de l'île, le Mamokotro, qui dresse ses 2 876 m dans le massif du Tsaratanana, près de Diégo-Suarez, est difficilement accessible). Grâce aux efforts des pisteurs du parc, l'ascension de ses 2 658 m est rendue possible pour tout le monde, à condition d'être motivé et en bonne condition physique. L'itinéraire le plus direct demande une douzaine d'heures. Il est donc préférable de consacrer un minimum de deux jours à cette randonnée, en faisant étape dans l'un des camps qui jalonnent

Le zébu

Symbole malgache au même titre que le lémurien, le caméléon et le ravinala, le zébu symbolise la richesse et la puissance. On l'offre en dot, on l'utilise comme moyen de transport et on le sacrifie lors de grandes cérémonies. Moins recherchés pour leur lait et leur viande, les zébus sont élevés dans de vastes troupeaux par les Mahafaly et les Bara.

Semblable au bétail domestique que l'on observe couramment en Inde, le zébu se reconnaît à la grosse bosse qu'il présente sur le garrot et à sa peau flasque sous le collier. Accroissant la surface de sa peau, elles lui garantissent une meilleure régulation de la température. Le zébu est connu pour sa hardiesse et sa résistance aux maladies qui affectent d'autres types de bétail.

RINI KEAGY

le trajet. Les guides du WWF-Angap demandent 35 000 ou 45 000 FMG par jour pour ce circuit. Les services d'un porteur reviennent à 30 000 FMG par jour.

Le Camp Catta organise également un grand nombre de randonnées depuis la vallée voisine du Tsaranoro. Outre les balades d'une demi-journée ou d'une journée (25 000/50 000 FMG) autour du camp, plusieurs treks s'élancent vers les massifs des environs, le parc national et le pic Boby (6 heures de marche séparent le Camp Catta du gîte WWF de Namoly). Parmi les nombreux itinéraires proposés, citons le tour du pic Dondy (2 jours et 1 nuit), l'ascension du pic Boby (3 jours et 2 nuits au minimum) ou encore une boucle de 4 jours passant par le sud du pic Dondy, le gîte du WWF, le camp d'Andriapotsy, le pic Boby et retour.

Les treks depuis le Camp Catta sont proposés au tarif de 240 000 FMG par jour et par personne hors des limites du parc national et 330 000 FMG par jour et par personne dès qu'ils pénètrent dans le périmètre du parc. Ces tarifs incluent le bivouac.

Autres activités. L'équipe de Camp Catta offre des possibilités de sports d'aventure quasi uniques à Madagascar. Une trentaine de voies d'**escalade** ont été ouvertes dans le massif du Tsaranoro. Adaptées aux débutants comme aux grimpeurs confirmés, elles s'échelonnent du niveau 3 au niveau 8b. Les parcours d'initiation reviennent à 50 000/100 000 FMG la demi-journée/journée. Les grimpeurs aguerris pourront pointer leurs chaussons vers le Tsaranoro (100 000 FMG) ou le pic Dondy (300 000 FMG).

Les paysages spectaculaires et le large fond de vallée du Tsaranoro se prêtent également au **parapente**. Camp Catta dispose de deux voiles avec parachute de secours en location, au prix de 100 000-150 000 FMG le vol. Les pistes de la vallée, enfin, sont l'occasion de belles randonnées à **VTT** (30 000/50 000 FMG la demi-journée/journée).

Une assurance personnelle et une décharge de responsabilité sont requis pour pratiquer ces activités.

Où se loger et se restaurer

Parc national de l'Andringitra. Camping *(15 000 FMG par tente)*. Quatre emplacements de camping ont été aménagés par le WWF. Le premier, autour du gîte de la vallée de Namoly, permet de bénéficier des installations de ce dernier. Les trois autres sont répartis dans le parc le long du sentier menant au pic Boby. Le camping est rigoureusement interdit hors de ces emplacements.

Gîte du WWF *(contact BLU* via *le bureau du WWF d'Ambalavao,* ☎ *75 340 81, 75 340 88 ; lit 30 000 FMG, double 60 000 FMG, triple 90 000 FMG)*. Cette belle maison betsileo qui se dresse au cœur des exceptionnels paysages de la vallée de Namoly n'a rien à envier à nombre d'hôtels de même tarif. Aussi confortable qu'un gîte peut l'être, elle dispose de sanitaires communs avec eau chaude solaire, d'un agréable coin salon avec cheminée et de chambres (une double et une triple) et dortoirs au confort simple mais particulièrement propres. Les chambres étant proposées au même prix que les dortoirs, les premiers arrivés sont les premiers servis.

Il n'existe ni possibilité de restauration ni épicerie sur place. Vous devrez donc prévoir votre ravitaillement et votre eau de boisson. Les femmes des villages voisins pourront cuisiner pour vous les produits que vous aurez apportés contre une petite rétribution. L'accueillante gardienne du gîte pourra vous aider à organiser votre séjour.

Vallée du Tsaranoro. Camp Catta *(contact BLU avec l'hôtel Cotsoyannis de Fianarantsoa* ☎ *75 505 68, fax 75 514 86, campcatta@dts.mg, campcatta@malagasy. com, www.campcatta.com ; camping 15 000-20 000 FMG selon la saison avec son propre matériel, 40 000 FMG par personne avec celui du camp, bungalows doubles avec s.d.b. commune 160 000-180 000 FMG selon la saison, pension complète facultative 170 000/220 000 FMG par personne sous tente/en bungalow en haute saison)*. Au pied du massif du Tsaranoro et de ses coulées jaunes, ce camp accueillant, respectueux de l'environnement et des traditions locales et parfaitement intégré dans l'environnement s'adapte à tous les budgets.

Les Bara

Les Bara, dont l'étymologie du nom – vraisemblablement d'origine bantoue – reste méconnue, constituent l'élément le plus africain de la mosaïque ethnique malgache. L'évocation de ce peuple d'éleveurs, dont la silhouette longiligne est souvent accompagnée d'une longue sagaie, est indissociable de la principale valeur culturelle bara : le zébu. Semi-nomades, les pasteurs bara évoluent dans la vaste région comprise entre Ihosy et Sakaraha, conduisant leurs immenses troupeaux en quête de pâturages. Autre caractéristique de cette ethnie, le vol de zébu est érigé au rang de tradition, les jeunes hommes prouvant ainsi leur bravoure avant de prétendre au mariage. Il arrive même que la migration des troupeaux, qui remontent depuis les abords de Fort-Dauphin jusqu'au marché d'Ambalavao, soient escortés par l'armée. Précisons que l'enjeu est de taille : le prix d'un zébu s'échelonne entre 700 000 et 1 million de francs malgaches environ.

Ceux dont les cordons de la bourse sont les plus serrés peuvent y planter leur tente sous des abris en falafa aménagés ou louer celles proposées sur place. Les autres pourront opter pour les jolis petits bungalows en terre sèche (possibilité d'un 3e lit sur la mezzanine pour 50 000-60 000 FMG supplémentaires). Dans un cas comme dans l'autre, vous bénéficierez de sanitaires communs et pourrez vous doucher à l'aide de sceaux d'eau chauffée à l'énergie solaire. Des repas et snacks sont proposés sur place mais il est également possible de faire sa cuisine soi-même, à condition d'avoir prévu son ravitaillement. Rares sont les visiteurs qui ne reviennent pas ravis de leur séjour dans ce camp agréable, qui est devenu en quelques années le rendez-vous des adeptes de sports-aventure de la Grande Île.

Tsara Camp (contact BLU avec Boogie Pilgrim, ☎ 22 258 78, fax 22 625 56, bopi@dts.mg, www.madagascar-contacts.com/boogie ; pension complète

360 000 FMG par personne). A 2,5 km du Camp Catta, ce camp créé par l'agence Boogie Pilgrim joue la carte des grands campements africains au point d'avoir un air d'Out of Africa malgache. L'accueil de ce camping de luxe est des plus chaleureux et ses grandes tentes qui dissimulent un mobilier en palissandre proposent un confort inattendu dans cette vallée reculée. Les tarifs de cette structure avant tout fréquentée par la clientèle des tour-opérateurs, ne sont cependant guère adaptées au budget des voyageurs individuels. La restauration mise sur la découverte de saveurs malgaches méconnues.

Comment s'y rendre

Parc national de l'Andringitra. Le parc s'étend à 40 km d'Ambalavao par une piste praticable en voiture légère à certaines époques de l'année (renseignez-vous à l'avance). Un 4x4 est cependant préférable. Ce cordon de latérite traversant de superbes paysages minéraux est ponctué de plusieurs péages que vous devrez acquitter si vous vous rendez au parc avec votre propre véhicule (environ 9 000 FMG au total).

Un taxi-brousse assure tous les jours la liaison entre Ambalavao et le village de Sendrisoa pour 7 500 FMG. Il peut continuer sur demande jusqu'au gîte de Namoly. Cette seconde portion de parcours revient théoriquement à 7 500 FMG supplémentaires, mais attendez vous à payer un tarif supérieur (à négocier) s'il y a peu de voyageurs souhaitant se rendre au parc.

Aucun véhicule n'est basé à l'entrée du parc ou au gîte du WWF à l'heure où nous écrivons ces lignes. Vous devrez donc vous arranger à l'avance pour qu'on vienne vous rechercher ou marcher jusqu'à Sendrisoa si vous ne disposez pas d'un véhicule.

Vallée du Tsaranoro. La mauvaise piste qui rejoint la vallée du Tsaranoro sur une vingtaine de kilomètres depuis la RN 7 est réservée aux véhicules 4x4. Méfiez-vous particulièrement des ponts de bois.

L'option la moins chère pour rejoindre le Camp Catta consiste à prendre un taxi-brousse d'Ambalavao à Vohitsoaka et d'effectuer à pied les 10 km restants (l'équipe de

Camp Catta peut se charger d'emmener vos sacs). Il est cependant plus simple (et sans nul doute moins fatigant !) de prendre un taxi-brousse de Fianarantsoa à Antanambao, sur la RN 7 (12 000 FMG), où un 4x4 du camp peut venir vous chercher moyennant 60 000 FMG par personne. Le transfert direct depuis l'hôtel Cotsoyannis de Fianarantsoa, enfin, revient à 150 000 FMG par personne.

Les hôtes du Tsara Camp rejoignent presque invariablement le campement dans le cadre d'un circuit organisé. Les tarifs, dans tous les cas, incluent au minimum le transfert depuis la RN 7.

D'Ambalavao à Ihosy (150 km)

La Société nationale de travaux publics malgache (SNTP), qui a refait la RN 7 entre Ankaramena et Ihosy a fait du bon travail : vous ne verrez quasiment nulle part ailleurs sur l'île un tel ruban de bitume. Ce trajet sans difficulté se termine par une très longue ligne droite à travers une savane herbeuse jusqu'à Ihosy.

IHOSY

La paisible et somnolente Ihosy (prononcez "iouch") tient lieu de "capitale" au pays bara, ethnie dont le nom est indissociable du zébu. Un véritable culte est en effet voué aux ruminants par les membres de ce groupe ethnique considéré comme l'un des plus "africains" de la Grande Île.

Si Ihosy n'offre pas grand intérêt en soi, sa position géographique à la jonction des routes vers Tuléar et Fort-Dauphin en fait le point de passage obligé de nombreux voyageurs. La ville offre peu de possibilités d'hébergement.

Renseignements

La BTM-BOA, à côté du marché, assure un service de change. La poste est installée à proximité du tribunal, non loin du stationnement des taxis-brousse. L'électricité ne fonctionne à Ihosy que de 17h30 à 24h.

Où se loger et se restaurer

Hôtel Ravaka *(doubles avec s.d.b. commune 30 000 FMG)*. Un peu à l'écart du centre, l'hôtel Ravaka est le moins cher d'Ihosy. Il dispose de chambres et de bungalows rudi-mentaires répartis autour une cour. Douche et toilettes sont peu reluisantes.

Hôtel Nirina *(doubles s.d.b. commune 50 000 FMG)*. Mitoyen du stationnement des taxis-brousse, ce petit établissement abrite des doubles décentes et raisonnablement propres. Vous devrez vous contenter de baquets d'eau pour prendre une douche mais pourrez vous y reposer à petit prix entre deux taxis-brousse. Le restaurant sert des plats acceptables et bon marché.

Zahamotel *(☎ 83 par le 15 ; doubles avec s.d.b. 90 000 FMG)*. A 2 km à l'ouest du stationnement des taxis-brousse, le Zahamotel propose des chambres souffrant de manque d'entretien mais dotées de sanitaires. Les tarifs sont excessifs pour la prestation proposée.

Relais Bara *(doubles avec s.d.b. 70 000-125 000 FMG)*. Le Relais Bara dispose de deux types de chambres réparties autour d'une cour ombragée. Les moins chères sont peu accueillantes et un peu surévaluées. Les plus chères (et plus récentes) offrent l'hébergement le plus agréable et le plus confortable de la ville avec des s.d.b. impeccables équipée d'eau chaude.

De nombreux **hotely** préparent des plats malgaches bon marché à proximité du stationnement des taxis-brousse.

Comment s'y rendre

Ihosy est l'un des principaux carrefours routiers du Sud malgache. Des véhicules réguliers la relient à Tana (60 000 FMG) et à Fianarantsoa (3 heures 30, 25 000 FMG). Vers le sud, comptez de 20 000 à 25 000 FMG selon le véhicule pour Ranohira et 40 000 FMG pour Tuléar (5 heures).

Le trajet en bus Tata vers Fort-Dauphin est une autre affaire, tant la piste est exécrable (voir plus bas). Les départs ont théoriquement lieu les lundis, mardis et mercredis (2,5 jours environ, 125 000 FMG).

D'Ihosy à Fort-Dauphin (492 km)

L'un de ces calvaires routiers dont Madagascar a le secret commence 14 km au sud d'Ihosy, lorsque la RN 13 quitte la RN 7 pour se diriger vers Fort-Dauphin. Son épuisant parcours de près de 500 km la fait traverser le pays bara puis faire une incursion en terre antandroy, avant de rejoindre le territoire antanosy.

Les camions-brousse qui s'aventurent sur cette piste, particulièrement mauvaise (un voyageur l'a comparée à un torrent de boue solidifiée !) et souvent impraticable en saison des pluies, font généralement escale à Betroka (118 km d'Ihosy) ou Beraketa (243 km).

A Beraketa, l'**Hôtel d'Ampanandava – Le Village des minéraux** *(réservation* via *Julia Voyages à Antananarivo,* ☎ *22 268 74, simples avec s.d.b. 150 000 FMG, doubles avec s.d.b. ventilées/climatisées 200 000/250 000 FMG)* est confortable et doté d'une piscine et d'un restaurant, mais un peu cher pour la prestation proposée. Il n'est pas nécessaire de réserver vu le faible passage le long de cette piste. L'hôtel doit son nom de Village des minéraux aux mines de mica d'Ampanandava, à une dizaine de kilomètres de Betroka.

La route qui sépare Betroka de Beraketa, particulièrement mauvaise, donne du fil à retordre à tous les véhicules, 4x4 compris. Elle s'améliore légèrement entre Beraketa et Ambovombe, où le bitume fait une apparition inespérée. Les derniers 110 km, entre Ambovombe et Fort-Dauphin, sont la seule portion goudronnée de cet itinéraire.

S'il procure peu de plaisir en camion-brousse (les arrêts rares et l'inconfort du voyage empêchent d'apprécier le paysage et on n'a rapidement plus qu'une seule envie : arriver !), ce trajet ne manque pas d'intérêt en 4x4.

D'Ihosy à Ranohira (91 km)
Une longue piste de tôle ondulée – relativement inconfortable en taxi-brousse – commence à une dizaine de kilomètres au sud d'Ihosy. Elle traverse un terrain plat duquel émerge le massif de l'Isalo et s'améliore peu avant Ranohira. Un trajet sans difficulté.

RANOHIRA
Ranohira – "l'eau des lémuriens" – ne devait sa notoriété qu'aux impressionnantes formations de grès du massif de l'Isalo jusqu'à la découverte d'un gisement de saphir au sud de la ville, fin 1998. La nouvelle s'est répandue comme une traînée de poudre et la ville n'a pas tardé à voir affluer une foule cosmopolite, aux regards dirigés plus volontiers vers le sol que vers les hauteurs ! Ranohira a laissé dans l'aventure une part de son charme, mais reste le point d'ancrage des visiteurs venus découvrir le parc national de l'Isalo. La bourgade abrite en effet le bureau du parc et les divers sites à visiter se trouvent de part et d'autre de la localité.

Renseignements
La fébrilité touristique engendrée par l'éclipse totale de soleil du 21 juin 2001 a eu des répercussions surprenantes dans le Sud malgache. Son effet néfaste sur Ranohira a été l'apparition de quelques hôtels qui comptent parmi les plus disgracieux de l'île ; son principal bienfait, l'installation du téléphone. La majorité des hôtels sont maintenant raccordés au réseau téléphonique et une cabine à carte a fait son apparition dans le centre, entre les hôtels Chez Berny et l'Orchidée de l'Isalo. L'alimentation électrique de Ranohira, pour sa part, se limite toujours à la tranche horaire comprise entre 18h et 24h. Vous trouverez un bureau de poste mais pas de banque. Le bureau de l'Angap est situé à l'entrée du parc (voir plus loin), au cœur du village.

Où se loger et se restaurer – petits budgets
Campings. Momo Trek *(voir* Hôtels, *ci-dessous ; 5 000 FMG par personne avec tente, 25 000 FMG pour 2 personnes en utilisant le matériel de l'hôtel).* Cette structure pour les voyageurs à petit budget propose des emplacements sans charme réel mais situés à quelques centaines de mètres seulement de l'entrée du parc. Vous pourrez utiliser les sanitaires communs.

L'Isalo Ranch *(voir* Où se loger – catégories moyenne et supérieure *; emplacements 7 500 FMG).* Ce très joli site situé à 4 km au sud de Ranohira, en bordure de la RN 7 est ouvert aux campeurs, qui pourront utiliser les sanitaires et l'eau chaude solaire. L'établissement dispose de quelques tentes en location.

Le soleil malade

21 juin 2001, 16h40. Pour la première fois au XXIe siècle, les astres offrent deux minutes et demi d'un spectacle exceptionnel : celui d'une éclipse totale de soleil. Visible à 100% dans une large portion sud de Madagascar, le phénomène a été médiatisé plusieurs mois à l'avance. Le président Ratsiraka s'est lui-même impliqué dans le marketing de l'événement et de nombreux artistes, dont Patrick Bruel, sont prêts à en assurer l'animation. L'éclipse de 2001 laissera pourtant, à plus d'un titre, le souvenir d'un "soleil noir"…

Première cause de cette relative déconvenue, la mauvaise préparation de l'information donnée à la population malgache. Les mises en gardes officielles ont en effet été parfois si alarmistes que de nombreux Malgaches ont préféré fuir le phénomène en se cachant dans leurs maisons dont ils avaient calfeutré portes et fenêtres. Les églises ont également participé à cette ambiance de fin du monde : dans certaines villes, les cloches ont sonné quelques minutes avant le début de l'éclipse, donnant le signal de la débandade. Si ces initiatives un peu désordonnées relevaient d'une louable intention – protéger la population malgache des maladies oculaires que peuvent provoquer l'observation d'une éclipse de soleil – les opérations de santé mises en place pour l'occasion ont également prouvé leurs lacunes : les lunettes de protection "officielles", vendues 2 500 FMG, sont souvent arrivées trop tard dans les villages pour être distribuées…

La préparation touristique de l'événement a elle aussi récolté quelques mauvaises notes. La hausse brutale des tarifs aériens, notamment, a découragé de nombreux visiteurs. Sur les 20 000 personnes attendues, seules 4 000 environ sont venues admirer le "soleil noir" sur la terre malgache. Certains, qui avaient réservé longtemps à l'avance, ont annulé en constatant la forte hausse des billets d'avion. Dans l'improvisation générale – on raconte que des officiels auraient demandé sans rire s'il était possible de retarder l'événement pour avoir le temps de mieux s'y préparer – nombre d'hôtels et de villages de tentes ne sont sortis de terre qu'à la veille de l'éclipse. Quelques jours plus tard, ils étaient déjà des hôtels fantômes, prêts à accueillir des visiteurs qui n'étaient pas venus ou étaient déjà repartis !

Les villageois pensaient naguère que le soleil était malade lorsque la lune venait l'éclipser. En juin 2001, ce furent plutôt les organisateurs de l'événement qui semblaient en petite forme… Espérons que la prochaine éclipse totale de soleil visible à Madagascar – en 2095 ! – profitera d'une meilleure organisation. Espérons également que le spectacle sera aussi beau : le duo formé le 21 juin 2001 par le soleil et la lune au-dessus du plateau de l'Horombe était en effet exceptionnel de beauté.

Campings du parc national *(renseignements au bureau de l'Angap ; 25 000 FMG par tente de 2 personnes)*. L'Angap a aménagé 4 terrains de camping, avant tout fréquentés par les randonneurs, aux environs de Ranohira et dans le massif. Ils se trouvent respectivement aux abords de la piscine naturelle, du canyon des Makis, de la cascade des Nymphes et du centre d'interprétation, situé à 9 km au sud de Ranohira. Celui du canyon des Makis est le moins bien aménagé. Ces sites étant menacés par la pollution, évitez de laisser des détritus derrière vous.

Si vous effectuez une longue randonnée, vous pourrez bivouaquer dans le massif à condition d'obtenir l'autorisation préalable de l'Angap.

Hôtels. Momo Trek *(☎ 75 801 77 ; bungalows doubles/triples s.d.b. commune 46 000/61 000 FMG)*. A 100 m du bureau de l'Angap, Momo Trek propose des bungalows en terre sèche au confort simple dans un site qui laisse un peu à désirer. Les sanitaires communs sont alimentés en eau froide mais vous pourrez demander à ce qu'on vous fasse chauffer de l'eau. Le propriétaire, qui travaille à l'Angap, pourra vous aider à organiser vos randonnées.

Chez Berny *(☎ 75 801 76 ; doubles s.d.b. commune/avec s.d.b. 46 000-51 000/80 000 FMG, plats 10 000-20 000 FMG).* Au centre du village, Chez Berny abrite des chambres correctes dont les sanitaires extérieurs sont équipés de chauffe-eau solaires. Les chambres les plus chères, dans un bâtiment en pierre neuf, étaient encore en travaux lors de notre passage. Équipées de s.d.b. et de toilettes, elles offrent un bon rapport qualité/prix.

Où se loger et se restaurer – catégories moyenne et supérieure

L'affluence dépassant parfois la capacité hôtelière de la bourgade – notamment depuis la découverte de saphirs à quelques dizaines de kilomètres au sud –, il est sage de réserver à certaines périodes de l'année.

L'Orchidée de l'Isalo *(☎ 75 801 78 ; doubles avec s.d.b. et eau froide/chaude 71 000/91 000-171 000 FMG, plats 12 500-15 000 FMG).* Saphirs et éclipse aidant, l'hôtel le plus animé de Ranohira n'a cessé de s'agrandir au cours des dernières années et compte maintenant 3 bâtiments. Les chambres les plus chères, particulièrement confortables, sont aussi les plus récentes et les plus vastes. Les autres restent très correctes pour le prix. Le restaurant mise sur les spécialités chinoises.

Les trois adresses suivantes sont situées à l'extérieur du village, ce qui est loin d'être un mauvais choix.

L'Isalo Ranch *(bungalows doubles/triples s.d.b. commune 70 000/80 000 FMG, bungalows triples/quadruples avec s.d.b. 100 000/110 000 FMG, menu 33 000 FMG, plats 18 000 FMG environ).* Cette adresse parfaitement intégrée dans l'environnement, à 4 km au sud de la ville, est idéale pour apprécier à sa juste valeur le cadre naturel de l'Isalo. Les bungalows de terre sèche offrent un confort simple mais ne manquent pas de charme, et des bornes solaires efficaces distribuent de l'eau chaude. Le restaurant – dont la grande salle est décorée de photographies signées Pierrot Men, frère du propriétaire – pourrait en revanche s'amé-

liorer. Une navette quitte l'hôtel à 7h30 pour Ranohira et l'entrée du parc.

Le Joyau de l'Isalo *(☎ 75 801 83, fax 75 801 84 ; doubles avec s.d.b. 200 000 FMG, plats 17 000-25 000 FMG).* Cet hôtel bâti pour l'éclipse est un peu impersonnel mais ses chambres sont confortables, quoiqu'un peu chères. Vous le trouverez à 2 km au sud de Ranohira en bordure de la RN 7.

Le Relais de la Reine *(contact et réservations via l'agence MDA à Antananarivo, ☎ 22 351 65, fax 22 351 67, mada@dts.mg ; doubles avec s.d.b. 49, 60 et 67 €, menu 9 €).* A 15 km au sud de Ranohira, le Relais de la Reine figure parmi les adresses les plus luxueuses du Sud malgache. Ses 30 chambres en pierre, parfaitement intégrées dans un site superbe et très confortables, se divisent en trois catégories : le tarif intermédiaire est celui des chambres "standard", le plus élevé correspond aux deux chambres "luxe", le moins cher à celles situées dans le centre équestre. Ces dernières ne sont louées que lorsque les autres sont occupées. Établissement de charme, le Relais de la Reine dispose d'une piscine dont la seule vue est déjà un rafraîchissement et d'une belle salle de restaurant (à la carte le midi, menu le soir). L'hôtel se double d'un centre équestre. Baptisé Les Rênes de l'Isalo, il propose des promenades à cheval dans le massif au tarif de 15 € l'heure. Le Relais de la Reine pourra enfin vous procurer un 4x4 et un chauffeur pour découvrir le parc national. Les cartes de crédit ne sont pas acceptées.

Comment s'y rendre

Ranohira et l'Isalo doivent à leur position sur la RN 7 d'être bien desservis depuis le Nord et le Sud. Le village est relié par des taxis-brousse réguliers à Tuléar, Fianarantsoa (6 heures, 40 000 FMG) et Ihosy (deux ou trois taxis-brousse quotidiens).

Quitter le village par ce mode de transport pose davantage problème : les véhicules circulant sur la RN 7 étant presque toujours complets lorsqu'ils arrivent à Ranohira, vous risquez en effet d'avoir du mal à trouver une place. Vous devrez donc vous armer de patience ou rejoindre le stationnement des taxis-brousse d'Ilakaka, 25 km plus au sud (comptez 7 500 FMG par personne en taxi 4L ou 50 000 FMG pour un "spécial"). Dans un cas comme dans l'autre, mieux vaut se tenir au bord de la route le matin et éviter Ilakaka une fois la nuit tombée.

PARC NATIONAL DE L'ISALO

Ouvert en 1962, le parc national de l'Isalo (prononcez "ichal") occupe les 81 540 ha du massif de grès jurassique érodé du même nom, qui s'étend sur 180 km de long et une moyenne de 25 km de large. Ses étonnantes formations de grès, parfois teintées d'ocre et de vert par les lichens accrochés à la paroi, qui émergent d'une savane herbeuse une longue barre dorée, expliquent sa popularité.

Si la beauté du site reste immuable, la politique touristique du premier parc de Madagascar par le nombre de visiteurs a évolué au cours des dernières années. Depuis que l'Isalo a connu les feux de l'actualité par la proximité de la mine de saphirs d'Ilakaka puis par l'éclipse de 2001 (la ligne de vision maximale passait par le parc), les opérateurs touristiques semblent bien décidé à tirer le meilleur profit possible des nombreux visiteurs qui se pressent aux portes du parc.

L'Isalo comporte naturellement son lot de *fady* (tabous). Ses massifs de grès abritent notamment une multitude d'anciennes tombes sakalava, que les guides rechignent souvent à approcher. L'une des traditions locales consiste à poser une pierre sur un monticule afin d'apaiser les ancêtres qui gardent les chemins.

L'Isalo étant indissociable du village de Ranohira – les sites à visiter sont disséminés de part et d'autre de cette bourgade, qui abrite le bureau du parc –, les possibilités d'hébergement et de restauration du parc, ainsi que les moyens de s'y rendre, sont traités à la rubrique *Ranohira*, ci-dessus.

Faune et flore

Si la vie animale ne représente pas l'attrait premier du parc, on peut toutefois observer quelques groupes de lémuriens et d'autres espèces. Les prosimiens sont représentés par le maki brun, le microcèbe gris, le propithèque de Verreaux et deux espèces nocturnes – le mirza de Coquerel et le lépilémur

mustélien – très rarement visibles. On dénombre également 55 espèces d'oiseaux, dont une variété de merle de roche, de couleur brun orangé, endémique à l'Isalo.

La plupart des zones de végétation sont couvertes d'herbages secs ou d'arbres épars à feuilles caduques. Aux abords des cours d'eau et au creux des canyons les plus profonds, vous découvrirez des fougères, des pandanus et des palmiers duveteux. Au sol, dans les secteurs les plus arides, tâchez de repérer le merveilleux *Pachypodium rosulatum* à fleurs jaunes, d'une éclatante beauté en septembre et en octobre. Souvent surnommée "pied d'éléphant", cette plante bombée de couleur grise évoque par sa forme un baobab miniature.

Le feu est une préoccupation majeure dans l'Isalo et de vastes étendues subissent chaque année des incendies intentionnels ou accidentels. L'environnement local souffre par ailleurs des méfaits du braconnage et de la chasse.

Un centre d'interprétation, gratuit, est installé en bordure de la RN 7 à Zahavola, à environ 7 km au sud de Ranohira.

Permis et guides

Les permis (50 000 FMG, valables 3 jours) s'achètent au bureau de l'Angap de Ranohira. Plus de 60 guides regroupés en corporation se partagent les visiteurs de l'Isalo. Alors que la majorité des parcs appliquent des tarifs différents selon la qualification de l'accompagnateur, ils sont les mêmes dans l'Isalo pour les guides stagiaires et les guides confirmés. Vous devrez consulter le panneau illustré de photographies présentant chaque guide pour savoir à qui vous avez affaire.

Les tarifs sont affichés à l'extérieur du bureau : 50 000 FMG pour la piscine naturelle (à pied ou avec un préacheminement en voiture) ou la cascade des Nymphes ; 60 000 FMG pour le canyon des Makis (75 000 FMG avec préacheminement en voiture) ; 75 000 FMG pour le circuit Malaso (en bus 4x4). Pour 125 000 FMG, un véhicule vous conduira à l'entrée du canyon des Makis, d'où un guide vous emmènera à pied jusqu'à la piscine naturelle, avant de revenir à votre point de départ (circuit d'une journée).

PARC NATIONAL DE L'ISALO

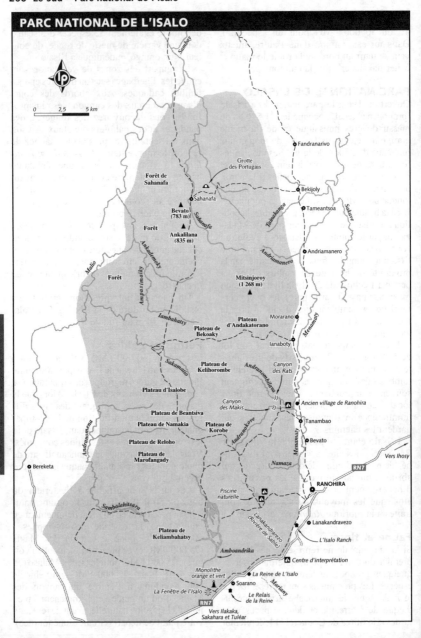

Les treks de 2 ou 3 jours reviennent à 60 000 FMG par jour pour le guide et 30 000 FMG par jour pour un éventuel porteur ; ceux de 4 jours et plus à 75 000 FMG par jour pour le guide et 40 000 FMG par porteur.

Ces tarifs, non négociables, sont valables jusqu'à 4 personnes et s'ajoutent au droit d'entrée. Les itinéraires sont détaillés ci-dessous.

Découverte de l'Isalo

Trois solutions s'offrent à vous pour découvrir l'Isalo : à pied, à pied avec un préacheminement en voiture jusqu'aux abords des sites, et en 4x4. Les principales curiosités du massif sont les suivantes :

Le **canyon des Makis** (ou canyon des Singes) est l'un des sites les plus visités de l'Isalo. On y accède par une piste qui quitte la RN 7 pour se diriger vers le nord-est et l'impressionnant rempart de grès du massif, à environ 2 km au nord de Ranohira. Praticable en 4x4, elle court sur 17 km jusqu'au début du sentier de 3 km qui s'engage dans la végétation pour rejoindre le canyon et ses lémuriens (comptez 3 heures). Sans véhicule, vous devrez parcourir 9 km à pied depuis Ranohira en plus des 3 heures de visite. Dans ce cas, vous pouvez choisir de bivouaquer sur place et d'avoir ainsi largement le temps d'explorer le secteur (un camping est installé à proximité). Observer les groupes de propithèques de Verreaux, makis catta et makis bruns disséminés dans la végétation qui borde les abords du canyon est le principal intérêt du lieu. On peut ensuite remonter le canyon le long du cours d'eau – itinéraire rendu un peu malaisé par les blocs rocheux – pour apercevoir la faille en elle-même. Mieux vaut s'y rendre le matin, quand les lémuriens sont plus facilement visibles (le canyon s'assombrit au cours de l'après-midi). Certains guides se font prier pour pénétrer dans le **canyon des Rats** (ou canyon Andranoavo), pourtant voisin du précédent. Si vous parvenez à convaincre le vôtre, demandez-lui de vous indiquer les tombeaux des Bara Zafimagnely.

Récemment ouvert au public, le sentier de la **cascade des Nymphes** (circuit Namaza) emprunte un large canyon qui s'enfonce dans une gorge jusqu'à une cascade et un bassin.

On accède à un autre haut lieu de l'Isalo, la **piscine naturelle**, par une piste qui quitte la RN 7 vers le nord-est à 500 m environ au sud de Ranohira. Cet itinéraire – 3 km de piste puis 3 km de sentier – est certainement le plus accessible pour découvrir les étonnants paysages montagneux du massif. Vous ménagerez vos muscles si un véhicule vous dépose au début du sentier, mais il est possible d'effectuer l'aller-retour à pied depuis Ranohira dans la journée. Traversant un sublime décor de canyons, le sentier mène en 1 heure de marche à un joli bassin naturel entouré de pandanus dans lequel se jette une petite cascade (baignade autorisée). En chemin, vous découvrirez des cavités creusées dans la paroi et bouchées d'amoncellements de pierre : des **tombes bara**. Certaines sont provisoires, les familles attendant d'avoir accumulé assez d'argent pour faire la cérémonie. Les guides vous montreront certainement quelques *Pachypodium*.

A une dizaine de kilomètres au sud-ouest du nouveau village de Ranohira, vous pourrez vous baigner dans un autre site naturel paradisiaque, l'**Oasis**. Cerné de rochers aux formes étranges, ce havre de verdure luxuriante se situe à 250 m à peine de la route de Tuléar.

Autre curiosité, la formation rocheuse qui doit à sa forme particulière d'être baptisée la **Reine de l'Isalo** se profile à 2 km au sud-ouest de l'Oasis. Vous l'apercevrez à une dizaine de mètres sur la gauche, depuis la route, en allant vers le sud. La **Fenêtre de l'Isalo**, une ouverture rocheuse naturelle, se trouve à 4 km environ du Relais de la Reine. Parsemée d'un magnifique lichen vert et orange, elle s'ouvre sur une plaine semée de palmiers et de roches aux formes étranges. C'est l'après-midi qu'elle revêt ses teintes les plus chatoyantes.

Selon le temps, la piste menant à la Fenêtre est praticable en voiture. Pour vous y rendre, allez jusqu'à la borne indiquant "Fianar 295/Sakaraha 93" sur la RN 7. A environ 500 m en direction de Tuléar, tournez à droite sur la piste qui longe la route un certain temps, puis de nouveau à droite en passant devant un immense monolithe orange et vert. La Fenêtre se trouve 1 km

Ilakaka, l'or bleu de l'île Rouge

Il est un endroit de la Grande Île où le *salut vazaha !* traditionnellement lancé aux étrangers de passage est remplacé par une autre formule, interrogative celle-là : *vato, vazaha ?* Vato, en malgache, ce sont les pierres précieuses. Les saphirs, en particulier, dont un important filon a été découvert dans le sous-sol du petit village d'Ilakaka, à 25 km au sud de Ranohira, à la fin de l'année 1998. La nouvelle s'est répandue comme une traînée de poudre. En quelques mois, ce modeste village d'une dizaine de maisons s'est transformé en une ville de planches tentaculaire, horizontale, de plusieurs dizaines de milliers d'âmes, menaçant le parc national de l'Isalo. Des acheteurs ont accouru de Thaïlande, de Sri Lanka, de Palestine, des États-Unis, d'Afrique du Sud. Des chauffeurs de taxi, des mécaniciens, des restaurateurs de Fianarantsoa ou de Tuléar ont quitté les grandes villes pour venir exercer leur métier dans le nouvel Eldorado. Bars et hôtels, construits à la hâte et baptisés *L'Espoir* ou *Business*, ont ouvert leurs portes. On raconte même que le vol de zébus – une tradition ancestrale en pays bara – aurait considérablement diminué, tous ayant davantage l'esprit accaparé par les pierres que par le bétail ! Il est vrai qu'un saphir de quelques grammes peut rapporter l'équivalent d'une année de salaire… De quoi faire tourner des têtes dans un pays où une forte proportion de la population vit en dessous du seuil de pauvreté.

En moins de temps qu'il n'en faut pour l'écrire, une "économie du saphir" est ainsi sortie de terre : les cours de la bouteille d'eau minérale et autres biens de consommation ont flambé ; le jeu, la prostitution, le *tokagasy* (rhum artisanal), les boîtes de nuit improvisées, les luttes d'influence et les règlements de compte ont commencé à rythmer la vie d'Ilakaka.

A perte de vue, la terre ocre de l'Isalo a été creusée, à la main, d'une multitude de trous d'homme de 1 m de diamètre environ. La technique est simple : un mineur descend dans le puits en aveugle, creuse, remplit des seaux qu'un comparse ramène au bout d'une corde à la lumière. Il ne reste plus à un troisième larron qu'à passer le tout au tamis et à espérer. Simple mais dangereux : les problèmes surviennent dès que les puits atteignent une douzaine de mètres de profondeur et que les mineurs – malgaches, pour la plupart – décident de continuer en galerie, à l'horizontale. Dans ce gruyère sans étayage qu'est devenue la région, nombreux sont les effondrements et, régulièrement, quelques-uns des desperados d'Ilakaka ne remontent pas à la surface.

Si les mineurs n'ont en général aucun moyen d'évaluer la valeur des pierres brutes qu'ils découvrent, les acheteurs, eux, sont des professionnels. Certaines des pierres trouvées sont de très bonne qualité et de grosses liasses de francs malgaches passent de main en main à Ilakaka, Sakaraha ou Tuléar.

Nul ne peut prédire l'avenir d'Ilakaka. Déjà, certains sites de fouille commencent à être délaissés au profit d'un autre gisement situé quelques kilomètres plus au sud. La découverte de rubis vers Vatomandry, près de Tamatave, pourrait également éclipser Ilakaka. La mine peut enfin se tarir en l'espace de quelques mois, comme ce fut le cas, il y a quelques années, au sud de Diégo-Suarez… Lorsque cela arrivera, les visiteurs recommenceront peut-être à regarder en l'air, en direction des éternelles formations de grès du massif de l'Isalo, plutôt que vers les éphémères richesses du sous-sol.

plus loin. Les randonneurs pourront emprunter un raccourci à Soarano, qui part de la route et leur fera gagner au moins 1 km.

Autre attraction du massif, la **grotte des Portugais** s'atteint au terme de plusieurs jours de marche (voir ci-après).

Circuits d'une journée. A pied, vous pourrez rejoindre le canyon des Makis ou la piscine naturelle depuis Ranohira dans la journée (mais n'espérez pas voir les deux en un seul jour). Un préacheminement en voiture permet d'éviter plusieurs heures de marche et rend possible la visite de ces deux sites dans la journée. Vous aurez ainsi une vision assez complète du massif : vous devriez apercevoir quelques lémuriens dans le canyon des Makis, découvrirez de beaux points de vue sur le massif au cours des 5 à 6 heures de marche qui séparent le canyon des Makis de la piscine naturelle, observerez plusieurs spécimens de *Pachypodium* et pourrez vous rafraîchir à la piscine naturelle.

Le circuit de la cascade des Nymphes (circuit Namaza) s'effectue également dans la journée.

En 4x4, vous pourrez visiter le canyon des Makis puis rejoindre le début du sentier de la piscine naturelle dans la journée. Vous pourrez également visiter le centre d'interprétation et observer l'Oasis, la Reine de l'Isalo, la Fenêtre de l'Isalo et autres sites facilement accessibles.

Ceux qui ne souhaitent pas marcher et ne disposent pas de véhicule peuvent s'inscrire au circuit Malaso proposé au bureau de l'Angap. Cet itinéraire en bus 4x4 (75 000 FMG par personne) permet d'avoir un aperçu des merveilles du parc sans user ses semelles.

Randonnées de plusieurs jours

Les guides officiels du bureau de l'Angap peuvent vous accompagner pour une randonnée de plusieurs jours. Ils se chargeront de la cuisine et du campement. La plupart préfèrent emporter leur propre matériel et vous pourrez louer les services d'un porteur. Vous devez pourvoir à la nourriture de votre guide et de votre porteur. Renseignez-vous au bureau de l'Angap.

Canyon des Makis et piscine naturelle.

Cet itinéraire reste l'un des plus accessibles et des plus prisés des environs de Ranohira. Possible en deux jours avec un préacheminement en voiture jusqu'au début du sentier du canyon des Makis, il nécessite trois jours pour s'effectuer entièrement à pied. La première journée vous mènera de Ranohira au canyon des Makis, où vous camperez. Le lendemain, vous irez du canyon des Makis à la piscine naturelle, où vous passerez la nuit. Le troisième jour, vous reviendrez à Ranohira.

Jalonné de montées et de descentes, le parcours de 5 à 6 heures qui sépare le canyon des Makis de la piscine naturelle donne l'occasion de voir des groupes de lémuriens et de très beaux points de vue sur l'Isalo. Il s'achève le long du lit de la rivière de Sable, où vous observerez plusieurs spécimens de *Pachypodium rosulatum*. Lorsque la rivière de Sable se transforme progressivement en un cours d'eau bordé de palmiers luxuriants, elle préfigure la piscine naturelle toute proche, à 250 m en amont. Vous découvrirez dans les environs une série de petites cavités rectangulaires creusées sur des roches plates. Elles sont l'œuvre des bergers d'autrefois qui trompaient leur ennui avec un jeu utilisant des cailloux, proche de l'awélé africain.

Un camping, souvent bondé en pleine saison, est installé aux abords de la piscine naturelle. Un autre, plus rudimentaire, vous attend près du canyon des Makis.

Grotte des Portugais.

Comparée à n'importe quel autre circuit pédestre dans le parc, la randonnée qui mène en 5 ou 6 jours à la grotte des Portugais relève davantage de l'expédition. Connue en malgache sous le nom de "Zohin'y Taniky", cette grotte se situe à l'extrémité nord du parc. Mesurant environ 30 m de long sur 3 m de haut, elle porte des traces manifestes d'habitation. Si elle n'offre pas grand intérêt en elle-même, ses environs méritent qu'on s'y attarde, notamment la forêt de Sahanafa qui abrite des sources naturelles et quelques lémuriens. Malheureusement, il n'existe aucun accès direct de Ranohira au massif. La visite commence par 33 km de marche le long de l'Isalo pour atteindre les villages de Tameantsoa et Bekijoly. Depuis ce dernier, une piste s'engage à 19 km à l'ouest et rejoint la grotte.

Un véhicule rend théoriquement possible la visite de la grotte des Portugais en 3 jours, en remontant en 4x4 jusqu'à Tameantsoa.

Un "grand tour" de 7 jours passe par les canyons, la grotte des Portugais et la piscine naturelle.

De Ranohira à Tuléar (243 km)

Une bonne route goudronnée relie Ranohira à Sakaraha, dernière ville importante avant

LE SUD

La grotte des Portugais

Certains historiens et quelques archéologues supposent que la grotte des Portugais doit son nom au fait qu'elle aurait servi d'abri à des marins portugais du XVIe siècle, lesquels auraient échoué en 1527 au large de Morombe, sur la côte occidentale. En route vers l'actuelle Taolagnaro (Fort-Dauphin), où un autre groupe de naufragés portugais avaient bâti un fort, ils se seraient réfugiés quelque temps dans la caverne. Aucune preuve ne permet cependant de confirmer cette hypothèse.

Une autre théorie, s'appuyant sur le fait que l'abri est orienté vers La Mecque, avance que la grotte date du XIe siècle et que ses premiers occupants seraient d'origine arabe. Les Malgaches, pour leur part, soutiennent qu'elle abrita le peuple légendaire des Vazimba qui seraient les premiers habitants de Madagascar. Les anthropologues contestent l'existence de ce peuple.

Tuléar et centre important de production de coton. La RN 7 se détériore un peu après Sakaraha, lorsque des trous dans le bitume appellent à une vigilance accrue des chauffeurs. Outre quelques baobabs, vous verrez en chemin des tombeaux bara. Il est fady de s'en approcher mais, depuis la route, vous discernerez les motifs courant autour de la stèle centrale, qui représentent la cause de la mort, et ceux du mur d'enceinte, qui retracent la vie du défunt. Les cornes de zébu ornant certaines sépultures témoignent de la richesse de la famille. Environ 70 km avant Tuléar, une piste part à gauche vers Ambovombe et Fort-Dauphin. Pompeusement baptisée N 10 sur la carte, elle est particulièrement mauvaise.

Parc national de Zombitse-Vohibasia

Les 36 852 ha du complexe de Zombitse-Vohibasia regroupent trois parcelles boisées : Zombitse, Vohibasia et Isoky. Le site intéressera les ornithologues qui y observeront des espèces variées, dont des soui-mangas,

des couas et des vangas. Le parc abrite également six espèces de lémuriens.

Encore balbutiant, le parc est cependant ouvert à la visite. La parcelle la plus facile d'accès, Zombitse, s'étend à une vingtaine de kilomètres au nord-est de Sakaraha (Isoky est au nord-est de Zombitse ; Vohibasia, la plus vaste, au nord). Le WWF, qui gère le parc, a initié un certain nombre de projets incluant les communautés villageoises dans la protection des lieux et la lutte contre la déforestation. Quelques itinéraires de randonnée ont par ailleurs été tracés dans la parcelle de Zombitse. L'entrée du parc revient à 50 000 FMG (jusqu'à 3 jours) et les guides sont obligatoires. Il n'existe sur place aucune possibilité d'hébergement ou de restauration mais le camping est possible à condition d'en faire la demande au préalable. Adressez-vous pour tous renseignements au bureau du WWF de Sakaraha.

SAKARAHA
La petite commune de Sakaraha a vécu ces dernières années une étrange histoire. A 110 km au sud de Ranohira et presque à mi-chemin entre l'Isalo et Tuléar, cette modeste bourgade est en effet devenue la plaque tournante de l'achat des pierres précieuses extraites dans les environs. Rares sont maintenant ses bâtiments qui n'arborent pas les mots *Gem*, *saphir*, *Sapphire* ou un quelconque équivalent témoignant de la présence des acheteurs. L'ambiance de la ville s'en est considérablement trouvée modifiée, et la nervosité née de la présence d'importantes sommes d'argent n'a pas tardé à en faire un lieu déconseillé aux visiteurs de passage.

Si vous êtes bloqué dans la ville, le peu reluisant hôtel **Le Relais de Sakaraha** semble être le seul à accepter encore de bon cœur les voyageurs.

Sakaraha est desservie par les taxis-brousse circulant sur la RN 7.

TULÉAR (TOLIARA)
Ville poussiéreuse de 60 000 âmes, Toliara – plus souvent appelée Tuléar – a vu le jour en 1895 et demeure la capitale provinciale la plus récente de la Grande Île. Son nom puiserait son origine dans la phrase que

TULÉAR (TOLIARA)

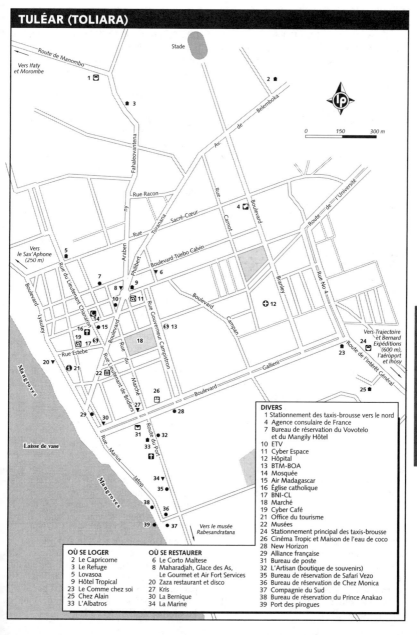

Stade

Route de Manombo

Vers Ifaty
et Morombe

Vers
le Sax'Aphone
(250 m)

0   150   300 m

LE SUD

Mangroves

Laisse de vase

Mangroves

Vers le musée
Rabesandratana

Vers Trajectoire
et Bernard
Expéditions
(600 m),
l'aéroport
et Ihosy

OÙ SE LOGER
2 Le Capricorne
3 Le Refuge
5 Lovasoa
9 Hôtel Tropical
23 Le Comme chez soi
25 Chez Alain
33 L'Albatros

OÙ SE RESTAURER
6 Le Corto Maltese
8 Maharadjah, Glace des As,
  Le Gourmet et Air Fort Services
20 Zaza restaurant et disco
27 Kris
30 La Bernique
34 La Marine

DIVERS
1 Stationnement des taxis-brousse vers le nord
4 Agence consulaire de France
7 Bureau de réservation du Vovotelo
  et du Mangily Hôtel
10 ETV
11 Cyber Espace
12 Hôpital
13 BTM-BOA
14 Mosquée
15 Air Madagascar
16 Église catholique
17 BNI-CL
18 Marché
19 Cyber Café
21 Office du tourisme
22 Musées
24 Stationnement principal des taxis-brousse
26 Cinéma Tropic et Maison de l'eau de coco
28 New Horizon
29 Alliance française
31 Bureau de poste
32 L'Artisan (boutique de souvenirs)
35 Bureau de réservation de Safari Vezo
36 Bureau de réservation de Chez Monica
37 Compagnie du Sud
38 Bureau de réservation du Prince Anakao
39 Port des pirogues

répondit un jour un Malgache à un marin qui lui demandait où il pouvait accoster : "Toly eroa !" ("mouillez là-bas !").

Durement secouée par les émeutes de mars 1987, la ville n'offre guère d'intérêt : son architecture n'a rien de remarquable et les "plages" de la promenade du boulevard Lyautey s'apparentent davantage à des mangroves et à des étendues de vase… Passée la satisfaction d'avoir atteint la ville qui est souvent le but de leur périple vers le Sud, de nombreux voyageurs la quittent donc rapidement pour les rivages d'Ifaty, d'Anakao ou d'ailleurs.

L'activité commerciale est en grande partie contrôlée par des négociants karana (indo-pakistanais), dont beaucoup furent la cible d'actes de violence lors des troubles de 1987.

Renseignements

Office du tourisme. Vous pourrez tenter de glaner quelques renseignements auprès de cet organisme (☎ 94 414 59), situé sur l'esplanade qui longe le front de mer.

Argent. La BNI-CL, dont l'agence se trouve près des bureaux d'Air Madagascar, change les devises et chèques de voyage. Elle délivre des avances aux possesseurs d'un chéquier Crédit Lyonnais et d'une carte Visa. Ses guichets ouvrent en semaine de 8h à 11h15 et de 14h30 à 16h15.

La BFV-SG ouvre de 8h à 11h et de 14h30 à 16h pour le change de devises et de chèques de voyage. Vous pourrez y débiter le compte de votre carte Visa. Une agence de la BTM-BOA est située dans le quartier du marché. Un bureau de change de la société Socimad pratiquant des taux souvent intéressants se trouve près du bureau d'Air Madagascar.

Poste et communications. Vous trouverez une cabine téléphonique à l'extérieur du bureau de poste du boulevard Gallieni. D'autres téléphones publics à carte se trouvent devant le glacier Glace des As, où vous pourrez acheter des télécartes, et aux abords du stationnement des taxis-brousse (le Quartier sans fil).

Internet. Cyber Café (☎ 94 436 14, rue Estebe ; ouvert lun-ven 8h30-12h et 15h-18h) facture 1 300 FMG la minute d'utilisation de l'un de ses bons ordinateurs. Vous pourrez boire un verre tout en vous connectant dans ce cybercafé digne de ce nom.

Cyber Espace, face à Glace des As, offre également des possibilités de connexion.

Agence consulaire de France. Située à l'écart du centre, non loin de l'intersection du boulevard Branley et de la rue Sacré-Cœur, elle ouvre au public les mardis et jeudis, de 9h30 à 11h30 (☎/fax 94 427 36).

Musées

Le musée régional de l'université de Toliara (lun-ven 8h-11h30 et 15h-17h ; 5 000 FMG), abrite une petite collection d'objets culturels locaux, ainsi qu'un œuf de l'"oiseau-éléphant", l'æpyornis, qui date de la préhistoire.

Le musée Rabesandratana ou musée océanographique (lun-sam 9h-12h et 15h-16h ; 20 000 FMG), indiqué par un panneau "Station de recherche marine", intéressera les amoureux de la mer.

Circuits organisés

Plusieurs agences de Tuléar sont à votre disposition pour organiser votre itinéraire dans les environs. Certaines se contentent de proposer des 4x4 de location avec chauffeur. D'autres – mentionnées ci-après sous *Agences de "raids-aventure"* – se spécialisent dans les circuits plus sportifs.

Location de voiture. Air Fort Services (☎/fax 94 426 84), installé dans la salle du restaurant-bar le Maharadja, loue des 4x4 pour 600 000 FMG par jour (plus carburant et retour du véhicule). Vous devrez acquitter 2 jours de location supplémentaires pour le retour du véhicule si vous souhaitez aller à Fort-Dauphin. Les tarifs sont négociables.

New Horizon (☎ 94 436 20) propose de beaux 4x4 en location au prix de 570 000 FMG par jour plus le carburant, mais aussi des motos 125 cc (200 000 FMG par jour) et 350 cc (300 000 FMG par jour). Les tarifs sont dégressifs à partir de 3 jours. Possibilité de transfert à Ifaty.

ETV (☎ 94 419 04, 94 419 05) loue des 4x4 pour 600 000 à 700 000 FMG par jour (plus carburant) et des véhicules légers pour Ifaty (150 000 FMG aller simple).

Agences de "raids-aventure". Installée à la sortie de la ville sur la route de l'aéroport, la sympathique équipe de Trajectoires (☎/fax 94 433 00, trajectoire@simicro.mg, www.trajectoire.it) est spécialisée dans la découverte du Sud malgache en moto. Vous pourrez y louer une 125 cc à partir de 240 000 FMG/jour, une 350 cc à 330 000 FMG/jour ou une 600 cc pour 350 000 FMG/jour. Les tarifs sont dégressifs : les mêmes machines reviennent à 685 000/940 000/1 million de FMG pour 3 jours. Ces tarifs incluent l'assurance responsabilité civile pour deux personnes mais pas le carburant. Une caution d'environ 460 € est demandée, en plus d'une pièce d'identité. Trajectoires loue également des quads (125 000 FMG de l'heure, tarifs dégressifs).

Au-delà de la simple location, Trajectoires organise des raids à moto avec guides et assistance éventuelle d'un 4x4. Comptez environ 1 800 € par personne pour un raid de 6 jours sur la base de 3 motards, ou 1 250 € pour un groupe de 8. Ces tarifs "tout compris" incluent la location des motos, l'essence, l'assurance responsabilité civile, les hôtels et bivouacs, les repas, les guides et l'assistance d'un véhicule 4x4. Trajectoire propose également une formule meilleur marché, à environ 600 € par personne pour un circuit de 3 jours sur la base de 3 motards (cette formule n'inclut ni hébergement ni repas).

Seul, vous pourrez visiter les 7 lacs, Ifaty, Saint-Augustin ou l'Isalo. Mieux vaut en revanche un accompagnateur pour les circuits plus compliqués, reculés ou empruntant de très mauvaises pistes. L'équipe de Trajectoires pourra dans tous les cas vous conseiller. Professionnels et passionnés, ils connaissent bien les environs de Tuléar pourront vous concocter un itinéraire à la carte.

Bernard Expéditions (mêmes locaux et mêmes coordonnées que Trajectoires) propose des descentes en pirogue de la Man-

goky. Ce fleuve prend sa source près d'Ambatovory (à 150 km environ à l'ouest de Fianarantsoa) et finit sa course dans la région de Morombe, après avoir traversé des paysages rarement fréquentés par les voyageurs. Véritable défricheur de nouveaux itinéraires sur l'île Rouge, Bernard possède une bonne connaissance scientifique et sensibilité particulière au respect de l'environnement. A titre d'exemple, un circuit commençant par une journée de 4x4 jusqu'à Beroroha et se poursuivant par 6 jours de pirogue sur le fleuve, 2 jours de trekking et une journée de retour en 4x4 revient à 600 € environ par personne. Les tarifs incluent repas et bivouacs et s'entendent généralement pour un minimum de 3 personnes.

Agences de réservation des hôtels d'Ifaty et d'Anakao. Certains établissements hôteliers des localités balnéaires proches de Tuléar (Ifaty et Anakao) disposent d'agences en ville qui coordonnent leurs réservations et les transferts. Précisons que les réservations ne sont pas nécessaires en toutes saisons et qu'il existe des moyens de rejoindre ces localités de façon indépendante (reportez-vous aux rubriques *Comment s'y rendre* consacrées à *Ifaty* et à *Anakao et Nosy Ve*).

Ifaty
Bambou Club – adressez-vous à l'agence ETV (☎ 94 419 04/05) ou à la Pharmacie du Mozambique

Lakana Vezo – réservations *via* l'hôtel Le Capricorne (☎ 94 426 20, fax 94 431 66)

Mangily Hôtel – bureau de réservation rue Notre-Dame-de-Nazareth (☎ 94 439 69, fax 94 414 19)

Mora-Mora – adressez-vous au restaurant Le Gourmet. Transfert gratuit à 11h

Vovotelo – bureau de réservation rue Notre-Dame-de-Nazareth (☎ 94 439 69, fax 94 414 19)

Anakao
Chez Monica – bureau sur le port

Le Prince Anakao – bureau de réservation sur le port (☎ 94 439 57, 94 436 76)

Safari Vezo – bureau route du port (☎ 94 413 81)

Où se loger – petits budgets

Lovasoa (☎ 94 418 39 ; *doubles à partir de 35 000 FMG, triples-quadruples 50 000 FMG*). L'un des hôtels les moins chers de la ville, le Lovasoa se trouve au coin des rues Sacré-Cœur et Lieutenant Chanaron (reportez-vous à la localisation sur la carte, les noms de rue étant quasiment inexistants et souvent contradictoires). La propreté laisse largement à désirer mais il dispose d'un petit jardin.

Hôtel Tropical (☎ 94 438 31 ; *doubles/triples 50 000/75 000 FMG et plus*). Cet hôtel du centre, en cours de rénovation lors de notre passage, propose des chambres anciennes mais vastes. Le tarif des nouvelles chambres du rez-de-chaussée, nettement plus confortables, devrait s'établir autour de 130 000 FMG.

Les trois premiers établissements donnés ci-dessous en catégories moyenne et supérieure s'adaptent également aux petits budgets.

Où se loger – catégories moyenne et supérieure

Le Sax'Aphone (☎/fax 94 440 88, ☎ 032 02 237 44, *sax.aphone@simicro.mg ; doubles sans/avec s.d.b. 65 000-75 000/95 000 FMG, bungalows doubles-triples avec s.d.b. 125 000 FMG*). Avec son accueil chaleureux, son agréable salon à l'usage des clients et la belle décoration de ses chambres et bungalows, cette maison d'hôtes récente ne manque pas de charme. Les chambres sont toutes différentes mais claires et agréables, et les bungalows avec sanitaires sont impeccables. Le patron, collectionneur de coquillages, est intarissable sur les merveilles sous-marines de l'océan. Pour vous y rendre au départ du Zaza Club, continuez le boulevard Lyautey vers le nord sur le chemin en terre, empruntez la première rue à droite au carrefour puis la première à gauche sur 200 m. Un pousse-pousse vous y mènera pour 1 500-2 000 FMG depuis le centre.

Chez Alain (☎ 94 415 27, fax 94 423 79, *c.alain@dts.mg, www.chez-alain.net ; bungalows doubles avec s.d.b. commune et eau froide 60 000 FMG, bungalows doubles avec s.d.b. et douche chaude 90 000 FMG,* chambres "confort" 200 000 FMG). Au bout d'un court chemin de terre dans le Quartier sans fil, non loin du stationnement principal des taxis-brousse, Chez Alain est l'un des rendez-vous de prédilection des voyageurs à Tuléar, même si certains de ses concurrents menacent de lui ravir la vedette. Les bungalows "standard" proposent un confort simple que compense un petit jardin verdoyant. Les chambres les plus chères et les plus récentes, au fond du jardin, sont particulièrement confortables. L'établissement accueille souvent des musiciens en fin de semaine et met à la disposition de la clientèle un billard, une table de ping-pong et un bon restaurant. L'alimentation en eau laisse parfois à désirer.

Le **Comme chez soi** (☎/fax 94 411 82 ; *doubles avec s.d.b. 60 000-70 000 FMG, plats du jour 19 000 FMG*). Au coin du boulevard Gallieni et à 300 m de l'adresse précédente, cet hôtel tenu par un accueillant couple d'origine belge abrite dix chambres très convenables. Il dispose d'un billard, d'un agréable salon, d'un bar et d'un restaurant. Un bon rapport qualité/prix.

Hôtel Albatros (☎ 94 432 10, *route du port ; doubles avec s.d.b. ventilées/clim 110 000/125 000 FMG*). En plein centre-ville, ce petit établissement récent bâti pour l'éclipse de 2001, offre des chambres carrelées, confortables, très propres et dotées de s.d.b. impeccables. Un bon choix.

Le Refuge (☎ 94 423 28 ; *double/triple avec s.d.b. 70 000/80 000 FMG*). Un peu excentré sur la route d'Ifaty (mais toujours en ville), Le Refuge dispose d'un jardin et d'une petite piscine. Les chambres sont un peu anciennes mais il reste un choix correct pour le prix. L'hôtel se double d'un restaurant apprécié.

Le Capricorne (☎ 94 426 20, fax 94 431 66 ; *simples avec ventil/clim 42,5/50 €, doubles avec ventil/clim 47/55 €, suites simples/doubles 58/62,5 €, menu 45 000 FMG*). Fréquenté par les groupes organisés, Le Capricorne est l'adresse la plus huppée de Tuléar, comme en témoignent les imposants 4x4 qui s'alignent sur le parking. Les chambres, confortables, sont équipées de minibar et de téléphone. Des voyageurs affirment que l'arrivée d'un nouveau chef aurait propulsé le restaurant de l'hôtel au rang des bonnes tables de la ville. Les cartes de crédit ne sont pas acceptées.

Où se restaurer – petits budgets

Outre les stands du marché, trois établissements à petits prix sont regroupés autour du rond-point du boulevard Tsiranana, dans le centre.

Maharadjah Restaurant *(plats 15 000 FMG environ)*. Le Maharadjah prépare une sélection de plats français et indiens à prix raisonnables. On nous a recommandé le milk-shake coco (7 000 FMG).

Glace des As *(plats du jour 20 000 FMG environ)*. L'enseigne voisine, idéale pour le petit déjeuner, propose de bons croissants chauds et des sandwiches, omelettes, snacks et plats du jour. Guides et marchands de souvenirs ne manqueront pas de vous aborder à cette petite terrasse populaire.

Le Gourmet (plats 15 000-20 000 FMG environ) propose une cuisine *gasy* et chinoise.

Kris *(☎ 94 433 62 ; snacks et plats 11 000-25 000 FMG, ouvert 7j/7, service jusqu'à 22h30)*. Snacks, hamburgers, filet mignon au poivre vert ou encore fondue bourguignonne figurent à la carte de ce café-restaurant central et agréable pour passer un moment. Vous pourrez y composer un petit déjeuner à votre convenance. Les plats sont également à emporter.

La Bernique *(☎ 032 02 606 55, bd Gallieni ; fermé dim)*. Ce bar agréable, face à l'hôtel Plazza, propose une bonne sélection de tapas – tortilla, beignets de crevettes, galettes de pommes de terre… – à 5 000 FMG pièce. Une bonne adresse pour un savoureux déjeuner sur le pouce.

Où se restaurer – catégories moyenne et supérieure

Chez Alain *(☎ 94 415 27 ; plats 25 000-45 000 FMG)*. Avec sa salle chaleureuse et son petit jardin agréable, le restaurant de l'hôtel Chez Alain est apprécié pour ses huîtres du récif, ses beignets d'aubergines, son soufflé de crabe aux poireaux, ses aiguillettes de canard à l'orange ou encore sa fricassé de crevettes à la vanille. Des animations musicales ont lieu régulièrement dans le jardin.

Le Sax'Aphone *(☎/fax 94 440 88, ☎ 032 02 237 44 ; menu du jour 40 000 FMG, plats 20-25 000 FMG ; ouvert tlj midi et soir)*. Les tables et chaises en palissandre disposées autour du bar et le zeste de musique rendent le Sax'Aphone spontanément agréable. La bonne impression se confirme avec la cuisine : beignets d'aubergines et de courgettes, terrine de poisson mariné, filets de zébu, flan coco… Des animation musicale *gasy* sont au programme certains soirs.

La Marine *(☎ 032 02 620 07 ; plats 13 000-27 000 FMG ; ouvert tlj sauf jeu midi)*. Sympathique et souriant, le patron d'origine indienne de cette établissement qui jouxte le bureau de réservation du Safari Vezo mitonne des plats malgaches et indiens : poisson sauce à la vanille flambé au rhum ou à la créole, poulet coco, romazava, biryani, poisson tikka massala… Le vin est servi au pichet à partir de 12 500 FMG. Le restaurant propose aussi un grand choix de petits déjeuners et assure le service jusqu'à 22h au minimum.

Le Corto Maltese *(☎ 94 433 15, bd Campan ; plats 20-25 000 FMG, fermé sam et dim midi)*. Avec son agréable terrasse et sa jolie salle, cette adresse "à vazaha" offre l'un des plus agréables cadres de la ville. A la carte : spaghettis au crabe, fusilli au mérou, zébu rôti au romarin, espadon grillé… Le Corto Maltese, qui se définit comme un "bistrot rital", met en avant ses origines transalpines jusqu'à proposer du tiramisu en dessert.

Zaza restaurant et disco *(☎ 94 412 43, bd Lyautey ; plats 15 000-47 000 FMG, ouvert tlj)*. Plus connu pour les nuits chaudes de sa discothèque que pour son restaurant, le "Zaza Club" sert un large éventail de plats chinois, malgaches et indiens : brochettes, tournedos de zébu, poulet biryani, poisson coco… La salle n'est pas la plus chaleureuse de la ville mais reste ouverte tard le soir.

Où sortir

Cinéma Tropic *(☎ 94 438 42 ; billets 2 500 FMG)*. Rouvert à l'initiative de l'ONG La Maison de l'eau de coco, la salle de cinéma de Tuléar s'anime du mercredi

Les mangroves

Selon le dictionnaire, la mangrove est une "formation végétale tropicale à feuilles persistantes du genre *Rhizophora*, dont les racines entrelacées ressemblent à des pilotis, le tout formant de denses fourrés le long des côtes". Pour la majorité des gens, le mot signifie "marécage" et évoque un lieu sombre, boueux, nauséabond et peuplé d'insectes.

En réalité, les mangroves constituent un écosystème extrêmement intéressant dont l'importance vitale est reconnue depuis une époque relativement récente. Les mangroves – dont les espèces végétales prennent du terrain sur la mer – ont en effet un rôle d'éclaireurs. De plus, si l'eau salée détruit la plupart des plantes, les mangroves y résistent remarquablement bien ; elles prospèrent grâce à leur faculté de restreindre l'entrée de sel à travers leurs racines et d'en expulser l'excès à travers leurs feuilles. Leur vaste réseau de racines aide par ailleurs la vase des marées à se stabiliser, ce qui contribue à la protection du littoral à mesure qu'elles s'accroissent.

Peu à peu, les mangroves créent ainsi une nouvelle portion de terre, tout en fournissant un environnement à d'autres formes de vie, telles que les huîtres, les crabes, les escargots et les poissons, qui préfèrent barboter dans la vase plutôt que nager. Enfin, elles servent de vivier aux jeunes poissons et crevettes, lesquels deviendront à leur tour une nourriture précieuse, tant pour les hommes que pour les autres êtres vivants.

au dimanche pour 2 à 3 séances quotidiennes. L'ONG vend sur place un peu d'artisanat réalisé dans la prison de la ville.

La Bernique (☎ *032 02 606 55, bd Gallieni ; fermé dim*). Avec ses rhums arrangés, son punch coco et son étonnante collection de whiskies – le péché mignon du patron – La Bernique est LE lieu où commencer (ou finir) la soirée. Outre une belle petite terrasse et un accueil chaleureux, citons également les bonnes tapas à 5 000 FMG l'assiette.

Zaza Club (☎ *94 412 43, bd Lyautey ; entrée 5 000 FMG en semaine, 10 000 FMG le week-end ; ouvert tous les soirs*). La discothèque de Tuléar est une véritable institution locale. L'entrée est gratuite si vous avez dîné au restaurant.

Casino. Sur le front de mer, il vous donnera l'occasion de dépenser vos FMG.

Alliance française

L'Alliance française (☎ 94 426 62, bd Lyautey ; ouverte mar-sam 9h-12h et 15h-18h, lun 15h-18h) est installée sur l'esplanade, dans un bâtiment en fibre de verre d'aspect futuriste. Elle regroupe une salle de TV et une grande bibliothèque. Quelques expositions et conférences y sont organisées.

Achats

L'artisan (☎ *94 435 28, route du port ; ouvert lun-sam 8h30-12h et 14h30-18, dim 14h30-18h*) vous réservera un accueil sympathique dans sa belle boutique d'artisanat à prix fixes où vous trouverez des nappes brodées, des objets en bois, des voitures en boîte de conserve, etc. A partir d'une certaine somme, il est possible de payer par carte Visa.

Un marché aux souvenirs improvisé se tient boulevard Gallieni, entre la poste et l'hôtel Plazza. Vous pourrez y marchander des coquillages, des djembés et autres objets artisanaux. Gardez à l'esprit que le ramassage des coquillages nuit à l'environnement marin.

Comment s'y rendre

Avion. Les beaux locaux d'Air Madagascar (☎ 94 415 85), dans le centre, ouvrent du lundi au vendredi de 8h à 11h30 et de 15h à 17h, le samedi de 8h à 10h. Des vols directs desservent Antananarivo six fois par semaine (651 500 FMG), Fort-Dauphin les lundis, mardis, vendredis et samedis (481 500 FMG), Morombe le samedi (286 500 FMG) et Morondava les lundis, mardis, mercredis, vendredis et dimanches (481 500 FMG). Certains de ces vols sont saisonniers. Les règlements par cartes Visa et Mastercard sont acceptés.

Taxi-brousse. Il existe deux gares routières à Tuléar. Le stationnement des taxis-brousse du nord, sur la route de Manombo, est le point de départ des véhicules qui empruntent la route rocailleuse à destination de Manombo et d'Ifaty. Des véhicules irréguliers partent pour Ifaty.

Bien organisé, le principal stationnement des taxis-brousse, qui dessert les autres villes, est installé à la sortie est de la ville. Vers le nord, des taxis-be rallient notamment Ranohira, Ihosy (40 000 FMG), Fianarantsoa (45 000-50 000 FMG), Ambositra, Antsirabe et Tana. Le trajet jusqu'à la capitale revient à 75 000-90 000 FMG selon le véhicule. Les plus confortables sont les minibus japonais qui effectuent chaque jour ce trajet d'une vingtaine d'heures. Ils partent le matin vers 7h/7h30 et il est sage de réserver sa place 24 heures à l'avance.

En direction de l'est, des camions Mercedes aménagés en taxis-brousse font leur possible pour atteindre Fort-Dauphin *via* Bezaha, Ejeda, Ampanihy et Tsiombe. Les départs pour cet éprouvant voyage d'une trentaine d'heures (si tout se passe bien…) ont lieu tous les jours vers 17h-18h (80 000 FMG). Les bagages doivent être enregistrés avant 12h. Des véhicules rejoignent également Saint-Augustin, Betioky et Ampanihy.

Des camions s'aventurent également les lundis, mercredis, vendredis et dimanches sur l'épouvantable piste qui longe la côte ouest jusqu'à Morondava (100 000 FMG, 1,5 jour si tout se passe bien). Comptez une longue journée de trajet jusqu'à Morombe (quotidien, 50 000 FMG).

Bateau. Reportez-vous plus loin à la rubrique *Comment s'y rendre* d'*Anakao et Nosy Ve* pour connaître les moyens de rejoindre cette localité balnéaire à l'est de Tuléar.

Des bateaux marchands circulent irrégulièrement entre Morondava et Tuléar.

Comment circuler
Desserte de l'aéroport. Une route goudronnée mène à l'aéroport d'Ankorangia, à 7 km à l'est de Tuléar. La course en taxi revient à 25 000 FMG. L'aéroport abrite un bar et un téléphone public (mais aucun guichet de vente de télécartes).

Taxi. Une course en ville s'élève à 5 000 FMG environ.

Pousse-pousse. Particulièrement grands, les pousses de Tuléar donnent plus qu'ailleurs l'impression d'"hommes-chevaux". Comptez en moyenne 3 000 FMG la course en ville. Certains tireurs de pousse deviennent un peu agressifs avec les vazaha une fois la nuit tombée, au point que certains hôtels déconseillent de recourir à leurs services après le coucher du soleil.

ENVIRONS DE TULÉAR
Arboretum d'Antsokay
(Auberge de la table)
Créé par un botaniste suisse passionné par la flore malgache, cet arboretum (mouktar@dts.mg ;visite guidée 25 000 FMG ; ouvert tlj 7h-21h) regroupe 1 000 espèces de plantes endémiques du Sud malgache. Parmi celles-ci, vous pourrez découvrir une centaine d'essences d'euphorbe ("bois de lait"), qui produisent du latex et ont la particularité d'être mâle ou femelle, des aloès utilisés en teinture (la plante "saigne" une sève rouge si on l'incise), des *Commiphora*, surnommées "arbre à vazaha" car leur écorce pèle pour favoriser la photosynthèse, des *Didierea* (*fantsilotra* en malgache), dont les hautes tiges alternent minuscules feuilles et épines, des *Pachypodium*, des baobabs chétifs car vieux de 25 ans seulement !

Seul un botaniste chevronné appréciera à sa juste valeur cette collection d'espèces végétales désertiques, d'aspect souvent austère. Cependant, la visite est agréable et reposante. Sur place, l'Auberge de la table propose un restaurant et des bungalows avec s.d.b., simples mais propres, à 45 000 FMG environ (ni électricité ni eau chaude).

Pour accéder depuis Tuléar à l'Arboretum d'Antsokay, situé à 15 km au nord de Tuléar et à quelques centaines de mètres de la RN 7, prenez n'importe quel bus ou taxi-brousse remontant la route nationale vers le nord et demandez au chauffeur de vous déposer.

Vous pouvez également négocier un taxi à plusieurs.

Les Sept Lacs

A 70 km à l'est de Tuléar, ces 7 lacs sacrés se succèdent en bordure du fleuve Onilahy. La visite des 6 premiers – le dernier est particulièrement éloigné – remplit agréablement une journée. La moto ou le quad sont, avec le 4x4, les meilleurs moyens de locomotion pour gagner ces sites. Vous devrez emprunter la RN 7 sur 17 km puis prendre à droite la piste de terre dure et pierreuse qui descend au village d'Ambohimahavelona. Elle longe l'Onilahy sous les banians et les tamarins, où se reposent régulièrement des lémuriens, et mène aux eaux limpides des lacs, qu'un petit sentier permet de découvrir. Vous devrez vous acquitter au passage d'un droit de visite d'un montant variable.

Bernard, de l'agence Bernard Expéditions de Tuléar, conseille de continuer jusqu'au village d'Ifanato (2 km après le panneau indiquant les lacs) où vous pourrez demander Jean-Claude, l'épicier du village. Il pourra vous guider à l'arbre à roussettes ou aux grottes des environs et vous préparer à déjeuner, voire vous proposer un hébergement sommaire pour la nuit.

IFATY

A 22 km de piste cahoteuse au nord de Tuléar, le site d'Ifaty (à prononcer "ifat") séduit autant les voyageurs souhaitant laver dans la clarté de l'eau de mer la poussière accumulée sur les pistes malgaches que les hôteliers échaudés par les cyclones qui sévissent ponctuellement sur la côte est de l'île. Outre des sites de plongée remarquables, Ifaty (comme Anakao, de l'autre côté de Tuléar) possède ce qui fait le plus cruellement défaut à Tuléar : de magnifiques plages bordées de villages de pêcheurs vezo et des fonds propices à l'observation de la vie sous-marine.

L'arrière-pays, où la sécheresse continue de sévir, mérite également quelques randonnées, notamment dans la forêt d'épineux, non loin du village. En juillet et en août, vous aurez peut-être la chance de surprendre le ballet des baleines migratrices,

qui traversent le canal du Mozambique dans leur parcours vers l'île Sainte-Marie (Nosy Boraha) et la baie d'Antongila.

Si les hôtels en fournissent suffisamment à leurs clients, l'eau douce reste une denrée relativement rare à Ifaty. Le village est dépourvu de banque.

Orientation. La mauvaise piste qui mène à Ifaty passe à environ 1 km du bord de mer, où sont installés les hôtels. Mieux vaut donc choisir à l'avance votre hébergement afin de vous y faire déposer directement : aller de l'un à l'autre par la route oblige à faire de longs détours et passer par la plage se révèle vite fatigant avec un sac sur le dos ! Le site d'Ifaty s'étend le long de deux villages – Mangily est le plus important – et sur plusieurs kilomètres.

En venant de Tuléar, vous arrivez d'abord au niveau de l'hôtel Paradisier, puis du Nautilus, du Tuléar Fishing Club, du Lakana Vezo et du Mangily Hôtel, tous séparés par 10 à 15 minutes de marche par la plage. Le Vovotelo, Chez Daniel, Chez Deka, Chez Suzie, le Mora Mora et le Bambou Club se trouvent à quelque 3 km plus au nord.

A voir et à faire

Plongée et sports nautiques. Certains plongeurs affirment qu'Ifaty rivalise avec les sites de plongée les plus exceptionnels du monde ; d'autres ont été particulièrement déçus... Ifaty, quoi qu'il en soit, figure parmi les principaux spots de plongée de l'île. La plupart des hôtels disposent de leur propre club. Les tarifs varient peu d'un centre à l'autre (environ 30 € la plongée). Vous pourrez louer masques, palmes et tuba pour découvrir par vous-même les poissons multicolores. Sachez que vous devrez tenir compte des marées importantes, qui ont lieu à la pleine et à la nouvelle lune.

Deep Sea Club-hôtel Nautilus (☎ 94 418 74 ou 032 07 418 74, fax 94 413 80). Le Deep Sea Club est certainement le centre de plongée le plus professionnel d'Ifaty. C'est également le seul agréé par la CMAS. Comptez 170 000 FMG pour une plongée avec votre propre matériel, 210 000 FMG avec le matériel du club et 225 000 FMG pour un baptême. Ce centre-école délivre les brevets de la CMAS et organise en saison des sorties en mer à la rencontre des baleines à bosse.

Le Grand Bleu (contact *via* l'hôtel Vovotelo). Cet autre club de référence à Ifaty jouxte l'hôtel Vovotelo. Plongées à 200 000 FMG, plongées avec les requins, sorties en mer et pique-niques à Anakao sont au programme. Le matériel est en bon état et ce club nous a été recommandé par des voyageurs. Richard, l'enthousiaste patron sud-africain, ne pousse pas à la consommation et n'hésite pas à conseiller l'annulation d'une plongée lorsque les conditions ne sont pas optimales. Ses photos satellites de la côte vous seront utiles pour choisir vos sites d'exploration.

Centre Nautique de l'hôtel Lakana Vezo (contact *via* l'hôtel Lakana Vezo). Ce centre propose des plongées à 30 €, mais aussi du ski-nautique, de la planche à voile, de l'apnée, de la pêche au gros et à la palangrotte.

Oceane Diving Center. Ce club récent jouxte l'hôtel Vovotelo.

Pêche au gros. Tuléar Fishing Club *(contact en France* ☎ *06 07 88 09 18 ou* via *l'hôtel Nautilus).* Spécialisé en pêche au gros, ce centre dissimulé entre les hôtels Lakana Vezo et Nautilus dispose de vedettes de 8,5 m bien motorisées. Louées 365 € par jour, elles peuvent accueillir 2 pêcheurs. Le club organise des circuits de 6 jours de pêche et des sorties baleines. Il propose également un hébergement dans de belles chambres confortables *(doubles avec s.d.b. 180 000 FMG).*

Reniala. A la sortie du village de Mangily, cette réserve privée de 45 ha *(*☎ *94 417 56, reniala@ifrance.com ; visites guidées 30 000-35 000-40 000 FMG ; ouvert 8h-18h en été et 7h30-17h30 en hiver)* abrite plus d'une centaine d'espèces végétales caractéristiques du sud et de l'ouest malgaches : baobabs, *Pachypodium, Didierea,* euphorbes… Vous y trouverez également un sentier botanique et une petite réserve ornithologique. Les visites guidées, commentées par un spécialiste, sont particulièrement instructives.

La réserve propose des circuits de découverte de la flore d'une heure à deux heures et demie et un itinéraire d'observation des oiseaux, insectes et batraciens. Ce dernier peut être complété par une visite au lac Ranobe, qui abrite plusieurs espèces d'oiseaux aquatiques.

Où se loger et se restaurer

Certains hôtels d'Ifaty disposent d'une agence à Tuléar (voir *Agences de réservation des hôtels d'Ifaty et d'Anakao* de la rubrique *Tuléar),* où il est possible de retenir son bungalow et d'organiser son transfert. Les réservations sont conseillées si votre choix est arrêté sur un établissement précis et en période d'affluence, mais pas obligatoires. La rubrique *Comment s'y rendre* vous renseignera sur les moyens de rallier Ifaty indépendamment des transferts proposés par les hôtels.

Petits budgets. Chez Suzie *(bungalows simples/doubles avec s.d.b. commune 25 000/35-50 000 FMG, doubles-triples avec s.d.b. 100 000 FMG).* Sans conteste la meilleure adresse à petit budget d'Ifaty, Chez Suzie vous réservera un accueil chaleureux. Dans une petite cour proprette, ses bungalows en falafa (les moins chers) ou en dur offrent un confort simple mais sont bien tenus, tout comme les sanitaires communs (eau froide). Les tarifs sont dégressifs. Une bonne adresse.

Chez Deka *(huttes vezo 25 000 FMG).* A côté du Vovotelo, cet établissement propose un hébergement sommaire en hutte traditionnelle vezo. Pas cher, pas toujours très propre, mais incontestablement "authentique"…

Chez Micheline *(plats 15 000-20 000 FMG environ).* Apprécié des voyageurs à petit budget, ce restaurant du village sert des plats de poisson, fruits de mer, pâtes, etc.

Chez Alex – "Le Coq du village" *(plats 20/35 000 FMG).* Particulièrement animé les vendredis et samedis soir – ce qui ne fait pas la joie des clients des hôtels les plus proches – ce bar-restaurant du village sert de bons plats de poisson.

Une **boulangerie** est implantée depuis peu à Ifaty.

Catégories moyenne et supérieure.

Vovotelo *(*☎ *94 439 68 ou 032 02 621 48, fax 94 414 19, hotelvovotelo@simicro.mg ; bungalows doubles/triples avec s.d.b. 110 000-140 000/170 000 FMG, plats 22 000/38 000 FMG).* A juste titre l'une des

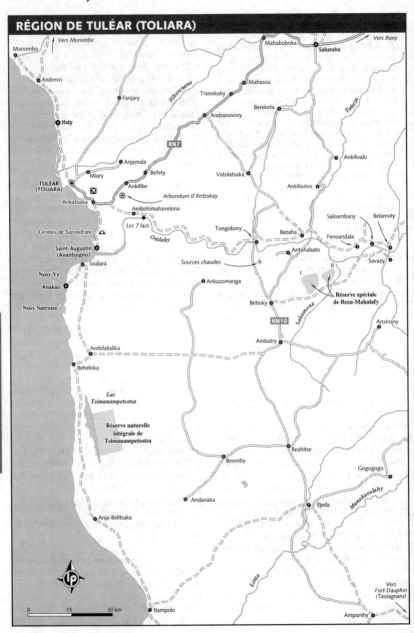

RÉGION DE TULÉAR (TOLIARA)

adresses les plus appréciées, le Vovotelo compte une dizaine de bungalows agréables en bordure de l'une des portions de plage les mieux entretenues d'Ifaty. Les plus chers sont plus vastes, plus confortables et mieux placés. L'hôtel loue également quelques petits bungalows sans confort (40 000 FMG) qui permettent aux voyageurs à petit budget de profiter des lieux. S'ajoute à ces atouts un restaurant à la cuisine remarquable : paupiettes de poisson à la bisque de langouste, émincé de carangue mariné au citron et à la papaye, terrine de poisson au poivre vert…

Mangily Hôtel *(☎/fax 94 414 19, ☎ 032 02 554 28, mangily-hotel@malagasy.com ; bungalows doubles/triples avec s.d.b. 110-140 000/140-170 000 FMG).* Récemment établi un peu à l'écart du village dans un site superbe, le Mangily abrite de bons bungalows, confortables et bien décorés. Les plus chers font face à la mer. Des balades en charrette à zébus et en pirogue sont organisées. Le restaurant, encore en travaux lors de notre passage, devrait proposer des suggestions du jour.

Bamboo Club *(☎ 032 04 00 427, ☎/fax 94 427 17, bamboo.club@netcourrier.com ; bungalows avec s.d.b. doubles/triples 150 000/195 000 FMG, menu 50 000 FMG).* Autre bonne adresse, le Bamboo Club offre des bungalows agréables décorés en bambou (!) et met à la disposition de ses clients une petite piscine, une table de ping-pong et une belle portion de plage.

Chez Daniel *(contact ☎ 94 414 77 ; bungalows doubles avec s.d.b. 75/100 000 FMG en basse/haute saison, tarifs dégressifs).* Cette petite structure façon chambre d'hôtes, située à côté du Vovotelo, offre un bon rapport qualité/prix. Les bungalows sont exigus mais agréables. Le transfert est gratuit à l'aller si vous restez plusieurs jours.

Mora Mora *(☎ 032 02 622 16 ; bungalows doubles en demi-pension obligatoire, 85 000/130 000 FMG par personne sans/avec s.d.b.).* L'établissement loue des bungalows un peu anciens construits avec des matériaux locaux. La demi-pension est obligatoire. Transfert gratuit à 11h du restaurant Le Gourmet à Tuléar.

Le Nautilus *(☎ 94 418 74 ou 032 07 418 74, fax 94 413 80 ; bungalows simples/doubles/triples avec s.d.b. 160/180/215 000 FMG, doubles avec s.d.b. et clim 225 000 FMG, plats 20/24 000 FMG).* Bonne adresse tant pour le site que pour l'accueil et les prestations, le Nautilus attire les plongeurs avant tout. Certains de ses bungalows fonctionnels, confortables et impeccables sont nichés dans les dunes et parfaitement intégrés dans l'environnement. D'autres, plus récents, affichent une architecture moderne plus voyante. Les fresques représentant des fonds marins qui ornent le restaurant plantent le décor : on est ici chez des fanatiques de plongée. On ne s'étonnera donc pas que le restaurant fasse la part belle au poisson, cru ou cuisiné.

Lakana Vezo *(☎ 032 02 659 07 ou contact via le Capricorne à Tuléar ; bungalows doubles avec s.d.b. 330 000 FMG petit déj compris, ou 430 000 FMG en demi-pension pour 2 personnes).* Les bungalows du Lakana Vezo sont certes beaux, mais malheureusement pas aussi luxueux que leur tarif le laisse espérer. L'hôtel, par ailleurs, ne jouit pas de la plus belle portion de plage d'Ifaty.

Le Paradisier *(☎ 94 429 14, fax 94 411 75, paradisier@paradisier.com, www.paradisier.com ; bungalows doubles avec s.d.b. 56,5 €, lit supp enfant/adulte 7,5/15 €, menu 65 000 FMG).* Exceptionnel pour la beauté des lieux, le premier hôtel que vous croiserez en venant de Tuléar mérite bien son nom, même si des voyageurs ont trouvé son atmosphère un peu assoupie. Ses superbes bungalows en pierre et palissandre, agrémentés d'un lit double et d'un lit simple sur la mezzanine, sont non seulement confortables mais aussi parfaitement intégrés à l'environnement. Les réservations pour cette adresse d'exception dans le Sud malgache sont possibles auprès de l'agence MDA à Tana (☎ 22 351 65, fax 22 351 67, mda@dts.mg), qui s'occupera également de votre transfert depuis Tuléar. Les cartes de crédit ne sont pas acceptées sur place.

Comment s'y rendre

Ifaty étend sa plage à 22 km au nord de Tuléar. On y accède par une piste de sable et de rocaille assez pénible. Des taxis-brousse et des camions quittent le stationnement des taxis-brousse du nord de Tuléar vers Ifaty, Morombe et Morondava. Il vous faudra sans doute attendre quelques heures avant de trouver un véhicule, que vous devrez peut-être aider à pousser pour le désensabler en cours de route.

Une solution plus simple et rapide consiste à avoir recours au minibus 4x4 de Vévé Lie, dit "Vévé" (☎ 032 02 05 442 ou 032 07 724 61), qui fait la navette à heures fixes entre Ifaty et Tuléar pour 50 000/60 000 FMG aller simple/aller-retour. Dans un sens, il quitte Ifaty (Chez Alex) à 7h30 ; dans l'autre, rendez-vous face au salon de thé Glace des As de Tuléar à 11h.

De nombreux hôtels proposent des transferts depuis la ville ou l'aéroport à des tarifs variables. Renseignez-vous par téléphone ou auprès des agences de réservation des hôtels d'Ifaty installées à Tuléar.

Précisons enfin que certains taxis-ville de Tuléar (des 4 L) accepteront de vous mener à Ifaty pour 175 000 FMG, à négocier, et que des possibilités de transfert en bateau étaient à l'étude lors de notre dernier passage.

SAINT-AUGUSTIN (ANANTSOGNO) ET SARODRANO

Ce village de pêcheurs vezo, qui longe la plage à 37 km au sud de Tuléar, dissimule son passé sous des airs alanguis. Aux XVIe et XVIIe siècles, la baie de Saint-Augustin était en effet l'une des têtes de pont pour l'approvisionnement et les échanges des négociants en épices ou en esclaves et des pirates venus d'Europe. En 1644, les récits du marin anglais Richard Boothby, enthousiasmé par l'endroit et ses habitants, incitèrent le peu recommandable John Smart et quelque cent-vingt autres colons à s'établir à Saint-Augustin. Ils commercèrent avec les Malgaches jusqu'à ce que les maladies tropicales les déciment. En 1646, les douze survivants, de moins en moins bien acceptés par la population locale, quittèrent Madagascar à tout jamais. La région devint plus tard un repaire de pirates, parmi lesquels figura John Avery, qui inspira à Daniel Defoe un personnage de son roman, *La Vie, les aventures et les pirateries du capitaine Singleton.*

L'atmosphère morne et l'environnement un peu à l'abandon du Saint-Augustin actuel ne laissent en rien deviner ce turbulent passé. Le village est cependant apprécié des voyageurs à petit budget pour son calme, la gentillesse de ses habitants et les possibilités qu'il offre de rallier Anakao à bas prix.

A 4 km au nord de Saint-Augustin, Sarodrano doit sa réputation à sa grotte : une petite cavité remplie d'eau douce au milieu de laquelle se dresse un arbre. L'entrée est théoriquement payante mais le préposé ne sera pas toujours présent pour réclamer son dû. Non loin coule la source Bina, sacrée aux yeux des Vezo. Un hôtel bon marché s'est installé sur une étonnante langue de sable à l'entrée de Sarodrano.

Où se loger et se restaurer

Vous trouverez à Saint-Augustin des adresses bon marché proposant un hébergement simple.

Le Corsaire – Chez Glover *(bungalows doubles avec s.d.b. commune 25 000 FMG, repas 15 000-25 000 FMG).* Huttes vezo aux commodités rudimentaires. Une bonne option pour les voyageurs à petit budget.

Village Longo Mamy *(bungalows doubles/triples/quadruples avec s.d.b. et eau froide 30 000/40 000/50 000 FMG, repas 15 000 FMG).* Sur la plage, le Village Longo Mamy offre l'hébergement le plus confortable et le plus agréable.

Chez Andréa *(bungalows doubles 50 000 FMG environ).* Sur une langue de sable au niveau de Sarodrano, à quelques kilomètres de Saint-Augustin par une piste labyrinthique et ensablée, Chez Andréa offre l'équipement minimal de huttes vezo dans un cadre idyllique mais isolé.

Deux adresses plus confortables sont situées à mi-chemin entre Tuléar et Saint-Augustin :

Melody Beach *(☎ 94 418 70 ou 032 02 167 57, mouktar@dts.mg ; bungalows de 50 000 à 150 000 FMG, plats 17 000-25 000 FMG).* A 15 km de Tuléar sur la piste de Saint-Augustin, cette adresse récente et agréable dispose d'une piscine et d'une paillote-restaurant. Les bungalows les plus chers sont vastes et équipés de sanitaires impeccables (eau froide). Site "balnéaire" – la côte se compose ici avant tout de mangroves – le plus proche de Tuléar, cette adresse est un bon choix si vous ne pouvez aller à Ifaty ou à Anakao et souhaitez vous reposer au bord de la mer. Un taxi de Tuléar vous y mènera pour 10 000 FMG environ.

La Mangrove Chez Alain *(contact* via *Chez Alain à Tuléar,* ☎ *94 415 27 ; bungalows doubles/triples avec s.d.b. 80 000/ 100 000 FMG, menu 45 000 FMG)*. L'annexe balnéaire de Chez Alain s'étend en bordure de la mangrove à 25 km de Tuléar sur la piste de Saint-Augustin. Les bungalows relativement agréables sont dotés de sanitaires avec eau froide, mais il existe une douche chaude commune. A défaut de plage, un ponton permet de se baigner. Le transfert depuis Chez Alain (20 000 FMG aller simple) est gratuit pour les clients. Vous trouverez un club nautique sur place.

Comment s'y rendre
Des camions-brousse quittent le principal stationnement des taxis-brousse de Tuléar vers Saint-Augustin le matin et en début d'après-midi. Certains taxis-ville de Tuléar acceptent également d'effectuer ce trajet d'environ 2 heures pour 150 000 FMG l'aller simple, à négocier.

Il est enfin possible de rejoindre Saint-Augustin en pirogue depuis Anakao. Comptez environ 2 heures et 20 000-25 000 FMG par personne selon vos talents de négociateur.

ANAKAO ET NOSY VE
Une longue plage, un village de pêcheurs vezo, un site de plongée d'exception... la carte postale était trop tentante pour ne pas attirer les voyageurs en mal de farniente. Anakao a cependant su garder son charme malgré le nombre croissant d'hôtels qui bordent son rivage. A 22 km au sud de Saint-Augustin, ce village qui n'est pratiquement accessible que par la mer rivalise maintenant avec Ifaty, plus fréquentée.

La majorité des sites de plongée d'Anakao entourent l'îlot inhabité de **Nosy Ve**, posé entre ciel et mer en face du village. Cette langue de sable vierge à l'incontestable parfum de paradis est également le seul lieu de nidification connu du paille-en-queue blanc *(Phaethon rubricauda)* à Madagascar. Le premier Européen à poser le pied sur Nosy Ve fut un pirate hollandais, l'amiral Cornelius de Houtman, en septembre 1595. Par la suite, flibustiers et colons français s'y installèrent brièvement.

A 7 km au large d'Anakao vers le sud, l'îlot sauvage de **Nosy Satrana** compte également de beaux sites de plongée.

Le banian sacré de Miary

A une dizaine de kilomètres au nord-est de Tuléar, le village de Miary est célèbre pour son étonnant banian sacré. Originaire du sous-continent indien, le figuier banian (ou banyan) se caractérise par ses longues branches qui descendent jusqu'au sol et s'y développent comme des racines. Celui de Miary, entouré d'un haut mur d'enceinte, présente un entrelacs de branches et de racines si dense qu'il est souvent cité comme le plus grand représentant de l'essence sur l'île.

Une légende explique la vénération que lui accordent les villageois. Elle remonte à la lointaine époque où le village de Miary était fréquemment balayé par les crues du Firehenana. Pour se débarrasser du fléau, les villageois décidèrent d'offrir au fleuve un sacrifice : ils attachèrent ensemble une jeune vierge et un garçonnet avec une feuille de banian et les enterrèrent vifs sur les berges du cours d'eau. Le fleuve accepta l'offrande et fit dès lors un détour, épargnant le village et lui donnant son nom (Miary signifie "détour" en malgache). L'énorme banian, qui poussa par la suite sur le lieu du sacrifice serait la réincarnation des deux enfants, ce qui explique son caractère sacré. Il est interdit de le toucher ou de le dégrader et préférable de solliciter l'autorisation auprès des villageois avant de s'en approcher.

Les Vezo, nomades de la mer

Les Vezo (prononcez "vez") sont le seul peuple sans réel territoire de la Grande Île. Ce sous-groupe des Sakalava du Menabe, qui vivent plus au nord, se caractérise en effet par son nomadisme. La population des Vezo, ce qui signifie "pagayeur", ne dépasserait pas 50 000 âmes. On raconte que cette évaluation a été obtenue lors des grandes famines de 1992 dans le Sud, lorsque le PAM (programme alimentaire mondial de l'ONU) tenta de les dénombrer en comptant leurs pirogues depuis un avion.

Nomades de la mer, les Vezo arpentent la côte du sud de la baie de Saint-Augustin aux abords de Morombe durant la saison sèche, à bord de leurs pirogues à balancier. Ils suivent les bancs de poisson – anchois, requins et toute proie qui passe à portée de leurs filets – et bivouaquent le soir sur les plages, sous un abri formé à l'aide des voiles carrées de leurs pirogues. Les Vezo présentent des similitudes de traits avec les Bantous d'Afrique mais ont été influencés par des apports asiatiques. C'est l'un des rares groupes ethniques de Madagascar à ne pas pratiquer la circoncision.

L'eau douce reste une denrée rare à Anakao. L'électricité est fournie par les groupes électrogènes et systèmes solaires des hôtels. Les communications par téléphone portable sont possibles sur certaines hauteurs. Vous ne trouverez ni banque ni commerce sur place.

Orientation
Du nord au sud, vous trouverez dans la baie d'Anakao les hôtels Longo Vezo, Chez Monica, le Prince Anakao et Safari Vezo. Ce dernier est installé à quelques centaines de mètres du village d'Anakao, où se trouve Chez Émile. Au sud du village, Chez Ingrid ferme la baie.

Un unique hôtel, La Réserve, est installé dans la baie d'Andovoaka, qui s'ouvre au sud de la baie d'Anakao. L'îlot de Nosy Ve surgit du lagon à un quart d'heure de pirogue en face du village.

Plongée et sports nautiques
Le récif qui borde Nosy Ve est réputé pour ses mérous, ses perroquets, ses raies, ses murènes, ses poissons-lions et ses fonds coralliens. Un petit aquarium naturel, protégé, se prête à merveille aux baptêmes.

Centre nautique du Safari Vezo (contact à Tuléar au ☎ 94 413 81). Baptême 250 000 FMG, plongée 200 000/220 000 FMG selon l'équipement, sorties en mer vers Nosy Satrana (85 000/125 000 FMG par personne pour la demi-journée/journée) ou à la rencontre des baleines, en saison.

Centre de plongée de Chez Monica (☎ 032 02 631 22 ou via l'hôtel). Baptême à Nosy Ve 230 000 FMG, plongée 200 000 FMG (tarif dégressif pour plusieurs plongées). Excursions vers Nosy Ve et Nosy Satrana.

Centre nautique de La Réserve (☎ 032 02 141 55 ou contact à Tuléar ☎ 94 437 17). Canoë-kayak, plongée (200 000 FMG), planches à voile, sorties en mer et pêche.

Circuits en 4x4
L'hôtel La Réserve, dans la baie d'Andovoaka, organise des circuits en 4x4 dans le Grand Sud. Comptez 75 000 FMG par personne pour une demi-journée autour d'Anakao et 350 000 FMG pour une journée au lac Tsimanampetsotsa (tarif jusqu'à 3 personnes, carburant inclus). Un circuit jusqu'à Itampolo revient à 550 000 FMG pour le véhicule (prévoir au moins 3 jours). L'hôtel peut s'arranger avec la société Fy Tours de Fort-Dauphin pour qu'un 4x4 de cette compagnie vienne vous chercher à Itampolo et vous emmène à Fort-Dauphin.

L'hôtel Safari Vezo propose des quads automatiques 2 places en location (125 000 FMG de l'heure, tarif dégressif).

Où se loger et se restaurer – petits budgets
Chez Ingrid (camping 15 000-30 000 FMG, bungalows doubles 40 000-50 000 FMG, plats 25 000-35 000 FMG, menu 45 000 FMG). Quasiment à l'intersection des deux baies, cet endroit chaleureux vous

mettra à l'aise quel que soit votre budget. Les plus spartiates pourront planter leur tente ou utiliser celles de l'hôtel ; les autres préféreront les bungalows façon chambre d'hôtes, au confort simple, mais agrémentés d'un zeste de déco. Vous trouverez cette adresse décontractée et sans prétention à une quinzaine de minutes de marche au sud du village.

Chez Émile *(bungalows doubles/triples 41 000/46 000 FMG, repas 15 000-30 000 FGM).* La seule adresse vraiment *gasy* d'Anakao a pignon sur rue dans le village. Les bungalows en planche, un peu spartiates mais propres, sont installés sur la dune 150 m au-dessus du restaurant. Il est possible de planter sa tente. Chez Émile est également apprécié pour son restaurant, qui sert de copieux plats de poisson grillé et de la langouste, lorsque les pêcheurs ont eu le casier heureux. Mieux vaut y aller tôt pour avoir le choix.

Catégories moyenne et supérieure

Chez Monica *(☎ 032 02 275 20, monica@compagniedusud.com ; bungalows doubles avec s.d.b. 82 000 FMG, triples-qua-druples 122 000 FMG, menu 45 000 FMG, plats 30 000 FMG).* Le hamac devant le bungalow est déjà de bon augure et cette première bonne impression ne tarde pas à se confirmer : Chez Monica compte en effet parmi les adresses les plus accueillantes d'Anakao. Sans prétention mais agréables, les bungalows bénéficient d'une petite touche de décoration qui suffit à rendre les lieux attachants, et le petit bar-restaurant est idéal pour passer le temps à regarder le ballet des pirogues vezo. Les sanitaires un peu spartiates dispensent de l'eau froide, comme presque partout ailleurs, mais on vous fera chauffer de l'eau pour une douche si vous le souhaitez. Possibilité de camper pour 35 000 FMG pour 2 personnes équipées, ou 55 000 FMG avec le matériel de l'hôtel.

Safari Vezo *(contact au ☎ 94 413 81 ; bungalows doubles/triples 120 000/160 000 FMG, repas 45 000 FMG, pension ou demi-pension obligatoire).* Doyen des hôtels d'Anakao – il a longtemps été l'unique établissement du village – le Safari Vezo

offre des bungalows de bois sans prétention, mais vastes et agréables. Une valeur sûre.

La Réserve *(☎ 032 02 141 55 ou contact Tuléar ☎ 94 437 17, quad@malagasy.com ; bungalows doubles avec s.d.b. 125 000 FMG, repas 40 000 FMG).* La Réserve se dresse solitaire au centre de la baie d'Andovoaka, face à une belle étendue de lagon. Un peu excentré mais situé dans un site superbe, cet hôtel récent dispose de bungalows en planches avec sanitaires et équipement solaire, confortables sans être exceptionnels, et quelques bungalows plus sommaires (30 000 FMG). Une bonne adresse pour les activités dans les environs et l'enthousiasme de la famille bretonne qui tient les lieux.

Longo Vezo *(☎/fax 94 437 64, longo-vezo@simicro.mg ; bungalows doubles 90 000-120 000 FMG, menu 35 000 FMG).* En surplomb de Chez Monica, vous y trouverez des bungalows en planches convenables et vastes. Possibilité de camping (25 000 FMG) lorsque l'hôtel affiche complet.

Le Prince Anakao *(☎ 94 439 57 ou 94 436 76, www.leprinceanakao.com ; bungalow double/quadruple avec s.d.b. 150 000/200 000 FMG).* L'implantation de ce complexe de 30 bungalows jumeaux impeccablement alignés a soulevé un tollé local en 2001. S'il propose sans conteste les bungalows les plus confortables d'Anakao, le Prince est en effet un peu trop "voyant" et symbolise pour beaucoup l'arrivée du tourisme de masse sur cette plage de rêve. Gageons que le temps et la végétation viendront compenser le manque de charme de ses débuts.

Comment s'y rendre

Anakao n'est réellement accessible que par la mer. A Tuléar, Compagnie du Sud *(☎ 94 435 99, bureau près du stationnement des pirogues ; ouvert tlj 7h-12h et 14h30-18h30)* assure des transferts en bateau. Ils ont lieu à heures fixes, à 7h30 et 10h dans le sens Tuléar-Anakao et à 8h et 14h30 dans l'autre. Le trajet dure environ 1 heure en semi-rigide et revient à 100 000 FMG l'aller simple.

Toujours sur le port de Tuléar, des piro-guiers vous proposeront des transferts en

LE SUD

pirogue à moteur, un peu plus longs et légèrement moins chers. Les hôtels d'Anakao proposent également des transferts en bateau. Gratuits pour certains à partir de quelques jours de séjour, ils sont le plus souvent facturés aux mêmes conditions qu'à la Compagnie du Sud.

La solution la moins chère pour rejoindre Anakao consiste à transiter par Saint-Augustin, où des piroguiers proposent la traversée de 2 heures environ pour 20 000 à 25 000 FMG par personne selon vos talents de négociateur.

DE TULÉAR A FORT-DAUPHIN

Traversant les territoires Mahafaly, Antanosy et Antandroy, les 650 km de mauvaise piste qui relient Tuléar à Fort-Dauphin (Taolagnaro) sont l'occasion de découvrir les superbes paysages arides du Grand Sud malgache, mais aussi l'exceptionnel littoral du canal du Mozambique. Parcourant de vastes étendues ponctuées de baobabs, d'*Alluaudia* aux épines en forme de spirale, de *Didierea* aux piquants épars et d'euphorbes, ils sont aussi l'occasion d'admirer les imposants tombeaux mahafaly, visibles entre Betioky et Ampanihy. Également réputés pour leur art funéraire, les Antanosy et les Antandroy, qui vivent dans la région située à l'est du territoire Mahafaly, comptent parmi les tribus les plus pauvres du pays. La plupart des villageois vivotent d'une maigre production de charbon de bois.

La RN 10 n'est pas la seule voie se dirigeant courageusement vers le Sud-Est depuis Tuléar. Une autre piste, accessible en 4x4 ou à moto, longe la côte et le territoire des pêcheurs vezo entre Beheloka, Itampolo puis Lavanono. Cette très belle variante est de plus en plus fréquentée par les voyageurs équipés de 4x4 que la conduite dans le sable ne rebute pas.

Idéal en véhicule tout-terrain, ce long itinéraire se révèle particulièrement éprouvant en taxi-brousse, mode de transport pénible au-delà d'une dizaine d'heures de voyage. Si l'aventure vous tente, prévoyez environ 2 jours pour effectuer le trajet Tuléar-Fort-Dauphin d'une seule traite (reportez-vous à la rubrique *Comment s'y rendre* de *Tuléar*).

Quel que soit votre mode de transport, renseignez-vous à l'avance sur l'état de la route avant de vous lancer dans l'aventure.

Certains sites sont accessibles en une journée ou deux depuis Anakao ou Fort-Dauphin. Reportez-vous à ces localités pour davantage de renseignements.

Vous trouverez peu de possibilités de ravitaillement et aucun moyen de changer de l'argent sur cet axe.

Betioky et Bezaha

Au bord de l'Onilahy, Betioky ("là où le vent souffle") et Bezaha se situent au cœur du pays mahafaly. Les points forts de la région sont les sépultures richement ornées et la réserve spéciale de Beza-Mahafaly.

Pour rejoindre Bezaha, 129 km à l'est de Tuléar, remontez pendant 70 km sur la RN 7 puis mettez le cap au sud sur la RN 10 au niveau d'Andranovory. Après 42 km de piste, prenez la direction du sud-est et parcourez encore 17 km pour accéder au village. Betioky se situe sur la RN 10, à environ 46 km au sud de l'embranchement pour Bezaha. Des taxis-brousse peu fréquents desservent les deux localités depuis Tuléar.

L'**Hôtel Teheza** *(Bezaha ; 30 000 FMG environ).* est le plus agréable des environs, il loue des chambres propres au confort rudimentaire.

L'**Hôtel Mamy Rano** *(Betioky ; 30 000 FMG environ)* laisse davantage à désirer mais le restaurant est bon. Les clients étant rares, les plats sont préparés à la demande et le service un peu long…

L'**Hotely Mahafaly** est un petit restaurant bon marché.

Réserve spéciale de Beza-Mahafaly

A 17 km de Betioky, cette réserve peu fréquentée comporte deux parcelles distantes de 3 km. La première comprend une centaine d'hectares de sable et de forêt, tandis que la seconde se compose essentiellement d'épineux. Elle est avant tout fréquentée par des scientifiques venus observer les lémuriens : maki catta, mirza de Cocquerel, lépilémur mustélien et propithèque de Verreaux. Parmi les autres mammifères, citons le rare tenrec à grandes oreilles. Offrant l'un des derniers habitats de la tortue radiée, Beza-Mahafaly accueille également 61 espèces d'oiseaux, dont le remarquable eutoxère, qui file à vive allure entre les arbres, et la huppe.

Renseignez-vous à l'avance au bureau de l'Angap ou au service des Eaux et Forêts d'Antananarivo pour les formalités d'accès.

Où se loger. La parcelle 1 abrite des sites d'hébergement destinés aux étudiants, aux chercheurs et au personnel de la réserve. Si quelques chambres se libèrent de temps à autre, les visiteurs ont tout intérêt à apporter leur nourriture et leur matériel de camping.

Comment s'y rendre. La réserve de Beza-Mahafaly se trouve à 17 km de Betioky. Une piste médiocre y mène mais l'itinéraire est si confus qu'il vous faudra un guide. Le trajet se révèle plus agréable en saison sèche. Renseignez-vous sur l'état de la route avant de partir, à plus forte raison s'il a plu.

Les employés de la réserve accepteront éventuellement de vous transporter depuis Betioky, ce qui entraînera de longues heures d'attente. Les moins pressés s'arrangeront avec les villageois pour s'y rendre en charrette à zébus. La solution la plus simple consiste à organiser une excursion avec une agence de voyages à Tuléar.

Beheloka

Ce modeste village de pêcheurs s'étend en bordure du canal du Mozambique, à une petite centaine de kilomètres de Betioky par une piste étonnamment rectiligne et à une 1 heure 30 d'Anakao. Au sud du village, en direction de la réserve de Tsimanampetsotsa, la grotte de Mitaho est parfois fréquentée par des spéléologues.

Il n'existe pas de liaison en taxi-brousse vers Beheloka. Pour vous y rendre en 4x4 depuis Betioky, prenez la RN 10 vers le sud. Environ 8 km après le village d'Ambatry, une piste en sable quitte la RN 10 et pique vers l'ouest. Elle mène à Beheloka en 75 km environ.

Des transferts par bateau sont possibles de Tuléar à Beheloka en contactant Mlle Viviane de Kooki Travel (☎ 94 436 65,

fax 94 439 72). Comptez 175 000 FMG par personne aller-retour pour un groupe de 3.

La Canne à Sucre *(contact ☎ 94 432 72 ; camping 15 000 FMG, doubles avec s.d.b. communes 75 000-100 000 FMG, bungalows doubles avec s.d.b. 120 000 FMG, lit supp 25 000 FMG, menu 45 000 FMG).* Également connue sous le nom de "Chez Bernard", la Canne à Sucre est une halte appréciée sur la route du sud.

RÉSERVE NATURELLE INTÉGRALE DE TSIMANAMPETSOTSA

A 7 km du littoral et à une quarantaine de kilomètres au sud d'Anakao, les 43 200 ha de cette réserve entourent le vaste lac de Tsimanampetsotsa. Célèbre pour accueillir une colonie de flamants roses, ce lac peu profond doit également son originalité à la teneur en calcaire qui teinte ses eaux d'une étonnante blancheur opaque et à l'espèce de poisson blanc aveugle qui y a élu domicile. Cette réserve particulièrement belle accueille en outre 72 variétés d'oiseaux, parmi lesquels des pluviers et des couas, ainsi qu'une vaste population de makis catta. Avec de la chance, vous pourrez y observer la tortue radiée de Madagascar dans son habitat naturel.

La réserve ne disposant d'aucune commodité, les visiteurs doivent donc prévoir vivres et équipement. Pour y camper, il est indispensable d'obtenir l'autorisation des villageois. Un hôtel serait en construction au village d'Efoetsy, à une vingtaine de kilomètres du lac.

Comment s'y rendre. Si vous disposez d'un 4x4, vous accéderez à la réserve en empruntant la piste ensablée et accidentée de 130 km qui part de Betioky.

Vous pourrez également avoir recours aux circuits en 4x4 proposés par l'hôtel La Réserve d'Anakao. Reportez-vous à la rubrique *Circuits en 4x4* d'*Anakao.*

Itampolo

Paradis de la langouste, le village de pêcheurs d'Itampolo étend sa longue plage à 95 km de piste côtière sableuse de Beheloka. Cette halte de charme est avant tout fréquentée par les voyageurs en 4x4. Pour continuer vers le sud par la côte en véhicule tout-terrain, vous devrez parcourir 45 km de mauvaise piste jusqu'à la Linta (que vous pourrez traverser en saison sèche) et atteindre Saodona, d'où une mauvaise piste de 85 km permet de rejoindre Ampanihy et la RN 10. Renseignez-vous à l'avance sur l'état de la piste et le niveau du cours d'eau. Des taxis-brousse épisodiques rejoignent Itampolo par la côte depuis Tuléar.

Sud-Sud (*contact via Chez Alain à Tuléar,* ☎ *94 415 27, fax 94 423 79, c.alain@dts.mg, www.chez-alain.net ; camping 15 000 FMG, doubles avec s.d.b. commune 75 000-100 000 FMG, bungalows avec s.d.b. 120 000-140 000 FMG, menu 45 000 FMG).* Émanation de l'hôtel Chez Alain de Tuléar, la bonne adresse d'Itampolo surplombe la baie de Salapaly.

Ampanihy
Célèbre pour ses tapis en mohair, Ampanihy est une étape incontournable pour les véhicules circulant entre Tuléar et Fort-Dauphin par la RN 10, camions-brousse compris. A 283 km de Tuléar et 224 d'Ambovombe, elle marque grosso modo le mi-parcours de la piste du Grand Sud. Outre un atelier de fabrication de tapis, vous pourrez voir quelques tombeaux mahafaly dans les environs de la localité, qui constitue le cœur du territoire de ce groupe ethnique. Un gigantesque baobab, considéré comme l'un des plus grands et des plus vieux encore debout, dresse son tronc énorme et sa maigre ramure à une vingtaine de kilomètres d'Ampanihy, au niveau du village de Reakaly. Selon un panneau de l'Angap, il ferait 27 m de circonférence et serait habité par un boa et une chauve-souris.

La piste est particulièrement mauvaise entre Ampanihy et Tranoroa, à la frontière occidentale du pays antandroy. Ces 41 km peuvent demander trois heures d'effort. Le trajet depuis Betioky (140 km), est plus simple sans être de tout repos.

Le Relais d'Ampanihy (*doubles 70 000 FMG environ*). Avec ses chambres et son restaurant acceptables, le Relais a la faveur des voyageurs de passage.

Lavanono
Le village de pêcheurs vezo de Lavanono fait parler de lui depuis peu, notamment par la bouche des surfeurs. Le site, qui baigne dans le grondement des vagues, connaît une certaine notoriété pour sa "gauche". L'autre originalité de cette localité aussi reculée qu'idyllique est que son nom signifie "longs seins", pour des raisons qui restent méconnues…

Il n'est pas toujours aisé de trouver son chemin dans la piste labyrinthique qui relie Ampanihy à Lavanono *via* la RN 10 et Beloha (145 km). Les 40 premiers kilomètres de piste pierreuse, après Ampanihy, sont les pires. La piste côtière de 150 km jusqu'à Itampolo est plus facile, mais elle est sableuse et coupée par la Linta qu'il vous faudra franchir. Les taxis-brousse vers Lavanono sont quasi inexistants.

Lavanono – Sorona (*contact à la Réunion* ☎ *0262 24 06 50, gigi.lavanono@wanadoo.fr ; bungalows simples/doubles s.d.b. ext. 60 000/90 000-130 000 FMG environ, plats 15 000-50 000 FMG).* Cette structure récente offrant un confort simple est la meilleure de la localité. Bâtie dans le style des habitations de l'Androy, elle fonctionne en étroite collaboration avec les familles villageoises. Mieux vaut prévenir à l'avance de son arrivée.

Vous trouverez des possibilités de camping dans le village.

Réserve spéciale du cap Sainte-Marie et Faux Cap
A la pointe méridionale de la Grande Île et à quelque 200 km de Fort-Dauphin, le cap Sainte-Marie a pour principal attrait d'offrir la satisfaction d'avoir atteint le point le plus méridional de la Grande Île. Un phare, la demeure désaffectée de son ancien gardien et une statue religieuse sont ses seuls points de repère marquants.

Une partie du secteur (1 750 ha) s'est vu octroyer le titre de "réserve spéciale", afin de protéger les quelque 14 espèces d'oiseaux et les deux variétés rares de tortues qui y ont élu domicile. Un petit bureau de l'Angap est implanté au village de Marovato, à 35 km au sud-ouest de Tsiombe et à 15 km au nord-est du cap. L'entrée de la réserve revient à 50 000 FMG. La présence d'œufs d'æpyornis, volatile éteint depuis 2 000 ans, attire également les visiteurs dans la région. Leur commerce est interdit par une convention de l'Unesco de 1970, comme l'a rappelé en juin 1999 la saisie au Havre (France) de 315 œufs dissimulés dans un container en provenance de Madagascar. La pointe sud de l'île est enfin un bon observatoire de la migration des baleines à bosses, qui croisent dans les eaux du canal du Mozambique entre juillet et octobre. A l'est du cap Sainte-Marie, Faux-Cap offre pour principal attrait un étonnant hôtel.

A moins de disposer d'un 4x4, vous devrez avoir une endurance à toute épreuve et une bonne dose d'imagination pour accéder à la "Patagonie malgache". L'unique solution consiste à rejoindre Lavanono ou Tsiombe puis à tenter sa chance auprès des rares véhicules qui circulent dans la région. Le cap Sainte-Marie est distant de 30 km de Lavanono. La même distance sépare Faux-Cap de Tsiombe.

Cactus Hôtel *(bungalows 36 000 FMG, repas 17 000-35 000 FMG).* L'accueil et l'ambiance de cette adresse du bout du monde tenue par une femme à la personnalité hors du commun compensent le confort spartiate des lieux. La langouste figure souvent au menu.

Ambovombe

L'entrée dans la poussiéreuse Ambovombe remplit généralement d'allégresse le cœur des voyageurs. La ville, miraculeusement reliée à Fort-Dauphin par 110 km de bonne route goudronnée (RN 13), marque en effet la fin de la dure piste du Grand Sud. L'autre attrait de la localité est le grand marché aux zébus qui s'y tient le lundi. Il débute à l'aube pour s'achever en milieu de matinée, en même temps que le marché classique. Mieux vaut donc arriver très tôt ou dormir sur place la veille.

Des taxis-brousse relient régulièrement Ambovombe à Fort-Dauphin (10 000 FMG environ, 3 à 4 heures). En chemin, vous découvrirez le grand et beau pont métallique qui enjambe le large lit du Mandrare, précédant le village poussiéreux d'Amboasary,

puis, aux abords du village de Ranopiso, un site funéraire antanosy. Il est orné de crânes de zébus et d'aloalo représentant toutes sortes d'événements, du plus ordinaire au plus macabre. Le plus célèbre motif, œuvre du sculpteur antanosy Fesira, datant probablement des années 1930, représente les derniers instants des passagers d'une pirogue qui périrent emportés par les flots. Des palmiers triédres *(Neodypsis decary)*, rare exemple de symétrie triple dans le règne végétal, vous accueilleront peu avant Fort-Dauphin.

L'Oasis *(☎ 92 70 016 ; doubles 50 000 FMG).* Meilleur choix de la ville, l'Oasis propose des chambres sommaires mais raisonnablement propres.

FORT-DAUPHIN (TAOLAGNARO)

Entourée de toutes parts par la mer et coiffée de collines verdoyantes et protectrices, Taolagnaro bénéficie d'un climat considéré comme le plus agréable de la côte orientale de Madagascar. Plus souvent désignée sous son ancien nom de Fort-Dauphin, la ville doit également son attrait au superbe littoral qui la borde et à ses réserves privées, exceptionnelles pour l'observation des lémuriens.

Atteindre cette localité modeste, d'environ 25 000 habitants, reste cependant malaisé : les voyageurs qui n'ont pas la chance de disposer d'un 4x4 doivent s'y rendre en avion ou endurer de longues journées de camion-brousse sur les mauvaises pistes du Sud malgache. Un projet de port visant à désenclaver Taolagnaro est à l'étude.

Vous entendrez souvent prononcer le nom de De Heaulme à Fort-Dauphin. Outre une plantation de sisal, cette riche famille d'origine française possède en effet une importante part de l'infrastructure touristique de la ville, notamment ses hôtels haut de gamme, la réserve de Berenty et la base nautique Vinanibe.

Histoire

Avec ses rues en sable, ses épaves de navires échoués sur la plage et son ambiance somnolente, la Fort-Dauphin actuelle ne laisse guère deviner son tumultueux passé. Les premiers colons européens à s'implanter dans la région furent des marins portugais,

FORT-DAUPHIN (TAOLAGNARO)

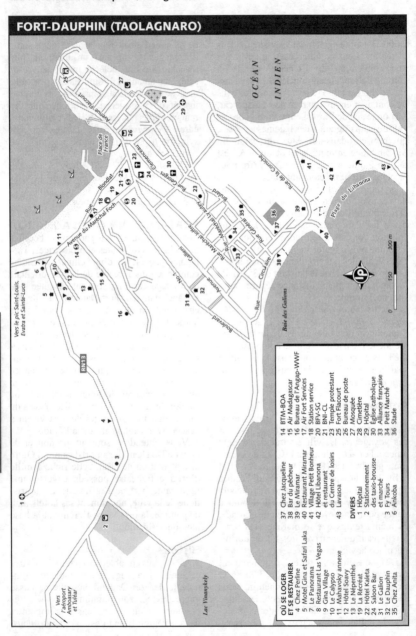

**OÙ SE LOGER
ET SE RESTAURER**
4 Chez Perline
5 Motel Gina et Safari Laka
7 Le Panorama
8 Restaurant Las Vegas
9 Gina Village
10 Le Calypso
11 Mahavoky annexe
12 Hôtel Soavy
13 Le Népenthès
19 La Récréat
22 Hôtel Kaleta
24 Saloon Bar
31 Le Galion
32 Le Dauphin
35 Chez Anita

37 Chez Jacqueline
38 Bar du pêcheur
39 Le Miramar
40 Restaurant Miramar
41 Village Petit Bonheur
42 Hôtel Libanona
   et restaurant
43 Lavasoa

14 BTM-BOA
15 Air Madagascar
16 Bureau de l'Angap-WWF
17 Air Fort Services
20 Station service
21 BFV-SG
21 BNI-CL
23 Temple protestant
25 Fort Flacourt
26 Bureau de poste
27 Mosquée
28 Cimetière
29 Hôpital
30 Église catholique
33 Alliance française
34 Petit Marché
36 Stade

DIVERS
1 Hôpital
2 Stationnement
   des taxis-brousse
   et marché
3 Fy Tours
6 Ankoba

naufragés au large de la côte sud de la Grande Île en 1504. Ils bâtirent un fort non loin de l'Ambinanibe et y demeurèrent jusqu'en 1527, lorsqu'ils furent chassés par les Antanosy. A l'issue du conflit, qui donna lieu à un véritable bain de sang, les Portugais survivants s'enfuirent dans les collines, où ils succombèrent aux éléments et à la haine persistante de leurs ennemis.

Il en aurait fallu davantage pour décourager la soif de conquêtes de la Société française d'Orient, organisation coloniale et commerciale française fondée par Louis XIII et dirigée par le sieur Jacques Pronis. En 1642, les premiers colons français débarquèrent dans la baie de Sainte-Luce (au nord de l'actuelle Fort-Dauphin) dans le but d'y faire du négoce et de s'approprier le territoire au nom du roi de France. Ce site de mangroves insalubres fut abandonné l'année suivante au profit d'une péninsule plus accueillante, à 35 km au sud, où existait déjà un village malgache du nom de Taolankarana ("lieu des rêves"). Après y avoir bâti le fort Flacourt, les colons baptisèrent Fort-Dauphin leur nouvelle colonie, en l'honneur du dauphin, futur Louis XIV, alors âgé de 6 ans. Pour la petite histoire, c'est de là que Pronis exila en 1646 douze mutins vers l'île déserte voisine de la Réunion, donnant ainsi le coup d'envoi du peuplement de l'actuel département d'outre-mer français.

Le premier comptoir colonial de Madagascar ne dura guère plus d'une trentaine d'années : décimés par les fièvres, déçus du peu de profit qu'ils tiraient du Sud malgache et harcelés par les Antanosy au même titre que les Portugais qui les avaient précédés, les Français abandonnèrent Fort-Dauphin en 1674. Si le port resta sur la route des navires qui croisaient dans les Mascareignes, négriers et pirates compris, les efforts coloniaux français à Madagascar se déplacèrent par la suite vers Nosy Be et l'île Sainte-Marie.

Renseignements

Argent. La BFV-SG change les devises et les chèques de voyage et délivre des avances sur les cartes Visa. Elle ouvre en semaine de 8h à 11h30 et de 14h à 16h. Vous pourrez

également y effectuer des transferts d'argent *via* le service Western Union.

Vous obtiendrez des espèces sur présentation d'un chéquier et d'une carte Visa du Crédit Lyonnais à la BNI-CL, qui change également devises et chèques de voyage. L'agence ouvre ses portes en semaine de 8h à 11h et de 14h à 16h.

La BTM-BOA possède, elle aussi, un guichet de change et accepte la Mastercard. Ses guichets accueillent le public en semaine, de 8h à 11h et de 14h à 16h.

Les problèmes d'approvisionnement dus à l'enclavement de la ville rendent la vie un peu plus chère à Fort-Dauphin qu'ailleurs.

Poste et communications. Le bureau de poste, situé place de France, à proximité de l'hôtel Kaleta, ouvre en semaine aux heures de bureau et le samedi matin. Vous trouverez une cabine téléphonique à carte face au bureau, ainsi que devant Air Fort Service, à l'Alliance française et à côté du Motel Gina.

Alliance française. Au cœur de la ville, la petite Alliance française de Fort-Dauphin ouvre en été du mardi au samedi, de 9h à 12h et de 14h30 à 17h.

WWF-Angap. Dissimulé sur une hauteur au-dessus des locaux d'Air Madagascar, le bureau du WWF-Angap (☎ 92 212 68) n'est guère facile à trouver. Vous pourrez y glaner quelques informations sur le parc d'Andohahela. Un centre écologique (☎ 92 212 42, cel@bow.dts.mg) principalement destiné aux étudiants et chercheurs est implanté au Libanona, à côté de Lavasoa.

A voir et à faire

Bâti par les Français en 1643, **le fort Flacourt** (ouvert lun-sam 8h-11h et 14h-17h, dim 14h-18h, 10 000 FMG) a quasiment disparu, hormis quelques canons d'époque. Si vous souhaitez voir ces modestes vestiges et profiter de la vue sur le promontoire, essayez de négocier l'entrée à la caserne avec l'un des plantons (certains n'ont visiblement pas été informés du fait que la visite est autorisée…). Une petite salle d'exposition, baptisée musée de l'Anosy, a ouvert ses portes à côté du fort.

Le PAM : lutter contre un équilibre alimentaire fragile

C'est à la suite des grandes famines causées par la sécheresse en 1991 et 1992 que le PAM (Programme alimentaire mondial ou World Food Program, organisme onusien en charge des problèmes de malnutrition) a commencé à distribuer des vivres dans le Sud de l'île. Si l'organisation – qui possède un bureau près de l'hôtel Le Galion à Fort-Dauphin – a choisi de rester après 1993, année pourtant marquée par le retour de la pluie et par une bonne récolte agricole, c'est que l'équilibre alimentaire d'une frange de la population du Sud reste fragile, notamment entre septembre et décembre. Dans nombre de villages, l'alimentation repose en effet sur une seule denrée et reste à la merci de la sécheresse. C'est pour tenter d'y remédier que le PAM a mis en place un programme "Vivres contre travail", qui a fait ses preuves dans d'autres pays. L'idée consiste à rétribuer en nature des travaux d'intérêt général visant à limiter la fragilité alimentaire des villages : captages d'eau, productions maraîchères, réhabilitation de puits, etc. L'un des avantages de l'opération est de ne pas "assister" directement les populations, ce qui reviendrait à accroître leur précarité alimentaire. Près de 800 à 1 000 tonnes de vivres sont ainsi distribuées dans le Sud chaque année. Cette aide peut s'élever à 2 500 t et plus en cas de problème majeur. Les responsables du PAM sont cependant conscients que ce chiffre peut augmenter en cas de difficulté : le Sud est une zone sablonneuse peu propice aux récoltes et les sols retiennent difficilement l'eau de pluie.

　　Le PAM a également installé un système de cantines scolaires, dont l'un des effets est de favoriser la scolarisation, les parents étant plus enclins à envoyer leurs enfants à l'école s'ils savent qu'ils y seront nourris. En 2000, l'organisme onusien a mis en place un projet de développement de la région sur 4 ans.

En longeant la rue de la Corniche, de l'hôtel Miramar au fort, vous passerez devant un petit cimetière envahi de mauvaises herbes. La baie du nord est jalonnée d'épaves de bateaux (que des États étrangers auraient, paraît-il, abandonnées moyennant une petite contribution). La mer est trop mauvaise à cet endroit pour autoriser la baignade.

Non loin de l'hôtel Miramar, la **plage de Libanona** est l'une des plus agréables de la ville. Les courants y sont néanmoins assez forts et la mer parfois agitée. De l'autre côté de la petite péninsule, une longue plage s'étire dans la **baie des Galions**. Des baleines croisent au large de Fort-Dauphin vers le mois de septembre.

Centres nautiques
Propriété du groupe De Heaulme, la Base Nautique Vinanibe (contact *via* SHTM ☎ 92 212 38, fax 92 211 32, www. madagascar-contacts/vinanibe) a ouvert ses portes en 1999. Planche à voile (11,5 à 15,5 € de l'heure), kite-surf (23 €), dériveurs et ski nautique sont au programme de ce club implanté sur les berges du lac Vinanikely. La faible profondeur du lac en fait un lieu idéal pour l'apprentissage des sports nautiques. La société SMTH assure des transferts vers le club.

Un second club nautique, géré par l'agence Ankoba (☎ 92 215 15), borde la baie des Galions. Il séduira davantage les véliplanchistes expérimentés.

Circuits organisés
Air Fort Services (☎ 92 212 24, 92 212 34). Cette dynamique agence qui ouvre du lundi au samedi midi, de 8h à 12h et de 14h30 à 18h, loue des 4x4 avec chauffeur pour 480 000/600 000 FMG par jour selon le modèle, plus le carburant. Elle propose également des visites du domaine de Nahampoana (100 000 FMG par personne avec le transfert, l'entrée et les services d'un guide) ; des randonnées d'une journée dans la forêt humide ; une balade en bateau jusqu'au village de pêcheurs d'Evatra suivie d'1 heure de marche jusqu'à Lokaro (200 000 FMG par personne, 3 personnes au minimum) ou un itinéraire similaire au précédent mais étalé sur deux jours, avec une nuit à Evatra (400 000 FMG par per-

sonne, tout compris). Demandez à voir le catalogue clair, précis et professionnel de cette agence où vous pourrez payer par carte Visa ou Mastercard moyennant 9% de supplément.

Lavasoa (☎/fax 92 211 75, lavasoa@dts.mg). Tenue par un couple de Français, cette petite structure recommandée par des lecteurs propose des locations de 4x4 avec chauffeur pour des circuits dans le Grand Sud (550 000 FMG/jour plus carburant et un jour de location supplémentaire pour le retour du véhicule) et des circuits "tout compris" incluant le véhicule, le chauffeur, la nourriture et les hébergements (650 000 FMG par jour et par personne sur la base de deux personnes, tarifs dégressifs). Spécialisée en écotourisme, Lavasoa organise par ailleurs des excursions vers Lokaro, le pic Saint-Louis, le lac Anony, Lavanono…

Fy Tours (☎ 92 216 31, fax 92 214 14). A la sortie de la ville en direction du stationnement des taxis-brousse, cette petite agence dont le slogan est "le tourisme à petit prix" propose des circuits dans les environs et des voitures en location.

Safari Laka (☎ 92 212 66). Installée au Motel Gina, Safary Laka organise des excursions en bateau et 4x4 : forêt, bord de mer, villages de pêcheurs, etc.

Ankoba (☎ 92 215 15). Mitoyenne du Panorama, Ankoba est spécialisée dans le location de bateau, notamment vers Lokaro. Vous pourrez notamment y organiser une sortie d'une journée vers Lokaro, soit par la mer, soit par les lacs. Cette dernière option est préférable. Les bateaux, qui peuvent accueillir jusqu'à 6 personnes, sont loués 700 000 FMG par jour.

SHTM (☎ 92 212 38, fax 92 211 32). L'agence de voyages du groupe De Heaulme, implantée au rez-de-chaussée de l'hôtel Le Dauphin, s'adresse en priorité aux groupes. Ouverte en semaine de 7h30 à 12h et de 14h30 à 18h, elle assure les réservations pour la réserve de Berenty, à 80 km de Fort-Dauphin. L'accès à cette réserve privée, aussi belle qu'onéreuse, vous coûtera 160 € pour 1 ou 2 personnes (ou 72 € par personne si vous êtes plus de 2). Ces tarifs incluent l'aller-retour en 4x4, l'entrée et les services d'un guide. Ajoutez les repas et 47 € d'hébergement si vous souhaitez y passer la nuit. Parmi les autres prestations de SHTM, une journée en bateau à destination de Lokaro par les lacs vous reviendra à 84 € pour 1 ou 2 personnes, ou 33,5 € par personne au-delà. Comptez 17 € pour une visite de la ville et du jardin botanique Saïdi – il abrite des palmiers, des orchidées, des ravinala et des eucalyptus à une dizaine de kilomètres de Fort-Dauphin – et 84 € (1 ou 2 personnes) ou 33,5 € par personne

(à partir de 3) pour rejoindre l'îlot des Portugais. Vous pourrez gravir le pic Saint Louis, avec un accompagnateur et le préacheminement en voiture, pour 9 € environ. L'agence n'accepte pas les cartes de crédit.

Où se loger

Le centre-ville offre l'avantage de la proximité des banques, des agences de voyages et des restaurants. Les abords de la plage de Libanona sont très calmes mais un peu excentrés.

Où se loger – petits budgets

Chez Anita (☎ *92 213 22 ; bungalows doubles/triples avec s.d.b. 52 000/67 000 FMG, plats 10 000/15 000 FMG).* Sur les "hauteurs" de la ville, non loin du Miramar, Chez Anita figure parmi les meilleures adresses de cette catégorie de prix. Serrés dans un petit jardin, les bungalows offrent un confort simple mais sont bien entretenus. Les plus grands disposent d'une mezzanine.

Chambres d'hôtes Chez Jacqueline *(doubles s.d.b. commune 50 000 FMG).* Autre bon choix à petit budget, cette adresse *gasy* sans prétention abrite des doubles propres et claires. Vous la trouverez à mi-chemin entre le centre-ville et le Libanona.

Mahavoky annexe *(☎ 92 213 97 ; doubles avec s.d.b. sur rue/mer 50 000/55 000 FMG).* Près d'Air Fort Services dans le centre, le Mahavoly annexe dispose de chambres convenables mais anciennes et un peu défraîchies.

Soavy *(☎ 92 213 59, simples/doubles avec s.d.b. commune 35 000/40 000 FMG).* Moins reluisant que le laisse supposer la belle camionnette qui vient chercher les clients à l'aéroport, le Soavy offre des chambres minuscules dans un bâtiment en bois. Son intérêt principal : le prix.

Où se loger – catégorie moyenne

Gina Village *(☎ 92 215 30, bungalows doubles avec s.d.b. 90 000 FMG).* Les agréables bungalows en pierre du Gina Village comptent parmi les meilleurs de cette catégorie. Blandine, la gérante, vous réservera un accueil sympathique et pourra vous aider à organiser vos excursions dans les environs.

Motel Gina *(☎ 92 212 66, fax 92 217 24 ; doubles 50 000 FMG, bungalows doubles avec s.d.b. 122 000 FMG, bungalows "confort" 144 000 FMG)*. Dans un jardin touffu, le Motel Gina abrite des chambres bon marché assez sommaires et des bungalows de deux types. Ceux à 122 000 FMG sont corrects mais surévalués ; les plus chers, en pierre et palissandre, sont particulièrement confortables.

Le Panorama *(☎ 92 216 56 ; bungalows doubles/quadruples avec s.d.b. 65 000/85 000 FMG)*. Restaurant et discothèque, le Panorama possède 5 bungalows en dur dans un environnement qui laisse un peu à désirer. Un peu sombres et situés en contrebas de la discothèque, ils restent néanmoins un bon choix pour le prix.

Le Népenthès *(☎ 92 210 61 ; bungalows doubles avec s.d.b. 71 000 FMG, repas 20 000 FMG environ)*. Cernée de végétation, cette adresse genre chambre d'hôtes ne manque pas de charme. Bon choix dans cette gamme de prix, elle propose également des repas malgaches, sur commande.

Hôtel Kaleta *(☎ 92 212 87 ; doubles avec s.d.b. 140 000-240 000 FMG, plats 12 000/20 000 FMG)*. Vastes mais anciennes, les chambres de ce grand établissement construit autour d'une cour et doté d'une terrasse avec vue sur la mer mériteraient un effort d'entretien compte tenu du tarif. Les plus chères, avec vue sur la mer, sont dotées de baignoire et de la TV.

Village petit bonheur *(☎ 92 212 60, fax 92 212 74 ; bungalows avec s.d.b. 85 000 FMG, chambres doubles avec s.d.b. 100 000 FMG)*. Cet hôtel rénové en 2000 et situé à proximité de la plage du Libanona figure parmi les meilleurs choix dans cette gamme de prix. Les chambres, propres et bien décorées, sont particulièrement agréables.

Où se loger – catégorie supérieure

Lavasoa *(☎/fax 92 211 75, lavasoa@iris.com ; doubles/triples avec s.d.b. 175 000/205 000 FMG)*. Avec ses deux chambres d'hôtes décorées avec goût et dotées de s.d.b. impeccables et d'une petite terrasse, cette adresse de charme un peu excentrée propose des prestations à la hauteur de ses tarifs. Située au-dessus de la plage du Libanona, elle offre également un superbe point de vue sur la baie des Galions. Il est préférable de réserver pour séjourner dans cette petite structure qui organise par ailleurs des circuits écotouristiques. Les petits déjeuners sont assurés sur place mais pas les repas. Les restaurants les plus proches sont ceux de la plage du Libanona, à une dizaine de minutes à pied.

Le Dauphin, **Le Galion** et **Le Miramar** *(réservations gérées par SHTM, ☎ 92 212 38, fax 92 211 18 ; doubles avec s.d.b. 47,5 €)*. Propriété du groupe De Heaulme, les trois hôtels haut de gamme de Fort-Dauphin offrent des chambres confortables et bien équipées mais manquent un peu d'animation. Si le Dauphin possède les chambres les plus spacieuses, le Miramar jouit du cadre le plus agréable. Les règlements par carte bancaire ne sont pas acceptés. Le nouvel hôtel de luxe du groupe – La Croix du Sud – était en construction lors de notre dernier passage.

Où se restaurer – petits budgets

Chez Perline *(plats 10 000-15 000 FMG)*. Le secteur excentré du marché et du stationnement des taxis-brousse regorge d'hôtely bon marché. Chez Perline est l'un des meilleurs ; la langouste, proposée à un prix imbattable, y est succulente.

Chez Anita *(☎ 92 213 22 ; plats 10 000-15 000 FMG)*. Cette adresse sans prétention propose une bonne cuisine familiale dans une petite salle pimpante et chaleureuse : soufflé de poisson, thon au coco, spaghettis aux fruits de mer… Vin à partir de 25 000 FMG.

Restaurant Las Vegas *(plats 20 000 FMG environ)*. En face du Motel Gina, cette adresse populaire propose des plats chinois bon marché, ainsi que des poissons grillés, des brochettes de thon, des crevettes, etc. Le décor n'a rien de luxueux mais la cuisine est correcte.

Mahavoky annexe *(☎ 92 213 97 ; plats 12 000-18 000 FMG)*. Non loin, le restaurant de l'hôtel Mahavoky est apprécié pour ses plats malgaches et français : bisque de crabe, filet de poisson au gingembre, calamar sauté à l'ail, langouste (sur commande).

Hôtel Libanona *(plats 12 000-40 000 FMG)*. Pour un dîner en bord de mer, installez-vous dans la petite salle du restaurant de l'hôtel Libanona. Rougail saucisses, tournedos de zébu, langouste grillée, crevettes sautées à l'ail ou en brochettes, huîtres pleine mer, salade de crabe figurent au menu, en plus des spécialités sur commande : romazava de poisson ou ravitoto.

Restaurant du Centre de loisirs *(plats 15 000 FMG environ)*. En bordure de la plage du Libanona, le restaurant du centre de loisirs sert des plats du jour dans un cadre agréable.

La Récreat *(snacks 5 000/10 000 FMG)*. Agréable pour boire un verre, cette petite terrasse du centre sert des snacks : sambos, beignets, brochettes, etc.

Bar du pêcheur. Une petite gargote sans prétention peinte de couleurs pimpantes, idéale pour boire un verre en contemplant la baie des Galions.

Où se restaurer – catégories moyenne et supérieure

Le Panorama – La Terrasse *(☎ 92 216 56, plats 15 000-30 000 FMG)*. Entièrement refait dans un style un peu trop propret, le restaurant de l'hôtel-discothèque le Panorama a perdu de son atmosphère mais reste une bonne table. Outre l'assiette "découverte" (assortiment de 3 plats malgaches) et les huîtres pleine mer (sur commande), citons l'excellent gratin de crabe, la brochette mixte de fruits de mer ou le filet de zébu thermidor sauce béarnaise. Concluez par une tarte coco ou le mystérieux "Rêve de vierge"…

Le Calypso *(☎ 92 216 61 ; plats 12 000-15 000 FMG environ)*. Poisson à la tahitienne, crabe sauté à l'ail et beignets de crevettes figurent à la carte de cette adresse un peu chic mais décontractée, l'une des plus "occidentales" de la ville. La jolie salle, le mobilier en palissandre et le bar agréable ajoutent au charme des lieux.

Le Miramar *(plats 25 000-50 000 FMG environ)*. Le restaurant le plus chic de Fort-Dauphin, à défaut d'être le plus chaleureux, sert une bonne cuisine avant tout axée sur les produits de la mer : crabe nature décortiqué (un régal !), poisson à la tahitienne, grillé ou en brochette, langouste… Sans conteste la plus belle terrasse de la ville.

Où sortir

Le Panorama *(☎ 92 216 56 ; 3 000 FMG en semaine, 10 000 FMG ven et sam)*. Ouvert tous les jours, la discothèque de Fort-Dauphin s'anime les vendredis et samedis. Le **Restaurant Las Vegas**, en face du Motel Gina, tente parfois de lui ravir la vedette en semaine. Un **Casino**, ouvert de 17h à 1h, est implanté au rez-de-chaussée de l'hôtel Kaleta. Enfin, le **Saloon Bar**, dans la chambre de commerce, peut être amusant pour boire un verre.

Comment s'y rendre

Avion. Les locaux rutilants d'Air Madagascar (☎ 92 211 22) ouvrent en semaine de 8h à 12h et de 15h à 17h et le samedi de 8h à 11h. Le bureau, bien qu'informatisé, n'accepte pas les cartes de crédit. La compagnie assure des vols vers Tana (651 500 FMG), Manakara (436 500 FMG), Mananjary (511 500 FMG), Farafangana (356 500 FMG) et Tuléar (481 500 FMG).

Taxi-brousse. L'état particulièrement mauvais des pistes, tant vers le nord que vers l'ouest – hormis le court tronçon goudronné qui rejoint Ambovombe – décourage de nombreux visiteurs.

Les itinéraires routiers au départ de Fort-Dauphin sont en effet longs et éprouvants. Si l'aventure vous tente, dirigez-vous vers le stationnement des taxis-brousse, installé aux abords du marché dans la partie ouest de la ville.

Plusieurs fois par semaine, des camions-brousse effectuent le difficile trajet vers Tuléar *via* Ambovombe, Tsiombe, Ampanihy et Bezaha, qui dure au moins 30 heures (80 000 FMG). Pour de plus amples détails sur cet itinéraire, reportez-vous à la rubrique *De Tuléar à Fort-Dauphin*.

La RN 13, qui relie Fort-Dauphin à Ihosy en 490 km, n'est guère plus confortable (environ 2,5 jours, 125 000 FMG). Reportez-vous à la rubrique *D'Ihosy à Fort-Dauphin*.

LE SUD

Comment circuler

Desserte de l'aéroport. L'aéroport de Fort-Dauphin est situé à 4 km de la ville. Le tarif officiel des taxis s'élève à 10 000 FMG. Vous pouvez également essayer d'emprunter le bus d'Air Fort Services, principalement utilisé pour le transport du personnel de l'aéroport.

Taxi. Les taxis s'arrêtent tôt à Fort-Dauphin. Ils sont assez rares, en général collectifs, et les prix sont fixes. Comptez 2 000 FMG pour une course en ville et 7 000 FMG pour gagner la plage de Libanona depuis le centre.

ENVIRONS DE FORT-DAUPHIN

Les réserves privées et le littoral des environs de Fort-Dauphin comptent quelques sites à ne pas manquer. S'il est possible d'organiser son propre itinéraire en taxi-brousse de Fort-Dauphin à Ambovombe, l'excursion organisée s'impose pour certaines destinations, compte tenu de l'état des routes et des difficultés d'accès. Reportez-vous à la rubrique *Circuits organisés*, plus haut dans ce chapitre.

Pic Saint-Louis

Dominant la ville de ses modestes 529 m, le pic Saint-Louis offre une vue magnifique

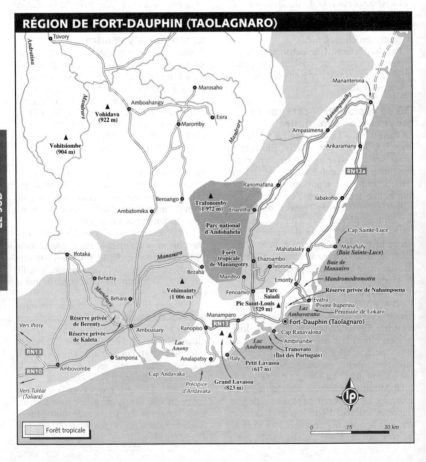

RÉGION DE FORT-DAUPHIN (TAOLAGNARO)

sur la baie de Fort-Dauphin. Les randonneurs aguerris doivent compter de 1 à 2 heures de montée et 1 heure de descente. Grimper à l'aube est idéal afin d'éviter la canicule et le vent.

Commencez par suivre la piste de sable qui part vers le nord depuis le restaurant Panorama. Au bout de 3 km, après avoir dépassé une station-service et un camp militaire, vous atteindrez une fabrique de sisal d'aspect moderne (indiquée "Usine Sifor") sur la gauche. Plusieurs sentiers se rejoignent à proximité et il n'est pas toujours facile de trouver le bon. En cas de doute, n'hésitez pas à demander votre chemin ou, mieux, prenez un guide. Le parcours ne présente guère de difficulté, hormis quelques buissons en surplomb, une fois que vous êtes engagé sur le bon sentier. Au sommet se trouve un énorme rocher, d'où vous pourrez admirer la ville, la campagne environnante et les kilomètres de plage qui bordent la côte vers le nord. De nombreuses agences pourront vous aider à organiser cette courte randonnée.

Jardin botanique Saïdi

A une dizaine de kilomètres de la ville sur la route de Sainte-Luce, ce parc botanique regroupe un nombre raisonnable de palmiers, d'orchidées, de ravinala et d'eucalyptus. SHTM (☎ 92 212 38) organise une visite couplée à un tour de la ville. Vous pouvez aussi affréter un véhicule pour quelques heures.

Tranovato (îlot des Portugais)

Le fort des Portugais est l'un des rares vestiges témoignant de l'occupation portugaise du XVIᵉ siècle. Bâti en 1504 par des marins naufragés à l'embouchure de l'Ambinanibe, il est considéré comme le plus ancien édifice de la Grande Île. Son nom malgache, Tranovato, signifie "maison de pierre". Il n'en subsiste aujourd'hui que trois murs en ruine, juchés sur un tertre recouvert d'herbe et de quelques arbres. Tranovato abrite quelques étonnants spécimens de papillons et offre un large panorama sur les rizières, les cours d'eau et la mer.

Pour atteindre l'îlot, prenez un taxi-brousse ou un VTT et dirigez-vous vers

l'ouest par la RN 13. A l'épicerie-bar, une fois dépassée la borne kilométrique 10, obliquez au sud sur une piste que vous suivrez pendant 3 km, puis empruntez le chemin qui mène au village antanosy d'Ambinanibe, au bord du lac Andriambe (une demi-heure de marche environ). Une fois sur place, demandez à un piroguier de vous faire traverser le lac pour rejoindre l'îlot, à 1 km. La traversée ne dure qu'une quinzaine de minutes, mais la négociation du tarif vous demandera sans doute plus de temps.

Plus facile, mais aussi plus cher, vous pouvez participer à un circuit de l'agence SHTM à Fort-Dauphin.

Parc national d'Andohahela

A une quarantaine de kilomètres au nord de Fort-Dauphin en direction d'Amboasary, les 76 020 ha de cette ancienne réserve du WWF devenue parc national en 1997 sont, en théorie, l'occasion d'observer des lémuriens, les derniers vestiges de forêt tropicale primaire du Sud malgache et un secteur de bush épineux. Englobant les monts Trafonomby, Andohahela et Vohidagoro, le parc est divisé en trois parcelles distantes de plusieurs dizaines de kilomètres, difficiles à atteindre sans son propre véhicule.

Dans les faits, le parc national d'Andohahela reste peu fréquenté, d'autant plus que l'Angap n'a pas encore réellement organisé de visite et que les guides sont encore en formation. Si vous vous sentez une âme de pionnier, adressez-vous au bureau du WWF-Angap de Fort-Dauphin, qui vous trouvera un guide et vous vendra les billets. Les entrées du parc sont situées aux villages d'Ihazofotsy, Tsymelahy et Mangatsiaka, respectivement distants de 112, 65 et 60 km de Fort-Dauphin. Les taxis-ville de Fort-Dauphin pourront vous mener aux entrées Mangatsiaka ou Tsymelahy pour 225 000 FMG pour la journée.

Le centre d'interprétation de ce parc national balbutiant, à une quarantaine de kilomètres de Fort-Dauphin en bordure de la RN 13, est en revanche facilement accessible, y compris en taxi-brousse. Vous y découvrirez une petite exposition sur la faune et la flore de la réserve.

Lac Anony

A 15 km au sud d'Amboasary et 75 km à l'ouest de Fort-Dauphin, ce site de 2 350 ha, estampillé "site d'intérêt biologique" par l'Angap, doit sa réputation à sa population d'oiseaux aquatiques. Le Lac Anony est proposé en supplément des circuits organisés par SHTM à destination de Berenty.

Domaine de Nahampoana

A 7 km de Fort-Dauphin sur la route de Lokaro, ce "parc zoologique et botanique" est le plus proche de la ville et l'un des plus intéressants. Il offre par ailleurs l'occasion d'observer des lémuriens aux visiteurs que les tarifs de la réserve de Berenty rebutent.

Faune et flore. L'un des atouts de cette ancienne station d'agriculture d'État, rachetée en 1997 par Air Fort Services et aménagée en réserve, est de présenter à la fois différentes espèces de lémuriens et un large éventail de végétation du Sud malgache. Passée une allée de palmiers, on évolue dans un parc parfaitement entretenu entre les eucalyptus, les bambous, les camélias, les hibiscus, les camphriers, les litchis, les pistachiers, les népenthès (plantes carnivores), les fougères sensitives (qui se ferment au moindre contact et auraient des vertus apaisantes), mêlés à la végétation sèche du Sud : *Didierea*, sisal, euphorbes, *Pachypodium*, etc. Des groupes de makis catta, lémurs fulvus, sifaka (propithèques de Verreaux) et d'hapalémurs gris s'égayent dans ce décor que des guides compétents vous aideront à apprécier. Crocodiles, caméléons, tortues, oiseaux et autres représentants du règne animal complètent cette visite d'environ 3 heures, qui peut s'achever par une courte randonnée vers une cascade naturelle (la réserve est située à proximité du captage d'eau de la ville de Fort-Dauphin) ou par un tour de pirogue dans les mangroves.

Tickets et guides. Le droit d'entrée à la réserve est fixé à 50 000 FMG, y compris l'assistance d'un guide. Les billets sont en vente sur place ou à l'agence Air Fort Services de Fort-Dauphin.

Où se loger et se restaurer. La proximité rend la visite possible dans la journée depuis Fort-Dauphin. Un restaurant et des chambres sont cependant disponibles sur place (doubles à partir de 150 000 FMG).

Comment s'y rendre. La majorité des visiteurs optent pour l'excursion organisée par Air Fort Services (☎ 92 212 24, 92 212 34), qui propose une formule à 100 000 FMG incluant le trajet aller-retour en voiture et le droit d'entrée. Pour vous y rendre par vos propres moyens, prenez la route qui part à droite en face du stationnement des taxis-brousse et se dirige vers Lokaro, entre lacs, montagnes, rizières et les petites huttes des villages antanosy. La réserve se situe à 17 km de Fort-Dauphin. Des taxis-brousse passent parfois à proximité et les taxis-ville de Fort-Dauphin pourront vous y conduire.

Réserve de Berenty

Exceptionnel sanctuaire de lémuriens, la réserve de Berenty rassemble, entre deux anciens bras morts du Mandrare, presque un tiers de la forêt de tamariniers de la Grande Île. Ce lieu magique compte un unique défaut : le coût de la visite.

Créée en 1936 par Henri de Heaulme, planteur de sisal et père de l'actuel propriétaire, la réserve acquit rapidement une renommée internationale. En 1962, le Dr Alison Jolly, de l'université de Princeton, la choisit pour étudier le comportement des makis catta. Réputée pour le sérieux de son approche écologique, Berenty n'a depuis jamais cessé d'attirer chercheurs et naturalistes. Le site a finalement ouvert ses portes au grand public au début des années 1980 et compte maintenant parmi les plus réputés de Madagascar. En 1985, Jean de Heaulme a reçu le prix de la fondation Getty pour la protection de la nature. Le Wildlife Preservation Trust International (Fonds international pour la protection de la nature) travaille, en collaboration avec le propriétaire, à la gestion à long terme de la réserve. Il a, par exemple, été décidé de ne plus nourrir les lémuriens afin de préserver leur adaptation au milieu naturel.

Flore et faune. De taille modeste, la forêt de Berenty abrite plus de 115 espèces de plantes servant d'habitat à une faune étonnamment variée. Principalement constituée de tamariniers, c'est une oasis de 265 ha encerclée par une végétation désertique, des plantations de sisal et le splendide fleuve Mandrare. Les lémuriens – makis catta en tête – constituent la principale attraction pour les visiteurs. A la fin du mois de septembre et en octobre, vous verrez de jeunes mères makis catta vaquant à leurs occupations quotidiennes, leur toute jeune progéniture cramponnée sur le dos ou le ventre. Le spectacle des propithèques de Verreaux, grands lémuriens blancs qui comptent parmi les acrobates les plus agiles, n'est pas moins fascinant. Vous serez sidéré par la dextérité avec laquelle ils se jettent d'un tamarinier à l'autre, sur de longues distances, et par la "danse" qu'ils exécutent sur leurs pattes antérieures pour traverser une clairière. Le maki brun, le maki à front rouge (gidro) et deux variétés de lémuriens nocturnes – le lépilémur mustélien (*songiky*) et le microcèbe (*tsidy*) – sont également présents à Berenty, tout comme les tenrecs, fossanes, roussettes (*fanihy*) et 26 variétés de reptiles, dont deux espèces de caméléons et la tortue radiée.

Berenty ravira tout autant les passionnés d'ornithologie. On a en effet recensé 83 variétés d'oiseaux dans la réserve, parmi lesquels la buse de Madagascar, le paradisier gobe-mouches, six variétés d'eutoxères et quatre espèces de couas. Pendant les mois d'été, la réserve accueille des oiseaux migrateurs en provenance d'Afrique orientale.

C'est tôt le matin (entre 5h et 6h), en fin d'après-midi et à la tombée de la nuit que la forêt vous révélera tous ses secrets. Veillez à marcher sans faire de bruit, la nuit notamment. Si les propithèques et les makis sont habitués de longue date à la présence des humains, les lémuriens nocturnes et les petits animaux demeurent en effet farouches.

Deux ou trois curiosités sont présentes à l'entrée du parc, parmi lesquelles des enclos à tortues, un petit jardin botanique et la réplique d'une maison antandroy. Enfin, ne ratez pas le banian géant, non loin du cœur du parc, le bush d'épineux au sud, et les vues magnifiques sur le Mandrare, qui borde les limites nord de la réserve.

Permis et guides. La réserve de Berenty (contact *via* SHTM à Fort-Dauphin, ☎ 92 212 38, fax 92 211 32) est davantage axée sur la clientèle des groupes que des voyageurs indépendants. Le droit de visite élevé et les frais de transport en 4x4 (80 km séparent la réserve de Fort-Dauphin) dissuadent un grand nombre de visiteurs. Ceux qui rejoignent Berenty depuis Fort-Dauphin par leurs propres moyens – et donc sans passer par l'un des véhicules de la réserve – courent le risque de se voir refuser l'entrée. En bref, tout est fait pour que les visiteurs aient recours aux excursions de SHTM, particulièrement onéreuses pour la Grande Île (voir *Comment s'y rendre*, ci-après).

Vous trouverez sur place des guides compétents et professionnels qui vous aideront à repérer les différentes espèces. Berenty, cela dit, se prête à merveille à la découverte individuelle, au hasard des sentiers.

Où se loger et se restaurer. La réserve propose de confortables et agréables bungalows à 47,5 €, à réserver auprès de SHTM. Seul hébergement disponible dans le périmètre de Berenty, ils sont souvent retenus longtemps à l'avance par des groupes ayant organisé leur voyage depuis l'étranger.

Le restaurant de la réserve sert des plats sans grande originalité mais bien préparés.

Comment s'y rendre. SHTM (☎ 92 212 38, fax 92 211 18) propose un forfait d'une journée incluant l'aller-retour en 4x4, l'entrée et les services d'un guide pour 64 € par personne (3 participants minimum), ou 145 € (pour 1 ou 2 personnes). Vous devrez y ajouter l'hébergement et les repas si vous souhaitez passer la nuit dans la réserve, et profiter ainsi de son exceptionnelle atmosphère au petit matin, instant privilégié pour observer les lémuriens.

En chemin, les chauffeurs et les guides de SHTM ne manqueront pas de vous faire découvrir les curiosités qui jalonnent la route entre Fort-Dauphin et Ambovombe : *Nepenthes madagascariensis*, dont les

LE SUD

fleurs jaune-vert en forme de cruche contiennent un liquide visqueux qui attire et absorbe les insectes, le grand et beau pont métallique qui enjambe le large lit du Mandrare au niveau du village d'Amboasary, les plantations de sisal, plante importée du Mexique dans les années 1920 et utilisée dans la fabrication de cordes…

Réserve de Kaleta

Voisine de la précédente, ce parent pauvre de la réserve de Berenty était fermée pour d'obscures raisons lors de notre dernier passage. Renseignez-vous.

Evatra et Lokaro

A une douzaine de kilomètres à vol d'oiseau au nord-est de Fort-Dauphin, Lokaro est un petit paradis de voies navigables, de collines verdoyantes, de récifs et de bassins naturels. Rares sont les agences de Fort-Dauphin qui n'inscrivent pas cet itinéraire à leur catalogue. Les circuits proposés s'étalent en général sur deux jours, avec une nuit au village d'Evatra. L'itinéraire débute par 3 km en voiture jusqu'aux rives du lac Lanirano, puis se poursuit en bateau sur le plan d'eau jusqu'au lac Ambavarano. A l'extrémité nord-est de ce lac, le minuscule village de pêcheurs d'Evatra n'est qu'à une vingtaine de minutes de marche d'une plage paradisiaque. Vous pouvez également naviguer en pirogue jusqu'à l'îlot voisin de Lokaro.

Les voyageurs indépendants devront louer une pirogue ou renoncer à la traversée des deux lacs jusqu'à Evatra. Si vous souhaitez vous dispenser de pirogue, prenez la direction nord-est à partir du poste des douanes, en longeant la plage est (l'anse Dauphin) pendant une douzaine de kilomètres. A Evatra, louez une pirogue pour aller jusqu'à l'île de Lokaro ; la péninsule du même nom mérite le détour pour sa beauté. A pied, prévoyez une longue journée de marche, de l'eau, des provisions et du matériel de camping.

De nombreuses agences de Fort-Dauphin, dont Ankoba (☎ 92 215 15) et Lavasoa (☎/fax 92 211 75) organisent des circuits jusqu'à Lokaro. Cette dernière prévoyait d'ouvrir un campement à Lokaro.

Baie de Sainte-Luce (Manafiafy)

Baptisé Sainte-Luce à l'époque où il accueillait la première colonie française de Madagascar, le site fut abandonné à la fondation de Fort-Dauphin en 1643 et rebaptisé Manafiafy. Le nom de Sainte-Luce est cependant resté dans le langage courant. Lieu enchanteur s'il en est, Sainte-Luce abrite une plage merveilleuse et une petite réserve naturelle.

Le moyen le plus simple de s'y rendre est de s'inscrire à un circuit organisé. Si vous disposez d'un véhicule, roulez pendant 35 km au nord de Fort-Dauphin pour rejoindre le village de Mahatalaky, puis poursuivez sur 4 km et tournez à droite ; il ne reste plus alors que 11 km pour accéder à Manafiafy. Vous pouvez également opter pour un taxi-brousse qui relie de temps à autre Fort-Dauphin à Manafiafy en 3 heures.

L'Ouest

Plus influencé que les autres régions par le continent africain et les îles voisines des Comores, l'Ouest malgache dissimule une identité spécifique qui le rend attachant. Particulièrement chaud et sec, il est le territoire des Sakalava, ethnie scindée au fil du temps en deux groupes, les Boina au nord et les Menabe au sud.

Capitale du Boina, la cosmopolite Mahajanga est isolée dans une région peu peuplée dont les environs présentent une forte diversité agricole. Reliée à la capitale par une bonne – mais longue – route goudronnée, la ville est l'une des destinations de prédilection des vacanciers tananariviens en juillet et août. Cette localité agréable reste peu fréquentée par les visiteurs étrangers, mais l'ouverture d'une ligne maritime régulière entre Mahajanga et Nosy Be pourrait changer cette donne.

Le Sud-Ouest menabe, centré autour de la tranquille Morondava, se présente le plus souvent sous les traits d'une savane herbeuse d'où émergent les hautes silhouettes des baobabs. Cette belle région, que borde par ailleurs un littoral aussi préservé que paisible, est facilement accessible depuis Antsirabe et plus difficilement depuis Tuléar. Elle recèle quelques-uns des sites les plus exceptionnels de la Grande île : tsingy du parc national de Bemaraha, alignements de baobabs des environs de Morondava, fleuve Tsiribihina…

MAHAJANGA (MAJUNGA)

Sentinelle de la baie de Bombetoka, à l'embouchure de la Betsiboka, Mahajanga est le second port malgache après Tamatave. Parfois appelée Majunga (la différence de prononciation est infime), cette ville cosmopolite et agréable, qui abrite la plus forte communauté musulmane de Madagascar, est le point de rencontre des marins comoriens et sakalava et d'une importante communauté de commerçants indiens et pakistanais.

L'architecture n'est pas le moindre des attraits de la ville. Hormis ses nombreux édifices religieux, Mahajanga déploie aux abords de son actif port aux boutres quelques

A ne pas manquer

- Les incroyables formations karstiques dans le parc national des Tsingy de Bemaraha, aujourd'hui ouvert aux visiteurs
- Morondava et ses environs, allée des Baobabs en tête
- La descente de la Tsiribihina en pirogue, pour découvrir au fil de l'eau la faune, la flore et les villages qui peuplent ses berges
- La cosmopolite Mahajanga et son port aux boutres
- La côte de Morondava à Tuléar, Éden réservé aux 4x4

beaux vestiges coloniaux auxquels les assauts du temps n'ont pas ôté tout le charme.

Deux explications s'opposent quant à l'origine de son nom. Pour certains, on le doit au fondateur du royaume boina, le roi Andriamandisoarivo, qui baptisa la ville *Maha Janga* ("la guérison"), sans doute en raison de son climat. L'autre version, plus vraisemblable, affirme que cette appellation

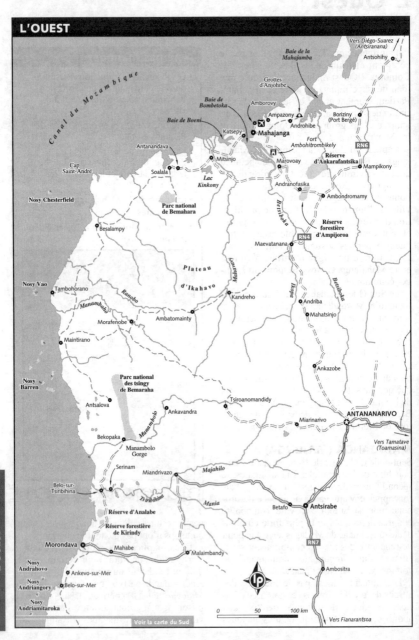

Masques faciaux

Les femmes de la côte ouest de Madagascar arborent souvent un masque facial de couleur blanc-jaune. La pâte qui le compose, appelée *masonjoany*, est obtenue en râpant une branche de l'arbre du même nom contre une pierre et en diluant dans un peu d'eau la poudre ainsi obtenue. Dénué de signification rituelle, ce masque se porte toute la journée afin de préserver la beauté du visage en le protégeant du soleil et des moustiques. Ce soin esthétique est particulièrement répandu dans les îles voisines des Comores, où les jeunes femmes utilisent un masque de beauté appelé *m'sidzanou* ou *mzidanu*, composé de bois de santal et de corail mélangé à de l'eau. Au-delà de la protection de la peau, certains masques faciaux, notamment à Nosy Be, sont exécutés dans un but esthétique.

dérive du swahili *Mji Angaîa*, qui signifie "la cité des fleurs").

La majeure partie de la ville d'aujourd'hui s'élève sur des terres reconquises sur la baie par les colons français. Plusieurs plages, belles et sûres, bordent le nord et le sud de la localité. Les flots sont parfois maculés de taches rougeâtres, dues à l'argile latéritique charriée des Hauts Plateaux par la Betsiboka.

Mahajanga connaît un succès croissant auprès des vacanciers tananariviens, qui préfèrent son climat à celui de Tamatave en juillet et août. La ville est en revanche souvent boudée par les itinéraires touristiques. Tout pourrait changer avec l'arrivée du *Jean-Pierre Calloch*, ferry assurant une liaison entre Mahajanga et Nosy Be.

Histoire

C'est au début du XVIIIe siècle qu'Andriamandisoarivo, déshérité par son frère qui régnait sur le sud du Menabe, fonda la dynastie sakalava des Boina. Après avoir installé sa première capitale à Marovoay, au bord de la Betsiboka, il fit son possible pour étendre vers l'est ce nouveau royaume jusqu'à la fin de son règne, en 1712.

Le transfert à Mahajanga de la capitale du Boina, en 1745, marqua un tournant dans l'histoire du royaume. Grâce à sa situation privilégiée dans l'estuaire de la Betsiboka, la cité ne tarda pas à devenir un lieu d'échanges entre la Grande Île, le littoral africain et le Moyen-Orient. Les négociants swahilis et indiens prirent l'habitude d'y faire escale et bon nombre d'entre eux s'y installèrent, favorisant l'essor du commerce du bétail, des

esclaves, des armes et des produits exotiques orientaux et moyen-orientaux.

Le royaume connut la prospérité jusqu'en 1780, lorsque son souverain disparut mystérieusement après vingt-cinq années de règne. La reine Ravahiny tenta un certain temps de le préserver du déclin et du morcellement, mais ni elle ni son successeur, Andriansouli, ne purent lutter contre les forces conquérantes du roi merina Radama Ier. Après la capitulation d'Andriansouli, les habitants de Mahajanga résistèrent en incendiant une partie de la ville.

Les Français ne tardèrent pas à convoiter cette ville aux atouts indéniables, dont sa position stratégique. En 1895, ils la choisirent comme base d'opérations pour leur corps expéditionnaire, lequel réussit deux ans plus tard à transformer Madagascar en protectorat.

En 1977, Mahajanga fut le théâtre d'émeutes raciales à l'encontre de la population comorienne. Plus d'un millier de personnes y trouvèrent la mort et 16 000 réfugiés furent évacués aux Comores. Ils doivent au fait d'avoir été rapatriés par la compagnie belge Sabena d'être surnommés "Sabenas". S'ils restent nettement moins nombreux qu'à l'époque des troubles, quelques-uns sont revenus et Mahajanga demeure un avant-poste comorien. La ville a été le foyer d'une épidémie de choléra en 1999.

Orientation et renseignements

Mahajanga se divise en deux : la vieille ville assoupie où la ruine menace de beaux édifices et le secteur plus récent de l'est de la cathédrale, dont le principal point d'intérêt est le

MAHAJANGA (MAJUNGA)

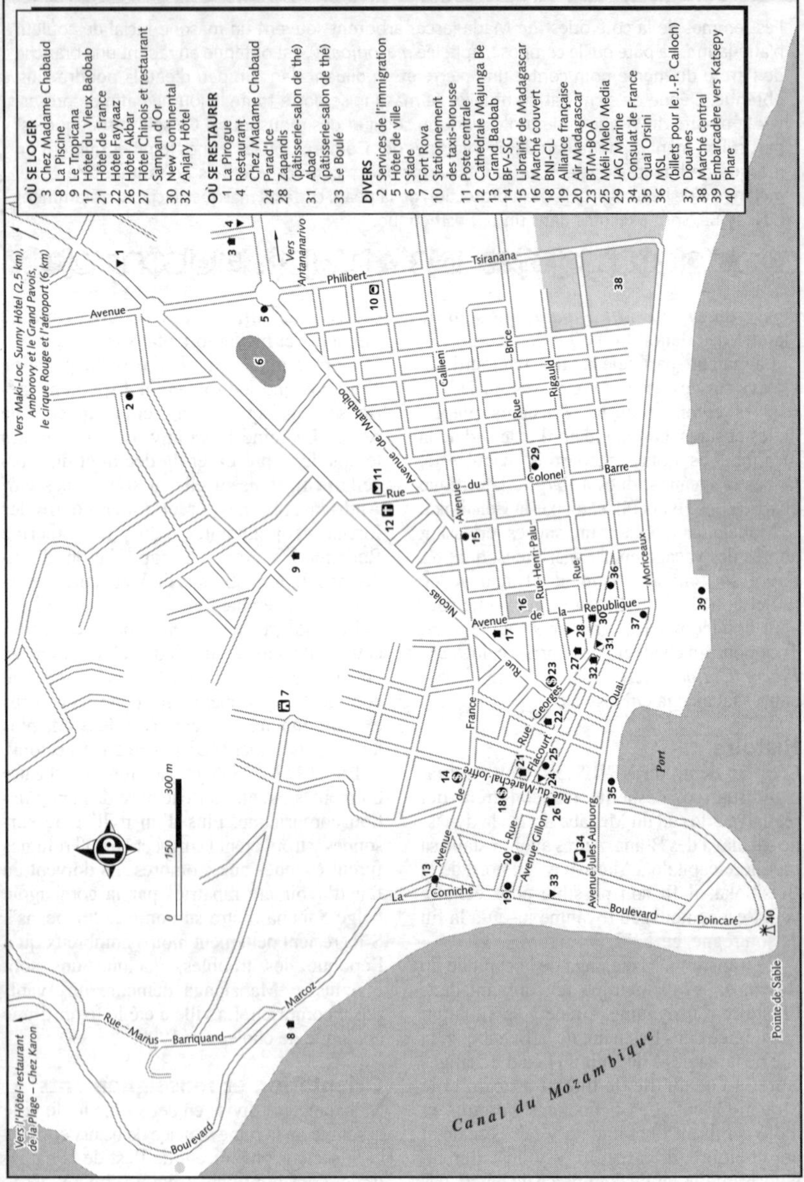

OÙ SE LOGER
3 Chez Madame Chabaud
8 La Piscine
9 Le Tropicana
17 Hôtel du Vieux Baobab
21 Hôtel de France
22 Hôtel Fayyaaz
26 Hôtel Akbar
27 Hôtel Chinois et restaurant
30 Sampan d'Or
30 New Continental
32 Anjary Hôtel

OÙ SE RESTAURER
1 La Pirogue
4 Restaurant
24 Chez Madame Chabaud
28 Parad'Ice
28 Zapandis
31 Abad (pâtisserie-salon de thé)
31 (pâtisserie-salon de thé)
33 Le Boulé

DIVERS
2 Services de l'immigration
5 Hôtel de ville
6 Stade
7 Fort Rova
10 Stationnement des taxis-brousse
11 Poste centrale
12 Cathédrale Majunga Be
13 Grand Baobab
14 BFV-SG
15 Librairie de Madagascar
16 Marché couvert
18 BNI-CL
19 Alliance française
20 Air Madagascar
23 BTM-BOA
25 Méli-Melo Media
29 JAG Marine
34 Consulat de France
35 Quai Orsini
36 MSL (billets pour le J.-P. Calloch)
37 Douanes
38 Marché central
39 Embarcadère vers Katsepy
40 Phare

Vers Maki-Loc, Sunny Hôtel (2,5 km),
Amborovy et le Grand Pavois,
le cirque Rouge et l'aéroport (6 km)

Vers Antananarivo

Philibert

Tsiranana

Avenue

Avenue-de-Mahabibo

Rue Nicolas

Rue Henri Palu

Galieni

Brice

Rigauld

Colonel

Barre

Morineaux

Avenue de la République

Avenue de France

Rue Georges

Rue Flacourt

Rue Gillon

Rue du Maréchal Joffre

Avenue Jules Aubourg

La Corniche

Avenue de

Boulevard

Poincaré

Rue – Marius – Barriquand

Marcoz

Boulevard

Vers l'Hôtel-restaurant
de la Plage – Chez Karon

Pointe de Sable

Port

Canal du Mozambique

0 150 300 m

L'OUEST

stationnement des taxis-brousse. Longeant le front de mer et la vieille ville, l'agréable corniche est ponctuée par un gigantesque baobab. Ce spécimen d'*Adansonia digitata* arbore une circonférence de 14 m et on lui prête plus de 700 années d'existence !

Argent. La BNI-CL, en face de l'Hôtel de France, est ouverte pour les opérations de change de 8h à 11h15 et de 14h30 à 16h15 du lundi au vendredi. La BTM-BOA, rue Georges V, autorise les retraits par Mastercard. Ses guichets accueillent le public du lundi au vendredi de 8h à 11h et de 14h30 à 16h. La BFV-SG, avenue de France, est la correspondante de Western Union.

Poste et communications. La poste centrale, face à la cathédrale Majunga Be, ouvre en semaine de 8h à 12h et de 14h à 18h ainsi que le samedi matin. Vous trouverez des cabines téléphoniques à carte en ville.

Internet. Méli-Mélo Média (☎ 62 233 71 ou 032 02 474 78) propose un service de connexion à l'Internet au tarif de 1 000 FMG la minute. Cette petite boutique, qui jouxte Parad'Ice, ouvre du lundi au vendredi jusqu'à 18h30 ou plus.

Consulat de France. Vous trouverez la représentation consulaire de France (☎ 62 225 24 ou 62 233 47, chdmajun@dts.mg) au sud-ouest de la ville, dans le quartier du port. L'accueil du public a lieu du lundi au vendredi, de 7h30 à 12h et de 15h à 17h30.

Librairies. La Librairie de Madagascar vend quelques cartes, des éditions relativement récentes des quotidiens français, la presse malgache et des cartes postales.

Mozea Akiba

Dans un pays où les musées qui méritent une visite sont rares, le Mozea Akiba d'origine, situé en bord de mer au nord de la ville, faisait figure d'exception. Le musée venait malheureusement de déménager lors de notre dernier passage et n'avait pas encore rouvert ses portes. Vous pourrez théoriquement y voir plusieurs petites expositions, avec explica-

tions et photos, sur les grottes d'Anjohibe, la réserve d'Ampijoroa et le cirque Rouge, ainsi que quelques poissons naturalisés, des os de dinosaures et une présentation des fascinantes ruines du fort d'Ambohitrombikely (voir la rubrique *Environs de Mahajanga*). Renseignez-vous.

Fort Rova

Édifiée en 1824 par Radama Ier afin de riposter à l'occupation française, cette forteresse disposait à l'origine de douves d'environ 4 m de profondeur qui ceinturaient ses 800 m de circonférence. Le site fut sérieusement dégradé au cours des conflits franco-malgaches de la fin du XIXe siècle.

Unissant leurs efforts, les universités de Mahajanga et de Gotland (Suède) ont entrepris la restauration de l'évêché, de l'hôpital et du bâtiment gouvernemental. Si le fort mérite la visite, ce sont surtout les vues imprenables sur la ville et la baie qui poussent les visiteurs à grimper jusqu'en haut de la rue du maréchal Joffre.

Piscine

La belle piscine olympique de l'hôtel du même nom, sur la corniche, est ouverte à tous moyennant 10 000 FMG.

Circuits organisés et location de voitures

Outre les agences de voyages, quelques hôtels organisent des excursions dans les environs, notamment à Marovoay, au cirque Rouge, aux grottes d'Anjohibe, à la réserve forestière d'Ampijoroa et au lac Mangatsa. Vous devrez en général constituer un groupe de 3 personnes au minimum pour bénéficier d'un tarif raisonnable.

Maki-Loc (☎/fax 62 231 21), qui partage ses locaux situés à la sortie nord de la ville avec une boutique de lingerie féminine, propose des berlines en location à partir de 195 000 FMG par jour, chauffeur et les 100 premiers kilomètres inclus (1 000 FMG/km au-delà). La société organise également des itinéraires de découverte et de chasse en 4x4.

Méli-Mélo Média (voir la rubrique *Internet*) loue des berlines au tarif de 150 000 FMG par jour, essence en sus.

L'OUEST

Les Sakalava

Les Sakalava, dont le territoire s'étend sur une large portion de l'Ouest malgache, sont issus de la confédération de plusieurs groupes ethniques. Né dans la vallée de la Mangoky, leur royaume s'étendit rapidement vers l'ouest, prenant au passage le nom de sakalava, qui signifie "ceux des longues vallées". Pendant la majeure partie du XVIIᵉ siècle, les Sakalava vécurent sous le règne d'Andrianahifotsy, le "roi blanc", qui déplaça la capitale de Mahabo à Maneva et entreprit de conquérir les terres environnantes à l'aide d'armes à feu acquises auprès de négociants.

Andrianahifotsy avait pour ambition de créer un grand royaume sakalava qui engloberait toute la Grande Île. A sa mort, une querelle entre ses fils entraîna le partage du pays sakalava en deux royaumes, le Menabe (au sud) et le Boina (au nord). Au XVIIIᵉ siècle, l'influence de ces deux groupes s'étendait sur près du tiers de Madagascar.

Avant tout pasteurs, les Sakalava révèlent dans leur physique leur origine africaine. Ce groupe ethnique compte deux sous-groupes : les Makoa, près de Mahajanga, descendants d'esclaves africains, et les Vezo, pêcheurs semi-nomades, plus au sud.

Jara Tours (☎ 62 236 52) offre le même type de prestations.

L'hôtel La Piscine organise des excursions vers Ampijoroa (375 000 FMG par personne), le cirque Rouge (175 000 FMG par personne) et une visite de la ville (100 000 FMG par personne).

Madagascar Bivouac (☎/fax 62 231 97, ☎ 62 225 79, bivouac.sarl.p.bonci@malagasy.com) propose des circuits haut de gamme.

Le Boulé (voir *Où se restaurer*) et son équipe projetait lors de notre dernier passage d'organiser des sorties en mer et des circuits le long de la côte en avion privé. Renseignez-vous.

Où se loger – petits budgets

Les chambres à la fois confortables et bon marché sont rares à Mahajanga.

Chez Madame Chabaud (*☎/fax 62 233 27 ; doubles sans/avec s.d.b. 35 000/45 000-65 000 FMG*). Avant tout connue pour son restaurant (voir ci-dessous), Mme Chabaud loue des chambres sans prétention dans un quartier qui n'est pas le plus séduisant de Mahajanga mais qui est proche du stationnement des taxis-brousse. Les plus chères sont les plus agréables et les plus récentes. Demandez à les visiter, car elles ne se valent pas toutes. L'hôtel est certainement le meilleur choix dans cette catégorie.

Hôtel Fayyaaz (*doubles avec s.d.b. 60 000-80 000 FMG*). Ce bâtiment de couleur ocre qui fait face à l'hôtel Akbar dissimule des chambres décentes. Les plus chères disposent d'une terrasse.

Hôtel Chinois (*☎ 62 233 79 ; doubles 50 000-69 000 FMG*). Au-dessus du restaurant Le Sampan d'Or, cet établissement sans prétention offre des chambres au confort simplissime mais raisonnablement propres. L'eau chaude n'est pas disponible.

Hôtel-restaurant de la Plage – Chez Karon (*☎ 62 226 94, doubles avec s.d.b. sans/avec clim 80 000-100 000 FMG*). A 3,5 km au nord-ouest de la ville, cette adresse est appréciée pour son accueil, son atmosphère et son restaurant. Les tarifs des chambres nous ont paru excessifs et la réputation des lieux un peu exagérée.

Où se loger – catégories moyenne et supérieure

Mahajanga offre un bon choix d'hôtels de catégorie moyenne.

Anjary Hôtel (*☎ 62 237 98 ou 62 238 07, fax 62 229 49 ; doubles avec s.d.b. 130 000-150 000 FMG, suites 200 000 FMG, lit supp 40 000 FMG*). Très bonne option dans cette gamme de prix, cet hôtel bien situé offre des chambres claires et spacieuses. Elles sont dotées de s.d.b. impeccables, de la TV, de la clim, du téléphone et, pour certaines, d'une petite terrasse. L'accueil est agréable et les cartes Visa acceptées.

New Continental (☎ 62 225 70, fax 62 241 19, 5 av. de la République ; doubles avec s.d.b., sans/avec clim 140 000/150 000 FMG, lit supp 25 000 FMG). Comparable au précédent, mais un peu plus cher et un peu moins sympathique, le New Continental abrite lui aussi des chambres équipées de TV, clim et téléphone. Les cartes Visa sont acceptées.

Hôtel du Vieux Baobab (☎ 62 220 35, fax 62 223 20, av. de la République ; simples 112 000 FMG, doubles sans/avec clim 132 000/152 000 FMG). Ses chambres avec terrasse sont proposées au même tarif que les autres mais sont moins agréables. L'hôtel, qui accepte les règlements par carte Visa, reste cependant un bon choix dans cette gamme de prix.

Hôtel Akbar (☎ 62 222 55, fax 62 293 09, hotelakbar@dts.mg ; doubles sans/avec clim 117 000/137 000 FMG ; triples sans/avec clim 152 000/167 000 FMG). En face de Parad'Ice, cet hôtel qui se place un cran en dessous de l'Anjary en terme de confort offre cependant un bon rapport qualité/prix. Ses chambres, dotées de TV et de s.d.b, sont parfois un peu sombres.

Le Tropicana (☎/fax 62 220 69 ; bungalows doubles avec s.d.b. 190 000 FMG). Avec son jardin luxuriant et sa petite piscine, le Tropicana est réputé pour son calme et son cadre. Une adresse indéniablement plaisante, même si ses beaux bungalows confortables sont un peu tassés les uns sur les autres. L'hôtel organise des excursions dans les environs de Mahajanga.

Hôtel de France (☎ 62 237 81, fax 62 223 26, h.france@dts.mg, 10 rue Mal Joffre ; simples/doubles 250 000/275 000 FMG). Véritable institution de Mahajanga, ce vaste hôtel sombre de style colonial abrite des chambres équipées de clim, téléphone, TV et minibar un peu vieillissantes et surévaluées. L'hôtel dispose d'un club et d'un casino.

La Piscine (☎ 62 241 72/73, fax 62 239 65, piscinehotel@malagasy.com, bd Marcoz ; doubles avec s.d.b. 53,5-61 € selon la vue, suites 81-88,5 €). Cet établissement, l'un des plus confortables de la ville, se dresse sur le front de mer au-dessus d'une piscine olympique. Ses chambres luxueuses, claires et accueillantes, sont équipées de clim, téléphone, TV et minibar. Celles donnant côté mer disposent d'une très belle terrasse. Outre sa piscine, l'hôtel met un centre d'affaires, un casino et une discothèque à la disposition de sa clientèle.

Hôtel Sunny (☎ 62 235 87, fax 62 235 89, sunnymaj@dts.mg ; doubles 350 000 FMG, suites 500 000 FMG). Ouvert en 1999 à 4 km environ du centre-ville en direction de l'aéroport, cet établissement est sans conteste le plus agréable de Mahajanga et le plus propice au farniente. Outre un jardin et une belle piscine, il offre de vastes chambres joliment décorées, bien équipées et dotées de salles de bains frisant le luxe. Une salle de fitness, un court de tennis et un billard sont mis à la disposition de la clientèle. Un excellent choix dans cette gamme de prix.

Où se restaurer

L'option la moins chère consiste à se diriger en fin de journée vers la corniche, où de minuscules **stands** proposent les meilleurs *masikita* (brochettes, prononcez "machkit") de la ville, à des prix défiant toute concurrence.

Parad'Ice (☎ 62 231 34 ; plats à partir de 20 000 FMG ; ouvert tlj midi et soir sauf dim midi). Outre des glaces – comme son nom le laisse entendre – cette petite adresse agréable et populaire du centre-ville sert des snacks et de bons plats du jour à prix raisonnables.

Le Boulé (☎ 62 242 68 ; plats 28 000-40 000 FMG ; ouvert lun-sam le soir). Avec ses chaises et tables en palissandre répartis sur une belle terrasse donnant sur la corniche et l'accueil de Norbert et Cyrille, le Boulé est le lieu qui monte à Mahajanga. On ne peut que s'en féliciter, la cuisine italienne servie ici étant aussi copieuse que savoureuse. Citons notamment l'osso-buco, le filet de zébu ou encore les excellentissimes lasagnes. Cette bonne table se double d'un bar-cocktail.

Chez Madame Chabaud (☎ 62 233 27 ; plats 27 000-55 000 FMG, menus à 45 000 et 50 000 FMG ; fermé dim). La référence gastronomique de Mahajanga est à la hauteur de sa réputation. Implantée de longue date dans le quartier nord de la ville, Mme Chabaud concocte des spécialités françaises d'excellente facture et cuisine avec le même bonheur le curry de raie aux raisons secs, le filet mignon de porc aux oignons confits ou le parfait à la cannelle. Une référence.

La Pirogue *(☎ 032 02 370 15, 8 av. d'Amborovy ; plats 26 000-66 000 FMG ; fermé mar).* Carpaccio de poisson au poivre vert, foie gras mi-cuit, crevettes sautées à l'ail et au gingembre ou encore sauté de mérou aux petits légumes figurent à la carte de cette adresse anciennement implantée à Diégo-Suarez. Le cadre et la terrasse sont agréables et la cuisine bien préparée, à défaut d'être exceptionnelle. Vous pourrez conclure votre repas avec des profiteroles ou un flan caramel.

Sampan d'Or *(☎ 62 223 79 ; plats 20 000-27 000 FMG ; ouvert tlj).* Cette petite salle du centre-ville offre une ambiance et une cuisine 100% chinoises : *mi sao*, soupes chinoises, canard laqué sauce abricot, crevettes sautées à l'ail…

Citons enfin deux excellents salons de thé : **Abad**, face à l'Anjary, et **Zapandis**, non loin de l'avenue de la République.

Où sortir

L'Alliance française (☎ 62 225 52) organise régulièrement des manifestations. Sa terrasse, qui donne sur la corniche, abrite une buvette agréable pour prendre le frais en fin de journée.

L'animation nocturne se concentre autour des discothèques des hôtels La Piscine et Le Ravinala. L'hôtel de France abrite un casino, ouvert de 16h à 2h.

Comment s'y rendre

Avion. Air Madagascar assure des vols quotidiens vers la capitale (561 500 FMG) et relie plusieurs fois par semaine Nosy Be (481 500 FMG) et Diégo-Suarez (561 500 FMG). La ville sert d'escale aux vols desservant les petites localités isolées de la côte occidentale. Enfin, des vols assurent une fois par semaine la liaison avec Moroni (Comores). Les bureaux d'Air Madagascar (☎ 62 224 21) sont situés avenue Gillon, non loin de l'Alliance française. Ils sont ouverts du lundi au vendredi de 7h30 à 11h30 et de 15h à 17h (fermeture de la caisse une demi-

heure plus tôt) et le samedi de 8h à 9h30. Les cartes Visa et Mastercard sont acceptées.

Air Austral (☎ 62 223 91, fax 62 224 17, majunga@air-austral.com) relie Mahajanga à Dzaoudzi (Mayotte) une fois par semaine. La représentation de la compagnie se trouve à proximité de l'Hôtel de France.

Taxi-brousse. Le stationnement des taxis-brousse est situé à l'est de la ville, le long de l'avenue Philibert Tsiranana. Des véhicules quotidiens empruntent la bonne route goudronnée qui relie Mahajanga à Antananarivo (50 000-60 000 FMG selon le véhicule, une douzaine d'heures). Ils partent généralement dans l'après-midi et circulent la nuit. Prévoyez un vêtement chaud, car le mercure dégringole à l'approche des Hauts Plateaux.

Attendez-vous à deux jours de voyage et 180 000 FMG environ pour rejoindre Diégo-Suarez *via* Ambanja (le port qui dessert l'île de Nosy Be). La route est particulièrement mauvaise sur les 218 km qui séparent Antsohihy d'Ambanja. Les itinéraires vers Antananarivo et Diégo-Suarez sont tous deux assez monotones et offrent peu de sites agréables où faire étape.

Descendre la côte vers le sud jusqu'à Morondava est quasiment impossible. En saison sèche, vous n'irez guère plus loin que Soalala, Besalampy, voire Maintirano, mais le trajet se révélera long et pénible et les moyens de transport ne sont pas légion. Pour descendre plus au sud, il vous faudra prendre l'avion, ou rebrousser chemin en passant par Antananarivo ou Antsirabe.

Bateau. L'arrivée du *Jean-Pierre Calloch*, qui assure une liaison régulière hebdomadaire par mer avec Nosy Be, est un premier pas vers le désenclavement touristique de Mahajanga. Ce petit ferry en bon état part le jeudi en fin de journée (l'horaire dépend de la marée) et met une vingtaine d'heures pour atteindre sa destination. Les retours ont lieu le dimanche, avec une arrivée à Mahajanga le lundi.

Trois classes sont disponibles à bord. La 1re (300 000 FMG aller simple) et la 2e (200 000 FMG) donnent accès au salon intérieur. La principale différence entre ces deux classes est que la première inclut le dîner. Le voyage en 3e classe se déroule dans le "salon extérieur", heureusement recouvert d'un toit (on ne sait jamais…). Une cafétéria est à la disposition des passagers.

Les billets sont mis en vente à partir du mardi chez MSL (Madagascar Sambo Line, ☎ 62 226 86 ou 032 02 470 40), dont vous trouverez les locaux à proximité de l'Hôtel New Continental. Les guichets de MSL sont ouverts du lundi au vendredi, de 8h à 11h30 et de 14h30 à 17h30.

JAG Marine (☎/fax 62 230 64, rue du Colonel Barre) assure des rotations avec Moroni (Comores) deux fois par mois environ. Les départs pour cette traversée d'environ 40 heures ont généralement lieu la nuit. Renseignez-vous au bureau de la compagnie.

Plus grand port de la région, Mahajanga est également l'un des principaux points de ralliement des boutres qui naviguent le long de la côte ouest. Transportant en majorité du riz et du sucre, ils circulent régulièrement entre le port et Hell-Ville (sur l'île de Nosy Be), voire Diégo-Suarez. Sachez cependant que le transport de passagers n'est pas leur vocation première. Si elles ne manquent pas d'un certain charme, les traversées sont inconfortables et lentes. Les cabines brillent par leur absence et, au mieux, vous trouverez une place sur le pont pour installer votre sac de couchage. En règle générale, les passagers doivent apporter leurs provisions et leurs boissons.

Comment circuler

Desserte de l'aéroport. L'aéroport d'Amborovy étend sa piste à 6 km au nord-est de la ville. Comptez 20 000 FMG pour parcourir cette modeste distance en taxi. A l'arrivée, une solution plus économique consiste à quitter l'enceinte de l'aéroport et à prendre un taxi-brousse jusqu'au principal terminus de Mahajanga.

Taxis et pousse-pousse. Les conducteurs de pousse-pousse de Mahajanga sont parmi les moins insistants de la Grande Île. Les négociations devraient donc se passer calmement. Comptez 2 000 à 2 500 FMG par trajet environ.

Une course en taxi en ville revient à 4 500-5 000 FMG.

EST DE MAHAJANGA
Amborovy et la plage du Grand Pavois

Cette longue plage de sable bordée de cocotiers, qui précède de peu le cirque Rouge, a des airs de Saint-Tropez malgache en juillet et août, lorsque les vacanciers tananariviens affluent vers Mahajanga. Le site reste cependant préservé et la baignade y est possible. Vous trouverez sur place des snack-bars et des buvettes. Quelques hôtels sont rassemblés aux abords du village côtier d'Amborovy, qui précède la plage. Amborovy et la plage du Grand Pavois sont facilement accessibles en taxi depuis la ville. Vous pourrez y faire halte sur la route du cirque Rouge.

Cirque Rouge

Cet amphithéâtre naturel, à ne pas rater, dresse ses formations de latérite teintées de toutes les nuances du rouge et de l'ocre au nord de l'aéroport. Superbe par ses couleurs et sa géologie, il est facilement accessible en taxi depuis la ville. C'est entre mai et novembre que vous profiterez le mieux de votre visite.

Les chauffeurs de taxi facturent en principe 50 000/60 000 FMG les 12 km aller-retour qui séparent le site de Mahajanga. Vous pourrez demander au chauffeur de venir vous rechercher après 2 heures, ce qui laisse le temps d'explorer l'endroit et d'apprécier son calme. Des taxis-brousse desservent régulièrement Amborovy, d'où il ne reste que 45 minutes de marche pour accéder au site, en longeant une ravine qui part du littoral pour s'enfoncer dans les terres.

Ampazony

Si vous recherchez un calme absolu sans trop vous éloigner de Mahajanga, rejoignez la plage isolée d'Ampazony. L'accès le plus simple se fait en 4x4 ou à moto. Sinon prenez la direction du nord depuis la plage de l'aéroport et marchez pendant 8 km. Emportez vos provisions, de l'eau et votre matériel de camping.

Lac Mangatsa

Le minuscule lac Mangatsa ("lac Sacré") se situe en bord de mer, au nord d'Amborovy et à 18 km de Mahajanga. Les habitants viennent y remercier ou solliciter l'aide des ancêtres de la famille royale boina, réincarnés sous la forme des gros tilapias (une variété de poisson) qui hantent ses eaux claires. La période qui convient le mieux à la visite s'étale de mai à octobre.

De stricts fady bannissent la baignade et la pêche – on laisse les poissons grossir jusqu'à ce qu'ils atteignent leur taille maximale. La ceinture de verdure qui entoure le plan d'eau s'orne de fleurs sauvages et abrite une intéressante faune (lézards, caméléons, araignées). Tout ce petit monde est également protégé par les fady locaux.

L'accès au lac n'est pas des plus faciles. Depuis l'aéroport, parcourez 1 km de route goudronnée puis tournez à droite pour emprunter le chemin de terre (qui débute le long d'une ancienne piste d'atterrissage) et continuez pendant 11 km. Si la marche ne vous tente pas, vous aurez besoin de votre propre véhicule ou devrez marchander âprement avec les chauffeurs de taxis. Vous profiterez davantage de votre visite en compagnie d'un guide.

Grottes d'Anjohibe

Également baptisées Zohin'Andranoboka ("les grandes grottes"), ces cavernes isolées portent le nom du village voisin d'Anjohibe et comptent parmi les plus impressionnantes de l'Ouest de la Grande Île. Elles furent "découvertes" par les Européens en 1934, mais les habitants de la région les connaissaient bien avant cette date.

Comportant un dédale de salles et de galeries souterraines, dont la plus longue dépasse 5 km, ces grottes sont dissimulées par deux petites collines. A l'intérieur vous attend un étrange univers de stalactites, stalagmites et autres formations calcaires, dont bon nombre ont été malheureusement endommagées par les visiteurs.

L'accès en 4x4 est très simple : depuis Mahajanga, mettez le cap au sud et suivez la route sur 10 km puis virez au nord sur une piste saisonnière. Uniquement praticable

d'avril à octobre, elle mène aux grottes en 63 km. En taxi-brousse, vous n'irez guère plus loin qu'Androhibe, 15 km avant les grottes. Vous devriez pouvoir trouver un guide sur place ou à Anjohibe même.

OUEST DE MAHAJANGA
Katsepy

Le petit village de pêcheurs de Katsepy (prononcez "catsep") fait face à la ville depuis la rive opposée de l'estuaire de la Betsiboka. Facilement accessible en ferry, il est bordé de plages que baignent les eaux rougeâtres de la baie. Katsepy est le point de départ de la piste qui met péniblement le cap vers le sud.

Chez Madame Chabaud (contact au ☎ 62 233 27 ; bungalows doubles 80 000 FMG). La principale adresse de Katsepy est une annexe du restaurant du même nom de Mahajanga. Le confort des bungalows est des plus simples mais la cuisine est excellente.

Un bac régulier (2 500 FMG aller simple) assure tous les jours la traversée entre Mahajanga et Katsepy depuis le bas de l'avenue de la République. Il quitte Mahajanga à 7h30 (8h30 le dimanche) et 15h30 et repart de Katsepy à 8h30 et 16h30. Ces horaires permettent l'aller-retour dans la journée.

Mitsinjo

Des taxis-brousse desservent ce charmant village depuis le débarcadère des ferries de Katsepy (10 000 FMG environ, 4 heures). Il n'existe sur place aucune possibilité d'hébergement hormis le camping ou une chambre chez l'habitant. Mitsinjo est la meilleure base de départ pour organiser une excursion vers le lac Kinkony.

Lac Kinkony

A une vingtaine de kilomètres au sud-ouest de Mitsinjo, cette réserve naturelle semi-protégée, dont la visite vous demandera quelques efforts d'organisation, couvre 15 000 ha. Elle abrite des propithèques de Verreaux et des makis à front rouge, des oiseaux aquatiques ou de proie et quelques variétés de migrateurs. Le site magnifique mérite le détour.

Les transports publics à destination du lac sont particulièrement rares, mais il est parfois possible de trouver un véhicule au départ de Katsepy ou de Mitsinjo. Une autre solution consiste à avoir recours aux taxis-brousse mettant le cap vers le village de Soalala, à l'ouest du lac, et de vous faire déposer le plus près possible de ses rives.

Le site ne dispose d'aucune infrastructure touristique.

Baie de Baly et tsingy de Namoroka

Cette jolie baie du sud-ouest de Mahajanga est protégée depuis 1997. Le titre de parc national lui a été décerné mais aucune infrastructure n'a été mise en place à l'heure où nous écrivons ces lignes. Il en va de même de la réserve naturelle intégrale des tsingy de Namoroka (fermée au public), à une quarantaine de kilomètres au sud du village de Soalala.

SUD DE MAHAJANGA
Fort Ambohitrombikely

Les ruines de ce fort bâti au XIXe siècle par les Merina surgissent d'une forêt dense à une vingtaine de kilomètres au sud-est de Mahajanga. Le site est parsemé de canons, de boulets, d'instruments de cuisine et autre matériel.

On y accède en taxi-brousse ou en véhicule privé par la route de Marovoay. Mieux vaut se faire accompagner d'un guide, car le site est peu connu.

Marovoay

Marovoay fut la capitale des Boina jusqu'en 1745, année où elle céda la place à Mahajanga, plus proche de la mer. Son nom signifie "beaucoup de crocodiles", bien que la plupart d'entre eux aient été tués par les chasseurs. La ville elle-même ne présente guère d'intérêt, si ce n'est la possibilité d'effectuer une traversée en pirogue jusqu'à Mahajanga, au fil des sinueux canaux et marais du vaste estuaire rougeâtre de la Betsiboka. Marovoay accueille un marché aux zébus le vendredi. Des taxis-brousse quotidiens assurent la liaison avec Mahajanga (2 heures environ).

L'**Hôtel Tiana** (☎ *61 par le 15 ; 20 000 FMG*) offre un hébergement rudimentaire.

Réserve forestière d'Ampijoroa

Les 20 000 ha de la réserve forestière d'Ampijoroa (parfois appelée "centre forestier") constituent la seule parcelle directement accessible des 60 520 ha de la réserve naturelle intégrale d'Ankarafantsika, qui occupe un secteur distinct plus au nord et pourrait être transformée en parc national. Elle représente le seul exemple de conservation intégrale de forêt sèche à feuilles caduques de l'Ouest malgache.

Ampijoroa abrite un centre commun à l'État malgache et au Jersey Wildlife Preservation Trust destiné à l'élevage et la reproduction de deux espèces de tortues menacées d'extinction, la *Pyxis planicauda* et la très rare *Geochelone yniphora*. Cette dernière, également appelée *angonoka*, fait l'objet d'un programme de réintroduction dans son habitat d'origine des environs de Soalala, au sud-ouest de Mahajanga. Dans son livre *Le Aye-aye et moi*, Gerald Durrell décrit d'une manière désopilante l'accouplement insolite de ces tortues (voir la rubrique *Livres* du chapitre *Renseignements pratiques*).

Faune et flore. La faune et la flore d'Ampijoroa sont faciles à observer. Le site accueille sept espèces de lémuriens, parmi lesquels des lémurs bruns, des mirzas de Cocquerel, qui s'ébattent dans les manguiers, et des makis macaco, au front blanc et au pelage chocolat, qui vous amuseront des heures avec leur facéties.

Vous aurez peut-être la chance d'apercevoir des makis à front rouge et quatre variétés de prosimiens nocturnes : le lépilémur mustélien, l'avahi laineux, le microcèbe et le chirogale moyen. Plus furtif, le mongos s'observe presque exclusivement à Ampijoroa. C'est au début de la saison humide, lorsqu'il est actif dans la journée, que vous aurez le plus de chances de l'apercevoir. Deux espèces de tenrecs et le microcèbe à longue queue grise *(Macrotarsomys ingens)*, que l'on ne trouve que sur les hauteurs de cette réserve, figurent parmi les autres mammifères d'Ampijoroa.

Ampijoroa compte également parmi les plus beaux sites ornithologiques de la Grande Île. On y dénombre 101 espèces d'oiseaux, dont le rare gobe-mouches du paradis, la braillarde eutoxère, l'aigle-pêcheur, le grand vasa et plusieurs espèces de couas.

Environ 32 espèces de reptiles y ont été recensées, parmi lesquelles de gros iguanes, une variété rare de gecko, l'*Uroplatus guentheri*, le caméléon-rhinocéros (*Chamæleo rhinoceratus*), dont le mâle arbore un curieux appendice bulbeux, et quelques boas.

La végétation de la réserve se compose en majorité d'arbres et d'arbustes à feuilles caduques et de plantes habituées aux régions arides, comme l'aloès et le *Pachypodium*.

La période allant de mai à novembre convient le mieux à la visite. Les précipitations restent toutefois assez faibles de décembre à avril, meilleure époque pour apercevoir le rare mongos.

Vous pouvez faire l'aller-retour depuis Mahajanga dans la journée, mais vous n'aurez guère le temps d'explorer le site. Pour l'apprécier davantage, consacrez-y au moins deux jours. Les agences de voyages et quelques hôtels de Mahajanga proposent des circuits, en général réservés aux groupes de 5 personnes.

Permis et guides. Vous pourrez acheter votre permis directement à l'entrée du parc. Les services d'un guide sont obligatoires. Vous en trouverez à l'accueil. L'officialisation du titre de parc national devrait porter les droits d'entrée à 50 000 FMG.

Où se loger et se restaurer. Les seules possibilités d'hébergement se résument à un camping et à un hôtel rudimentaire situé dans le village d'Andranofasika, à 4 km de la réserve en direction d'Ambondromamy. Mieux vaut apporter ses provisions et son eau, car les possibilités de ravitaillement sur place sont très limitées.

Comment s'y rendre. Réjouissez-vous, l'accès ne présente aucune difficulté. La réserve et le camping se situent près de la RN 4, à environ 114 km au sud-est de Mahajanga et 4 km au sud-est du village d'Andranofasika. Des taxis-brousse directs desservent Ampijoroa depuis Mahajanga

(2 heures). Les véhicules en provenance d'Antananarivo passent souvent à proximité au milieu de la nuit.

DE MAHAJANGA A NOSY BE

Les 624 km qui séparent Mahajanga d'Ankify (le port desservant Nosy Be) ne sont pas dénués d'intérêt mais difficiles. Nous ne saurions trop vous conseiller de procéder par étapes et de réserver ce trajet à la saison sèche.

Si la route entre Mahajanga et Ambondromamy (153 km) *via* la réserve d'Ampijoroa est correcte, la situation empire à mesure que l'on approche de Mampikony. Vous devrez sans doute passer la nuit à Port Bergé (Boriziny), où vous trouverez quelques hôtels rudimentaires.

Le trajet d'Antsohihy à Ambanja (193 km) se révèle particulièrement pénible… et impraticable à la saison des pluies. Les taxis-brousse entre Ambanja et Ankify sont en revanche rapides et relativement fréquents.

Les Twin Otter d'Air Madagascar relient Antsohihy, Mampikony et Port Bergé à Mahajanga environ une fois par semaine. Reportez-vous au chapitre *Le Nord* pour les informations concernant *Nosy Be*.

MIANDRIVAZO

Miandrivazo s'étend en bordure de la Tsiribihina à mi-chemin du long et pénible parcours routier qui sépare Antsirabe de Morondava. La ville présente peu d'intérêt en elle-même mais peut constituer une étape. Elle est par ailleurs la meilleure base pour préparer la descente de la Tsiribihina (voir ci-dessous).

Où se loger et se restaurer

Chez la reine Rasalimo (*camping 25 000-35 000 FMG par personne ; bungalows doubles 80 000 FMG*). A quelques centaines de mètres à l'écart du bourg, cet hôtel doté d'une agréable terrasse est un bon choix. Il propose des bungalows en dur peints de couleurs vives, propres et agréables, à défaut d'être luxueux. Il est possible de camper, soit avec son propre matériel, soit en louant celui de l'hôtel. La carte du restaurant s'adapte à tous les budgets.

Le Gîte de la Tsiribihina *(ex-Relais de la Tsiribihina ; doubles/triples 80 000/ 100 000 FMG, plats du jour 32 000 FMG).* Au cœur de la ville, cet hôtel s'est refait une beauté et propose des chambres agréables au 1er étage d'une bâtisse en pierre. Il dispose d'une belle salle de restaurant.

Comment s'y rendre

Des vols irréguliers d'Air Madagascar relient la capitale à Miandrivazo (326 500 FMG). La plupart des visiteurs optent cependant pour le taxi-brousse, car la route Tana-Miandrivazo par Antsirabe est correcte et fréquemment empruntée par les transports publics. Des taxis-brousse desservent Antsirabe en 6 heures environ presque tous les jours.

La liaison routière entre Miandrivazo et Morondava (290 km) pose en revanche davantage de problèmes : mauvais état de la chaussée oblige (notamment entre Malaimbandy et Miandrivazo), vous devrez lui consacrer 11 heures de trajet environ et 50 000 FMG.

DESCENTE DE LA TSIRIBIHINA

Envisageable d'avril à novembre, la descente de la portion de 145 km de la Tsiribihina qui sépare Miandrivazo de Belo-sur-Tsiribihina est à l'Ouest malgache ce que le canal des Pangalanes est à la côte est, c'est-à-dire un "classique". Elle offre l'occasion de visiter les villages de la région au rythme lent des pirogues, mais aussi d'observer la faune qui bordent ses rives, cigognes, hérons et canards siffleurs en tête.

Les circuits peuvent s'organiser depuis Antananarivo, Antsirabe ou Miandrivazo. Compte tenu du nombre grandissant de piroguiers, les voyageurs les plus motivés pourront facilement préparer sur place leur parcours. Les pirogues non motorisées, paisibles et moins nuisibles pour la faune locale, descendent le fleuve en 4 ou 5 jours.

Circuits indépendants

Miandrivazo constitue la meilleure base pour organiser un circuit indépendant sur la Tsiribihina. Certains hôtels pourront vous aider à préparer votre périple (voir la rubrique suivante). Avoir recours aux guides et piroguiers

avec lesquels ils ont l'habitude de travailler est certainement une meilleure solution que de s'embarquer avec un piroguier rencontré au hasard. Vous ne manquerez pas, dans tous les cas, de vous faire aborder par des piroguiers proposant leurs services à Miandrivazo. René-Pierre, l'ex-patron du Relais de la Tsiribihina, maintenant installé à Morondava, recommande les guides-piroguiers Jean-Claude et Robert.

Un certain flou règne sur les tarifs. Vous devriez en théorie faire affaire pour une somme de 350 000 à 500 000 FMG par jour et par personne, (de 500 000 à 700 000 FMG par jour si vous êtes seul). Vérifiez avec soin les prestations inclues dans le tarif. Outre la location d'une embarcation fiable, elles comprendront au mieux les provisions, le(s) guide(s) et éventuellement le transport de Belo-sur-Tsiribihina à Morondava. Tout cela reste bien sûr à négocier.

Il n'est jamais inutile d'emporter un sac de couchage, ainsi qu'un chapeau, une crème solaire et une protection contre la pluie et les moustiques.

Vous aurez également la possibilité d'organiser votre circuit depuis Antsirabe, notamment auprès des guides de l'hôtel Kabary. Cette option se révèle généralement plus onéreuse.

Circuits organisés

Espace 4x4 (☎ 22 262 97, fax 22 272 96, espace4x4@dts.mg), à Antananarivo, est spécialisé dans la descente de la Tsiribihina et le Sud-Ouest de Madagascar en général. Cette agence sérieuse propose deux formules : soit vous vous rendez à Miandrivazo par vos propres moyens, auquel cas votre descente de 3 jours et 2 nuits jusqu'à Belo-sur-Tsiribihina vous coûtera 1,5 million de FMG par personne (groupe de 4 participants minimum), bivouac et pension complète inclus ; soit l'agence assure également vos transferts en 4x4, au prix de 350 000 FMG par personne entre Antananarivo et l'embarcadère de Miandrivazo et de 220 000 FMG entre le débarcadère de Belo-sur-Tsiribihina et Morondava. Espace 4x4 assure plusieurs départs chaque mois entre avril et octobre. N'hésitez pas à les contacter si vous formez un groupe de moins de 4 personnes car des regroupements sont possibles. L'agence dispose de deux chalands d'une quinzaine de mètres pouvant accueillir 15 passagers. Non pontés, il sont équipés d'une cuisine et de toilettes. Espace 4x4 propose également des circuits incluant descente de la Tsiribihina et visite des tsingy de Bemaraha.

Menabe Évasion (☎/fax 22 418 30, mena.eva@simicro.mg). Cet autre spécialiste de longue date de la descente de la Tsiribihina basé à Antananarivo, offre les services de ses chalands de 13 et 15 m pour des circuits fluviaux. Les embarcations sont équipées de cuisines, douche, toilettes et solarium ; les repas sont pris à bord et les nuitées ont lieu sur les berges, sous la tente. Comptez 328 € tout compris pour un circuit de 4 jours et 3 nuits d'Antananarivo à Morondava (tarif par personne pour un groupe de 4 ou 5 participants). Ce tarif inclut les transferts, une nuit d'hôtel à Miandrivazo, les guides, les bivouacs et la descente du fleuve en pension complète. Le tarif baisse à 237 € par personne, toujours sur la base de 4-5 participants, sans les transferts d'Antananarivo à l'embarcadère et au débarcadère à Morondava, ni la nuit d'hôtel à Miandrivazo. Un circuit dans les tsingy de Bemaraha peut être enchaîné à la descente de la Tsiribihina.

Malagasy Tours (☎ 22 356 07 ou 22 627 24, fax 22 622 13, malagasy@dts.mg, www.malagasy-tours.com). Toujours dans la capitale, cette agence organise des descentes de la Tsiribihina dans le cadre de circuits "découverte" dans l'Ouest malgache.

A Miandrivazo, on nous a recommandé le chaland *Le Capitaine* (☎ 44 481 14 ou 033 11 363 21).

Comment s'y rendre

Miandrivazo (voir ci-dessus) est accessible par taxi-brousse d'Antsirabe ou de Morondava. Les débarcadères des pirogues et chalands ne sont pas dans la ville même. Selon l'époque de l'année, vous les trouverez soit à Ampieky (à 1 heure de piste), soit à Masekapy (à 2 heures 30 de piste). Il n'existe pas de transports locaux réguliers reliant Miandrivazo à ces débarcadères. Les agences de voyages, piroguiers ou hôtels qui organiseront votre descente de la Tsiribihina pourront prendre en charge ce transfert. Vérifiez s'il est ou non compris dans le tarif proposé.

BELO-SUR-TSIRIBIHINA

Perdu dans les vastes marécages, mangroves et autres récifs du delta de la Tsiribihina, "Belo" est le lieu de débarquement de la plupart des bateaux qui descendent le fleuve et peut servir de point de départ aux circuits dans les tsingy de Bemaraha. La région est réputée pour ses tombeaux sakalava. Vous en verrez à Serinam, à une quinzaine de kilomètres à l'est de la ville. Un guide pourra vous conduire jusqu'à des sépultures ornées de sculptures érotiques, à une dizaine de kilomètres de la localité.

Belo ne compte guère de bonne possibilité d'hébergement.

Hôtel Grande Lumière *(doubles 40 000 FMG environ)*. L'eau est froide et la propreté laisse à désirer mais les tarifs sont en conséquence…

Hôtel du Menabe *(simples/doubles 50 000/75 000 FMG environ)*. L'hôtel a connu des jours meilleurs. Certaines chambres sont plus agréables que d'autres. Demandez à visiter avant de faire votre choix.

Des bâchés et des camions-brousse circulent entre Morondava et Belo-sur-Tsiribihina (22 500 FMG, 4 heures). Ils quittent le stationnement des taxis-brousse de Morondava vers 7 ou 8h. La piste est assez mauvaise et la traversée en bac d'un cours d'eau, au sud de Belo-sur-Tsiribihina, occasionne souvent un peu d'attente.

Air Madagascar assure des liaisons irrégulières entre Morondava et Belo (161 500 FMG).

PARC NATIONAL DES TSINGY DE BEMARAHA

Depuis la publication en février 1987 par le *National Geographic* d'une double page photo des spectaculaires tsingy de Bemaraha et, plus récemment, d'un superbe cliché aérien signé Yann Arthus-Bertrand, voyageurs et touristes ont déployé tous leurs efforts pour découvrir ces merveilles longtemps inaccessibles. Protégé depuis 1927, le site a été classé sur la liste du Patrimoine mondial de l'Unesco en 1990.

La région de l'"Antsingy" a bénéficié du statut de réserve naturelle intégrale (dont l'accès est limité aux chercheurs) jusqu'en août 1997, date à laquelle l'État malgache a créé le parc national des Tsingy de Bemaraha. D'une superficie de plus de 150 000 ha, il comprend une réserve naturelle intégrale, au nord, et

Les tsingy, cathédrales de calcaire

La genèse de ces curiosités géologiques que sont les tsingy remonte à la séparation de la Grande Île de la plaque africaine, il y a 160 millions d'années environ. Ces étonnantes cathédrales de calcaire trouvent en effet leur origine dans les métamorphoses successives d'une large partie ouest de l'actuelle Madagascar, qui demeura alors sous la surface de l'océan. Cette plongée en milieu aquatique se traduisit par le développement de formations coralliennes sur la roche, en même temps que des fragments de coquilles d'animaux marins y sédimentaient. Le calcaire contenu aussi bien dans les coraux que dans ces organismes marins se déposa ainsi par couches successives.

C'est à un glissement tectonique, qui souleva cette gigantesque plaque calcaire, que l'on doit la remontée de cette formation au-dessus du niveau de la mer. Les effets conjugués de l'érosion et, vraisemblablement, de l'acidité des pluies lui donnèrent par la suite le relief acéré qu'elle arbore aujourd'hui. L'origine sous-marine des tsingy apparaît encore sous la forme des coquillages et de petits organismes marins, qui se seraient adaptés à ce nouvel environnement en se nourrissant de lichens.

Le relief karstique (c'est-à-dire composé en grande partie de calcaire) des tsingy est également à l'origine des superbes concrétions qui ornent les grottes environnantes. L'eau qui s'infiltre dans les interstices de ces cathédrales de pierre dissout en effet le fragile calcaire. Acheminé par l'eau, il se dépose goutte à goutte dans les grottes et forme stalactites et stalagmites.

Plusieurs étymologies ont été proposées pour le mot tsingy. Selon certaines sources, il signifierait "marcher sur la pointe des pieds" en référence à l'extrême difficulté que pose l'approche de ce milieu. Pour d'autres, il découlerait de mots malgaches signifiant "pointu" ou "tranchant" ou rappellerait par sa sonorité le son léger, proche de celui de la porcelaine, que rendent ces structures poreuses lorsqu'on les frappe. Ces planches de fakir minérales d'aspect menaçant sont en effet des plus fragiles. Elles sont constamment adoucies par l'érosion, qui aura un jour raison d'elles.

une zone de 72 000 ha ouverte aux visiteurs, au sud. Les possibilités de visite se sont développées grâce à ce changement de statut.

Les tsingy de Bemaraha sont les plus vastes de la Grande Île, devant ceux de la réserve de l'Ankàrana, près de Diégo-Suarez. Ces formations karstiques uniques au monde (reportez-vous à l'encadré) intéresseront les amateurs de curiosités géologiques et d'environnements naturels étranges. Les botanistes, quant à eux, pourront observer les essences végétales qui parviennent à survivre dans cet étonnant environnement isolé. La faune, peu étudiée, comprend environ 90 variétés d'oiseaux, 8 espèces de reptiles et une dizaine de lémuriens, parmi lesquelles le microcèbe, le phaner à fourche, l'hapalémur gris, le lépilémur mustélien, le maki à front rouge et le propithèque de Decken.

La visite des tsingy de Bemaraha doit être réservée à la période qui s'étale entre mi-mai et mi-novembre. En dehors de ces mois, la hauteur des eaux de la Manambolo et le mauvais état de la piste empêchent l'accès au village de Bekopaka, dont les habitants sont souvent obligés de s'éloigner de quelques kilomètres en attendant la décrue.

Circuits indépendants

L'accès individuel à ces lieux isolés (où les voyageurs indépendants trouveront des possibilités d'hébergement et de restauration) reste difficile. La majorité des visiteurs choisissent d'organiser quelque peu leur circuit, notamment en louant un 4x4. Vous trouverez à la rubrique *Circuits organisés et location de voiture* de *Morondava* la liste des hôtels et agences proposant des 4x4.

Comptez un minimum de 3 jours pour la visite du site depuis Morondava. Vous devrez commencer par rejoindre Belo-sur-

L'OUEST

Tsiribihina, à une centaine de kilomètres de Morondava, puis continuer sur 95 km jusqu'à Bekopaka. Les vingt-cinq derniers kilomètres de cette piste (après le village d'Andimaka), particulièrement mauvais, ne sont praticables qu'en 4x4. Deux solutions sont envisageables : soit réserver un 4x4 à Morondava (600 000 FMG par jour environ), soit vous faire déposer par un taxi-brousse à la fin de la piste praticable en voiture légère et parcourir les vingt-cinq derniers kilomètres par un autre moyen de transport (certains lecteurs ont recouru à la charrette à zébus…). Après une nuit à Bekopaka, vous devrez ensuite emprunter un bac pour traverser la Manambolo. Deux bacs se disputent les visiteurs : le premier, d'État, ne coûte que 25 000 FMG mais tombe souvent en panne. Le second est privé et plus fiable, mais nettement plus cher : 100 000 FMG (ces tarifs, rassurez-vous, s'appliquent aux véhicules !). De nombreux voyageurs limitent leur circuit à la visite des "petits tsingy" et des gorges de la Manambolo, facilement accessibles à pied depuis Bekopaka (2,5 km seulement séparent le village des circuits des petits tsingy).

L'accès aux grands tsingy impose l'épreuve supplémentaire de 17 km de piste souvent exécrable jusqu'à Andamozavaky. Vous pourrez soit les parcourir à pied – comptez 4 heures de marche environ – soit avoir recours aux 4x4 généralement stationnés au débarcadère du bac. Attendez-vous dans ce cas à un âpre marchandage.

Il arrive, notamment à l'approche de la saison des pluies, que l'état de la piste entre Bekopaka et Andamozavaky décourage certains chauffeurs de 4x4 réservés à Morondava. Les chauffeurs locaux se proposent alors d'emmener les visiteurs pour une somme prohibitive. Si vous vous trouvez dans cette situation (certains visiteurs ont eu l'impression que les premiers étaient de mèche avec les seconds !), n'hésitez pas à demander le remboursement d'une partie de la location de votre 4x4 à Morondava.

Quel que soit votre itinéraire, vous devrez vous assurer les services d'un guide auprès du bureau de l'Angap de Bekopaka.

Circuits organisés

Organisme sérieux et professionnel installé à l'hôtel Baobab Café de Morondava, Baobab Tours (☎ 95 520 12, fax 95 521 86) organise des circuits de découverte des tsingy en 4x4 de 3 ou 4 jours. L'excursion de 3 jours rejoint Bekopaka *via* Belo-sur-Tsiribihina. Après une nuit à Bekopaka, la seconde journée est consacrée aux petits tsingy et à la visite des grottes en pirogue. Le retour vers Morondava a lieu le troisième jour. Le circuit de 4 jours ajoute les grands tsingy à cet itinéraire. Comptez de 4,1 à 4,8 millions de FMG pour 3 jours pour un groupe de 4 personnes et de 6 à 6,4 millions de FMG pour 4 jours. Ces tarifs, qui varient selon le confort de l'hôtel choisi, incluent le véhicule, les guides, les repas et l'hébergement pour les 4 participants.

A Antananarivo, Espace 4x4 (☎ 22 262 97, fax 22 272 96, espace4x4@dts.mg), tour-opérateur sérieux spécialisé de longue date dans l'Ouest du pays, organise un circuit de 3 jours dans les petits tsingy au départ de Morondava. Comptez 1,4 million de FMG par personne sur la base de 4 participants ou 2,3 millions de FMG par personne sur la base de 2 personnes.

Si votre budget est limité et que vous souhaitez néanmoins aborder les tsingy avec un peu d'organisation, adressez-vous à l'hôtel Le Nain de Jardin – vous avez bien lu ! – de Morondava (☎ 95 524 90, reportez-vous à la rubrique *Où se loger* de cette ville). L'hôtel, qui rassemble tout ce que la ville compte d'amateurs de moto, de 4x4 et autres ULM, pourra certainement vous concocter un itinéraire à la mesure de vos moyens.

Toujours à Morondava, Papa Daya, responsable de l'agence de voyages de l'Hôtel Continental (☎ 95 521 52, fax 95 521 42) pourra également organiser votre périple. Certains hôtels de Tana ou de Morondava ont recours à ses services.

Enfin, quelques guides indépendants, dont les prestations sont à marchander, louent leurs services dans les hôtels de Morondava.

Les tsingy vus du ciel

Baobab Tours (voir ci-dessus) propose un survol des tsingy, avec atterrissage à proxi-

L'atelier d'un sculpteur d'Ambositra

Des paniers en raphia à Ambositra

Dans une boutique de Nosy Be

Poissons séchant sous le soleil de Cap Est

Plage frangée de palmiers sur l'île Sainte-Marie

Pirogue à balancier à Ramena

L'île aux Nattes (Nosy Nato) est un petit paradis que l'on rejoint en pirogue

mité, à bord d'un avion léger pouvant accueillir 3 passagers. Le vol de 2 heures 30 revient à 3,5 million de FMG pour une personne et à 3,9 millions de FMG pour 3 passagers.

Également à Morondava, l'hôtel Le Nain de Jardin (☎ 95 524 90) envisage de proposer des survols des tsingy en ULM.

Permis et guides

Les permis d'entrée valables 3 jours (50 000 FMG) sont en vente au bureau de l'Angap de Bekopaka. Ajoutez de 25 000 à 60 000 FMG pour les services d'un guide, obligatoire, selon le circuit. Les guides de l'Angap pourront organiser votre bivouac.

Visite de la réserve

Les petits tsingy et de très belles grottes, où vous verrez d'étonnantes formations calcaires, se trouvent à une bonne demi-heure de marche environ du village de Bekopaka. Les petits tsingy, d'une hauteur de 10 à 20 m, se découvrent depuis des belvédères aménagés. Une demi-journée suffit à leur visite et à celle des grottes. Trois circuits, de 3 à 4 heures environ, ont été aménagés par l'Angap aux abords des petits tsingy.

A 2,5 km du village, vous pourrez explorer les spectaculaires gorges de la Manambolo en pirogue en 2 heures 30 environ. Vous pourrez vous attarder au passage pour apercevoir les vestiges d'anciens tombeaux vazimba, dissimulés dans les recoins de l'Antsingy. Ces sépultures sacrées sont entourées de nombreux fady.

Les grands tsingy, clou de l'excursion, se trouvent à 17 km au nord, par une piste particulièrement difficile qui se fraye un chemin dans un paysage de forêt sèche. L'accès à ces tsingy abrupts est aménagé avec des échelles. Ce circuit un peu sportif de quelque 3 heures (hors l'acheminement depuis Bekopaka) vous demandera quelques efforts, vite récompensés par la beauté du site. Il s'achève par la visite de quelques grottes et de leurs formations calcaires.

Les tsingy doivent à leur origine corallienne (voir l'encadré) d'être particulièrement escarpés. Progresser dans cet environnement minéral se révèle parfois délicat et nous vous recommandons de commencer par les petits tsingy et de porter de bonnes chaussures. Tous ces circuits exigent l'assistance d'un guide, disponible au bureau de l'Angap de Bekopaka, et le respect des fady locaux.

Où se loger et se restaurer

Camping *(renseignements au bureau de l'Angap, 20 000 FMG environ)*. L'Angap a aménagé deux terrains de camping, l'un à proximité de l'entrée du parc, l'autre aux abords des grands tsingy.

Les deux principaux hôtels de Bekopaka sont gérés par la même équipe.

Chez Ibrahim *(bungalows 40 000 FMG, repas 35 000 FMG)*. Orienté vers les voyageurs à petit budget, Chez Ibrahim loue des bungalows assez rudimentaires. Il est possible de planter sa tente à proximité.

Le Relais des Tsingy (Contact à l'hôtel Morondava Beach de Morondava, ☎ 95 523 18, *www.relaisdestsingy.mg ; bungalows avec s.d.b. 200 000 FMG jusqu'à 4 personnes, repas 40 000 FMG)*. Sur la rive opposée de la Manambolo, cet établissement est l'option la plus confortable. Il dispose de beaux bungalows et d'une agréable salle de restaurant.

Camp de Mad Caméléon *(contact ☎ 22 630 86, madcam@dts.mg ; emplacement 35 000 FMG, location de tente double équipée 80 000 FMG, repas 40 000-55 000 FMG)*. Spécialiste de la descente de la Manambolo, le tour-opérateur Mad Caméléon a créé ce terrain de camping avec sanitaires à Bekopaka et envisage l'ouverture d'un "village de toile" plus confortable.

Comment s'y rendre

Accéder aux tsingy de Bemaraha par ses propres moyens reste difficile, l'état de la route empêchant les taxis-brousse de s'approcher à plus de 25 km environ de Bekopaka. Un minimum d'organisation est donc souhaitable. Reportez-vous ci-dessus au paragraphe *Circuits indépendants*.

MORONDAVA

Au cœur du territoire sakalava, la capitale de la région du Menabe bénéficie chaque année de dix mois de chaleur sèche, tempé-

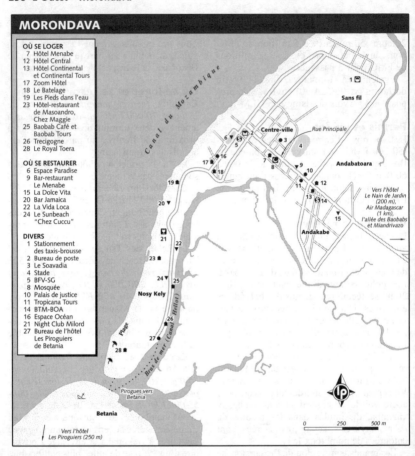

MORONDAVA

OÙ SE LOGER
7 Hôtel Menabe
12 Hôtel Central
13 Hôtel Continental
   et Continental Tours
17 Zoom Hôtel
18 Le Batelage
19 Les Pieds dans l'eau
23 Hôtel-restaurant
   de Masoandro,
   Chez Maggie
25 Baobab Café et
   Baobab Tours
26 Trecigogne
28 Le Royal Toera

OÙ SE RESTAURER
6 Espace Paradise
9 Bar-restaurant
   Le Menabe
15 La Dolce Vita
20 Bar Jamaica
22 La Vida Loca
24 Le Sunbeach
   "Chez Cuccu"

DIVERS
1 Stationnement
   des taxis-brousse
2 Bureau de poste
3 Le Soavadia
4 Stade
5 BFV-SG
8 Mosquée
10 Palais de justice
11 Tropicana Tours
14 BTM-BOA
16 Espace Océan
21 Night Club Milord
27 Bureau de l'hôtel
   Les Piroguiers
   de Betania

rée par la brise marine. Si elle ne présente pas en elle-même un intérêt exceptionnel, Morondava est bordée de quelques-uns des sites touristiques les plus courus de la Gande Île : allée des baobabs, tsingy du parc national de Bemaraha, fleuve Tsiribihina… Idéale pour laisser les jours filer en regardant passer les boutres et préparer ses itinéraires dans les environs, cette petite ville somnolente aux rues de sable est ainsi devenue l'une des destinations les plus fréquentées de l'Ouest malgache.

La mer érode rapidement le littoral sablonneux de Morondava. Les vagues ont déjà emporté deux villages côtiers au cours de ce siècle et le processus se poursuit. On estime que plusieurs kilomètres de terre ont ainsi été entamés depuis 1900.

Orientation et renseignements

Se repérer dans les quelques rues du centre-ville, qui se coupent à angle droit, ne pose guère de problème. Les hôtels se concentrent dans la partie sud, sur la petite presqu'île de Nosy Kely, comprise entre le bras de mer canalisé et une longue plage. Une plage particulièrement paisible s'étend le long de la presqu'île de Betania, au sud. La

L'art funéraire sakalava-vezo

Les Sakalava et les Vezo – qui en sont un sous-groupe ethnique – se distinguent par leurs rites funéraires. A leur mort, les Sakalava sont en effet à la fois ensevelis et pieusement conservés dans des *fasambezo* (cimetières), où les tombeaux de bois sont entourés de superbes sculptures réalisées sur des "totems" qui rappellent les aloalo du Sud de l'île. Les motifs représentés diffèrent cependant de ces derniers : souvent érotiques, ils évoquent la vie et la fertilité en figurant notamment des hommes et des femmes aux organes génitaux surdimensionnés. Lorsque des silhouettes masculines et féminines se juxtaposent, la femme arbore le plus souvent un corps de taille disproportionnée, sans doute en hommage à son rôle dans la renaissance des ancêtres. Des sculptures remémorant la vie des défunts s'intercalent ici et là, entrecoupées de représentations d'oiseaux.

Précisons que de nombreux sculpteurs, qui n'ont pas manqué de remarquer l'intérêt que suscite ces représentations érotiques aux yeux des étrangers, forcent maintenant le trait. Maintes sculptures sakalava récentes sont plus "osées" que les modèles originaux traditionnels.

sortie est de Morondava accueille également un peu d'activité.

Argent. Vous trouverez à Morondava des agences de la BFV-SG et de la BTM-BOA. La première délivre des avances sur les cartes Visa, la seconde sur les Mastercard. Toutes deux changent des devises et des chèques de voyage et ferment tôt (vers 15h).

Poste et communications

La poste de Morondava ouvre en semaine aux heures de bureau. Des téléphones publics à carte sont disséminés dans la ville, notamment à l'hôtel Menabe.

Internet

Morondava accuse un certain retard dans le domaine de l'Internet. Vous devriez pouvoir vous connecter au magasin OK de la rue principale et au restaurant Espace Paradise, près de la BFV-SG.

Circuits organisés et location de voitures

Hôtel Le Nain de Jardin (☎ 95 524 90, voir *Où se loger*). L'une des solutions de location de voiture et d'organisation de circuits les plus économiques, cet hôtel propose des 4x4 à partir de 600 000 FMG par jour, carburant compris. L'hôtel prépare notamment des circuits vers des plages peu fréquentées des itinéraires touristiques habituels.

Baobab Tours (☎ 95 520 12, fax 95 521 86). Ce tour-opérateur sérieux, que vous trouverez à l'hôtel Baobab Café, organise des circuits en 4x4 vers les tsingy de Bemaraha et des sorties en mer vers Belo-sur-Mer à bord de vedettes bien équipées de 24 ou 42 pieds. L'aller simple vers Belo revient à 1,8 million de FMG pour 8 personnes, l'aller-retour à 2,2 millions de FMG.

Hôtel Continental (☎ 95 521 52, fax 95 521 42). Papa Daya, qui préside aux destinées de l'agence de voyages de cet hôtel du centre-ville, possède une longue expérience dans l'organisation des circuits aux environs de Morondava. Ses prestations incluent notamment Belo-sur-Mer (750 000 FMG par jour, plus carburant et chauffeur), Belo-sur-Tsiribihina, les tsingy de Bemaraha, la forêt de Kirindy ou un circuit d'une demi-journée autour de Morondava (350 000 FMG). Vous pourrez négocier la location d'un 4x4 pour 600 000 FMG par jour carburant compris.

Espace Océan (☎/fax 95 524 51, espocean@dts.mg). Représentant l'hôtel La Marina de Belo, cette agence que vous trouverez près de la BNI-CL, organise des transferts vers Belo-sur-Mer.

Hôtel Morondava Beach (☎/fax 95 523 18, mbeach@aic.fr). Cet établissement concocter des circuits vers les tsingy de Bemaraha et Belo-sur-Tsiribihina.

Le Menabe (☎ 95 524 45). Ce restaurant-bar loue des quads. En une demi-journée (350 000 FMG), vous pourrez rejoindre l'allée des Baobabs ou les tombeaux vezo. Il est possible de gagner Belo-sur-Mer en quad en 2 jours au minimum (1,2 million de FMG pour les 2 jours).

Gardez à l'esprit que certains sites des environs de la ville (allée des Baobabs en tête) ne nécessitent pas de location de véhicule tout-terrain et sont accessibles par les taxis-ville.

Reportez-vous à la rubrique *Parc national des Tsingy de Bemaraha*, pour les détails et les tarifs concernant la visite des tsingy.

Équitation

Implanté sur la presqu'île de Betania, le centre équestre de l'hôtel Les Piroguiers (piroguiers@yahoo.fr ; voir *Où se loger*), organise des sorties à cheval au tarif de 60 000 FMG l'heure et de 110 000 à 150 000 FMG pour 2 à 3 heures de randonnée. Il est possible de traverser la passe à cheval et de revenir en pirogue vezo. Ceux qui l'ont vécue semblent enchantés de l'expérience.

ULM

L'hôtel Le Nain de Jardin (☎ 95 524 90 ; voir *Où se loger*) dispose de 2 ULM. Comptez 250 000 FMG pour un baptême et 600 000 FMG par heure de vol. Lors de notre passage, l'hôtel envisageait de baser ses ULM à Bekopaka pour proposer des survols des tsingy.

Pêche au gros

Baobab Tours (☎ 95 520 12, fax 95 521 86, hôtel Baobab Café) propose des sorties de pêche sportive à bord de vedettes bien équipées de 24 et 42 pieds (à partir de 2,8 millions de FMG la journée pour 4 personnes).

Où se loger

A l'exception du Trecigogne, la majorité des hôtels pour les petits budgets sont rassemblés en ville. La presqu'île de Nosy Kely compte quelques bonnes adresses de catégorie moyenne et supérieure.

En ville. Le Nain de Jardin *(☎ 95 524 90 ; doubles avec s.d.b. 35 000 FMG, plats 12 000-35 000 FMG)*. A la sortie est de la ville, Le Nain de Jardin (!) est le rendez-vous des dévoreurs de piste et des adeptes d'ULM de passage à Morondava. Ce sympathique hôtel-bar-restaurant offre des bungalows à petits budget au confort simple (eau froide)

mais propres. Les menus dépendent du marché et de l'humeur de la cuisinière. Un peu excentré, l'hôtel offre une bonne base pour organiser des circuits dans les environs.

Hôtel Menabe *(☎ 95 520 65 ; doubles avec s.d.b. 40 000-50 000 FMG)*. Bon choix à prix doux, l'Hôtel Menabe souffre un peu de manque d'entretien mais offre un confort satisfaisant compte tenu des tarifs pratiqués. Les chambres à 50 000 FMG, à l'étage, sont plus claires et dotées d'une petite terrasse.

Zoom Hôtel *(☎ 95 520 80 ; doubles avec s.d.b. 60 000 FMG)*. A la limite de la presqu'île de Nosy Kely, ce petit établissement est comparable par son confort à l'adresse précédente en plus neuf.

Le Batelage *(☎ 95 527 32 ; doubles avec s.d.b. 50 000-75 000 FMG, plats 15 000-20 000 FMG)*. A mi-chemin entre le centre et Nosy Kely, ce grand bâtiment jaune et récent abrite des doubles de deux types. Les moins chères sont exiguës ; les plus chères plutôt vastes et agréables. La terrasse du dernier étage est laissée à la disposition de la clientèle. Des lecteurs ont été mécontents de l'accueil.

Hôtel Central *(☎ 95 520 81 ; doubles avec s.d.b. 50 000 FMG)*. Les chambres de cette adresse du centre n'ont rien d'exceptionnel mais les tarifs sont en conséquence.

Hôtel Continental *(☎ 95 521 52, fax 95 521 42, doubles avec s.d.b., sans/avec clim 50 000-70 000 FMG/120 000 FMG)*. Le long de la rue principale, il offre des chambres un peu anciennes mais convenables. Les plus chères ne méritent pas la dépense.

Nosy Kely (plage). Trecigogne *(☎ 95 520 69, trecigogne@dts.mg ; doubles s.d.b commune 41 000 FMG, doubles/triples avec s.d.b. 56 000/76 000 FMG)*. L'accueillante adresse à petit budget de Nosy Kely se trouve à l'extrémité sud de la presqu'île. Les petites chambres en bois sont un peu tassées les unes sur les autres dans le minuscule jardin, mais plaisantes et propres. Bon choix dans cette gamme de prix, Trecigogne bénéficie d'une agréable petite terrasse sur pilotis.

Les Pieds dans l'eau *(☎/fax 95 520 83)*. Les bungalows de cette adresse jadis accueillante et agréable avaient subi un incendie lors de notre passage et étaient en cours de reconstruction. Renseignez-vous.

Plus chers que les précédents, les trois établissements suivants figurent parmi les plus agréables et confortables de Morondava.

Hôtel-restaurant de Masoandro, Chez Maggie *(☎ 95 523 47 ; bungalows doubles avec s.d.b. 200 000 FMG, lit supp 50 000 FMG, menu sur commande 60 000 FMG)*. Idéale pour un repos absolu, cette adresse de charme offre de vastes et confortables bungalows en dur, impeccables de propreté et décorés avec goût. Située en bordure de plage, elle dispose d'une piscine et d'un jardin charmant. L'accueil est à la mesure des prestations.

Baobab Café *(☎ 95 520 12, fax 95 521 86, baobabtours@simicro.mg ; doubles/quadruples avec s.d.b. 150 000-390 000/390 000-450 000 FMG)*. Bonne option, le Baobab Café ajoute un bar avec billard, un excellent restaurant et une ambiance chaleureuse au confort de ses chambres impeccables, claires et agréables, équipées de TV, clim. et minibar. Les moins chères sont un peu exiguës ; les autres sont vastes et bénéficient d'un petit salon ou d'un balcon donnant sur la rivière. Rendez-vous des pêcheurs au gros de Morondava, le Baobab Café est par ailleurs une bonne adresse pour organiser des circuits dans les environs et met une petite piscine à la disposition de sa clientèle.

Le Royal Toera *(☎ 95 524 28, fax 22 631 96, mdv@bow.dts.mg ; bungalows doubles/triples 69/99 €, lit supp 15 €)*. Établissement de luxe installé à l'extrémité de la presqu'île, le Royal Toera propose de très confortables bungalows en bois répartis autour d'une grande et belle piscine. Le restaurant était en travaux à cause d'un incendie lors de notre dernier passage et les abords de l'hôtel se trouvaient un peu négligés.

Betania. Les Piroguiers *(piroguiers@yahoo.fr ; cases 45 000 FMG, bungalows doubles avec s.d.b. 86 000 FMG, plats 25 000 FMG)*. L'unique hôtel de Betania offre à ses clients le calme et la belle plage de cette presqu'île ainsi qu'un centre équestre (voir le paragraphe qui lui est consacré plus haut). Agréable mais isolé, l'établissement propose des cases sommaires mais bon marché, qui séduiront les petits budgets, et des bungalows avec salle de bains raisonnablement confortables. Le restaurant met l'accent sur les plats de poissson, servis dans une jolie salle en palissandre. L'hôtel dispose d'un petit bureau à l'extrémité de Nosy Kely. La traversée en pirogue jusqu'à Betania revient à 1 000 ou 2 500 FMG.

Où se restaurer – petits budgets

Si votre budget est limité, vous trouverez en ville quelques petits restaurants où vous repaître à peu de frais. Certains préparent d'excellents jus de fruits naturels.

La Vida Loca *(plats 15 000/20 000 FMG, fermé mar)*. Cette adresse récente, qui brigue le titre de bar le plus branché de Morondava, bénéficie d'une jolie salle et d'une terrasse agréable donnant sur le bras de mer. A la carte : soupe chinoise, beignets de crevettes, filet de poisson au curry, brochettes de zébu… L'un des lieux les plus agréables de la ville. On y danse certains soirs.

Bar-restaurant Le Menabe *(plats 20 000/25 000 FMG)*. L'un des rares restaurants du centre, le Menabe (qui n'a aucun lien avec l'hôtel du même nom) propose des plats du jour, snacks et omelettes corrects dans une salle dont la décoration évoque un pub de province.

Espace Paradise *(plats 17 000-20 000 FMG, fermé dim)*. Agréable pour sa terrasse, sa musique et son accueil, le Paradise, face à la BFV-SG, sert du poulet au coco, des filets d'autruche, des spécialités malgaches, ou encore des spaghettis aux fruits de mer… Un apéritif musical s'y tient parfois vers 18h.

La Dolce Vita *(plats 15 000-20 000 FMG)*. Dans la rue principale, ce restaurant à la salle agréable mais aux heures d'ouverture parfois un peu fantaisistes sert des pizzas et des plats italiens.

Catégories moyenne et supérieure

Le Sunbeach - "Chez Cuccu" *(☎ 95 526 71, ☎/fax 95 522 38 ; plats 19 000-28 500 FMG, fermé lun)*. Avec sa belle et chaleureuse salle octogonale, la carte sur l'ardoise et l'accent béarnais du patron, "Chez Cuccu (à prononcer "coucou") est non seulement l'une des adresses les plus attachantes de Morondava mais également une excellente table. Crabe mayonnaise, beignets de crevettes ou jambon de Bayonne (vous avez bien lu !) côtoient sur la carte les poissons grillés, d'excellentissimes calamars à l'ail et des viandes goûteuses à souhait, dont un civet de sanglier ou un tournedos au poivre vert digne de ce nom. Concluez d'une crème renversée et votre bonheur sera complet...

Baobab Café *(☎ 95 520 12, plats 19 000-47 000 FMG)*. Rendez-vous des passionnés de pêche au gros, le restaurant du Baobab Café consacre naturellement une large place de sa carte aux poissons et aux fruits de mer – spaghettis au poisson, camarons flambés, poisson au coco... Le cadre est agréable et reposant et la cuisine, excellente.

Presque tous les hôtels de Nosy Kely se doublent d'un restaurant.

Où sortir

Deux discothèques se partagent les nuits de Morondava. A Nosy Kely, le **Night club Milord** commence à accuser le poids des années. Le **Soavadia**, en ville, s'anime le lundi soir.

Le bar **Jamaïca**, sur la plage, est apprécié pour boire un verre.

Comment s'y rendre

Taxi-brousse. Le trajet entre Morondava et Antsirabe est certes long – ses 532 km demandent parfois plus de 14 heures de route – mais traverse de superbes paysages. Si la route goudronnée (RN 35) ne pose guère de problèmes jusqu'à Malaimbandy, les choses se compliquent sur les 122 km qui séparent cette dernière de Miandrivazo (RN 34). Le bitume, parti par plaques entières, oblige les véhicules à ralentir considérablement et 9 heures ne sont pas de trop pour franchir ce tronçon par une chaleur souvent accablante. Le magnifique environnement aride qui s'étend au loin aide cependant à oublier les rigueurs du trajet. Tout change après Miandrivazo : non seulement la route retrouve son revêtement et les véhicules leur vitesse, mais on commence alors la montée

vers les plateaux, dans un très beau paysage de douces montagnes herbeuses, de maisons en torchis et de belles rizières. Les taxis-brousse quittent le plus souvent Antsirabe vers 12h ou 14h et arrivent dans la nuit (60 000 FMG). Ils continuent généralement vers Antananarivo (16 à 18 heures de trajet au total depuis Morondava, 70 000 FMG). Un projet de réfection de la RN 34 était en cours en 2001.

Des camions-brousse longent régulièrement la côte occidentale de Morondava à Tuléar *via* Morombe. Exceptionnel pour ses paysages, ce trajet est cependant l'un de ces calvaires routiers dont la Grande Île a le secret ! Le parcours dure 2 jours au minimum. Aucun transport en commun ne dessert Belo-sur-Mer.

Les bâchés et camions-brousse à destination de Belo-sur-Tsiribihina quittent Morondava vers 7h ou 8h (4 heures de trajet environ, 22 500 FMG).

Avion. Air Madagascar propose plusieurs liaisons hebdomadaires depuis Morondava vers Antananarivo (511 500 FMG) ou Tuléar (286 500 FMG) *via* Morombe (286 500 FMG). Vous trouverez les guichets de la compagnie (☎ 95 521 01) à environ 2 km du centre-ville en direction de l'aéroport. Ils ouvrent en semaine de 7h30 à 11h30 et de 14h30 à 16h, et le samedi de 7h45 à 11h.

Bateau. Des boutres et autres bateaux marchands relient Morondava aux localités situées plus au sud sur la côte pour livrer des produits alimentaires et toutes sortes de marchandises. Ces traversées sont aussi longues (40 heures environ jusqu'à Morombe) qu'irrégulières, et les aménagements à bord rudimentaires. Renseignez-vous sur les départs (et les conditions météo) à l'embarcadère des boutres, sur la rivière. Des bateaux rejoignent épisodiquement Mahajanga.

Vous pourrez par ailleurs affréter une pirogue pour suivre la côte jusqu'à Belo-sur-Mer ou plus loin. L'inconfort de la navigation, si la météo n'est pas au beau fixe, pourra contrecarrer vos projets à tout moment.

Comment circuler

Vous pouvez explorer la ville à pied ou en taxi. Ces derniers sont indispensables pour atteindre les sites des environs, notamment l'allée des Baobabs. La course jusqu'à l'aéroport coûte 25 000 FMG, un trajet en ville de 3 000 à 4 000 FMG.

Vous trouverez des VTT à louer à Nosy Kely. Le restaurant Le Menabe loue des quads.

Des pirogues effectuent la traversée de quelques minutes entre le sud de Nosy Kely et la presqu'île de Betania. Vous débourserez 1 000 FMG pour une pirogue à rame et 2 500 FMG pour une embarcation motorisée.

ENVIRONS DE MORONDAVA
Allée des Baobabs

A 18 km de Morondava, l'allée des Baobabs est le rassemblement d'*Adansonia grandidieri* le plus spectaculaire de la Grande Île. Une vingtaine de ces géants pluricentenaires du monde végétal dressent en effet la silhouette magistrale de leurs troncs énormes, que finit une frondaison quasi atrophiée, de part et d'autre de la piste sableuse, au-dessus des rizières et des zébus qui paissent paisiblement. Vous apprécierez mieux ce spectacle, qui figure sur nombre de cartes postales, à l'aube ou au coucher du soleil. Vous pourrez faire un détour pour voir le baobab sacré ou les étonnants troncs entrelacés des baobabs amoureux. A ne pas manquer.

Comment s'y rendre. L'allée des Baobabs se situe au début de la piste sableuse de Belo-sur-Tsiribihina, à quelques kilomètres de la route nationale (alors bitumée) en direction de Miandrivazo et Antsirabe. La solution la plus économique consiste à prendre place à bord d'un taxi-brousse en direction de Belo-sur-Tsiribihina. C'est également la plus fastidieuse car vous devrez attendre longuement que le véhicule se remplisse. La majorité des visiteurs ont recours aux taxis de Morondava, qui demandent généralement 100 000 FMG (à négocier), attente du coucher du soleil comprise. Vous ajouterez les Baobabs amoureux au programme pour 50 000 FMG négociables. La location d'une moto ou d'un quad est une bonne idée. Le VTT est en revanche peu adapté au sable mou de la piste.

Tombeaux sakalava-vezo

Des sites funéraires sakalava-vezo sont disséminés aux alentours de Morondava, notamment au nord-est (Mangily, Antalitoka et Ankirijibe) et au sud (Marovoay). Nombre de sépultures ont été par le passé profanées et la visite est maintenant soumise à l'autorisation des autorités villageoises et réservée aux voyageurs accompagnés d'un guide. Au-delà de l'intérêt que présente l'art funéraire sakalava – ne vous attendez pas à en voir de très beaux exemples, les sites ouverts à la visite étant pour la plupart en très mauvais état –, l'observation des tractations nécessaires pour y accéder est l'un des points forts de la visite.

Parc du Menabe

A environ 10 km de Morondava en direction de Miandrivazo, ce petit parc privé rassemble plusieurs espèces de lémuriens nocturnes (en

Les "centres Tsaravahiny"

Créés par l'association belge ABM (Association Belgique Madagascar, qui travaille depuis 1995 à des projets de développement rural harmonisé), les centres Tsaravahiny proposent des séjours de courte ou longue durée dans des villages sakalava de l'Ouest de Madagascar. Leur originalité est d'offrir une approche interculturelle, en permettant aux visiteurs de participer aux activités traditionnelles des villages dans le cadre d'une charte de respect. Les villageois – notamment ceux du hameau de Mangily, à 37 km de Morondava – participent à l'hébergement et aux repas des "invités-étrangers" et organisent des balades en pirogue et des excursions en charrette à zébu.

L'hébergement revient à 11 € environ par nuit et bungalow (douche solaire). Pour de plus amples renseignements, contactez en Belgique le ☎/fax 32 2 219 18 55 (abm-rdc@arcadis.be) ou à Tana le ☎/fax 22 290 29. L'hôtel Oasis et le restaurant Espace Paradise de Morondava pourront également vous informer.

cage) ou diurnes (sur un petit îlot), des crocodiles, des mangoustes et des boas, ainsi qu'un élevage d'autruches.

Vous pourrez lui consacrer une demi-heure sur votre chemin vers l'allée des Baobabs.

Réserve d'Analabe

Fermée au public lors de nos recherches, cette réserve privée de 4 000 ha de plaine côtière située aux environs de Beroboka Avatra, à quelque 55 km au nord de Morondava, devrait rouvrir fin 2002. La réserve appartient à Jean de Heaulme, également propriétaire de la réserve de Berenty, près de Fort-Dauphin.

Outre les marécages et les mangroves, sa végétation se compose en majeure partie d'arbres à feuilles caduques. Les 113 espèces d'oiseaux qui y ont été recensées en font l'un des rares paradis ornithologiques malgaches. La réserve se prête par ailleurs à merveille à l'observation des fossanes et accueille six variétés de lémuriens. Elle est l'un des seuls habitats du lépilémur mustélien *(Lepilemur mustelinus ruficaudatus)* et abrite une importante population de propithèques de Verreaux. Les makis à front rouge qui pullulent à Berenty proviennent d'Analabe.

Le site est accessible en taxi-brousse, en empruntant la route Morondava-Belo.

Réserve forestière de Kirindi

A une soixantaine de kilomètres de Morondava, la réserve de Kirindi (10 000 ha) est gérée par une organisation helvétique. Vous l'entendrez donc parfois désignée sous le nom de "forêt des Suisses" ou encore de "forêt du CFPF" (Centre de formation professionnelle forestière), du nom de l'organisme mis en place pour assurer sa conservation.

Le CFPF a été à l'origine d'un grand nombre d'initiatives depuis sa création en 1978. Outre un programme d'abattage des arbres contrôlé, l'organisme s'attache en effet à lutter contre la dégradation des forêts du Menabe en mettant en place un système d'exploitation rationnel intégrant les contraintes des villageois. L'objectif vise à aider les villages environnants à trouver un mode d'exploitation agricole n'impliquant

pas de défrichement et à sensibiliser les populations à l'importance de la protection des forêts. Le programme a porté ses fruits et les incendies de forêt semblent avoir cessé ces dernières années.

Outre cette activité humaine, la réserve de Kirindy abrite six espèces de lémuriens, principalement nocturnes, dont le chirogale moyen. On dénombre aussi 45 espèces d'oiseaux et 32 variétés de reptiles, dont la tortue *Erymnochelys madagascariensis*, unique tortue d'eau douce de la Grande Île, sans compter les nombreux caméléons. Le rat sauteur géant et plusieurs espèces de tenrecs et de mangoustes habitent également Kirindy.

Permis et guides. Les billets sont en vente à l'entrée de la réserve et au CFPF (☎ 95 520 96), dont les locaux se situent 500 m environ après les bureaux d'Air Madagascar sur la route de Miandrivazo, à Morondava. Le droit d'entrée s'élève à 20 000 FMG, auxquels il faut ajouter de 10 000 à 20 000 FMG pour les services d'un guide.

Le CFPF délivre des documentations intéressantes, dont *La Forêt du Menabe, une invitation au voyage* et le *Guide de quelques balades à but éco-touristique dans la région de Morondava*, qui dépasse le cadre de la forêt de Kirindy pour s'intéresser à l'allée des Baobabs, aux mangroves ou encore aux effets de l'érosion littorale sur la ville de Morondava.

Où se loger et se restaurer. Des cases rudimentaires à 2 lits sont proposées sur place pour 15 000 FMG environ, ainsi que des lits en dortoir (6 000 FMG environ). Le camping est autorisé moyennant 5 000 FMG. Prévoyez vos provisions.

Comment s'y rendre. La forêt de Kirindy se trouve à 60 km environ au nord de Morondava, sur la route de Belo-sur-Tsiribihina. En chemin, vous passerez devant la magnifique allée des Baobabs. La réserve est facilement accessible par les taxis-brousse assurant la liaison Morondava-Belo (demandez au chauffeur de vous déposer). Depuis la route, il vous restera 5 km à parcourir à pied pour atteindre le campement.

Une solution plus simple consiste à avoir recours aux taxis-ville de Morondava (350 000 FMG à négocier).

En partant de Morondava, vous pouvez effectuer l'aller-retour dans la journée. Il est cependant intéressant d'y passer la nuit, la plupart des lémuriens du parc étant nocturnes. Les mois d'octobre et de novembre sont les plus propices à la visite.

DE MORONDAVA VERS TULÉAR

Les 350 km de côte qui s'étendent au sud de Morondava en direction de Tuléar offrent au regard de somptueuses étendues littorales. L'accès particulièrement difficile de cette portion de côte la rend malheureusement hors de portée des visiteurs pas assez fortunés pour voyager en 4x4.

Les camions Mercedes aménagés en taxis-brousse qui effectuent la liaison Morondava-Tuléar empruntent la difficile RN 9. Au mieux, ils mettent de une journée et demie à deux jours pour effectuer ce trajet en faisant étape au village de Manja. Les départs pour Morombe (50 000 FMG) sont en général quotidiens ; ceux pour Tuléar (100 000 FMG) ont lieu 4 fois par semaine. Ce trajet se révèle éprouvant et un peu frustrant, la RN 9 étant tracée à plusieurs dizaines de kilomètres du splendide littoral.

Une meilleure solution consiste à emprunter la piste côtière. Ce bel itinéraire réservé aux 4x4 est difficile mais praticable en saison sèche. Le premier obstacle – et pas le moindre – s'annonce à quelques dizaines de kilomètres au sud de Morondava avec la traversée à gué de l'Ankabatomena. Les véhicules tout-terrain mettent un minimum de 3 heures pour franchir les 75 km environ qui séparent Morondava et Belo-sur-Mer où sont rassemblés quelques hôtels, avant de gagner Morombe par une piste sableuse. La progression continue dans les mêmes conditions difficiles et les mêmes superbes paysages jusqu'à Andavadoaka puis Salar. Le franchissement de la Manombo marque la dernière étape avant de retrouver la cahoteuse RN 9, qui mène à Ifaty et à Tuléar. Mieux vaut prévoir 3 ou 4 jours de 4x4 pour ce trajet afin d'en apprécier les paysages.

Belo-sur-mer

Avec sa belle plage et ses chantiers de construction navale, ce charmant village s'étend à une cinquantaine de kilomètres au sud de Morondava face à une baie idyllique. Quelques efforts sont néanmoins nécessaires pour atteindre ce petit coin de paradis : la piste qui y mène demande au moins 3 heures de 4x4 et les camions-brousse en provenance de Morondava ne passent qu'à 8 km du village, distance que vous risquez fort de parcourir à pied. Ultime solution : négocier avec une pirogue ou avoir recours à un transfert organisé depuis Morondava. L'hôtel La Marina de Belo (voir ci-dessous) assure des transferts en 4x4 (650 000/700 000FMG en basse/haute saison jusqu'à 4 personnes) ou en bateau (300 000/350 000FMG en basse/haute saison, 4 passagers au minimum). A Morondava (reportez-vous à cette ville), le Baobab Café proposent des transferts par mer.

La Marina de Belo *(☎/fax 95 524 51 ; bungalows doubles 150 000-220 000/180 000-250 000 FMG en basse/haute saison, menu 58 000/60 000 FMG en basse/haute saison).* Cet hôtel de charme loue de confortables bungalows joliment décorés et meubles en palissandre sur la mangrove (les moins chers) ou en bord de mer. La Marina de Belo – pour nous un coup de cœur – organise de nombreuses activités nautiques. Vous pourrez effectuer une réservation à son bureau de Morondava (espocean@dts.mg, à proximité de la BFV-SG) ou auprès de l'agence Espace 4x4 d'Antananarivo (☎ 22 262 97, fax 22 272 96).

Le Maniriky Club *(www.menabelo@aol. com ; bungalows doubles avec s.d.b. commune 95 000 FMG, repas 45 000 FMG).* Créée par Menabe Plongée, cette structure offre 6 bungalows agréables et une atmosphère détendue. Le club organise des plongées (450 000 FMG 2 plongées successives) et accueille les campeurs.

Le Dauphin *(bungalows avec s.d.b. commune 75 000 FMG environ).* Une nouvelle adresse. A essayer.

Manja

Coupé par la RN 9, ce village sans grand intérêt pour le voyageur sert parfois d'étape aux véhicules circulant entre Morondava et Tuléar.

L'accueillant hôtel-restaurant **Mijac** *(doubles 25 000 FMG)* propose des chambres correctes et un bon restaurant.

MOROMBE

A 283 km de piste ensablée au nord de Tuléar, la ville côtière de Morombe (la "grande plage") marque le mi-parcours depuis Morondava. Cette localité isolée présente moins de charme que les villages côtiers situés au nord et au sud mais offre quelques services de base – notamment une station-service – et se voit desservie par les vols d'Air Madagascar.

Le **lac Ihotry**, à une soixantaine de kilomètres au sud de Morombe, héberge quelques lémuriens, parmi lesquels des spécimens de maki catta, de maki brun et de propithèque de Verreaux, ainsi que des fossanes. Son intérêt principal réside toutefois dans son avifaune : selon l'époque de l'année, on peut observer une centaine de variétés d'oiseaux, dont des espèces aquatiques et des migrateurs en provenance de l'hémisphère Nord. Certains hôtels de Morombe vous aideront à organiser une visite à ce lac.

Où se loger et se restaurer. Hôtel Le Dattier *(doubles avec s.d.b. commune 25 000 FMG environ)*. Derrière une austère façade de béton, le Dattier abrite des chambres rudimentaires mais bon marché. Les sanitaires communs laissent nettement à désirer.

Croix du Sud *(doubles 70 000 FMG environ)*. Plus confortable que le précédent, il est notamment doté de sanitaires avec eau chaude.

Hôtel Baobab *(bungalows doubles 80 000 FMG environ)*. Adresse la plus confortable de Morombe, le Baobab bénéficie de bungalows agréables donnant sur la mer et d'un restaurant. L'établissement organise des excursions dans les environs.

Comment s'y rendre. Air Madagascar assure une liaison peu fréquente entre Morombe et Morondava (286 500 FMG) avec correspondance vers Antananarivo et Tuléar.

Morombe est desservie par un taxi-brousse ou un camion-brousse quotidien depuis Tuléar. Comptez une journée de route, si tout se passe bien, et 50 000 FMG.

Il est possible de remonter ou de descendre la côte en pirogue pour rejoindre Tuléar ou Morondava.

Andavadoaka

Avec sa belle plage perdue au bout d'une piste de sable, le petit village de pêcheurs d'Andavadoaka a de quoi séduire les amateurs d'Éden. Plage, repos et farniente seront les maîtres mots de votre emploi du temps dans cette étape de charme. Au sud d'Andavadoaka, le petit village de Salar commence également à faire parler de lui.

Coco Beach *(bungalows doubles avec s.d.b. – eau froide – 100 000 FMG)*. En bordure de la plage, le Coco Beach se compose de bungalows au confort simple mais propres, peints de couleurs vives. L'accueil agréable compense le relatif manque d'entretien des lieux de ce lieu qui reste l'un des plus appréciés d'Andavadoaka.

Laguna Blu Resort *(lagunabluresort@ lagunabluresort.com, www.lagunabluresort. com ; bungalows doubles 340 000 FMG, pension complète 310 000 FMG par pers en basse saison, obligatoire en haute saison : 410 000 FMG par pers)*. Cette adresse plutôt luxueuse, gérée par des Italiens, offre de confortables bungalows dotés d'eau chaude solaire. Le Laguna Blu Resort dispose d'un centre de plongée et d'un bar-restaurant et offre des possibilités de sorties en mer en vedette.

Ifaty

Reportez-vous à la rubrique *Environs de Tuléar*.

L'Est

"Côte du Palissandre", "Côte de la Vanille", "Côte des Cyclones", "Côte des Pirates"… la longue côte est de Madagascar porte les surnoms les plus variés. La région, de fait, est un peu de tout cela. L'une des plus verdoyantes de la Grande Île, elle fut un ancien repaire de pirates, produit la majorité de la vanille malgache et se trouve régulièrement sur la route des cyclones qui sévissent chaque année dans l'océan Indien.

La côte est, c'est aussi Tamatave (Toamasina) le premier port de Madagascar ; les forêts de la superbe péninsule de Masoala ; les paisibles localités de Maroantsetra et d'Antalaha ; les plages de Foulpointe et de Mahambo ; le parc national d'Andasibe-Mantadia ; les 665 km de lacs et de canaux artificiels du canal des Pangalanes et les rivages de l'île Sainte-Marie (Nosy Boraha), dont les palmiers font de plus en plus d'ombre à Nosy Be.

Humide de juin à septembre et de décembre à mars, la côte orientale doit aux précipitations qu'elle subit d'être la plus luxuriante du pays. Elle compte de vastes superficies de forêt tropicale humide et un littoral couvert d'une grande variété de palmiers et de pandanus. Son climat autorise la production de clous de girofle, de vanille, de café, et de fruits.

Très peuplée, la région est majoritairement habitée par les Betsimisaraka. La plus jeune des 18 ethnies malgaches, née d'une confédération de plusieurs tribus constituée en 1712.

Le bon état de la route qui relie la capitale à Tamatave fait de cet itinéraire un "classique" du tourisme à Madagascar. Les choses se compliquent au nord de Tamatave, le long de la superbe Côte de la Vanille.

La côte sud-est, pour sa part, se laisse plus facilement approcher par le canal des Pangalanes ou la ville de Fianarantsoa que depuis les localités situées plus au nord ou au sud. L'exceptionnel parcours ferroviaire qui la relie à Fianarantsoa en fait sa meilleure carte de visite.

A ne pas manquer

- La magnifique réserve d'Analamazaotrae (ex-Périnet) et ses nombreux lémuriens, dont l'indri, le plus grand et le plus bruyant de tous
- Le canal des Pangalanes, une succession de cours d'eau naturels et artificiels qui s'étire sur plus de 600 km le long de la côte
- La "Côte de la Vanille", aussi belle que difficile d'accès, et ses exceptionnelles randonnées sportives
- Les superbes plages, l'atmosphère décontractée et les baleines à bosse de l'île Sainte-Marie, ancien repaire de pirates devenu station balnéaire

AMBATONDRAZAKA ET LAC ALAOTRA

Avec une superficie de 22 000 ha, le lac Alaotra (prononcez "aloutr") est la plus vaste étendue d'eau de Madagascar. Une grande partie de la production rizicole malgache provenait autrefois de ses alentours. De nos

L'EST

Forêt tropicale
humide

Cap d'Ambre

Diégo-Suarez
(Antsiranana)

OCÉAN
INDIEN

Parc national
de la montagne
d'Ambre

Nosy Be

Vohémar
(Iharana)

Andranotsara

Ambanja

Bemarivo

Sambava

Antohamaro

Réserve   Réserve de
d'Anjanaharibe-Sud Marojejy
Andapa

Antsohihy   Antalaha

Antsakabary Maromandia   Ambohitralanana
Matsoandakana

Maroantsetra   Parc   Cap Est
national
Nosy   de Masoala
Mangabe

Mandritsara

Mananara

Sandrakatsy   Parc national
de Mananara Nord

Manompana   Île Sainte-Marie
Andrangazaha   (Nosy Boraha)

Soanierana-Ivongo

Route des
Contrebandiers   Ambodifotatra

Amboavory   Anjahambe
Lac Alaotra   Fénérive-Est (Fenoarivo)

Ambatosoratra   Mahambo

Ambatondrazaka   Foulpointe (Mahavelona)

Réserve de
Zahamena   Île aux Prunes

Ivondro   Tamatave
(Toamasina)

Marovoay

Mandraka   Andasibe   Akanin'ny Nofy

Ambila-Lemaitso
Brickaville

Mantasoa   Parc national
Moramanga   d'Andasibe-Mantadia
Vatomandry

Chutes de
la Mort   Anosibe
An'Ala

Onive   Mangoro   Mahanaro

Canal des   Masomeloka
Pangalanes

Nosy-Varika

Ambahy   0   50   100 km

Vers Antananarivo

jours, la région est l'exemple même de la dégradation de l'environnement qui menace le pays. Le déboisement, né de l'augmentation de la population et du besoin croissant en terres agricoles qui s'ensuit, a en effet profondément modifié son paysage. Sous l'effet de l'érosion, qui le prive de la protection de la couverture végétale, le sol s'est en effet déversé en vase dans le lac, diminuant sa largeur et sa profondeur. Seul un gigantesque système d'irrigation mis en place à l'époque coloniale parvient à maintenir sa profondeur à une moyenne de 2 m. La superficie actuelle du lac correspond à moins de 30% de sa taille originelle, qui se situait autour de 75 000 ha, même s'il s'agrandit parfois en période de fortes pluies.

La plus grande ville des environs, Ambatondrazaka, bordait auparavant le rivage. Elle s'en trouve maintenant à 25 km en saison sèche. Les 74 espèces d'oiseaux, notamment aquatiques, qui vivent autour du lac, sont sa principale attraction touristique. L'utilisation des pesticides, l'introduction de la perche noire carnivore et la persistance du braconnage nuisent malheureusement à cette population. L'hapalémur gris, seul mammifère des parages, est également victime de la chasse.

Vous trouverez des banques et une Alliance française à Ambatondrazaka.

Route des Contrebandiers

Cette randonnée de 5 à 6 jours relie le village mitoyen du lac d'Imerimandroso à Anjahambe, à 48 km de la côte est par la route. Comme son nom l'indique, elle était utilisée autrefois pour passer en contrebande vers les hautes terres merina, privées d'accès à la mer, des produits en provenance de la Réunion ou de l'île Maurice.

Découragés par les difficultés d'accès et l'absence de moyens d'organisation et d'approvisionnement, les voyageurs qui tentent l'expérience sont rares. Ceux qui se lancent dans l'aventure en reviennent cependant très impressionnés par les lacs, les forêts, les villages et les montagnes qu'ils ont croisés.

La piste débute à 6 km au nord-est d'Imerimandroso et descend au milieu d'un paysage accidenté jusqu'à Anjahambe, passant devant plusieurs hameaux. Les plus importants sont Sahatavy, où une petite boutique vend des produits de base, et Andasibe, à ne pas confondre avec le village de même nom situé près du parc national d'Andasibe-Mantadia, plus au sud. Une partie de la route longe la rivière Manambato. La piste aboutit à Anjahambe, où vous pouvez prendre un taxi-brousse en direction du village d'Ansikafoka, au nord de Mahambo, sur le littoral.

La majorité du parcours se déroule dans une large portion de forêt tropicale qu'aucune route ne traverse. Les services d'un guide sont donc essentiels. Vous en trouverez à Imerimandroso. Certains acceptent de cumuler les charges de guide et de porteur moyennant un petit supplément. Une bonne carte détaillée, que vous pourrez vous procurer au FTM (voir le chapitre *Renseignements pratiques*) se révèle également indispensable. De nombreuses portions du parcours sont difficiles toute l'année, à plus forte raison aux saisons des pluies. Vous bénéficierez des meilleures conditions climatiques entre mai et octobre.

Où se loger et se restaurer
Hôtel Voahirana *(☎ 54 812 08 ; doubles 50 000 FMG environ)*. A Ambatondrazaka,

cet hôtel propose des chambres correctes et propose des treks dans les environs.

Nab'Hôtel *(☎ 54 812 13 ; doubles avec s.d.b. de 55 000 à 85 000 FMG)*. Des lecteurs recommandent cet établissement installé dans une demeure traditionnelle. Les chambres les plus chères sont équipées de la TV.

Hôtel Max *(☎ 54 813 86 ; doubles sans/avec s.d.b. 30 000/90 000 FMG environ)*. Près de la gare, l'Hôtel Max est plus confortable. Ses chambres les plus chères sont dotées de TV.

A mi-chemin entre Anjahambe et Ansikafoka, le village de Vavatenina abrite quelques **bungalows** anonymes que vous pourrez louer à un prix très raisonnable. D'autres villages disposent d'un petit hôtel. Ailleurs, les villageois vous proposeront une chambre dans une case. Le matériel de camping peut être utile, car vous ne trouverez pas nécessairement de gîte au moment où vous voudrez faire halte pour la nuit.

Comment s'y rendre
Avion. Les Twin Otter d'Air Madagascar relient Ambatondrazaka à Antananarivo et Tamatave (231 500 FMG).

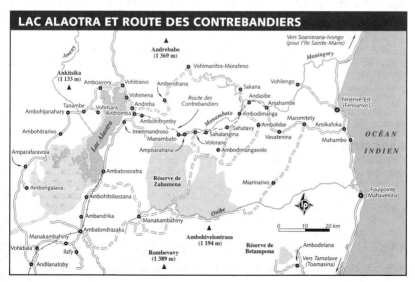

LAC ALAOTRA ET ROUTE DES CONTREBANDIERS

La légende du *babakoto*

Une légende locale raconte ainsi l'origine de l'indri : un jour, un homme appelé Koto et son jeune fils quittèrent leur village pour aller ramasser du miel dans la forêt. Voyant qu'ils ne rentraient pas, les villageois partirent à leur recherche. Ils ne les retrouvèrent jamais mais aperçurent deux indris qui les observaient depuis la cime des arbres. Ils en conclurent que Koto et son fils s'étaient mystérieusement transformés en lémuriens, d'où le nom malgache de l'indri, *babakoto* qui signifie "papa Koto". Cette "ascendance humaine" s'avère bien utile à l'indri : il est en effet *fady* (tabou) de le tuer ou de le manger.

Train. Malgré ses retards et ses pannes prolongés, le train reste le moyen de transport le plus agréable. Les départs ont lieu les mardis, jeudis et samedis d'Antananarivo et les mercredis, vendredis et dimanches dans le sens inverse (19 500/31 000 FMG en 2e/1re classe, environ 8 heures).

Taxi-brousse. Des véhicules quittent la gare routière de l'Est, à Tana, pour Ambatondrazaka (30 000 FMG environ), d'où il est possible de rejoindre Tanambe, au nord-ouest du lac. La route est particulièrement mauvaise entre Moramanga et Ambatondrazaka. Ce tronçon de 160 km demande parfois jusqu'à 9 heures d'efforts. Un véhicule quotidien relie généralement Ambatondrazaka à Imerimandroso (10 000 FMG environ, de 1 à 2 heures).

PARC NATIONAL DE ZAHAMENA

Ce parc de plus de 40 000 ha est divisé en deux parcelles, entre lesquelles s'étend la Réserve naturelle intégrale de Zahamena (22 497 ha). L'ensemble protège une large zone de forêt tropicale donnant refuge à une douzaine d'espèces de lémuriens, une soixantaine d'espèces d'oiseaux et un nombre important de reptiles et amphibiens.

Le parc est géré par Conservation International (cizah@dts.mg). L'accès depuis Ambatondrazaka est possible en saison sèche *via* Andreba et Andranomalaza (en 4x4 uniquement) et en toute saison *via* Imerinandroso et Antanandava, à sa frontière nord-ouest. Le parc est toujours en cours d'aménagement. Des sites de camping sont aménagés sur place mais vous ne trouverez aucune possibilité de restauration ou d'approvisionnement.

MANDRAKA

A côté de Mandraka, à l'est de Manjakandriana et en bordure de la voie ferrée, **La Mandraka – Ferme des papillons** est une fascinante réserve privée gérée par André Peyrieras, écrivain, chercheur et naturaliste. Célèbre pour ses papillons, elle présente également d'autres insectes, reptiles et batraciens : crocodiles, geckos, caméléons et grenouilles. Avec un véhicule particulier, vous pourrez la visiter dans la journée depuis la capitale. La réserve constitue également une étape intéressante sur le trajet entre Antananarivo et le parc national d'Andasibe-Mantadia. Si vous êtes motorisé, allez au village de Mandraka puis suivez les panneaux. Sinon, le mieux est de rejoindre Mandraka en train et de continuer à pied ou en stop. Le personnel de la réserve propose des circuits guidés. Vous pourrez vous restaurer sur place.

Quelques kilomètres avant la réserve, le **site pédagogique et écotouristique de la Mandraka**, géré par le département des Eaux et Forêts, est en cours d'organisation. Il devrait offrir la possibilité d'observer quelques lémuriens et diverses espèces de flore malgache sur un domaine de 30 ha.

MORAMANGA

Moramanga, à 30 km à l'ouest d'Andasibe, est une étape sur la route de la réserve spéciale de l'indri d'Analamazaotra, plus connue sous le nom de réserve de Périnet. Les centres d'intérêt de la ville sont le marché, le mémorial aux ouvriers chinois qui construisirent la route nationale et un étonnant musée de la Gendarmerie, où vous pourrez admirer quelques antiques automobiles.

Les agences de la BTM-BOA et de la BNI-CL effectuent des opérations de change.

Où se loger et se restaurer

Hôtel Nadia *(☎ 56 822 43 ; simples/doubles/triples avec s.d.b. 48 000/60 000/85 000 FMG).* Situé dans le centre, il offre des chambres sans prétention mais agréables et propres.

Hôtel Émeraude *(☎ 56 821 57, fax 56 822 35 ; doubles avec s.d.b. à partir de 62 000 FMG avec toilettes communes et 92 000 FMG avec toilettes dans la chambre).* Sans conteste le plus confortable de la ville, l'hôtel Émeraude dispose de chambres claires et agréables et d'une bonne literie.

Le Grand Hôtel *(☎ 030 23 809 99 ; doubles/triples avec s.d.b. 47 000/72 000 FMG, menu 40 000 FMG et carte).* L'établissement ne doit plus guère son nom qu'à la superficie de ses chambres, vétustes mais immenses. La carte du restaurant est très complète en apparence mais de nombreux plats se révèlent indisponibles.

Le Coq d'Or *(☎ 56 820 45 ; plats 20 000-30 000 FMG).* Longtemps réputé pour sa cuisine, ce restaurant de spécialités chinoises – canard laqué ou à la sauce aigre douce, cuisses de nymphe… – a cependant déçu des lecteurs.

Si vous allez vers la réserve de l'indri d'Analamazaotra, vous trouverez de meilleures possibilités d'hébergement à Andasibe. Plus proche de la réserve, cette localité est par ailleurs bien plus calme que Moramanga, traversée en permanence par de bruyants camions et taxis-brousse.

Comment s'y rendre

Train. A moins que le destin ne s'acharne sur eux, des trains quittent la gare d'Antananarivo vers Moramanga les mardis, jeudis et samedis à 8h45 (4 heures, 7 000/11 000 FMG environ en 2e/1re classe). Ils continuent ensuite jusqu'à Ambatondrazaka (4 heures supplémentaires). En sens inverse, les départs ont lieu les mercredis, vendredis et dimanches.

Taxi-brousse. Ils partent régulièrement de la gare routière de l'Est de Tana (2 heures, 13 000 FMG). Des minibus brinquebalants assurent régulièrement la liaison Moramanga-Andasibe (29 km, 4 000 FMG).

PARC NATIONAL D'ANDASIBE-MANTADIA

Deux zones protégées sont incluses sous le nom de parc national d'Andasibe-Mantadia : le **parc national de Mantadia** et surtout la **réserve spéciale de l'indri d'Analamazaotra**, qui reste plus connue sous son ancien nom de **réserve de Périnet**. Cette dernière est facilement accessible en taxi-brousse, à la différence du parc national de Mantadia. La réserve spéciale d'Analamazaotra reste l'espace protégé le plus proche de la capitale où observer des lémuriens en liberté (notamment le rare indri indri), ce qui explique son succès auprès des visiteurs férus de nature, Anglo-Saxons en tête.

L'ensemble, qui couvre un total de 12 810 ha, s'étend dans une région de basses collines boisées. La voie ferrée, la mine de graphite de Mantadia et l'exploitation du bois font vivre une partie de la population, majoritairement betsimisaraka.

La meilleure période pour visiter le parc s'étend de septembre à janvier, mais le mois de mai est également favorable. Dans cette région, réputée pour son humidité, les précipitations peuvent atteindre 1 700 mm/an.

Permis et guides

Conformément à la politique générale de l'Angap, l'entrée dans le parc national coûte 50 000 FMG et reste valable 3 jours. Les guides officiels – que vous trouverez à l'entrée de la réserve d'Analamazaotra – appliquent des tarifs fixes et affichés, valables pour 1 à 3 personnes.

A Analamazaotra, comptez 20 000 FMG pour le circuit Indri 1 (2 heures), 40 000 FMG pour le circuit Indri 2 (4 heures), 60 000 FMG pour le grand circuit (6 heures environ) et enfin 40 000 FMG pour le circuit nocturne (1 à 2 heures). Les tarifs de guidage du parc de Mantadia sont basés sur le même barème.

Réserve spéciale d'Analamazaotra

Avant tout dédiée à l'indri, bien que d'autres espèces de lémuriens y soient présentes, la réserve spéciale d'Analamazaotra est facilement accessible à pied, soit depuis Andasibe,

RÉSERVE SPÉCIALE D'ANALAMAZAOTRA (ex-réserve de Périnet)

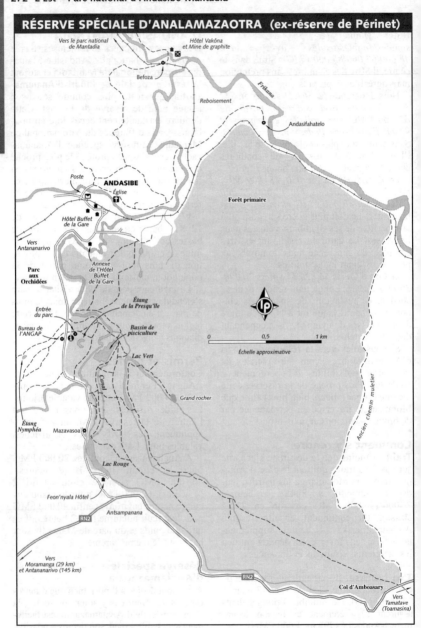

Vers le parc national
de Mantadia

Hôtel Vakôna
et Mine de graphite

Befoza

Frikana

Reboisement

Andasifahatelo

Poste

ANDASIBE

Église

Forêt primaire

Hôtel Buffet
de la Gare

Vers
Antananarivo

**Parc
aux
Orchidées**

Annexe
de l'Hôtel
Buffet
de la Gare

Étang
de la Presqu'île

Entrée
du parc

Bassin de
pisciculture

Bureau de
l'ANGAP

Lac Vert

Canal

Grand rocher

Ancien chemin muletier

Étang
Nymphéa

Mazavasoa

0   0,5   1 km

Échelle approximative

Lac Rouge

Feon'nyala Hôtel

Antsampanana

RN2

Vers
Moramanga (29 km)
et Antananarivo (145 km)

RN2

Col d'Amboasary

Vers
Tamatave
(Toamasina)

soit depuis le croisement de la RN 2, qui relie Tana à Tamatave *via* Moramanga (reportez-vous ci-dessous à *Comment s'y rendre*).

Il est possible de parcourir cette réserve particulièrement bien organisée presque entièrement à pied, lors de courtes promenades. Le meilleur moment pour voir les lémuriens se situe tôt le matin. Avant d'explorer le parc, faites une halte au bureau de l'Angap, situé près de l'entrée. Il accueille une petite exposition et un restaurant. A l'entrée, vous trouverez aussi un guichet d'information et un kiosque à souvenirs. Un centre d'interprétation était également en construction lors de notre dernier passage.

Les sites les plus intéressants sont l'inquiétant lac Vert, en forme de croissant, et le bassin de pisciculture voisin. Le lac Rouge, généralement couvert de nénuphars, s'étend plus au sud. Un parc à orchidées a été aménagé autour d'un petit plan d'eau entre l'entrée du parc et Andasibe (octobre est l'époque la plus propice pour les admirer). L'attrait majeur de la réserve, cependant, reste sans conteste l'indri.

Lorsque David Attenborough vint étudier ce lémurien dans les années 1950, il dut avancer péniblement dans la forêt pendant plusieurs jours en se guidant au cri rauque de l'animal avant de l'apercevoir. Aujourd'hui, les visiteurs sont quasiment assurés de l'observer une heure environ après l'aube.

Quatre promenades guidées "standard" sont proposées. La plus facile et la plus populaire, le circuit Indri 1, nécessite environ 2 heures. Il vous emmène au bassin piscicole et aux deux lacs principaux, itinéraire au cours duquel vous devriez apercevoir quelques lémuriens. Le circuit Indri 2, d'environ 4 heures, commence par le même chemin mais s'aventure plus loin et croise davantage d'animaux. Enfin, le Grand Circuit, qui peut durer jusqu'à 6 heures, consacre encore plus de temps à la recherche des lémuriens. Vous pouvez néanmoins ignorer ces sentiers touristiques pour explorer les forêts intactes de l'est du parc, ou flâner le long des pistes plus petites, à condition de le demander spécifiquement à votre guide.

Les Betsimisaraka

Principale ethnie de "côtiers", les Betsimisaraka ("Ceux qui ne se séparent pas") viennent en second en nombre après les Merina des Hauts Plateaux. Si la pêche constitue leur activité première, ils vivent également de la culture du café, de la vanille et du girofle qui poussent sur la longue frange de la côte est où ils sont présents. Ce groupe est né de l'unification de plusieurs tribus par le roi Ratsimilaho, au début du XVIIIe siècle.

Par nuit claire, notamment en été, le circuit nocturne permet de partir à la recherche des lémuriens nocturnes, qui s'ébattent dans les hautes cimes de la forêt tropicale, qui retentit alors de cris inquiétants. Avec de la chance, vous rencontrerez des tenrecs et des petits lémuriens (microcèbes ou chirogales) dont les yeux brillent dans les arbres. Si vous voulez vraiment vous approcher des animaux, munissez-vous d'une torche et demandez à votre guide de vous mener au cœur de la forêt.

Méfiez-vous des sangsues par temps humide (ce qui est fréquent). Portez toujours des pantalons longs et des chaussures montantes. Prévoyez en outre un antimoustique et une réserve d'eau suffisante.

Faune et flore. La star de la réserve est bien sûr l'indri. Le plus gros des lémuriens, il est reconnaissable à son pelage noir et blanc, à ses oreilles arrondies, à son absence de queue et au cri obsédant qu'il pousse au petit matin. Le parc en abrite une soixantaine de familles de 2 ou 5 membres. Diurnes, les indris commencent à se faire entendre environ une heure après le lever du soleil et demeurent plus ou moins actifs toute la journée. Ils passent le plus clair de leur temps perchés dans la canopée à s'alimenter – ils consomment 32 espèces de feuilles –, à dormir ou à prendre le soleil. Monogames, ils s'accouplent en janvier ou en février. Leur espérance de vie atteint en moyenne 80 ans.

Les trois cris de l'indri

Arboricole et végétalien, l'indri se singularise par sa capacité à pousser d'incroyables cris rauques semblables à des plaintes. Dès les premières lueurs de l'aube, vous pourrez entendre son étonnant cri dit de "localisation", qui permet aux différentes espèces de délimiter leur territoire. Vous repérerez sans peine son cri "d'amour" grâce à son intensité particulière. Quant au cri "d'effroi", puissant et inquiétant, l'indri l'émet dès qu'il se sent menacé par un prédateur, qu'il s'agisse d'un rapace ou d'un fosa, le plus grand mammifère carnivore de Madagascar.

Parmi les autres animaux présents dans la réserve, citons l'avahi laineux, l'hapalémur gris, le maki à front roux, l'aye-aye (particulièrement difficile à observer), 11 espèces de tenrecs et 8 de caméléons, dont le gigantesque et coloré caméléon de Parson.

Pas moins de 109 espèces d'oiseaux – sur les 250 environ que compte l'île – ont été recensées à Analamazaotra, parmi lesquels quatre variétés de rouleurs terrestres, le soui-manga vert (*Cinnyrus notatus*), la très rare effraie de Madagascar (*Tyto soumagnii*), le râle au bec effilé (*Sarothrurus watersi*) et la mésite brune (*Mesitornis unicolor*). Vingt-quatre espèces d'amphibiens, dont la mantelle dorée (*Mantella aurantiaca*), endémique à la région, se laissent parfois apercevoir.

Parc national de Mantadia

Situé à 8 km au nord de la réserve d'Analamazaotra, ce parc de 9 800 ha dont les formalités d'accès sont jumelées à celles de la réserve d'Analamazaotra-Périnet a également été créé afin de protéger l'indri, particulièrement menacé. Il abrite en outre deux espèces de lémuriens absentes de la réserve voisine : le propithèque diadème et le vari noir et blanc. Encore peu développé du fait des difficultés d'accès (à moins de disposer de son propre 4x4), le parc est ponctué de dizaines de chutes superbes.

Avec un guide (obligatoire), vous pourrez vous lancer dans d'extraordinaires randonnées, de 3 heures à 3 jours et plus. Permis et guides sont disponibles à l'entrée du parc ou à la réserve d'Analamazaotra.

Où se loger et se restaurer

La majorité des voyageurs séjournent au village d'Andasibe ou aux alentours (voir ci-dessous), à la fois plus proche et doté de meilleurs hébergements Moramanga, située à 29 km en direction d'Antananarivo.

Le camping est autorisé à l'entrée de la réserve d'Analamazaotra, où vous trouverez un snack-bar. Quelques tentes sont parfois proposées en location. Il existe également des possibilités de camping au parc de Mantadia. Renseignez-vous au bureau de l'Angap.

Comment s'y rendre

Reportez-vous à la rubrique *Comment s'y rendre* d'*Andasibe*, ci-dessous.

ANDASIBE

Naguère centre important de l'industrie du bois, Andasibe sert maintenant avant tout de base aux voyageurs venus visiter la réserve d'Analamazaotra. Cette minuscule localité est aussi charmante que son climat est frais et pluvieux. Dans la salle de restaurant du Buffet de la gare et sur le quai de celle-ci, au-dessus du bureau du chef de gare, vous pourrez voir la marque qui indique le niveau d'eau atteint à Andasibe lors du cyclone Géralda, en 1994, à plus de 2 m du sol !

Où se loger et se restaurer

Les adresses ci-après sont citées dans l'ordre où vous les rencontrerez du carrefour de la RN 2 à Andasibe.

Hôtel Feon' Ny Ala (☎ 56 832 02 ; *bungalows doubles sans/avec s.d.b. 60 000/98 000 FMG, menu 36 000 FMG*). A 200 m seulement du croisement de la RN 2, le premier établissement que vous rencontrerez constitue certainement le meilleur choix. Les bungalows agréables sont bâtis dans un endroit calme, fleuri et relaxant, à une vingtaine de minutes de

marche de l'entrée de la réserve. Feon'
Ny Ala – "les voix de la forêt" – se
double d'un restaurant de spécialités chinoises et françaises. Une bonne adresse à
prix raisonnable.

Camping. Les campeurs trouveront leur
bonheur à l'entrée de la réserve spéciale
d'Analamazaotra, à une vingtaine de
minutes de marche plus loin. L'Angap a
prévu des emplacements de camping où
vous risquez fort d'être réveillé par les cris
des indris (on peut également camper à l'entrée du parc de Mantadia après en avoir
obtenu l'autorisation au bureau de l'Angap).

Annexe de l'hôtel Buffet de la Gare
*(s'adresser à l'hôtel Buffet de la Gare, voir
ci-après ; bungalows 1-4 pers avec s.d.b.
210 000 FMG).* Ces cinq vastes bungalows
en brique et bois se dressent à l'entrée du
bourg d'Andasibe à droite, 2 km environ
après l'entrée de la réserve. Particulièrement confortables, ils sont équipés d'une
cheminée et d'une mezzanine.

Hôtel Buffet de la Gare *(☎ 56 832 08 ;
doubles s.d.b. commune 50 000 FMG, bungalows doubles 108 000 FMG, plats
18 000-20 000 FMG, menu 45 000 FMG).*
Dans le bourg même, l'hôtel est un édifice
bâti en 1938 dans le style des chalets alpins.
Le tarif des bungalows les plus chers est
excessif mais la salle de restaurant de ce
buffet de gare fantôme garde un certain
charme. A la carte : omelettes aux girolles,
émincé de zébu au poivre vert, bœuf sauté
aux légumes…

Les Orchidées *(☎ 56 832 05 ;
simples/doubles/triples 35 000/45 000/
60 000 FMG).* Dissimulée dans le village,
de l'autre côté des voies de chemin de fer
et de la rivière, cette adresse séduira les
voyageurs à petit budget avec ses chambres
en bois au confort simple.

Vakôna Forest Lodge *(contact à Tana au
☎ 22 213 94 ou 22 624 80, fax 22 230 70,
izouard@bow.dts.mg ; bungalows doubles
280 000/330 000 FMG en basse/haute saison, triples 325 000/385 000 FMG en
basse/haute saison, menu 60 000 FMG).*
L'établissement le plus haut de gamme, aux
confortables bungalows, se trouve à 6 km
de la gare en direction du parc de Mantadia.

Une piscine, un centre d'équitation et des
VTT en location figurent au nombre des
services offerts à la clientèle. Vous pourrez
également vous promener en pirogue sur la
rivière, autour de l'hôtel, en observant des
lémuriens. Les règlements par cartes de crédit ne sont pas acceptés.

L'hôtel n'est malheureusement desservi
par aucun transport public – ce qui le rend
peu pratique si vous ne disposez pas de
votre propre véhicule – mais constitue le
point de départ idéal pour une exploration
du parc méconnu de Mantadia. Des transferts sont possibles depuis Antananarivo
(500 000 FMG aller-retour) et Tamatave
(800 000 FMG aller-retour).

Comment s'y rendre

Train. Rares sont les trains de voyageurs
qui s'arrêtent en gare d'Andasibe, avant
tout utilisée pour le commerce du bois. La
plupart d'entre eux stoppent à Moramanga,
à une trentaine de kilomètres en direction
d'Antananarivo.

Taxi-brousse. Deux solutions s'offrent à
vous. La première consiste à prendre un
véhicule circulant entre Antananarivo et
Tamatave et à vous faire déposer à la
bifurcation menant en 4 km environ à
Andasibe. L'autre option oblige à changer
de taxi-brousse à Moramanga, d'où des
minibus desservent Andasibe pour
4 000 FMG.

L'accès à la réserve d'Analamazaotra
est étonnamment aisé. Son entrée se situe
en effet au milieu des 4 km de route goudronnée qui séparent le village d'Andasibe du croisement de la RN 2, qui relie
Antananarivo à Tamatave. Vous pourrez
donc soit vous rendre directement à
Andasibe, soit vous faire déposer au croisement de la RN 2. Dans un cas comme
dans l'autre, vous n'aurez pas plus de
2 km à effectuer à pied.

L'accès au parc Mantadia, à 8 km au
nord de la réserve d'Analamazaotra par
une piste réservée aux 4x4, est moins aisé.
Vous pourrez essayer de louer un véhicule
au bureau de l'Angap si vous ne disposez
pas de votre propre 4x4.

Canal des Pangalanes

Constitué d'une enfilade de rivières naturelles et de lacs artificiels, cet incroyable canal séparé de l'océan par une étroite bande de terre s'étire sur 665 km le long de la côte est, de Tamatave à Farafangana. Si une portion de 420 km, entre Tamatave et Mananjary, se révèlent navigable, de nombreux itinéraires touristiques se limitent aux soixante premiers kilomètres au sud de Tamatave. Il est également possible d'organiser un itinéraire au départ de Mananjary (reportez-vous à cette localité). Dans un cas comme dans l'autre, préférez les circuits de plusieurs jours proposant une descente au rythme des pirogues ou des chalands à une visite à la journée dans le vrombissement d'un moteur hors-bord.

En groupe organisé ou en indépendant, vous pourrez vous arrêter en chemin pour découvrir le lac Rasoamasay, où les sports nautiques commencent à se développer, le lac Rasoabe ou encore le lac Ampitabe. La station de plus en plus fréquentée d'Ankanin'ny Nofy ("le nid des rêves") longe les berges de ce dernier, ainsi que la réserve privée **Le Palmarium** (☎/fax 53 332 12, seeds@bow.dts.mg, www.dts.mg/contacts/seeds ; entrée 30 000 FMG plus 20 000 FMG de guide), qui regroupe des centaines de variétés de végétaux et une dizaine d'espèces de lémuriens. Plus au sud, Nosy Varika, où île des Makis, offre également l'occasion d'approcher ces sympathiques prosimiens. Les meilleures périodes pour visiter la région vont de mars à mai et de septembre à décembre.

Circuits indépendants

C'est au départ de Tamatave, où les agences de voyages sont nombreuses, que vous trouverez le plus de choix pour organiser votre itinéraire. Outre le bateau, vous pouvez descendre le canal en taxi-brousse le long d'une route parallèle, ou encore panacher ces deux modes de transport si vous en avez le temps.

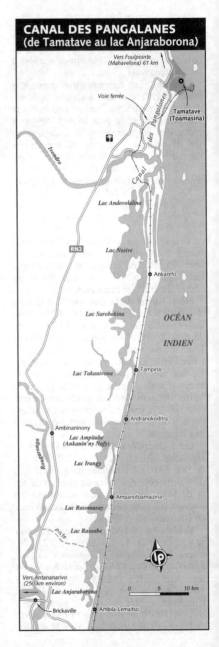

CANAL DES PANGALANES
(de Tamatave au lac Anjaraborona)

L'EST

A Tamatave, rendez-vous à la gare fluviale, à l'ouest de la gare ferroviaire et à 2,5 km environ du centre-ville. Aucun transport régulier ne circulant le long du canal, vous devrez vous renseigner sur les pirogues et chalands en partance vers le sud. Vous pourrez ensuite organiser votre descente au fil des étapes, d'hôtel en hôtel.

Deux solutions s'offrent à vous si vous désirez explorer la région à partir d'un point fixe. La première consiste à rejoindre en bateau les rives du lac Ampitabe, à y séjourner et à retenir une pirogue ou effectuer des randonnées autour du lac. La seconde passe par la route et la piste qui quittent Brickaville pour aboutir aux rives des lacs Rasoabe ou Anjaraborana, où sont rassemblés des lieux d'hébergement.

Si vous avez du temps devant vous, faites des sauts de puce au hasard des moyens de transport jusqu'à Mananjary, d'où vous pourrez continuer votre voyage par route vers le Sud de l'île.

Les Pangalanes en train. L'étroite bande de terre qui sépare les Pangalanes de l'océan est barrée d'une voie de chemin de fer. Si le trafic ferroviaire régulier a cessé sur cette portion, il est encore possible de l'emprunter à bord d'un train privé – une micheline – qui relie Antananarivo à Tamatave *via* Andasibe, Brickaville, Ambila-Lemaitso et Andranokoditra. Pour plus d'informations, reportez-vous à l'encadré qui lui est consacré.

Quelques rares trains mixtes (voyageurs et marchandises), irréguliers et plus inconfortables que les taxis-brousse, circulent parfois sur cette portion de voie. Renseignez-vous en gare de Tamatave ou d'Antananarivo.

Circuits organisés

La majorité des circuits se composent d'une croisière fluviale de Tamatave aux lacs Ampitabe ou Irangy, avec un séjour en bungalow, quelques activités nautiques, une visite du Palmarium et des randonnées faciles. Ils parcourent rarement une longue portion du canal.

SoftLine (☎/fax 53 329 75, softline@dts.mg, 20 bd Joffre à Tamatave), propose les circuits les mieux organisés, les plus luxueux et les plus chers. Ses croisières se déroulent sur un bateau confortable de 30 m équipé de 6 cabines doubles (avec s.d.b. et eau chaude), d'un restaurant gastronomique et d'un sun deck. En 2 jours (retour à Tamatave le matin du 3e jour), vous descendrez jusqu'au lac Ampitabe et visiterez le Palmarium puis l'île aux Crocodiles. Une croisière de 6 jours – ce que certains trouvent un peu long – permet d'aller jusqu'à Vatomandry, à 130 km à vol d'oiseau environ au sud de Tamatave. Cette découverte "chic" des Pangalanes revient à 105 € par personne et par jour, tarif incluant cabine, repas, visites et loisirs nautiques. Un minimum de 4 participants est requis. Les cartes Visa sont acceptées. SoftLine organise également des sorties à la journée en vedette rapide à 190 000-250 000 FMG (à partir de 2 personnes).

Sun Travel (☎ 53 333 82 ou 53 325 68, bd Joffre), offre la descente de 60 km de canal en vedette rapide en une journée (200 000 FMG par personne, 4 participants minimum).

Calypso Tours (☎/fax 53 312 90, ☎ 030 55 850 93, calypstour@netcourrier.com, Hôtel Éden) assure des sorties à la journée sur 30 km pour 180 000 FMG par personne (2 personnes au minimum). Cette agence située à l'hôtel Éden propose également des transferts pour 4 personnes au minimum jusqu'à Manambato (280 000 FMG par personne aller simple) et Ankanin'ny Nofy (230 000/280 000 FMG aller simple/aller-retour). Ceux qui ont eu recours aux services de cette agence en sont pleinement satisfaits.

Hibiscus (☎/fax 53 321 77, bd Joffre), boutique mitoyenne de Sun Travel, assure les réservations et représente l'hôtel Les Pangalanes au lac Ampitabe. Le transfert aller-retour en vedette jusqu'à l'établissement revient à 1,75 million de FMG jusqu'à 10 personnes (mieux vaut être nombreux !).

Le Jardin de la mer (☎/fax 72 942 24), hôtel de Mananjary, sur la côte sud-est, offre d'intéressantes formules de découverte des Pangalanes.

Les hôtels répartis le long du canal organisent également des circuits.

Où se loger et se restaurer

Lac Ampitabe et Ankanin' ny Nofy. Village Atafana *(☎ 032 02 52 051 ; bungalows doubles/familiaux avec s.d.b. 40 000/100 000 FMG environ, menu 40 000 FMG).* L'un des établissements les moins chers aux abords du lac Ampitabe et d'Ankanin'ny Nofy, le Village Atafana s'étire sur un bel emplacement non loin de la plage et dispose de grands bungalows avec sanitaires. Certains, plus simples, sont meilleur marché.

Les Pangalanes *(☎ 030 55 859 27 ou contact* via *la boutique Hibiscus de Tamatave,* ☎ *53 321 77 ; doubles/quadruples 165 000/190 000 FMG, menu 55 000 FMG).* Sur la rive nord du lac Ampitabe, cet hôtel offre d'agréables bungalows, dont certains sur pilotis. Il semblerait que la pension complète ne soit plus obligatoire. Renseignez-vous à l'avance.

Bush House *(contact* via *Boogie Pilgrim à Tana,* ☎ *22 258 78, fax 22 251 17, bopi@bow.dts.mg ; bungalows 165 000 FMG par personne, menu 55 000 FMG).* L'établissement le plus luxueux d'Ankanin'ny Nofy, construit dans le style lodge, surplombe le canal depuis les rives du lac. Situé à proximité du Palmarium, l'hôtel organise de nombreux circuits sur les Pangalanes.

Le Palmarium *(☎ 030 55 851 30 ; bungalows doubles 80 000 FMG, menu 35 000 FMG).* Quelques bungalows ont été bâtis dans la réserve.

Lac Rasoamasay. Ony Hôtel *(☎ 030 55 850 88 ou 56 720 16 ; bungalows 100 000 FMG, menu 40 000 FMG).* Recommandée par ceux qui y ont séjourné, cette adresse agréable tenue par des Malgaches est située sur la rive nord du lac, non loin de la gare d'Ampanotoamaizina. L'hôtel organise des descentes du canal.

Lac Rasoabe. Hôtel Rasoa Beach *(☎ 56 720 18, 030 558 53 80 ; bungalows 80 000 FMG environ).* Des bungalows un peu vieillissants mais relativement bon marché.

Les Acacias Bungalows *(☎ 56 720 35 ; bungalows 120 000 FMG environ).* Plus chic, les Acacias offrent des bungalows agréables.

Ambila-Lemaitso. Vous trouverez d'autres options à prix doux dans cette localité difficile d'accès. Les meilleures sont le **Relais Malaky** *(☎ 22 644 68, 22 260 13 ou 53 324 16 ; doubles 100 000 FMG environ),* en ville, et l'hôtel **Les Alizés** *(☎ 030 258 5707 ; bungalows 100 000 FMG environ),* à 4 km au sud de la localité.

Tamatave (Toamasina)

Plus grand port de Madagascar, Tamatave accueille 70% du trafic maritime marchand de la Grande Île. La ville et les localités côtières situées plus au nord, principales ouvertures sur la mer pour les habitants de la capitale, ont toujours attiré les vacanciers. Si certains continuent à apprécier Tamatave, qui s'étend sur une longue bande de littoral, facile d'accès depuis Antananarivo, d'autres considèrent la ville comme peu sûre et déplorent la présence d'un abattoir, qui attire d'innombrables requins, interdisant la baignade le long de sa plage. Tamatave, quoi qu'il en soit, est un passage quasi obligé sur votre route vers le canal des Pangalanes, Foulpointe, Fénérive ou l'île Sainte-Marie.

Deux théories se disputent l'origine du nom malgache de la ville. L'une prétend qu'il viendrait du nom portugais São Tomas (saint Thomas). Selon l'autre, elle remonterait au premier contact avec la mer du roi Radama Ier, en 1817 : celui-ci se serait agenouillé pour goûter l'eau et se serait écrié "Toa masina" ("elle est salée").

Histoire

Bien qu'elle ait été occupée très tôt par les pirates, Tamatave ne commença réellement à se développer qu'au début du XIXe siècle. En 1807, Napoléon envoya sur place un attaché commercial, Sylvain Roux, afin de représenter les intérêts de la France sur la côte est de la Grande Île. La contre-attaque survint quatre ans plus tard de l'île Maurice voisine, lorsque son gouverneur britannique, Sir Robert Farquhar, dépêcha ses navires contre le nouveau bastion français, avec mission de s'en emparer au nom de la Couronne. Parvenue à ses fins, l'Angleterre – qui avait aboli l'esclavage dans ses colonies en 1807 – mit fin à la traite des esclaves, florissante au nord de Tamatave. La ville fut placée sous la protection de l'île Maurice jusqu'au traité de Paris, qui la rendit à la France en 1814. Pendant cette période, les deux îles pratiquèrent des

TAMATAVE (TOAMASINA)

OÙ SE LOGER
4 Génération Hôtel
5 Hôtel Lionel
7 Le Neptune
8 Hôtel Plage
9 Sharon Hôtel
10 Les Flamboyants
18 L'Escale
34 Le National
35 Hôtel Salama
36 Hôtel Joffre
41 Hôtel Éden
   et Calypso Tours

OÙ SE RESTAURER
14 Le Bateau Ivre
   (restaurant et piscine)
16 La Récréa
26 Saïfi et fils

30 Restaurant Pacifique
31 Le Zanatany
40 Adam et Ève Snack-bar
44 Le Zoréol

DIVERS
1 Agence consulaire de France
2 Air Austral et Air Mauritius
3 Stationnement
   des taxis-brousse
6 Queen's Club Disco
11 Côte Est Voyages
12 Salle de navigation Internet
   et Musée régional
   de l'université de Tamatave
13 Stade
15 Chez Loulou (location de VTT)
17 BTM-BOA
19 Poste centrale

20 Gare ferroviaire
21 Air Madagascar
22 BFV-SG
23 Supermarché Champion
24 Consulats honoraires
   de Norvège, du Danemark
   et de Grande-Bretagne
25 Sun Travel et boutique Hibiscus
27 LCR (location de voitures)
28 Bazary Be
29 SCAC
32 BNI-CL et librairie GM Fakra
33 SoftLine
37 Tropical Service
   (Mauritius Trochetia)
38 UCB
39 BMOI (distributeur automatique)
42 BTM-BOA
43 Douanes

Canal des Pangalanes

Vers Le Pandora,
l'aéroport
et le parc zoologique
de l'Ivoloina

Vers Mahavelona
et Fenoarivo

Bd Labourdonnais

Rue Leconte de Lisle

Boulevard Pasteur

Rue du Petit Thouars

Boulevard Augagneur

Boulevard Ratsimilaho

Rue Victor Hugo

Rue Rue Letimbre

Rue Lieutenant Noël

Rue de Rue Maître Nativel

Boulevard de la Libération

Boulevard de la Convention

Rue Bernardin de Saint Pierre

Rue F. de Mahy

Boulevard Gucymène

Boulevard Fraternité

R. Bir Hakeim

Araben'ny Fahaleovantena

Araben'ny Fahaleovantena

R. Lieutenant Bérard

Rue Bouvet

Rue des Billard

Rue Amiral

Boulevard Joffre

Rue Hovas

Rue Bertho

R. Aviateur Goulette

Rue Lubert

Rue Nationale

Boulevard Paul Doumer

Rue Île-de-France

Boulevard de Livondro

Bd Amiral Ponthau

Rue Maréchal Foch

Rue Jones

Rue Choiseul

Fl Bevan

Rue Augagneur

Rue Batterie

Rue Flacourt

Rue Romain

Rue Destosse

Rue du Commerce

OCÉAN INDIEN

Rade de Toamasina

Port

Vers le Bazary Kely (50 m)

Vers la gare fluviale

Vers Antananarivo

Baie d'Ivondro

0   150   300 m

échanges cordiaux et Tamatave commença à prendre de l'importance.

Après le départ des Britanniques, un interprète betsimisaraka nommé Jean René, qui avait officié auprès de Sylvain Roux, s'institua chef de la côte orientale et établit sa résidence à Tamatave. Il y régna trois ans avant de rejoindre la confédération du roi merina Radama Ier. Vous pouvez voir sa tombe près de l'embouchure de l'Ivoloina, au nord de la ville.

En 1845, Anglais et Français unirent leurs flottes pour attaquer le port. Leur tentative, qui visait à protester contre les restrictions commerciales que la reine Ranavalona Ire avait imposées aux Européens, se solda par un échec. Les Français furent refoulés une seconde fois en 1883, lorsqu'ils attaquèrent divers ports malgaches, dont Tamatave, afin d'asseoir leur pouvoir sur la Grande Île.

Cette "politique de la canonnière" se conclut en faveur de la France en 1885, avec le traité de protectorat qui soumettait Madagascar à son autorité. Les noms donnés aux grandes artères de la ville – rue de Bir Hakeim, rue Paul Doumer, boulevards Labourdonnais, Joffre ou Augagneur… – témoignent de ce long passé colonial.

Plus d'un siècle plus tard, la région de Tamatave n'a jamais cessé de soutenir le président Didier Ratsiraka, d'origine betsimisaraka. Lors des troubles politiques des années 1990, des militants allèrent même jusqu'à détruire le pont de chemin de fer, coupant ainsi les principales voies d'approvisionnement de la capitale.

Orientation

Les urbanistes ont doté Tamatave de larges avenues et de grands boulevards bordés de flamboyants (*Poinciana*) et de cocotiers, qui donnent à la ville un aspect un peu grandiloquent. Les piétons et les pousse-pousse semblent parfois bien petits dans ce décor, notamment le long de la large araben'ny Fahaleovantena (avenue de l'Indépendance, parfois appelée avenue Poincaré), qui se déploie d'est en ouest, du front de mer à la gare ferroviaire. Le boulevard Joffre est la principale artère commerciale, tandis que les 6 km du boulevard Ratsimilaho, le long

du littoral, constituent le lieu de promenade le plus fréquenté.

Renseignements

Argent. L'agence centrale de la BTM-BOA change les devises, les chèques de voyage et pourra débiter votre carte Mastercard. Elle se situe non loin de la gare ferroviaire. La BFV-SG, à l'angle du boulevard Joffre et de l'araben'ny Fahaleovantena, offre le même service de change et accepte les cartes Visa. L'UCB, boulevard Joffre, fait des avances sur les cartes Visa (commission de 60 000 FMG) et Mastercard (commission de 24 000 FMG). La BNI-CL, boulevard Joffre, change les chèques de voyage et les devises et délivre des espèces sur présentation d'un carnet de chèque et d'une carte Visa émis par une agence du Crédit Lyonnais en France.

La BMOI dispose près de l'hôtel Joffre de l'un des très rares distributeurs automatiques de la Grande Île acceptant les cartes Visa. Les retraits sont limités à 350 000 FMG, avec la possibilité de plusieurs retraits successifs. Le distributeur est disponible jusqu'à au moins 20h et fonctionne le week-end.

Les banques de Tamatave ouvrent en semaine de 8h à 11h et de 14h à 16h environ.

Poste et communications. La poste centrale est installée dans l'araben'ny Fahaleovantena, en face de l'ancien hôtel de ville. Elle ouvre de 7h30 à 11h et de 14h30 à 17h en semaine, ainsi que le samedi matin. Vous trouverez des cabines téléphoniques à carte à l'hôtel Joffre, à l'angle du boulevard Joffre et de l'araben'ny Fahaleovantena (face à la BFV-SG), en face de la poste et devant les bureaux d'Air Madagascar. Des télécartes sont en vente à l'hôtel Joffre et à l'agence Agate, qui jouxte la poste.

Internet. La salle de navigation Internet de l'université de Tamatave (ouverte 7j/7 de 16h à 24h) implantée au premier étage du musée régional de l'université de Tamatave, face à l'hôtel Plage, dispose d'une dizaine d'ordinateurs et d'une connexion rapide. Les tarifs sont particulièrement intéressants : 8 000/15 000 FMG la demi-heure/heure de connexion.

Consulats. L'agence consulaire de France (☎ 53 332 95 ou 53 339 72), située boulevard Labourdonnais, au nord de la ville, ouvre du lundi au vendredi, de 7h30 à 11h30. Elle dispose de numéros de téléphone d'urgence (☎ 032 02 36 182 ou 033 11 313 96) et d'un cabinet médical, ouvert de 7h30 à 12h les lundis, mardis, mercredis et vendredis, et de 12h30 à 14h le jeudi.

Des représentations consulaires honoraires de Norvège, du Danemark et de Grande-Bretagne sont implantées non loin de l'araben'ny Fahaleovantena.

Agences de voyages. Comme dans presque toutes les villes moyennes, il existe à Tamatave quelques agences compétentes auxquelles s'adresser pour réserver des vols et des circuits, louer un véhicule ou obtenir des conseils. Les excursions sur le canal des Pangalanes venant en tête des préoccupations des tour-opérateurs de la ville, vous trouverez de plus amples informations sur ces circuits à la section *Canal des Pangalanes*, plus haut dans ce chapitre.

Sun Travel (☎ 53 333 82 ou 53 325 68). Nombreuses prestations, y compris sur le canal des Pangalanes.

SoftLine (☎/fax 53 329 75, softline@dts.mg, 20 bd Joffre). Certainement le meilleur spécialiste des croisières (plutôt onéreuses) sur les Pangalanes et le seul à proposer un "bateau-hôtel". L'agence organise également des sorties à la journée sur le canal.

Calypso Tours (☎/fax 53 312 90 ou 030 55 850 93, calypstour@netcourrier.com). L'agence de l'hôtel Éden organise des circuits sur les Pangalanes.

LCR (☎ 032 07 595 81, 33 bd Joffre). Ce loueur de voitures propose des véhicules à partir de 80 000 FMG par jour, plus 800 FMG du km, 30 000 FMG pour le chauffeur et 20% de taxes… Les 4x4 en location sont particulièrement rares à Tamatave.

Tropical Service (☎ 53 336 79, ☎/fax 53 334 80, tropical@dts.mg). Entre autres prestations, cette agence située en face de l'hôtel Joffre vend les billets du navire mixte Mauritius Trochetia (reportez-vous à *Comment s'y rendre*).

Côte Est Voyages (☎ 53 309 86, bd de la Libération). Dans le quartier de l'hôtel Flamboyants, cette agence de voyages vend les billets de la compagnie aérienne SouthAir (reportez-vous à *Comment s'y rendre*).

Librairie. GM Fakra, bd Joffre, propose un choix impressionnant de quotidiens, magazines et livres de poche en français, ainsi que des cartes postales.

Marchés

Le Bazary Be ou "grand marché" de Tamatave s'étend entre la rue Amiral-Billard et la rue Bertho. Vous trouverez des fruits, des légumes, des épices et des objets artisanaux. Le Bazary Kely, ou "petit marché", occupe les ruines d'un centre commercial incendié en 1973, sur le boulevard de la Fidélité, à environ 250 m à l'ouest de la gare ferroviaire.

Piscine

Entièrement rénovée, la belle piscine olympique de Tamatave s'est au passage dotée d'un restaurant – Le Bateau Ivre – d'une terrasse et d'un bar à cocktails *(☎ 53 302 94, bd Ratsimilaho ; entrée 10 000 FMG, gratuit pour les clients du restaurant)*.

Musée régional de l'université de Tamatave

Si vous vous intéressez à la culture malgache, ne manquez pas ce musée *(entrée à l'appréciation des visiteurs ; ouvert mar-dim 9h-16h)* installé dans les locaux du Cerec (Centre d'étude et de recherche ethnologique et linguistique). Il expose une collection, modeste mais passionnante, d'instruments de musique, de cuisine et de chasse, ainsi qu'une réplique de case traditionnelle. Le musée se trouve juste en face de l'Hôtel Plage.

Où se loger – petits budgets

Hôtel Salama *(☎ 53 307 50, 7 rue Lubert ; doubles/quadruples 76 000/116 000 FMG)*. Cet hôtel récent est l'un des meilleurs choix de cette catégorie de prix. Propre et central, il se situe à deux pas de l'hôtel Joffre.

Hôtel Lionel *(☎ 030 55 857 93, bd Joffre ; doubles avec s.d.b. et toilettes commune/avec toilettes 50 000/70 000 FMG environ)*. Autre valeur sûre dans cette gamme de prix, l'hôtel Lionel offre un bon rapport qualité/prix. Les chambres les plus chères, au 1er étage, sont particulièrement vastes et claires et dotées d'une terrasse. L'hôtel prévoyait d'augmenter ses prix lors de notre dernier passage.

L'EST

Le National *(☎ 53 322 90, 13 rue du M^{al} de Lattre de Tassigny ; doubles avec s.d.b. de 67 500 à 85 000 FMG)*. Ce petit hôtel simple, mais propre et bien placé, est parfois désigné sous son ancien nom – L'Étoile Rouge.

Hôtel Plage *(☎ 53 320 90 ; doubles s.d.b. commune/avec s.d.b. 45 000/70 000, triples 95 000 FMG)*. Les doubles les moins chères de cet hôtel fréquenté de longue date par les voyageurs à petit budget sont assez sordides et situées au-dessus de la discothèque. Les autres restent convenables.

Hôtel Éden *(☎/fax 53 312 90 ; doubles sans/avec s.d.b. 51 000/61 000 FMG)*. Dans le centre, à côté de l'Adam et Ève Snack-bar, l'Éden dispose de doubles décentes.

L'Escale *(bd de l'OUA ; doubles/triples/ quadruples à partir de 45 000/70 000/ 75 000 FMG)*. Vous trouverez cet établissement sommaire dans le quartier bruyant des abords de la gare. A défaut d'être rutilantes, ses chambres sont passables.

Où se loger – catégories moyenne et supérieure

Hôtel Joffre *(☎ 53 323 90, fax 53 332 94, h.joffre@dts.mg, bd Joffre ; simples/doubles/ triples avec s.d.b. 110 000/135 000- 155 000/158 000-181 000 FMG)*. Avec son charme un peu suranné, le Joffre semble la meilleure option dans cette catégorie de prix. La grande majorité des chambres, confortables, bien décorées et aux sanitaires impeccables, sont équipées de la clim. et du téléphone.

Les doubles les plus chères, avec baignoire et balcon, sont particulièrement vastes, à la différence des simples, minuscules. Les croissants chauds du petit déjeuner sont une bonne surprise. Les cartes Visa sont acceptées.

Génération Hôtel *(☎ 53 321 05, 129 bd Joffre ; simples/doubles/triples 86 750/ 99 750/161 750 FMG)*. Alternative au Joffre mais moins bien situé – vers l'extrémité nord du bd Joffre, de l'autre côté de l'araben'ny Fahaleovantena –, cet établissement n'en offre pas moins des chambres agréables, avec terrasse. Les plus chères sont équipées de TV et de clim.

Les Flamboyants *(☎ 53 323 50, bd de la Libération ; doubles avec s.d.b. ventil/clim 83 000/95 000 FMG)*. Autre bon choix à prix raisonnable, malheureusement un peu excentré, cet hôtel loue des chambres un peu surévaluées mais propres.

Sharon Hôtel *(☎ 53 304 20, fax 53 331 29, sharon@dts.mg, bd de la Libération ; doubles avec TV, clim et minibar 61 €, suite 107 €, petit déj inclus)*. Établissement le plus luxueux de la ville, le récent Sharon Hôtel offre des chambres très confortables, immaculées et standardisées, ainsi qu'un service adéquat. Cet hôtel qui vise la clientèle d'affaires met par ailleurs une salle de musculation, un sauna et une superbe piscine à la disposition de ses hôtes. Les suites sont dotées de jacuzzi. Cartes Visa acceptées.

Le Neptune *(☎ 53 322 26, fax 53 324 26, bd Ratsimilaho ; doubles avec clim, TV et tél 65 €, studios 75 €)*. Concurrent du Sharon Hôtel mais plus ancien, le Neptune offre des chambres "continentales" confortables. L'hôtel dispose d'un night-club et d'une petite piscine et son restaurant figurerait parmi les meilleures tables de la ville. Les cartes Visa, Mastercard et American Express sont acceptées.

Où se restaurer

Adam et Ève Snack-bar *(bd Joffre ; snacks 5 000-10 000 FMG environ ; fermé dim, service jusqu'à 20h30)*. Juché sur l'un des hauts tabourets qui bordent ce comptoir extérieur, vous pourrez vous restaurer d'excellents sambos, mais aussi de sandwiches, de frites ou d'omelettes. Cet établissement musulman ne sert pas d'alcool.

Le Zanatany *(☎ 53 300 75, bd Joffre ; soupes chinoises 6 000-15 000 FMG, menu 35 000 FMG)*. Ouverte à l'été 2001, cette agréable salle en bois sert une cuisine simple et goûteuse à prix doux – soupes chinoises en tête – mais aussi des snacks et des petits déjeuners. Une adresse à suivre…

Le Zoréol *(☎ 53 322 36, 11 bd Joffre ; plats 20 000-25 000 FMG ; fermé mer et dim soir)*. Apprécié pour ses billards, son bar et ses rhums arrangés, le Zoréol – nom donné aux métropolitains résidant de longue date sur l'île de la Réunion voisine –

propose également de bons plats de zébu et un savoureux aperçu de la cuisine réunionnaise : rougail saucisses, caris, thon massalé... Une adresse chaleureuse et agréable.

Hôtel Joffre *(☎ 53 323 90, bd Joffre ; plats 20 000-36 000 FMG, menu 55 000 FMG ; fermé dim).* Ouvert en 1960, le premier restaurant à la carte de Tamatave reste l'une des meilleures tables de la ville. Dans une salle élégante où le service "à l'ancienne" est toujours de rigueur, vous pourrez y déguster une salade au foie gras suivie d'un filet de rouget à la crème de cassis ou d'un magret de canard au miel, avant la charlotte au chocolat ou le flan vanille.

Le Bateau Ivre – La Piscine *(☎ 53 302 94, bd Ratsimilaho ; plats 25 000-80 000 FMG, menu 60 000 FMG ; ouvert tlj midi et soir).* Unique à Madagascar, la nouvelle adresse à la mode de Tamatave s'est bâtie autour de l'ancienne piscine de la ville, remise en service pour l'occasion. S'il semble un peu surdimensionné pour la ville, ce minicomplexe incluant salle de restaurant, bar-cocktail, terrasse et piscine n'en est pas moins réussi et agréable. Escalope de foie gras sautée au vinaigre de framboises, gratin de crabe et suprême de poulet au velouté de vanille figurent à la carte, à côté du plateau de fruits de mer (80 000 FMG). Animations en fin de semaine et accès gratuit à la piscine pour les clients du restaurant.

La Récréa *(☎ 032 02 585 09, bd Ratsimilaho ; plats 20 000-25 000 FMG ; ouvert tlj).* Non loin de l'Hôtel Plage et du Bateau Ivre, nous recommandons cette petite terrasse accueillante, face à la mer, pour déguster poissons, fruits de mer et spécialités malgaches. Cocktails en soirée (de 15 000 à 18 000 FMG).

Génération Hôtel *(☎ 53 321 05, 129 bd Joffre ; plats 20 000-25 000 FMG).* Parmi les restaurants d'hôtels, celui-ci est l'un des plus populaires, à juste titre. Cuisine française, chinoise et malgache.

Restaurant Pacifique *(plats 10 000-15 000 FMG environ).* Un restaurant chinois sans prétention.

Saïfi et fils *(bd Joffre).* Cette terrasse du bd Joffre rencontre un certain succès au petit déjeuner avec ses croissants et viennoiseries.

Ceux qui souhaitent faire leurs emplettes pourront se diriger vers le **Supermarché Champion** *(ouvert lun-sam 8h30-12h et 14h30-18h30)* situé en bas de l'araben'ny Fahaleovantena.

Où sortir

Le Pandora. La "boîte" à la mode de Tamatave brille de tous ses feux sur la route de l'aéroport, 300 m environ après l'hôtel Miramar.

Le Bateau Ivre – La Piscine. LE lieu qui bouge de Tamatave. Il s'y passe presque toujours quelque chose (voir la rubrique *Où se restaurer*, ci-dessus).

Queen's Club Disco. L'autre discothèque de Tamatave, elle a pignon sur rue à côté de l'Hôtel Plage.

Hôtel Neptune. Il renferme un casino et un night-club.

Vous pourrez également boire un verre à **La Récréa** ou au **Zoréol** (voir la rubrique *Où se restaurer*, ci-dessus).

Comment s'y rendre

Avion. Air Madagascar relie quotidiennement Tamatave à la capitale pour 436 500 FMG. La compagnie assure également cinq liaisons hebdomadaires environ avec l'île Sainte-Marie (286 500 FMG) et des vols moins fréquents vers Maroantsetra (436 500 FMG), Antalaha (511 500 FMG) et Mananara (356 500).

L'agence d'Air Madagascar (☎ 53 323 56), sur l'araben'ny Fahaleovantena, ouvre en semaine de 7h30 à 11h30 et de 14h à 16h30 et le samedi de 8h à 11h. Une permanence est assurée à l'aéroport les week-ends et jours fériés. Les règlements par carte Visa et Mastercard sont acceptés.

Le représentant d'Air Mauritius et d'Air Austral (☎ 53 312 43, fax 53 312 44, tamatave@air-austral.com, 81 bd Joffre), situé à proximité du Génération Hôtel, vous accueille du lundi au vendredi de 8h30 à 12h et de 14h à 17h30 et le samedi de 8h30 à 12h. Les cartes Visa et Mastercard sont acceptées. Air Austral assure une liaison hebdomadaire entre l'île de la Réunion et Tamatave.

Citons enfin une petite compagnie aérienne appartenant à la famille Ratsiraka,

La micheline

A défaut de service public régulier, la voie ferrée qui relie la capitale à Tamatave en longeant le canal des Pangalanes est parcourue par un train privé : la micheline. Circulant à la demande, elle relie Antananarivo à Tamatave *via* Andasibe, Brickaville, Ambila-Lemaitso et Andrano-koditra, au terme d'un voyage d'environ 11 heures. La micheline n'a pas d'horaires réguliers et doit être réservée au moins 15 jours à l'avance. Elle est soumise à un tarif forfaitaire de 5,395/8,3 millions de FMG aller simple/aller-retour pour la liaison Tana-Tamatave, de 2,575/4,130 millions de FMG pour Tana-Brickaville ou Ambila-Lemaitso et de 3,115/5,305 millions de FMG sur le tronçon Brickaville ou Ambila-Lemaitso-Tamatave. Ces tarifs – qui peuvent certes impressionner ! – concernent la location de l'intégralité des 18 places de la micheline. Si elles sont toutes occupées, l'aller-retour Antananarivo-Tamatave revient à environ 460 000 FMG par personne.

Les réservations doivent se faire auprès de la gare d'Antananarivo (☎ 22 205 21, fax 22 222 88) ou de l'agence Lémurie Tours (☎ 22 607 77, fax 22 280 65, madascar@dtsmg) qui sert parfois d'intermédiaire avec le RNCFM (Réseau national des chemins de fer malgaches), moyennant un petit supplément. La privatisation du RNCFM est susceptible de modifier les conditions de cette offre.

Si l'expérience vous tente, sachez que vous voyagerez à bord d'un train historique. Reprenant une idée déposée en 1846 par un ingénieur anglais dénommé Robert Thomson, le concept de la micheline a été développé et popularisé par André Michelin, qui souhaitait fabriquer un train silencieux et confortable sur pneumatiques. La première "micheline", comme on l'a alors appelée, est sortie des usines françaises en 1931 et était testée à peine un an plus tard sur la voie Tamatave-Antananarivo. En 1933, le public, très majoritairement composé de résidents français, commençait à l'utiliser. Les deux michelines qui fonctionnent encore à Madagascar, quand les conditions le permettent, restent les derniers trains de ce type en service dans le monde. Elles portent le nom de deux oiseaux malgaches, le *Viko viko* et le *Tsikirity*.

SouthAir, qui concurrence la compagnie nationale avec des vols Tamatave-Marantsetra à bord de bimoteurs de 18 places. SouthAir, représentée à Tamatave par Côte Est Voyages (☎ 53 309 86, bd de la Libération) applique des tarifs légèrement inférieurs à ceux d'Air Madagascar. La compagnie envisage d'ouvrir des liaisons avec Antalaha et Mananara.

Train. Les trains réguliers ne circulent plus sur l'intégralité de la ligne qui reliait jadis Antananarivo à Tamatave. Si les convois continuent de quitter la capitale, ils s'arrêtent dorénavant à Moramanga ou poursuivent leur route vers le lac Aloatra, au nord de celle-ci.

Une micheline privée circule sur réservation entre Antananarivo et Tamatave (reportez-vous à l'encadré qui lui est consacré).

Taxi-brousse. Le stationnement se situe à l'extrême nord-ouest de la ville. Elle dessert Tana ainsi que le Nord jusqu'à Maroantsetra et le Sud jusqu'à Mahanaro, si les routes, les cours d'eau, le temps, les ponts et les pièces de rechange le permettent (ce qui est loin d'être toujours le cas). Elle est bien organisée et les tarifs sont affichés. Comptez 25 000/35 000 FMG selon le véhicule et 7 heures de trajet pour gagner Antananarivo. Des bus plus confortables que les véhicules habituels partent le matin avant 8h et vers 18h. Les taxis-brousse pourront vous déposer à Moramanga ou à l'intersection menant à Andasibe et au parc national d'Andasibe-Mantadia (attendez-vous à payer le même prix qu'à destination de la capitale).

De confortables minibus japonais relient Foulpointe par une bonne route goudronnée où les seuls obstacles sont des ponts flottants remplaçant ceux que les cyclones ont détruit (1 heure 30, 10 000-12 500 FMG). Plus au nord, comptez 12 500-15 000 FMG pour Fénérive ou Mahambo et 20 000-25 000 FMG pour Soanierana-Ivongo.

De rares véhicules s'aventurent vers Mananara, un trajet qui peut durer jusqu'à 24 heures !

Bateau. Le *Mauritius Trochetia*, navire mixte battant pavillon mauricien, assure depuis l'été 2001 plusieurs rotations mensuelles par mer entre la Réunion, l'île Maurice et Tamatave.

Les tarifs aller simple entre la Réunion et Tamatave débutent à 250 € environ en 2e classe. Les billets sont en vente chez Tropical Service (☎ 53 336 79, ☎/fax 53 334 80, 23 bd Joffre), agence de voyages faisant face à l'hôtel Joffre.

Hormis cette ligne régulière, rares sont les navires qui acceptent les passagers. Néanmoins, avec un peu de patience et de persévérance, vous trouverez un bateau pour remonter la côte vers Sainte-Marie ou au-delà.

Adressez-vous aux agences maritimes dispersées autour du port, notamment à la SCAC (☎ 53 315 83).

Comment circuler
Desserte de l'aéroport. La course en taxi entre le centre-ville et l'aéroport, implanté à 5 km au nord, est facturée 25 000 FMG. Vous trouverez dans l'aérogare une cabine téléphonique à carte, une boutique et un snack-bar.

VTT. Le petit stand de Chez Loulou (☎ 53 406 43, le soir), bd Joffre, loue des VTT pour 15 000/30 000 FMG la demi-journée/journée.

Taxi et pousse-pousse. Face à la multiplication des problèmes survenant la nuit entre les visiteurs et certains tireurs de pousse, la municipalité de Tamatave a mis en place un système de badges et conseille d'avoir recours aux pousse-pousse qui en sont munis après le coucher du soleil.

Votre hôtel pourra vous aider à trouver un tireur la nuit et vous renseignera sur les tarifs. De jour, les trajets en pousse-pousse dans le centre reviennent en théorie à 1 500 FMG. Dans les faits, attendez-vous à marchander âprement.

Vous dépenserez 4 000 FMG pour une course en taxi en ville (4 500 FMG la nuit).

ENVIRONS DE TAMATAVE
Île aux Prunes (Nosy Alanana)
Cette petite île se situe au nord-est du port, à une heure de Tamatave en pirogue motorisée. Entourée d'un récif de corail, elle tient lieu de miniréserve maritime et de refuge pour les chauves-souris frugivores. Un circuit organisé est le meilleur moyen d'y accéder.

Parc zoologique de l'Ivoloina
A 12 km au nord de Tamatave, sur les rives de la rivière du même nom, le parc zoologique de l'Ivoloina *(bureau d'information à l'hôtel Miramar, route de l'aéroport, ivoloina@dts.mg, mfgmad@dts.mg ; 20 000 FMG ; ouvert tlj 9h-17h)* abrite de beaux spécimens de la faune et de la flore de l'Est de Madagascar.

Il mérite le détour pour ses tortues et ses lémuriens en captivité et en liberté (il est rigoureusement interdit de les nourrir), que des panneaux d'information en français et en malgache permettent de mieux connaître.

Plusieurs organismes, dont le Jersey Wildlife Preservation Trust (Grande-Bretagne) et la Duke University (États-Unis), y ont établi un foyer éducatif, des programmes d'élevage en captivité pour les espèces menacées et un centre d'adaptation pour les animaux rendus à la vie sauvage.

Vous pouvez également louer une pirogue pour un tour du lac ou apporter un pique-nique pour déjeuner sur la rive.

Pour y accéder, prenez un taxi (25 000 FMG par heure environ) ou ayez recours aux taxis-brousse, qui s'y rendent toutes les heures ou toutes les deux heures. Une agréable promenade de 4 km vous mène à l'entrée du parc depuis le village d'Ivoloina.

Île Sainte-Marie (Nosy Boraha)

Étirée sur une longueur de 57 km à moins de 10 km du littoral, Sainte-Marie voit sa popularité croître auprès des visiteurs au point de menacer lentement celle de Nosy Be. Avec ses longues plages bordées de cocotiers, sa forêt tropicale, ses récifs coralliens, sa mer peu profonde et son héritage historique, cette île de granit effilée dont le nom malgache, Nosy Boraha, est très peu usité, a en effet de quoi séduire. Si Sainte-Marie a vécu ces dernières années un essor touristique fulgurant, au point de ressembler à une véritable petite Nosy Be de la côte est, ses nombreux villages et criques isolées restent des lieux privilégiés pour quelques jours de détente. L'île aux Nattes, minuscule îlot corallien qui conclut ce point d'exclamation que dessine Sainte-Marie sur la carte de la Grande Île, continue pour sa part à faire rêver les amateurs de plages tropicales.

Sainte-Marie connaît des précipitations abondantes entre juin et fin août et se trouve située sur le trajet des cyclones qui se créent dans l'océan Indien entre décembre et mars. La période la plus propice pour s'y rendre s'étale donc entre fin août et fin novembre. Par ailleurs, une forme résistante de paludisme s'y est développée. Un traitement antipaludéen est plus que jamais recommandé.

Histoire
Nosy Boraha signifierait "l'île d'Ibrahim", nom peut-être attribué par un marchand arabe à une époque lointaine. L'appellation française courante, Sainte-Marie, vient de Santa Maria, premier nom donné à l'île par des marins portugais, au XVIe siècle. Si un amiral hollandais nommé Houtman nota l'existence d'une colonie arabe sur l'île dès 1595, ses premiers occupants européens furent des pirates de diverses nationalités. Sainte-Marie fut par la suite offerte à la princesse Bety lors de ses noces avec Jean-Onésime Filet – un marchand français plus connu sous le nom de La Bigorne – par le roi Ratsimilaho (voir

aussi l'encadré *Les Zanimalata, "enfants de mulâtres"*). Le 30 juillet 1750, Bety la céda à son tour au gouvernement français, qui s'empressa de la placer sous l'autorité de la Compagnie française des Indes orientales.

En 1752, la révolte de deux princes saint-mariens, Siba et Tsifanda, fut à l'origine de l'exil de Bety à l'île Maurice et du retour de l'île aux Betsimisaraka. L'année 1818 marqua la réintégration dans le giron des Français, qui commencèrent par gouverner l'île depuis la Réunion, puis de Diégo-Suarez et enfin de Tamatave. En mémoire à la générosité de la princesse Bety, les accords d'indépendance laissèrent aux habitants de Sainte-Marie le choix entre les nationalités française et malgache. Bien qu'ils aient généralement préféré la seconde, leurs noms sont souvent restés français. Les Saint-Mariens ont gardé un certain attachement à la France, comme en témoigne la célébration du 14 Juillet sur l'île.

Renseignements
Orientation. Sainte-Marie s'étire en longueur sur 57 km. Sa côte ouest, que longe la route principale, est la plus développée. L'aéroport se situe à l'extrémité sud, à proximité de la minuscule île aux Nattes. Une bonne route goudronnée le relie à la "capitale", Ambodifotatra, 11 km plus au nord. Les hôtels La Crique (au-delà duquel la route principale se détériore nettement) et La Cocoteraie – respectivement à 17 et 39 km d'Ambodifotatra – sont les points de repère les plus utiles au nord de l'île.

La réfection de la route faisant une boucle vers l'est entre le village de Mahavelo et Ambodifotatra a rendu accessible cette partie de la côte est, où se trouvent quelques hôtels. Elle est plus rocheuse que la côte ouest mais fait face à un superbe lagon.

Argent. Vous pourrez changer des devises et des chèques de voyage et obtenir une avance sur une carte Visa dans l'unique agence bancaire de l'île : la BFV-SG d'Ambodifotatra. Elle ouvre en semaine de 7h30 à 11h et de 13h30 à 15h. Certains hôtels haut de gamme acceptent les chèques de voyage et les règlements par cartes de crédit.

ÎLE SAINTE-MARIE (NOSY BORAHA)

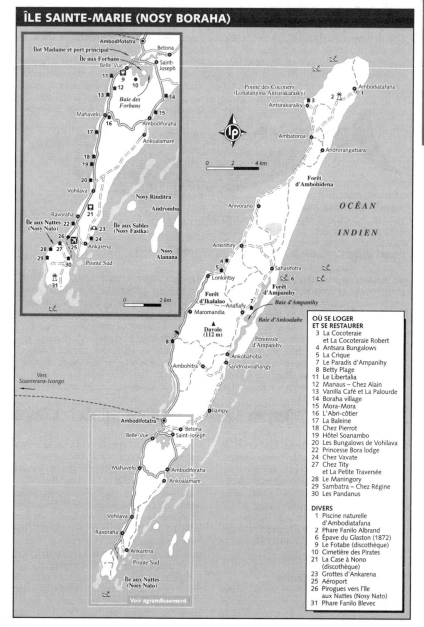

Ambodifotatra
Betona
Îlot Madame et port principal
Île aux Forbans
Belle-Vue
Saint-Joseph
11
9
12
10
13
14
Baie des Forbans
15
Mahavelo
16
Ambodiforaha
17
Ankoalamare
18
19
20
Vohilava
21
Ravoraha
Île aux Nattes (Nosy Nato)
22
23
24
28 27
25 Ankarena
29
30
Pointe Sud
31
Nosy Rinditra
Andromba
Île aux Sables (Nosy Fasika)
Nosy Alanana

Ambodifotatra
Betona
Belle-Vue
Saint-Joseph
Mahavelo
Ambodiforaha
Ankoalamare
Vohilava
Ravoraha
Ankarena
Pointe Sud
Île aux Nattes (Nosy Nato)
Voir agrandissement

Ambodiatafana
1
Pointe des Cocotiers (Lohatanjona Antsirakaraiky)
2
3
Antsirakaraiky
Ambatoroa
Androrangatsara
Forêt d'Ambohidena
Anivorano
OCÉAN
INDIEN
Ankirihiry
4
5
Lonkintsy
Sahasifotra
6
Forêt d'Ampanihy
7
Baie d'Ampanihy
Forêt d'Ikalalao
Anafiafy
Baie d'Ankoalabe
Maromandia
▲ Davolo (112 m)
Péninsule d'Ampanihy
8
Ambohitra
Ankobahoba
Sandroavoahangy
Vers Soanierana-Ivongo
Ilampy

OÙ SE LOGER ET SE RESTAURER

3 La Cocoteraie
   et La Cocoteraie Robert
4 Antsara Bungalows
5 La Crique
7 Le Paradis d'Ampanihy
8 Betty Plage
11 Le Libertalia
12 Manaus – Chez Alain
13 Vanilla Café et La Palourde
14 Boraha village
15 Mora-Mora
16 L'Abri-côtier
17 La Baleine
18 Chez Pierrot
19 Hôtel Soanambo
20 Les Bungalows de Vohilava
22 Princesse Bora lodge
24 Chez Vavate
27 Chez Tity
   et La Petite Traversée
28 Le Maningory
29 Sambatra – Chez Régine
30 Les Pandanus

DIVERS

1 Piscine naturelle
  d'Ambodiatafana
2 Phare Fanilo Albrand
6 Épave du Glaston (1872)
9 Le Fotabe (discothèque)
10 Cimetière des Pirates
21 La Case à Nono
   (discothèque)
23 Grottes d'Ankarena
25 Aéroport
26 Pirogues vers l'Île
   aux Nattes (Nosy Nato)
31 Phare Fanilo Blevec

L'EST

La migration des baleines à bosse

Grande voyageuse, la *Megaptera novaeanglicae*, ou baleine à bosse, migre chaque année à plus de 6 000 km de son point de départ. Ce mammifère, qui peut atteindre 10 à 15 m de longueur pour 25 à 30 tonnes, se caractérise par ses nageoires exceptionnellement longues, orientées vers le bas comme des dérives, et les protubérances en forme de bosses qui ornent sa tête et ses nageoires. La baleine à bosse est réputée pour ses figures acrobatiques, mais aussi pour ses "chants". Durant la saison des amours, les mâles produisent en effet des sons qui comptent parmi les plus complexes

HUGH D'ANDRADE

observés dans le monde animal. Leur migration reste mal connue. Il semblerait cependant que les 10 000 à 15 000 spécimens qui constituent l'espèce (qui aurait compté 10 fois plus de membres avant l'arrivée de l'homme) se divisent en une dizaine de groupes qui effectuent chaque année un parcours qui leur est propre. La seule constante géographique de ces groupes, qui croisent dans l'océan Atlantique, le Pacifique ou l'océan Indien, est qu'ils quittent en été les mers froides où ils se sont nourris de crevettes et de poisson et gagnent les régions tropicales pour s'accoupler et mettre bas. La région comprise entre la baie d'Antongila et le détroit qui sépare l'île Sainte-Marie de la grande terre est privilégiée pour observer ce phénomène. Plusieurs centaines de *Megaptera novaeanglicae* accompagnées de leurs baleineaux s'y donnent en effet rendez-vous chaque année, entre les mois de juillet et de septembre. Les scientifiques pensent que la colonie qui migre en été dans ces eaux passe le reste de l'année au large de l'Antarctique, à plusieurs milliers de kilomètres au sud.

Peu farouches, les baleines à bosse font partie de la liste des espèces menacées. Elles sont protégées depuis 1966.

Poste et communications. Un bureau de poste est implanté dans la "partie haute" d'Ambodifotatra. Le réseau téléphonique s'est considérablement amélioré au cours des dernières années. Des cabines publiques à carte sont installées à Ambodifotatra, à l'hôtel Soanambo, à La Crique et à l'aéroport.

Pour vos connexions à l'Internet, essayez Lémuriens Services (☎ 57 401 25), dans le centre d'Ambodifotatra.

Où se loger et se restaurer

Vous trouverez des bungalows de tous genres et de tous prix, ou presque, et rares sont les hôtels qui ne disposent pas d'un beau coin de plage (plus rares encore sont ceux qui l'entretiennent !). Séjourner à Ambodifotatra ne présente pas un grand intérêt : les plages sont éloignées de la ville et les possibilités d'hébergement y sont, dans l'ensemble, moins bonnes qu'ailleurs. Vous serez en revanche à proximité des bars et des services. C'est dans le Sud, entre l'aéroport et la "capitale", que vous trouverez le plus grand choix. Pour un maximum de calme, préférez le nord de l'île, où se trouvent les plus belles plages, ou la tranquille côte est. L'île aux Nattes offre à la fois le calme et une superbe étendue de sable.

En général, les capacités d'accueil des villages de bungalows saint-mariens sont

Madagascar terre de contrastes : une rivière des Hauts Plateaux **(en haut)**, un village betsileo dans les hautes terres du Centre **(au milieu)**, la beauté âpre de l'Isalo **(en bas)**

Paysage du Nord (près d'Antsiranana)

Le vert tendre des semis

Plant de sisal dans la sécheresse de l'Isalo

Le somptueux cirque Rouge près de Mahajanga

Un code de bonne conduite pour l'observation des baleines

L'observation des baleines à bosse a parfois tourné ces dernières années au "baleines business" à Sainte-Marie. L'association Megaptera, basée sur l'île voisine de Mayotte, et le Groupement des Opérateurs Touristiques de Sainte-Marie ont heureusement tiré la sonnette d'alarme. Soulignant que "l'écotourisme est une véritable alternative contre la reprise de la chasse et une source de revenus pour la population locale" tout en insistant sur l'importance d'éviter le stress et le dérangement des baleines durant les époques particulières de la reproduction et de la naissance des baleineaux, ils ont publié un *Code de bonne conduite pour l'observation des baleines à bosse à Sainte-Marie.*

Entre autres consignes, le code fixe une distance minimale d'observation (100 m pour un groupe d'adultes de moins de 3 individus, 200 m pour une mère et son baleineau ou un groupe de plus de 3 adultes) ; insiste sur la nécessité d'approcher les cétacés par le 3/4 arrière à une vitesse inférieure à 5 nœuds et de ne jamais leur couper la route ; interdit de se placer au milieu d'un groupe ou de séparer une mère de son petit, de nager avec les baleines ou les toucher.

Depuis sa publication en 2001, un certain nombre d'opérateurs touristiques de l'île et de clubs organisant des sorties en mer ont adhéré à ce code. Nous ne saurions trop vous conseiller d'avoir recours à leurs services.

Pour en savoir plus sur l'observation des baleines à bosse de Madagascar, procurez-vous le *Code de bonne conduite* ou contactez l'association Megaptera (megaptera.mayotte@ wanadoo.fr, www.multimania.com/megaptera).

réduites et ils affichent souvent complets en périodes de vacances. Il est sage de réserver par téléphone à votre arrivée, depuis Ambodifotatra ou l'aéroport.

Sainte-Marie dénombre quelques restaurants gérés par des Malgaches, notamment à Ambodifotatra. Ailleurs, vous devrez probablement prendre vos repas à l'hôtel.

Où sortir

L'île compte trois discothèques animées les vendredis et samedis. La plus ancienne, Le Fotabe, se situe 1 km au sud d'Ambodifotatra. Sa rivale, La Case à Nono, est implantée à 2 km au nord de l'aéroport. Enfin, La Case à Baby est une minuscule "boîte" à l'ambiance 100% *gasy* située sur l'île aux Nattes. Cette discothèque de village sympathique reçoit son alimentation par goupe électrogène (ce qui donne lieu à quelques épisodes cocasses…)

De nombreux hôtels bénéficient de bars agréables où passer la soirée.

Achats

Vous trouverez sur l'île quelques boutiques d'artisanat, souvent plus chères qu'ailleurs. Si

vous repartez en avion, des gamins proposent à l'aéroport des modèles réduits en bois léger de baleines à bosse, de pirogues, de Twin Otter et d'ATR 42 particulièrement réussis.

Plongée

L'île Sainte-Marie offre de superbes fonds sous-marins, même si ses coraux ne sont plus aussi florissants que par le passé. Les abords des épaves échouées à l'extrémité nord et sur la côte est, au large de Sahasifotra, comptent parmi les plus beaux sites.

La plongée est généralement limitée à la période qui sépare les mois de juillet et de février, celle s'étalant d'octobre à décembre étant la plus propice. Certains centres ferment de février à mai.

Il Balenottero (☎/fax 57 400 36, ilbalenottero@ simicro.mg, www.ilbalenottero.com). Tenu par un actif et sympathique couple d'Italiens, ce club implanté de longue date sur l'île est situé à côté de l'hôtel Zinia, à Ambodifotatra. Comptez 200 000 FMG pour une plongée avec ce club sérieux et bien équipé (forfaits dégressifs). Il Balenottero assure en saison des sorties couplant observation des baleines et plongée (350 000 FMG).

L'EST

Sainte-Marie à VTT

Le VTT est l'un des moyens de transport les plus adaptés à Sainte-Marie.

La route qui longe la côte ouest est bitumée entre l'aéroport et Ambodifotatra. Elle est ensuite praticable entre la ville et La Crique, hormis certains tronçons ponctués de nids-de-poule, d'ornières et de côtes, qui rendent le parcours parfois éprouvant. La situation se détériore nettement au-delà de La Crique (les vrais amateurs de vélo tout-terrain apprécieront…).

La réfection d'un tronçon de la route de l'est a ouvert un nouvel itinéraire. Ce parcours en boucle sans difficulté quitte la route principale au niveau du village de Mahavelo (au sud d'Ambodifotatra) et rejoint la côte est et son lagon avant de retrouver Ambodifotatra.

La côte nord-est est réservée aux vrais adeptes du VTT sportif…

Quel que soit votre itinéraire, vérifiez soigneusement l'état de votre bicyclette lors de la location, car certains modèles risquent de vous lâcher en chemin. Démarrez tôt le matin si vous vous embarquez pour une longue randonnée à VTT afin de ne pas être surpris par la tombée de la nuit.

Mahery Be (☎/fax 57 401 48, somasub@ifrance. com). Vous trouverez ce centre entre les hôtels Soanambo et Lakana. Comptez 30,5 € par plongée.

Mako Nautic Center (☎ 57 401 39). Au sud du club précédent, Mako Nautic Center offre des prestations comparables. Comptez 250 000 FMG pour une sortie en mer vers la Cocoteraie.

Observation des baleines à bosse

La baie d'Antongila (au nord de l'île) et le détroit qui sépare Sainte-Marie de la grande terre comptent parmi les lieux privilégiés du globe pour observer la migration annuelle des baleines à bosse. Chaque année entre juillet et septembre, 500 à 700 cétacés croisent dans ces eaux pour mettre bas ou s'accoupler.

Ce phénomène est devenu au fil des ans l'un des arguments touristiques majeurs de Sainte-Marie. Un "baleine business" s'est ainsi créé et ses inconvénients pour la quiétude des grands mammifères marins n'ont pas tardé à se manifester. Certains opérateurs touristiques ont heureusement réagi en participant à la rédaction d'un *Code de bonne conduite* (voir l'encadré à ce sujet).

Les hôtels et les clubs de plongée de l'île organisent en saison des sorties à la rencontre des cétacés. La majorité des hôtels disposent de bateaux pouvant accueillir 8 personnes et plus, dont les tarifs sont excessifs si le nombre maximal de passagers n'est pas atteint. L'une des meilleures solutions est à nos yeux de s'adresser à Il Balenottero, à Ambodifotatra (voir *Plongée*, ci dessus) seul opérateur touristique de l'île faisant un effort pour regrouper les visiteurs à bord de ses bateaux. Ses vedettes sortent ainsi quasi quotidiennement à la saison de la migration, à un prix ne dépassant pas 200 000 FMG par personne.

Vous trouverez des détails sur les cétacés de l'océan Indien dans l'encadré *La migration des baleines à bosse* plus haut. Le *Petit Guide pratique à l'usage des observateurs de baleines à bosse à Madagascar*, disponible dans certains hôtels de l'île, pourra également vous renseigner.

Circuits organisés

De nombreux hôtels proposent des tours de l'île en 4x4 et des sorties en pirogue ou en bateau. Ces dernières sont les bienvenues pour rejoindre la plage de la Cocoteraie, au nord, difficile d'accès par route. Il est cependant tout à fait possible d'explorer l'île par ses propres moyens, à pied, en moto ou à VTT.

Ambodifotatra

Le plus gros village de l'île présente peu d'intérêt et pas de plage, mais abrite la plus vieille église catholique de Madagascar. Érigée en 1857, elle fut offerte à l'île par l'impératrice Eugénie de France. A l'extrémité sud du bourg, un ancien fort de granit de 1753 surplombe la chaussée menant à l'îlot Madame, qui coupe quasiment l'île en deux. Le fort abrite un poste militaire, ce qui en interdit l'accès aux visiteurs. Juste au sud se trouve la tombe de Sylvain Roux, le premier attaché commercial envoyé de France sur la côte est. Le site offre une belle vue sur la ville et les îlots. A l'extrême nord, la tombe de François Albrand, commandant français de l'île mort en 1826 à l'âge de 31 ans, mérite le détour pour son épitaphe.

Un marché haut en couleur se tient les mardi et jeudi, lorsque le travail dans les champs est *fady* (tabou).

Où se loger et se restaurer. Les bonnes possibilités d'hébergement sont rares à Ambodifotatra. Il serait par ailleurs dommage de se cantonner à cette localité. La ville, toutefois, compte quelques chambres qui sont parmi les moins chères de l'île.

La Bigorne *(☎ 57 401 23 ; doubles sans s.d.b. 60 000 FMG, bungalows avec s.d.b. jusqu'à 4 pers 110 000 FMG, plats 25 000 FMG environ).* Sans nul doute le meilleur choix d'Ambodifotatra, vous trouverez La Bigorne dans la partie nord de la ville, en direction des bureaux d'Air Madagascar. Ce petit établissement familial ne dispose que de deux chambres et de quelques bungalows. Les unes et les autres sont agréables, particulièrement propres et bien décorés. La Bigorne est également une bonne table.

Le Drakkar *(☎ 57 400 22 ; bungalows de 36 000 à 51 000 FMG).* Face à l'agence d'Air Madagascar, à la sortie nord de la ville, le Drakkar propose de petits bungalows sans confort mais décents.

Le Zinnia *(☎ 57 400 09 ; doubles sans s.d.b. à partir de 36 000 FMG).* En dernier recours, rendez-vous à cet hôtel situé entre le dépôt d'hydrocarbure de la Solima (d'où l'odeur de mazout) et le groupe électrogène de la Jirama (d'où le bruit). La propreté des chambres et bungalows sommaires laisse très nettement à désirer.

Ces hôtels disposent de restaurants.

Dong Hoy *(plats 10 000-20 000 FMG environ).* La terrasse de ce restaurant chinois offre un beau point de vue sur la mer et le coucher du soleil.

Vous pourrez enfin essayer **Vanille et Orchidées** *(☎ 57 401 90),* grand restaurant en construction lors de notre dernier passage.

Sud d'Ambodifotatra

Cimetière des Pirates. Lugubre à souhait et rongé par les mauvaises herbes, le cimetière des pirates est probablement le site le plus visité de l'île Sainte-Marie. Les noms et les épitaphes sont malheureusement souvent effacés, privant le voyageur d'une part de la mémoire des écumeurs des mers qui gisent en ces lieux.

Le cimetière s'étend à côté de la baie des Forbans, à environ 20 minutes de marche vers le sud-est depuis l'extrémité sud de la chaussée de l'îlot Madame. Les criques qui ponctuent le chemin ne le rendent accessible qu'à marée basse.

Île aux Forbans. Les ruines d'une porte ancienne coiffent cette île située en face du cimetière, dans la baie du même nom. La signification de cette porte reste inconnue. Les pirates auraient pu s'en servir comme point de repère ou comme guet.

Îlot Madame. Cette petite île localisée à l'entrée de la baie des Forbans est reliée à Ambodifotatra (au nord) et à Belle-Vue (au sud) par deux chaussées. Elle abritait le centre administratif fortifié de la Compagnie française des Indes orientales jusqu'à ce qu'elle soit saisie par les bureaux du gouvernement local. Elle tient également lieu de port pour les navires et les grands voiliers.

Ankarena. Cette jolie plage protégée par un récif s'étend à la pointe sud-est de l'île. Une grotte habitée de centaines de chauves-souris s'ouvre au pied des falaises. Ankarena, que vous débusquerez face à l'aéroport, de l'autre côté de la petite colline, apparaît dans plusieurs histoires de pirates.

Où se loger et se restaurer – petits budgets. Quelques adresses bon marché sont rassemblées au sud d'Ambodifotatra. Vous trouverez des options plus agréables dans cette gamme de prix sur l'île aux Nattes.

Manaus – Chez Alain *(bungalows 30 000 FMG environ, possibilités de camping).* Les bungalows rudimentaires de Chez Alain, en falafa et dépourvus d'électricité, sont les plus "malgaches" qui soient. Une occasion de découvrir au plus près le mode de vie saint-marien et de loger à petit prix.

Vanilla Café *(☎ 032 07 09 050 ; bungalows doubles avec s.d.b. 70 000 FMG).* A 7,5 km environ de l'aéroport, le Vanilla Café loue des bungalows avec une s.d.b. spartiate un peu chers pour le confort qu'ils proposent. L'hôtel dispose d'une belle portion de plage.

La Palourde *(☎ 57 403 07 ; bungalows doubles 50 000 FMG).* Une adresse dont les tarifs correspondent au confort sommaire.

La Baleine *(☎ 57 401 34 ; bungalows doubles à partir de 36 000 FMG).* Longtemps populaire, cette adresse propose des prestations qui ont beaucoup baissé ces dernières années. Les bungalows les plus chers ne valent pas la dépense.

Chez Vavate *(☎ 57 401 16 ; plats 15 000-20 000 FMG environ).* A environ 20 minutes de marche de l'aéroport, Chez Vavate dont sa réputation de longue date à sa bonne cuisine à prix raisonnables et à la vue qui s'ouvre au regard depuis sa terrasse.

L'Abri-côtier *(☎ 57 401 43 ; plats 18 000-20 000 FMG ; fermé lun).* En bordure de la route au niveau de Mahavelo, cette terrasse propose des plats de zébu et de poisson, un billard et un baby-foot. Couscous le vendredi (40 000 FMG).

Où se loger et se restaurer – catégories moyenne et supérieure. Chez Pierrot *(☎ 57 401 43, bungalows sans s.d.b. 60 000 FMG, doubles avec s.d.b. 125 000 FMG à négocier).* Avec son petit jardin et son atmosphère familiale, Chez Pierrot figure parmi les bonnes adresses à prix raisonnable du sud d'Ambodifotatra.

Le Libertalia *(☎ 57 403 03 ou 032 07 926 34 ; bungalows doubles avec s.d.b. 75 000/90 000 en basse/haute saison).* Cette adresse ouverte en 2000 à 1 km au sud d'Ambodifotatra offre un excellent rapport qualité/prix. Face à un minuscule îlot auquel elle est reliée par un ponton de bois, elle propose des bungalows confortables et joliment décorés et un bar-restaurant agréable. Le Libertalia – tenu par la famille de La Crique, une référence – loue des motos et VTT et organise des sorties en mer. Il est sage de réserver compte tenu du petit nombre de bungalows.

Les Bungalows de Vohilava *(☎/fax 57 401 40, vohilava@malagasy.com ; simples/ doubles avec s.d.b. 120 000/200 000 FMG en basse saison et 150 000/250 000 FMG en haute saison, tarifs avec transfert et petit déj).* Bon choix, cette adresse proche de l'aéroport abrite de vastes bungalows agréables avec petit salon et sanitaires impeccables, en bordure d'une belle plage.

Hôtel Soanambo *(☎ 57 401 36, fax 57 401 37, soanambo.stmarie@simicro.mg ; bungalows simples/doubles 215 000-335 000/270 000-470 000 FMG selon la saison et l'équipement).* Les avis sont partagés au sujet du Soanambo, à 3 km de l'aéroport : certains en sont totalement satisfaits, d'autres estiment que la prestation ne vaut pas les tarifs pratiqués. Avant tout fréquenté par la clientèle des groupes, l'établissement possède une belle piscine. Les bungalows les plus chers sont dotés de la clim. Les cartes Visa et Mastercard sont acceptées.

Princesse Bora lodge *(☎/fax 57 401 47 ou 032 07 09 047, bora@dts.mg ; www.princesse-bora.com ; demi-pension obligatoire, à partir de 300 000/345 000 FMG par pers sur la base de 2 pers en basse/haute saison, menu 60 000 FMG).* L'hôtel le plus récent de l'île et le plus proche de l'aéroport est également le plus luxueux. Ses vastes bungalows en palissandre ne manquent ni de charme ni de chaleur et il souffle sur les lieux un parfum de luxe, rare à Madagascar. Les cartes de crédit sont acceptées.

Île aux Nattes (Nosy Nato)

Un minuscule îlot au cœur du lagon, de longues étendues de sable blanc sur lesquelles se penchent doucement des cocotiers, des eaux couleur d'émeraude à la transparence rarement égalée dans l'océan Indien : l'île aux Nattes a préservé la magie des îlots tropicaux et garde un air de robinsonnade.

Une centaine de mètres seulement séparent Nosy Nato de Sainte-Marie. Il est ainsi possible de s'y rendre pour quelques heures. L'île aux Nattes compte cependant d'agréables hébergements pour petits et moyens budgets et ceux qui choisiront d'y passer quelques jours de farniente ne le regretteront pas.

Quelques heures suffisent à faire le tour de l'îlot et à explorer les sentiers et les villages. L'ancien sémaphore – le Fanilo Blevec – est maintenant hors service mais offre un beau panorama.

L'île aux Nattes n'étant pas raccordée au réseau électrique, l'alimentation est assurée pas les groupes électrogènes des hôtels. L'eau chaude y est une denrée rare.

Où se loger et se restaurer. Chez Tity *(bungalows doubles avec s.d.b. commune et eau froide 30 000 FMG, menu 30 000 FMG).* Les bungalows en falafa et les sanitaires communs de Chez Tity sont aussi rudimentaires que l'accueil est chaleureux. Écrivain et dessinateur, le patron pratique aussi la pêche sous-marine, ce qui donne à sa compagne Tity l'occasion de mettre en pratique ses talents de cuisinière (le poisson à la tahitienne est un pur régal !). Vous trouverez cette adresse pour les petits budgets, sans prétention mais attachante, en face de l'embarcadère des pirogues.

Les Pandanus *(bungalows doubles avec s.d.b. et eau froide 55 000 FMG).* A l'est de l'adresse précédente, cet hôtel implanté de longue date sur l'île loue des bungalows légèrement plus confortables.

Sambatra – Chez Régine *(bungalows doubles avec s.d.b. commune et eau froide – 60 000 FMG).* Très bon choix dans cette gamme de prix, Chez Régine offre d'agréables bungalows ronds avec plancher en palissandre, des sanitaires communs propres et une belle portion de plage. On y sert une cuisine correcte sans être exceptionnelle. L'hôtel se situe après le Maningory, en longeant la plage dans le sens contraire des aiguilles d'une montre depuis l'embarcadère des pirogues.

La Petite Traversée *(bungalows doubles avec s.d.b. et eau froide 80 000 FMG).* Mitoyen de Chez Tity, cet hôtel que vous trouverez en face du débarcadère des pirogues propose des bungalows avec sanitaires.

Le Maningory *(☎ 032 070 90 05/06, www.madagascar-contacts.com/maningory ; bungalows doubles avec s.d.b. et eau chaude 170 000-200 000 FMG, plats 30 000-35 000 FMG).* L'établissement le plus confortable de l'île aux Nattes est également le seul à proposer une douche chaude. Ses bungalows en palissandre spacieux et confortables bénéficient d'une touche de décoration qui les rend chaleureux, tout comme l'agréable salle de bar-restaurant. L'accueil laissait en revanche un peu à désirer lors de notre passage (une erreur de jeunesse de cette adresse récente ?). Les bungalows les plus chers sont au premier plan sur la plage et un discount est généralement consenti sur celui situé juste derrière le restaurant. Côté table, le Maningory sert de bons plats de poisson – les patrons sont mordus de pêche sous-marine – mais les gros appétits risquent de rester un peu sur leur faim. L'hôtel est fléché sur la droite du débarcadère des pirogues.

Comment s'y rendre. Des pirogues, stationnées à 10 minutes de marche de l'aéroport, vous déposeront sur l'île pour 5 000 FMG l'aller simple. Il est possible de l'atteindre à la nage à marée basse.

Nord d'Ambodifotatra

Hameaux et criques quasi désertes se succèdent au nord de la "capitale" de Sainte-Marie. L'étroite route qui y mène, agréable et paisible, est idéale pour la promenade ou le VTT sur la première moitié du parcours. Elle devient en revanche particulièrement mauvaise au nord de La Crique. La superbe plage de la Cocoteraie, aussi belle que difficile d'accès, clôt l'île au nord.

Où se loger et se restaurer. La Crique *(☎/fax 57 401 60 ; bungalows doubles/familiaux sans s.d.b. 90 000/100 000 FMG, bungalows doubles/familiaux avec s.d.b 150 000/180 000 FMG, repas 50 000 FMG).* A 17 km au nord d'Ambodifotatra, cet établissement implanté de longue date sur l'île reste une référence. L'accueil est chaleureux, la table savoureuse et les bungalows joliment décorés, même s'ils sont un peu proches les uns des autres. D'excellents repas, un beau jardin où s'alanguissent des cocotiers et une très jolie plage entretenue s'ajoutent encore à ces atouts. Vous pourrez payer avec votre carte Visa et vous serez bien avisé de réserver.

Antsara Bungalows *(bungalows doubles sans/avec s.d.b. 30 000-95 000 FMG)*. A quelques centaines de mètres de l'adresse précédente, Antsara se remplit en général lorsque La Crique affiche complet. Évitez les bungalows sommaires qui donnent sur la mangrove et ses moustiques. Préférez ceux du haut, agréables à défaut d'être luxueux. L'Antsara possède une jolie salle de bar-restaurant.

Betty Plage (☎ 57 400 66, *bungalows doubles/familiaux avec s.d.b. 85 000/125 000 FMG)*. A 6 km au nord d'Ambodifotatra, l'établissement bâti en bordure d'une belle plage dispose d'un charmant jardin. L'accueil manque parfois un peu de chaleur mais l'hôtel reste un bon choix dans sa catégorie de prix.

A l'extrême nord de l'île, en bordure de la superbe plage peu fréquentée de la pointe des Cocotiers, les deux établissements qui suivent, particulièrement excentrés, séduiront les amateurs de calme.

La Cocoteraie (☎ 57 401 72 ; *bungalows doubles avec s.d.b. 270 000/355 000/ 470 000 FMG en basse/moyenne/haute saison, menus 50 000-60 000 FMG)*. A 39 km environ d'Ambodifotatra, cet hôtel bâti dans une ancienne cocoteraie est l'un des plus confortables de l'île. Le restaurant donne sur la splendide plage. Les cartes Visa sont acceptées. Des transferts sont organisés sur demande depuis l'aéroport moyennant 60 000 FMG par personne aller-retour.

La Cocoteraie Robert (☎ 57 401 70 ; *bungalows simples/doubles 125 000/145 000 FMG, menu 55 000 FMG)*. Nettement plus simples, les bungalows de cet hôtel mitoyen du précédent permettent de séjourner à moindre coût dans ce petit coin de paradis.

Côte est

La réfection du tronçon de route reliant Ambodifotatra au village de Mahavelo par la côte est a rendu accessible ce littoral sauvage où les plages sont rares, mais qui fait face à un superbe lagon aux eaux turquoise. Il compte par ailleurs quelques options d'hébergement à la fois calmes et relativement proches de la capitale.

L'accès à la côte nord-est, par une mauvaise piste, se révèle nettement moins aisé. Quelques belles plages s'étendent sur la péninsule d'Ampanihy, séparée du reste de l'île par un bras de mer baptisé "baie d'Ampanihy".

Piscine naturelle d'Ambodiatafana. Cette série de bassins naturels, creusés dans la roche du littoral et remplis d'eau à marée haute, est isolée à l'extrême nord-est de l'île, au bout d'un sentier de 8 km partant d'Ambatoroa. Vous pourrez vous y rendre à pied ou à moto.

Le sentier passe à proximité du Fanilo Albrand, un phare installé sur une crête d'où le panorama s'étend jusqu'à Maroantsetra, au fond de la baie d'Antongila.

Où se loger et se restaurer. Commençons par deux établissements situés à l'est d'Ambodifotatra et faciles d'accès :

Mora-Mora (☎ 57 401 13 ; *bungalows doubles sans/avec s.d.b. 120 000/ 150 000 FMG)*. Cette adresse, dont les propriétaires sont italiens, propose de bons bungalows dont certains (ceux avec sanitaires communs) sont construits sur pilotis au-dessus du lagon. Les tarifs sont un peu excessifs pour le confort proposé mais le site est beau. L'hôtel dispose d'un restaurant.

Boraha village (☎ 57 400 71, 032 07 090 10, *boraha-village@wanadoo.fr, www. boraha.com; bungalows doubles/quadruples avec s.d.b. 53,5/76 €, repas 11 €)*. Cette adresse de charme surplombe le lagon à 4 km d'Ambodifotatra par la route de l'est. Outre un beau jardin et un accueil prévenant, vous y trouverez de très jolis et confortables bungalows, avec sanitaires impeccables (eau chaude). Les bungalows familiaux comptent deux vraies chambres, séparées par la salle de bains, et peuvent convenir à deux couples. Un vivier de crabes fournit la cuisine en excellents crustacés, servis dans une chaleureuse salle de restaurant panoramique. Un séjour de 2 nuits au minimum est demandé dans cette adresse qui mérite la dépense.

Plus haut sur la côte est par une piste relativement mauvaise, **Le Paradis d'Ampanihy** propose des bungalows bon mar-

Les Zanimalata, "enfants de mulâtres"

Le minuscule îlot qui surgit en face de Fénérive-Est garde la mémoire du roi Ratsimilaho et des Zanimalata. Fils du pirate anglais Thomas Whight et d'une princesse sakalava du nom d'Antavaratra Rahena – les échanges avec les pirates étaient alors nombreux sur cette côte –, Ratsimilaho était du nombre de ceux que l'on appelait alors Zanimalata, ou "enfants de mulâtres". Au XVIIIe siècle, il prit la tête de ce groupe puis réussit à unifier les peuples de la côte est, fondant l'ethnie des Betsimisaraka. Sa fille, héritière du trône, la princesse Bety, tomba amoureuse d'un Français de la Réunion, Jean-Onésime Filet, surnommé La Bigorne. Le roi leur offrit en cadeau de mariage l'île Sainte-Marie, où La Bigorne avait fait naufrage. Peut-être est-ce en souvenir de son ascendance occidentale que Bety en transmit plus tard la souveraineté au roi de France.

Bien plus modeste par sa taille que Sainte-Marie, l'îlot qui fait face à Fénérive abrite la sépulture du roi Ratsimilaho. Vous y verrez également quelques varis noir et blanc.

ché dans le beau site de la presqu'île auquel il doit son nom.

Comment s'y rendre

Avion. Air Madagascar relie l'île à Tamatave (286 500 FMG) et à Antananarivo (511 500 FMG) environ six fois par semaine. Ses bureaux (☎ 57 400 46), à la sortie nord d'Ambodifotatra, ouvrent en semaine de 7h30 à 11h30 et de 14h30 à 16h30 et le samedi de 8h à 11h.

Vous devrez absolument confirmer et reconfirmer vos réservations car les vols depuis/vers l'île connaissent un franc succès, surtout pendant la haute saison de juillet-août et de novembre-décembre. Ne vous laissez pas décourager par les listes d'attente : il est fréquent que des passagers restent en liste d'attente jusqu'au dernier moment, avant d'embarquer à bord d'un avion à moitié vide…

Bateau. Les liaisons par mer entre Sainte-Marie et le port de Soanierana-Ivongo ont défrayé la chronique malgache ces dernières années après le chavirement de plusieurs bateaux. Quelques mesures de sécurité ont été prises depuis et l'utilisation des gilets de sauvetage semble s'être généralisée. Dans les faits, la traversée entre l'île et la grande terre n'est pas dangereuse en soi lorsque les conditions météorologiques sont bonnes. L'une de ses difficultés réside dans le franchissement de la passe, à l'entrée de Soanie-

rana-Ivongo, si la mer est mauvaise. En règle générale, évitez de vous embarquer lorsque la mer se creuse, le vent trop fort et l'embarcation d'aspect peu fiable. Renseignez-vous auprès de votre hôtel pour connaître quelles sont les vedettes les plus sûres effectuant la traversée durant votre séjour (*Le Rozina* semblait être du nombre lors de notre dernier passage). Les bateaux effectuent tous la traversée entre le port d'Ambodifotatra et Soanierana-Ivongo, sur la grande terre, au tarif de 35 000 FMG environ l'aller simple. Comptez 2 heures de traversée.

Si vous avez du temps et l'âme d'un aventurier, vous pouvez essayer de trouver place à bord de l'un des navires marchands qui vont et viennent dans le port de l'îlot Madame, non loin d'Ambodifotatra. Ils se dirigent principalement vers Tamatave et les ports de la côte nord-est : Maroantsetra (parfois *via* Nosy Mangabe), Antalaha ou Sambava. Ils sont rarement conçus pour accueillir des passagers et offrent un confort des plus spartiates mais constituent la plupart du temps le seul moyen de transport entre l'île Sainte-Marie et la côte nord-est de la grande terre. Le transport de passagers à bord des boutres est interdit sur la côte est durant la saison des alizés, entre mai et septembre.

Comment circuler

Aéroport. Le minuscule aéroport de Sainte-Marie s'étend à l'extrémité sud de l'île, à 11 km d'Ambodifotatra. Vous serez assailli par des dizaines de rabatteurs d'hôtels à votre arrivée.

Les chauffeurs de taxi demandent 35 000 FMG pour le trajet entre Ambodifotatra et l'aéroport. L'autre solution est le taxi-brousse, à 10 000 FMG pour les vazaha. Vous pouvez enfin arranger votre transfert en contactant un hôtel par téléphone, mais ne vous attendez pas à un service gratuit.

Taxi et taxi-brousse. Une centaine de véhicules circule maintenant sur Sainte-Marie (ils se comptaient sur les doigts de la main il y a quelques années, avant qu'un bac, la *Samsonette*, ne facilite la traversée des voitures depuis la grande terre). Quelques taxis-brousse circulent le long de la moitié sud de la côte ouest.

Les taxis saint-mariens sont particulièrement chers en comparaison du reste de la Grande Île. Depuis Ambodifotatra, comptez par exemple 75 000 FMG pour La Crique. Les taxis se font vraiment rares hors d'Ambodifotatra et au Nord de l'île.

Moto. Elle semble le mode de locomotion idéal, si vous pouvez vous le permettre. Le centre de plongée Il Balenottero loue des 100 cc pour 30 € par jour. Nombre d'autres agences d'Ambodifotatra louent des 125 cc à un tarif d'environ 125 000/200 000 FMG par demi-journée/journée. Vérifiez soigneusement l'état de la machine. L'hôtel Le Libertalia, à 1 km au sud d'Ambodifotatra, propose également des motos à 200 000 FMG (180 000 FMG pour les clients de l'hôtel).

VTT. Après la moto, le VTT est certainement le meilleur moyen de circuler. N'espérez cependant pas faire des étapes trop longues : de nombreuses portions de la route qui longe la côte ouest sont en effet parsemées de nids-de-poule et les vélos de location sont rarement de première jeunesse.

Des stands à Ambodifotatra et de nombreux hôtels répartis sur l'île louent des VTT pour quelque 20 000/35 000 FMG la demi-journée/journée. Assurez-vous de l'état de la machine, notamment des freins et des pneus, avant de partir.

À pied. Ceux qui préfèrent la marche trouveront d'excellentes opportunités, surtout sur les chemins qui traversent l'île d'ouest en est. Parmi les itinéraires intéressants, citons la boucle de la côte est (reportez-vous à l'encadré *Sainte-Marie à VTT*), le sentier qui mène en 7 km à l'hôtel Mora Mora, sur la côte est (fléché à 1,5 km environ au nord du Princesse Bora Lodge) ou encore les sentiers qui traversent l'île vers la baie d'Ampanihy depuis le nord de La Crique.

Pirogues et bateaux. Vous pourrez louer des pirogues pour des balades le long de la côte ou des excursions vers l'île aux Forbans ou Nosy Nato. De nombreux hôtels organisent des sorties en bateau à moteur.

Nord de Tamatave et Côte de la Vanille

Une bonne route goudronnée quitte Tamatave vers le Nord. Elle commence par croiser les localités bordées de belles plages de Foulpointe (Mahavelona), Mahambo et Fénérive-Est (Fenoarivo), puis atteint le port de Soanierana-Ivongo, dont l'unique intérêt réside dans le fait qu'il sert de point de départ aux bateaux en partance vers l'île Sainte-Marie. La circulation se complique au nord de ce point, où les moyens de locomotion se raréfient au fur et à mesure que la route se dégrade. Impraticable durant de longs mois en saison des pluies, elle s'achève à Maroantsetra, dernière localité avant la péninsule de Masoala, qu'aucune route ne traverse. Au nord de la péninsule s'étend la Côte de la Vanille, dont l'agréable Antalaha est la "capitale". Important centre de production d'épices et de vanille, la région doit une grande partie de sa beauté à la luxuriance de sa végétation tropicale.

En panachant la route et l'avion (ou la randonnée au travers de la péninsule de Masoala), il est possible de rejoindre Diégo-Suarez depuis Tamatave en longeant cette côte. Cet itinéraire, à n'entreprendre qu'en saison sèche, s'adresse aux voyageurs qui ne sont pas pressés par le temps.

FOULPOINTE (MAHAVELONA)

Plus connue sous le nom de Foulpointe, Mahavelona ("où l'on renaît") s'étend à 58 km au nord de Tamatave, dont elle est la station balnéaire de prédilection. Ce village qui abrita naguère un comptoir de la Compagnie française des Indes orientales doit sa renommée aux superbes plages de sable blanc, désertes et protégées par une barrière de corail, qui le bordent. Vous ne manquerez pas d'être abordé par des piroguiers souhaitant vous emmener explorer le récif, notamment "l'aquarium naturel" et la passe. Les ruines du Fort Hova – un édifice merina circulaire du XIXe siècle construit avec un ciment à base de corail, de sable, de coquillages et d'œuf – qui téléphonique à carte (à se dressent à 500 m environ au nord du village, sont l'autre attraction de Foulpointe.

Vous trouverez dans ce village, aussi tranquille que minuscule, un bureau de poste et une cabine téléphonique à carte (à côté de l'hôtel Manda Beach).

Où se loger et se restaurer

Les plus belles étendues de plage se situent au sud du village, en bordure des hôtels Le Grand bleu, Manda Beach et Génération. Les établissements les moins chers sont rassemblés au nord.

Les Vakoas (☎ *57 220 18 ; doubles avec s.d.b. et eau froide 60 000 FMG, triples avec s.d.b. et eau chaude 80 000 FMG).* Bon choix dans cette gamme de prix, Les Vakoas proposent des bungalows corrects dans un jardin agréable. L'hôtel, qui dispose d'un restaurant, n'est en revanche pas situé face à la plus belle portion de plage.

Au gentil pêcheur (☎ *57 220 16 ; bungalows doubles avec s.d.b. et eau froide/eau chaude 61 000/76 000 FMG, bungalows familiaux 121 000/151 000 FMG).* Cette adresse vaut avant tout pour sa cuisine, notamment ses fruits de mer. Elle offre des bungalows sans grand confort.

Génération Annexe (☎ *57 220 22 ; chambres doubles avec s.d.b. commune et eau froide 52 000 FMG, bungalows avec s.d.b. et eau chaude doubles/triples 87 000/92 000 FMG, plats à partir de 16 000 FMG).* A une centaine de mètres

d'une belle plage – malheureusement peu entretenue – cette annexe de l'hôtel du même nom à Tamatave propose des bungalows assez plaisants et des chambres bon marché.

Le Grand Bleu (☎ *57 220 06, fax 57 220 07 ; bungalows simples/doubles/quadruples avec s.d.b. et eau chaude 140 000/170 000/230 000 FMG, chambres doubles avec s.d.b. et clim 300 000, menu 60 000 FMG).* L'une des adresses les plus accueillantes de la côte nord de Tamatave, Le Grand Bleu dresse ses bungalows confortables et joliment décorés en face d'une plage régulièrement entretenue. Cet établissement familial et attachant se distingue également par sa bonne table (menu langouste 80 000 FMG). Les cartes Visa et Mastercard sont acceptées.

Manda Beach (☎ *57 220 00, fax 57 220 02, mandabeach@dts.mg ; chambres doubles/quadruples avec s.d.b. 183 000/263 000 FMG, bungalows jusqu'à 5 pers avec s.d.b. 303 000 FMG).* Le plus élégant à défaut d'être le plus chaleureux, le Manda Beach dispose de chambres et de bungalows confortables et spacieux. Il bénéficie d'une piscine et loue des planches à voile (25 000 FMG la demi-heure). L'établissement n'accepte pas les cartes de crédit.

Comment s'y rendre

Des minibus confortables empruntent régulièrement la bonne route goudronnée qui relie Tamatave à Foulpointe (58 km, 1 heure 30 environ, 10 000-12 500 FMG selon le véhicule).

En chemin, vous passerez certainement sur les ponts flottants installés sur les cours d'eau en remplacement des ponts métalliques emportés par les derniers cyclones. Installés par une société appartenant à la famille Ratsiraka, qui facture chèrement la traversée aux véhicules, ils ont soulevé des murmures de protestation lors de leur mise en place.

MAHAMBO

A 91 km de Tamatave et 30 km de Foulpointe, Mahambo (prononcez "mahamb") rivalise avec cette dernière grâce à sa jolie plage. Outre le littoral, la beauté des lieux tient en grande partie à la végétation.

Où se loger et se restaurer

La Pirogue *(☎ 57 301 71 ; chambres doubles avec s.d.b. 80 000 FMG, bungalows quadruples avec s.d.b. 120 000 FMG).* Ouverte en 2001, cette adresse de charme dissimulée entre plage et végétation laisse derrière elle la majorité de ses concurrents avec de grandes chambres et bungalows au mobilier en palissandre, joliment décorées de sculptures et dotées de sanitaires impeccables avec eau chaude.

Le Récif *(☎ 57 300 50, fax 57 301 36 ; bungalows doubles avec s.d.b. 80 000 FMG, repas 50 000 FMG).* Un cran en dessous en termes de confort, le Récif offre des bungalows propres mais un peu défraîchis, en bordure d'une belle plage bordée de cocotiers régulièrement entretenue.

Le Gîte *(bungalows avec s.d.b. 100 000 FMG).* Non loin, le Gîte dispose de bons bungalows en dur. La plage est belle et les lieux particulièrement calmes, mais l'accueil laisse parfois à désirer.

Le Zanatany *(bungalows avec s.d.b. commune 30 000 FMG).* Le confort des bungalows est spartiate mais en rapport avec leur prix. Idéal si votre budget est limité.

Comment s'y rendre. Mahambo est desservie par les transports publics qui circulent entre Tamatave et Soanierana-Ivongo. Les hôtels sont regroupés en bord de mer, à 2,5 km de piste environ de la route principale. Les transports publics vous déposeront à l'intersection. Comptez de 12 500 à 15 000 FMG selon le véhicule pour vous y rendre depuis Tamatave.

FÉNÉRIVE-EST (FENOARIVO)

Cette ville agréable dite des "mille guerriers", qui compte maintenant près de 32 000 habitants, fut la première capitale des Betsimisaraka. C'est sur cette portion de la côte est que Ratsimihalo réussit à unifier ce peuple et s'en proclama roi, au début du XVIIIᵉ siècle. Le minuscule îlot qui porte son nom, en face de la localité, garde la mémoire de cet épisode (reportez-vous à l'encadré consacré aux *Zanimalata*).

A 3 km au sud de la ville s'élèvent les ruines d'un vieux fort de pirates, Vohimasina,

qui renferme des puits de forme triangulaire. Le village de Betampy mérite également le détour. Enfin, vous pourrez visiter dans les environs de Fénérive, qui vit avant tout de la culture des épices et de la vanille, un atelier de transformation de girofle.

Cette localité animée possède un bureau de poste, un marché actif et, à son entrée sud, une cabine téléphonique à carte et une agence de la BTM-BOA.

Où se loger et se restaurer. Fénérive compte de moins bonnes possibilités d'hébergement que les autres localités de cette côte. Les meilleurs hôtels se trouvent en bordure de la plage, à 1 km environ du centre-ville.

Le Girofla Beach *(bungalows doubles sans/avec s.d.b. 53 000/63 000 FMG).* Vous trouverez dans cette annexe du Girofla d'Or un beau jardin mais des bungalows souffrant du manque d'entretien. L'un des meilleurs choix cependant, compte tenu du prix.

Paradisa Kely *(☎ 57 300 06 ; bungalows doubles 80 000 FMG, repas 35 000 FMG).* En surplomb de la plage, le "petit paradis" propose des bungalows sans prétention et un peu défraîchis. L'établissement était à la recherche d'un nouveau gérant lors de notre dernier passage et semblait un peu à l'abandon.

Girofla d'or *(☎ 57 300 42, doubles avec s.d.b. commune 53 000 FMG).* Cet établissement bon marché du centre ville offre un confort sommaire.

O'Délice. Dans le centre ville, ce petit salon de thé est accueillant pour boire un verre accompagné d'une pâtisserie. Demandez votre chemin car il n'est pas évident à trouver.

Comment s'y rendre. Une heure de taxi-brousse sépare Foulpointe de Fénérive-Est, *via* Mahambo. Le bitume est par endroits troué de nids-de-poule, mais les chauffeurs de taxis-brousse malgaches en ont vu d'autres ! Comptez 12 500-15 000 FMG depuis Tamatave.

SOANIERANA-IVONGO

L'unique intérêt de ce petit port est d'être le point d'accostage des bateaux desservant l'île Sainte-Marie. Des taxis-brousse régu-

Le royaume des bandits et des pirates

L'île Sainte-Marie, la baie d'Antongila et la côte est de Madagascar furent le repaire des pirates du monde entier à la fin du XVIIe siècle et au début du XVIIIe. Les trésors des Caraïbes étaient alors épuisés et les polices navales de France et d'Angleterre réduisaient encore les profits des flibustiers. Madagascar, en revanche, leur offrait un emplacement idéal pour attaquer les marchands naviguant par le cap de Bonne-Espérance entre l'Europe et l'Extrême-Orient. L'île Sainte-Marie, à la fois facilement accessible depuis la Grande Île et suffisamment éloignée pour permettre aux forbans de rester à distance des rois malgaches, leur servit de centre d'opération.

Nombreux furent les chefs de boucaniers à s'installer dans l'Est de Madagascar avec leurs hommes et leurs esclaves, créant même parfois de minuscules royaumes. A une époque, la population des pirates de Madagascar frisa le millier. Parmi eux figuraient les noms de John Avery, William Kidd, Nathaniel North, Thomas White, David Williams, Thomas Tew, John Plantain, Olivier Levasseur (surnommé "la Buse", il finit pendu en 1730 à la Réunion) et le capitaine Misson. Certains se marièrent avec des femmes des tribus locales, donnant naissance à un groupe ethnique appelé Zanimalata, ou "enfants de mulâtres". Ratsimilaho, fils du pirate anglais Thomas White, marqua ainsi profondément l'histoire de la côte est de Madagascar et des Betsimisaraka (voir l'encadré consacré aux Zanimalata).

Un pirate anglais, John Avery, s'établit vers 1695 dans la baie d'Antongila, près de l'actuelle Maroantsetra, d'où il lança une attaque contre un maharajah moghol en route vers La Mecque. Outre son butin, Avery captura la fille d'un souverain oriental qu'il épousa. Il signa par la suite des traités avec d'autres chefs pirates avant de se proclamer gouverneur d'Antongila. On ignore ce qu'il advint de lui, bien que certains historiens pensent qu'Avery retourna en Angleterre pour finir sa vie dans l'anonymat.

Figure ambiguë de la côte est, l'excentrique comte hongrois Maurice-Auguste de Benyowski s'enrichit par la traite des esclaves. D'abord officier de l'armée autrichienne, il fut fait prisonnier par les Russes au cours d'une bataille en Pologne. Nul ne sait trop comment il arriva à Madagascar en 1773, où il créa la communauté de Louisville, dans la baie d'Antongila. Après avoir assis son pouvoir par force traités et combats, le comte se montra plus ambitieux qu'Avery en se déclarant empereur de Madagascar. Son "empire" s'effondra tandis qu'il négociait avec le roi en France. Il revint en 1785 dans l'espoir de réaffirmer son autorité, mais fut abattu à Foulpointe l'année suivante par des troupes françaises de la Réunion. Louisville disparut avec lui. Personne ne retrouva la trace de cette ville ou de la tombe de Benyowski.

Au moins autant de mystère entoure Libertalia, la plus grande république pirate qu'ait connue la Grande Île (reportez-vous à l'encadré dans le chapitre *Le Nord*).

liers le relient directement depuis Tamatave (4 heures environ, 20 000-25 000 FMG). La majorité des taxis-brousse conduisent leurs passagers vers les petites embarcations qui partent régulièrement pour l'île située à 8 km au large. Vous devrez certainement vous faire enregistrer au bureau de la police avant d'embarquer.

Pour les détails concernant la traversée, reportez-vous à la rubrique *Comment s'y rendre* consacrée à l'île Sainte-Marie.

Vous trouverez à Soanierana-Ivongo quelques gargotes et boutiques. L'hôtel **Le**

Relais de Sainte Marie (*doubles avec s.d.b. commune 35 000 FMG environ*) pourra vous dépanner si vous êtes contraint à dormir sur place.

DE SOANIERANA-IVONGO A MAROANTSETRA

La RN 5 (!) qui quitte Soanierana-Ivongo vers le Nord devient rapidement déplorable. Impraticable – voire dangereuse – aux premières pluies, on ne peut l'emprunter qu'en saison sèche. Outre une dizaine de bacs, elle franchit de nombreux ponts en bois, dont certains assez impressionnants, au cours de son trajet de près de 250 km jusqu'à Maroantsetra. Le tronçon séparant Antanambe de Mananara est le pire. Il demande parfois une journée de route pour à peine 50 km.

Les taxis-brousse qui s'aventurent au nord de Soanierana-Ivongo sont rares. Choisissez bien votre véhicule si vous souhaitez prendre place à bord de l'un d'eux et attendez-vous à trois jours de voyage (vous pourrez faire étape à Manompana et à Mananara). La route se prête davantage à la circulation des 4x4 privés, qui sont néanmoins soumis à rude épreuve. La plupart des voyageurs qui souhaitent visiter le parc national de Mananara-Nord ou atteindre Maroantsetra ont recours à l'avion.

L'accès à cette portion de côte étant des plus aléatoires, mieux vaut l'éviter si votre séjour est court et soumis à une date de retour stricte. Les voyageurs indépendants qui disposent de beaucoup de temps et d'énergie, se satisfont de peu de confort et recherchent les lieux les plus reculés possibles l'apprécieront en revanche à sa juste valeur.

Mananara

Posté à l'entrée sud de la baie d'Antongila, Mananara sert de base à l'exploration du parc national de Mananara-Nord et de l'île du Aye-aye (voir plus loin). Les amateurs de spéléologie pourront se rendre à Ambalatrano, à environ 17 km au sud de Mananara, où la grotte d'Andavahandrehy descend jusqu'à 200 m de profondeur.

Où se loger et se restaurer. Chez Tonton-galet *(bungalows 30 000 FMG environ)*. Vous trouverez l'adresse la moins chère de Mananara près de l'hôpital. Les bungalows sont assez spartiates mais les tarifs en conséquence.

Chez Roger *(doubles 30 000-50 000 FMG environ)*. Dans le centre-ville, Chez Roger est apprécié pour sa cuisine et l'atmosphère des lieux. Les chambres sont vieillissantes mais acceptables.

Hôtel Aye-aye *(bungalows doubles 60 000-70 000 FMG environ)*. A proximité de l'aéroport, c'est l'adresse la plus confortable de la localité. Elle est dotée d'une petite piscine.

Comment s'y rendre. L'incertitude règne sur la desserte par route, effectuée par de rares taxis-brousse. Renseignez-vous à Tamatave. Quoi qu'il en soit, informez-vous sur l'état de la route avant de partir.

Les ATR 42 et les Twin Otter d'Air Madagascar relient Mananara à Tamatave (356 500 FMG) 4 fois par semaine. Ils desservent Maroantsetra (161 500 FMG) et Antalaha (231 500 FMG) 2 fois par semaine. Contactez la compagnie à Tamatave (☎ 53 323 56 ou 53 335 64) ou à Antalaha (☎ 88 813 22 ou 88 811 52). Pensez à confirmer et reconfirmer vos vols et correspondances compte tenu du faible nombre de places dans les appareils.

SouthAir, compagnie appartenant à la famille Ratsiraka et disposant de bimoteurs de 18 places, prévoyait d'ouvrir des vols vers Mananara depuis Tamatave. Renseignez-vous à l'agence Côte Est Voyages de Tamatave (☎ 53 309 86).

Bateau. Quelques bateaux marchands circulent sur cette portion de côte. Ils n'ont pas de régularité précise et offrent un confort spartiate. Renseignez-vous sur le minuscule port de Mananara. Depuis 2001, le transport de passagers par boutre est interdit sur la côte est à la période des alizés (mai à septembre).

Île du Aye-aye

Cette petite réserve privée située sur la rivière Mananara donne l'occasion d'observer des ayes-ayes dans leur habitat naturel. Les visites peuvent être organisées en s'adressant à l'hôtel Chez Roger de Mananara (25 000 FMG environ).

Parc national de Mananara-Nord

Ce splendide parc de 23 000 ha englobe une vaste étendue de la forêt humide de l'Est malgache, ainsi que 1 000 ha d'îlots et leurs récifs, protégés par une réserve marine. Le plus vaste de ces îlots est Nosy Atafana, au sud-ouest de la localité de Mananara.

140 000 ha supplémentaires, à la frontière du parc, ont été isolés par l'Unesco et transformés en réserve de biosphère internationale (il y en a 357 dans le monde, réparties dans 91 pays). Le projet, financé par l'organisme

onusien et des capitaux allemands et hollandais, vise à protéger la biodiversité de cette région tropicale humide, notamment sa forêt dense et son littoral. Son originalité est d'intégrer la population à la démarche, qui se propose ainsi de concilier développement humain et protection de la nature. Dans cet esprit, les 47 000 villageois de la région – en majorité betsimisaraka – ont été sensibilisés à la gestion des ressources naturelles ; les techniques de pêche et de riziculture qu'ils emploient ont été choisies dans un souci de maintien de l'équilibre des écosystèmes concernés. Pour davantage d'informations sur cette initiative qui s'intègre au programme mondial de l'Unesco baptisé MAB (Man and the Biosphere), consultez le site Internet : www.unesco.org/mab/capacity/madagascar/project.htm.

Si le parc semble être le seul habitat connu du chirogale à oreilles velues, les lémuriens ne sont cependant pas la première attraction des lieux. En dépit de ce que vous affirmeront certains guides, la majorité des espèces présentes se laissent difficilement observer. Les chercheurs espèrent découvrir dans le parc des spécimens d'hapalémur à nez large, l'un des lémuriens les plus rares. Le parc abrite également des indris, des propithèques diadème, des varis et des ayes-ayes, ainsi que des crocodiles, des dugongs et des organismes de récif.

Renseignements

Sans surprise, le tarif d'entrée du parc, valable 3 jours, s'élève à 50 000 FMG. Les tarifs de guidage s'échelonnent entre 10 000/20 000 FMG la demi-journée/journée et 110 000 FMG pour un circuit de 4 jours. Comptez 10 000 FMG pour avoir recours aux services d'un porteur pour 1 jour et 55 000 FMG pour 4 jours. Vous ne trouverez pas de cartes précises du parc sur place.

Billets, guides et porteurs sont disponibles à l'efficace hall d'information de Mananara, où vous trouverez également des renseignements et une vidéo sur ce projet pilote, dont les concepteurs souhaitent qu'il fasse école sur la Grande Île.

Si vous arrivez du sud, vous pourrez également vous procurer un permis et des guides

au bureau de l'Unesco de Sahasoa, à 25 km de Mananara sur la côte.

Vous trouverez un **gîte** à Sahasoa. L'Unesco prévoit également l'ouverture d'un gîte à quelques heures de marche à l'ouest d'Antanambe et d'une structure rudimentaire au village de Marotaka. A Antanambe, **Tany Marina – Chez Grondin**, offre des bungalows confortables à 100 000 FMG environ.

Randonnée

De nombreux itinéraires sont possibles. L'un des plus populaires est une boucle de 3 jours incluant 2 jours dans le parc et une journée sur Nosy Atafana. Vous pouvez débuter cette boucle à Sahasoa, puis longer la côte vers le nord avant d'obliquer à l'ouest sous le couvert forestier. Après une nuit au village de Marotaka, poursuivez le jour suivant en direction du sud-est pour revenir à Sahasoa, où vous pourrez vous reposer sur la belle plage qui s'étend au sud du village. Finissez votre périple en rejoignant Mananara *via* Nosy Atafana en bateau, le 3e jour.

Un autre itinéraire part d'Antanambe, à 50 km au sud de Mananara. Dans un cas comme dans l'autre, vous devrez prévoir eau et provisions.

Parc marin de Nosy Atafana

Au large de Mananara en direction du sudest, le parc marin de Nosy Atafana est l'une des principales attractions de Mananara. Outre d'excellentes conditions de snorkeling, ce parc qui se compose de trois îles et des récifs coralliens environnants offre l'occasion d'observer des chauves-souris frugivores et une étonnante forêt côtière. Le parc se visite en une journée depuis Mananara ou dans le cadre d'un circuit de 3 jours (reportez-vous à *Randonnée*).

La traversée dure de 2 heures 30 à 3 heures depuis Mananara et une trentaine de minutes depuis Sahasoa. Il est possible de circuler à pied entre les îles à marée basse.

MAROANTSETRA

Bloquée entre une péninsule couverte de forêt primaire difficilement franchissable et une route fermée une bonne partie de l'année, la petite localité de Maroantsetra (prononcer "maroanchetr'") a des airs de bout du monde. Sa langueur et les maisons de bois peintes de couleur pastel qui bordent sa rue principale (et quasi unique) lui confèrent une allure de ville du Far West et un charme indéniable.

Située entre l'Antainambalana et la baie d'Antongila, Maroantsetra subit des précipitations qui dépassent parfois les 3 000 mm par an. Elle attire néanmoins de plus en plus de visiteurs venus découvrir la réserve de Nosy Mangabe ou se lancer sur la piste de randonnée qui traverse la péninsule de Masoala jusqu'à Antalaha (reportez-vous à ces deux destinations).

Par beau temps, vous pourrez effectuer tranquillement la promenade de 4 heures qui longe la côte vers l'est jusqu'à la plage Navana. En chemin, vous croiserez plusieurs cours d'eau que vous devrez franchir en pirogue. Le kayak de mer se développe également aux abords de la localité.

Maroantsetra possède un bureau de poste mais pas de cabine publique. Les communications téléphoniques avec la ville sont parfois difficiles. Ouverte en semaine de 7h à 11h et de 14h30 à 16h, l'agence de la BTM-BOA change les chèques de voyage et les devises et délivre des avances sur les Mastercard. Maroantsetra compte quelques commerces et un marché animé, où vous pourrez vous procurer des produits de base, ainsi que quelques boutiques d'artisanat proposant avant tout des objets en raphia.

Bureau du parc national de Masoala

La tranquille Maroantsetra est la meilleure base pour organiser une randonnée vers Antalaha, à travers la forêt primaire de la péninsule de Masoala. Vous trouverez dans les locaux de l'Angap/WCS, au pied des immenses paraboles qui surplombent le pittoresque marché de la ville, des guides compétents connaissant bien la région. Il est théoriquement possible de les contacter en composant le ☎ 111 (par le 15). Les télécommunications étant parfois hésitantes à Maroantsetra, il est souvent plus simple de contacter le bureau de l'Angap/WCS d'Antalaha (☎ 032 02 236 10).

Pour de plus amples informations, reportez-vous, plus loin, à la rubrique *Randonnée dans la péninsule de Masoala*.

Où se loger et se restaurer

Hôtel du centre *(☎ 48 par le 15 ; doubles 35 000-40 000 FMG environ)*. En face du marché, cet hôtel reçoit les faveurs des voyageurs à petit budget. Les chambres sont un peu anciennes mais ce petit hôtel est sympathique.

Hôtel Antongil *(doubles 50 000 FMG environ)*. Une adresse à essayer.

Maroa Hôtel *(☎ 68 par le 15 ; bungalows 60 000 FMG environ)*. Les bungalows en bois et bambou du Maroa Hôtel offrent un bon rapport qualité/prix. L'un des lieux les plus agréables pour séjourner à un tarif raisonnable en ville, il met à la disposition de sa clientèle un jardin fleuri, une grande et belle salle de restaurant et des VTT en location.

Deux adresses situées à l'écart de la ville, en direction de Mananara, séduiront les amateurs de repos absolu :

Le Coco Beach *(☎ 108 par le 15 ; bungalows sans/avec s.d.b. 75 000/90 000 FMG environ)*. A 600 m du centre environ, après le pont qui franchit l'Antainambalana, le Coco Beach dispose de bons bungalows et d'un jardin au bord de la rivière.

Le Relais du Masoala *(☎ 15 par le 15, contact à Tana ☎/fax 22 349 93, relais@simicro.mg ; bungalows doubles avec s.d.b. 300 000 FMG, petit déj inclus)*. Superbes, luxueux et décorés de boiseries, les grands bungalows carrés du Relais sont équipés d'une s.d.b. rutilante et ouvrent leurs larges fenêtres sur une palmeraie. Une très belle salle de restaurant, un calme olympien, un charmant petit canal, une piscine et une petite plage s'ajoutent aux atouts de cet établissement malheureusement pas à la portée de toutes les bourses. Le Relais organise par ailleurs des excursions en rivière, à Nosy Mangabe et dans la péninsule du Masoala. Vous le trouverez à 2,5 km environ du centre-ville en direction du sud.

Les Grillades – Chez Adèle. Des lecteurs recommandent ce restaurant situé près de l'hôtel Coco Beach.

Où sortir

Le Calypso. Loin de l'ambiance désagréable qui émane de certaines boîtes de nuit de la Grande Île, la discothèque de Maroantsetra fait danser la jeunesse de la ville dans une atmosphère détendue.

Comment s'y rendre

Reportez-vous plus haut dans ce chapitre, à la rubrique *De Soanierana-Ivongo à Maroantsetra* pour les informations concernant la circulation par route.

Un bureau d'Air Madagascar (☎ 74 par le 15), non informatisé, se trouve à quelques kilomètres à la sortie de la ville en direction de l'aéroport. Il accueille le public en semaine de 7h à 11h30 et de 14h30 à 17h30. Maroantsetra est reliée par air (ATR 42 et Twin Otter) à Sambava et Tamatave 3 à 4 fois par semaine ; à Antalaha et Mananara 2 fois par semaine environ et à Diégo-Suarez 1 fois par semaine. L'aller simple depuis/vers Tamatave revient à 436 500 FMG. Comptez 191 500 FMG à destination d'Antalaha.

Le trajet jusqu'à l'aéroport (5 km) vous coûtera 7 000 FMG environ. Le bus d'Air Madagascar, qui achemine le personnel de la compagnie jusqu'à l'aéroport avant les vols, vous y mènera pour une somme légèrement inférieure. Prévenez l'agence à l'avance pour qu'il vienne vous chercher. Comme pour témoigner de son importance pour cette ville isolée, l'aéroport de Maroantsetra, bien entretenu, arbore un air presque pimpant. Vous y trouverez un bar et une petite boutique de souvenirs.

Quelques bateaux marchands prennent parfois des passagers vers Tamatave, l'île Sainte-Marie ou Antalaha. Renseignez-vous au port, sur la rivière Antainambalana, au nord de la ville. Le transport de passagers par boutre est interdit sur la côte est à la période des alizés, de mai à septembre.

PÉNINSULE ET PARC NATIONAL DE MASOALA

Totalement dépourvue de route, la péninsule de Masoala coupe littéralement en deux la côte nord-est entre Maroantsetra et Antalaha. Elle n'est accessible qu'à pied depuis l'une ou l'autre de ces localités, qu'aucune route ne relie. Ces difficultés ne découragent pas un nombre croissant de voyageurs qui viennent affronter le climat humide de cette région exceptionnelle pour sa végétation. Les randonnées qui s'enfoncent dans la péninsule de Masoala sont de plus en plus réputées. Rendues difficiles par le climat, elles s'adressent aux marcheurs motivés.

Plus de 300 000 ha de la péninsule ont été classés parc national en mars 1997. Ils comprennent l'une des plus belles forêts tropicales humides du pays, où s'ébattent des espèces rares de lémuriens et quelques hectares de littoral, classés parc marin. L'organisation de cette zone protégée a été confiée à Care International (ONG spécialisée dans le développement) et au Wildlife Conservation Society (WCS). Ces deux organismes transmettent peu à peu la gestion de la zone protégée à l'Angap. Au cœur de la baie d'Antongila, la réserve de l'île de Nosy Mangabe, plus simple d'accès, représente également un point fort de la région.

La péninsule de Masoala est particulièrement pluvieuse. Si les précipitations diminuent entre septembre et décembre, préparez-vous à un temps très humide en permanence.

Faune et flore

Le parc national de Masoala abrite une végétation exceptionnelle. Outre de vastes portions de forêt primaire, de forêt dense humide et de forêt littorale, il contient de nombreuses espèces de palmiers et des *Nepenthes madagascariensis*. Les amateurs apprécieront également ses nombreuses variétés d'orchidées.

Les prosimiens diurnes sont représentés par le lémur fulvus, le lémur de bambou, le maki couronné et un lémurien endémique à la presqu'île, le vari roux. La nuit est le domaine de deux de leurs congénères nocturnes, le microcèbe et l'étonnant aye-aye.

Dans les airs, les plus remarquables des 15 espèces d'oiseaux visibles dans le parc sont l'aigle serpentaire, le hibou rouge et un oiseau coloré du nom d'Helmut Fanga (bec bleu ciel, yeux jaune et dos roux), dont la seule femme guide de Maroantsetra vous parlera avec des trémolos dans la voix.

L'EST

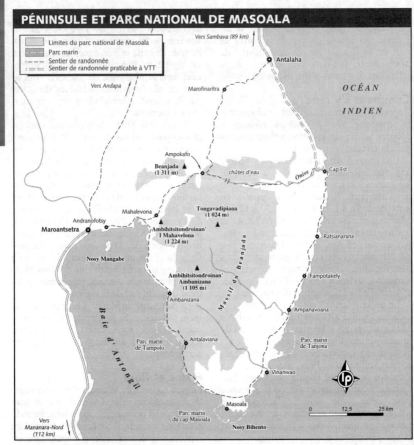

PÉNINSULE ET PARC NATIONAL DE MASOALA

Limites du parc national de Masoala
Parc marin
Sentier de randonnée
Sentier de randonnée praticable à VTT

Vers Sambava (89 km)

Antalaha

Vers Andapa

Marofinaritra

OCÉAN
INDIEN

Ampokafo

Beanjada ▲
(1 311 m)

chûtes d'eau

Onive

Cap Est

Mahalevona

Tongavadipiana
(1 024 m) ▲

Andranofotsy

Ambihitsitondroinan'
I Mahavelona
(1 224 m) ▲

Maroantsetra

Ratsianarana

Nosy Mangabe

Massif du Beanjada

Ambihitsitondroinan'
Ambanizana ▲
(1 105 m)

Fampotakely

Ambanizana

Ampanavoana

Baie d'Antongil

Parc marin
de Tampolo

Antalaviana

Parc marin
de Tanjona

Vinanivao

0   12,5   25 km

Masoala

Vers
Mananara-Nord
(112 km)

Parc marin
du cap Masoala

Nosy Bihento

La réserve marine est destinée à protéger les mangroves, les lagons et les récifs coralliens, mais aussi les dauphins, les tortues de mer et les baleines à bosse, qui croisent dans les eaux de la baie d'Antongila entre juillet et septembre pour s'accoupler et mettre bas.

Permis et guides

L'Angap/WCS, qui gèrent le parc, disposent de bureaux à Antalaha et Maroantsetra. Tous deux vendent les permis d'entrée, dont le prix a été fixé à 50 000 FMG. Vous trouverez celui d'Antalaha (☎ 032 02 236 10) à l'entrée de la ville, à côté des locaux de CARE. Il regroupe avant tout l'administration du parc et n'est pas le plus à même d'organiser visites et randonnées.

Le bureau de Maroantsetra (☎ 111 par le 15) se trouve sur la place du marché, au pied des immenses paraboles qui dominent la ville. Il est plus organisé pour répondre aux besoins des visiteurs et ses guides sont disponibles pour les visites et randonnées. Les deux bureaux communiquent par BLU. Les communications téléphoniques avec Maroantsetra ne sont pas toujours efficaces mais il est théoriquement possible de réserver un guide à Maroantsetra *via* les bureaux d'Antalaha.

La vanille

Après quelques années de lutte acharnée avec l'Indonésie, Madagascar a retrouvé sa place de premier producteur mondial de vanille. Avec une production annuelle de 900 à 1 000 t, elle représente 20% des exportations du pays. La vanille de Madagascar et de l'océan Indien, dite vanille "Bourbon", est par ailleurs réputée pour son exceptionnelle qualité.

Le vanillier, importé du Mexique par des planteurs français, pousse particulièrement bien dans le Nord-Est de l'île. La majeure partie de la production provient de cette région où le climat chaud et humide convient parfaitement à cette capricieuse orchidée. Lianescente, la *Vanila planifolia* pousse en s'enroulant autour des arbres, notamment ceux d'une espèce particulière appelée localement *volavelona*. Les graines contenant la savoureuse substance sont renfermées dans une gousse verte (le mot vient de l'espagnol *vainilla* qui signifie "petite cosse" ; les Malgaches l'appellent *lavanila*). La préparation des gousses nécessite un délicat travail d'ébouillantage puis de séchage, au cours duquel elles prennent leur couleur noire et luisante.

La vanille malgache revient de loin : au début des années 1990, près de 4 000 t furent brûlées afin de faire remonter les cours et de lutter contre la concurrence de l'Indonésie, du Mexique ou de l'Ouganda. Les Comores voisines figurent également parmi les gros producteurs de vanille mondiaux. Les cours de la vanille malgache ont atteint des sommets en 2000 et en 2001 malgré les dommages causés par les cyclones sur la côte est.

Si le sujet vous intéresse, contactez l'Institut de la vanille de Madagascar, ou Ivama (☎ 22 677 55 ou 22 453 30), BP 804, Antananarivo.

Les tarifs des guides s'élèvent à 50 000 FMG pour une visite de jour et 45 000 FMG pour un circuit nocturne. Les tarifs des guides/porteurs pour les circuits de randonnée se montent à 350 000 /175 000 FMG d'Antalaha à Maroantsetra ; 600 000/275 000 FMG *via* Cap Est et 800 000/350 000 FMG de Maroantsetra à Andapa. Ces tarifs sont assez élevés car ils incluent le retour des guides et porteurs à leur point de départ. Vous devrez assumer en sus les frais de nourriture de vos accompagnateurs. La charge maximale d'un porteur est de 16 kg. Quelques tentes sont théoriquement disponibles en location à Moroantsetra, mais il est prudent de prévoir son propre matériel.

Randonnée dans la péninsule de Masoala

Plusieurs itinéraires s'offrent aux randonneurs entre Maroantsetra et Antalaha. Ils sont indiqués ci-après dans le sens Maroantsetra-Antalaha, mais rien ne vous empêche de partir en sens inverse. Ils sont réservés à la saison sèche, à plus forte raison si vous traversez la péninsule *via* Cap Est.

La route la plus directe demande un minimum de 3 jours d'efforts (mais il est préférable de lui en consacrer 4 ou 5) et totalise 126 km. De Maroantsetra, vous rejoindrez Andranofotsy en pirogue puis vous marcherez jusqu'à Mahalevona, où l'hôtel Veloma propose des bungalows rudimentaires à 30 000 FMG environ. La deuxième journée de marche vous mènera jusqu'à Ampokafo, d'où vous pourrez faire un détour pour aller admirer les chutes de Bevontsira. Vous atteindrez Marofinaritra à la fin du troisième jour de marche. De là, vous pourrez finir en voiture votre trajet jusqu'à Antalaha ou lui consacrer une dernière journée de marche. Cette route "directe" relie de nombreux villages de la péninsule et alterne des paysages de rizières et de forêt. Il existe une variante plus physique et plus longue de cet itinéraire depuis Ampokafo.

Un second itinéraire s'enfonce davantage dans la forêt : il traverse la péninsule d'ouest en est pour rejoindre Antalaha *via* Cap Est. Plus difficile que le précédent, il permet de découvrir plus en profondeur les écosystèmes de la péninsule et nécessite trois jours de marche supplémentaires et un total de six heures de pirogue environ. Enfin, vous pourrez faire le tour complet de la péninsule par le sud en un minimum de dix jours de randonnée.

Le milieu tropical, les sangsues (dont vous vous débarrasserez facilement avec la pointe d'une cigarette ou quelques gouttes de jus de citron) et l'humidité ambiante rendent ces randonnées relativement difficiles. Réservées aux randonneurs énergiques et motivés (à plus forte raison si vous passez par Cap Est), elles sont en revanche l'occasion de pénétrer dans une région de forêt tropicale encore peu explorée et, avec de la chance, de rencontrer des lémuriens dans leur habitat sauvage.

Vous devriez pouvoir vous procurer une carte détaillée au bureau du FTM (service de la cartographie nationale) d'Antananarivo. Il est obligatoire de se faire accompagner d'un guide. Mieux encore : engager un porteur vous épargnera l'effort de porter votre sac (reportez-vous ci-dessus à la rubrique *Permis et guides* pour plus de détails). Les guides qui organisent les randonnées proposent parfois de se charger d'acheter la nourriture. Il est sage de vérifier ce qu'ils emportent : certains randonneurs se sont vu imposer un régime de riz blanc durant les 4 jours de leur périple. Rien ne vous empêche de prévoir un complément alimentaire, mais sachez que le choix proposé par les boutiques d'Antalaha ou de Maroantsetra reste limité.

Enfin, il est possible depuis Maroantsetra d'avoir un aperçu de la richesse écologique du parc en deux jours et de façon plus tranquille. Accompagné d'un guide, vous pourrez par exemple vous rendre en bateau à Antalaviana (où vous découvrirez le parc marin, des lémuriens et la forêt) ou à Ambarinizana. Cette dernière localité possède un petit hôtel. Vous devrez en revanche bivouaquer à Antalaviana.

Réserve de Nosy Mangabe

Intégrée au parc national de Masoala, cette réserve naturelle est constituée d'une île de 520 ha couverte de forêt dense qui baigne dans la baie d'Antongila, à 5 km au large de Maroantsetra. Introduit dans la réserve en 1967, l'aye-aye s'est épanoui jusqu'à devenir la principale attraction de Nosy Mangabe. Vous verrez aussi des chirogales, des microcèbes, des lémuriens bruns et des varis noir et blanc, également introduits. Avec un peu de chance, vous apercevrez ce roi du camouflage qu'est l'étrange gecko à queue en feuille *(Uroplatus fimbriatus)*, de nombreuses grenouilles et plusieurs espèces de caméléons, dont l'une se caractérise par son incroyable rose vif. La réserve abrite en plus une variété de boa inoffensive, le *Pseudoxyrohopus heterurus*, qui vit exclusivement sur cette île.

Un terrain de camping attend ceux qui désirent passer plus d'une journée à parcourir les nombreux chemins de l'île. Le cas échéant, emportez des provisions de Maroantsetra, ainsi que du charbon pour la cuisine. Prévoyez une protection contre la pluie, car les orages semblent fréquents toute l'année, et préparez-vous à affronter d'insupportables insectes.

L'accès à la réserve, indépendant de celui du parc national, revient à 50 000 FMG. Un guide de Maroantsetra vous accompagnera moyennant 40 000 FMG par jour. Il pourra également organiser votre traversée en bateau (50 000 FMG par personne, 3 personnes minimum, 30 à 45 minutes de traversée). Certains hôtels de Maroantsetra proposent également des visites.

ANTALAHA

Parfois désignée comme "capitale mondiale de la vanille", Antalaha est une bourgade agréable et décontractée où quelques opulentes demeures témoignent de cette manne économique qu'est *lavanilla* (nom malgache de la vanille) pour la région. Relativement difficile à atteindre par route, elle s'étend le long d'une superbe plage (les courants rendent parfois la baignade dangereuse).

Les abords de la rue de Tananarive, à l'est du débarcadère des boutres, concentrent l'activité. La poste et Air Madagascar se trouvent dans la rue de l'Indépendance, bordée de cocotiers, qui relie la plage à la Chambre de commerce.

Les principales banques malgaches sont représentées à Antalaha. Vous trouverez les agences de la BFV-SG et de la BTM-BOA dans la rue principale et celle de la BNI-CL en bord de mer, près de la Chambre de commerce. La ville compte également un hôpital. Aucune cabine téléphonique à carte n'existe pour l'instant.

Un petit bureau de l'Angap et du WCS (☎ 032 02 236 10), gestionnaires du parc national de Masoala, est implanté à la sortie de la ville à côté des locaux de CARE International. Pour plus de renseignements, reportez-vous aux pages consacrées au parc national, plus haut dans ce chapitre.

Les autres points forts de la ville sont ses nombreux ateliers de transformation de vanille, qui l'embaument jusqu'en septembre, et ses chantiers de construction de boutres. Vous découvrirez ces beaux exemples de charpente de marine à l'ancienne au sud du port. Le spectacle des charpentiers qui tracent dans le sable les membrures de ces navires avant de les réaliser mérite le coup d'œil. Dans la plupart des cas, ces boutres à moteur sont commandés par des opérateurs de vanille qui, compte tenu de l'état des routes, exportent ainsi leur production.

La culture d'autres épices, comme le girofle et le café, est également importante pour la région.

Antalaha et les plantations de vanille des environs ont été durement secouées par le cyclone Hudah, en avril 2000. La ville portait encore quelques stigmates de son passage lors de nos recherches, notamment le toit effondré de l'église qui se dresse à l'entrée de la localité. L'aéroport a été refait.

Où se loger et se restaurer

Hôtel du Centre *(☎ 88 811 67 ; doubles/triples 30 000-40 000/50 000 FMG).* Bonne option à prix doux, l'hôtel propose de petites chambres pimpantes avec sanitaires communs (eau froide). Un petit salon agréable est laissé à disposition des clients.

Chez Nanie *(☎ 032 02 377 22 ; doubles avec s.d.b. commune à partir de 30 000 FMG, bungalows avec s.d.b. doubles/triples 60 000/70 000 FMG).* En face du port, cette petite adresse sans prétention offre des chambres et des bungalows convenables.

Hôtel Florida *(☎ 88 813 30 ; doubles avec s.d.b. et eau froide/eau chaude/eau chaude et clim 75 000/90 000/110 000 FMG, plats 20 000 FMG environ).* Cet hôtel agréable loue des chambres un peu tristes mais confortables (et des douches chaudes dignes de ce nom !). Le propriétaire, opérateur de vanille, pourra tout vous apprendre sur cette précieuse orchidée et sa préparation. Le restaurant sert notamment de délicieux beignets d'aubergines, des crevettes sautées à l'ail et au gingembre, des poissons grillés ou encore des langoustes (30 000 FMG).

Océan Momo *(☎ 88 810 39, 032 07 161 35, momo@simicro.mg ; bungalows doubles avec s.d.b. 190 000 FMG, plats 17 000-45 000 FMG).* L'adresse chic d'Antalaha se dresse en bordure de la plage, en direction des chantiers des boutres. Outre de beaux et confortables bungalows dotés de s.d.b. rutilantes, l'hôtel propose une salle de restaurant agréable et un jardin paisible. La réception organise des visites du chantier des boutres et des industries de conditionnement de vanille et des circuits vers Cap Est et la péninsule de Masoala.

Fleur de Lotus *(plats 12 500-25 000 FMG environ).* Près de l'Hôtel du Centre, cet agréable restaurant sert des soupes chinoises, une bonne brochette de fruits de mer, des calmars sautés à l'ail ou encore du poulet aux champignons noirs. En commandant à l'avance, vous pourrez déguster un canard laqué (60 000 FMG le canard entier).

Comment s'y rendre

Air Madagascar (☎ 88 813 22 ou 88 811 52), dont vous trouverez les locaux rue de l'Indépendance, côté mer, dessert Diégo-Suarez (481 500 FMG), Antananarivo (611 500 FMG), Mananara (231 500 FMG), Maroantsetra (191 500 FMG) et Tamatave (511 500 FMG). Les taxis vous demanderont 20 000 FMG pour vous emmener à l'aéroport, à 11 km au sud de la ville.

Parfois impraticable en saison des pluies, la mauvaise piste entre Antalaha et Sambava (4 heures, 15 000 FMG environ), tantôt rocailleuse, tantôt boueuse, traverse de très beaux paysages de rizières, palmeraies et ravinala et des villages de brousse colorés qui vivent de la culture du girofle et de la vanille. Choisissez bien votre véhicule avant de partir, car certains sont particulièrement surchargés et brinquebalants. Les 4 L, qui passent étonnamment bien dans la boue, sont souvent les plus rapides. Cette étape boueuse est en revanche courte, ce qui peut la rendre assez amusante. Après la visite de fonctionnaires de l'Union européenne, on parlait beaucoup d'un projet de réfection de la route entre Sambava et Antalaha en 2001.

Des boutres gagnent en général Tamatave deux fois par semaine (36 heures, 200 000 FMG), parfois en faisant escale à l'île Sainte-Marie (150 000 FMG). Ils desservent très rarement Maroantsetra (100 000 FMG). Les passagers étant souvent considérés comme une marchandise comme une autre, ne vous attendez pas à une couchette et préparez-vous à une rude traversée. Le meilleur navire effectuant ce trajet serait *La Sabrina*. Des bateaux plus petits rejoignent Cap Est, en général le vendredi.

Tous les bateaux ne sont pas autorisés à prendre des passagers à bord. Dans tous les cas, le transport des passagers par boutre est interdit sur la côte est entre mai et septembre (saison des alizés) depuis 2001. Renseignez-vous sur les départs au bureau du port (☎ 88 813 89), caché derrière le bâtiment des douanes et les cocotiers, ou directement auprès des boutres.

CAP EST
Point le plus oriental de l'île, ce cap reculé de la côte est de la péninsule de Masoala doit sa réputation à ses paysages et ses massifs coralliens qui, s'ils ont localement souffert des effets de l'évolution climatique mondiale, comme tous les coraux de l'océan Indien, restent parmi les plus beaux du pays. Dans ce décor idyllique, farniente, plongée et pêche occuperont le plus clair de votre emploi du temps.

Cap Est reste cependant d'un accès un peu difficile. La piste qui y mène n'est praticable en voiture que jusqu'à un point situé 7 km avant le cap. Certains taxis d'Antalaha accepteront de faire pour vous ce trajet d'environ 3 heures. De là, vous pourrez continuer à pied. Autre option, le VTT vous

demandera 4 à 5 heures d'effort depuis Antalaha. Des bateaux irréguliers, enfin, se dirigent vers le cap. Renseignez-vous au bureau du port d'Antalaha.

La Résidence du Cap *(☎/fax 88 813 27, www.residenceducap.com, infos@residenceducap.com ; bungalows avec s.d.b. 53,5/40 € environ par personne en 1/2 pension simple/double).* Cet agréable hôtel qui se remet des dégâts causés par le cyclone Hudah est une autre bonne raison de venir à Cap Est. Situé au sud du minuscule village d'Ambohitralanana, il offre des bungalows confortables, un restaurant de poisson, un bon service et une solitude extrême. Le transfert est gratuit depuis Antalaha pour un séjour de 6 nuits au minimum.

Hôtel du Voyageur *(bungalows doubles 10 000-20 000 FMG environ).* Cette adresse du village d'Ambodirafia offre des bungalows sommaires (vous vous doucherez avec un seau d'eau) mais bon marché.

SAMBAVA
Plus importante localité entre Diégo-Suarez et Maroantsetra, Sambava s'étend entre l'océan et les pentes du massif de Marojejy. La végétation qui entoure la ville et la plage qui la borde en font ses principaux attraits. Sambava est au cœur de la microrégion désignée sous le nom de "triangle Sava" (contraction de Sambava, Andapa, Vohémar, Antalaha), réputée pour ses cultures de vanille, de café et de girofle. La ville dispute à Antalaha le titre de capitale de la vanille, et quelques familles de la localité, d'origine chinoise et indo-pakistanaise, ont fait fortune dans ce commerce.

L'aéroport de Sambava se situe à 2 km au sud de la ville, des principaux hôtels et du stationnement des taxis-brousse vers le nord. Le centre s'étire le long de la route qui longe la mer jusqu'au pont sur la rivière, au-delà duquel se trouve la partie la plus animée de Sambava. Le stationnement des taxis-brousse se dirigeant vers le nord et le marché se trouvent quelques kilomètres plus loin. L'ensemble s'étire sur près de 5 km.

Installées au nord de la ville, près de l'Alliance française, les agences de la BMOI, de la BTM-BOA et de la BNI-CL ouvrent en semaine de 8h à 11h et de 14h à 16h ou 17h. Sambava possède un bureau de poste et des cabines téléphoniques à carte. Vous en trouverez notamment près du pont et en face de l'agence Agate.

Vous pourrez visiter les ateliers de transformation de vanille Natur Vanille HME et Lopat. Mieux vaut y aller avant 15h pour assister aux opérations de séchage, de tri et d'emballage des jolies gousses brillantes. La récolte a lieu en juillet et août. Vous pourrez également explorer les rives bordées de palmiers et de casuarinas du ravissant lac Andohabe, au village d'Antohamaro, à 9 km au sud de la ville.

La côte est ici fréquentée par les requins. Bien qu'il n'y ait pas eu d'accident ces dernières années, mieux vaut rester vigilant et s'éloigner le moins possible du rivage.

Circuits organisés

Le personnel particulièrement professionnel de Sambava Voyages (☎ 88 921 10) propose diverses excursions dans le triangle Sava : journée combinant pirogue sur la Lokoho et randonnée, demi-journée de visite des ateliers de transformation de vanille et des plantations de café, etc. Sambava Voyages loue également des VTT et des voitures qui vous emmèneront vers Andapa ou Antalaha et pourra organiser votre circuit vers le parc national de Marojejy. L'agence ouvre de 7h30 à 12h et de 14h à 17h30, en semaine, et le samedi jusqu'à 11h.

Vous pouvez également vous adresser à Tropical Ocean Tours (☎/fax 88 930 64).

Où se loger et se restaurer

Hôtel Bar Pacifique *(☎ 032 02 604 603 ; bungalows doubles 61 000 FMG).* Au bord de la route, cet hôtel offre des bungalows anciens mais corrects. Il n'est pas situé en bordure de plage mais est proche du stationnement des taxis-brousse.

Chez l'Ambassadeur *(☎ 88 932 58 ; doubles/triples avec s.d.b. 60 000/ 70 000 FMG, plats 17 000/20 000 FMG).* A une cinquantaine de mètres de la plage et de l'Orchidea Beach II, cette adresse sans prétention qui propose des chambres convenables mérite le détour pour son restaurant

qui tient les promesses de la carte. Citons notamment les brochettes mixtes marinées à l'infusion d'arabica, la soupe de pâtes fraîches aux fruits de mer ou encore l'excellente poêlée de calamars à la crème safranée… Espérons que le chef restera !

L'Orchidea Beach II *(☎/fax 88 934 38 ; bungalows doubles/triples avec s.d.b. 75 000-100 000/120 000 FMG, chambre double avec s.d.b. et clim 200 000 FMG).* L'établissement le plus accueillant de Sambava propose différents types de bungalows offrant tous un bon rapport qualité/prix : les moins chers sont certes un peu petits mais agréables ; ceux à 100 000 FMG sont confortables (préférez ceux du jardin à ceux de la plage) ; les plus chers, avec boiseries et mezzanine pouvant accueillir une troisième personne, ont un charme indéniable. La chambre climatisée, enfin, est certainement la plus confortable de Sambava. Un accueil sympathique et une bonne table s'ajoutent aux attraits des lieux.

Le Club Plage *(☎ 88 920 64 ; bungalows doubles avec s.d.b. 122 000 FMG, lit supp 40 000 FMG).* Hôtel le plus proche de l'aéroport et du stationnement des taxis-brousse vers le sud, le Club Plage loue des bungalows défraîchis et surévalués mais dispose d'une petite piscine et d'un jardin. Mieux vaut commander ses repas à l'avance. L'hôtel organise des excursions dans le triangle Sava.

Las Palmas *(☎ 88 920 87, fax 88 921 73 ; simples/doubles avec s.d.b. ventilées 135 000/150 000 FMG, simples/doubles avec s.d.b. et clim 165 000/180 000 FMG, menu 45 000 FMG).* Réputé comme l'adresse la plus chic de la ville, le Las Palmas propose des bungalows et des chambres agréables sans être exceptionnels. Les menus sont réservés aux clients, à moins de commander à l'avance.

Comment s'y rendre

Il existe deux gares routières à Sambava. Les taxis-brousse du stationnement du nord desservent notamment Vohémar (5 heures environ, 20 000-25 000 FMG selon le véhicule, départs avant 8h et vers 16h ou 17h) et Diégo-Suarez (17 heures, 90 000 FMG). Pour Antalaha (4 heures, 15 000 FMG environ) ou

Andapa, rendez-vous au stationnement du sud. Renseignez-vous sur l'état de la route avant de partir et n'espérez pas trop vous déplacer en voiture à la saison des pluies.

Pour éviter la route, vous pouvez recourir aux avions d'Air Madagascar (☎ 88 920 37, 88 920 58), dont l'agence se situe au nord de l'hôtel Las Palmas. Elle ouvre en semaine de 8h à 11h30 et de 14h30 à 17h et accepte les règlements par Mastercard. La compagnie dessert Antananarivo, Tamatave, Maroantsetra et Diégo-Suarez au départ de Sambava.

Comment circuler
Comptez 10 000 FMG en taxi jusqu'à l'aéroport et 2 000 FMG pour une course en ville.

ANDAPA
Andapa se dresse au sud-ouest de Sambava dans une jolie vallée agricole parsemée de rizières. Au-delà s'étalent de vastes étendues de forêt primaire, qui comptent parmi les dernières de la Grande Île.

Pendant les mois les plus secs, septembre et octobre, vous pourrez parcourir en 6 ou 7 jours la portion de forêt tropicale comprise entre la vallée d'Andapa et l'Andranofotsy, au-dessus de Maroantsetra. De là, il est possible de descendre en pirogue jusqu'à la côte. Le Mada-Raid de 1992 a eu lieu sur cette route. La randonnée se révèle difficile et nécessite une bonne préparation : un guide et une carte FTM détaillée sont indispensables. Les agences de voyages de Sambava intègrent souvent Andapa dans leurs circuits.

Vous trouverez un bureau du WWF (wwfrep@dts.mg) à Andapa.

Où se loger et se restaurer
Hôtel Vatosoa (*bungalows doubles avec s.d.b. 75 000 FMG environ*). Meilleur choix d'Andapa, le Vatosoa est apprécié pour son restaurant. Le patron pourra vous aider à organiser vos circuits dans les environs.

Comment s'y rendre
Andapa se trouve à 109 km de Sambava par une route asphaltée mais tortueuse. Des taxis-brousse relient les deux localités.

PARC NATIONAL DE MAROJEJY
Le massif accidenté et escarpé de Marojejy, qui couvre 60 150 ha, s'élève au nord de la route, entre Andapa et Sambava. Vaste et reculé, il abrite une nature sauvage accueillant plusieurs espèces de lémuriens, de grenouilles, de caméléons et d'oiseaux ainsi que plus de 200 types de plantes. En basse altitude, le paysage est dominé par une dense forêt tropicale humide. Au-dessus de 800 m, celle-ci fait place à une forêt montagnarde. Dans les hauteurs et jusqu'à la cime du mont Marojejy (2 133 m), la végétation primaire se compose de landes, de mousses et de lichens. Avec 3 000 mm de précipitations par an, la région figure parmi les plus humides du pays.

Les meilleures saisons pour visiter le parc sont avril-mai et septembre-décembre.

Renseignements
Vous pourrez acheter les billets d'entrée (50 000 FMG, valables 3 jours) et vous adjoindre les services d'un guide à Mananténina, à 2 heures de marche du parc sur la route Andapa-Sambava. Les guides, regroupés en association, proposent des circuits de quelques heures à plusieurs jours de marche.

Outre le gîte du camp Mantella, à 4 heures de marche de la route, deux sites de camping ont été aménagés le long du sentier menant au pic Marojejy. L'aller-retour jusqu'au sommet demande de 3 à 5 jours de marche.

Adressez-vous, pour davantage de renseignements, au Parc national Marojejy-WWF (contact au ☎ 22 348 85, wwfrep@dts.mg) ou auprès de l'agence Sambava Voyages de Sambava.

Comment s'y rendre
L'accès au parc reste malaisé. Vous devrez commencer par gagner le village de Mananténina, à 40 km d'Andapa et 60 km de Sambava, puis marcher 2 heures jusqu'à l'entrée du parc.

VOHÉMAR (IHARANA)
Plus connue sous le nom de Vohémar, Iharana s'étend à 153 km au nord de Sambava par une route cahoteuse mais en grande partie bitumée (renseignez-vous sur son état à la saison des pluies). Centre de production de

vanille, Vohémar serait le lieu où les Zaïdites, descendants du prophète Mahomet, auraient débarqué sur l'île au IXe siècle. Des archéologues ont découvert dans la région des vestiges chinois du XIIe siècle.

Outre le sifaka à couronne dorée de Daraina (voir l'encadré), l'un des principaux attraits de la ville est le lac Andranotsara, souvent appelé lac Vert à cause de la couleur que lui donnent les algues, qui s'étale à 7 km au sud. Comme tous les plans d'eau ou presque de la Grande Île, il fait l'objet d'une légende. Celle-ci rapporte qu'un village se dressait autrefois à Andranotsara. Une nuit, un monstre à 7 têtes s'y serait roulé en boule pour faire un somme. Le poids de la créature, malheureusement, provoqua un cataclysme : le sol céda sous son poids et 7 jours de pluie transformèrent le village en "Atlantide" malgache… Les crocodiles qui peuplent le lac seraient la réincarnation des anciens villageois. Lorsque l'un de ces animaux semble mécontent, on sacrifie un zébu pour l'apaiser. Plusieurs fady protègent le lac Vert. Renseignez-vous avant de le visiter.

Vohémar est bâtie sur une presqu'île et s'étire sur plusieurs kilomètres entre la piste vers Ambilobe et la mer. Vous trouverez en ville des agences de la BTM-BOA et de la BFV-SG, ainsi qu'un bureau de poste, mais pas de cabines téléphoniques publiques. L'unique téléphone public en service de Vohémar est celui de la poste.

Vous trouverez un bureau de représentation d'Air Madagascar dans les locaux de ce qui ressemble à un garage, près du terrain de basket.

L'hôpital de Vohémar serait l'un des mieux équipés de la région.

Où se loger et se restaurer

Sol y Mar *(contact au ☎ 032 02 403 52, vohemarina@ifrance.fr, www.vohemarina. com ; bungalows doubles sans/avec s.d.b. et eau froide 60 000-80 000 FMG, chambres doubles avec s.d.b., eau chaude et TV 180 000 FMG)*. Principal hôtel de Vohémar, le Sol y Mar propose des bungalows en bord de plage, sommaires pour les moins chers et assez confortables pour les autres. Les chambres doubles sont pour leur part particulièrement agréables. L'hôtel organise des excursions dans les environs : sorties en pirogue ou en bateau à moteur, lac Vert, forêt sèche et humide, lémuriens de Daraina…

Le Floride *(doubles 30 000-35 000 FMG)*. Une adresse au confort simple.

Comment s'y rendre

Une mauvaise piste, aussi caillouteuse en saison sèche que boueuse en saison des pluies, relie Vohémar à Ambilobe. Elle traverse les superbes paysages de cette région aurifère où se rencontrent les climats sec des environs de Diégo-Suarez et humide de la côte est. Le trajet en taxi-brousse entre Diégo-Suarez et Vohémar demande de 10 à 12 heures et coûte 75 000 FMG.

Des taxis-brousse desservent Sambava par une bonne route goudronnée en 5 heures en moyenne (20 000-25 000 FMG).

Un Twin Otter d'Air Madagascar relie environ deux fois par semaine Vohémar à Diégo-Suarez (231 500 FMG) et Ambilobe. Cette liaison se révèle particulièrement pratique pendant la saison des pluies lorsque les routes paraissent infranchissables.

Côte sud-est

Bastion des Antaimoro, influencés par les navigateurs arabes, la côte sud-est se laisse mieux approcher depuis Fianarantsoa, sur les hautes terres, que depuis les localités situées plus au nord ou au sud sur la côte. Dans les faits, la majorité des voyageurs la rejoignent grâce à la ligne de chemin de fer qui relie Fianarantsoa à Manakara en traversant les épaisses forêts du territoire des Tanala. Vous trouverez des précisions sur cet exceptionnel parcours ferroviaire dans l'encadré *Fianar-Manakara : la mer au bout des rails* du chapitre *Le Centre*.

Terminus de la ligne, la ville de Manakara a pris une longueur d'avance dans le domaine touristique sur les autres localités de cette côte, malheureusement peu propice à la baignade. Un bel itinéraire en boucle depuis Fianarantsoa consiste à prendre le train jusqu'à Manakara, à passer quelques jours dans cette localité puis à rejoindre en taxi-brousse le

Le sifaka à couronne dorée de Daraina

Le sifaka à couronne dorée serait l'une des espèces animales les plus menacées au monde selon l'IUCN (International Union for the Conservation of Nature). Il ne resterait en effet que quelques centaines d'individus de ce lémurien repéré en 1983 aux environs de Vohémar. L'habitat très localisé de l'*Ankomba malandy* – son nom malgache – explique sa découverte tardive : il ne se rencontre en effet qu'aux abords de la forêt de Bekaroaka, aux environs du village de Daraina, entre les rivières Loky et Manambato. L'originalité de cette région est qu'elle présente un écosystème particulier, à la frontière du climat sec du Nord de l'île et de celui, particulièrement humide, de la côte est.

Facile à approcher, le sifaka à couronne dorée évolue comme ses cousins du Sud (propithèques de Verreaux) mais diffère par la couronne rousse qui orne son vertex. L'association malgache Fanamby (fanamby@dts.mg), épaulée par des biologistes espagnols, tente de mener à bien un projet de réserve afin de le protéger. Vous pourrez partir à sa rencontre en vous rendant au village de Daraina, à 100 km environ d'Ambilobe et 57 km de Vohémar où vous pourrez demander à un guide de vous montrer le chemin (une bonne demi-heure en forêt). L'hôtel Sol y Mar de Vohémar peut organiser des circuits en 4x4. Les possibilités d'hébergement sont quasi inexistantes sur place.

parc de Ranomafana et ses lémuriens, avant de revenir au point de départ.

MANANJARY

Mananjary (prononcez "Manandzar") se divise de part et d'autre du canal des Pangalanes. Agréable et décontractée, cette bourgade un peu éloignée de tout est un centre de production de vanille, de café et de poivre.

La petite tribu des Antambahoaka y tient tous les sept ans un festival de circoncision appelé *sambatra* (les opérations ont lieu à l'hôpital). D'autres villages malgaches suivent la même tradition (voir la rubrique *Jours fériés et manifestations annuelles* du chapitre *Renseignements pratiques*).

A Ambohitsara, au nord de Mananjary, se dresse la sculpture d'un éléphant blanc vénéré par les villageois. Cette relique proviendrait des Zaïdites, des descendants du prophète Mahomet qui auraient accosté la côte nord-est de la Grande Île à Iharana avant de se déplacer vers le sud.

Où se loger et se restaurer

Hôtel Sorafa (*ex-Solimotel*, ☎ 72 942 50 ou 72 942 95, fax 72 943 23 ; doubles avec s.d.b. 75 000 FMG environ). Sur le front de mer, cet ancien hôtel d'État de style motel, dispose de chambres correctes et d'un restaurant. Il loue des VTT et peut organiser des tours en pirogue sur le canal des Pangalanes.

Le Jardin de la mer (☎/fax 72 942 24 ; bungalows doubles avec s.d.b. 98 000 FMG, lit supp 20 000 FMG). Meilleur choix de Mananjary, le Jardin de la Mer fait l'unanimité auprès des lecteurs pour sa bonne table et ses agréables bungalows situés à l'embouchure du canal des Pangalanes. L'hôtel pourra vous aider à organiser un itinéraire en pirogue vers le nord du canal.

La Route des épices (☎ 72 940 90). Ce bar-restaurant apprécié pour sa cuisine et son atmosphère pourra vous aider à organiser vos treks dans les environs.

Comment s'y rendre

Avion. Des Twin Otter et ATR 42 d'Air Madagascar relient Antananarivo à Fort-Dauphin *via* Farafangana, Mananjary et Manakara.

Taxi-brousse. Des taxis-brousse relient tous les jours Fianarantsoa à Mananjary. Il est également possible de rejoindre Manakara en changeant de taxi-brousse à Irondro. Ce trajet n'est pas le pire du pays mais l'attente de la correspondance peut être longue.

L'accès depuis Tamatave (Toamasina) et les autres destinations du Nord, particulièrement malaisé, nécessite de l'ingéniosité et plusieurs jours d'efforts ! Vous devrez commencer par le taxi-brousse irrégulier entre Toamasina et Mahanaro, à 225 km au sud. De là, vous dépendrez des bateaux côtiers jusqu'à Nosy Varika, puis vous poursuivrez à pied ou en stop jusqu'à Mananjary.

MANAKARA

Avec ses pousse-pousse, sa rivière et son atmosphère indolente, Manakara est une ville agréable et détendue où il fait bon passer quelques jours. A 177 km au sud de Mananjary, la ville est essentiellement connue pour être le terminus de la ligne ferroviaire entre Fianarantsoa et la côte est. L'engouement des visiteurs pour ce parcours ferroviaire lui a fait prendre une longueur d'avance sur les villes situées plus au nord et au sud dans le domaine touristique.

L'origine du nom de la localité remonterait aux années 1930, lorsque la construction de la voie de chemin de fer et du port faisaient affluer vers cette région les ouvriers en quête de travail. La ville aurait ainsi été baptisée "Manakara" ("là où il y a des assiettes"), car on y trouvait de quoi se nourrir. Selon d'autres sources, son nom ferait référence à la barrière de récifs qui s'étend entre Manakara et Farafangana. La localité fut un centre économique actif à l'époque coloniale grâce à son port et à la voie de chemin de fer, qui permettaient d'exporter les ressources agricoles de la région. Des projets de réhabilitation du port et de la voie ferrée sont à l'étude.

Nombre de voyageurs ne restent à Manakara que le temps d'une nuit et repartent par le premier train (reportez-vous l'encadré *Fianar-Manakara : la mer au bout des rails* du chapitre *Le Centre* pour plus d'informations sur cet itinéraire). Manakara et le canal des Pangalanes méritent pourtant un séjour plus long.

Orientation

Assez étendue, Manakara s'étire de part et d'autre de la gare ferroviaire. Le stationnement des taxis-brousse se tient à 800 m environ au nord de celle-ci. Dans la direction opposée, une longue avenue se dirige vers un rond-point où une église se dresse

à côté du commissariat de police. La rue de droite mène au centre-ville ; celle de gauche rejoint la Manakara, que traverse un pont métallique. Les banques et l'hôtel Parthenay Club se trouvent au-delà du pont, dans le quartier de Manakara-Be.

Renseignements

Trois banques sont représentées à Manakara. Dans le centre, la BNI-CL ouvre en semaine de 8h à 11h30 et de 14h30 à 16h30 et change les chèques de voyage sans commission. Vous pourrez y obtenir une avance sur présentation d'un chéquier du Crédit Lyonnais en France et d'une carte Visa. Les deux autres banques se font face le long de la grande avenue qui longe le bord de mer, loin du centre-ville et de la gare mais à proximité de l'hôtel Parthenay Club.

La BFV-SG change les devises et les chèques de voyage (30 000 FMG de commission au minimum) et délivre des avances sur les cartes Visa sans commission (1 à 3 heures de délai). En face, les guichets de la BTM-BOA acceptent les devises et les chèques de voyage et fait des avances sur les Mastercard (1% de commission, prélèvement minimum de 18 500 FMG). Ces deux banques ouvrent de 8h à 11h-11h30 et de 14h30 à 16h30.

Vous trouverez des cabines téléphoniques à carte sur le grand rond-point de l'église, au stationnement des taxis-brousse et près du restaurant la Guinguette, à Manakara-Be.

L'hôtel Les Flamboyants accueille la représentation consulaire de France.

A voir et à faire

Cette ville relaxante offre l'occasion de partir à la rencontre des villages de pêcheurs des rives de la Manakara en pirogue (notez qu'il est fady de faire de la pirogue habillé en rouge à Manakara) ou d'explorer ses environs proches en VTT ou en taxi-brousse.

Si les rouleaux, les courants et quelques requins conjuguent leurs efforts pour rendre la baignade en mer déconseillée, vous pourrez disposer de la piscine de l'hôtel Parthenay Club pour 2 000/5 000 FMG (tarif enfant/adulte) et de son court de tennis en terre battue.

L'EST

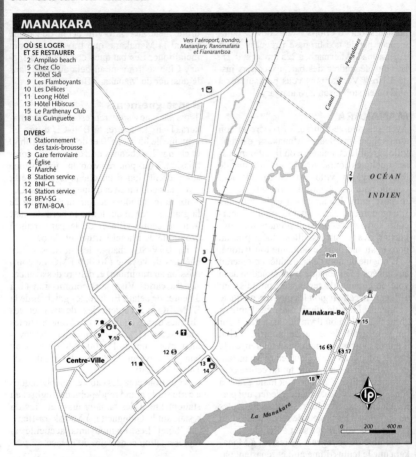

MANAKARA

OÙ SE LOGER
ET SE RESTAURER
2   Ampilao beach
5   Chez Clo
7   Hôtel Sidi
9   Les Flamboyants
10 Les Délices
11 Leong Hôtel
13 Hôtel Hibiscus
15 Le Parthenay Club
18 La Guinguette

DIVERS
1   Stationnement
    des taxis-brousse
3   Gare ferroviaire
4   Église
6   Marché
8   Station service
12 BNI-CL
14 Station service
16 BFV-SG
17 BTM-BOA

Vers l'aéroport, Irondro,
Mananjary, Ranomafana
et Fianarantsoa

Canal des Pangalanes

OCÉAN
INDIEN

Port

Manakara-Be

Centre-Ville

La Manakara

0   200   400 m

Les amateurs de pêche au gros ou à la palangre pourront contacter le jovial Loulou, dans ce même hôtel.

Où se loger

Les Flamboyants *(contact au ☎ 75 215 47 ; doubles/quadruples avec s.d.b. commune 40 000/80 000 FMG).*

Bon choix si votre budget est limité et que vous souhaitez séjourner dans le centre, les chambres et la table d'hôtes, tenues par un passionné de boxe, offrent un confort simple mais un bon rapport qualité/prix. Ses chambres ornées de fresques

font face à l'hôtel Sidi. Des VTT sont proposés en location.

Le Parthenay Club *(☎ 72 216 63 ; camping 20 000 FMG, bungalows doubles sans/avec s.d.b. 56 000/66 000-71 000 FMG, lit supp 15 000 FMG, plats 14 000-20 000 FMG).* Adresse la plus accueillante de Manakara, le Parthenay Club s'étend en bord de mer autour d'un espace gazonné qui se prête à merveille au farniente et brille à la nuit tombée des éclairs des lucioles. Des bungalows propres et agréables, une piscine d'eau de mer, un court de tennis en terre battue et quelques VTT en location complètent la liste des attraits de cette adresse attachante. L'hôtel pourra vous aider à organiser des balades en pirogue sur la Manakara.

Ampilao Beach (☎ 72 216 68 ; bungalows doubles avec s.d.b. et eau chaude 123 500 FMG). De l'autre côté de l'estuaire de la Manakara, l'Ampilao Beach a perdu beaucoup de son ambiance depuis le départ du précédent patron. Restent des bungalows particulièrement confortables, d'un blanc immaculé, et une jolie salle de restaurant.

Hôtel Hibiscus (doubles/triples avec s.d.b. et terrasse 95 000/110 000 FMG). Dans le centre, l'Hibiscus bénéficie de chambres propres et bien décorées – mais vérifiez si l'eau chaude fonctionne. Un bon choix si vous souhaitez séjourner dans le centre.

Hôtel Sidi (☎/fax 72 212 85 ; doubles avec s.d.b. 45 000-73 000-93 000 FMG, plats 10 000-22 000 FMG). Au centre-ville, près du marché, cet hôtel vaste mais vieillissant possède trois types de chambres. Les moins chères, avec toilettes extérieures, sont assez sommaires ; les plus chères, situées à l'étage sont les plus agréables. Le restaurant sert des plats français et chinois et un salon de thé est installé au rez-de-chaussée.

Leong Hôtel (☎ 62 216 88 ; doubles sans/avec s.d.b. 80 000/100 000-150 000 FMG environ). En cours de construction lors de notre passage, cette nouvelle adresse du centre-ville promettait d'apporter une nouvelle donne intéressante à Manakara avec des chambres adaptées à tous les budgets.

Où se restaurer

La Guinguette (plats 15 000-35 000 FMG). Rose, qui dirige ce petit restaurant coloré et chaleureux, connaît son affaire. Les lieux ont déménagé du centre-ville au pied du pont sur la Manakara mais la carte est restée fidèle à elle-même et continue de faire la part belle aux poissons grillés et aussi, sur commande, au couscous, au canard au vin ou au pot-au-feu. Une adresse agréable et accueillante.

Le Parthenay Club (☎ 72 216 63, plats 14 000-20 000 FMG). Cet hôtel de Manakara-Be se double d'une bonne table. Outre l'atmosphère des lieux, les habitués apprécient ses poissons grillés.

Le Délice (plats 15 000-30 000 FMG, ouvert tlj). Ce restaurant créole offre l'occasion de savourer quelques goûteuses spécialités de l'île voisine de la Réunion, dont le patron est natif. Cabri massalé, civet d'ourites (poulpes) et un bon rougail saucisses figurent au menu, à côté de quelques spécialités chinoises. La grande terrasse du 1er étage s'anime le week-end.

Chez Clo (petit déj à partir de 4 000 FMG, plat du jour 12 500 FMG). Idéal pour le petit déjeuner, ce petit salon de thé du centre-ville sert des pâtisseries et gâteaux, mais aussi des plats du jour : riz cantonnais au poulet ou crevettes, poisson sauté aux légumes, etc.

Des lecteurs recommandent également un restaurant baptisé **La Nouvelle Vague**. Vous trouverez des **gargotes** face à la gare et aux abords du marché.

Où sortir

Le bar de l'hôtel Parthenay Club et la salle du 1er étage du restaurant Le Délice, où ont lieu des soirées cabaret le vendredi soir, font une sérieuse concurrence à la piste de danse de la discothèque de l'Hôtel Sidi.

Comment s'y rendre

Train. La grande majorité des visiteurs – et on les comprend ! – gagnent Manakara en train depuis Fianarantsoa. En théorie (retards et pannes sont fréquents), l'antique convoi s'ébranle de la gare de Fianarantsoa les mardis, jeudis et samedis à 7h. En sens inverse, il quitte Manakara à 6h45 les mercredis, vendredis et dimanches. Le trajet revient à 30 000/44 000 FMG en 2de/1re et nécessite de 9 à 10 heures au départ de Fianar et 11 heures 30 environ depuis Manakara (l'écart s'explique par le dénivelé de la voie, Fianarantsoa étant à 1 100 m d'altitude). Le convoi ne comporte que trois wagons, dont deux de 2de classe. La 1re classe, à défaut d'être plus confortable, est moins bondée. S'il y a foule, vous pouvez prendre un porteur : il chargera vos bagages avant la ruée et réservera votre place (voir l'encadré *Fianar-Manakara : la mer au bout des rails* du chapitre *Le Centre*).

Taxi-brousse. Le stationnement des taxis-brousse se tient à environ 800 m au nord de la gare. De bons minibus partent vers 16h-17h pour Antananarivo (70 000 FMG) *via* Ambositra et Antsirabe. Empruntant un tronçon de N 25 refait après Ranomafana, ils atteignent la capitale le lendemain matin.

Des camionnettes de 25 places parcourent la mauvaise route de Manakara à Fianarantsoa *via* Ranomafana en une dizaine d'heures éprouvantes (35 000 FMG, départ vers 8h).

Pour rejoindre Mananjary depuis Manakara, vous devrez prendre un taxi-brousse jusqu'à la ville-carrefour d'Irondro (20 000 FMG, 3 heures 30), puis un autre véhicule jusqu'à Mananjary.

Quelques taxis-brousse desservent le Sud, y compris Vohipeno et Farafangana. Ils continuent parfois jusqu'à Vangaindrano (la route a été refaite jusqu'à cette localité) et le village de Manombondro.

Avion. Un bureau d'Air Madagascar (☎/fax 72 212 85) est installé au rez-de-chaussée de l'hôtel Sidi. Il ouvre du lundi au vendredi de 8h à 11h30 et de 14h30 à 17h30. Les vols d'Air Madagascar relient Manakara à Mananjary (231 500 FMG), Antananarivo (481 500 FMG) et Fort-Dauphin (436 500 FMG). Le bureau n'est pas informatisé et n'accepte pas les cartes de crédit.

Comment circuler

Les pousse-pousse sont le transport le plus simple et le plus efficace, d'autant que Manakara est assez étendue. Ils sont légion à l'arrivée du train, mais moins insistants et moins chers que leurs confrères d'Antsirabe. Le tarif "normal" d'une course en ville ne devrait pas dépasser 2 500 FMG (davantage la nuit, à négocier). Pour les courses plus longues, comptez 3 000 FMG de la gare à Manakara-Be et 5 000 FMG de Manakara-Be au stationnement des taxis-brousse.

Hormis la marche, le VTT offre une autre solution pour vos déplacements. Certains hôtels de la ville en proposent en location.

VOHIPENO

Cette petite localité borde la Matitanana à une quarantaine de kilomètres au sud de Manakara. Au cœur de la sphère culturelle antaimoro, elle a subi l'influence des navigateurs arabes qui accostèrent ce littoral au VIIe siècle. Certains villages des environs pratiquent le fady du porc et de l'alcool.

A Vohipeno se trouve la mission fondée par le père Vincent. Lorrain d'origine, ce père catholique a passé une partie de sa vie à recueillir les enfants handicapés et les laissés-pour-compte de la région et à leur enseigner un métier. Au terme de trois ans d'apprentissage, la mission leur prête un outil de travail pour cinq années. Le père Vincent a également créé un "resto du cœur" dans le village avant de laisser la place à son remplaçant, en 1999.

Vohipeno ne comptant ni hôtel ni restaurant, vous devrez vous en remettre au maire pour loger chez l'habitant ou camper.

Un taxi-brousse effectue presque chaque jour le trajet de Manakara à Vohipeno (1 heure environ).

FARAFANGANA

A 109 km au sud de Manakara, Farafangana marque l'extrémité sud du canal des Pangalanes. Le seul véritable intérêt de cette bourgade tranquille réside dans son atmosphère chaleureuse et détendue.

Où se loger et se restaurer

Les Cocotiers (☎ *73 911 87 ou 73 911 88, ranarson@dts.mg*). Cet hôtel-restaurant propose des chambres agréables.

Le Coco Beach (☎ *73 911 87 ou 73 911 88, ranarson@dts.mg*). Annexe du précédent, le Coco Beach bénéficie de bons bungalows, situés dans un agréable jardin à la sortie de la ville. Une adresse relaxante.

Fano – Chez Gaël et Sophie (*bungalows 35 000 FMG*). Une adresse bon marché. A essayer.

Comment s'y rendre

Taxi-brousse. Des taxis-brousse empruntent la route, refaite, entre Manakara et Farafangana presque tous les jours et poursuivent souvent vers Vangaindrano. Une piste réservée aux 4x4 continue vers Fort-Dauphin.

Avion. Air Madagascar assure des vols vers Fort-Dauphin et Tana *via* Mananjary.

Le Nord

L'extrême Nord de la Grande Île bénéficie de conditions climatiques relativement agréables, avec des saisons humides et sèches bien distinctes, et d'un ensoleillement plus important que la côte orientale. Le massif de Tsaratanana, la plus haute chaîne montagneuse malgache, adoucit le climat de la région jusqu'à Nosy Be, qui connaît davantage de précipitations que les secteurs plus méridionaux du littoral ouest.

L'ethnie dominante est celle des Antakàrana ("ceux des rochers"), qui furent parmi les derniers à être incorporés dans la confédération malgache par Radama Ier. Cosmopolite, le Nord malgache regroupe également une importante communauté musulmane, des descendants d'esclaves africains, des commerçants indiens, des marins arabes et un contingent d'expatriés français.

L'intérêt des visiteurs se porte en premier lieu sur l'itinéraire nord-ouest, relativement accessible, entre Diégo-Suarez (Antsiranana) et Nosy Be. Parfois désignée par les responsables du tourisme malgache sous le nom de "Côte des îles inconnues", cette portion de littoral tend de plus en plus à devenir un "classique" des itinéraires touristiques. Il serait cependant dommage de se limiter aux plages de Nosy Be, longtemps considérée comme l'île "star" : le Nord de la Grande Île compte en effet de superbes parcs nationaux – Ankàrana et montagne d'Ambre en tête – et les environs de Diégo-Suarez regorgent de sites à découvrir.

DIÉGO-SUAREZ (ANTSIRANANA)

Plus connue sous le nom de Diégo-Suarez, Antsiranana doit sa renommée à sa baie et son port naturel, qui servirent de base navale française jusqu'en 1973. Le nom malgache de la ville signifie "là où il y a du sel", mais elle est parfois désignée sous le terme d'Antseranana ("là où il y a un port"). Quoi qu'il en soit, la plupart des gens se bornent à la nommer "Diégo".

Sur la carte, cette localité de plus de 75 000 âmes, juchée sur un petit promontoire

A ne pas manquer

- Le massif de l'Ankàrana et ses tsingy
- Le verdoyant parc national de la montagne d'Ambre
- Nosy Be pour se prélasser sur ses plages tropicales et plonger au milieu de superbes récifs coralliens
- Les environs de Diégo-Suarez

LE NORD

abrité, semble menacée par la péninsule en forme d'hameçon qui forme la pointe nord de la Grande Île. Certains, tombés sous le charme de l'îlot en forme de pain de sucre qui se profile au large, n'hésitent pas à comparer le panorama de la baie à celui de Rio de Janeiro. Au sud, les paysages particulièrement arrosés de la forêt d'Ambre côtoient ceux, plus arides, des abords de la réserve de l'Ankàrana. Le massif de Tsaratanana, point culminant de la Grande Île, dresse ses modestes 2 876 m au sud de la ville.

Histoire

Diégo-Suarez doit semble-t-il son nom à deux marins portugais. Le premier,

DIÉGO-SUAREZ (ANTSIRANANA)

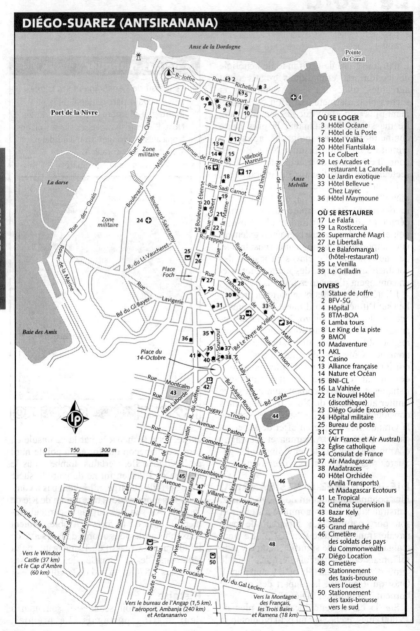

OÙ SE LOGER
3 Hôtel Océane
7 Hôtel de la Poste
18 Hôtel Valiha
20 Hôtel Fiantsilaka
21 Le Colbert
29 Les Arcades et
    restaurant La Candella
30 Le Jardin exotique
33 Hôtel Bellevue -
    Chez Layec
36 Hôtel Maymoune

OÙ SE RESTAURER
17 Le Falafa
19 La Rosticceria
26 Supermarché Magri
27 Le Libertalia
28 Le Balafomanga
    (hôtel-restaurant)
35 Le Venilla
39 Le Grilladin

DIVERS
1 Statue de Joffre
2 BFV-SG
4 Hôpital
5 BTM-BOA
6 Lamba tours
8 Le King de la piste
9 BMOI
10 Madaventure
11 AKL
12 Casino
13 Alliance française
14 Nature et Océan
15 BNI-CL
16 La Vahinée
22 Le Nouvel Hôtel
    (discothèque)
23 Diégo Guide Excursions
24 Hôpital militaire
25 Bureau de poste
31 SCTT
    (Air France et Air Austral)
32 Église catholique
34 Consulat de France
37 Air Madagascar
38 Madatraces
40 Hôtel Orchidée
    (Anila Transports)
    et Madagascar Ecotours
41 Le Tropical
42 Cinéma Supervision II
43 Bazar Kely
44 Stade
45 Grand marché
46 Cimetière
    des soldats des pays
    du Commonwealth
47 Diégo Location
48 Cimetière
49 Stationnement
    des taxis-brousse
    vers l'ouest
50 Stationnement
    des taxis-brousse
    vers le sud

Diégo Dias, aurait selon certaines sources été le premier Européen à poser le pied à Madagascar, en 1500. Le second, Fernan Soares, y jeta l'ancre six années plus tard. La ville fait parler d'elle avec la création de la république pirate de Libertalia, une cité pionnière de l'égalitarisme socialiste (voir l'encadré). A moins que tout ce qui précède ne soit faux : certains historiens avancent en effet que Diégo-Suarez doit son nom à… Diégo-Suarez lui-même, un navigateur portugais venu d'Inde en 1543.

L'histoire de la ville après la conquête française laisse moins de prise à l'incertitude : en décembre 1885, un traité signé entre la monarchie merina et la France autorise cette dernière à prendre position dans l'actuelle Antsiranana. Le port qui en naîtra occupera une place importante dans l'histoire coloniale française à Madagascar. La France ne tarde pas, en effet, à faire stationner ses navires dans la baie de Diégo, puis à cantonner la légion dans la ville et à Joffreville. Cette longue présence française – la légion n'a quitté le Nord de Madagascar qu'en 1975 – imprègne toujours la ville, qui s'enorgueillit longtemps de posséder l'unique chantier naval de l'océan Indien. Ce dernier vivote toujours et occuperait plus de 1 000 salariés. Enclavé au nord de l'île, le port de Diégo voit maintenant son heure de gloire dans le rétroviseur. Son trafic portuaire est environ 10 fois inférieur à celui de Tamatave (Toamasina), plus proche d'Antananarivo.

Orientation et renseignements

Diégo semble divisée en deux zones distinctes : une ville néo-coloniale faite d'avenues rectilignes, au nord, et une ville malgache s'étirant au sud de la place du 14-octobre. La plupart des hôtels, des restaurants et des bureaux sont installés dans la première et nombreux sont les voyageurs qui ne s'aventurent dans la seconde que pour aller et venir du stationnement des taxis-brousse. Il est globalement facile de circuler à pied dans Diégo, même si la ville est assez étendue.

Argent. Toutes les banques sont implantées dans la partie nord de la ville et ouvrent du lundi au vendredi de 7h-7h30 à 11h et de

14h-14h30 à 15h-16h. La BNI-CL se trouve au coin de la rue Colbert et de l'avenue de France, la BTM-BOA au croisement des rues Richelieu et Colbert, la BFV-SG rue Richelieu et la BMOI un pâté de maisons plus au sud.

Poste et communications. La poste de la place Foch ouvre aux heures de bureau. Vous pourrez aussi passer des appels longue distance à l'agence Agate voisine ou avec une télécarte dans les cabines disséminées en ville.

Internet. Vous pourrez vous connecter chez Angie Systeme ou Espatel, deux agences de la rue Colbert. La dernière dispose de matériel en bon état (1 500 FMG la minute). Colbert Telecom Service, face au Nouvel Hôtel, propose également des possibilités de connexion au réseau.

Consulat de France. Situé rue Beniowsky, il est ouvert du lundi au vendredi de 8h à 11h (☎ 82 213 39, fax 82 293 54). Un répondeur téléphonique communique un numéro de téléphone d'urgence en dehors de ces horaires.

Angap. L'association nationale pour la gestion des aires protégées (☎ 82 213 20) dispose d'un bureau à 2 km au sud de la ville sur la route de l'aéroport.

Circuits organisés et location de véhicules. Diégo-Suarez compte un nombre relativement important d'agences organisant des circuits dans les environs, de quelques heures à quelques jours. Ils sont avant tout axés sur la réserve de l'Ankàrana, le parc national de la montagne d'Ambre et les autres sites naturels du Nord de l'île. Le principal (et quasi unique) loueur de 4x4 de la ville figure en fin de liste.

Madaventure (☎ 82 239 67, 032 070 98 65, 14 bd de la Liberté, madaventure@netcourrier.com, www.normada.com/Madaventure). Aussi sympathique qu'excellent guide et bon pilote de 4x4, Jimmy François rendra agréable tout autant qu'enrichissante votre découverte des environs. Formé par le WWF, il propose des circuits dans

Libertalia

Selon la légende, la région de Diégo-Suarez était connue au XVIIe siècle sous le nom de "république pirate de Libertalia", laquelle aurait perduré trente-cinq années sous la devise *A Deo a Libertate* ("Pour Dieu et la Liberté"). Il ne subsiste cependant aucune preuve tangible de ce premier état communiste et cosmopolite, et certains historiens n'hésitent pas à reléguer son existence au domaine de l'imaginaire. Libertalia étant citée pour la première fois dans un ouvrage de Daniel Defoe – *Histoire générale des pillages et des meurtres des pirates les plus notoires*, publié en 1726 sous le pseudonyme de capitaine Charles Johnson – les sceptiques ne manquent pas, en effet, d'objecter que le créateur de Robinson Crusoé a très bien pu inventer une république pirate, même au sein d'un ouvrage s'appuyant sur des faits réels.

Ladite république, si elle a existé, aurait été fondée par un aventurier français du nom de capitaine Misson (son prénom est tombé dans les oubliettes de l'Histoire). A l'instar de son célèbre homologue, Olivier "La Buse" Levasseur, Misson était un homme instruit et ses motivations auraient davantage été d'inspiration humaniste et révolutionnaire qu'égoïste ou anarchiste. Ce Robin des Bois tropical aurait en effet libéré les esclaves et évité de verser le sang chaque fois qu'il aurait pu.

Faisant équipe avec un frère dominicain défroqué, le père Caraccioli, il aurait appliqué les principes socialistes de Jean-Jacques Rousseau à la lettre, loin d'une France qu'un long chemin séparait encore de la Révolution. Après être intervenus aux Comores pour rassembler des fonds, les deux comparses auraient fondé leur Utopia aux alentours de la baie des Français. Ils commencèrent par bâtir leur république avec l'aide de 300 Comoriens, don du sultan d'Anjouan, d'esclaves africains et de marins français, britanniques, hollandais et portugais. Un parlement fut constitué, une presse typographique mise en œuvre, l'agriculture et l'élevage démarrèrent et l'on tenta de créer des foyers avec les femmes de la région ou des prisonnières. On alla même jusqu'à inventer une langue internationale. Les pirates devinrent ainsi à la fois émissaires, importateurs et chargés de l'immigration pour le compte de Misson et Caraccioli.

Tout semblait se dérouler à merveille jusqu'à ce que les tribus malgaches du voisinage de la "république internationale de Libertalia" descendent en masse des collines pour chasser la population libertalienne. Caraccioli sera tué. Misson parviendra à s'enfuir. Sa fin demeure un mystère…

le parc national de la montagne d'Ambre (450 000 FMG/jour), la réserve de l'Ankàrana (2 jours minimum, 450 000 FMG/jour par l'entrée est, 750 000-800 000 FMG/jour par l'entrée ouest), vers Ramena et la mer d'Émeraude (400 000 FMG/jour) ou Ramena et les Trois Baies (350 000 FMG/jour), ou encore les tsingy Rouges et Analamera (700 000 FMG). La majorité de ces circuits (hormis l'Ankàrana par l'entrée est) se font à bord d'un bon 4x4. Les tarifs, pour 1 ou 2 personnes, incluent le transport, le guidage, le pique-nique et éventuellement le bivouac. Jimmy vous concoctera des petits plats et vous dira tout sur les oiseaux de l'Ankàrana…

Aquaroc (☎ 82 210 30, 033 11 651 73, aquaroc@aquaroc.com, aquaroc@dts.mg). Canyoning, escalade, VTT et trekking sont au programme de cette petite équipe sérieuse spécialisée en sports-aventure, qui limite volontairement à moins de 8 personnes ses groupes afin

de leur garder un côté convivial. Aquaroc a équipé une voie d'escalade sur le site de la montagne des Français et offre des possibilités de canyoning en forêt tropicale. Pour un groupe de 4, comptez 350 000 FMG par jour et par personne pour les activités d'escalade ou de VTT, 395 000 FMG par jour et par personne pour le canyoning et 195 000 FMG pour la randonnée.

Madatraces (☎ 82 236 10, madatraces@malagasy.com). Interlocuteur privilégié des adeptes de la découverte de Madagascar à moto, cette agence professionnelle et fiable basée à Tana et à Diégo organise depuis 1992 des circuits à moto du Nord au Sud de Madagascar. Elle possède ses propres ateliers et ses motos sont préparées pour les rudes conditions qu'imposent les pistes de l'île. Ancien moniteur de trial, son créateur sait adapter le programme à tous les niveaux et a acquis, au fil des années, une solide connaissance du terrain. Outre la simple location de motos (125 cc à 150 000 FMG/jour, 600 cc à 350 000 FMG/jour) et de scooters (120 000 FMG/jour), Madatraces propose des circuits à la journée, de 3 à 4 jours (dans l'Ankàrana ou autour de Diégo) ou d'une dizaine de jours (tour du massif du Tsaratanana, etc.). Ces formules reviennent à environ 84 €/personne/jour sur la base de 4 personnes. Les tarifs sont légèrement supérieurs pour 2 participants et inférieurs pour 6 personnes. Ils incluent la moto et le guide, mais ni hébergement, ni carburant, ni repas. Une assurance rapatriement est obligatoire. Madatraces propose l'assistance d'un 4x4 (environ 84 € par jour quel que soit le nombre de personnes) pour les circuits plus longs ou aventureux.

Diégo Guide Excursions *(☎ 82 237 93, fax 82 236 99, 65 rue Colbert)*. Cette petite agence dont vous trouverez le guichet face au Nouvel Hôtel offre des tarifs intéressants car ses itinéraires utilisent des voitures légères, et non des 4x4. Deux jours dans l'Ankàrana (entrée est) reviennent à 900 000 FMG pour 2 personnes, une journée à Windsor Castle pour 2 personnes à 350 000 FMG et une journée au parc national de la montagne d'Ambre à 380 000 FMG, toujours pour 2 participants.

Lamba tours *(☎/fax 82 230 70, lambtour@dts.mg)*. Cette agence sérieuse, qui a pignon sur rue près de l'Hôtel de la poste, propose des circuits vers l'Ankàrana, le parc national de la montagne d'Ambre ou encore les Trois baies. Un circuit en 4x4 de 2 jours dans l'Ankàrana revient à 1,2 million de FMG par personne pour 2 participants ou 750 000 FMG par personne pour 3. Une journée dans les tsingy Rouges est facturée 260 000/350 000 FMG par personne pour un groupe de 3/2 personnes. Professionnelle et efficace, l'agence dispose de ses propres 4x4 et d'un matériel en excellent état.

Le King la piste *(☎ 82 225 99, fax 82 235 60, infoking@dts.mg)*. Le "King" organise un bivouac de 2 jours dans l'Ankàrana (entrée ouest) pour un total de 1,2 million de FMG (2 personnes) ou 2,1 million de FMG (3 personnes). L'agence offre également des excursions vers le parc de la montagne d'Ambre (550 000/640 000 FMG pour 2/3 personnes), les Trois baies (500 000/550 000 FMG pour 2/3 personnes) ou Windsor Castle (600 000/700 000 FMG pour 2/3 participants). De nombreux groupes organisés s'adressent à cette agence située non loin de la précédente et réputée pour son sérieux.

Les Lézards de Tana *(☎/fax 22 351 01, lezard@bow.dts.mg ou lezard@dts.mg, www.lk-oi.com/lezard)*. Cette agence pionnière des sports d'aventure à Madagascar est la seule à organiser des circuits dans les idylliques îlots de l'ouest de Diégo-Suarez. Renseignez-vous.

Diégo Location *(☎/fax 82 239 25, diegolocation@simicro.mg)*. Tous les chauffeurs de taxi connaissent le principal loueur de 4x4 de la ville. Diégo Location, dans le quartier du Bazary-Be, dispose d'une batterie de Santana proposés à partir de 350 000 FMG/jour, plus essence. Vous devrez en général ajouter le tarif du chauffeur et payer éventuellement le retour du véhicule.

Parmi les autres organisateurs de circuits de la ville, citons Zanatany tours (hôtel Colbert), Nature et Océan (☎ 82 226 32, rue Colbert), AKL Travel (☎ 82 236 38) et Madagascar Écotours (☎ 82 226 92), qui fait face à Air Madagascar.

A voir et à faire

Le marché animé du **Bazar Kely** mérite le détour pour son animation. L'ancien grand marché de la ville, une halle vide lors de notre passage, pourrait abriter à l'avenir des échoppes d'artisanat.

Le **cimetière des soldats des pays du Commonwealth**, à la sortie sud-est de la ville, intéressera certains visiteurs. Il rassemble les tombes des soldats britanniques et des ressortissants des colonies britanniques du sous-continent indien et du continent africain, morts de maladie ou au champ de bataille en luttant contre les forces armées du régime de Vichy en 1942.

Si elle ne présente pas en elle-même un intérêt particulier, la statue de Joffre, au bout de la rue du même nom, symbolise d'une façon maintenant un peu dérisoire le passé de Diégo. Autre site agréable pour jouir du panorama : la rotonde passablement défraîchie, aux alentours de la BFV-SG, sur l'esplanade.

Où se loger – petits budgets

Les Arcades *(☎ 82 231 04 ; doubles 46 000-75 000 FMG)*. Vous avez aimé Goa ? Vous adorerez Les Arcades ! Tenu par un grand voyageur qui a fini par poser son sac à Diégo, Les Arcades est devenu LE rendez-vous des visiteurs de passage dans la ville. Cette maison d'hôtes abrite des chambres aussi exiguës pour les moins chères que vastes pour les autres, ainsi qu'un bar-restaurant agréable servant de bons plats du jour à prix doux. L'atmosphère chaleureuse et décontractée des lieux compense sans peine les sanitaires un peu hésitants…

Le Balafomanga *(☎ 82 228 94, 16 rue Louis Brunet ; doubles sans/avec s.d.b. 36 000/56 000 FMG).* Avant tout réputé pour son restaurant, le Balafomanga – "le feu d'artifice" en malgache – ne dispose que de trois chambres. Elles offrent un bon rapport qualité/prix mais sont attenantes au restaurant, et donc particulièrement bruyantes. Le nouveau gérant est une grande figure de Diégo.

Hôtel Bellevue-Chez Layec *(☎ 82 210 21, 35 rue François de Mahy ; doubles 56 000-81 000 FMG).* Layec dispose d'un grand choix de chambres. Si les premiers prix offrent un confort des plus simples, les plus chères sont propres, claires et agréables.

Le Jardin exotique *(☎/fax 82 219 33, 21 rue François de Mahy ; doubles 65 000-95 000 FMG).* A défaut de jardin digne de ce nom, l'hôtel offre des chambres correctes mais sombres. Le tarif des plus chères est exagéré.

Hôtel Fiantsilaka *(☎ 82 223 48, bd Étienne ; doubles sans/avec s.d.b. et toilettes 52 000/82 000-102 000 FMG).* Les lieux n'ont rien d'exceptionnel, mais les chambres bénéficient de la clim. Les doubles les moins chères restent correctes. Les plus chères, à l'étage, sont claires et agréables.

Où se loger – catégories moyenne et supérieure

Hôtel Océane *(☎ 82 211 15, 032 02 237 75 ; doubles sans/avec s.d.b. 80 000/110 000 FMG).* Cette nouvelle adresse du bas de la ville, tenue par un Réunionnais, abrite des chambres claires, propres et bien décorées. Un bon choix.

Le Colbert *(☎ 82 232 89, fax 82 232 90, hlcdiego@dts.mg, rue Colbert ; doubles avec s.d.b. 175 000-195 000 FMG).* L'hôtel le plus chic de la ville n'est pas le plus cher. Cet établissement aux chambres confortables dotées de TV, clim. et minibar figure sans conteste comme le meilleur choix dans sa catégorie de prix. Rançon de ce succès : il affiche souvent complet. Les règlements par carte Visa sont acceptés moyennant un retrait de 5% au taux de change officiel.

Maymoune *(☎ 82 218 27 ; doubles avec s.d.b. 112 000-122 000 FMG).* Bon choix dans cette gamme de prix malgré son atmosphère un peu morne, le Maymoune offre de jolies chambres équipées d'une bonne literie, de la TV et de la clim.

Hôtel Valiha *(☎ 82 221 97, rue Colbert ; doubles avec s.d.b. 125 000-150 000-180 000 FMG).* Les chambres de cet hôtel un peu désuet de la rue Colbert, bien que propres et plutôt agréables, paraissent un peu surévaluées. Les plus chères sont équipées de la TV. Les règlements par carte Visa sont acceptés.

Hôtel de la Poste *(☎ 82 239 24, fax 82 218 45, hoteldelaposte@simicro.mg ; doubles avec s.d.b. 153 000 et 253 000 FMG).* A l'extrémité nord du centre-ville, l'hôtel se divise entre un bâtiment principal un peu défraîchi et une annexe récemment refaite. Ce nouveau bâtiment abrite les chambres les plus chères. Vastes et confortables, elles bénéficient de la clim., du téléphone et d'un minibar. Les prestations offertes ne se révèlent cependant guère à la hauteur, à plus forte raison dans le cas des chambres à 153 000 FMG, qui ne valent guère la dépense. Vous risquez d'y loger d'office si vous participez à un voyage organisé.

Les travaux de construction d'un hôtel de luxe étaient en cours en haut de la rue Colbert lors de notre dernier passage.

Où se restaurer

Les **étals de rue** qui se dressent le soir rue Colbert, non loin du Nouvel Hôtel, constituent la solution la moins chère – et pas nécessairement la moins bonne – pour se restaurer. Pour quelques milliers de francs malgaches, vous pourrez vous offrir une viande en sauce accompagnée de riz, des sambos et autres en-cas. Une autre solution économique consiste à faire ses emplettes au **Supermarché Magri**, juste en face.

Le Grilladin *(☎ 82 235 07 ; plats 25 000 FMG environ ; fermé mar).* Un accueil chaleureux et un agréable jardin figurent parmi les premiers atouts de cette adresse fréquentée par les vazaha de Diégo. Cette bonne impression se confirme avec la brochette de crevettes, les aiguillettes de poulet à l'orange, le filet de poisson en matelote et les tagliatelles à l'œuf et à l'espadon. Une valeur sûre et une bonne table. Vous pourrez prolonger la soirée autour du billard.

Le Balafomanga *(☎ 82 228 94, 16 rue Louis Brunet ; plats 17 000-35 000 FMG ; fermé dim).* Outre une ambiance et une salle agréables, le restaurant de l'hôtel Balafomanga figure parmi les bonnes tables de la ville. Après le foie gras maison, vous pourrez y déguster un excellent et parfumé filet de zébu au miel et au romarin, un médaillon de magret de canard au foie gras ou encore une cassolette de fruits de mer. Le bar propose une large sélection de rhums arrangés.

Le Libertalia *(☎ 82 221 94, place Foch ; plats 20 000 FMG environ).* Sur la place Foch, ce restaurant qui sert avant tout des grillades est agréable pour sa terrasse en plein air. Il accueille parfois des musiciens le week-end.

Le Venilla *(☎ 82 229 25, rue Surcouf ; plats 17 000-38 000 FMG ; fermé dim).* La table la plus chic et raffinée de la ville régale ses convives de salade de crevettes et crabe aux agrumes, d'une poêlée d'escargots au beurre persillé ou encore d'un coquelet au poivre vert. La salle est chaleureuse et la terrasse agréable.

La Rosticceria *(☎ 82 236 22, rue Colbert ; plats 25 000-30 000 FMG ; fermé dim).* La jolie petite salle de ce restaurant vit à l'heure de la Méditerranée sous les arcades de la rue Colbert. On y sert un choix de pâtes fraîches, raviolis et autres spécialités italiennes, préparées avec plus ou moins de bonheur.

La Candella *(☎ 82 229 84, plats 18 000-25 000 FMG).* Autre adresse d'inspiration italienne, la Candella mise avant tout sur les pizzas.

Le Falafa *(ex-Brazil Café, 032 02 618 76 ; plats 26 000-32 000 FMG ; fermé lun).* Pavé de zébu au gingembre, brochette de calamars et crevettes ou encore filet de poisson à la vanille figurent à la carte de cette adresse qui doit beaucoup de son charme à son petit jardin.

Où sortir

Diégo s'enorgueillit d'une vie nocturne agitée et joyeuse. Les deux principales discothèques de la ville se passent en effet le relais : la soirée commence généralement au **Nouvel Hôtel** (rue Colbert) et s'y prolonge jusqu'à 2h, heure à laquelle tout le monde déménage vers **Le Tropical**, dans le quartier de la place du 14-Octobre. L'autre discothèque de la ville, **La Vahinée** (rue Colbert), est assidûment fréquentée par les prostituées et les vazaha en quête de plaisirs monnayés.

En ville, **Le Falafa** est agréable pour boire un verre. Des soirées cabaret y sont organisées certains soirs, ainsi qu'au **Libertalia** (voir *Où se restaurer*).

Un **Casino** propose ses tables de roulette, poker et black-jack rue Colbert. Il ouvre ses portes du lundi au samedi de 12h à 2h et le dimanche de 17h à 2h.

Dans un registre plus culturel, la grande halle métallique restaurée de l'**Alliance française** (☎ 82 210 31, 24 rue Colbert ; ouverte lun 15h-19h, mar, jeu et ven 8h30-11h30 & 15h-19h, mer et sam 14h30-19h) abrite une bibliothèque et une salle de spectacle où concerts, expositions et projections sont fréquemment programmés.

Des matchs de **football** animent le stade municipal certains dimanches après-midi.

Comment s'y rendre

Avion. Air Madagascar (☎ 82 293 75), dont les locaux sont situés à proximité de la place du 14-Octobre, ouvre en semaine de 7h30 à 11h30 et de 14h30 à 17h30, et le samedi de 8h à 11h. Les appareils de la compagnie s'envolent de Diégo vers Nosy Be (231 500 FMG), Antananarivo (651 500 FMG), Tamatave (611 500 FMG), Sambava (326 500 FMG), Mahajunga (561 500 FMG), Maroantsetra (481 500 FMG), Antalaha (481 500 FMG) et Vohémar (231 500 FMG). Les cartes de crédit ne sont pas acceptées.

Taxi-brousse. Les stationnements des taxis-brousse sont disséminés dans la partie sud de la ville, le long de la route principale. Le terminus pour le Sud accueille les véhicules desservant la majeure partie de la Grande Île, à l'exception de l'Ouest et des environs du cap d'Ambre, qui possèdent leurs terminaux respectifs.

Le transport terrestre entre Tana et Diégo-Suarez se limite le plus souvent aux mois secs, d'avril à novembre. Même si les routes sont praticables, le trajet nécessitera deux jours et demi en "familiale" (165 000 FMG). Vous traverserez des tronçons difficiles, notamment les 200 km de la RN 6 au sud d'Ambanja. Comptez également 2 jours pour Mahajanga (180 000 FMG).

Une bonne route goudronnée relie en revanche Diégo à Ankify, le minuscule port qui dessert Nosy Be. Vous devrez cependant commencer par rejoindre Ambanja (4 heures, 40 000 FMG), puis continuer vers Ankify à bord d'un autre véhicule (40 minutes, 10 000 FMG). Une solution un peu plus onéreuse mais plus simple consiste à avoir recours aux services de la société Anila Transports, qui assure une liaison régulière entre Diégo et Nosy Be. Les départs de Diégo ont lieu en minibus à 6h face à l'hôtel L'Orchidée (renseignements au ☎ 82 210 65). Le tarif de 110 000 FMG inclut le trajet routier et la traversée en bateau.

Des véhicules desservent enfin la côte est, via Ambilobe. Ils mettent de 10 à 12 heures, en général la nuit, pour franchir la piste difficile mais belle jusqu'à Vohémar (praticable en saison sèche, 75 000 FMG) et 17 heures pour gagner Sambava (90 000 FMG).

Bateau. Seuls ceux que n'effraient pas les longues traversées sans confort envisageront de rejoindre Diégo-Suarez par la mer. Il n'existe en effet aucune compagnie touristique et vous devrez voyager à bord d'un navire marchand au départ de Mahajanga ou, éventuellement, de Sambava. Renseignez-vous à la SCAC (☎ 82 212 21, 82 213 27) ou auprès des autres agences de transport maritime, près du port.

Comment circuler
Desserte de l'aéroport. Arrachart, l'aéroport de Diégo, se situe à 6 km au sud du centre-ville. Vous trouverez sur place un bar, une boutique, une télécabine et des télécartes. Les taxis demandent 20 000 FMG pour effectuer le trajet jusqu'en ville.

Voiture et moto. Reportez-vous au paragraphe *Circuits organisés et location de véhicules*, plus haut dans ce chapitre.

Taxi. Une multitude de Renault 4 circulent dans les rues. Elles sont surtout pratiques pour rejoindre les gares routières. Comptez de 2 000 à 3 000 FMG pour une course en ville. Vous pourrez également affréter un taxi pour gagner les environs proches : plage de Ramena (environ 30 000/60 000 FMG aller simple/aller-retour), baie de Sakalava, Joffreville (100 000 FMG environ aller-retour), parc national de la montagne d'Ambre, etc. Les taxis-ville de Diégo (on raconte qu'ils seraient plus de 500) doivent aller chercher une autorisation à la gendarmerie lorsqu'ils quittent la ville. Cette formalité prend une dizaine de minutes.

NORD ET BAIE DE DIÉGO-SUAREZ
Nosy Lonja (l'île au Pain de sucre)
Commençons cette rubrique par une frustration : la petite île de Nosy Lonja (le célèbre "pain de sucre" qui se dresse au milieu la baie de Diégo) est considérée comme sacrée par les Malgaches, qui y organisent des cérémonies *fijoroana*, au cours desquelles ils invoquent leurs ancêtres. Les étrangers n'y sont pas admis.

Ramena
A 18 km à l'est de Diégo par une route dont le bitume s'échappe par pans entiers, la plage de Ramena (prononcer "ramen") ferme l'extrémité sud de la baie des Français. En dépit des efforts de quelques opérateurs touristiques qui voudraient en faire LA station balnéaire de l'extrême Nord de l'île, Ramena reste une localité tranquille, malheureusement assidûment balayée par le *varatraza* (les alizés) entre juin et octobre. Passés les abords qui laissent à désirer (Ramena n'est pas le plus beau site balnéaire des environs de Diégo-Suarez), vous verrez une longue plage de sable blanc bordée de cocotiers et d'habitations de pêcheurs, que baigne une eau turquoise. Outre les plaisirs que procurent la baignade et la location de pédalos et de hobbie-cat, Ramena est une bonne base pour visiter les Trois baies ou le phare qui surveille

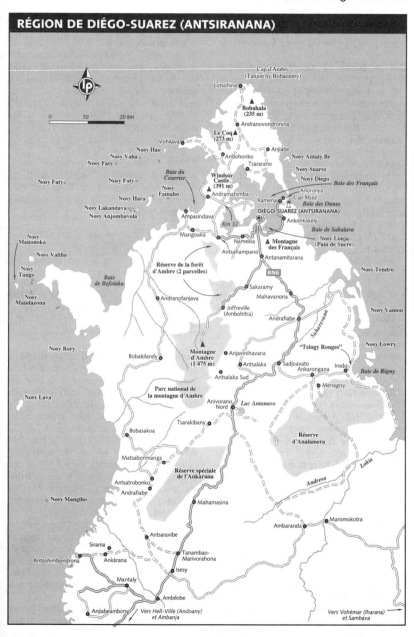

RÉGION DE DIÉGO-SUAREZ (ANTSIRANANA)

Cap d'Ambre
(Tanjon'ny Bobaomby)

Lotsohina

▲ **Bobahala**
(235 m)

Andranovondronina

Le Coq ▲
(273 m)

Vohilava

Andohonko   Anjiabe

Nosy Hao   Tsararano   **Nosy Antaly Be**

Nosy Vaha

Nosy Fasy   **Nosy Suarez**

Baie du   Windsor   **Nosy Diégo**   *Baie des Français*

Nosy Faty   Nosy Foty   *Courrier*   Castle

(391 m)   Anoronjia

Nosy   Andramahimba   Ramena ○   Cap Miné

Nosy Hara   Famaho   *Baie des Dunes*

Nosy Lakandava ○   **DIÉGO-SUAREZ (ANTSIRANANA)**

Nosy Anjombavola   Ampasindava   Ankorikakely

Km 32   *Baie de Sakalava*

Nosy   Mangoaka   Namekia   ▲ **Montagne**   **Nosy Lonja**

Manonoka   Antsahampano   **des Français**   (Pain de Sucre)

Nosy Valiha   Antanamitarana

Nosy   *Baie*   **RN6**   **Nosy Tendro**

Tango   *de Befotaka*   **Réserve de la forêt**

Nosy   Andranofanjava   **d'Ambre (2 parcelles)**   Sakaramy   **Nosy Vaniou**

Mandazona   Mahavanona

Joffreville   Andrafiabe   **Nosy Lowry**

(Ambohitra)   *Scharrerana*

Nosy Bory   Anjavinihavana   **"Tsingy Rouges"**   *Baie de Rigny*

Bobakilandy   ▲ **Montagne**   Antsalaka   Sadjoavato   Irodo

d'Ambre   Ankarongana

(1 475 m)   Antsalaka Sud   Menagisy

Nosy Lava   **Parc national de**   Anivorano   *Lac Antanavo*

la montagne d'Ambre   Nord

Tsarakibany   **Réserve**

Bobasakoa   **d'Analamera**

Matsaborimanga   *Lokia*

Réserve spéciale   *Andrevo*

Antsatrobonko   **de l'Ankarana**

Andrafiabe   Mahamasina

○ **Nosy Mangiho**   Antsaravibe   Ambararata   Maromokotra

Sirama   Tanambao-

Ankàrana   Marivorahona

Antsohimbondrona   Isesy

Mantaly

Ambilobe

Anjiabeambony   *Vers Hell-Ville (Andoany)*   *Vers Vohémar (Iharana)*
et Ambanja   *et Sambava*

0   10   20 km

LE NORD

l'entrée du port, au cap Miné. Des pêcheurs de Ramena proposent leurs services de piroguiers pour rejoindre la mer d'Émeraude.

Où se loger et se restaurer. Hôtel **Oasis** (☎ *032 07 597 05 ; chambres/bungalows doubles 30 000/61 000 FMG*). Merveilleusement situé sur la plage, cet hôtel à petit budget se laisse malheureusement un peu aller. Il propose un hébergement à la propreté douteuse mais bon marché. De nouveaux bungalows étaient en travaux lors de notre dernier passage.

Le **Badamera** (☎ *032 077 33 50, chambres/bungalows doubles 80 000/ 60 000 FMG*). Bon choix à prix modéré, cette belle maison dotée d'une agréable varangue qui surplombe la plage abrite des chambres plaisantes et des bungalows rudimentaires.

Villa Palm Beach (☎ *032 02 409 04 ou 032 02 313 77, palmbeach@netcourrier. com ; doubles sans/avec s.d.b. 80 000/ 120 000 FMG*). Derrière ce nom un peu pompeux se dissimule l'adresse à prix modérés la plus confortable de Ramena. Ouverte en 2001, la Villa Palm Beach propose des chambres pimpantes et d'une propreté impeccable. Cette adresse accueillante offre un service de blanchisserie et de transfert jusqu'à Diégo.

Ramena Nofy (☎ *033 11 352 03 ; bungalows doubles 139 000 FMG ; plats 20 000-30 000 FMG*). A l'entrée de la localité, cet hôtel dont le nom signifie "le rêve de Ramena" loue des bungalows en brique, agréables et bien décorés, à une centaine de mètres du littoral. Le restaurant, en surplomb, prépare des plats malgaches et français. Les règlements par carte Visa sont acceptés.

Meva Plage Hôtel (☎ *032 02 093 59 ; bungalows doubles-quadruples avec s.d.b. 250 000 FMG ; repas 50 000 FMG*). A la sortie de Ramena en direction de Diégo, ce nouvel établissement est le plus luxueux. Ses bungalows impeccables et confortables, équipés de la clim., peuvent accueillir jusqu'à 4 personnes. Implanté face à un site superbe, cet hôtel qui ne manque pas de charme, par ailleurs doté d'une belle piscine, loue des jet skis (100 000 FMG les

15 minutes, tarif dégressif) et organise des sorties de pêche en mer.

L'Émeraude (☎ *032 07 725 95 ; menu 55 000 FMG ; fermé mar*). La bonne table de Ramena sert, dans une jolie petite salle, une cuisine familiale française rehaussée de quelques pointes tropicales. Le menu pourra, par exemple, se composer d'une terrine de poisson au rougail suivie de cailles rôties au porto, pour finir sur un flan à l'ancienne. La patronne est aux fourneaux.

5 **Stop press** (☎ *032 02 387 57 ; plats 20 000-30 000 FMG*). Ce restaurant dont le nom est à prononcer "Saint-Tropez" sert des snacks et plats corrects. Vous trouverez sur place des possibilités d'excursions dans les environs.

Comment s'y rendre. Le taxi-brousse (4 000 FMG) est la solution la plus économique. Les véhicules sont en revanche peu fréquents et vous risquez d'avoir un peu de mal à repartir de Ramena par ce moyen de transport. L'autre option consiste à affréter un taxi depuis Diégo. Vous pourrez négocier un tarif à 30 000/60 000 FMG aller simple/aller-retour, attente incluse.

Trois baies et mer d'Émeraude

La baie de Sakalava – certainement la plus belle –, la baie des Pigeons et la baie des Dunes font se succéder leurs rubans de sable blanc sur la côte orientale de la péninsule. Peu fréquentées, elles séduiront les amateurs de calme et de baignade, tandis que les minuscules îlots qui leur font face feront la joie des adeptes du snorkeling (plongée sans bouteille). Face à la baie des Dunes, l'étonnant lagon de la mer d'Émeraude est l'occasion de plonger dans un véritable aquarium naturel et de découvrir les espèces qui y ont élu domicile.

Pour vous y rendre depuis Diégo, parcourez 13 km sur la route de Ramena jusqu'au village d'Ankorikakely, d'où une piste de 5 km, sur laquelle les transports publics ne s'aventurent pas, mène à la baie de Sakalava *via* la baie des Dunes. Il est théoriquement possible de gagner la baie en taxi.

De nombreux pêcheurs de Ramena proposent aux visiteurs de les conduire à la mer d'Émeraude en pirogue. La majorité des agences de voyages de Diégo ont inscrit les Trois baies à leur programme.

Hôtel Club de la baie de Sakalava *(☎ 82 233 82, fax 82 234 15, gqf@simicro.mg ; bungalows doubles 220 000 FMG).* Apprécié des visiteurs de passage comme des résidents de Diégo, l'unique hôtel de la baie de Sakalava offre des bungalows agréables et de bonnes possibilités de planche à voile.

Windsor Castle et baie du Courrier

Cette impressionnante formation rocheuse d'aspect cubique, haute de 391 m, se dresse à environ 2 km au nord du village d'Andramahimba, au nord-ouest de Diégo-Suarez. Elle servit de fort et de poste d'observation aux Français. En 1942, ce fut au tour des Britanniques de l'investir, en l'emportant sur les forces de Vichy. Un escalier en ruine mène au sommet, d'où vous bénéficierez d'un panorama exceptionnel sur la belle baie du Courrier, qui s'ouvre sur le canal du Mozambique.

C'est en 4x4 que l'on accède le plus facilement à ce site, mais vous pourrez théoriquement emprunter un taxi par temps sec. Les 5 km de piste qui y mènent débutent à 32 km à l'ouest de Diégo-Suarez (soit 12 km après le village d'Antsahampano).

Cap d'Ambre

La réfection de la route devrait faciliter l'accès à la splendide pointe septentrionale de la Grande Île, réservé jusqu'ici aux bateaux, motos et 4x4. Espérons-le, car le site du cap d'Ambre ("Tanjon'ny Bobaomby") est superbe. Outre le panorama, des salines et quelques baobabs complètent la visite.

Le cap plonge dans la mer à une soixantaine de kilomètres au nord de Diégo. De nombreuses agences de voyages de la ville pourront vous y mener.

SUD DE DIÉGO-SUAREZ
Montagne des Français

À 7 km de Diégo-Suarez, ce superbe site sauvage, baptisé en hommage aux soldats français et malgaches tués en 1942 en résistant aux forces armées de Vichy, permet de découvrir un large panorama sur la baie des

Français. Des grottes, les vestiges d'un fort, une multitude d'oiseaux et de beaux exemples de végétation aride s'ajoutent aux attraits de ce "sommet", qui dépasse à peine les 400 m. Pour y accéder, prenez un taxi jusqu'au début du sentier, à 7 km au sud-est de Diégo (et demandez au chauffeur de venir vous chercher plus tard) ou adressez-vous à une agence de voyages si vous préférez être accompagné d'un guide. La marche jusqu'au sommet demande environ deux heures aller-retour.

L'agence Aquaroc de Diégo (reportez-vous à *Circuits organisés et location de voitures* de cette ville) a équipé une voie d'escalade sur le site.

Nosy Vaniou

Cette presqu'île de la côte est, à une cinquantaine de kilomètres au sud de Diégo-Suarez, fait l'unanimité pour son calme, la beauté du site et l'unique hôtel qui y a élu domicile.

Hôtel Nosy Vaniou *(contact au ☎ 82 211 15 ; bungalows sans/avec s.d.b. 75 000/175 000 FMG ; repas 30 000-35 000 FMG).* L'hôtel organise des activités nautiques. Un transfert peut être organisé moyennant 100 000 FMG. Contactez l'hôtel, les agences de voyages de Diégo ou renseignez-vous à l'hôtel Les Arcades.

Tsingy Rouges

Un nombre croissant d'agences de voyages inscrivent à leur programme ces concrétions de sable, corail et latérite situées sur le littoral au niveau du village d'Irodo, au nord d'Analamera. La piste qui y mène quitte la route d'Ambilobe au niveau du village de Sadjoavato, une vingtaine de kilomètres avant Anivorano Nord. Formés par l'érosion d'une rivière latéritique, les tsingy Rouges diffèrent dans leur composition des "vrais" tsingy mais offrent un spectacle étonnant.

L'option la plus simple pour s'y rendre consiste à avoir recours aux agences de voyages de Diégo.

Anivorano Nord et lac Antanavo

Selon la légende, le lac Antanavo, appelé aussi "lac Sacré", occupe le site d'un village

LE NORD

qui fut inondé suite au refus de ses habitants d'offrir de l'eau et l'hospitalité à un voyageur. On prétend que les villageois maudits seraient réincarnés dans les crocodiles qui peuplent le bassin.

Des sacrifices de zébu, des rituels d'offrandes de nourriture et autres cérémonies s'y déroulent régulièrement, en général le samedi. Une croyance veut en effet que les villageois sacrifient un zébu si un vœu qu'ils ont prononcé aux abords du lac se réalise. Le commerce s'est mêlé à la tradition et une participation financière est demandée aux étrangers voulant se rendre au lac. Certains, qui ont refusé de payer cette somme, ont eu maille à partir avec la police et les autorités judiciaires locales.

Si vous souhaitez vous y rendre, prenez un taxi-brousse à destination d'Anivorano Nord, à 75 km au sud de Diégo par la RN 6, ou descendez en chemin si vous venez du nord par Ambilobe. Une piste d'environ 12 km mène au lac depuis Anivorano Nord.

Réserve d'Analamera

Cette réserve de 34 700 ha est l'un des rares habitats du propithèque diadème de Perrier, ou "propithèque noir" (à ne pas confondre avec le maki macaco, au pelage noir lui aussi, qui occupe l'île de Nosy Komba, à proximité de Nosy Be). On estime que 2 000 spécimens peuplent la réserve, lesquels bénéficient de l'attention et du financement particuliers du WWF.

La réserve ne possède aucune infrastructure touristique et n'est accessible qu'en 4x4, en saison sèche. Si vous disposez de votre propre véhicule, vous vous y rendrez par l'embranchement situé à Sadjoavato, à 52 km au sud de Diégo-Suarez. De là, dirigez-vous sur Menagisy (près d'Ankarongana) ou Irodo, où vous pourrez trouver un guide qui vous conduira sur le plateau. Adressez-vous au bureau de l'Angap de Diégo-Suarez pour organiser votre visite.

Joffreville (Ambohitra)

Fondée en 1902 par le maréchal Joffre pour les loisirs des militaires français, Ambohitra – que tout le monde continue d'appeler par son ancien nom de Joffreville – est appréciée pour sa fraîcheur, son calme et ses litchis. Nombreux sont ceux qui n'y font pas étape dans leur route vers le parc national de la montagne d'Ambre. Ils ratent ainsi l'atmosphère particulière de cette localité qui a certes des airs de bout du monde mais gagne à être connue. Avec sa quiétude et ses rues en pente, Joffreville rappelle par certains côtés l'ambiance des îlets des "hauts" de la Réunion voisine et ce n'est pas certes pas un hasard si des Réunionnais y ont longtemps habité. La grande époque de Joffreville appartient cependant au passé, même si ses habitants tentent de redonner son lustre à la petite bourgade.

Vous trouverez sur place un bureau de l'Angap (☎ 032 02 224 57, ouvert lun-ven 8h-16h ; celui de l'entrée du parc ouvre tous les jours) et une pittoresque boutique de village, "The Village Store", où vous pourrez vous ravitailler en produits de base. Mieux vaut faire vos emplettes à Diégo si vous campez plusieurs jours car aucun marché ne se tient à Joffreville. L'électricité y est par ailleurs une denrée rare. Les habitants de "Joffre", aidés par une ONG française et l'USAID, ne ménagent cependant pas leurs efforts pour ramener la vie dans ce village si loin et si proche de Diégo. Ajoutons une ultime bonne raison de passer par Joffreville : on a depuis la rue principale du village un point de vue inédit sur la baie de Diégo-Suarez.

Où se loger et se restaurer. Sakay Tany *(☎ 033 11 317 06 ; doubles/triples s.d.b. commune 40 000/50 000 FMG ; menu 30 000 FMG, plats 15 000 FMG).* Cette bonne adresse à petit budget dispose de six chambres au confort simple dans un ancien monastère transformé en maison d'hôtes. Le jardin et la terrasse figurent également au nombre des atouts de cet établissement familial et décontracté.

Chez Henriette et Marcel – Le Relais de la montagne d'Ambre *(chambres doubles s.d.b. commune 35 000 FMG ; plats 7 500-20 000 FMG).* L'accueil et les tarifs compensent la simplicité de l'hébergement de cette adresse chaleureuse, véritable institution de "Joffre".

Le Fontenay *(☎ 033 011 345 81 ou contact ☎ 82 236 99, cts@dts.mg ; déjeuner uniquement 80 000 FMG)*. Dans un pays où il est rare d'entendre les gens s'appeler "darling", ce restaurant et "tea garden" prouve qu'une Seychelloise et un Allemand peuvent créer une ambiance un tantinet "british". Les hôtes accueillent leur clientèle dans une ancienne demeure officielle de 1904 – un buste de Marianne veille toujours sur les lieux – où les nappes d'un blanc immaculé jettent leur éclat sur les verres en cristal. Assiette d'espadon fumé, filet de zébu au barbecue, salade et fromage composaient le menu lors de notre passage. Les propriétaires projetaient par ailleurs la création d'une chambre et de bungalows. Un très beau jardin (visite 5 000 FMG), où des caméléons côtoient une gigantesque tortue, complètent les atouts de cette adresse raffinée, un rien décalée mais incontestablement attachante.

Comment s'y rendre. Des taxis-brousse relient chaque jour Diégo à Joffreville par une route bitumée globalement bonne. Vous devrez en revanche débourser environ 50 000 FMG aller simple pour un taxi-ville, et le double pour un aller-retour. Ces derniers redescendent en général à Diégo à un prix (7 500 FMG environ) proche de celui du taxi-brousse.

PARC NATIONAL DE LA MONTAGNE D'AMBRE

Couvrant les 18 200 ha d'un important massif volcanique, à 40 km seulement de Diégo-Suarez, le parc national de la Montagne d'Ambre est l'un des sites les plus fréquentés du Nord malgache, même si la réserve de l'Ankàrana menace de plus en plus de lui ravir la vedette. Créé en 1958, il a pour but de "préserver le trésor biologique" de la faune et de la flore régionales, ainsi que le massif lui-même, dont l'altitude s'échelonne entre 850 et 1 475 m. Les aménagements touristiques se trouvent dans la partie nord de la réserve, à quelques kilomètres de Joffreville. Les secteurs sud, plus isolés, sont malheureusement plus difficile à protéger, notamment des incendies et du déboisement.

Flore et faune

La montagne d'Ambre, qui peut être assimilée à un prolongement de la forêt tropicale de l'Est, doit à son climat frais et humide d'abriter certaines espèces endémiques absentes plus au sud. Les précipitations abondantes (3 585 mm par an) expliquent la luxuriance ambiante... et la voracité des sangsues.

Les sept espèces de lémuriens dénombrées dans le parc sont plutôt timides et farouches. Peut-être aurez-vous la chance d'apercevoir brièvement un maki couronné, un maki brun de Sanford, un lépilémur mustélien, un microcèbe roux, un chirogale moyen, un aye-aye ou un phaner à fourche. La mangouste à queue annelée reste de loin le mammifère le plus fréquemment observé.

Le monde des reptiles et des amphibiens, qui sautent, bondissent, rampent et se glissent dans la végétation, englobe une large variété de grenouilles, de geckos, de caméléons et de serpents.

Plus de 70 espèces d'oiseaux, dont le tantale ibis à crête et le petit martin-pêcheur huppé, devraient satisfaire la curiosité des ornithologues.

Permis et guides

Les permis (50 000 FMG, valables 3 jours) sont disponibles au bureau de l'Angap situé à l'entrée du parc, 4 km après Joffreville.

Un guide est obligatoire comme dans tous les parcs nationaux, et fort utile pour découvrir la faune et la flore ou organiser un trek sérieux. Comptez 25 000 FMG pour le "petit circuit" (2 heures), 35 000 FMG pour le "moyen circuit" (4 heures), 50 000 FMG pour le "grand circuit" (une journée) et 75 000 FMG par jour de trekking. Les guides facturent 15 000 FMG chaque heure de visite nocturne. L'ouverture de certains circuits en visite libre serait cependant à l'étude.

Les brochures *La montagne d'Ambre : son parc et sa population* et *La liste des oiseaux du parc national de la montagne d'Ambre* s'avéreront fort utiles lors de votre découverte du parc.

Visite du parc

Avec sa vingtaine de kilomètres de pistes bien entretenues, le site convient à merveille

LE NORD

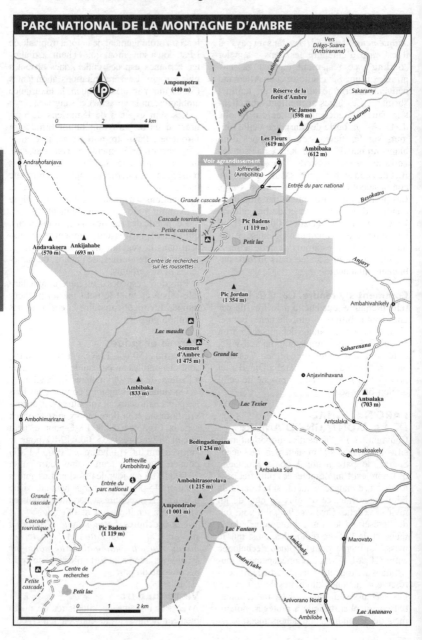

PARC NATIONAL DE LA MONTAGNE D'AMBRE

LE NORD

à la marche durant la saison sèche. Une voiture vous évitera cependant les 4 km de piste séparant l'entrée du parc de Joffreville (Ambohitra). Elle est praticable en voiture légère en saison sèche. Outre les précipitations – prévoyez des vêtements en conséquence –, les sangsues sont le principal désagrément de la visite, notamment après une période d'humidité. Quelques gouttes de jus de citron permettent en général de les ôter facilement et sans douleur.

Également appelé "lac de la Coupe verte", le petit lac offre un cadre serein et ravissant. Ne vous laissez pas décourager par la pente assez raide qui descend au bord de ce plan d'eau volcanique. A la saison sèche, le niveau de l'eau est suffisamment bas pour permettre de pique-niquer sur les rives. Quelques lémuriens montrent parfois timidement leur museau aux alentours.

La petite cascade est une modeste chute arrosant un bassin enchanteur entouré de falaises où abondent les fougères. Au crépuscule, le site la faveur des chauves-souris. Le sentier botanique, qui regroupe orchidées, palmiers, lianes et autres broméliacées, se déroule à proximité. Un peu plus loin, une allée conduit au site sacré de la petite cascade touristique (aussi nommée cascade d'Antakàrana).

Un chemin de quelques kilomètres vers le nord mène au point de vue qui surplombe la grande cascade, un mince ruban d'eau plongeant majestueusement 80 m plus bas dans une grotte. Depuis le poste d'observation, une descente abrupte et glissante conduit au pied de la chute.

Au sud, une piste rejoint le sommet de la montagne d'Ambre (1 475 m). Prévoyez facilement 3 à 4 heures de marche depuis la station des Roussettes et moins d'une heure pour gagner le sommet depuis la base. Vous pourrez également faire un tour au lac maudit, juste en contrebas. Le grand lac, près duquel il est possible de bivouaquer, s'étend au sud-est, à 1 445 m d'altitude.

Au départ de la station des Roussettes (reportez-vous à la carte), un circuit d'une journée et d'une douzaine de kilomètres englobe la grande et la petite cascade, le jardin botanique et le petit lac. Si vous n'êtes pas pressé et que vous disposez du matériel adéquat pour le camping et la randonnée, vous pouvez tranquillement consacrer 3 jours à la visite des sites décrits plus haut, ainsi qu'à celle de la montagne d'Ambre, du grand lac, du lac maudit (où la baignade est fady) et du lac Texier (appelé "lac des mauvaises vagues" en malgache), à environ 4 km au sud de la montagne d'Ambre.

Avec l'assistance d'un guide et beaucoup d'énergie, il est possible d'accomplir une randonnée d'une dizaine de jours comprenant tous les sites du parc et la réserve de l'Ankàrana. Depuis la montagne d'Ambre, marchez jusqu'au lac sacré d'Antanavo *via* Anjavinihavana, Antsaiaka Sud et Anivorano Nord. A partir du lac, hélez un taxi-brousse à destination de Mahamasina, puis poursuivez à pied jusqu'à la réserve de l'Ankàrana. Vous pourrez camper en chemin, à moins d'un arrangement avec votre guide pour passer la nuit dans un village des environs.

Où se loger et se restaurer

Camping *(contact au bureau de l'Angap de Joffreville, 5 000/20 000 FMG par tente sans/avec abri)*. Plusieurs sites sont répartis dans le parc, notamment à proximité de la station des Roussettes et aux abords du grand lac. Vous pourrez planter votre tente ou utiliser l'un des abris mis à la disposition des campeurs.

Gîte de la station des Roussettes *(contact au bureau de l'Angap de Joffreville, lit en dortoir 30 000 FMG)*. Aménagé près de la station des Roussettes, à 3 km de l'entrée du parc, il offre une capacité d'accueil de 10 personnes réparties en trois chambres, une salle de séjour, une cuisine et des sanitaires communs.

Joffreville (voir plus haut) offre des hébergements plus confortables.

Nature Lodge *(contact ☎ 22 356 07, malagasy@dts.mg)*. A 2 km de Joffreville, cette structure est encore en construction à l'heure où nous écrivons ces lignes (ouverture prévue en 2002). Appartenant à l'agence de voyage tananarivienne Malagasy Tours, elle devrait proposer des bungalows confortables avec sanitaires à 250 000 FMG environ. Renseignez-vous.

LE NORD

Comment s'y rendre

Des taxis-brousse circulent à intervalles réguliers sur la bonne route goudronnée reliant le terminus ouest de Diégo à Joffreville (Ambohitra). Quatre kilomètres de piste praticable en voiture légère par temps sec séparent cette dernière de l'entrée du parc. Vous pouvez également négocier avec un taxi de Diégo. Vous aurez peu de chances de trouver un véhicule à Joffreville.

Quasiment toutes les agences de voyages de Diégo-Suarez proposent des excursions au parc national de la montagne d'Ambre. Il est cependant possible de visiter le parc en indépendant.

RÉSERVE SPÉCIALE DE L'ANKÀRANA

A une centaine de kilomètres au sud-ouest de Diégo-Suarez, le massif de l'Ankàrana commence a dépasser en popularité le parc de la montagne d'Ambre. Il englobe une région sauvage et aride d'où émergent des tsingy, surprenantes formations rocheuses d'origine corallienne. Les tsingy les plus étendus et les plus célèbres de la Grande Île sont ceux de Bemaraha, près de Morondava (Ouest). Ceux de l'Ankàrana sont certes moins impressionnants, mais plus faciles d'accès.

Inscrits au patrimoine mondial de l'Unesco, ces ensembles géologiques étonnants par leur relief acéré sont la principale attraction de la réserve (reportez-vous à l'encadré qui leur est consacré, au chapitre *L'Ouest*, pour connaître l'origine de leur formation géologique). Les tsingy de l'Ankàrana s'étendent sur quelque 35 km de long, l'érosion ayant à certains endroits accompli son œuvre avec plus d'acharnement qu'à d'autres. Le relief ne permet d'en visiter que quelques fragments. Ces sculptures de pierre sont entrecoupées de canyons insoupçonnés, couverts de forêts et renfermant un réseau de grottes et de rivières souterraines.

La réserve doit son existence à un prince Antakàrana soucieux de protection de la

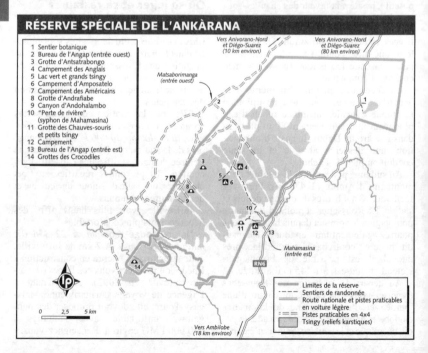

RÉSERVE SPÉCIALE DE L'ANKÀRANA

1 Sentier botanique
2 Bureau de l'Angap (entrée ouest)
3 Grotte d'Antsatrabongo
4 Campement des Anglais
5 Lac vert et grands tsingy
6 Campement d'Ampostelo
7 Campement des Américains
8 Grotte d'Andrafiabe
9 Canyon d'Andohalambo
10 "Perte de rivière" (syphon de Mahamasina)
11 Grotte des Chauves-souris et petits tsingy
12 Campement
13 Bureau de l'Angap (entrée est)
14 Grottes des Crocodiles

Vers Anivorano-Nord et Diégo-Suarez (10 km environ)

Vers Anivorano-Nord et Diégo-Suarez (80 km environ)

Matsaborimanga (entrée ouest)

Mahamasina (entrée est)

RN6

Vers Ambilobe (18 km environ)

0   2,5   5 km

Limites de la réserve
Sentiers de randonnée
Route nationale et pistes praticables en voiture légère
Pistes praticables en 4x4
Tsingy (reliefs karstiques)

Les Antakàrana : "ceux des rochers"

Peuple du Nord certainement affilié aux Sakalava – dont le pays s'étend le long de la côte ouest – les Antakàrana sont indissociables du massif de l'Ankàrana, où les membres de ce groupe ethnique se réfugièrent pour fuir la montée en puissance des Merina. Les Antakàrana ont ainsi préservé un système de croyance dans lequel la nature occupe une large part.

Leur principale tradition est celle du *tsangatsaina*, qui a lieu tous les cinq ans. Le rituel débute par une visite aux sépultures royales, afin de s'assurer du consentement des souverains défunts à la poursuite des cérémonies. L'étape suivante se déroule un an plus tard dans le village d'Ambotoharanana, où l'on érige un mât sacré, taillé dans des troncs d'arbre *hazoambo*, au-dessus des tombeaux des derniers dirigeants politiques antakàrana. Ces rites sont destinés à célébrer l'unité passée et présente des membres de l'ethnie, ainsi que le rôle permanent de la monarchie. Il existe en effet toujours un roi antakàrana, dont la fonction est aujourd'hui essentiellement honorifique.

nature, qui en céda le territoire au XIXe siècle. Son geste était hautement symbolique : les Antakàrana, sous-groupe des Sakalava, se réfugièrent en effet quelques années dans la réserve et ses grottes pour fuir la domination Merina. Les lieux sont toujours considérés comme sacrés par les membres de cette ethnie – l'une des cavernes du massif abrite les sépultures de plusieurs de leurs rois et des rites traditionnels continuent de s'y dérouler – et sont entourés de nombreux fady. L'un d'entre eux concerne les animaux des grottes, qu'il est interdit de maltraiter, capturer ou tuer. Il est par ailleurs théoriquement interdit à ceux qui ont pris part aux combats contre les Antakàrana de pénétrer dans la réserve.

On accède au massif de l'Ankàrana principalement de deux manières. Dans un cas comme dans l'autre, il est préférable de lui consacrer deux jours. La plus simple consiste à se rendre à l'entrée est, située au village de Mahamasina, à 29 km d'Ambilobe et 108 km de Diégo sur la RN 6. Accessible en voiture légère, cette option est la moins onéreuse mais oblige à une longue, quoique agréable, randonnée pour rejoindre le plus beau panorama sur le tsingy (les "grands tsingy"). L'autre solution consiste à rejoindre en 4x4 l'entrée ouest (Matsaborimanga) et à visiter les sites à bord du véhicule. Vous devrez, de toutes façons, passer une nuit en bivouac, à moins de n'accorder qu'une journée à la réserve, ce qui serait dommage.

Flore et faune

Cette réserve de 18 220 ha abrite une végétation diversifiée. Des cactées, telles que l'*Euphorbia* et le *Pachypodium*, prédominent sur les tsingy élevés et arides. Les canyons ombragés regorgent de touffus canneliers, de figuiers, de baobabs et autres arbres à feuilles caduques, typiques des forêts sèches.

La réserve compte dix espèces de lémuriens. Deux diurnes – le maki couronné et le maki brun de Sanford – et huit nocturnes, dont certains sont visibles de jour, pelotonnés contre le tronc des arbres. Parmi eux, citons le *Lepilemur septentrionalis*, l'avahi laineux, le microcèbe roux, le chirogale moyen, le phaner à fourche et le aye-aye. Les autres mammifères présents incluent le tenrec, le fossa et la mangouste *Galidia elegans* à queue annelée. Cette dernière, couleur acajou, est réputée pour visiter les campings en quête de nourriture. Mieux vaut éviter de la caresser. L'Ankàrana abrite par ailleurs neuf variétés de chauves-souris.

Près de 80 espèces d'oiseaux peuplent les airs, dont certaines parmi les plus remarquables de la Grande Île : martin-pêcheur orange et blanc, coua huppé, aigle-pêcheur de Madagascar, tantale ibis à crête…

Les crocodiles étant plutôt rares dans les rivières et les grottes souterraines, vous aurez très peu de chances d'en croiser. Par contre, caméléons et geckos y pullulent. Méfiez-vous des scorpions si vous campez.

Permis et guides

Les bureaux de l'Angap, installés à chacune des deux entrées principales de la réserve (voir ci-dessous), délivrent les permis valables trois jours (50 000 FMG). Les tarifs des guides, obligatoires, débutent à 30 000 FMG pour les petits tsingy, la grotte des chauves-souris et les sites qui l'entourent, et peuvent monter jusqu'à 80 000 FMG pour les itinéraires de randonnée.

Visite de la réserve

Entrée est. La plus facile d'accès, elle se situe sur la RN 6 au niveau du village de Mahamasina, à 29 km d'Ambilobe et 108 km de Diégo. Elle ne requiert pas de 4x4 et tous les taxis-brousse circulant entre Diégo-Suarez et Ambilobe s'y arrêtent. Elle a donc naturellement les faveurs des voyageurs indépendants, qui peuvent la rejoindre à peu de frais, louer sur place les services d'un guide et bivouaquer dans le parc.

Divers sites accessibles à pied depuis le bureau de l'Angap méritent le détour. Le siphon de Mahamasina ("perte de rivière") est particulièrement impressionnant : ce gouffre naturel karstique, dans lequel aboutissent deux rivières en un spectacle sidérant en temps de pluie, évoque par sa forme en hémicycle un amphithéâtre romain. A en croire les spécialistes, ce siphon naturel ressortirait quelque part dans le canal du Mozambique. A quelques dizaines de minutes à pied, en contrebas d'une luxuriante végétation, la grotte des Chauves-souris est avant tout intéressante pour ses exceptionnelles concrétions calcaires – stalactites, stalagmites, orgues, sculptures et autres formations qui émergent à la lueur de la lampe et dans lesquelles brillent des fragments de calcite. Formé par des millénaires d'infiltration d'eau et de dépôts calcaires, ce spectacle laisse plus de souvenirs que celui des milliers de chauves-souris accrochées aux parois de la succession de salles. Mieux vaut ne pas être claustrophobe et se munir d'une torche. Non loin, un petit promontoire en bois surplombe le panorama sur les petits tsingy (que vous risquez *a posteriori* de trouver décevants après les grands tsingy). De nombreux guides choisissent de bivouaquer au campement aménagé près de la grotte des Chauves-souris après une première journée consacrée aux sites mentionnés ci-dessus. Le lendemain, une randonnée de 20 km aller-retour (3 à 4 heures dans chaque sens) permet d'atteindre le clou de l'Ankàrana : les grands tsingy et le lac vert. La marche, sous le couvert de la forêt subtropicale et en terrain plat, est facile sur la majorité du parcours. Elle est également intéressante en compagnie d'un bon guide, qui vous montrera diverses espèces de végétaux, de lémuriens et de caméléons. Le dernier tiers, qui traverse une zone de tsingy très fortement érodés, se révèle un peu plus délicat. Le spectacle du lac vert, encaissé au pied de la dentelle de pierre grise des impressionnants grands tsingy parsemés d'une timide végétation, récompensera vos efforts.

Entrée ouest. Le bureau de l'entrée ouest de la réserve se situe au village de Matsaborimanga, que l'on rejoint par une piste de 21 km à partir de la RN 6, à 1 km environ d'Anivorano Nord. L'intérêt de cette option, praticable en 4x4, est d'atteindre les grands tsingy et le lac vert en s'épargnant les 20 kilomètres de randonnée (ce qui ne manque pas de justifier la dépense pour certains !). L'entrée ouest permet par ailleurs de découvrir quelques superbes sites naturels, grottes et canyons notamment, en plus des sites proches de l'entrée est.

Il existe une troisième entrée, peu fréquentée, au sud-ouest du parc.

Autres curiosités. Quelques autres sites, pour lesquels vous aurez besoin des services d'un guide, méritent également le détour. Inauguré en 1995 par le prince Philippe d'Édimbourg, président du WWF, le sentier botanique borde la RN 6 à l'extrême nord de la réserve. S'il n'a plus de botanique que le nom – les essences végétales se sont mal acclimatées au passage des chercheurs de saphirs en 1996 – il permet en revanche de rejoindre un petit ensemble de tsingy et de se glisser entre ses arêtes en 1 heure de marche aller-retour environ. Un peu d'escalade aidant, ce sentier fournit une rare occasion de s'approcher des tsingy par l'intérieur, de

Les Tsimihety

Le territoire des Tsimihety s'étend sur une vaste partie du Centre-Nord de Madagascar. L'un des traits dominants de ce groupe ethnique semi-nomade est sa résistance face à l'autorité extérieure. Les Tsimihety refusent en effet toute ingérence et sont réputés pour leur recours à la résistance passive. Leurs rapports avec les Merina sont souvent tendus.

La culture du riz et l'élevage sont les principales activités des Tsimihety. A la différence de nombreux autres groupes ethniques du pays, leur art funéraire est simple : les défunts sont enterrés sous des pierres ou dans des cavernes naturelles.

Philibert Tsiranana, premier président de Madagascar après l'indépendance, était tsimihety.

mesurer l'étrangeté de ces formations rocheuses et de voir les espèces animales et végétales qui y ont timidement élu domicile.

Relativement accessible mais guère aménagée, la grotte Andrafiabe, à proximité du campement des Américains, mesure 11 km de long et comporte 100 km de passages. Vous aurez besoin d'un bon guide et de lampes de spéléologie pour vous y aventurer. Parmi les autres grottes dont le repérage et l'exploration nécessitent un guide spécialisé, citons la grotte des Crocodiles, au sud de la réserve, où vous ne croiserez fort heureusement que des caméléons, des lémuriens et des mangoustes.

Certaines grottes sacrées ne peuvent se visiter qu'en compagnie de guides locaux, membres de la famille royale de la région. Plusieurs fady, que les visiteurs doivent respecter, pèsent sur ces sites.

Où se loger et se restaurer

Camping (*renseignements aux bureaux de l'Angap ; 5 000-20 000 FMG*). Plusieurs sites plus ou moins aménagés vous attendent dans la réserve. Le plus simple d'accès, qui présente également l'avantage de proposer des barbecues, des tables en bois et des toilettes, se situe à 1 km environ de l'entrée est. Vous

pourrez également camper près du sentier botanique, non loin du chemin qui mène au lac vert (campement des Anglais), au bord de la rivière Amposatelo (campement Amposatelo, ce qui signifie "trois fossa") ou encore au campement des Américains, à l'ouest de la réserve. Prenez garde aux scorpions, qui n'hésitent pas à se faufiler dans les vêtements et le matériel de camping. Emportez toutes les provisions et l'équipement nécessaire, sans oublier de l'eau en quantité suffisante et des lampes.

Il existerait un projet de gîte tenu par la population villageoise aux abords de la grotte d'Andrafiabe.

Les **hôtels** les plus proches sont ceux d'Ambilobe, à 29 km. Il est cependant nettement plus facile d'organiser une visite de l'Ankàrana depuis Diégo.

Comment s'y rendre

Des deux accès principaux à la réserve, celui de l'est est le seul accessible en voiture légère et desservi par les taxis-brousse circulant sur la RN 6 entre Diégo et Ambilobe. L'entrée ouest remporte de plus en plus de succès mais nécessite un 4x4, nettement plus onéreux.

Diégo-Suarez est la meilleure base pour organiser sa visite. Vous y trouverez des guides et des agences de voyages proposant un large choix de formules, à des prix divers. Reportez-vous au paragraphe *Circuits organisés et location de voiture* consacré à cette ville.

Avec une belle dose d'énergie et le matériel adéquat, vous pouvez aussi visiter la réserve au cours d'une randonnée de 10 jours depuis le parc national de la montagne d'Ambre, *via* le lac Antanavo.

DE DIÉGO-SUAREZ A NOSY BE

Une seule journée suffit pour relier Nosy Be depuis Diégo-Suarez. Votre première étape vous emmènera à Ambanja *via* Ambilobe (233 km). Des taxis-be parcourent régulièrement cette bonne route goudronnée (4 heures, 40 000 FMG environ) qui évolue dans les paysages verdoyants des abords de la montagne d'Ambre, d'où émergent çà et là d'anciens dômes volcaniques. Elle passe devant l'entrée est de la réserve de l'Ankàrana, une vingtaine de kilomètres avant Ambilobe.

Un second taxi-brousse – une 4L la plupart du temps – vous conduira ensuite d'Ambanja à Ankify (40 minutes environ, 10 000 FMG), le minuscule port où accostent les bateaux mettant le cap sur Nosy Be. Vous croiserez en chemin d'odorantes plantations d'ylang ylang. Reportez-vous au paragraphe *Comment s'y rendre* consacré à Nosy Be pour les informations concernant la traversée.

Une solution un peu plus onéreuse mais plus simple consiste à avoir recours aux services de la société Anila Transports, qui assure une liaison régulière entre Diégo et Nosy Be. Reportez-vous aux rubriques *Comment s'y rendre* de *Diégo-Suarez* et de *Nosy Be*.

Ambilobe

La localité assez morne d'Ambilobe est la plus proche de la réserve de l'Ankàrana. Les guides et agences de voyages de Diégo sont cependant nettement mieux organisés pour vous aider dans votre visite. Ambilobe est également le point de départ des taxis-brousse vers la Côte de la Vanille, dans le Nord-Est de l'île. Vous trouverez sur place une agence de la BTM-BOA et un bureau de poste.

Ambilobe compte peu de possibilités d'hébergement.

Hôtel de l'Ankàrana *(doubles 80 000 FMG environ)*. Plusieurs panneaux, en ville, vous dirigeront vers cet établissement.

Hôtel National *(doubles à partir de 80 000 FMG)*. Dissimulée dans les ruelles de la ville, il offre des chambres correctes. Celles à 120 000 FMG sont dotées de la clim.

Rhumerie-sucrerie de Sirama. Si vous faites halte à Ambilobe, profitez-en pour faire un saut à la sucrerie de la Sirama *(ouverte mai-nov lun-ven)*, alimentée par les gigantesques plantations de canne à sucre qui fournissent la majeure partie de la production sucrière malgache. Les bonnes années, 3 000 tonnes de canne environ y sont traitées chaque jour, avant d'être distillées pour produire 60 000 litres d'alcool par an. Bâtie par les Français dans les années 1950, la sucrerie

d'Ambilobe a considérablement changé d'aspect depuis l'époque coloniale. Les visiteurs y sont toujours les bienvenus. Pour vous y rendre, prenez un taxi-brousse à destination du village d'Ankàrana (à 1 heure de trajet vers l'ouest) puis continuez à pied sur 2 ou 3 km en direction du nord.

Ambanja

Située au bord de la Sambirano, cette petite ville réserve quelques belles promenades aux abords de l'estuaire et du pont, juste au sud. Vous aurez par ailleurs de fortes chances d'observer des maki macaco aux alentours de Benavony, à 4 km environ en amont. Ambanja (prononcer "ambanj") est avant tout une ville de passage entre Nosy Be et Diégo. Rares sont les voyageurs qui s'y arrêtent. Si c'est votre cas, allez faire un tour dans les nombreuses écoles de la ville, notamment la grande école Sevema, tenue par des sœurs, et la minuscule école primaire française, qui méritent le détour pour leur atmosphère particulière.

Vous trouverez à Ambanja un bureau d'Air Madagascar, une agence de la BTM-BOA et une Alliance française.

Des taxis-brousse relient Ambanja à Mahajanga. Les deux cents premiers kilomètres de la RN 6, au sud de la ville, restent particulièrement mauvais malgré quelques travaux de réfection.

Ambanja n'est pas reliée au réseau téléphonique direct. La couverture du réseau GSM s'arrête une quinzaine de kilomètres au nord de la localité.

Où se loger et se restaurer. Chez Patricia *(doubles sans/avec s.d.b. 20 000-30 000/60 000 FMG ; plats 10 000 FMG environ)*. Dans le quartier de l'Alliance française, cet hôtel propose des chambres bon marché sombres et peu accueillantes. Les plus chères, situées dans une annexe et dotées de sanitaires, sont raisonnablement confortables. Le restaurant, rendez-vous des rares vazaha d'Ambanja, sert de bons plats à prix doux.

Les Bougainvilliers *(doubles avec s.d.b. 51 000 FMG)*. A l'écart de la rue principale et non loin du Palma Nova, ce petit hôtel offre des chambres convenables et un petit jardin. Un relatif bon choix compte tenu de la faible quantité d'hébergements dans la ville.

Le Palma Nova *(doubles avec s.d.b. 75 000 FMG)*. Réputé comme l'adresse la plus confortable d'Ambanja, le Palma Nova (suivez les panneaux) loue des chambres sans grand charme au tarif surévalué. L'hôtel dispose d'une grande salle de bar-restaurant qui s'anime certains soirs. Vous pourrez vous y renseigner sur les possibilités de balades en VTT dans les environs.

Ankify

Le "port" d'Ankify se résume à un quai bordé de quelques échoppes où accostent les bateaux assurant la liaison avec Nosy Be. Des taxis relient fréquemment le port à Ambanja.

Le Baobab *(contact à Diégo ☎ 82 293 64, contact à Tana ☎ 22 469 01 ; bungalows doubles avec s.d.b. 250 000 FMG)*. Le Baobab borde une belle plage (à marée haute) à une quinzaine de minutes de marche à pied d'Ankify. Il offre de beaux et confortables bungalows et une agréable salle de restaurant en terrasse mais reste malheureusement souvent désert. Pour vous y rendre depuis le débarcadère, marchez tout droit jusqu'à la fourche et tournez à droite. Les cartes de crédit ne sont pas acceptées.

Nosy Be et autres îles

Synonyme de paradis pour les uns, le nom de Nosy Be évoque, pour d'autres, le spectre du tourisme à grande échelle. Ce bel îlot connu des vacanciers et des tour-opérateurs bien avant le reste de l'île présente en effet un visage plus touristique que le reste de Madagascar. Nosy Be, cela dit, reste une petite île tranquille qui séduira les candidats au farniente, aux joies de la mer, au repos et au voyage "facile", occupations que favorisent son ambiance décontractée et sa douceur de vivre, qui se conjuguent toujours au présent. Les îlots qui la bordent combleront pour leur part les amateurs de robinsonnade.

Séjourner à Nosy Be et sur les îles environnantes revient plus cher, toutes proportions gardées, que de nombreux autres points du littoral. Certains hôteliers, conscients de la concurrence croissante des plages de l'Est, de l'île Sainte Marie et des stations du Sud de Madagascar, limitent leurs prétentions. D'autres continuent à pratiquer des tarifs élevés, au risque de tuer la poule aux œufs d'or.

Sorties en mer

De nombreuses agences et quelques hôtels proposent d'explorer les îles.

Océan de Sagesse *(☎ 86 611 57)*. Thierry, qui préside aux destinées de cette petite structure d'Ambatoloaka, organise des sorties vers Nosy Komba, Nosy Tanikely et Nosy Faly, mais aussi des bivouacs vers Nosy Iranja et l'archipel des Mitsio. Océan de Sagesse (tout un programme !) propose également un tour de Nosy Be en 4x4 et des circuits dans le nord de la grande terre. L'agence, que des lecteurs recommandent, partage ses locaux du centre d'Ambatoloaka avec Nomade Plongée et Point Com.

Alefa *(☎/fax 86 615 89, alefa@simicro. mg, www.madagascar–contacts.com/alefa)*. Cette institution de Madirokely dont le savoir-faire est reconnu et souvent cité en exemple propose des circuits de 2 jours minimum en pirogue sakalava – plus grandes que les pirogues vezo, elles sont construites en bordé et membrures et non taillées dans un tronc. Outre une bonne connaissance du pays et la possibilité d'atteindre des lieux peu fréquentés de la côte entre Nosy Be et Mahajanga (Alefa explore 300 km de côte et près de 80 points de bivouac), cette sympathique équipe prône un tourisme de découverte qui n'exclut pas un certain art de vivre : on embarque par exemple à bord de quoi faire des cocktails ou de bons petits déjeuners. Cette expérience, unique à Madagascar, vous reviendra à 61 € environ par jour et par personne (3 personnes minimum) ou à 91 € environ par jour si vous êtes 2.

Mada Voiles – Blue Planet *(☎/fax 86 614 31, mad.planet@simicro.mg)*. Cette agence d'Ambatoloaka organise des sorties en mer à bord de monocoques et de catamarans, dont certains sont équipés pour la plongée. Les

LE NORD

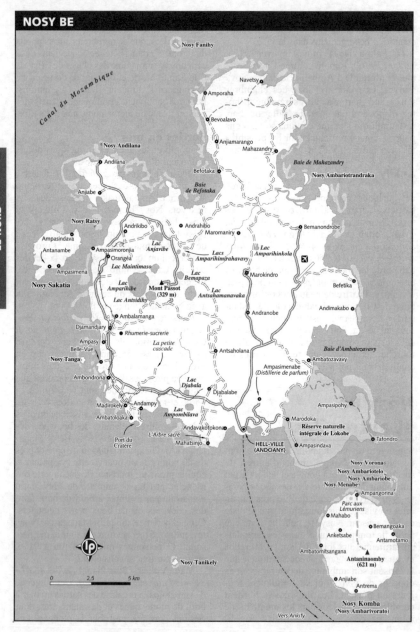

NOSY BE

Nosy Fanihy

Canal du Mozambique

Navetsy

Amporaha

Bevoalavo

Anjiamarango
Mahazandry

Baie de Mahazandry

Nosy Andilana

Befotaka

Nosy Ambariotrandraka

Andilana

Baie
de Befotaka

Anjiabe

Nosy Ratsy

Andrikibo

Andrahibo
Maromaniry

Bemanondrobe

Ampasindava

Ampasimoronjia
Orangéa

Lac
Anjavibe

Lacs
Amparihimirahavavy

Lac
Amparihinkola

Antanambe

Lac Maintimaso

Lac
Bemapaza

Marokindro

Befetika

Ampasimena

Lac
Amparihibe

Mont Passot
(329 m)

Lac
Antsahamanavaka

Andimakabo

Nosy Sakatia

Lac Antsidihy

Ambalamanga

Andranobe

Djamandjary

Rhumerie-sucrerie

Ampasy
Belle-Vue

La petite
cascade

Antsaholana

Baie d'Ambatozavavy

Nosy Tanga

Ambatozavavy

Ambondrona

Ampasimenabe
(Distillerie de parfums)

Ampasipohy

Madirokely
Ambatoloaka

Andampy

Lac
Ampombilava

Lac
Djabala

Djabalabe

Andavakotokona

Marodoka

Réserve naturelle
intégrale de Lokobe

Port du
Cratère

L'Arbre sacré

Mahatsinjo

HELL-VILLE
(ANDOANY)

Ampasindava

Tafondro

Nosy Vorona

Nosy Ambariotelo
Nosy Ambariobe
Nosy Menabe

Ampangorina

Parc aux
Lémuriens

Mahabo

Bemangoaka

Anketsabe

Antamotamo

Ambatomitsangana

Antaninaomby
(621 m)

Nosy Tanikely

Anjiabe

Antrema

Nosy Komba
(Nosy Ambarivorato)

Vers Ankify

0   2,5   5 km

tarifs débutent à 175 € environ par jour pour 2 personnes en pension complète à bord. Mada Voiles – Blue Planet organise également des sorties à la journée vers Nosy Iranja (200 000-250 000 FMG/personne, 4 personnes minimum), Nosy Tanikely et Nosy Komba (125 000 FMG/personne, départs tous les jours en saison) et la réserve de Lokobe (125 000 FMG/personne pour 3 ou 150 000 FMG/personne pour 2). Les règlements par carte visa sont acceptés.

Nosy Be Promenade (☎ 86 620 17). Toujours à Ambatoloaka, Nosy Be Promenade vous emmènera sur les îles entourant Nosy Be à des prix compétitifs : 180 000 FMG pour Nosy Iranja, 100 000 FMG pour Nosy Komba ou Nosy Tanikely, 125 000 FMG vers la réserve de Lokobe.

La Caravane Malagasy (☎ 86 614 11, fax 86 616 35, caravane@dts.mg). Cet autre club de Madirokely loue des bateaux à moteur à partir de 450 000/750 000 FMG la demi-journée/journée et organise des croisières en catamaran à partir de 350 000 FMG par personne et par jour. Les cartes Visa sont acceptées.

Daniel (☎ 86 610 79). Connu de tous par son prénom, Daniel organise des sorties en mer à bord d'un catamaran.

De nombreux clubs de plongée de Nosy Be (voir ci-dessous) sont également prestataires de sorties en mer.

Pêche au gros

Nosy Be Fishing Club (☎/fax 86 616 01). Ce club de Madirokely dispose de 4 vedettes de 7 m équipées. Comptez 1,5 million de FMG/jour.

Hôtel Barracuda (☎/fax 86 616 84, www.barracuda–mada.com). A Ambatoloaka, cet hôtel propose également des sorties de pêche en mer.

Plongée

Nosy Be – Ambatoloaka en tête – compte de bons centres de plongée. La faune et la flore sous-marines des récifs environnants devraient faire la joie des plongeurs. Profitons-en pour corriger la croyance longtemps répandue selon laquelle les abords sous-marins de l'île sont avant tout fréquentés par les gros poissons. Faux, affirment les clubs locaux, pour qui les sites de plongée locaux sont en premier lieu intéressants pour leurs coraux et les petits poissons qui y ont élu domicile. Parmi les multiples espèces présentes aux abords de l'île, citons les *acanthuridés*, les *balistidés*, les *promacentridés*, les poissons clowns, les thons jaunes, les barracudas et les raies manta, sans oublier les aigles de mer et parfois les baleines. Oursins, étoiles de mer, anguilles et anémones sont également au rendez-vous. Au large de Nosy Sakatia, attendez-vous à rencontrer des poissons clowns, des barracudas et des tortues. Quant aux dauphins, ils folâtrent dans les parages en plus grand nombre que leurs voisins, les rares requins-baleines.

Ambatoloaka (côte ouest de Nosy Be) et Nosy Sakatia sont les sites de plongée avec bouteille les plus fréquentés. Nosy Tanikely et Nosy Komba sont davantage adaptées à la plongée avec palmes, masque et tuba. Les périodes d'avril à juillet et de septembre à novembre sont les plus recommandées.

Les différents clubs – dont certains délivrent des brevets officiels – pratiquent des tarifs comparables (le plus souvent en francs français) : comptez entre 170 et 200 FF la plongée. Vous économiserez en souscrivant un forfait de plusieurs sorties.

Les centres de plongée de l'île sont majoritairement agrémentés PADI et pratiquent des tarifs comparables.

Nomade Plongée (☎ 86 611 57, nomadeplongee@simicro.mg). Ce club sympathique partage ses locaux qui font face à Blue Dive, dans le centre d'Ambatoloaka, avec Océan de Sagesse (voir *Sorties en mer*) et un cybercafé. Outre les plongées (96 € pour la journée comprenant deux descentes vers les abysses), Nomade organise des croisières-plongée à bord d'un bateau de 13 m dans les îles Mitsio et Radama.

Blue Dive (☎/fax 86 616 31 ou 032 07 20 720, info@bluedive-madagascar.com, www. bluedive-madagascar.com). Outre des plongées, ce club important organise des sorties en mer et des croisières à Nosy Mitsio. Il délivre les brevets Padi, Naui et

LE NORD

Cmas et pratique des tarifs raisonnables. Comptez 170 000/185 000 FMG par plongée, 350 000 FMG pour une plongée au cours d'une sortie vers Nosy Iranja et 220 € environ pour le niveau 1. Implanté par le passé à Madirokely, Blue Dive a déménagé pour s'installer à Ambatoloaka, en face de Nomade Plongée.

Tropical Diving (☎/fax 86 616 28, 032 07 127 90, tropical.diving@simicro.mg, www.simicro.mg/tropical.diving). Dans les locaux de l'hôtel Coco plage d'Ambatoloaka, ce club labelisé Scubapro dispose de deux vedettes de 7 m. Comptez de 29 à 32 € par plongée, 33,5 € pour un baptême et 220 € pour le niveau 1 (tarifs dégressifs). Tropical Diving propose des sorties à Nosy Iranja (46 €) et des bivouacs aux îles Mitsio.

Manta (☎ 032 07 207 10). Installé à côté du beau Madiro-hôtel de Madirokely, cet organisme italien sérieux dispense des cours et délivre des brevets.

Oceane's Dream (tél/fax 86 614 26 ou 032 07 127 82, oceaned@dts.mg). Ce club d'Ambatoloaka propose plongées et sorties en mer.

Mada Plouf (☎ 032 071 25 14). L'unique club d'Ambondrona offre l'avantage d'être animé par un médecin spécialisé (et passionné de biologie marine). Comptez de 170 000 à 190 000 FMG par plongée selon votre équipement.

Sakatia Dive Inn (☎ 86 615 14, sakatia.dive.inn@simicro.mg), l'unique club de Nosy Sakatia, propose des cours de plongée (250 000 FMG la plongée équipée, tarifs dégressifs) et toutes sortes d'excursions. Le centre dispose également de quelques chambres pour ses clients. Pour réserver sur place, renseignez-vous au bar Le Coin de la Plage, à Belle-vue.

ULM
La Caravane Malagasy (☎ 86 614 11, fax 86 616 35, caravane@dts.mg). Vous avez bien lu : il est possible de louer un ultra léger motorisé (pendulaire) à Nosy Be, plus précisément à Madirokely. Il vous en coûtera 12 500 FMG la minute de vol ou 250 000 FMG pour un baptême. Les cartes Visa sont acceptées.

NOSY BE
Celle dont le nom signifie "Grande Île" (ce qui peut faire sourire quiconque compare sa taille avec celle de la grande terre) demeure avec 321 km^2 la plus étendue des îles de la côte malgache. Baptisée "Île aux Parfums" dans les brochures touristiques, Nosy Be produit de l'essence d'ylang-ylang et autres plantes aromatiques. La canne à sucre, le café, la vanille, le poivre et le safran sont également au nombre des productions locales.

Présentée de longue date comme l'atout touristique de Madagascar, cette "île tropicale paradisiaque" vantée par la publicité attire de longue date les visiteurs étrangers. Elle a cependant préservé son charme et n'est pas le "ghetto touristique" auquel certains s'attendent. On pourrait gloser longuement sur les avantages et les inconvénients du tourisme dans un pays particulièrement pauvre. Nosy Be résume en fait l'équation qui se pose à de nombreuses régions du globe : faut-il utiliser économiquement l'attrait touristique que suscite un environnement privilégié et courir ainsi le risque de lui nuire ?

Histoire
Les premiers habitants de Nosy Be étaient sans doute des commerçants indiens et swahilis, venus au XVe siècle profiter de ce site agréable pour s'y établir quelque temps. Plusieurs siècles plus tard, d'autres habitants du sous-continent y échouèrent leur navire. Les naufragés s'installèrent sur l'île et fondèrent la colonie de Marodoka, aujourd'hui en ruine, dans la baie d'Ambanoro (à 7 km à l'est de Hell-Ville). Par la suite, Nosy Be attira toutes sortes de réfugiés, de négociants et de colons.

L'île fit reparler d'elle à la fin des années 1830, lorsque Radama Ier tenta de créer une confédération et que les souverains sakalava appelèrent à l'aide le sultan de Zanzibar. Sans doute mal informé de l'origine géographique de l'ennemi merina, qui arrivait des Hauts Plateaux, ce dernier envoya un navire de guerre pour décourager toute tentative de conquête navale…

En 1839, la reine sakalava Tsiomeko s'enfuit à Nosy Be et se tourna vers les Français afin qu'ils l'aident à résister aux Merina. Saisissant l'occasion, le capitaine

Le Nord de Madagascar ne manquent pas d'endroits paisibles où jeter une ligne

Passot expédia un message à l'amiral de Hell, basé à la Réunion, qui s'empressa de signer un traité de protectorat avec la dynastie sakalava. En 1841, ces derniers cédèrent ainsi Nosy Be et sa voisine, Nosy Komba, à la France.

L'anecdote la plus étrange concerne un vaisseau de guerre russe. Envoyé à Nosy Be par le tsar au cours de la guerre russo-japonaise de 1904-1905, il avait pour mission de parer à toute incursion nippone dans le canal du Mozambique. A l'issue du conflit, le contingent fut oublié et les marins se retrouvèrent livrés à eux-mêmes, attendant les ordres et ignorant que la Russie était désormais en paix. Ils s'établirent ainsi à Nosy Be, où la plupart d'entre eux finirent par mourir du paludisme, de la fièvre typhoïde et d'autres maladies tropicales. Ils sont enterrés dans un coin du vaste cimetière de Hell-Ville, face à l'actuel bureau d'Air Madagascar.

Le développement récent du tourisme – qui fait vivre 25% de la population de l'île – caractérise aujourd'hui l'économie de Nosy Be. Sa population augmente, tandis qu'on incendie la végétation à tout va pour cultiver sur brûlis et construire des habitations et des hôtels. La déforestation et l'ensablement qui en découle ont des conséquences désastreuses. Si les ravages continuent au rythme actuel, on estime que les forêts luxuriantes d'autrefois seront décimées d'ici à une dizaine d'années.

Hell-Ville (Andoany)

La "capitale" de Nosy Be compte 30 000 âmes, soit les deux tiers de la population de l'île. Loin de provenir d'une quelconque origine diabolique, son nom lui a été donné par l'amiral de Hell, ancien gouverneur de l'île, qui baptisa également le village de Hell-Bourg, à la Réunion. L'appellation malgache officielle – Andoany – est rarement usitée, y compris par les insulaires.

Argent. Hell-Ville abrite des agences des banques BFV-SG, BTM-BOA et BNI-CL (cette dernière se trouve en face de la chambre de commerce). Leurs guichets ouvrent en semaine de 7h30 à 11h-11h30 et

L'ylang-ylang

Nosy Be doit pour une large part son surnom d'"Île au Parfum" à cette étrange plante aux odorantes feuilles vert pâle qu'est l'ylang-ylang. L'arbuste noueux, de taille modeste, qui la produit est désigné par les scientifiques sous le nom de *cananga odorata*. Les plants sont volontairement élagués et leur croissance bloquée afin qu'ils ne dépassent pas la taille d'un pied de vigne. Les fleurs éclosent quasiment tout au long de l'année. La saison des pluies (d'avril à novembre) est cependant la période la plus favorable à la cueillette, qui se fait à la main. Une centaine de kilos de fleurs produisent environ 2,5 kg d'huile d'ylang-ylang. L'essence est ensuite purifiée, puis exportée dans les pays occidentaux, où elle sert à la fabrication de parfums.

L'ylang-ylang compte parmi les ressources agricoles de Madagascar. Il pousse également à Mayotte et aux Comores, où il couvre environ un tiers des terres arables. Vous apercevrez quelques distilleries d'ylang-ylang sur l'île de Nosy Be (notamment sur la route de l'aéroport), ainsi qu'entre Ankify et Ambanja, sur la grande terre.

de 14h-14h30 à 15h-16h. Toutes changent devises et chèques de voyage. La BFV-SG peut débiter une carte Visa, la BTM-BOA une Mastercard et la BNI-CL délivre des espèces sur présentation d'un chéquier et d'une carte Visa délivrés par une agence du Crédit Lyonnais en France.

Poste et communications. La poste (où vous pouvez également téléphoner) se situe au coin du boulevard de l'Indépendance et de la rue Passot. Elle est ouverte aux heures de bureau. Vous trouverez des téléphones à carte à côté de l'Abud Hôtel, près de l'Oasis et à la Saify Shop, non loin du marché.

Hell-Ville, comme l'ensemble de Nosy Be, est connectée au réseau malgache de téléphonie mobile.

Internet. Vous pourrez vous brancher sur le réseau mondial moyennant 1 500 FMG la minute de connexion à la boulangerie-salon de thé Oasis (☎ 86 611 78), bien située en bas de l'avenue de l'Indépendance.

Office du tourisme. Un bureau d'information touristique (☎ 86 614 39) peu efficace est implanté dans la grand-rue, près du port.

Agence consulaire de France. Mitoyenne de la chambre de commerce, elle ouvre du mardi au vendredi de 9h à 11h (☎ 86 610 09 ou 032 07 127 37).

Photo. DMT Photo (☎ 86 631 03), dans la rue principale, vend des films noir et blanc, négatif et inversible couleur et assure les développements en 1 heure. Une autre boutique a pignon sur rue près de l'agence consulaire de France.

A voir et à faire. Pour agréable qu'elle soit, Hell-Ville ne risque guère de surcharger votre emploi du temps. Citons cependant le beau spectacle des **nappes brodées** ou ajourées qui sont exposées au soleil entre la BNI-CL et le bureau d'information touristique, en allant vers le port. Derrière se dressent quelques belles **demeures coloniales**, maintenant un peu décrépites. Rue Passot, remarquez l'**ancienne prison**, construite en 1855. Le petit **Musée de Nosy Be** *(rue du docteur Manceau ; entrée 20 000 FMG ; ouvert lun-sam 9h-12h et 15h30-18h)* présente une petite collection d'objets traditionnels sakalava et antakàrana.

Où se loger. Hell-Ville foisonne d'hébergements, souvent meilleur marché que sur le reste de l'île, et vous aurez tôt fait de repérer le panneau chambres à louer au hasard des rues. Nombreux sont cependant ceux qui préfèrent séjourner dans une localité située en bord de plage.

Hôtel Belle-vue *(☎ 86 613 84 ; doubles avec s.d.b. de 70 000-80 000 à 120 000-150 000 FMG)*. Très bon choix en ville, cette adresse ouverte en 2001 abrite des

Le Donia

Baptisé Donia, le festival de Nosy Be a lieu chaque année début juin. Créé en 1994, il a fêté en 2001 sa 8ᵉ édition en plaçant la protection de l'enfance au cœur de sa programmation. Jeux, kermesses et sports rythment ces cinq jours de festival dont la musique reste le point d'orgue. Le festival ouvre en effet sa scène à des musiciens en provenance de toutes les îles de l'océan Indien. Le Donia est organisé par le Comité d'organisation du festival de Nosy Be (Cofestin).

chambres particulièrement propres et accueillantes. Les plus économiques sont dotées d'une douche mais les toilettes sont communes. Les plus chères offrent la vue, la clim. et des sanitaires complets. Les chambres de l'étage sont les plus agréables, car les plus claires. L'hôtel est parfois appelé du nom de son bar : la Porte Rouge.

Le Clérac *(☎ 032 02 111 62 ; doubles/triples avec s.d.b. 75 000/100 000 FMG).* Cet établissement ouvert en 2001 loue des chambres simples mais claires. Un bar était en cours de construction sur la grande terrasse lors de notre passage.

Abud Hôtel *(☎ 86 610 55, fax 86 612 57 ; doubles sans/avec s.d.b. 82 000/102 000 FMG).* Impossible de rater cet hôtel qui présente la plus haute façade de la rue principale. Plutôt un bon choix en ville – quoique l'endroit soit assez bruyant et manque un peu d'air et de lumière –, l'Abud Hôtel offre des chambres correctes. Une terrasse vous attend au dernier étage pour le petit déjeuner. Les cartes Visa sont acceptées.

Restaurant d'Ambonara et ses bungalows *(☎/fax 86 613 67, ambonara@dts.mg, bungalows doubles avec s.d.b. 85 000 FMG).* Situé dans une ancienne plantation de café, cette adresse est sans conteste la plus calme et l'une des plus agréables et confortables de la ville. Ses charmants bungalows en bois et bambou son agrémentés de parquet en palissandre. Accessible à pied,

l'établissement se trouve à la sortie de la localité, non loin de l'agence d'Air Madagascar. Les cartes Visa sont acceptées contre une commission de 6%. L'hôtel est réputé pour son restaurant. Il propose parfois des maisons en location à Madirokely.

Victoria Hôtel *(☎ 86 613 25 ; doubles/quadruples s.d.b. commune 65 000/95 00 FMG).* L'hôtel est indiqué dans la rue principale au nord de l'Abud Hôtel. Il loue des chambres au confort simple mais propres, situées au 1ᵉʳ étage du bâtiment. Les tarifs sont dégressifs à partir de cinq jours.

Le Diana *(ex-Hôtel de la Marine, ☎ 86 615 73 ; doubles sans/avec s.d.b. 55 000/85 000-95 000 FMG).* Les doubles à 85 000 FMG du rez-de-chaussée sont sombres mais les autres sont correctes.

Où se restaurer. Restaurant d'Ambonara et ses bungalows *(☎/fax 86 613 67 ; plats 30 000-40 000 FMG, menu 65 000 FMG).* L'une des meilleures tables de la ville, ce restaurant ne vous décevra pas avec son traditionnel zébu, son magret de canard au rhum gingembre ou ses poissons grillés. Le bar et la salle en terrasse sont particulièrement agréables. Reportez-vous à *Où se loger* pour le localiser.

Papagayo *(menu-déjeuner 28 000 FMG, plats du jour 26 000-32 000 FMG ; ouvert tlj).* Avec sa grande terrasse et ses accueillants fauteuils en bois, le Papagayo est étonnamment sophistiqué pour Madagascar. La cuisine – petits farçis, poulet mariné à l'ail et au citron, brochette de filet aux herbes, chili con carne… – quoique correcte n'est malheureusement pas à la hauteur de la terrasse. Vous trouverez ce restaurant, qui s'anime parfois en soirée, dans la rue principale.

Chez Nana *(plats 20 000-25 000 FMG).* Cette adresse sans prétention mais assez pimpante de l'avenue de l'Indépendance propose une large sélection d'en-cas et de plats malgaches : romazava de poulet, poulet coco, crevettes frites…

Le Papillon *(☎ 86 615 82 ; plats 25 000-30 000 FMG ; fermé dim).* Plats de pâtes, pizzas, carpaccio de poisson du jour et cannellonis au four sont à la carte de ce restau-

LE NORD

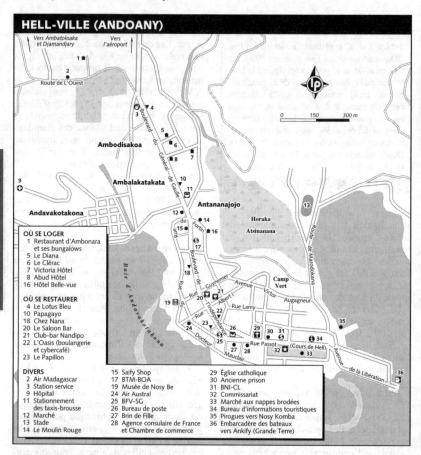

HELL-VILLE (ANDOANY)

Vers Ambatoloaka et Djamandjary

Vers l'aéroport

Route de L'Ouest

Ambodisakoa

Ambalakatakata

Andavakotakona

Antananajojo

Horaka

Atsinanana

Baie d'Andavakotakona

Camp Vert

0   150   300 m

OÙ SE LOGER
1 Restaurant d'Ambonara et ses bungalows
5 Le Diana
6 Le Clérac
7 Victoria Hôtel
8 Abud Hôtel
16 Hôtel Belle-vue

OÙ SE RESTAURER
4 Le Lotus Bleu
10 Papagayo
18 Chez Nana
20 Le Saloon Bar
21 Club-bar Nandipo
22 L'Oasis (boulangerie et cybercafé)
23 Le Papillon

DIVERS
2 Air Madagascar
3 Station service
9 Hôpital
11 Stationnement des taxis-brousse
12 Marché
13 Stade
14 Le Moulin Rouge

15 Saify Shop
17 BTM-BOA
19 Musée de Nosy Be
24 Air Austral
25 BFV-SG
26 Bureau de poste
27 Brin de Fille
28 Agence consulaire de France et Chambre de commerce

29 Église catholique
30 Ancienne prison
31 BNI-CL
32 Commissariat
33 Marché aux nappes brodées
34 Bureau d'informations touristiques
35 Pirogues vers Nosy Komba
36 Embarcadère des bateaux vers Ankify (Grande Terre)

Rue Albert I

Avenue Victor Augagneur

Rue Lamy

Rue Indépendance

Rue Docteur

Rue Passot

Rue Mauclair

(Cours de Hell)

Avenue de la Libération

---

rant de spécialités italiennes et franco-malgaches. Les tables bien dressées et la salle agréable en font l'un des établissement les plus "chic" de la ville.

Club-bar Nandipo *(snacks à partir de 6 000 FMG)*. Derrière une façade qui évoque le style créole des autres îles de l'océan Indien, le Nandipo bénéficie d'une belle salle et d'un petit jardin. Bar et rendez-vous des pêcheurs au gros de Hell-Ville avant tout, il sert cependant des sandwiches, omelettes et autres snacks. Un restaurant était en cours d'aménagement dans le jardin lors de notre passage.

Le Saloon Bar *(☎ 86 617 29 ; plats 15 000 FMG environ, menu du jour 25 000 FMG)*. Cette adresse appréciée des vazaha de Hell-Ville sert des plats et menus du jour.

L'Oasis *(☎ 86 611 78)*. Bien placée, la terrasse de l'Oasis est appréciée pour ses glaces et sa boulangerie. Vous y trouverez également un choix de snacks et sandwiches, des plats du jour et un cybercafé.

Le Lotus Bleu *(plats 6 000 FMG environ)*. Une adresse économique : un bol de riz et de sauce avec un peu de viande ne vous y coûtera guère plus de 6 000 FMG.

Où sortir. L'ouverture du Djembé, à Ambatoloaka, a porté un coup fatal à la principale discothèque de Hell-Ville, le **Moulin Rouge** *(☎ 86 610 36)*. Le **Papagayo** anime certaines soirées de Hell-Ville.

Achats. Haut en couleur, le **marché** de Hell-Ville constitue l'un des lieux les plus sympathiques de l'île. L'animation y règne de l'aube au crépuscule et vous pourrez vous y ravitailler en épices – gousses de vanille, poivre noir et vert, clous de girofle, safran, cannelle, etc. – à des prix raisonnables. Les tarifs sont généralement affichés mais les marchands ne rechignent pas à négocier. Plus élégantes, des boutiques de **pierres précieuses et semi-précieuses** et de souvenirs bordent la rue principale. Enfin, ne négligez pas les **nappes brodées**, exposées à quelques centaines de mètres après la chambre de commerce, en direction du port. Face à la Poste, la boutique **Brin de Fille** *(☎ 032 07 126 65)* propose de l'artisanat de qualité, quelques objets et des pièces de confection réalisées sur mesure.

Environs de Hell-Ville
Distillerie de parfum d'Ampasymenabe. A 3 km au nord de Hell-Ville, cette petite structure *(entrée gratuite ; distillation lun, mer, ven à partir de 12h)* distille de l'ylang-ylang, du vétiver, des clous de girofle et de la citronnelle. La visite n'est réellement intéressante que durant l'opération de distillation. Des petits flacons d'essence pure sont vendus sur place.

Marodoka. A 6 km à l'est par la route côtière qui part de Hell-Ville, vous découvrirez les ruines d'un impressionnant amalgame de sable et de coraux, qu'une luxuriante végétation est en train de reconquérir. Vous voilà à Marodoka qui, selon la légende, aurait été fondée par des marins naufragés venus d'Inde au XVIIe ou XVIIIe siècle. Quelle que soit son origine, cette colonie abandonnée constitue un site peu connu de Nosy Be.

Réserve naturelle intégrale de Lokobe. Les 740 ha de cette réserve regroupent la majeure partie de la végétation endémique subsistant à Nosy Be et protège les maki macaco et les caméléons.

Avec un peu de chance, vous apercevrez des boas constricteurs. Vous devriez aussi croiser quatre variétés de lémuriens, parmi lesquels le maki macaco et le lépilémur mustélien (*Lepilemur mustelinus dorsalis*). Ce dernier appartient à la seule sous-espèce qui sommeille le jour dans les plantes grimpantes et les branches plutôt qu'au creux des arbres. Sur les 42 espèces d'oiseaux recensées, vous observerez sans doute le gobe-mouches du paradis de Madagascar et le petit martin-pêcheur huppé.

Vous ne pouvez pénétrer dans la réserve qu'en circuit organisé et vous devrez de toute façon faire appel à un guide pour la visiter. Adressez-vous aux agences de voyages d'Ambatoloaka, qui proposent des forfaits à 125 000-150 000 FMG par personne.

Port du Cratère. Sans présenter une beauté stupéfiante, ce site formé d'un cratère naturel à demi submergé mérite néanmoins le détour. Pour y accéder, suivez depuis Hell-Ville la direction d'Ambatoloaka. Après 6 km, obliquez vers le sud jusqu'à Andampy et continuez jusqu'à la fin de la route et de la voie ferrée, parallèle à la raffinerie de sucre.

Mont Passot et lacs du Cratère. A 30 km au nord de Hell-Ville, le point culminant de Nosy Be atteint modestement 329 m. Il est cerné au nord (et dans le sens des aiguilles d'une montre) par de superbes lacs sacrés de couleur bleue : Anjavibe, Amparihimirahavavy, Bemapaza, Antsahamanavaka, Antsidihy, Amparihibe et Maintimaso.

Quelques hôtels organisent des circuits jusqu'au sommet (par la bonne route qui démarre non loin d'Andilana) au coucher de soleil. Vous pourrez également visiter le site en vous y rendant en taxi puis en descendant à pied les huit kilomètres jusqu'à Djamandjary, où un transport public vous ramènera à votre hôtel. Si votre condition physique le permet, un solide VTT devrait pouvoir faire l'affaire sur la bonne route (du nord). Mieux encore, une moto devrait convenir à merveille pour l'ascension du sommet.

LE NORD

Arbre sacré. Si vous disposez d'une moto ou si vous avez affrété un véhicule, accordez-vous un détour par Mahatsinjo, entre Hell-Ville et Ambatoloaka. Vous passerez devant une minuscule forêt d'où jaillit un gigantesque figuier banian, appelé l'"Arbre sacré".

Petite cascade. Juste au nord de l'embranchement pour Ambatoloaka, cette modeste chute d'eau n'est pas sans évoquer celles du parc national de la montagne d'Ambre, près de Diégo-Suarez. Il arrive que les villageois demandent une contribution financière aux visiteurs étrangers souhaitant l'admirer de près.

Ambatoloaka

Petit port de pêche transformé au fil du temps en station balnéaire, Ambatoloaka attire davantage de visiteurs que la "capitale" de l'île. L'origine de cet engouement ? A 10 km seulement de Hell-Ville, Ambatoloaka compte un nombre satisfaisant de bars, de restaurants, d'agences de voyage et autres commodités appréciées des touristes venus goûter aux joies de sa belle plage.

Vous ne trouverez sur place ni banque ni bureau de poste. Point Com (☎ 86 611 57), implanté dans les locaux de Nomade Plongée et d'Océan de sagesse, offre cependant des possibilités de connexion Internet, un service de fax et des cabines téléphoniques.

Où se loger – petits budgets. Les chambres très bon marché sont particulièrement rares à Ambatoloaka.

Bungalows Coucher de soleil *(☎/fax 86 616 20, 032 02 08 721 ; bungalows 100 000 FMG).* Cet établissement tenu par un couple de Suisses allemands, auquel on accède en montant sur 200 m le chemin qui part près de l'hôtel Ylang-Ylang, figure sans conteste comme le meilleur choix parmi les solutions les moins onéreuses. Il offre de bons bungalows, simples mais propres. A défaut d'avoir les pieds dans l'eau, ils sont idéalement placés pour admirer le coucher du soleil.

La Saladerie *(☎ 86 620 36 ; doubles sans/avec s.d.b. 100 000/125 000 FMG).*

Autre bonne option, la Saladerie dispose de quelques chambres, petites mais agréables.

Où se loger – catégories moyenne et supérieure. Hôtel Benjamin *(☎/fax 86 614 72, 032 02 408 13, hotelbenjamin@ simicro.mg ; bungalows doubles avec s.d.b. 160 000 FMG).* Avec ses bungalows en palissandre proprets et joliment décorés, l'hôtel Benjamin figure parmi les bons choix d'Ambatoloaka. Situé au bout du village, il ne manque ni de charme, ni de quiétude.

Chez Gérard et Francine *(☎/fax 86 614 09, 032 07 127 93, geretfra@simicro.mg ; doubles avec s.d.b et toilettes communes/avec s.d.b. et toilettes privées 30,5/36,5 €, petit déj inclus).* Autre bonne adresse située à l'extrémité sud du village, cet hôtel façon chambre d'hôtes ne manque pas de charme. Outre des chambres impeccables et confortables, il dispose d'une belle véranda ouverte sur la plage. Il est conseillé de réserver, l'établissement – l'un des plus agréables de Nosy Be – affichant souvent complet.

Coco Plage *(☎ 032 077 69 64 ; bungalows doubles avec s.d.b. et clim 240 000 FMG).* Les bungalows les plus récents de cet hôtel situé en bordure de plage sont particulièrement accueillants. Évitez en revanche les plus anciens. Les règlements par chéquier français en euro sont théoriquement acceptés.

La Résidence d'Ambatoloaka *(☎ 86 610 91, fax 86 616 43 ; simples/doubles avec s.d.b. et clim 27,5/30,5 €, plus 10% en août).* Cet hôtel ne se trouve pas directement en bord de plage. Ses chambres sont un peu anciennes, mais confortables et climatisées. Il dispose d'une agréable salle de restaurant ouverte sur la plage. Les cartes Visa et Mastercard sont acceptées.

Ylang-Ylang *(☎ 86 614 01, fax 86 614 02 ; bungalows simples/doubles 36,5/40 €).* Les tarifs affichés pour ces chambres agréables descendent nettement hors saison. Les meilleures, et les plus chères, font face à la mer et sont climatisées.

Villa Razambe *(☎/fax 86 616 19, hotelbenjamin@simicro.mg, www.nosybe-razambe.com ; doubles sans/avec s.d.b. 270 000/360 000 FMG, petit déj inclus).* Cette superbe villa dotée d'une très jolie petite piscine, qui surplombe Ambatoloaka, loue quelques chambres d'hôtes meublées avec goût en palissandre. Cette adresse de charme, sans conteste l'une des plus confortables et attachantes de l'île, offre par ailleurs une très agréable varangue. La Villa Razambe est dissimulée dans la végétation au-dessus de l'hôtel Benjamin.

L'Espadon *(☎ 86 614 28, fax 86 614 27, hotel.espadon@malagasy.com ; doubles avec s.d.b. 36,5-49 € selon la saison, bungalows avec clim, TV et minibar 48-85 € selon la vue et la saison).* L'hôtel le plus luxueux de la localité dispose de bungalows très confortables et bien équipés. Il accepte les cartes Visa et Mastercard.

Où se restaurer. Les restaurants ne manquent pas à Ambatoloaka. Pour faire un repas à la fois copieux et bon marché, rien ne vaut les gargotes de la grand-rue, où l'on vous servira un plat composé de poisson, de riz, de légumes et de fruits tropicaux frais pour moins de 10 000 FMG.

La Saladerie *(☎ 86 620 36 ; plats 27 500 FMG).* En bordure de la plage, la Saladerie bénéficie de l'un des plus jolis cadres du village. La carte – marinade d'espadon fumé, poisson grillé, filet de zébu au coco… – ne brille pas par son originalité mais les lieux sont agréables et les plats, bien préparés.

Le Soleil – Soleil et découverte *(plats 30 000 FMG, menu dîner 68 000 FMG).* Sur cette belle terrasse qui borde la plage, on sert des plats un peu chers mais savoureux. Citons le romazava de poisson, la brochette de poisson et crevettes ou encore le zébu en lamelles aux tomates fraîches et basilic.

Grains de soleil *(plats 17 500 FMG environ).* Dissimulé au bout du village en direction de l'hôtel Benjamin, cette adresse propose une cuisine franco-malgache dans une petite salle pimpante.

La Résidence d'Ambatoloaka *(☎ 86 610 91, fax 86 616 43, voir Où se loger ; plats 20 000-30 000 FMG).* L'hôtel dispose d'un belle salle de restaurant, appréciée pour ses plats de poisson, fruits de mer et viande : brochettes de poisson, calamar grillé, pinces de crabe en salade, filet de zébu au poivre vert…

L'Espadon *(☎ 86 614 28, fax 86 614 27 ; voir Où se loger ; plats 25 000-30 000 FMG).* Gratin de perles de l'océan sauce Mornay, ravioles de potiron, escalope de mérou au sabayon d'estragon et filet d'espadon à la sarriette sont quelques-unes des spécialités proposées à la carte de la table la plus chic de la ville La jolie salle panoramique du restaurant de l'Espadon s'ouvre sur la plage.

Où sortir. La discothèque **Le Djembé** *(ouverture à partir de 23 h),* qui brille de tous ses feux à l'entrée de la localité, est la plus animée de l'île. Ambatoloaka compte également de nombreux bars – **La Maison de la Mer, Le Glacier, La Rhumerie** – agréables pour laisser s'écouler la soirée. Vous pourrez enfin vous adonner au black jack, à la roulette ou aux machines à sous au **Casino** *(☎ 86 616 45 ; entrée 50 000 FMG à l'exception des machines à sous ; ouvert mar-dim 19h-2h30)* qui se dresse à l'entrée d'Ambatoloaka. Une tenue correcte vous ouvrira les portes.

Madirokely

A quelques minutes à pied au nord d'Ambatoloaka (on passe de l'une à l'autre sans réellement s'en rendre compte), la merveilleuse plage de Madirokely se révèle plus calme et (encore) sauvage.

Où se loger et se restaurer. **Hôtel-bar-restaurant de la plage** *(doubles 100 000 FMG).* Adresse la plus économique de Madirokely, l'hôtel offre un confort rudimentaire.

La Caravane Malagasy *(☎ 86 614 11, fax 86 616 35 ; bungalows doubles avec s.d.b. 150 000-175 000 FMG, petit déj inclus).* Cet organisme qui propose des sorties en mer et en ULM loue 3 bungalows accueillants, vastes et confortables en bordure de la plage. Un bon choix. Les tarifs incluent la blanchisserie.

L'Heure Bleue *(ex-Chez Zou, ☎ 86 614 21, fax 86 613 76, heure.bleue@simicro.mg ; bungalows doubles/quadruples avec s.d.b. 250 000/350 000 FMG).* A l'extrémité nord de la plage, cette adresse qui reste souvent connue sous le nom que lui avait donné son ancien propriétaire, Chez Zou, a été entiè-

LE NORD

rement rénovée en 2001. Ses beaux bungalows avec mezzanine, coffre et minibar comptent parmi les plus confortables de Madirokely.

Madiro-Hôtel *(☎ 86 617 42, fax 86 614 18, madiro@simicro.mg ; doubles avec s.d.b. basse/haute saison 50/57 €, lit sup 19 €).* Ce très bel établissement, l'un des plus beaux de l'île, abrite des chambres particulièrement confortables. Une piscine, un beau jardin, un agréable bar-restaurant et un club de plongée sont à la disposition de la clientèle.

Il est possible de louer des maisons en bordure de la plage de Madirokely en vous adressant au Restaurant et Bungalows d'Ambonara, à Hell-Ville (voir *Où se loger* dans *Hell-Ville*) ou en contactant à l'avance Christophe Le Tallec (speedos@dts.mg).

Ambondrona

Au nord d'Ambatoloaka et de Madirokely, la baie d'Ambondrona abrite une jolie petite plage arrondie. A moins d'être un réel amateur de repos et de baignade, vous risquez fort de vous y sentir isolé (tout comme sur les autres plages qui lui succèdent vers le nord).

Où se loger et se restaurer. Le Rendez-vous des amis *(bungalows 70 000 FMG).* L'un des rares établissements de l'île appartenant à des Malgaches, le Rendez-vous des Amis pratique les prix les plus bas. Le plaisir de vivre sur la plage vous fera certainement oublier le confort spartiate de l'hébergement.

Chez Clémentine *(bungalows doubles 70 000-80 000 FMG).* Clémentine propose des bungalows au confort simple mais supérieur à celui de l'adresse précédente. Des VTT sont proposés en location (25 000 FMG pour les clients).

Tsara Loky *(☎ 86 610 22 ; bungalows 180 000 FMG).* Ces beaux bungalows en bois de forme ronde sont les meilleurs de la localité. Certains voyageurs trouvent cette adresse particulièrement agréable. D'autres estiment que le décor et les abords de l'hôtel laissent un peu à désirer. Les tarifs sont dégressifs.

Belle-Vue

Deux établissements dont les tarifs élevés ne sont guère justifiés vous attendent au niveau de la plage de Belle-Vue, qui fait face à l'îlot de Nosy Tanga.

Nosy Be Hôtel *(☎ 86 614 30, fax 86 614 06, nosy.be.hotel@simicro.mg ; doubles sans/avec clim 57/72,5 €, bungalows doubles avec clim à partir de 90 €).* Fréquenté par les groupes, l'hôtel dispose d'une piscine, d'un grand jardin et de chambres et bungalows confortables mais surévalués. Les cartes Visa sont acceptées.

Les Cocotiers *(☎/fax 86 613 14, cocotier @dts.mg, bungalows avec clim 70/120 € en basse/haute saison, demi-pension obligatoire incluse en haute saison).* Ses bungalows sont certes confortables mais un peu vieillissants.

Djamandjary (Dzamandzar)

La rhumerie-sucrerie de la Sirama (qui produit 900 000 litres de rhum par an) se situe à Djamandjary, la seconde ville de Nosy Be par son importance.

L'usine est ouverte aux visiteurs et mérite réellement le détour.

Juste à l'est de la localité se trouve la raffinerie de sucre, où vous pourrez admirer deux locomotives délabrées de 1903, toujours en service. On les utilise de temps à autre à la période de la coupe (de mai à août), pour transporter les cannes sur un tronçon des 37 km de voie ferrée, en grande partie abandonnée.

Ampasimoronjia et Ambaro

Cette portion de côte qui fait face à l'île de Nosy Sakatia abrite quelques hôtels. L'arrivée du Vanila Hôtel lui a redonné un peu de vie mais elle reste isolée. Une petite case reconnaissable à sa longue antenne BLU, à côté du Chanty Beach, permet de contacter les hôteliers et les piroguiers de Nosy Sakatia.

Vanila Hôtel *(☎ 86 615 23, fax 86 615 26, vanilahotel@simicro.mg, doubles avec ventil/clim 64-87/79-100 € selon la saison).* L'un des plus récents de l'île, ce luxueux et très agréable hôtel bénéficie de chambres vraiment confortables, d'une jolie salle de restaurant et d'une piscine dont la seule vue est déjà un plaisir. Le Vanila est l'hôtel le plus animé de cette portion de côte.

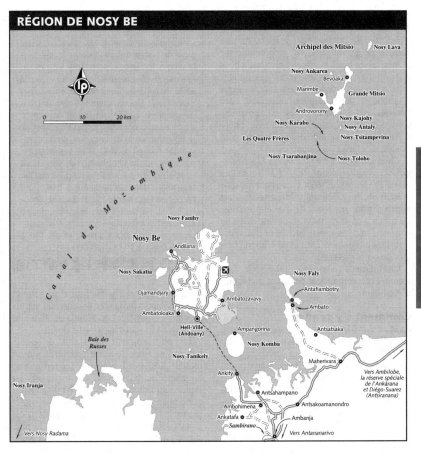

RÉGION DE NOSY BE

LE NORD

Chanty Beach (☎ *86 614 73, fax 86 614 74, cherz@dts.mg, studios doubles avec clim et coin cuisine 75 €*). En face de Nosy Sakatia, cette belle demeure en bordure d'une agréable plage loue des studios équipés. Cette adresse isolée conviendra avant tout aux familles.

Hôtel Baobab (☎ *86 614 37, fax 86 612 93, résidence.baobab@simicro.mg ; bungalows doubles 76 €*). Quelques kilomètres plus au nord, l'établissement dispose de bons bungalows avec s.d.b. mais reste un peu morne. Il comporte une piscine et accepte la carte Visa.

Andilana

Isolée à 27 km de Hell-Ville, Andilana est certainement la plus belle plage de Nosy Be. Cette minuscule localité du Nord-Ouest de l'île compte par ailleurs quelques hébergements d'un bon rapport qualité/prix.

Le visage d'Andilana a failli changer avec l'arrivée, ces dernières années, de deux importants tour-opérateurs français. Leurs vastes projets touristiques étaient cependant au point mort lors de notre dernier passage.

Où se loger et se restaurer. Chez Loulou – Au Belvédère (☎ *86 614 25 ou 86 634*

15, loukha@simicro.mg ; bungalows 100 000 FMG, chambres doubles sans/avec clim 200 000/250 000 FMG). Juché sur une colline qui garantit une vue imprenable sur la mer, Chez Loulou offre le meilleur choix d'Andilana. Vous y trouverez des bungalows avec eau froide un peu anciens mais corrects et des chambres récentes avec véranda aussi confortables qu'agréables. Chez Loulou surplombe la très belle plage d'Andilana et se double d'un restaurant pratiquant des tarifs raisonnables.

Chez Louisette *(☎ 032 022 9111 ; bungalows doubles 200 000 FMG, menus 40 000 et 60 000 FMG)*. Ce restaurant sans prétention, très fréquenté le dimanche, est apprécié pour ses fruits de mer et poissons. Le menu à 60 000 FMG se compose d'une entrée, d'une langouste grillée et d'un dessert. Des bungalows étaient en construction lors de notre passage.

Chez Ernest *(menu 50 000 FMG)*. Des lecteurs recommandent cet autre restaurant d'Andilana.

Comment s'y rendre

Avion. Air Madagascar assure une liaison quotidienne entre Antananarivo et Nosy Be (651 500 FMG), parfois *via* Mahajanga. La compagnie nationale relie également Nosy Be à Diégo-Suarez (231 500 FMG) plusieurs fois par semaine. Elle opère enfin quelques rares vols vers Vohémar ou Antalaha. Vous trouverez l'agence Air Madagascar (☎ 86 613 57) à la sortie de Hell-Ville, en direction d'Ambatoloaka. Ses guichets ouvrent du lundi au vendredi de 8h à 11h et de 14h30 à 17h, et le samedi de 8h à 11h. Elle accepte les cartes Visa et Mastercard.

Air Austral relie Nosy Be à l'île de la Réunion et à Mayotte. L'agence d'Air Austral (☎ 86 612 40, fax 86 612 37, nosybe@air-austral.com), qui partage ses locaux situés non loin du restaurant Le Papillon avec le représentant d'Air Mauritius, ouvre en semaine de 8h à 12h et de 14h à 17h30, ainsi que le samedi de 8h à 11h.

Bateau – *Vers Ankify et Diégo-Suarez.* Des bateaux de tailles diverses, assurant le transport des marchandises et des

---

La distillerie de Dzamandzar

La sucrerie-distillerie de Dzamandzar, vaste unité de traitement de la canne située dans le village du même nom à Nosy Be, produit le rhum le plus réputé de Madagascar. La visite de cette usine, construite en 1929 et gérée par la Sirama, mérite le détour. Dans un décor de fumée, de feu et de vapeur d'eau, vous découvrirez toutes les étapes de la transformation de la canne, de son arrivée par camion ou train et de ses broyages successifs, jusqu'à l'obtention du sucre dont vous observerez la cristallisation. La distillation a lieu dans un bâtiment à part, dont l'accès est réglementé ; vous pourrez y goûter le rhum à sa sortie de l'alambic, quand il titre 89° ! La distillerie accueille les visiteurs en semaine de 6h à 11h30 et de 14h à 15h30 (entrée 15 000-20 000 FMG).

---

passagers, relient chaque jour Hell-Ville et Ankify, le port malgache continental le plus proche de Nosy Be. Les départs ont lieu tout au long de la journée, à partir de 6h.

Le plus souvent, il s'agit de petits bateaux en fibre de verre propulsés par un moteur hors-bord pouvant accueillir une douzaine de passagers. La traversée est rapide (30 minutes environ, 20 000 FMG) et ne pose pas de problèmes de sécurité si la mer est bonne (d'autant plus qu'on n'est jamais loin d'une côte, l'itinéraire le plus rapide en direction d'Ankify longeant Nosy Komba). Les nosybéens conseillent d'effectuer la traversée le matin, la mer étant plus calme.

Une option un peu plus lente, mais plus sûre si la mer est mauvaise (quoique la couleur rouille du navire soit relativement inquiétante), consiste à emprunter *La Fivondrona* (7 500 FMG, 2 heures). Ce bac, qui embarque véhicules et passagers, quitte Nosy Be un jour sur deux à des horaires variables. Ils sont affichés dans le hall de la chambre de commerce (renseignements au ☎ 86 613 68).

Les informations concernant la liaison par voie terrestre entre Ankify et Diégo-Suarez sont traitées au paragraphe *De Diégo-Suarez à Nosy Be*, plus haut dans ce chapitre.

Une option plus simple consiste à avoir recours à Anila Transport, qui assure une liaison régulière vers Diégo-Suarez en bateau et minibus. Les départs ont lieu à 9h30 de la Saify shop, à Hell-Ville. Le tarif de 110 000 FMG inclut la traversée en bateau et le trajet routier jusqu'à Diégo. Renseignez-vous à la Saify shop (☎ 86 615 09 ou 86 615 90).

Vers Mahajanga. Un petit ferry en bon état, le *Jean-Pierre Calloch*, assure depuis 2001 une liaison régulière hebdomadaire entre Nosy Be et Mahajanga. Il quitte le port de Hell-Ville le dimanche et arrive à Mahajanga le lendemain. Trois classes sont disponibles à bord. La 1re (300 000 FMG aller simple) et la 2e (200 000 FMG) donnent accès au salon intérieur. Principale différence entre ces deux classes : le tarif première inclut le dîner. Le voyage en 3e classe se déroule dans le "salon extérieur" recouvert d'un toit. Une cafétéria est disponible à bord. Renseignez-vous à la chambre de commerce ou contactez l'agence MSL de Mahajanga (☎ 62 226 86 ou 032 02 470 40).

Voilier de plaisance. Nosy Be est certainement l'un des meilleurs points de la côte malgache pour trouver une place d'équipier. En raison des vents qui soufflent dans la région, la plupart des voiliers de plaisance viennent du nord et de l'est et font route vers le sud ou l'ouest. En général, les bateaux de plaisance anglais et australiens faisant escale à Nosy Be effectuent un tour du monde. Les voiliers français et sud-africains accomplissent souvent des traversées moins longues. Ceux qui mettent le cap sur l'Île Maurice, la Réunion ou les Seychelles restent cependant assez rares.

Renseignez-vous auprès des agences de voyages d'Ambatoloaka organisant des sorties en mer et des plaisanciers du port de Hell-Ville ; consultez également le panneau d'affichage du Club-bar Nandipo de Hell-Ville, où vous trouverez parfois des informations sur les équipages.

Comment circuler

Desserte de l'aéroport. Le petit aéroport Fasrene de Nosy Be se situe à 12 km de Hell-Ville, dans la partie orientale de l'île. Les formalités de débarquement sont rapides et simples. L'aéroport ne dispose pas de bureau de change, mais des changeurs de monnaie, qui pratiquent un taux proche de celui des banques, opèrent dans l'aérogare. Vous risquez fort d'être assailli par les rabatteurs d'hôtels et les chauffeurs de taxi dès votre arrivée. Comptez 35 000 FMG pour une course jusqu'à Hell-Ville et 70 000 FMG pour Madirokely ou Andilana. Les transferts assurés par les hôtels avoisinent les mêmes sommes (la gratuité n'est guère en vogue à Nosy Be !)

Taxi et taxi-brousse. La voie ferrée qui longe la côte est de l'île étant réservée à la canne qui alimente la sucrerie de Djamandjary, la voiture reste le principal moyen de transport à Nosy Be. Toutefois, peu de taxis-brousse circulent sur l'île. Sans doute parce que Nosy Be s'adresse aux touristes et que ces derniers peuvent "s'offrir un taxi". Les taxis constituent donc le moyen de transport le plus utilisé par les visiteurs. Vous en trouverez sans peine à Hell-Ville et à Ambatoloaka, mais ils se font rares plus au nord. Les tarifs de Nosy Be sont uniformisés, ce qui n'empêche pas certains chauffeurs d'essayer d'alourdir la course, dont le prix augmentera de toute façon après 20h. Le tarif "officiel" d'une course dans Hell-Ville s'élève à 2 000 FMG. Comptez 35 000 FMG de Hell-Ville à Ambatoloaka ou Madirokely et 70 000 FMG de Hell-Ville à Andilana. Attendez-vous à payer 150 000/225 000 FMG pour disposer du véhicule une demi-journée/une journée (somme qui peut être négociée s'il y a peu de demande).

Les tarifs des taxis collectifs sont nettement inférieurs (5 000 FMG de Hell-Ville à Madirokely), mais les chauffeurs refusent souvent de les appliquer aux vazaha.

Voiture et moto. Nosy Red Cars (☎/fax 86 620 35, nosyredcars@simicro.mg) loue des petits véhicules ludiques (2 places et 4 places tout-terrain) parfaitement adaptés à la circulation sur l'île. Comptez 200 000 FMG pour 4 heures et 320 000 FMG pour la journée. Les tarifs sont dégressifs.

A Hell-Ville, John (☎ 032 07 12 792), en face du Restaurant et Bungalows d'Ambonara, loue des motos à un tarif raisonnable. A Madirokely, La Caravane Malagasy (☎ 86 614 11, fax 86 616 35, caravane@dts.mg) propose également des deux-roues en location, tout comme Location Jeunesse à Ambatoloaka (à partir de 60 000/100 000 FMG la demi-journée/journée).

Bicyclette. La route qui traverse la majeure partie de l'île – notamment de l'aéroport à Andilana, *via* Ambatoloaka – est goudronnée et quasiment plate, ce qui la rend praticable en VTT. De nombreux autres chemins sont plus raides et pénibles. Outre quelques hôtels, Location Jeunesse, à Ambatoloaka, loue des VTT moyennant 30 000/50 000 FMG la demi-journée/journée.

Bateau. Pour tous renseignements sur les liaisons entre Nosy Be et les îles voisines, reportez-vous aux rubriques qui suivent.

NOSY KOMBA
Parfois désignée sous le nom de Nosy Ambarivorato, cette petite île volcanique de forme circulaire se situe à mi-chemin entre Nosy Be et la grande terre. L'oisiveté est résolument de rigueur sur cet îlot idyllique qui fait l'unanimité.

Le débarcadère des ferries se trouve à Ampangorina, le plus gros village de l'île, qui occupe sa pointe septentrionale. La baignade est possible quoique peu recommandée aux alentours d'Ampangorina, car la plage sert de toilettes publiques. D'une pureté cristalline, le meilleur site de snorkeling de Nosy Komba s'étend au sud-ouest de la localité, non loin du village de Mahabo.

Ceux qui ne sont pas limités par le temps pourront effectuer une randonnée pédestre d'une journée depuis Ampangorina jusqu'au sommet du volcan Antaninaomby (621 m). Les randonneurs les moins entraînés devraient accomplir le trajet du retour en 5 ou 6 heures. Les plus motivés découvriront une multitude de sentiers reliant les villages à l'intérieur des terres. Notez au passage qu'il n'existe aucune piste dans les environs du littoral, de sorte que les liaisons entre Ampangorina et d'autres villages côtiers vous contraindront à escalader la montagne ou à dénicher une pirogue. Sur la côte sud-ouest, s'étire la plage particulièrement enchanteresse d'Anjiabe.

Outre le calme et la beauté des lieux, l'attrait principal de Nosy Komba réside dans les maki macaco semi-apprivoisés qui gambadent dans le parc installé pour leur protection. Ces créatures ont la chance de bénéficier d'un fady local qui les considère comme sacrées et les préserve des chasseurs. Ajoutez à cela toute l'attention et les bananes qu'elles reçoivent des gens de la région et des touristes en quête de photos originales, et vous obtiendrez une armée d'enfants gâtés ! C'est l'un des meilleurs sites pour observer ces animaux d'ordinaire assez timides (notez que nourrir les lémuriens en dehors du parc est strictement interdit).

Où se loger et se restaurer
De bonnes possibilités d'hébergement sont présentes sur l'îlot. Il est cependant possible de s'y rendre pour la journée.

Les Lémuriens (☎ 032 07 125 60 ; *bungalows doubles 130 000 FMG*). Ses 6 bungalows offrent un confort simple mais sont agréables.

Les Floralies (☎ 032 07 126 67 ; *bungalows doubles avec s.d.b. 50 € environ en pension complète*). Petite structure de charme, les Floralies se compose de 7 bungalows agréables en bord de mer. L'hôtel, particulièrement apprécié de certains lecteurs, organise des excursions sur terre et sur mer, ainsi que des plongées.

Chez Madio. L'option la moins chère.

Comment s'y rendre
La plupart des visiteurs qui viennent à Nosy Komba font partie d'un groupe organisé (reportez-vous au paragraphe *Sorties en mer* au début de la section *Nosy Be et autres îles*). Ceux qui souhaitent rester indépendants peuvent s'adresser aux quelques piroguiers qui font la traversée depuis Hell-Ville.

NOSY TANIKELY

"L'Île de la petite terre", d'après son nom malgache, se trouve à 10 km à l'ouest de Nosy Komba. Réserve marine protégée, c'est l'un des plus beaux sites de plongée de la région grâce aux coraux, homards, anguilles, tortues marines et à la myriade de poissons multicolores qui y ont élu domicile. Certains circuits organisés fournissent parfois palmes, masque et tuba. Les visiteurs indépendants devront en revanche apporter leur propre matériel. Et la plage devrait amplement satisfaire ceux qui ne plongent pas. Une heure environ suffit pour faire le tour de Nosy Tanikely à pied, y compris la rapide ascension jusqu'au phare, qui abrite les seuls habitants de l'île : le gardien et sa petite famille. Vous pourrez facilement camper, mais prévoyez de l'eau et des provisions, et méfiez-vous des rats qui s'empressent de grignoter la moindre nourriture que vous laissez traîner.

Comment s'y rendre

La plupart des circuits organisés combinent les visites de Nosy Tanikely et de Nosy Komba, envahissant au passage la plage de Tanikely pour un grand pique-nique à l'heure du déjeuner. Si vous y passez, de grâce encouragez (et aidez) les organisateurs à nettoyer les restes et tâchez de dissuader quiconque de jeter papiers gras et boîtes vides dans les buissons !

Outre les hôtels, les habitants de Nosy Komba proposent la traversée en pirogue jusqu'à Nosy Tanikely. Comptez deux heures à l'aller comme au retour et prévoyez un chapeau et une protection solaire. Si le vent refuse de coopérer, vos biceps risquent d'être sollicités pour faire avancer l'embarcation.

Reportez-vous plus haut à *Sorties en mer* au début de la section *Nosy Be et autres îles*, pour connaître les agences organisant des excursions vers l'îlot.

NOSY SAKATIA

Au large de la côte occidentale de Nosy Be, Nosy Sakatia est aussi tranquille que minuscule : 3 km². Outre le fait qu'elle abrite un superbe site de plongée, son attrait réside dans ses sentiers forestiers où vous découvrirez des orchidées sauvages,

des chauves-souris, des caméléons et autres spécimens de la faune et de la flore locales.

Où se loger et se restaurer

Sakatia Passions (☎ 86 614 62 ou 86 614 35, sakatia1@dts.mg ; bungalows simples/ doubles en pension complète 95/130 €). Le plus confortable, cet hôtel bâti dans une cocoteraie dispose de 12 chambres agréables et offre de nombreuses possibilités de sports nautiques.

Sakatia Dive Inn (☎ 86 615 14, saka-tia.dive.inn@simicro.mg ; bungalows doubles 195 000 FMG ; repas 55 000-70 000 FMG). Bon choix dans cette gamme de prix, cette structure offre un hébergement apprécié des plongeurs, qui constituent la majeure partie de sa clientèle.

Delphino villa (☎ 86 616 68, bungalows 50 000 FMG). La beauté du cadre compensera sans peine le confort simple des lieux.

Comment s'y rendre. La plupart des voyageurs qui visitent l'île dans la journée ont recours aux multiples agences – voir le paragraphe *Sorties en mer* – qui proposent de telles excursions. Une autre solution consiste à se rendre à la petite hutte surmontée d'une longue antenne que vous trouverez sur Nosy Be, à proximité de l'hôtel Chanty Beach. Cette antenne est en effet celle d'une BLU qui permet de contacter les piroguiers de Nosy Sakatia afin qu'ils viennent vous chercher. Vous devriez également trouver des piroguiers près du restaurant Au Coin de la Plage, non loin. Ultime solution : réserver une nuit sur place et faire organiser la traversée depuis Nosy Be par l'hôtel qui vous accueille.

NOSY MITSIO

Ce nom, qui signifie "Île inconnue", désigne en réalité un archipel à la beauté exceptionnelle, situé à 55 km au nord-est de Nosy Be. La Grande Mitsio offre suffisamment d'espace pour qu'on lui consacre plusieurs jours d'exploration à pied et les petites îles des alentours sont de vraies merveilles. l'île de Tsarabanjina déploie une magnifique plage de sable blanc et Nosy Antaly vous éblouira par son impressionnante formation de basalte, appelée "Les Cannes d'orgues". Quant aux fonds sous-marins, ils sont exceptionnels aux dires des plongeurs qui les ont approchés. Privées, les Mitsio restèrent longtemps parfaitement sauvages et intactes. La Grande Mitsio, fréquentée par les campeurs et les plaisanciers, commence malheureusement à subir quelque peu les outrages de la pollution.

Tsarabanjina L'Hôtel (contact Tana ☎ 22 285 14, fax 22 285 15, contact Paris ☎ 01 44 69 15 00, fax 01 44 69 15 35, groupe.lhotel@dts.mg, www.groupelhotel-madagascar.com ; pension complète simple/double 136-176/112-136,5 € par personne selon la saison, tarifs dégressifs pour 7 jours). Si vos moyens vous le permettent, que vous soyez en voyage de noces ou que vous veniez de gagner à la loterie, cet hôtel, qui passe pour un petit paradis entre ciel et mer sur l'île du même nom, est peut-être l'adresse qu'il vous faut. Ski-nautique, voile, plongée et pêche sont proposés sur place. Vous devrez ajouter 190 € par personne au tarif de l'hébergement pour l'aller-retour en hydravion depuis Nosy Be.

Comment s'y rendre

L'archipel des Mitsio reste difficilement accessible. Comptez en moyenne de 4 à 6 heures de trajet depuis Nosy Be. Si vous formez un groupe d'au moins trois personnes, divers hôtels et agences de voyages de Nosy Be se proposeront pour vous y conduire. Sinon, adressez-vous à des propriétaires de bateaux privés de Nosy Be, dont la plupart vivent à Ambatoloaka. Il vous faudra cependant rassembler un groupe conséquent pour éviter de débourser une somme astronomique.

Quelques clubs de Nosy Be organisent des sorties et bivouacs vers les Mitsio, notamment Océan de Sagesse. Reportez-vous au paragraphe *Sorties en mer*, au début de cette section.

Air Hôtel (☎ 86 612 49, ☎/fax 86 616 13, air.hotel@simicro.mg), société du groupe L'Hôtel, propriétaire du Tsarabanjina, orga-

nise des transferts en hydravion jusqu'aux Mitsio et à l'île-Hôtel de Tsarabanjina (15 mn). Vous trouverez les locaux d'Air Hôtel à la sortie de Hell-Ville en direction d'Ambatoloaka et de l'aéroport.

NOSY IRANJA

La splendide Nosy Iranja ("l'Île aux Tortues") se situe au sud-ouest de Nosy Be, au-delà de la baie des Russes. Elle se compose en réalité de deux îles – Nosy Iranja Kely et Nosy Iranja Be – reliées par une langue de sable de 2 km accessible à pied à marée basse.

Hôtel Nosy Iranja (contact ☎/fax 86 616 90, 032 07 068 30, iranja@simicro.mg ; bungalows et suites en demi-pension simples/doubles/triples à partir de 177/112/99 € par pers). L'unique hôtel de l'île rivalise avec son concurrent des Mitsio en termes de confort, de luxe et d'activités nautiques. L'hôtel est représenté par l'agence Islands Dreams, rue Raimbault à Hell-Ville. Les transferts aller-retour depuis Nosy Be reviennent à 91,5/690 € en vedette/hélicoptère.

Comment s'y rendre

Plusieurs agences d'Ambatoloaka, notamment Océan de Sagesse, organisent des sorties en mer ou des bivouacs à Nosy Iranja. Reportez-vous à *Sorties en mer*, au début de cette section.

NOSY RADAMA

Plus éloignées encore, les îles Nosy Radama, que l'on peut rejoindre en affrétant un bateau à Nosy Be, offrent des sites de plongée. La plus grande, Nosy Betafia, se situe à 60 km au sud de Nosy Iranja.

Comment s'y rendre

Rejoindre Nosy Radama nécessite les mêmes démarches que Nosy Mitsio. La traversée de Nosy Be à Nosy Iranja dure de 4 à 6 heures. Au passage, vous pourrez observer un stupéfiant rocher en forme de pot de fleurs, qui surgit de l'eau. Renseignez-vous auprès des hôtels et agences de voyages de Nosy Be pour de plus amples détails.

LE NORD

Langue

Deux langues cohabitent à Madagascar : le malgache, utilisé dans la vie courante, et le français, dominant dans les affaires et la politique. Cette dernière langue, certes moins usitée dans les campagnes que dans les villes, vous permettra presque toujours de vous faire comprendre. Toutefois, rien ne vous empêche d'apprendre quelques mots de malgache : ils seront toujours appréciés et faciliteront vos contacts avec la population.

Malgache

Le malgache appartient à la famille des langues austronésiennes, qui regroupe aussi l'indonésien et le polynésien. D'après les linguistes, sa plus proche cousine se situe dans le Sud de Bornéo. Le malgache a absorbé les influences étrangères, intégrant nombre de mots arabes, français, anglais et autres.

Grammaire. La grammaire malgache se distingue fortement de celle des langues indoeuropéennes et reflète une vision du monde différente. On évite, par exemple, de commencer une phrase par "je". Les verbes et les adverbes de lieu (il existe plus de 16 expressions signifiant "ici" ou "là") représentent une grande difficulté pour les débutants.

Nous ne prétendons pas présenter ici la grammaire malgache dans toute sa complexité. Si vous songez sérieusement à apprendre cette langue, achetez un manuel et un dictionnaire, disponibles dans les librairies d'Antananarivo.

Prononciation. Lorsque le roi Radama Ier demanda aux missionnaires de la *London Missionary Society* de l'aider à éduquer et à développer Madagascar, celle-ci lui envoya notamment deux Gallois, David Jones et David Griffiths. Ensemble, ils s'appliquèrent à romaniser et transcrire le malgache. Basée sur le dialecte merina, la langue "standard" née de leurs efforts est par la suite devenue la langue officielle des écoles, de la communication de masse, de l'évangélisation et de l'administration.

L'alphabet malgache compte 21 lettres. Les consonnes "c", "q", "w" et "x", ainsi que la voyelle "u", n'apparaissent pas. Dans les mots empruntés à l'anglais, au français ou à d'autres langues, le "k" ou le "s" se substituent au "c", le "k" au "q" et le "ks" au "x".

Les syllabes se composent de sons communs au français. La prononciation ne pose donc pas de problème particulier, sauf certaines voyelles qui s'orthographient de façon parfois surprenante. Néanmoins, sauf indication contraire, les mots se prononcent comme ils se lisent.

Quelques règles de base faciliteront votre prononciation :

- le **o** se prononce systématiquement "ou".
- **oa** se prononce "ou" (voire "oua", la fin du son étant étouffée).
- le **s** se prononce très souvent "ch" (notamment dans le Sud).
- **tra** se prononce souvent "tch".
- le **j** se prononce souvent "dz".
- un très grand nombre de voyelles (et souvent des groupes de lettres entiers) sont muettes en fin de mot.

Ainsi, pour ne prendre que deux exemples, le nom de la ville de Ihosy se dit "iouch" et celui de Mananjary "manandzar".

Les autres lettres et diphtongues particulières répondent à la prononciation suivante :

a	[a] normal, comme dans "pas". Il est souvent presque muet en fin de mot.
e	[e] comme dans "thé".
i, y	[i] comme dans "lire". Le y remplace le i en fin de mot (biby).
ai	[aj] comme dans "paille".
ao	[ao] comme dans "Laos", parfois plutôt [o] comme dans "mot".
eo	[eu] comme é-ou.
j	dur, comme dans "jazz".
r	roulé.
g	toujours dur comme dans "vague".
h	muet dans la plupart des mots.
gn, n	[ng] comme dans "ming". Ce "n"

nasal ou vélaire ne s'entend toute fois que dans certaines régions côtières.

Accents régionaux. Les variations régionales restent limitées pour une oreille étrangère mais parfaitement perceptibles. Citons notamment le "s", prononcé très distinctement "ch" dans le Sud de l'île, mais souvent proche d'un "s" sifflant dans le Nord. De même, les voyelles finales sont nettement plus distinctes dans le Nord. Reportez-vous à l'encadré *Variations régionales*.

Accentuation. Certaines syllabes sont nettement accentuées, d'autres à peine audibles. "Veloma" (au revoir), par exemple, se dit vel*ou*m. La mauvaise utilisation de l'accent peut changer la signification d'un mot. Ainsi, "tanana" signifie "ville", alors que "t*a*nana" signifie "main". Afin de simplifier la prononciation, le glossaire suivant indique les syllabes accentuées par un accent grave (làfo).

Ces quelques expressions courantes vous permettront de vous lancer.

Civilités

bonjour (à toute heure)	
	salàma (parfois *salàmo* ou *salàme*)
bonjour/comment allez-vous ?	
	manào ahòana ianào.
oui	*èny/èka*
non	*tsìa* (ou avec le [œ] de cœur : *eùh-euh- eùh*)
monsieur/madame	*tòmpoko*
excusez-moi/s'il vous plaît	
	azafàdy
merci (beaucoup)	*misàotra (indrìndra).*
je vous en prie	*tsy mìsy fisàorana*
bon/mauvais	*tsàra/ràtsy*
je vais bien	*salàma tsàra àho*
très bien, merci	*tsàra fà misàotra*
bienvenu(e)	*tònga sòa*
au revoir	*velòma/Màndra-pihàona* (parfois *velòme* ou *velòmo*)

Se faire comprendre

je comprends	*azoko*
je ne comprends pas	*tsy àzoko*
parlez-vous français ?	
	mahày mitèny frantsày vè ianào ?

répétez s'il vous plaît
mbà averèno azafàdy
est-ce que quelqu'un parle français ici ?
mìsy òlona ve mahày mitèny frantsày ?

il y a	*misy*
il n'y a pas	*tsy misy*

Expressions utiles

je m'appelle…	*… nò anàrako*
d'accord	*ekèna*
combien ?	*ohatrìnona ?*
trop cher	*làfo lòatra/ làfo bè*
très bon marché	*tèna mòra bè*
je suis pressé	*Màika àho*

Pour circuler

je voudrais aller à (Analakely/la banque)
tè handèha hò (àny Analakely/ any amin'ny labanky) àho
à quelle heure part/arrive le… ?
amin'ny firy ny fandehànan'ny/ faha tongàvan'ny… ?

bus	*fiàrabe/aotobìsy*
train	*fiàran dalamby*
avion	*fiaramanìdina*
taxi	*fiàra-karètsaka/takìsy*
pousse-pousse	*posipòsy*
pirogue	*làkana*
où est le/la… ?	*aìza ny… ?*
gare routière	
	fijanònan'ny aotóbisy
gare ferroviaire	*gàra*
taxi-brousse	
	fiàran'ny tantsàha/takìsy boròsy
où va ce bus ?	
	ho aìza ity aôtobìsy ity ?

est-ce que ce bus va à… ?
mankàny ve ny aôtobisy ?
où se trouve le guichet ?
aìza ny fivaròtan-kàratra ?

je voudrais un(e)…	*mìla … àho*
aller simple	*kàratra mandròso*
aller-retour	*kàratra mivèrina*
première classe	*kilêsy voalÿhany*
deuxième classe	*kilàsy faharòa*
consigne	*fametràhan'èntana*
je voudrais louer un(e)…	*tèhanòfa àho…*
vélo/moto	*bisikilèta/môtô*
voiture	*fiarakodìa/aôto-môbìlina*

Variations régionales

Malgré l'unité linguistique de Madagascar, il existe quelques différences régionales. Dans certaines zones côtières, la langue standard s'avère peu usitée. Les variations linguistiques se rencontrent notamment sur les Hauts Plateaux, dans le Nord-Est et le Sud-Ouest. Vous trouverez ci-dessous certaines des distinctions lexicales et phonétiques entre le malgache national et celui parlé dans certaines régions.

Français	Hautes Terres	Est	Sud-Ouest
salutations	manao ahoana	mbola tsara anarô ?	akore aby nareo ?
salut (en retour)	sara	mbola tsara	tsara/soa
comment allez-vous ?	inona no vaovao ?	ino vaovaonao ?	talilio !
ça va	tsy misy	ehe, tsisy fô manginginy	mbe soa
où ?	aiza ?	aia ?	aia ?
qui ?	iza ?	ia ?	Ia ?
blanc	fotsy	fotsy	foty
époux(se)	vady	vady	valy
ancêtre	razana	raza	raza

Directions

comment aller à… ?
> *aìza ny làlana mankàny… ?*

est-ce près/loin ?
> *akàiky/làvitra vè ?*

(allez) tout droit
> *(mandehàna) mahìtsy*

(tournez) à gauche
> *(mihodìna) havìa/ankavìa*

(tournez) à droite
> *(mihodìna) havàna na/ankavànana*

nord	*avàratra*
sud	*atsìmo*
est	*atsinànana*
ouest	*andrèfana*

En ville

où est le (la)…/y a-t-il un(e)… ?
> *aiza mòa ny… ?*

| banque | *bànky* |
| centre-ville | *tàmpon-tanàna* |

ambassade
> *màso ivòho/ambasàdy*

| police | *pòlìsy* |
| poste centrale | *pàositra* |

centre téléphonique
> *tràno fandefàsana telefàonina*

à quelle heure ouvre/ferme-t-il(elle) ?
> *amin'ny fìry no mivò ha/mihìdy ?*

je voudrais téléphoner
> *te hiàntso àmin'ny telefàonina àho*

je voudrais changer de l'argent/des chèques de voyage
> *te hanakàlo vòla/taratàsim bòla àho*

Hébergement

je cherche un(e)…
> *mitàdy … àho*

auberge de jeunesse
> *tràno fandràisana tanòra*

terrain de camping
> *toèrana fanàovandàsy*

hôtel *hôtèly mìsy fandrìana*

je voudrais réserver un(e)…
> *mìla… àho*

lit *fandrìana*

simple
> *èfitra ho an'òlona tòkana*

double
> *èfitra ho an'òlon dròa*

douche *èfitra fandròana*

pour une/deux nuit(s) *àlina rày/ròa*

combien par nuit/par personne ?
> *ohatrìnona isan'àli na/isan'òlona ?*

puis-je voir la chambre ?
> *azoko jerèna ve ny èfì-tràno ?*

où sont les toilettes ? *aiza ny gabinè ?*

c'est très sale/bruyant/cher
> *tèna malòto/mita batàba/làfo ilày izy*

Alimentation

petit déjeuner	*sakàfo maràina*
déjeuner	*sakàfo antoàndro*
dîner	*sakàfo harìva*
épicerie	*tsenakèly/episery*
marché	*tsèna*
restaurant	*hôtèly fisakafoànana*
eau	*ràno*
pain	*mòfo*
bœuf	*òmby*
poulet	*akòho*
porc	*kisòa*
café	*kafè*
thé	*ditè*
fruit	*voankàzo*
je suis végétarien	*fàdy hèna àho*

Horaires et dates

quelle heure est-il ?
> *amin'ny fìry zào ?*

quand ?
> *rahovìana ?* (futur) ; *ovìana ?* (passé)

aujourd'hui
> *androàny* (partie de la journée écoulée) ; *anìo* (partie à venir)

ce soir	*rahàlina*
demain	*rahampìtso*
hier	*omàly*
lundi	*alatsinàiny*
mardi	*talàta*
mercredi	*alarobìa*
jeudi	*alakamìsy*
vendredi	*zomà*
samedi	*asabòtsy*
dimanche	*alahàdy*

Chiffres

1	*rày* (ou "ìsa" pour compter)
2	*ròa*
3	*tèlo*
4	*èfatra*
5	*dìmy*
6	*ènina*
7	*fìto*
8	*vàlo*
9	*sìvy*
10	*fòlo*
100	*zàto*
1 000	*arìvo*

10 000	*ray àlina*
un million	*ray tapitrìsa*

Santé

j'ai besoin d'un docteur
> *mìla dokotèra àho*

où est l'hôpital ?
> *aiza no mìsy ny hôpitàly ?*

je suis diabétique/épileptique/asthmatique
> *vòan'ny diabèta/àndro be/sohìka aho*

je suis allergique aux antibiotiques/
à la pénicilline
> *tsy mahazàka antibiotìka/*
> *penisil ìnina àho*

je suis enceinte	*bevòhoka àho*
avoir la diarrhée	*mivàlana*
avoir des vertiges	*fànina*
avoir des vomissements	*mandòa*
avoir des nausées	*maloilòy*
médicament	*fanafòdy*
antiseptique	*antiseptìka*
aspirine	*aspirìnina*
paludisme	*tàzo*

préservatifs
> *sàtro-bòto* ou *kapóty*

contraceptifs
> *fòmba tsimampitèraka*

serviettes hygiéniques
> *servìetam-behivàvy*

crème solaire
> *mènaka àro-masoàndro*

tampons
> *tsèntsin'ìsy*

Urgences

à l'aide !	*vonjèo*
police !	*pôlìsy*
danger	*lòza*

appelez un médecin/une ambulance !
> *antsòy ny dokotèra/ambulance*

allez vous-en !
> *mandehàna/mialà tèo*

j'ai été victime d'un vol
> *vòan'ny mpang-àlatra àho*

j'ai été victime d'un viol
> *nolotòin'òlona àho/*
> *noveta vetàin'olon a aho*

je me suis perdu   *vèry àh*

Glossaire

aloalo – sculpture funéraire ou commémorative sur bois, haute d'un mètre environ, traditionnelle du Sud de l'île

Andevo – classe sociale historiquement défavorisée chez les Merina

Andriana – historiquement, ils étaient considérés comme nobles chez les Merina

Antaifasy – groupe ethnique de la côte est

Antaimoro – groupe ethnique de la côte est

Antaisaka – groupe ethnique de la côte sud-est

Antakàrana – groupe ethnique du Nord de Madagascar

Antambahoaka – groupe ethnique de la côte est

Antandroy – groupe ethnique du Sud aride

Antanosy – groupe ethnique du Sud

asity – petit oiseau des bois

aye-aye – petit lémurien nocturne rare

bâché – taxi-brousse (pick-up)

Bara – groupe ethnique du Centre-Sud

bazary – un des nombreux termes désignant un marché

be – "grand" en malgache

Betsileo – l'un des plus importants groupes ethniques de l'île, implanté sur les Hauts Plateaux

Betsimisaraka – groupe ethnique de la côte nord-est

Bezanozano – petit groupe ethnique de l'est de la capitale

boina – territoire sakalava des environs de Mahajanga

boutre – embarcation à voile d'origine arabe, dotée d'un mât unique

brèdes – différentes variétés de feuilles utilisées en cuisine

camaron – variété de grosses crevettes d'eau douce

coua – l'une ou l'autre des 9 espèces d'oiseaux malgaches de la famille des coucous

fady – interdit, tabou

falafa – variété de palmier souvent utilisé dans la construction de l'habitat des régions côtières

famadihana – exhumation et nouvelle inhumation, traduit littéralement par "retournement des os". On désigne aussi la cérémonie par "second enterrement"

familiale – synonyme de taxi-be

fanafody – médicament

fanorona – jeu de société populaire

faritany – province

fijoroana – cérémonie au cours de laquelle les Malgaches invoquent leurs ancêtres

firaisampo-kotany – département

fivondron-ampokotany – préfecture

fody – tisserin (oiseau de petite taille)

fokonolona – conseil municipal

fokontany – comité exécutif populaire, rattaché à l'administration locale ou municipale

fossa – mammifère carnivore endémique à Madagascar

gasy – malgache (prononcer "gach")

hira gasy – spectacle de musique, de danse et de récit populaires présenté sur les hautes terres par des troupes vêtues de costumes bigarrés, appelées "mpihira gasy" ou "mpilalao"

hotely – petit restaurant servant des plats très simples

Hova – historiquement, ils étaient considérés comme roturiers chez les Merina

Id-ul-Fitr – fête la plus importante du calendrier musulman, elle symbolise l'arrivée de la nouvelle lune et la fin du ramadan

Imerina – région dominée par l'ethnie merina

indri – le plus grand des lémuriens

kabary – tradition orale très respectée et prenant de multiples formes, dont l'art de discourir et de raconter des histoires, où s'affrontent souvent deux conteurs

kapoka – unité de mesure aléatoire ; si sa taille varie, elle se définit en principe par la quantité de riz ou d'un autre aliment sec contenu dans une boîte de lait Nestlé

karana – indo-pakistanais

karatra – billet, ticket

katra – jeu de société
kianja/kianjan – lieu ou place

lakana – pirogue
lamba – tissu blanc en coton, en soie ou en matière synthétique dans lequel s'envelopent les Malgaches pour se protéger du froid
lamba arindrano – soie filée à la main et tissée
lamba maitso – "toile verte" ; lorsque la pointe d'un lamba pend sur le côté droit du corps, cela signifie que celle qui la porte est en deuil (le tissu n'est pas forcément de couleur verte)
lamba mena – "toile rouge" (rarement rouge, en réalité) ; il s'agit d'un linceul. Dans certaines occasions, un lamba rouge est un symbole d'autorité
lapan'ny tanana – mairie
lasopy – soupe
lavaka – glissement de terrain béant, causé par l'érosion
lépilémur – désigne certains lémuriens

Mahafaly – groupe ethnique du Sud
maki – lémurien à queue annelée
Makoa – sous-groupe ethnique des Sakalava
malabary – vêtement masculin qui ressemble à une chemise de nuit
Malagasy – malgache
manioc – plante dont la racine fournit une fécule nourrissante appelée cassave et servant à fabriquer le tapioca
masikita – petites brochettes de zébu vendues sur les étals de rue (prononcer "machkit").
menabe – territoire sakalava des environs de Morondava
Merina – numériquement le plus important groupe ethnique de l'île, implanté sur les Hauts Plateaux
mesite – désigne l'une ou l'autre des trois espèces d'oiseaux de la famille des poules d'eau uniques à Madagascar
moraingy – combats traditionnels entre jeunes villageois du littoral ; il s'agit d'une forme de lutte rapide et violente dont le but est de mettre son adversaire KO
mora mora – terme courant signifiant "doucement doucement". Le mora mora est quasiment un art de vivre…
nosy – île

ohabolana – proverbe
ombiasy – guérisseur jouissant encore d'un statut social élevé dans les régions traditionalistes. Les ombiasy ne prescrivent pas seulement des remèdes à base de plantes, mais ils les associent à des potions et à des rites destinés à s'assurer l'aide des ancêtres, en équilibrant une vintana négative, en chassant ou en communiquant avec un tromba dont le patient est possédé
omby – zébu

polisy nationlaly – police nationale
pousse-pousse – véhicule léger à deux roues tracté par un homme (pousse-pousse s'orthographie parfois posy-posy)

raiamandreny – chef d'un fokontany
ramadan – mois du calendrier musulman où les fidèles jeûnent du lever au coucher du soleil
rangani – marijuana (prononcer "roungoun")
ranovola – eau de riz
ravinala – variété de palmier à la forme caractéristique, devenue le symbole de l'île et connue sous le nom d'arbre du voyageur
ravitoto – ragoût de viande de porc et de feuilles de manioc hachées
razana – désigne les ancêtres, ainsi que le respect et la vénération qui leur sont accordés
rhum arrangé – rhum blanc dans lequel des fruits ou des épices ont macéré. Spécialité réunionnaise
romazava – ragoût de viande de zébu et de d'une variété de brèdes particulières, les brèdes "mafana"
rova – palais

Sakalava – groupe ethnique de l'Ouest
sambatra – cérémonie de la circoncision
sambos – samosa
sarcelle – variété de canard sauvage
sifaka – espèce de lémurien appelée également "propithèque"
Sihanaka – groupe ethnique du nord-est de la capitale
sikidy – art divinatoire utilisant des graines et des pierres
sisal – plante d'origine mexicaine pourvue de grosses feuilles charnues, cultivée pour ses fibres qui servent à fabriquer des cordages

stationnement – terminus (gare routière) des taxis-brousse

Tanala – petit groupe ethnique habitant les forêts de l'est de Fianarantsoa
taro – tubercule comestible proche du manioc
tavy – culture sur brûlis. L'un des fléaux écologiques dont souffre la Grande Île.
taxi-be – littéralement "grand taxi", parfois appelé "familiale"
taxi-spécial – taxi affrété par plusieurs passagers
tenrec – petit mammifère insectivore dont certaines espèces possèdent des piques, comme les hérissons
tilapia – espèce de poisson d'eau douce
toaka gasy – rhum artisanal obtenu en distillant du riz et du sucre de canne
tranompokonolona – centre communautaire
tromba – esprit
tsapika – musique rythmée originaire du Sud
Tsimihety – petit groupe ethnique du Nord-Ouest
tsingy – formations géologiques au relief acéré, nées de la sédimentation d'organismes marins et remontées à la surface de la terre par un glissement tectonique

vaky soava – musique populaire
valiha – instrument de musique à cordes
vanga – l'une ou l'autre des 14 espèces d'oiseaux dont la forme du bec varie selon les habitudes alimentaires
vazaha – étranger à la peau claire
Vezo – pêcheurs nomades, sous-groupe ethnique des Sakalava
vintana – destinée ou prédispositions acquises selon l'heure de naissance, pouvant être modifiées grâce à l'intervention d'un ombiasy
voay – crocodile

wagangi – médecin sorcier

ylang-ylang – arbre cultivé pour ses fleurs odorantes, utilisées dans la fabrication de parfums

Zafimaniry – sous-groupe ethnique des Betsileo

Zafisoro – petit groupe ethnique de la côte sud-est
zanatany – nom donné aux vazaha nés à Madagascar ou y résidant de longue date

ABRÉVIATIONS ET ACRONYMES

agate – Agence d'accueil télécom
Angap – Association nationale pour la gestion des aires protégées ; organisme malgache de sauvegarde de l'environnement
BFV – Banky fampandrosoana'ny varotra
BMOI – Banque malgache de l'océan Indien
BNI-CL – Bankin'ny indostria-Crédit lyonnais
BOA – Bank of Africa
BTM – Bankin'ny tantsaha mpamokatra
CFA – Communauté financière africaine
CITES – Convention on International Trade in Endangered Species (Convention sur le trafic international des espèces en voie d'extinction)
FCE – Ligne de chemin de fer reliant Fianarantsoa à la côte est
FMG – franc malgache
FTM – Foiben Taosarintanin'i Madagasikara ; services cartographiques malgaches
jirama – Jiro sy rano Malagasy ; entreprise d'État chargée de l'approvisionnement en eau et en électricité
LMS – London Missionary Society
PAOMA – Paositra Malagasy ; service des postes
RNCFM – Réseau national des chemins de fer malgaches
Solima – Solitany Malagasy ; ancienne entreprise d'État chargée de l'approvisionnement en carburant
SAVA – acronyme désignant la région englobant Sambava, Andapa, Vohémar et Antalaha
TAM – Transports et travaux aériens de Madagascar (compagnie aérienne). Parfois orthographiée TTAM ; elle a cessé son activité de transport de passagers
TELMA – Telecom Malagasy ; opérateur national de télécommunications
THB – Three Horses Beer ; la plus répandue des bières locales
WWF – World Wildlife Fund (Fonds mondial pour la protection de la nature)

Remerciements

Nous remercions tous les voyageurs qui ont utilisé notre édition précédente et qui ont pris la peine de nous écrire pour nous faire part de leurs expériences ou nous fournir des renseignements utiles :

Jean-Louis Amo, Judith Arnaud, Jean-Jacques Arnouil, Martine et Gérard Aymonnier, Sylvain Barfery, Guy Barneville, Bierta Barfod, P. et C. Beaugeon, Pierre Begot, Charlotte Beligne, Olga Bermudez Morata, Patricia Bernard, Philippe Berthollet, Jérôme Blanco, Benoit Bodin, Martin Bohnstedt, Nicolas Bonin, Mr et Mme Bonneau, Jean Bouteiller, Éric Brandelet, Alain Broutin, Roland Brulfer, Laurent Charlier, Mathieu Bureau, Eric Burnier, Thierry Carquet, Nat Ciferri, Patrick et Evelyne Chambrelan, Eric Chassot, Lisa Cliff, Marie-Catherine Coquil, Jean-Luc Cossy, Richard Cooper, JB Courtiol, Marie Cousens, Zsolt Cseke, Barbara Daeffler, Christophe Darpheuil, Xavier de Lestrange, Andrea de Laurentiis, Olivier Debaere, Jacky Delaup, Roseline Didier, Gilbert Dillac, Pierre Dillac, Na'ama Eilat, André Emin, David Farhi, Roger Feldhoff, Pascal Forchioni, Raymond Foucher, Bernard Frut, Isabelle Frutiger, Sébastien Garcia, Bénédicte Guery, Christian Gros, Eric Haller, Johan Hedve, Cherifa Hendriks, Hilmar Jobst Herzberg, Julian Hewitt, Olivier Huet de Guerville, Cécile Irles, Patricia Jacob, Volkmar E Janicke, Jérôme Jonard, Michael Keller, Stéphane Keller, Pierre Klein, Sophie Klein, Metka Koren, David Kromka, Michel Lacaille, Lucas Languhi, Jean-Sébastien Laporte, Véronique Leblond, Luc Le Corgne, Jo Leech, Laura Lefkowitz, Michel Lerouet, Adam Levine, Jean-Claude Lyazid, Margaret Lorang, Simone et Michel Lotte, Jacques Maisoneuve, Karine Maquenhen, Catherine Maricq, Roger Menthon, Françoise Micic, Marc Motet, Stephen Muecke, Yves Neuilly, Jochen Nicolini, Alexandre Norré-Oudard, Gustaf Ossmer, Frédéric Ouvrard, Alexandre Paquot, Nicki Parnell, Philippe Paquay, Yann-Fanch Penot, Ilan Peri, Hans Pflug, Mark Pickens, Simone Pierre, Frédéric Pillet-Will, Marie-Hélène et Jean-Pierre Pintus, Julie Potiée-Sperry, Anthony Poyac, Helen Randle, Sarah Ravaioli, Sue Rees, Daniel Reisdorf, Charles Renaud, Marie-Hélène Rescanière, John Robertson, M. Segaert, Alain Soulas, Christine Stulb, Claude Sylvestre Somaini, Michel taillefer, Benita Tapster, Bernard Tauss, Jacques Thevenot, Mario Toussignant, Bernard Truc-Vallet, Lesuthu Tshepo, Patrick Ouradou, Vincent van Reenen, Chantal et Philippe Vercamer, Eric et Carole Vezo, Dominique et Anond Viki, Iain Walker, Elisabeth Wattel Thomas Werner, Richard H Wiersema, John Wilson, André Wirthi, Emmanuel Woringer, Noël Wyatt, François Yang, Rodger Young, Maya Zeller, Sandrine Zilli

Index

Encadrés

LA MÉDIATHÈQUE

VILLE DE BONNEUIL SUR MARNE

LÉGENDE DES CARTES

ROUTES

Villes	Régionales	
	Autoroute	Rue piétonne
	Auto. payante	Escalier
	Nationale	Tunnel
	Départementale	Randonnée
	Cantonale	Promenade
	Non goudronnée	Sentier

TRANSPORTS

Gare — Trajet bus
Station de métro — Trajet ferry

LIMITES ET FRONTIÈRES

Internationale — Département
Province — Non certifiée

HYDROGRAPHIES

Bande côtière — Canal — Chute
Rivière ou ruisseau — Source, rapide — Marais
Lac — Lac salé

TOPOGRAPHIE

Marché — Cimetière — Terrain de golf — Sable
Édifice — Escarpement — Parc — Oasis
Campus — Jardin — Place — Mangrove

SYMBOLES

⊙ CAPITALE NATIONALE	⦿ Ville Moyenne	Où se loger	Centre commercial
◉ Capitale régionale	○ Petite ville	Où se restaurer	Canoë, kayak
⊙ Grande ville	○ Village, lieu-dit	Centre d'intérêt	Ancrage, mouillage
			Plage
Aérodrome	Église	Musée	Piste de ski
Aéroport	Cinéma	Observatoire	Belle demeure
Site archéologique, ruines	Site de plongée	Parc	Surf
Banque	Ambassade, consulat	Parking	Synagogue
Café	Passerelle	Col	Mosquée
Champs de bataille	Fontaine	Aire de pique-nique	Borne de taxi
Location de vélo	Station-service	Poste de police	Téléphone
Poste frontière	Hôpital	Piscine	Théâtre
Zoo	Information touristique	Bureau de poste	Toilette publique
Gare routière	Cybercafé	Bar, pub	Tombeau
Téléphérique, funiculaire	Phare	Caravaning	Chemin de randonnée
Terrain de camping	Point de vue	Refuge	Terminus de tram
Château	Accessibilité	Épave	Transports
Temple	Monument	Parc national	Volcan
Grotte	Montagne	Ornithologie	Vignoble

Note : tous les symboles ne sont pas utilisés dans cet ouvrage

BUREAUX LONELY PLANET

Australie
Locked Bag 1,Footscray
3011 Victoria
☎ (03) 9689 4666 ; Fax (03) 9689 6833
e-mail : talk2us@lonelyplanet.com.au

États-Unis
150 Linden Street,
Oakland CA 94607
☎ (510) 893 8555 ; Fax (510) 893 8572
N° Vert : 800 275-8555
e-mail : info@lonelyplanet.com

Royaume-Uni et Irlande
Spring House, 10 A Spring Place,
London NW5 3BH
☎ (0171) 728 48 00 ; Fax (0171) 428 48 28
e-mail : go@lonelyplanet.co.uk

France
1, rue du Dahomey,
75011 Paris
☎ 01 55 25 33 00 ; Fax 01 55 25 33 01
e-mail : bip@lonelyplanet.fr
Minitel 3615 lonelyplanet (1,29 FF/mn)

World Wide Web : http://www.lonelyplanet.com et http://www.lonelyplanet.fr